P. Gallo  P. Sirsi

# INFOR MATICA APP 1

MINERVA SCUOLA

© 2014 by Mondadori Education S.p.A., Milano
*Tutti i diritti riservati*

www.mondadorieducation.it

*Prima edizione*: Febbraio 2014

*Edizioni*

| 10 | 9 | 8 | 7 | 6 | 5 | 4 | 3 | 2 | 1 |
|----|----|----|----|----|----|----|----|----|----|
| 2018 | | 2017 | | 2016 | | 2015 | | 2014 | |

*Questo volume è stampato da:*
Centro Poligrafico Milano S.p.A. – Casarile (MI)
*Stampato in Italia - Printed in Italy*

Il Sistema Qualità di Mondadori Education S.p.A. è certificato da Bureau Veritas Italia S.p.A. secondo la Norma UNI EN ISO 9001:2008 per le attività di: progettazione, realizzazione di testi scolastici e universitari, strumenti didattici multimediali e dizionari.

Le fotocopie per uso personale del lettore possono essere effettuate nei limiti del 15% di ciascun volume/fascicolo di periodico dietro pagamento alla SIAE del compenso previsto dall'art. 68, commi 4 e 5, della legge 22 aprile 1941 n. 633.
Le fotocopie effettuate per finalità di carattere professionale, economico o commerciale o comunque per uso diverso da quello personale possono essere effettuate a seguito di specifica autorizzazione rilasciata da CLEAREdi, Centro Licenze e Autorizzazioni per le Riproduzioni Editoriali, Corso di Porta Romana 108, 20122 Milano, e-mail autorizzazioni@clearedi.org e sito web www.clearedi.org.

| | |
|---|---|
| *Redazione e impaginazione* | Conedit Libri s.r.l. - Cormano (MI) |
| *Progetto grafico e copertina* | Alfredo La Posta |
| *Ricerca iconografica* | Anna Gelmetti, Lorenzo Marsili |

**Contenuti digitali**

| | |
|---|---|
| *Progettazione* | Fabio Ferri, Francesca Canepari |
| *Redazione* | Eugenia Police, Lorenzo Marsili |
| *Realizzazione* | Groove Factory (Bologna), Eugenia Police |

I riferimenti a pacchetti software, nomi e marchi commerciali sono da intendersi sempre come riferimenti a marchi e prodotti registrati dalle rispettive società anche se, per semplicità di grafia, si è omessa la relativa indicazione.

L'editore fornisce – per il tramite dei testi scolastici da esso pubblicati e attraverso i relativi supporti – link a siti di terze parti esclusivamente per fini didattici o perché indicati e consigliati da altri siti istituzionali. Pertanto l'editore non è responsabile, neppure indirettamente, del contenuto e delle immagini riprodotte su tali siti in data successiva a quella della pubblicazione, distribuzione e/o ristampa del presente testo scolastico.

Per eventuali e comunque non volute omissioni e per gli aventi diritto tutelati dalla legge, l'editore dichiara la piena disponibilità.

*Per informazioni e segnalazioni:*
**Servizio Clienti Mondadori Education**
e-mail *servizioclienti.edu@mondadorieducation.it*
Numero verde **800 123 931**

# PRESENTAZIONE

*Il computer non è una macchina intelligente
che aiuta le persone stupide,
anzi è una macchina stupida che funziona solo
nelle mani delle persone intelligenti.*
Umberto Eco

Il testo è conforme alle Linee Guida per il passaggio al nuovo ordinamento del Liceo Scientifico opzione Scienze Applicate relativamente al primo biennio della disciplina *Informatica*.

Impostato sulla classica equazione *sapere=saper fare*, accogliendo quindi un'impostazione didattica largamente consolidata, il *libro* propone un'esposizione semplice e curata degli argomenti, adatta alla giovane età degli studenti, e non tradisce in alcun modo la irrinunciabile completezza e rigore scientifico dei contenuti. Questa nostra opera, grazie al taglio non squisitamente specialistico, ma integrato e trasversale, consente agli studenti di entrare in contatto con i fondamenti teorici di base della scienza dell'informazione e all'acquisizione di specifiche padronanze circa l'uso dei software più comuni nel panorama dell'IT (Information Technology) necessarie anche per una loro proficua spendibilità nello studio delle altre discipline. Tutto ciò in linea con i dettati previsti per questa disciplina dagli obiettivi specifici di apprendimento (OSA) per il biennio. A tal proposito i contenuti del libro ruotano intorno alle seguenti aree tematiche:

architettura dei computer (AC), sistemi operativi (SO), elaborazione digitale dei documenti (DE), computazione (CS), basi di dati (BD), reti di computer (RC), struttura di Internet e servizi (IS), algoritmi e linguaggi di programmazione (AL).

La nostra pluriennale esperienza nell'insegnamento dell'Informatica e nel campo dell'editoria ci ha permesso di impostare una specifica metodologia didattica che è in grado di garantire un efficace apprendimento, poiché i contenuti proposti sono sempre stati pensati e definiti in un'ottica di integrazione fra il libro, strumento tradizionale del Sapere, il computer, usato come consolidato mezzo di apprendimento e di conoscenza, e Internet quale strumento di coordinamento e approfondimento.

## L'apparato didattico

Il volume si presenta con una veste grafica accattivante. L'uso del colore lancia l'immagine di una disciplina ancora più moderna e consente allo studente di individuare l'ambito di pertinenza delle diverse sezioni.
Didatticamente l'opera è organizzata in apparati didattici articolati in unità di apprendimento. Ogni apparato didattico si apre con l'individuazione dei prerequisiti necessari alla comprensione degli argomenti e degli obiettivi declinati in termini di conoscenze, abilità e competenze che si acquisiranno con lo studio delle tematiche presenti all'interno di ogni unità di apprendimento. Tutto ciò in assoluta sintonia con le direttive ministeriali in tema di certificazione delle competenze.
All'interno di ogni unità i contenuti sono veicolati da due passaggi che aiutano la comprensione degli argomenti, seguono passo dopo passo lo studente e affiancano il lavoro didattico del docente:

1. **OSSERVA COME SI FA**: questa sezione contiene esercizi e problemi svolti e commentati, scelti in modo da abbracciare la casistica più vasta. La stesura di tali esercizi abitua a comprendere la lezione afferente.

2. **ORA TOCCA A TE!**: esercizi da svolgere e guidati. Rappresentano una forma di pronta verifica, poiché lo studente è invitato a costruire lo svolgimento utilizzando i procedimenti illustrati nell'unità di apprendimento, avvalendosi di spunti di impostazione e risultati parziali. Gli esercizi sono presentati in forme varie: test, quesiti a risposta multipla, quesiti teorici, problemi da completare e da svolgere.

Nella stesura di tutte le parti che compongono il libro, si è intenzionalmente scelto di riservare la maggior parte delle pagine alla trattazione più approfondita dei vari argomenti in modo da poter arricchire maggiormente il bagaglio e il livello culturale dello studente. Per quanto riguarda la sezione di esercitazione, considerando la natura mista degli attuali libri di testo, si è preferito destinare al sito web la maggior parte della parte applicativa. Ciò anche per la natura interattiva delle proposte operative e la naturale inclinazione di questa materia.

A completamento del ciclo di lezioni, ogni unità di apprendimento si chiude con un eserciziario allestito in due diverse tipologie:

- **TRAINING CONOSCENZE**: sezione per la verifica e la valutazione delle conoscenze. Sono presenti differenti tipologie di prove oggettive (vero/falso, quesiti a riposta chiusa, quesiti a risposta aperta, quesiti a risposta multipla e così via) che consentono di valutare immediatamente le conoscenze acquisite.
- **TRAINING ABILITÀ**: sezione relativa alla valutazione delle abilità. Sono presenti proposte di verifica diversificate in funzione degli argomenti presenti nell'unità di apprendimento e strutturati su tre livelli di difficoltà.

Al termine di ogni apparato didattico è presente la Scheda di autovalutazione:

- **DIAMOCI IL VOTO** che ripercorre attraverso quesiti a risposta multipla e problemi da svolgere i nodi concettuali degli argomenti trattati nell'unità di apprendimento e consente allo studente di verificare autonomamente il raggiungimento degli obiettivi cognitivi. Lo studente dovrà assegnare un punteggio a ogni esercizio e alla fine, consultando un'apposita tabella, potrà verificare l'andamento del suo percorso formativo.
- **IMPARIAMO A IMPARARE** che permette allo studente di effettuare un'autovalutazione metacognitiva per porre lo studente nelle condizioni di verificare autonomamente il raggiungimento di quegli obiettivi alla base del processo di apprendimento.

*Gli autori*

*L'editore fornisce – per il tramite dei testi scolastici da esso pubblicati e attraverso i relativi supporti – link a siti di terze parti esclusivamente per fini didattici o perché indicati e consigliati da altri siti istituzionali.*

*Pertanto l'editore non è responsabile, neppure indirettamente, del contenuto e delle immagini riprodotte su tali siti in data successiva a quella della pubblicazione e distribuzione del presente testo scolastico.*

*In caso di ristampa, l'editore si riterrà responsabile entro la data del 20 marzo 2011.*

*Si consiglia dunque la preventiva visione, da parte di persone adulte, del contenuto di tutti i siti richiamati, prima di eventuali utilizzi a fini didattici.*

Microsoft®, Windows®, Microsoft Office®, Microsoft Word®, Microsoft Excel®, Microsoft Access®, Microsoft PowerPoint®, Microsoft Outlook®, Microsoft Internet Explorer®, Microsoft .NETtm, ActiveX® sono marchi registrati da Microsoft Corporation negli Stati Uniti e/o in altri Paesi. JavaScript® è un marchio registrato da Sun Microsystems Inc. negli Stati Uniti e/o in altri Paesi.
QuickTime®, iTunes®, iPhone® e iPad® sono marchi registrati da Apple Corporation negli Stati Uniti e/o in altri paesi.
Mozilla Firefox® è un marchio registrato da Mozilla Foundation negli Stati Uniti e/o in altri paesi.
Scratch è un progetto del Lifelong Kindergarten Group dei Media Lab del MIR. È reso disponibile in maniera completamente gratuita.

# Referenze iconografiche

© Fotolia: Andrea Danti, Daniel Hughes, detailblick, ernandopacheco, Giovanni M. Tamponi, gigra, Ilona Baha, Jiri Hera, Lisa F. Young, Lusoimages, Peter Baxter, Phase4Photography, rgbspace, Sergii Shcherbakov, Srecko Djarmati, Stephen Coburn, Stoyan Haytov, Sven Hoppe, User:MiGz, Vladislav Kochelaevs, Vtls, Wojciech Kopczynski, xiaoliangge

© Thinkstock: enisaksoy, deftrender, FreezeFrameStudio, Uladzimir Chaberkus, Simon Krzic, Vitaliy Pakhnyushchyy, TEMISTOCLE LUCARELLI, Wavebreakmedia Ltd, Slawomir Fajer, endopack, ZernLiew, George Doyle, Greyfebruary, Pocketcanoe, VectorSilhouettes

# ME•book è integrato nella nuvola di Libro+Web

**ME•book**
IL LIBRO DIGITALE MULTIDEVICE

Il **ME•book** è il libro di testo digitale di Mondadori Education ricco di contenuti, video, audio, tanti esercizi e moltissimi strumenti, pensato per andare incontro alle esigenze dell'insegnante e dello studente.

### Il ME•book è PERSONALIZZABILE

Puoi evidenziare, sottolineare e apporre segnalibri; inserire note, note evolute e note audio. Ogni insegnante poi, per gestire al meglio l'eterogeneità del gruppo classe, ha la possibilità di realizzare contenuti e percorsi formativi diversificati.

### Il ME•book è FLESSIBILE

Lo puoi consultare da qualsiasi dispositivo (computer, tablet e smartphone) scaricando gratuitamente l'apposita App di lettura dal sito mondadorieducation.it e dai principali store di App. Non hai bisogno di essere sempre connesso: infatti funziona anche offline! E se hai problemi di memoria, non ti preoccupare: puoi scaricare anche solo le parti del libro che ti interessano.

### Il ME•book è SINCRONIZZABILE

Ritrovi qualsiasi modifica – sottolineature, note, ecc. – nella versione online e su tutti i tuoi dispositivi. L'insegnante può preparare la lezione sul computer di casa e ritrovarla l'indomani sulla LIM, lo studente può svolgere il compito sul tablet e recuperarlo il giorno dopo sul computer della scuola.

### Il ME•book è INTEGRATO nella piattaforma di apprendimento Libro+Web

Puoi accedere ai Contenuti Digitali Integrativi direttamente dalla pagina che stai leggendo. Con le Google Apps puoi condividere i tuoi documenti o lavorarci contemporaneamente insieme ad altri. Con la Classe Virtuale, poi, l'insegnante può condividere esercitazioni e approfondimenti con i suoi studenti.

**Il ME•book ti inserisce in un sistema di apprendimento efficace e completo**

**ME•book:** libro digitale multidevice
+
**Libro+Web:** piattaforma di apprendimento e nuvola di servizi digitali
+
**LinkYou:** formazione e seminari di didattica digitale

**MONDADORI EDUCATION**

# ME•book: come attivarlo e scaricarlo

### COME ATTIVARE il ME•book

- Collegati al sito mondadorieducation.it e, se non lo hai già fatto, registrati: è facile, veloce e gratuito.
- Effettua il login inserendo la tua Username e Password.
- Accedi alla sezione Libro+Web e fai clic su "Attiva ME•book".
- Compila il modulo "Attiva ME•book" inserendo negli appositi campi tutte le cifre tranne l'ultima dell'ISBN del tuo libro, il codice contrassegno e quello seriale: li trovi sul bollino argentato SIAE che sta sulla prima pagina dei nostri libri.
- Fai clic sul pulsante "Attiva ME•book".

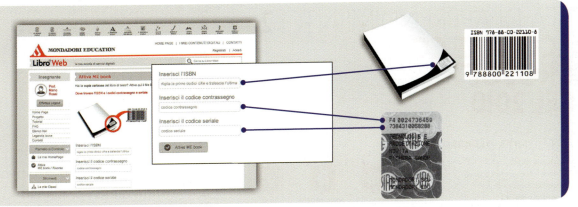

### COME SCARICARE il ME•book

È possibile accedere online al ME•book direttamente dal nostro sito mondadorieducation.it oppure scaricarlo per intero o in singoli capitoli, sul tuo dispositivo seguendo questa semplice procedura:

- Scarica la nostra applicazione gratuita che trovi sul sito mondadorieducation.it o sui principali store di App.
- Lancia l'applicazione.
- Effettua il login con Username e Password scelte all'atto della registrazione sul nostro sito.
- Nella libreria è possibile ritrovare i libri attivati: clicca su "Scarica" per renderli disponibili sul tuo dispositivo.
- Per leggere i libri scaricati fai clic su "leggi".

**È ora possibile accedere al ME•book anche senza connessione ad Internet.**

### Vai su www.mondadorieducation.it
e scopri come attivare, scaricare e usare SUBITO il tuo ME•book.

www.mondadorieducation.it

# Per una didattica digitale integrata

Puoi trovare i Contenuti Digitali Integrativi del corso a partire dall'INDICE: così sarà più facile organizzare le tue lezioni e il tuo studio

## UNITÀ DI APPRENDIMENTO 2
### CALCOLARE CON MICROSOFT EXCEL 2010

IN QUESTA UNITÀ IMPARERAI...
- A cosa servono i fogli di calcolo
- Come operare con le celle e con i fogli di lavoro
- Come impostare calcoli, formule e funzioni
- Come formattare il foglio di lavoro
- Come creare grafici significativi e accattivanti

**1** Che cos'è un foglio elettronico

### VIDEO

Videotutorial con spiegazione guidata, per imparare in modo intuitivo e immediato i principali programmi del pacchetto Office e OpenSource

### LINEE DEL TEMPO

Linee del tempo interattive dedicate ai processi storici e ai personaggi dell'informatica

**MONDADORI EDUCATION**

## INFOGRAFICHE INTERATTIVE

Doppie pagine infografiche interattive per un approccio differente allo studio di argomenti specifici

## LEZIONI AGGIUNTIVE

Lezioni in formato PDF che accrescono l'offerta del volume trattando importanti tematiche dell'informatica

---

### E tanti altri Contenuti Digitali Integrativi:

 Glossario      Test      Scheda autovalutazione

www.mondadorieducation.it

# INDICE

| | PAG. |
|---|---|

## APPARATO DIDATTICO A
## IL SISTEMA COMPUTER  1

| | |
|---|---|
| **UD A1** ARCHITETTURA DEL COMPUTER | 2 |
| *TRAINING* | 25 |
| **UD A2** IL SISTEMA OPERATIVO | 28 |
| *TRAINING* | 71 |
| **UD A3** LA CODIFICA DELL'INFORMAZIONE | 75 |
| *TRAINING* | 104 |
| *SCHEDA DI AUTOVALUTAZIONE* | 107 |

Glossario CLIL  Approfondimento  Test  Scheda di autovalutazione

**CONTENUTI DIGITALI**

Linea del tempo
- I grandi dell'informatica
- Evoluzione tecnologica
- Evoluzione sistemi operativi

Infografica
- Storia del computer
- Ergonomia

## APPARATO DIDATTICO B
## LE BASI
## DELLA PROGRAMMAZIONE  109

| | |
|---|---|
| **UD B1** INFORMATICA E PROBLEMI | 110 |
| *TRAINING* | 124 |
| **UD B2** PROBLEMI E ALGORITMI | 126 |
| *TRAINING* | 147 |
| **UD B3** LE STRUTTURE DI CONTROLLO | 152 |
| *TRAINING* | 185 |
| **UD B4** PROGRAMMIAMO CON SCRATCH | 192 |
| **UD B5** FONDAMENTI DI TEORIA DEI LINGUAGGI | 205 |
| *TRAINING* | 221 |
| *SCHEDA DI AUTOVALUTAZIONE* | 223 |

Glossario CLIL  Approfondimento  Test  Scheda di autovalutazione

Lezione
- Il linguaggio C
- Java

Infografica
Installare Scratch

| | PAG. |
|---|---|

## APPARATO DIDATTICO C
## OFFICE AUTOMATION   225

| | |
|---|---|
| **UD C1** SCRIVERE CON MICROSOFT WORD 2010 | 226 |
| *TRAINING* | 259 |
| **UD C2** CALCOLARE CON MICROSOFT EXCEL 2010 | 263 |
| *TRAINING* | 288 |
| **UD C3** POWERPOINT: COME COSTRUIRE UNO SLIDESHOW | 292 |
| *TRAINING* | 311 |
| *SCHEDA DI AUTOVALUTAZIONE* | 313 |

## APPARATO DIDATTICO D
## IL MONDO DI INTERNET   315

| | |
|---|---|
| **UD D1** TRASMISSIONE DEI DATI E RETI DI COMUNICAZIONE | 316 |
| *TRAINING* | 328 |
| **UD D2** INTERNET: UNA RISORSA UNIVERSALE | 329 |
| *TRAINING* | 346 |
| **UD D3** INTERNET: NAVIGAZIONE E I SERVIZI | 348 |
| *TRAINING* | 363 |
| *SCHEDA DI AUTOVALUTAZIONE* | 365 |

INDICE ANALITICO   367

# APPARATO DIDATTICO A
# IL SISTEMA COMPUTER

## 1

### Architettura del computer

Un computer è una macchina in grado di elaborare dati in modo automatico, veloce e sicuro. Per svolgere tutti i suoi incredibili e meravigliosi compiti è necessario che tutte le unità di cui è composto operino in modo sinergico. Entreremo all'interno di un computer, analizzeremo la sua anatomia e vedremo come è fatto, come funziona e quali sono le caratteristiche fondamentali dei dispositivi che lo compongono.

## 2

### Il sistema operativo

Un computer composto di solo hardware è piuttosto stupido, in grado di eseguire un solo compito: quello che si trova scritto per sempre all'interno del suo corpo. Per ovviare a questo inconveniente è stato creato un software in grado di interagire con l'utente e di eseguire i compiti che gli venivano richiesti: il sistema operativo. Lo studio di questo software è fondamentale per poter interagire con il computer, per svolgere funzioni di base (copie di file, copie di dischi, personalizzazione dell'ambiente di lavoro, ecc.) e per assumere specifiche abilità e padronanze.

## 3

### La codifica dell'informazione

Ma il computer tratta dati o informazioni? Parla l'italiano? L'inglese? Oppure usa un suo codice specifico? Una volta visto come è composto un computer e come si può interagire con esso tramite il sistema operativo, è necessario analizzare come si rappresentano le informazioni all'interno di questa macchina misteriosa.

## PREREQUISITI

**Conoscenze**
- Generalità su un sistema operativo
- Operazioni aritmetiche

**Abilità**
- Interagire con un computer attraverso tastiera e mouse
- Saper operare con i numeri interi e reali

## OBIETTIVI

**Conoscenze**
- Struttura logico-funzionale di un computer
- Funzioni di un sistema operativo
- Sistemi di numerazione diversi dal decimale e conversioni in basi diverse
- Aritmetica binaria e codifica dell'informazione all'interno di un computer

**Abilità**
- Comprendere la struttura logico-funzionale e fisica di un computer
- Saper creare e gestire file e cartelle con Windows
- Saper operare con numeri binari e convertire numeri decimali in basi diverse
- Comprendere ed utilizzare le tecniche per la rappresentazione dei dati all'interno di un computer

**Competenze**
- Comprendere le ragioni che hanno prodotto lo sviluppo scientifico e tecnologico nel tempo, in relazione ai bisogni e alle domande di conoscenza dei diversi contesti, con attenzione critica alle dimensioni tecnico–applicative delle conquiste scientifiche
- Essere consapevole delle potenzialità e dei limiti delle tecnologie nel contesto culturale e sociale in cui vengono applicate

# UNITÀ DI APPRENDIMENTO 1
# ARCHITETTURA DEL COMPUTER

## IN QUESTA UNITÀ IMPARERAI...

- Che cosa è un computer e come funziona
- Cosa è un sistema operativo e come si interagisce con esso
- Quali tipi di sistemi operativi vengono utilizzati su computer, tablet e smartphone
- Come vengono codificati i dati all'interno di un computer

Glossario CLIL    Approfondimento

## 1 | Il computer

Prepariamoci a compiere un viaggio interessante, un'esperienza brillante: l'esplorazione del computer attraverso lo studio della sua architettura.

> Con il termine **computer** (mutuato dalla lingua inglese e tradotto in italiano con le parole "calcolatore" o "elaboratore elettronico") intendiamo una macchina costituita da dispositivi di diversa natura (meccanici, elettrici, ottici ecc.) in grado di elaborare dati in modo automatico, veloce, sicuro ed efficiente.

> Il termine **architettura** riferito a un computer indica l'organizzazione logica delle sue componenti interne e le modalità secondo le quali queste cooperano tra di loro per compiere azioni più o meno complesse.

Linea del tempo

**I grandi dell'informatica**
La storia del computer è ricca di personalità e aneddoti interessanti. Studia attraverso la linea del tempo l'evoluzione dell'informatica e impara a conoscerne gli interpreti che hanno rivoluzionato il mondo.

Le principali caratteristiche di un computer sono la *rapidità* e l'*affidabilità*. Chiariamo alcuni termini usati nella definizione. Abbiamo detto che il computer:

- è una **macchina**, cioè un dispositivo privo di intelligenza autonoma, come l'automobile;
- è **elettronico**, cioè il suo funzionamento si basa su componenti di tipo elettronico;
- è un **elaboratore di dati**, cioè, eseguendo le istruzioni di un **programma**, è capace di ricevere dati dall'esterno, operare su di essi e fornire i risultati dell'elaborazione, sollevando così l'uomo da compiti noiosi, ripetitivi e complessi.

Il computer lavora, dunque, partendo da informazione in ingresso (l'input del processo di elaborazione), la elabora in base a una serie di regole (un programma) e restituisce informazione in uscita (l'output del processo).

> Il **computer**, quindi, è una macchina programmabile, cioè una macchina che può essere utilizzata per problemi diversi, in grado di interpretare ed eseguire una serie di ordini impartiti dall'esterno.

Non dimentichiamo che *il computer è una macchina*. L'elaborazione dei dati avviene eseguendo, attraverso i suoi componenti fisici, le istruzioni contenute nei programmi.

Parleremo, quindi, di **sistema di elaborazione** per sottolineare il fatto che questa avviene grazie all'interazione di risorse diverse.

In questo corso di studi ci occuperemo del **Personal Computer** (o, semplicemente, **PC**), cioè di un particolare tipo di elaboratore molto utilizzato in ambito sia lavorativo sia domestico.

## 2 | Hardware e software

Un computer svolge i suoi compiti utilizzando le proprie risorse che possono essere raggruppate in due grandi categorie: *hardware* e *software*.

- Le **risorse hardware** sono la parte fisica del computer, cioè l'insieme delle componenti meccaniche, elettriche, elettroniche, magnetiche e ottiche.
- Le **risorse software** sono, invece, la parte logica del computer, cioè tutti i programmi che ci consentono di gestire il sistema.

L'elaborazione dei dati avviene grazie all'interazione tra hardware e software. È un po' come avviene nel corpo umano: quando noi studiamo, oppure pratichiamo uno sport, è la nostra mente che invia i comandi ai vari organi del corpo e ne controlla (consciamente o inconsciamente) il movimento. Allo stesso modo, l'hardware "obbedisce" ai comandi inviati dal software, cioè dai programmi le cui istruzioni controllano la macchina.

## 3 | Il case e la scheda madre

Osservando la figura qui sopra si nota che un computer è formato da varie parti: schermo, tastiera, mouse ecc., tutte collegate a dispositivi presenti all'interno di un contenitore di metallo, denominato **modulo base**. Paragonandolo al corpo umano, potremmo dire che il modulo base rappresenta la "testa", cioè la parte del corpo che contiene il cervello e il "centro della memoria". Il modulo base, infatti, contiene tutte le componenti fondamentali necessarie per poter "manipolare" le informazioni. Il contenitore di metallo, privo di tutti i dispositivi in esso presenti, prende il nome di **case** e assume nomi diversi in base alla conformazione; in particolare: **Desktop** (da tavolo) e **Tower** (verticale). Quest'ultimo, a seconda delle caratteristiche di grandezza, prende il nome di *Micro Tower*, *Mini Tower*, *Middle Tower* e *Full Tower*.

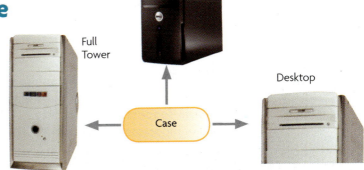

**UNITÀ 1** Architettura del computer

Esistono infine computer detti **All-In-One** (unico blocco), con schermo e case in un unico blocco.

Il case di un computer è facilissimo da aprire (l'interno deve essere accessibile per aggiungere o sostituire alcune componenti): alcuni si aprono svitando poche viti, altri sfruttando un semplice sistema a incastro.

All'interno del case, la prima componente che attrae la nostra attenzione è una grande piastra piena di elementi elettronici di tutti i tipi: è la **scheda madre** (o **piastra madre** o **motherboard**), componente fondamentale del computer. La scheda madre è la componente che funge da piattaforma di comunicazione per tutte le altre, ovvero a essa vengono collegate tutte le parti del PC, che così possono dialogare fra loro.

All-In-One

La scheda madre di un computer.

## 4 | L'unità centrale di elaborazione (CPU)

> Sempre riferendoci al paragone che abbiamo fatto in precedenza, l'unità centrale di elaborazione (**CPU**, *Central Processing Unit*) rappresenta il "cervello" del computer: è responsabile dell'esecuzione dei programmi e del controllo di tutto ciò che avviene all'interno del computer stesso.

La **CPU**, il leader del sistema di elaborazione, è anche chiamata **processore centrale** o **microprocessore** o **chip**. Microprocessore e CPU, però, non sono proprio la stessa cosa: con il termine microprocessore ci si riferisce all'oggetto fisico che si trova nel computer (e ormai in numerosi altri dispositivi, dalle automobili alle macchine fotografiche agli impianti HI-FI), mentre con CPU ci si riferisce alla funzione svolta e, di conseguenza, a un concetto logico-funzionale. In realtà, la CPU è "incarnata" in un microprocessore, e proprio per questo motivo i due termini possono essere usati indistintamente. La CPU è un'unità funzionale composta da un'unità di controllo (**CU**, *Control Unit*), da un'unità aritmetico-logica (**ALU**, *Arithmetic Logic Unit*) e da alcuni **registri**.

L'**unità di controllo** (o di governo) ha il compito di gestire e sovrintendere al funzionamento di tutte le unità dell'elaboratore e all'esecuzione di tutti i passi necessari per eseguire un programma residente nella memoria centrale. All'**unità aritmetico-logica**, invece, è delegato il compito di eseguire le operazioni aritmetiche e logiche sui dati provenienti dalla memoria.

I registri sono piccole ma veloci memorie interne alla CPU, in grado di memorizzare temporaneamente un'informazione utile e significativa in determinate fasi dell'elaborazione dei dati.

## Classe e frequenza

I vari tipi di CPU presenti sul mercato si differenziano in base alla classe, alla frequenza del clock e alla dimensione dei registri. La **classe** è indicata da una sigla. Tra i maggiori produttori di microprocessori troviamo Intel, AMD, Motorola, Apple. Intel, per esempio, ha usato per i suoi modelli le denominazioni: *80286, 80386, 80486, Pentium, Pentium II, Pentium III, Pentium IV, Celeron, Centrino, Pentium Dual Core, Pentium Core 2 Duo, i3, i5, i7*. AMD, invece, ha usato per i suoi modelli le denominazioni: *Sempron, Athlon, Phenom* ecc.

> I microprocessori delle classi più recenti sono solitamente più performanti rispetto a quelli delle classi più vecchie. Un processore che costituisce la punta avanzata della tecnologia informatica può diventare vecchio in meno di un anno e decisamente obsoleto in un anno e mezzo.

La **frequenza di clock** misura, per così dire, i "battiti del cuore" del computer. Il **clock** è un orologio molto veloce, che non può essere paragonato ai nostri orologi da polso! La sua frequenza, infatti, è dell'ordine dei Gigahertz (GHz), ossia di miliardi di oscillazioni al secondo (1GHz = 1000 MHz); solo dieci anni fa la frequenza di clock era di 400-800 MHz. Per esempio, un computer che lavora a 4 GHz (o 4000 MHz) esegue quattro miliardi di azioni elementari al secondo (considera che un'istruzione è composta da molte azioni elementari). Questa frequenza è un importantissimo indice della velocità del computer: maggiore è la frequenza, maggiore sarà la quantità di dati elaborati nell'unità di tempo. Classe e frequenza di clock sono i principali indicatori delle prestazioni di un computer, identificate dall'acronimo **Mips** (milioni di istruzioni al secondo).

## Ciclo istruzione e ciclo macchina

Le istruzioni di un programma, residente nella memoria centrale e che deve essere eseguito, sono codificate in *linguaggio macchina*, unico linguaggio comprensibile dalla CPU.

> Il **linguaggio macchina** è composto da un insieme di istruzioni macchina (espresse utilizzando il codice binario). Tali istruzioni svolgono ciascuna una funzione molto elementare eseguibile direttamente dalla CPU.

Ogni istruzione macchina si può suddividere in due campi:

- un campo **codice operativo**, che identifica il tipo di operazione che deve essere eseguita;
- un campo **operandi**, che contiene i dati o gli indirizzi dei dati o, ancora, i registri sui quali sarà eseguita l'operazione descritta dal codice operativo o, ancora, riferimenti a registri. Il campo *operandi* può essere composto da più campi ma, in genere, non sono mai più di tre.

| CODICE OPERATIVO | OPER. 1 | OPER. 2 | ......... | OPER. N |

In assenza di operandi, l'istruzione sarà composta, naturalmente, dal solo codice operativo. Nel caso di tre operandi, invece, il terzo indica, normalmente, dove porre il risultato.
Analizziamo un esempio di istruzione a tre operandi. Supponiamo che l'istruzione da eseguire sia quella di sommare i valori delle variabili A e B e di memorizzare il risultato nella variabile C. I dati relativi alle variabili A e B sono contenuti nella memoria centrale in apposite celle. Supponiamo che l'indirizzo della cella contenente la variabile A sia 1010 e quello della variabile

**Infografica**

**Storia del computer**

Consulta le infografiche dedicate alla storia dell'informatica.

B sia 1011. Un esempio di istruzione macchina che realizza tale istruzione potrebbe essere il seguente: *somma il dato contenuto nella cella di memoria di indirizzo 1010 al dato contenuto nella cella di indirizzo 1011 e poni il risultato nella cella di memoria di indirizzo 1101*. Se immaginiamo che il codice operativo dell'operazione somma sia 0101, l'istruzione macchina potrebbe essere rappresentata come nella seguente figura.

| 0101 | 1010 | 1011 | 1101 |

Come hai potuto constatare, per eseguire un'istruzione in linguaggio macchina, la CU è costretta a eseguire un insieme di operazioni.

> Queste operazioni, o meglio, **microoperazioni**, devono essere necessariamente descritte per mezzo di istruzioni elementari direttamente eseguibili dalle componenti hardware del computer. Tali istruzioni compongono il cosiddetto **instruction set** della CPU.

Più in dettaglio, l'elaborazione delle istruzioni di un programma consiste nell'esecuzione, da parte della CU, di una precisa successione di passi elementari.
Precisamente:

- prelevamento dalla memoria centrale dell'istruzione da eseguire (**fase di fetch**);
- interpretazione dell'istruzione (**fase di decode**);
- esecuzione dell'istruzione (**fase di execute**).

> L'intero procedimento viene chiamato **ciclo di istruzione** e, come abbiamo visto, è costituito da più microoperazioni.

L'esecuzione delle microoperazioni avviene per passi detti *cicli macchina*.

> Il **ciclo macchina** è una sequenza di operazioni elementari che la CU deve eseguire ogni volta che deve accedere alla memoria o alle unità di I/O (input/output).

## 5 | La memoria centrale

> La **memoria** di un computer è costituita dall'insieme dei dispositivi che conservano i dati e i programmi.

La memoria di un computer si divide in due grandi categorie: **memoria centrale** (o *primaria*) e **memoria di massa** (o *secondaria*). La prima è una memoria veloce, direttamente utilizzabile dalla CPU per eseguire le operazioni richieste dal programma, mentre la seconda è una memoria più lenta sulla quale la CPU non può lavorare direttamente, ma sulla quale immagazzina grandi quantità di dati.
Ci soffermeremo più avanti sulla memoria secondaria, per ora concentriamoci su quella centrale, che è formata da tre tipi di memoria: *RAM*, *ROM* e *Cache*.

## 6 | La memoria RAM

> Nello specifico la memoria **RAM** (*Random Access Memory*) è il supporto di memoria su cui la CPU può leggere e scrivere informazioni con un **accesso casuale**, ovvero in cui è possibile accedere direttamente a ogni singola cella semplicemente conoscendone l'indirizzo.

Mentre usiamo il computer, sulla RAM viene conservata, momento per momento, la gran parte dei dati sui quali stiamo lavorando e delle istruzioni relative ai programmi che stiamo usando. Rappresenta, quindi, il "banco di lavoro" del computer, nel senso che tutti i programmi, per potere essere eseguiti, devono risiedere nella memoria RAM. Se un programma si trova su una memoria di massa, occorre dapprima trasferirlo in memoria RAM, per poterlo eseguire. Pensa a un CD contenente un videogioco: per poter giocare, non fai altro che inserire il CD nel drive e, eventualmente, fare doppio clic sull'icona che lo rappresenta. In questo modo il videogioco sarà prelevato dal CD e portato in memoria centrale e solo dopo questo trasferimento si potrà utilizzare.

La RAM presenta l'inconveniente di essere una **memoria volatile**, ossia perde il suo contenuto quando viene spento il computer. Per questo motivo, quando lavori con un'applicazione, è buona regola salvare con frequenza il lavoro fatto: in caso contrario, se venisse a mancare l'energia elettrica perderesti tutti i tuoi dati.

La memoria RAM è contenuta in piccole schede hardware dalle varie capacità. Vi sono vari tipi di RAM:

- **SIMM** (*Single Inline Memory Module*);
- **DIMM** (*Dual Inline Memory Module*);
- **SDRAM** (*Synchronous Dynamic Random Access Memory*), utilizzate all'interno delle DIMM;
- **DDR SDRAM**, che vengono inserite in appositi alloggiamenti (*slot*) nella scheda madre.

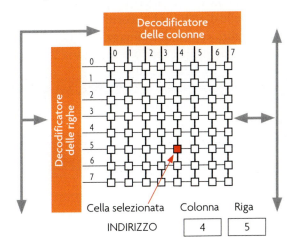

## Come si misura la memoria: bit e byte

All'interno del computer i dati non sono composti da numeri o lettere, così come noi li digitiamo da tastiera. Supponiamo che il computer debba eseguire il prodotto di 10 per 4. I due numeri saranno introdotti dalla tastiera e il risultato sarà visualizzato sul monitor. In base a ciò che abbiamo detto, il numero 10 e il numero 4 devono essere memorizzati nella memoria RAM, perché solo lì la CPU può svolgere il suo lavoro. Il computer "comprende" solo impulsi elettrici, per cui tutti i dati che inserisci (numeri, lettere, segni di interpunzione e così via) devono essere convertiti in impulsi elettrici affinché possano essere memorizzati. Ogni impulso elettrico si definisce **bit** (*binary digit* = cifra binaria) e può essere immaginato come una lampadina che, come ben sai, ha solo due stati: accesa e spenta. Nel primo caso, il bit si trova nello stato 1 (che significa *passaggio* di corrente), nel secondo caso si trova nello stato 0 (che significa *non passaggio* di corrente). Pertanto, gli unici simboli che il computer riconosce sono le cifre 0 e 1. Potrà sembrarti strano, ma tutte le meravigliose cose che un computer sa fare sono solo frutto di combinazioni di 0 e di 1.

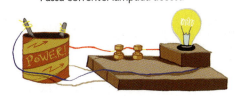

**UNITÀ 1** Architettura del computer

Per rappresentare un qualsiasi simbolo, però, il singolo bit non basta; per questo si usa un raggruppamento di otto bit: il **byte**, che corrisponde a una "parola" composta da otto bit. Il byte assume particolare importanza in quanto permette di rappresentare qualsiasi carattere alfabetico, cifra o simbolo speciale. Per esempio, la lettera A corrisponde al byte 10000010, la lettera B al byte 11000010 ecc.

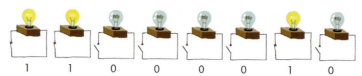

Pertanto, una parola di dieci lettere occuperà dieci byte in memoria, una di quattro ne occuperà quattro, e così via. Con un byte si possono codificare $2^8 = 256$ diverse alternative; un byte, quindi, può rappresentare un carattere scelto da un alfabeto di 256 simboli, un numero intero compreso fra 0 e 255, un colore scelto da una "tavolozza" di 256 colori diversi, e così via.

Le tabelle più diffuse di codifica dei caratteri, come la tabella del codice ASCII (si pronuncia in inglese: *askey*), utilizzano proprio un byte per codificare un carattere. Un carattere di testo, dunque, "pesa" normalmente un byte.

Bit e byte sono, quindi, le unità di misura di base per esprimere la **capacità** (la "dimensione") di una memoria. Con l'aumento delle dimensioni, occorre utilizzare multipli del byte. Però, a differenza di quanto accade negli altri sistemi di numerazione (lunghezza, peso e così via), per la costruzione delle unità di misura di livello superiore non si usa il sistema decimale; nel campo del digitale è la numerazione binaria a fare da padrona.

Ecco allora che il **kilobyte** non corrisponde a 1000 byte, ma a $2^{10} = 1024$ byte. Dai uno sguardo alla tabella con le unità di misura della memoria.

| Prefisso | Si legge | Fattore moltiplicativo | Valore approssimativo (in byte) |
|---|---|---|---|
| K | Kilo | $2^{10} = 1.024$ | Mille |
| M | Mega | $2^{20} = 1.048.576$ | Un milione |
| G | Giga | $2^{30} = 1.073.741.824$ | Un miliardo |
| T | Tera | $2^{40} = 1.099.511.627.776$ | Un bilione (mille miliardi) |
| P | Peta | $2^{50} = 1.125.899.906.842.624$ | Un biliardo |
| E | Exa | $2^{60} = 1.152.921.504.606.846.976$ | Un trilione |
| Z | Zetta | $2^{70} = 1.180.591.620.717.411.303.424$ | Un triliardo |
| Y | Yotta | $2^{80} = 1.208.925.819.614.629.174.706.176$ | Un quadrilione |

## La parola di memoria

La memoria è formata da un insieme di **celle** numerate progressivamente partendo da zero. Il numero che le contraddistingue, espresso come sequenza di bit, è detto **indirizzo** ed è molto importante, perché a un'informazione contenuta nella memoria si può fare riferimento solo tramite l'indirizzo della cella che la contiene.

Il concetto di cella è strettamente collegato con quello di **parola**, che è una configurazione di uno o più byte. Pertanto, la lunghezza della parola (cioè il numero di bit di cui è composta) definisce la **dimensione della cella e quella dei registri** della CPU.

Le parole sono composte da un numero di bit multiplo di otto (32, 64 e così via) e si parla di "sistemi a 32 bit", "sistemi a 64 bit" e così via.

Più alto è il numero di bit che compongono la parola, maggiore è, in genere, la velocità del computer.

**Linea del tempo**

**Evoluzione tecnologica**

Dai primi computer pensati per scopi militari ai moderni portatili, i computer hanno conosciuto un'evoluzione tecnologica rapidissima. Consulta la linea del tempo dedicata all'evoluzione tecnologica del computer per scoprire come si è passati da computer che occupavano intere stanze ai tablet.

# 7 La memoria ROM

Per svolgere il suo compito, la CPU ha bisogno anche di una parte di memoria non volatile, contenente una serie di informazioni fondamentali per il funzionamento del computer. Per esempio, le informazioni su quali siano i dispositivi presenti sulla scheda madre e su come comunicare con essi. Queste informazioni non possono essere date "dall'esterno", perché senza di esse la stessa comunicazione con l'esterno è impossibile. Non possono nemmeno essere volatili, perché se lo fossero scomparirebbero nel momento in cui si spegne il computer, e alla successiva riaccensione non sapremmo come reinserirle, dato che il computer stesso non "ricorderebbe" più come fare per comunicare con l'esterno.

Devono, pertanto, essere a portata di mano, sulla scheda madre, e conservate da una memoria non volatile. Si tratta del cosiddetto **BIOS** (*Basic Input-Output System*). La memoria non volatile che conserva questi dati è in genere considerata memoria a sola lettura, o memoria **ROM** (*Read Only Memory*), anche se ormai questa denominazione è inesatta: si usano infatti sempre più spesso a questo scopo moduli di memoria non volatile "aggiornabili" in caso di necessità (**Flash memory**). Nella memoria ROM è memorizzato l'*instruction set* che, come abbiamo visto, è l'insieme di istruzioni elementari direttamente eseguibili dalla CPU.

> Talvolta nella memoria non volatile trovano posto anche veri e propri programmi; è il caso per esempio di molti tablet o smartphone della nuova generazione (si tratta dell'evoluzione dei computer palmari). In questo caso, l'installazione in ROM del sistema operativo e dei principali programmi usati consente non solo di averli immediatamente a disposizione, senza aspettare i tempi necessari al loro caricamento da una memoria esterna, ma anche di ridurre il peso della macchina, dato che non servono dispositivi di memoria di massa dai quali altrimenti questi programmi dovrebbero essere caricati.

Le memorie ROM si classificano in base al loro grado di programmabilità. Seguendo una classificazione storica abbiamo:

- **PROM** (*Programmable Read Only Memory*): si possono scrivere una sola volta. La loro programmazione deve essere fatta con un dispositivo apposito prima dell'installazione sulla scheda e non è più modificabile. La programmazione, infatti, viene effettuata bruciando fisicamente i circuiti interni.
- **EPROM** (*Erasable Programmable Read Only Memory*): si possono scrivere e cancellare per essere riutilizzate esponendole ai raggi ultravioletti. La loro programmazione, infatti, viene effettuata con un raggio ultravioletto attraverso una finestrella trasparente presente sul chip.
- **EEPROM** (*Electronically Erasable Programmable Read Only Memory*): sono le ROM di tipo programmabile che hanno sostituito le EPROM. Contengono il BIOS, il firmware o altro software per il caricamento rapido in memoria. Sono presenti in molti dispositivi e schede. La loro programmazione viene effettuata con un impulso elettromagnetico, pertanto è possibile modificarne il contenuto anche quando sono già installate sulla scheda madre del computer, senza alcuna necessità di estrazione o di intervento hardware, ma semplicemente via software. Quelle presenti nei modem, per esempio, consentono l'implementazione di standard di trasmissione (velocità, compressione) successivi alla costruzione dell'apparecchio, rendendolo quindi aggiornabile e meno soggetto all'invecchiamento tecnologico.
- **Flash-EPROM**: simili alle EEPROM, si programmano elettricamente direttamente sulla piastra, sono più veloci e sono programmabili per settori. Per le loro prestazioni possono anche essere usate come memorie a lettura-scrittura. Quando vengono usate come ROM

sono anche definite Flash–ROM. La memoria flash è particolarmente indicata per la trasportabilità, proprio perché non richiede alimentazione elettrica per mantenere i dati e occupa poco spazio. È comune nelle fotocamere digitali, nei lettori di musica portatili, nei cellulari, nelle pendrive (chiavette), nei palmari, nei moderni computer portatili e in molti altri dispositivi che richiedono un'elevata portabilità e una buona capacità di memoria per il salvataggio dei dati. Memorie flash dalle dimensioni ridotte utilizzate in tali dispositivi sono le **micro flash**.

## 8 | La memoria Cache

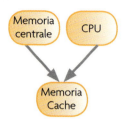

La memoria **Cache** (si pronuncia: cash) è una particolare memoria caratterizzata da un'elevatissima velocità. È frapposta, quindi, tra la CPU e la memoria centrale, per aumentare le prestazioni del computer. In questa memoria vengono trasferiti i dati della memoria centrale maggiormente richiesti dalla CPU in un certo periodo di tempo. Di conseguenza, aumenta la velocità di elaborazione, perché moltissimi accessi alla memoria centrale vengono sostituiti con accessi alla memoria Cache che, come abbiamo detto, è di gran lunga più rapida.

## 9 | I bus

Parlando della memoria RAM abbiamo detto che i dati provenienti dall'esterno devono essere memorizzati in questa memoria affinché la CPU possa compiere l'elaborazione. Ma come fanno i dati a raggiungere la CPU? Come viaggiano le informazioni all'interno della macchina? Il collegamento fisico tra le varie unità funzionali è realizzato da un insieme di linee dette **bus**.

> Il **bus** è costituito da una serie di collegamenti hardware (come se fossero un gruppo di fili), uno per bit, su cui viaggiano tutte le informazioni che vengono scambiate tra l'unità centrale, la memoria e le unità di input/output.

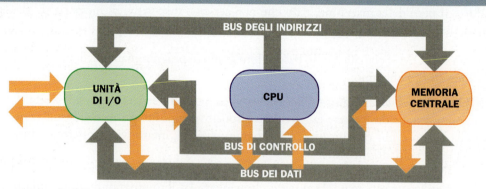

In un sistema di elaborazione si trovano tre bus principali: il **bus degli indirizzi** (*address bus*), il **bus dei dati** (*data bus*) e il **bus di controllo** (*control bus*).

- Il **bus degli indirizzi** trasporta l'indirizzo necessario per reperire una cella di memoria o una unità di I/O. L'unico dispositivo abilitato a inviare informazioni su questo bus è la CPU e, per tale motivo, questo bus è **unidirezionale**. Il bus degli indirizzi è logicamente composto da tanti fili quanti sono i bit che compongono l'indirizzo.
- Il **bus dei dati** viene utilizzato per lo scambio di informazioni tra i vari dispositivi. È **bidirezionale** in quanto l'invio di dati non è di sola pertinenza della CPU e inoltre è logicamente composto da tanti fili quanti sono i bit che compongono la parola utilizzata come unità di trasferimento (per esempio 16, 32 bit).
- Il **bus di controllo**, anch'esso bidirezionale, è utilizzato per sincronizzare la trasmissione (qualunque informazione deve arrivare in un preciso e determinato momento) e per permettere lo scambio di particolari segnali di controllo tra le varie unità (segnali di lettura o scrittura,

segnale di inizio o fine trasmissione, segnale di unità libera o occupata e così via). Il suo scopo principale è, pertanto, quello di coordinare e controllare il traffico di tutte le informazioni viaggianti sugli altri due bus. Il numero di fili componenti questo bus è variabile: più linee lo compongono, maggiore è il numero di informazioni che può trasportare.

# 10 | La memoria di massa

Nei moderni computer la quantità di informazioni che occorre avere in memoria è molto alta, dell'ordine di milioni o di miliardi di byte. Non è possibile contenere questa montagna di informazioni nella memoria centrale per due importantissimi motivi già esaminati in precedenza:

- la memoria centrale è una componente molto costosa, per cui non è possibile costruire computer dotati di grosse quantità di questa memoria;
- la memoria centrale, come già sappiamo, è una memoria volatile, e quindi non è adatta a contenere permanentemente tutte le informazioni.

> Per questi motivi vengono utilizzati altri dispositivi di memoria, le cosiddette **memorie di massa** o **memorie ausiliarie** sulle quali è possibile conservare permanentemente dati e programmi: da esse, però, non può dipendere alcun tipo di elaborazione.

Quindi, per poter elaborare dati o per poter eseguire programmi registrati su una memoria di massa *occorre dapprima trasferirli in memoria centrale*, unica memoria sulla quale la CPU è in grado di operare. Queste memorie presentano le seguenti caratteristiche:

- possono contenere **notevoli quantità** di informazioni;
- sono memorie **trasportabili**;
- sono **meno costose** e di solito **più lente** della memoria centrale.

I dispositivi di memoria di massa più comunemente utilizzati sono le **memorie magnetiche**, le **memorie ottiche** e le **memorie flash**.

I dispositivi magnetici sono costituiti da un supporto piano ricoperto di materiale ferromagnetico sul quale è possibile memorizzare le informazioni magnetizzando apposite **areole** (l'equivalente delle celle di memoria). Questo fenomeno fisico ben si presta alla memorizzazione di segnali digitali in quanto può assumere due stati in base alla direzione del campo magnetico: pertanto, uno stato rappresenterà l'1, l'altro lo 0. La registrazione e la lettura dei dati avvengono grazie a una **testina di lettura/scrittura**.
Tutte le memorie di massa magnetiche hanno in comune le seguenti caratteristiche:

- **velocità di movimento** del supporto di memorizzazione, misurata in *pollici/sec*;
- **densità di memorizzazione**, misurata in *bit/pollice*;
- **velocità di trasferimento**, misurata in *bit/sec* e data dal prodotto dei due parametri precedenti.

# 11 | La memoria di massa: i dischi magnetici

Il **disco** è un supporto di memorizzazione di massa ad **accesso diretto** costituito da un piatto accuratamente levigato le cui facce sono ricoperte di materiale magnetico.
La superficie del disco è composta da tantissime areole magnetizzabili nelle quali vengono memorizzati i dati binari tramite la testina di lettura/scrittura.
Più piccole sono le areole, maggiore è la capacità del disco. Le areole si trovano su piste circolari concentriche denominate **tracce**, su cui i dati vengono memorizzati sequenzialmente, cioè uno di seguito all'altro. Ogni traccia è suddivisa in un numero fisso di **settori**, separati da zone neutre dette **gap**. L'operazione che provvede alla suddivisione del disco in tracce e settori viene detta **formattazione** del disco.

UNITÀ 1 Architettura del computer          11

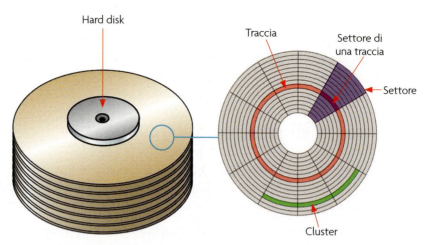

Il disco magnetico più comune è l'hard disk (disco fisso) che è presente all'interno di ogni computer.

L'**hard disk** è costituito da una pila di dischi di alluminio (**disk-pack**), disposti uno sopra l'altro a un'opportuna distanza, che ruotano intorno a uno stesso asse verticale con velocità uniforme (dell'ordine di circa 7200 giri/min). I dischi sono rinchiusi all'interno di un contenitore ermetico nel quale si trova un braccio a forma di pettine sulle cui estremità si trovano le testine di lettura/scrittura. Sono caratterizzati da una capacità di memorizzazione molto elevata (dell'ordine di migliaia di GB). L'insieme di tutte le tracce equidistanti dall'asse di rotazione viene detto **cilindro**.

L'hard disk, inoltre, viene utilizzato dalla CPU per estendere la memoria RAM: quando devono essere tenuti aperti più programmi contemporaneamente, oppure quando si manipolano grosse quantità di dati che non possono essere tutti contenuti nella RAM, la CPU sfrutta parte del disco come memoria centrale. A quest'area viene assegnato il nome di **memoria virtuale**.

### Capacità e tempo di accesso

> Si definisce **capacità** di un supporto di memorizzazione di massa la quantità di dati che esso può contenere. L'unità di misura della capacità è il *byte*.

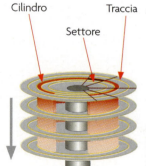

Nelle operazioni di **accesso al disco**, ossia nelle operazioni di lettura/scrittura, *il settore rappresenta l'unità minima di memoria che può essere letta o scritta*. Il **tempo di accesso** varia da dispositivo a dispositivo (negli hard disk è inferiore ai 10 millisecondi) ed è dato dalla somma dei seguenti tempi:

- **tempo di posizionamento** (o **tempo di seek**), cioè il tempo necessario affinché la testina si posizioni sulla traccia contenente il settore interessato;
- **tempo di latenza**, ossia il tempo di attesa necessario affinché il settore interessato passi sotto la testina di lettura/scrittura. Questo tempo dipende dalla velocità di rotazione dei dischi.

> La **velocità di trasferimento** è la quantità di byte trasferiti da o per la memoria di massa misurata in MB/sec.

## 12 | La memoria di massa: i dispositivi rimovibili

Il disco rigido è solitamente posto all'interno del case e, per essere rimosso, ne richiede l'apertura e il distacco dei cavi di alimentazione e dei segnali, operazione fattibile solo a sistema spento (a differenza dei sistemi Server dove è possibile la rimozione "a caldo") e con un minimo di esperienza hardware. Esistono in commercio **hard disk rimovibili** che, attraverso specifici cassetti posti sul case, permettono di semplificare questa operazione e renderla possibile anche a un "non tecnico".

### Hard disk esterni

Gli **hard disk esterni** sono hard disk presenti in un box esterno al computer e collegabile a quest'ultimo attraverso una porta FireWire o USB 2.0 o Ethernet (porte che vedremo successivamente). Rispetto agli hard disk interni sono trasportabili e facilmente collegabili a un qualsiasi altro computer. Hanno varie dimensioni espresse in pollici: 3.5, 2.5, 1.8.

La crescente esigenza di riproduzione di contenuti multimediali ha causato la diffusione di **hard disk esterni multimediali**: dischi esterni dalle notevoli capacità di memorizzazione e anche dalla buona velocità di trasferimento dati, caratterizzati dalla possibilità di essere collegati, oltre che al computer, anche a un televisore di ultima generazione.

I file audio e video possono così essere visualizzati e ascoltati su un qualsiasi dispositivo di output che possegga l'opportuna porta di comunicazione, generalmente USB o HDMI (che vedremo successivamente). Per essere utilizzati senza l'ausilio di un computer tali hard disk sono corredati di un particolare software, una specie di piccolo sistema operativo, che ne permette l'utilizzo con il solo dispositivo di output.

### Media player portatili

I **media player portatili**, invece, sono dispositivi di memoria di massa con la presenza di uno schermo LCD per la fruizione diretta dei contenuti multimediali.

Sia gli hard disk multimediali sia i media player hanno vantaggi e svantaggi che rendono la scelta una questione di esigenze prevalenti: uso durante gli spostamenti per i media player, maggiore capienza e qualità di visione per gli hard disk multimediali.

Se nel campo dell'audio i lettori MP3 possono già fornire sufficiente autonomia con capienze limitate come quelle delle memorie Flash o dei micro hard disk da 1 pollice, nel campo del video anche con la migliore compressione sono necessari dischi rigidi di buona capienza, con parecchi GB e dimensioni dagli 1,8 pollici in su. Inoltre per la fruizione di un video è indispensabile uno schermo a colori di buone dimensioni, che invece in un media player portatile è solo una comodità in più. I media player offrono la possibilità di funzionare a batteria e dunque di essere usati dovunque, ma spesso sono limitati nei formati riproducibili o richiedono lunghe conversioni, e non tutti hanno l'uscita video per la visione su grande schermo.

Gli hard disk multimediali hanno invece dalla loro l'enorme capienza, le uscite video che ne consentono l'impiego proficuo con TV a grande schermo, la maggiore compatibilità con i formati video e il minor prezzo, nonostante capienze anche 10 volte superiori.

### Chiavi o chiavette USB

Chiamate anche **pendrive**, sono il sostituto dei floppy disk e hanno contagiato davvero tutti: sono piccoli e pratici dispositivi e permettono di archiviare dati e programmi. Le chiavette USB sono piccole e durevoli, perché non contengono parti meccaniche in movimento.

I sistemi operativi più recenti possono leggere e scrivere queste memorie senza installare un programma (*driver*) per farle funzionare. Inizialmente poco più piccoli di un evidenziatore e con capienza variabile fra gli 8 e i 32 MB, la nuova generazione si è evoluta moltissimo, e in uno spazio poco più grande di due fiammiferi permette di archiviare molti GB di dati.

### Flash memory

Oggi non possiamo più fare a meno delle memorie **Flash** nel quotidiano lavoro al computer. Ci sono pochi segmenti in cui l'ormai collaudata tecnologia non si sia diffusa, e ogni volta che abbiamo bisogno di soluzioni compatte, non volatili, facciamo ricorso alle Flash. Queste riguardano innanzitutto le fotocamere digitali e i cellulari; recentemente anche le sempre più popolari chiavi USB. Le capacità di queste schede di memoria sono aumentate incredibilmente superando il limite del GigaByte.

Esistono vari formati di Flash memory, ognuna per uno scopo particolare.

La veloce diffusione, l'elevato numero di produttori e gli interessi commerciali a essi legati, hanno fatto sì che non si sia ancora giunti a uno standard per questi dispositivi di archiviazione portatili. Attualmente esistono vari tipi di memoria Flash, differenti per dimensione, forma e interfaccia. La più comune Flash memory conosciuta è il BIOS dei nostri computer. Altri tipi di Flash memory sono usati soprattutto nelle fotocamere digitali (per esempio, le **SmartMedia**, le **CompactFlash** e così via) e nelle console (le **Memory stick** della Playstation sono forse le più famose e commercializzate del mondo).

Ci sono molti buoni motivi per usare queste memorie:

- sono ad accesso veloce;
- sono piccole;
- sono leggere;
- non hanno parti meccaniche;
- sono silenziose.

La tecnologia della *memoria flash* è utilizzata nella produzione delle cosiddette **memory card** o **schede di memoria**.

Le schede **MMC** (*MultiMedia Card*) sono state tra le prime memory card (insieme alle **SmartMedia**). Le **RS-MMC** (*Reduced Size MultiMedia Card*) sono una versione di MMC di dimensioni ridotte.

In alcuni cellulari sono utilizzate schede chiamate **MMC micro** che con un apposito adattatore possono essere lette nei lettori di MMC.

### SD

Un altro tipo di schede molto diffuso è quello noto come **SD** (*Secure Digital*). Sono schede dalla capacità elevata (attualmente fino a 32 GB). Sono presenti in più formati, quello standard (32×24×2,1 mm), le **miniSD** (21,5×20×1,4 mm), le **microSD** (11×15×1 mm).

Un'evoluzione delle schede SD sono le schede **SDIO**, che incorporano meccanismi per la gestione dell'input/output che permettono di realizzare dispositivi particolari collegabili ad apparecchiature elettroniche dotate di slot SDIO.

Le **SDHC** (*Secure Digital High Capacity*), anche chiamate **SD 2.0**, sono caratterizzate da capacità e velocità di trasferimento dati superiore rispetto alle normali SD.

Nei computer esistono lettori che accettano più formati di memory card.

## 13 | La memoria di massa: i dischi ottici

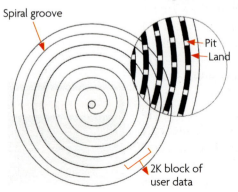

Tra i più diffusi troviamo i **CD** (*Compact Disc*), costituiti da un cilindro di **plastica policarbonata** largo circa 12 cm e alto circa 1,2 mm. Su di esso è incisa una lunga traccia a spirale (diversamente dai dischi magnetici organizzati in tracce concentriche suddivise in settori) che parte dal centro e arriva all'esterno del disco ed è formata da una sequenza di aree piane (**land**). Durante la creazione di un CD, la traccia viene deformata con piccolissimi buchi (**pit**) creati sulle aree piane.

Creando i pit sulla spirale non si fa altro che scrivere i singoli bit di ogni byte, 0 (land) e 1 (pit). Una volta che il pezzo di policarbonato è stato inciso con milioni di pit, uno strato di alluminio riflettente viene stampato per coprirli e proteggerli. Uno strato di acrilico e infine l'etichetta completano il tutto.

Per quanto riguarda la lettura, i bit "ottici" sono letti da una testina che emette un fascio di luce (**laser**) che, durante la rotazione, colpisce le singole aree. Il pit si comporta come uno specchio, e quindi la luce incidente viene riflessa e raccolta da un dispositivo sensibile alla luce (**diodo fotorilevatore**). Il land, invece, cioè l'area piana, non si comporta come uno specchio e, quindi, la luce incidente è diffusa dai rilievi in tutte le direzioni e, pertanto, non viene rilevato alcun segnale riflesso.

I dischi ottici sono molto più affidabili dei dischi magnetici, in quanto all'interno del drive la **testina di lettura** rimane sempre ad alcuni millimetri di distanza dalla superficie. Inoltre, come abbiamo detto, i dati memorizzati su un CD sono isolati dall'ambiente esterno tramite un robusto strato protettivo di plastica; in pratica quando il laser illumina il disco per leggere i dati esso mette a fuoco il livello immediatamente sottostante la superficie fisica del supporto.

## I CD

I **CD-ROM** sono del tutto simili ai CD usati per registrare la musica. La sigla **ROM** (*Read Only Memory*) segnala che i dati, una volta memorizzati su CD, divengono indelebili e, pertanto, il CD potrà essere soltanto letto. La capacità tipica è di circa 650 MB (che nei CD audio corrisponde a 74-80 min di registrazione), ma esistono anche modelli più capienti. La scrittura su CD-ROM (**masterizzazione**) è un'operazione delicata in quanto deve avvenire seguendo un ritmo costante e senza interruzioni.

Se, per qualunque motivo, il flusso di dati durante la scrittura rimane bloccato, il CD diviene inservibile e occorre ricominciare tutto da capo con un CD nuovo.

Oltre ai CD-ROM esistono altri tipi di CD:

- **CD-R** (*Recordable* o *Registrabili*): possono essere scritti una sola volta o in più riprese (**multisessione**) ma non possono essere cancellati o riscritti. Hanno una capacità di 80 minuti, 90 minuti (790 MB), 99 minuti (870 MB fino a 1,2 GB);
- **CD-RW** (*ReWritable* o *Riscrivibili*): possono essere scritti più volte e successivamente cancellati (fino a 1000 volte). Hanno le stesse capacità dei CD-R.

## Il DVD

Il **DVD** (*Digital Versatile Disc*)-ROM esteriormente è analogo al CD-ROM, ma può contenere da 4,7 a 17 GB (cioè fino a 25 volte la capacità di un normale CD). Sono usati soprattutto per registrare i film digitali, ma possono contenere anche i dati che in genere si memorizzano sui CD-ROM. Per leggere i DVD-ROM è necessario un lettore CD appropriato (i normali drive per CD non sono in grado di farlo). Il lettore DVD è, invece, sempre in grado di leggere anche i normali CD-ROM.

Oltre al DVD-ROM, esistono vari tipi di DVD:

- **DVD-R** possono essere scritti una sola volta e hanno un'alta compatibilità con tutti i lettori DVD;
- **DVD-RW** possono essere scritti più volte e successivamente cancellati. Questo formato può essere riprodotto con la maggior parte dei lettori DVD;
- **DVD+RW** possono essere scritti più volte e successivamente cancellati. La loro caratteristica principale è la scrittura più veloce rispetto ai DVD-R e la maggiore flessibilità. Infatti permettono la registrazione in *real-time* e in modo non lineare come un hard disk. Per questo sono molto più diffusi in ambito informatico, ma hanno una minore compatibilità con i lettori DVD;
- **DVD+R** possono essere scritti una sola volta. Vengono usati principalmente per salvare dati avendo caratteristiche similari al DVD+RW;
- **DVD-RAM** possono essere scritti più volte, ma non sono compatibili con i lettori DVD da tavolo o i comuni lettori DVD da PC. Questo formato ha utilizzo prevalentemente nell'ambito informatico. Per aumentare la capacità di memorizzazione dei DVD, in commercio si trovano DVD che prendono il nome di DVD Dual Layer e DVD Double Layer. I **DVD double layer** permettono una doppia incisione nello stesso lato. La capacità del

**UNITÀ 1** Architettura del computer

supporto non raddoppia esattamente, perché una parte di memoria è dedicata alla creazione di un indice e al controllo della distribuzione dei dati. Sono anche detti **singolo lato** ma **doppio strato**. I **DVD dual layer** o **double side** o "doppio lato", invece, possono essere incisi o riscritti da tutti e due i lati. Sono anche detti **doppio lato** ma **singolo strato**. Per i DVD double layer occorre un particolare masterizzatore con tale funzionalità. Per i DVD dual layer è sufficiente avere un supporto a doppio strato, che viene inciso con i comuni masterizzatori, semplicemente girando il disco.

### Il Blu-ray Disk

Il **Blu-ray Disk** è il supporto ottico proposto dalla Sony agli inizi del 2002 come evoluzione del DVD per la televisione ad alta definizione. Grazie all'utilizzo di un laser a luce blu, riesce a contenere fino a 50 GB di dati, quasi 12 volte di più rispetto a un DVD *Single Layer-Single Side* (4,7 GB). Il primo apparecchio ad aver utilizzato commercialmente questa tecnologia è stato la PlayStation 3. La tecnologia alla base di Blu-ray è differente da quella utilizzata per CD-ROM e DVD. Come per i DVD, anche i Blu-ray esistono in versione double layer in cui, grazie alla presenza di due strati di informazione sovrapposti, la capacità viene raddoppiata, portandola da 25 (per il single layer) a circa 50 GB (per il double layer). Sono comunque allo studio versioni ancora più evolute, in cui grazie all'impiego di 4, 8 e anche 16 strati, la capacità di un Blu-ray Disk potrebbe essere in futuro portata anche a 100, 200 e 400 GB rispettivamente.

### La velocità di trasferimento dati

È espressa, per un lettore ottico, in byte/sec. I primi lettori avevano una velocità di 150 KB/sec e questa grandezza è divenuta il riferimento per rappresentare quelle successive. Le velocità sono indicate con i simboli 2×, 8×, 50× ecc. e indicano il multiplo di quella di riferimento, quindi corrispondono, rispettivamente, a 300, 1200, 7500 KB/sec. Poiché i CD, i DVD e i Blu-ray disk sono supporti ad accesso sequenziale, il tempo di accesso dipende dal punto su cui sono memorizzati i dati.

## 14 | Le periferiche di input

### La tastiera

La tastiera (*keyboard*) è il più tradizionale e diffuso dispositivo per l'immissione dei dati. La tastiera standard è composta da 102 tasti, che possono essere classificati in quattro tipi:

- i **tasti standard**, posizionati nella parte centrale della tastiera, sono disposti quasi nello stesso ordine di quelli di una macchina per scrivere e servono per digitare le lettere maiuscole e minuscole dell'alfabeto, le vocali accentate, le cifre numeriche, i segni d'interpunzione e gli operatori relazionali e aritmetici;

### LO SAI CHE...

Il più comune schema per tastiere di computer è quello denominato **qwerty** (che si pronuncia querti). La tastiera qwerty è stata progettata nel 1868 a Milwaukee da **Christopher Latham Sholes** suddividendo ai lati opposti della tastiera i tasti corrispondenti alle coppie di lettere più utilizzate nella lingua inglese per impedire agli *steli* (i supporti dei caratteri) delle macchine per scrivere dell'epoca di incrociarsi e di bloccarsi. Questa tastiera è stata venduta alla società Remington nel 1873. La tastiera qwerty è stata quindi ideata in un'ottica puramente tecnica, unendo ergonomia ed efficacia. La leggenda vuole che la disposizione dei tasti della prima linea della tastiera qwerty fosse stata impostata in modo che i venditori delle macchine per scrivere fossero in grado di trovare facilmente i tasti per scrivere *typewriter* ("macchina per scrivere" in inglese) durante le dimostrazioni!
Le tastiere qwerty sono utilizzate nei computer IBM compatibili (i computer che utilizzano Windows). In Germania vengono scambiate tra loro le lettere Z e Y, poiché in lingua tedesca la Z è molto comune della Y e poiché la Z e la A spesso compaiono vicine; di conseguenza, le tastiere tedesche vengono chiamate tastiere **qwertz**. Le tastiere francesi per PC impiegano lo schema **azerty**, mentre hanno nelle macchine per scrivere, come quelle italiane, la M posizionata a destra della L.

- i **tasti numerici** servono per la digitazione delle cifre numeriche. Sono posti, oltre che nel gruppo dei tasti standard, anche nel settore destro della tastiera, costituendo, così, la tastierina numerica molto utile per la digitazione veloce e razionale delle cifre, proprio come facciamo con una semplice calcolatrice. Per utilizzare la tastierina occorre attivarla premendo il pulsante **Bloc Num**: l'attivazione è confermata dall'accensione dell'apposito indicatore luminoso (*led*). Se il tasto Bloc Num non è attivato, i tasti possono essere utilizzati per muovere il cursore: basta seguire le indicazioni riportate;
- i **tasti di controllo** si adoperano per svolgere particolari funzioni di servizio generale, particolarmente nelle fasi di battitura dei testi (funzioni di spostamento cursore, avanzamento pagine ecc.);
- i **tasti funzione** o *soft keys*, caratterizzati dalle sigle F1, F2, ..., F12 e posti nella parte alta della tastiera, permettono di effettuare determinate operazioni a seconda del tipo di software utilizzato.

## Il mouse

È composto da una scatoletta su cui sono presenti, di solito, due pulsanti e una rotellina (lo *scroll*) girando la quale l'utente può posizionarsi dove desidera. Il suo movimento su un piano (spesso quello del suo tappetino chiamato *mousepad*) permette di muovere un **puntatore** sullo schermo. Il mouse fa parte di una particolare tipologia di periferiche, dette **dispositivi di puntamento**. In genere, il puntatore ha la forma di una freccia ma, durante le varie attività, può assumere forme diverse. Il pulsante principale del mouse è, generalmente, quello sinistro per motivi che potremmo definire anatomici: l'indice della mano destra, infatti, durante il movimento del mouse, si trova proprio di su di esso!

I moderni sistemi operativi, come Windows, hanno pensato anche ai mancini consentendo di riconfigurare la funzione dei tasti.

Con l'avvento del mouse nella gestione dell'input sono stati coniati anche nuovi termini nell'ambito della terminologia informatica:

- **puntare**: significa spostare il puntatore su un elemento presente sul video;
- **fare clic**: significa premere e rilasciare il pulsante del mouse;
- **selezionare**: significa puntare e fare clic su un elemento presente sul video;
- **fare doppio clic**: significa premere rapidamente due volte il pulsante del mouse su un elemento del video per poterlo utilizzare; se l'elemento è un programma, questo viene lanciato (*lanciare* è un termine informatico che significa appunto avviare l'esecuzione di un programma);
- **trascinare**: significa selezionare un elemento presente sul video e, tenendo premuto il pulsante del mouse, spostarlo in un altro punto qualsiasi del video. L'operazione termina quando il pulsante viene rilasciato.

Molto usati sono i **mouse opto-meccanici** (il cui funzionamento è legato al rilevamento dei sensori ottici) e i **mouse ottici** (capaci di determinare il movimento attraverso l'analisi con laser della superficie sulla quale scivolano) disponibili anche in versione cordless. Analoga al mouse è la **trackball**: in questo dispositivo la scatoletta è fissa e il puntatore sul video viene spostato ruotando direttamente una sfera. Un ulteriore dispositivo di puntamento è il **touchpad** presente sui computer portatili. Il touch pad è un dispositivo sensibile al tatto: il movimento del dito sulla sua superficie fa muovere il puntatore sullo schermo. Come il mouse, è dotato di due pulsanti con la medesima funzione.

## Lo scanner

Lo **scanner** è un dispositivo simile alla comune fotocopiatrice: permette di leggere fogli che contengono testi o disegni, nonché immagini su qualsiasi tipo di supporto fotografico trasformandoli in formato digitale. Una volta memorizzate, le immagini digitali possono essere elaborate. Esistono programmi di tipo **OCR** (*Optical Character Recognition*) che possono trasformare l'immagine digitale di un testo in un vero e proprio file di testo.

## Macchine fotografiche e videocamere digitali

Attualmente, le immagini si acquisiscono direttamente in formato digitale grazie alle **macchine fotografiche digitali**, che salvano l'immagine o il filmato su una scheda di memory card interna. Collegando la macchina fotografica al computer tramite un cavo di trasmissione dati, è possibile trasferire le immagini sul computer per elaborarle e/o stamparle. Analogo discorso vale per le **videocamere digitali**, che consentono di acquisire filmati digitali e di elaborarli tramite il computer. Ci sono videocamere professionali per riprese di alta qualità e piccole videocamere, dette **webcam**, usate per trasmettere riprese video attraverso la rete. La ripresa con una webcam ha sempre una qualità piuttosto bassa, perché questo consente di ridurre al minimo il flusso di dati (esigenza utile per qualunque informazione viaggi su Internet).

La **webcam** funziona come una normale telecamera di ridottissime dimensioni. Tutto ciò che è ripreso dalla webcam viene registrato direttamente sul computer che immagazzina i filmati.
Questo strumento è anche una macchina fotografica, perché consente di realizzare dei fermoimmagine che possono essere salvati come foto. La webcam può essere utilizzata anche per effettuare videoconferenze e nei programmi di comunicazione tra utenti in rete.

### La penna ottica e la tavoletta grafica

La **penna ottica** è un dispositivo che sfrutta le potenzialità del **laser** (fascio di luce) per leggere codici come, per esempio, quelli a barre. Viene utilizzata, ormai, in quasi tutte le attività commerciali: pensiamo al supermercato o alla farmacia.
La **tavoletta grafica** (*digitizer*) è composta da un piano di lavoro e da una penna. Il disegno fatto sul piano viene riprodotto, automaticamente, sullo schermo. Può essere utilizzata anche come un mouse.

## 15 | Le periferiche di output

### Il monitor

Il principale dispositivo di output è il monitor (o schermo). I primi **monitor** per computer erano i cosiddetti **monitor a tubo catodico** (sigla CRT per *Cathod Ray Tube*) che erano monitor voluminosi e pesanti, con una consumazione elettrica elevata (oramai totalmente in disuso).

Attualmente si usano esclusivamente **monitor LCD** (acronimo di *Liquid Crystal Display*, schermo a cristalli liquidi) che utilizzano il fluido di cristalli liquidi, racchiuso fra due lamine di vetro, per produrre l'immagine sullo schermo. Applicando una carica elettrica, i cristalli liquidi all'interno del fluido assumono orientamenti variabili che lasciano passare o bloccano la luce della retroilluminazione ossia una sorgente luminosa posta dietro lo strato di cristalli liquidi che permetta di far apparire uno schermo di colore bianco. Per la **retroilluminazione** vengono solitamente utilizzate lampade a fluorescenza (**CCFL**). La luce di queste lampade viene diffusa attraverso lo strato di cristalli liquidi dal diffusore. Recentemente sono stati introdotti alcuni schermi che utilizzano la cosiddetta **retroilluminazione a LED**. Invece delle normali lampade CCFL (al neon), la sorgente luminosa dello schermo è costituita da LED, che consentono di ottenere uno spettro molto più ampio e quindi un maggior numero di colori. Il monitor è composto da tantissimi puntini luminosi chiamati **pixel** (*picture element*) importantissimi in quanto definiscono la **risoluzione** ossia il numero di pixel che lo schermo può visualizzare. Questo numero è generalmente compreso tra 800 × 600 (800 pixel in lunghezza e 600 in larghezza) e 2048 × 1536, ma tecnicamente sono possibili delle risoluzioni superiori. Le altre caratteristiche principali di un monitor sono le seguenti:

- **dimensione**: si calcola misurando la diagonale dello schermo e si esprime in **pollici** (**in**); 1 pollice equivale a 2,54 cm. Così, uno schermo da 17 pollici ha una diagonale lunga 43,18 cm;
- **dot pitch**: è la distanza che separa due pixel dello stesso colore; più questo è piccolo più l'immagine sarà precisa. Così un dot pitch inferiore o uguale a 0,25 mm darà un buon conforto di utilizzazione, mentre gli schermi con dei dot pitch superiori o uguali a 0,28 mm saranno da evitare, mentre quelli con dot pitch pari a 0,14 sono eccellenti.
- **frequenza di refresh**: rappresenta la velocità alla quale un'immagine viene rigenerata sullo schermo e si misura in **Hertz**. Più elevata è la velocità con cui sullo schermo viene riprodotta l'immagine, più stabile sarà quest'ultima. Per esempio, dire che un monitor ha una frequenza di refresh di 75 Hz equivale a dire che l'immagine viene riprodotta sullo schermo 75 volte al secondo. Nei monitor LCD, grazie alla tecnologia TFT (*Thin Film Transistor*), l'immagine viene creata attraverso l'illuminazione dei pixel. A questo punto è chiaro che maggiore è la frequenza di refresh, maggiore è la stabilità dell'immagine, senza contare che anche i nostri occhi saranno sicuramente più riposati.

I **LED** (*Light Emitting Diode*) sono delle sorgenti luminose. I primi LED ad alta efficienza sono stati investigati dall'ingegnere Alberto Barbieri presso i laboratori dell'università di Cardiff (GB) nel 1995. L'evoluzione dei materiali è stata la chiave per ottenere delle sorgenti luminose del futuro che hanno tutte le caratteristiche per sostituire quasi tutte quelle fino a oggi utilizzate. I LED in questi anni si sono diffusi in tutte le applicazioni in cui serve elevata affidabilità, lunga durata, elevata efficienza e basso consumo. Ecco perché li troviamo, tra l'altro, nei telefoni cellulari per l'illuminazione dei tasti, sulle autovetture e ciclomotori in sostituzione delle lampade a filamento, nelle decorazioni natalizie e nell'illuminazione stradale sostituiscono oramai i lampioni tradizionali.

## La stampante

È l'altro dispositivo di output per eccellenza. Il suo compito è quello di provvedere alla stampa su carta. Le attuali stampanti sono di piccole dimensioni, veloci e acquistabili a prezzi accessibili. La qualità dei documenti prodotti dipende dalla risoluzione di stampa, misurata in **DPI** (*Dots Per Inch*, cioè punti per pollice). Le stampanti si classificano in:

- **stampanti a impatto**, che imprimono il carattere sulla carta in modo meccanico attraverso la pressione del mezzo di scrittura sul nastro inchiostrato (ormai poco diffuse);
- **stampanti a non impatto** (stampanti a getto d'inchiostro, laser e così via), che producono la stampa utilizzando tecnologie più sofisticate e avanzate a carattere chimico, magnetico, elettrico e ottico. Sono molto più silenziose di quelle a impatto e raggiungono prestazioni elevatissime. La velocità di stampa è misurata in **PPM** (pagina al minuto).

## Il plotter

È un dispositivo di output utilizzato per applicazioni di carattere tecnico-progettuale. Si usa infatti per la produzione di grafici anche molto grandi e complessi, per esempio le piante di strutture architettoniche. È composto da una serie di pennini, collegati a un braccio meccanico che si muove orizzontalmente al piano di lavoro, e da un rullo di carta, che può muoversi verticalmente nei due sensi, permettendo, così, di arrotolare e srotolare la carta in base alle esigenze del grafico da realizzare.

# 16 | Le periferiche di I/O

## Il monitor touch screen

Il **monitor touch screen** o **schermo tattile** è un monitor che può rilevare la presenza e la locazione di un tocco o contatto all'interno dell'area visualizzata. Tale tocco può avvenire attraverso il dito di una mano oppure attraverso un altro oggetto passivo, quale per esempio una penna. Il monitor touch screen consente un'interazione diretta sul punto visualizzato, anziché indiretta come quella del mouse. Sono molto utilizzati nei tablet e negli smartphone.

### Il modem

Il **modem** è un dispositivo sia di input sia di output che rende possibile la comunicazione fra computer attraverso linee analogiche come quelle telefoniche tradizionali. Proprio perché le linee sono analogiche, progettate per trasmettere segnali vocali, è necessario utilizzare un modem, che ha il compito di trasformare i dati provenienti dal computer in un segnale di tipo audio, che viene trasmesso lungo la rete telefonica. Allo stesso tempo, in ricezione, deve essere in grado di eseguire la trasformazione inversa. Il modem prende il nome da questa doppia attività, perché deriva dalle parole inglesi *modulator* e *demodulator*.

La velocità del modem può essere misurata in **baud**, cioè il numero di simboli trasmessi al secondo oppure in **bps** (bit trasmessi per secondo). I principali tipi di modem sono:

- PSDN (56 kbps);
- ISDN (128 kbps);
- ADSL (da 640 kbps a 100 Mbps);
- HDSL (da 1 Mbps a 100 Mbps);
- GPRS/EDGE/UMTS/HSDPA (integrati nei cellulari, negli smartphone; disponibili anche come PC card o modem USB, intorno a 7,2 Mbps).

Oggi per lo più le funzioni di modem sono svolte da dispositivi chiamati router, che consentono di indirizzare i dati verso più computer e permettono il collegamento dei computer stessi tra loro. La fotografia mostra un moderno router destinato al mercato domestico.

## 17 | Collegare le periferiche al computer: le schede di I/O

Ogni periferica di I/O necessita di una **interfaccia di I/O** o **scheda di I/O** per gestire il colloquio (scambio dati) con la CPU. Le schede di I/O vengono installate in alloggiamenti posti sulla scheda madre, chiamati **slot** di espansione. Tali schede offrono la possibilità di connessione alle periferiche di I/O attraverso appositi cavi, oppure in modalità wireless, cioè senza cavi. Alcuni esempi di schede di I/O sono analizzate di seguito.

La **scheda grafica**, o **scheda video**, converte il segnale digitale proveniente dalla CPU in segnale analogico per il video. Essa è un vero e proprio processore dedicato alla gestione del video. La qualità di queste schede dipende dalla quantità di pixel che riescono a visualizzare all'interno del video e dalla velocità di elaborazione delle immagini. Le schede grafiche odierne contengono una quantità variabile di memoria RAM dedicata all'elaborazione dell'immagine video. Dalla quantità di RAM grafica presente e dalla velocità (frequenza) massima del suo processore dipendono la risoluzione massima raggiungibile e il numero di

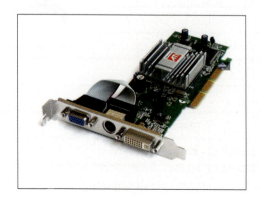
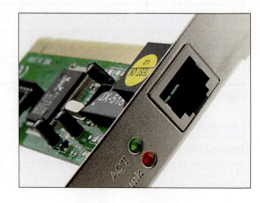

A sinistra: la scheda video di un computer.
A destra: una scheda di rete.

colori contemporaneamente visibili. Le schede grafiche di nuova generazione sono dotate di tecnologia HD.

La **scheda audio**, o **scheda sonora**, converte il segnale digitale in suoni e viceversa. Permette di registrare e di ascoltare suoni di tipo digitale, e di creare un ambiente di lavoro multimediale.

Attraverso la scheda sonora e grazie a un programma particolare, è possibile rendere il computer in grado di ascoltare i comandi dell'utente (riconoscimento vocale) e di "parlare" in modo umano (sintesi vocale).

La **scheda di rete** (*network interface*) aumenta le espansioni del sistema integrandolo in una sovrastruttura di rete, permettendo l'accesso a risorse esterne e condividendo le proprie con altri sistemi. Deve essere impiegata assieme a un protocollo di comunicazione, cioè a comuni regole da rispettare.

## Le porte

Per collegare le periferiche alle schede bisogna inserire i loro **cavi connettori** in apposite prese, dette **porte**, poste oramai in qualsiasi posizione sul case del computer (posteriore, anteriore, laterale). La continua evoluzione tecnologica genera vari tipi di porte.

Le **porte PS/2** permettono di collegare al computer il mouse e la tastiera.

Le **porte seriali e parallele**: nelle prime i dati viaggiano, come dice la parola stessa, in serie, uno dopo l'altro su un unico cavo, mentre nelle porte parallele i dati viaggiano in gruppi di 8 bit alla volta su 8 diversi cavi. Di conseguenza, anche i cavi connettori sono seriali e paralleli e sono fisicamente diversi tra loro, in modo da non consentire il collegamento di un cavo parallelo a una porta seriale e viceversa. Le porte parallele sono utilizzate per collegare stampanti, plotter, lettori CD-ROM, webcam o più computer, mentre quelle seriali vengono utilizzate per il collegamento di modem, mouse, tastiera.

La porta parallela è ormai considerata obsoleta: si preferiscono altri standard di comunicazione come l'USB, seriale e quindi di minore ingombro, più veloce e multifunzione.

Le **porte USB** (*Universal Serial Bus*) connettono ogni tipo di dispositivo e permettono di collegare in serie fino a 127 periferiche. Si distinguono in base all'ampiezza di banda:

- 1,5 Mbit/s generalmente utilizzato per tastiere e joystick;
- 12 Mbit/s;
- 480 Mbit/s (USB 2.0).

Nella figura qui sotto puoi vedere in primo piano le numerose porte disponibili in una scheda madre di un PC.

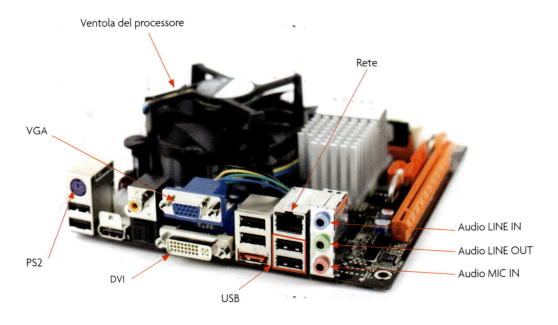

Le **porte FireWire** permettono di collegare fino a 63 dispositivi, compresi quelli ad ampia banda passante (videocamere, macchine fotografiche digitali, DVD ecc.) e consentono connessioni ad Internet ad alta velocità.

Le **porte HDMI** (*High-Definition Multimedia Interface*, in italiano "interfaccia multimediale ad alta definizione") sono uno standard commerciale completamente digitale per l'interfaccia dei segnali audio e video. Creato nel 2002 dai principali produttori di elettronica, tra cui Hitachi, Panasonic, Philips, Sony, Toshiba e Silicon Image, lo standard gode anche dell'appoggio dei principali produttori cinematografici quali Fox, Universal, Warner Bros e Disney e degli operatori televisivi DirecTV ed EchoStar (DISH Network), di CableLabs e Samsung. L'interfaccia HDMI è in costante evoluzione. Ogni nuova versione è identificata con un numero univoco; la prima, nel 2002, era la HDMI 1.0 in grado di offrire una velocità di trasmissione massima di 4,9 Gb/s; una delle ultime versioni, la versione 1.3, arriva fino a 10,2 Gb/s. Tutte le odierne televisioni hanno una o più porte HDMI per consentire un collegamento ad alta velocità di numerosi tipi di apparecchiature: videocamere, hard disk multimediali, Media Player ecc.

Le **porte wireless** utilizzano generalmente onde radio a bassa frequenza per mettere in collegamento dispositivi senza l'utilizzo di cavi. Tutti i computer di ultima generazione ormai hanno questo tipo di porta per potersi collegare in reti wireless, cioè in reti di computer collegati tra di loro senza cavi (*Wireless Local Area Network*). Vengono anche utilizzate per collegamenti a Internet.

Le **porte Bluetooth** consentono un collegamento wireless per lo scambio di informazioni tra dispositivi diversi attraverso una frequenza radio sicura a corto raggio. Le porte Bluetooth cercano i dispositivi entro un raggio di qualche decina di metri; quelli coperti dal segnale possono essere messi in comunicazione tra di loro. Questi dispositivi possono essere per esempio palmari, telefoni cellulari, personal computer, PDA, portatili, stampanti, fotocamere digitali, console per videogiochi.

## 18 | Tipi di computer

Non esiste un computer che sia valido per tutte le persone e per tutti gli utilizzi. Esistono, però, computer che per velocità e prestazioni sono migliori di altri. Poiché ne esistono di diversi tipi, oggi è facile scegliere il modello o il tipo più vicino alle caratteristiche di utilizzo o di scelta personale. I computer possono essere divisi in alcune categorie, a seconda delle loro caratteristiche salienti, dell'uso che in generale se ne fa, del software e dei sistemi operativi che si possono installare.

### Supercomputer

Sono sistemi di elaborazione progettati per ottenere potenze di calcolo estremamente elevate (raggiungono velocità di circa 1000 miliardi di operazioni al secondo), dedicati a eseguire calcoli particolarmente onerosi. Sono strumenti costosi e, normalmente, sono di proprietà di società o enti di ricerca che condividono il loro utilizzo tra molti dipendenti/ricercatori. Per questo motivo ne esistono pochi e sono a disposizione di alcune università e di centri come *Nasa* e *Pentagono*. Vista la velocità dello sviluppo tecnologico nel campo dell'informatica e dei microprocessori, di solito perdono l'attributo "super" dopo pochi anni dalla loro nascita, superati da macchine ancora più potenti. Attualmente la maggior parte dei nuovi supercomputer in progetto e di quelli in funzione è basata su **cluster**, gruppi di computer connessi in rete ad alta velocità che lavorano insieme e appaiono all'utente come una sola macchina.

### Mainframe

Hanno rappresentato la grande potenza di calcolo dagli anni Sessanta agli anni Ottanta. Erano sistemi a cui potevano avere accesso più utenti contemporaneamente (lavoravano, cioè, in **multiutenza**). Al loro posto oggi si trovano i potenti **server** (computer dedicati allo svolgimento di uno specifico servizio, mentre i computer collegati e che utilizzano il servizio del server si chiamano **client**), che lavorano in modalità client/server e sono spesso, proprio come i supercomputer, organizzati in cluster. Attualmente sono diffusi i moderni sistemi di elaborazione in rete (**reti di computer** o **networking**) composti da computer di tipo diverso connessi tra loro (nodi della rete).

## Personal Computer

È un computer economico destinato, per lo più, a un utilizzo personale da parte di un singolo individuo. L'uso a cui è destinato non richiede, quindi, elevate prestazioni. Dato che la definizione di Personal Computer nacque con la diffusione dei computer PC IBM, oggi con Personal Computer (PC) spesso si intende un computer da essi derivato, ma inizialmente il termine era riferito a macchine con sistemi operativi e tipi di microprocessori del tutto diversi, quali la prima versione della Apple. Un particolare tipo di personal computer è la **workstation**, computer dotato di elevate potenzialità grafiche e di calcolo, molto utilizzato dai tecnici per attività di progettazione ad alto livello. I PC sono anche definiti "computer da tavolo" (*Desktop Computer*). I **computer portatili** (**laptop**), invece, sono provvisti di una batteria ricaricabile, autonoma per un determinato numero di ore. A differenza del computer fisso, il portatile è provvisto di monitor e di tastiera integrati in un unico blocco. Il suo peso ridotto ne agevola il trasporto e ne rende vantaggioso l'utilizzo per chi deve effettuare frequenti spostamenti. I modelli più recenti, di peso e di spessore sempre minori, vengono detti anche **Notebook**. A parità di potenza, i portatili sono molto più costosi dei normali PC, ma anche più comodi da usare a causa delle dimensioni ridotte.

## Tablet PC

Il **Tablet PC** (letteralmente *PC tavoletta*) è un computer portatile che grazie alla presenza di un digitalizzatore (*digitizer*, in inglese) permette all'utente di scrivere a mano sullo schermo, attraverso particolari penne o tramite le dita. L'utente può in pratica usare una speciale penna (detta *stilo*) e utilizzare il computer senza dover usare una tastiera o un mouse. Un modello molto

noto è l'*iPad* di Apple, usato in particolare per navigare su Internet, riprodurre contenuti multimediali e utilizzare molte applicazioni classicamente presenti sui normali PC. Questi tablet, proprio per essere privi di tastiera, vengono definiti *Tablet PC puri*. Esistono, poi, i cosiddetti *Tablet ibridi*, che presentano una tastiera agganciabile e staccabile a seconda delle esigenze dell'utente.

### Netbook, UMPC e MID

I termini **Netbook**, **Ultraportatile** o **Mini-portatile** indicano particolari computer portatili destinati soprattutto alla navigazione in Internet e alla videoscrittura. I Netbook sono una "versione in miniatura" di un normale portatile, e quindi ne conservano la forma: tutti hanno una tastiera fisica e uno schermo privo di funzionalità touch screen, connettività di tipo Wi-Fi.

Gli **UMPC** (*Ultra Mobile PC*) sono computer ultraportatili di dimensioni a metà strada tra quelle di un palmare e quelle di un tradizionale notebook, che ereditano alcune soluzioni tipiche dei palmari, come l'assenza di una tastiera fisica, oppure la presenza di una tastiera a scomparsa con apertura a scorrimento; inoltre molto spesso sono dotati di schermo touch screen.

I Netbook sono molto simili ai cosiddetti **MID** (*Mobile Internet Device*) che sono particolari UMPC anch'essi destinati soprattutto alla navigazione, il cui sviluppo è stato portato avanti da parte di Intel.

La principale differenza con i Netbook è nelle prestazioni e nelle dimensioni fisiche; mentre i MID sono derivati dagli UMPC e hanno quindi dimensioni molto contenute con schermi tra i 4 e i 7 pollici, i Netbook, derivando dai portatili di piccole dimensioni, hanno uno schermo più grande, in genere compreso tra i 7 e gli 11 pollici ed integrano sempre e comunque la tastiera (spesso assente nei MID).

### Smartphone

Uno **smartphone**, o in italiano cellulare intelligente o supercellulare, è un dispositivo portatile che abbina la funzionalità di gestione dei dati personali e quella del telefono. Può derivare dall'evoluzione di un PDA a cui si aggiungono funzioni di telefono (per questo detti anche PDA-Phone) o, viceversa, di un telefono mobile a cui si aggiungono funzioni di PDA. La caratteristica più interessante degli smartphone è la possibilità di installarvi altri programmi applicativi, che aggiungono nuove funzionalità.

Questi programmi possono essere sviluppati dal produttore, dallo stesso utilizzatore, o da terze parti. Oggi esistono smartphone con connessione GSM/GPRS/EDGE/UMTS/HSDPA e che utilizzano le tecnologie Bluetooth e Wi-Fi per le comunicazioni con altri dispositivi. Nella maggior parte dei casi sono dotati di un "acceleratore" che capta i movimenti del telefono.

### eReader

Vengono considerati i nuovi libri del futuro, hanno le dimensioni di una normale agenda da lavoro e sono particolarmente sottili. Vengono utilizzati per leggere libri elettronici (**ebook**) ricchi di collegamenti ipertestuali in modo da facilitare la navigazione tra vari argomenti. Alcuni modelli sono dotati di porte USB e consentono il collegamento Wi-Fi a Internet.

# TRAINING

Test

## CONOSCENZE

**1.** Indica se le seguenti affermazioni sono vere oppure false.
- V | F  Il computer è composto da soli componenti elettronici.
- V | F  Il computer è una macchina programmabile che però può essere utilizzata solo per specifici problemi.

**2.** L'hardware è l'insieme:
- ☐ delle componenti dell'unità centrale
- ☐ delle periferiche di un elaboratore
- ☐ dei componenti di un sistema di elaborazione
- ☐ dei programmi che possono essere utilizzati su un computer

**3.** Il software è l'insieme:
- ☐ dei programmi indispensabili al funzionamento del computer
- ☐ dei risultati di un'elaborazione
- ☐ dei programmi che possono essere utilizzati su un computer
- ☐ dei componenti di un sistema di elaborazione

**4.** Il case da tavolo prende il nome di:
- ☐ mini tower   ☐ desktop
- ☐ tower         ☐ notebook

**5.** La scheda madre si trova:
- ☐ nel sistema operativo   ☐ nel monitor
- ☐ nel case                 ☐ nella tastiera

**6.** La CPU è costituita:
- ☐ da unità di controllo e unità aritmetico-logica
- ☐ da unità di controllo, unità aritmetico-logica e memoria centrale
- ☐ da unità di controllo e memoria centrale
- ☐ solo dalla memoria centrale

**7.** Quale di queste sigle individua l'unità preposta a svolgere le operazioni numeriche e di confronto?
- ☐ ALU    ☐ RAM
- ☐ CU     ☐ CACHE

**8.** La velocità di un processore viene calcolata in:
- ☐ micron   ☐ byte
- ☐ Hertz    ☐ GByte

**9.** Completa le seguenti frasi.
- La .................... misura i "battiti del cuore" del computer.
- Pentium IV e Dual Core, sono .................... di computer.
- Le prestazioni di un computer sono identificate dall'acronimo .................... .

**10.** Indica se le seguenti affermazioni sono vere o false.
- V | F  Le istruzioni macchina svolgono ciascuna una funzione elementare eseguibile dalla CPU.
- V | F  L'istruzione macchina è composta dal codice operativo e dagli operandi.
- V | F  In un'istruzione macchina gli operandi non possono mai essere più di due.

**11.** Qual è la differenza tra memoria centrale e memoria di massa?

**12.** Che cos'è la RAM?

**13.** Che cosa significa che la memoria RAM è ad accesso casuale?

**14.** Che cos'è una parola di memoria?

**15.** Indica se le seguenti affermazioni sono vere o false. La memoria RAM:
- V | F  è ad accesso sequenziale.
- V | F  è una memoria permanente.
- V | F  è la memoria in cui devono essere contenuti i programmi per essere eseguiti.

**16.** Da quanti bit è composto un byte?
- ☐ 1    ☐ 10
- ☐ 2    ☐ 8

**17.** Un KB è pari a:
- ☐ 1000 byte   ☐ 1024 byte
- ☐ 1000 bit    ☐ 1024 bit

**18.** Qual è la differenza tra bit e byte?

**19.** Un terabyte (TB) equivale a:
- ☐ 1000           ☐ $2^{10}$ megabyte
- ☐ $2^{10}$ gigabyte   ☐ 1024 kilobyte

**20.** $2^{60}$ byte equivalgono a:
- ☐ 1 hexabyte    ☐ 1 yottabyte
- ☐ 1 terabyte    ☐ 1 zettabyte

**21.** L'utente di un computer può accedere direttamente alla memoria ROM:
- ☐ solo per leggere i dati
- ☐ solo per inserire i dati
- ☐ proprio come si può fare con la RAM
- ☐ in nessun caso

**22.** La differenza tra RAM e ROM consiste nel fatto che:
- ☐ la ROM risiede in memoria centrale, la RAM su supporti magnetici
- ☐ la RAM consente la scrittura e la lettura dei dati, la ROM solo la lettura
- ☐ la RAM è memoria di sola lettura, la ROM è di lettura/scrittura
- ☐ la RAM è memoria di sola scrittura, la ROM è di lettura

**23.** Completa le seguenti frasi.
- Il .................... è memorizzato all'interno di una memoria ROM.
- La memoria .................... è una memoria molto, molto veloce.

UNITÀ 1 Architettura del computer

# TRAINING

**24.** Il bus dati è:
- ☐ unidirezionale
- ☐ bidirezionale
- ☐ pluridirezionale

**25.** Indica se le seguenti affermazioni sono vere o false.

|  |  | |
|---|---|---|
| V | F | Sulle memorie di massa non può avvenire l'elaborazione dei dati. |
| V | F | Le memorie di massa possono contenere grandissime quantità di informazioni. |
| V | F | Le memorie di massa non sono memorie trasportabili. |
| V | F | Le memorie di massa sono meno costose e più lente della memoria centrale. |

**26.** Le unità disco servono per:
- ☐ visualizzare i dati sul monitor
- ☐ ascoltare i suoni del PC
- ☐ memorizzare dati
- ☐ raffreddare il computer

**27.** Completa il seguente disegno, che riporta la struttura di un disco magnetico, annotando i nomi degli elementi che lo compongono.

**28.** Il disco rigido:
- ☐ serve a parcheggiare temporaneamente dati e programmi, che vengono cancellati ogni volta che il computer viene spento
- ☐ è una memoria magnetica di massa di grande capacità, in cui dati e programmi vengono immagazzinati stabilmente, per essere disponibili ogni volta che l'utente accende il computer
- ☐ è un'unità di elaborazione centrale interna al computer
- ☐ è un dispositivo di puntamento

**29.** Si definisce Cache di disco:
- ☐ l'area dell'hard disk all'interno della quale vengono memorizzati i dati che la CPU sta per utilizzare
- ☐ l'area dell'hard disk all'interno della quale vengono memorizzati i dati che la CPU ha utilizzato
- ☐ l'area dell'hard disk all'interno della quale vengono memorizzati i dati che la CPU non utilizza mai

**30.** Il tempo di latenza è:
- ☐ il tempo di attesa necessario affinché il settore interessato passi sotto la testina di lettura/scrittura

- ☐ il tempo di attesa necessario affinché la traccia interessata passi sotto la testina di lettura/scrittura
- ☐ il tempo necessario affinché il dato interessato venga letto
- ☐ il tempo necessario affinché il dato interessato sia trasportato in memoria centrale

**31.** Che cosa sono gli hard disk multimediali?

**32.** Qual è la differenza tra hard disk multimediale e media player portatili?

**33.** Quali sono le caratteristiche delle Flash memory?

**34.** Gli hard disk multimediali:
- ☐ sono memorie magnetiche di massa interne al computer
- ☐ sono memorie di massa esterne, adatte per scambiare dati
- ☐ servono a conservare temporaneamente dati e programmi
- ☐ sono dispositivi di puntamento

**35.** Quali delle seguenti non sono memory card?
- ☐ MMC
- ☐ SmartMedia
- ☐ SDIO
- ☐ XML

**36.** Quali delle seguenti costituiscono un'evoluzione delle schede SD?
- ☐ SD extreme
- ☐ MMC
- ☐ RS-MMC
- ☐ SDHC

**37.** Indica se le seguenti affermazioni sono vere o false.

|  |  | |
|---|---|---|
| V | F | La struttura di un disco ottico è caratterizzata da tracce e settori. |
| V | F | Il disco ottico ha un'unica traccia a spirale. |
| V | F | Il disco ottico è rivestito da materiale magnetico. |
| V | F | Il disco ottico è di sola lettura. |

**38.** Il CD-ROM:
- ☐ può contenere più dati di un DVD
- ☐ è una memoria di sola lettura
- ☐ può essere riscritto
- ☐ può contenere oltre 100 min di registrazione

**39.** Registrare dati su CD-ROM per l'utente finale che dispone solamente di un comune lettore di CD-ROM:
- ☐ è impossibile, perché il lettore di CD-ROM è una memoria di sola lettura (Read Only Memory)
- ☐ è possibile, ma una sola volta, in modo irreversibile
- ☐ è possibile, ma è un'operazione più lenta rispetto alla registrazione su hard disk
- ☐ è un'operazione sempre possibile

**40.** Il masterizzatore CD serve:
- ☐ solo per leggere dati su CD
- ☐ per memorizzare e leggere dati su CD
- ☐ solo per memorizzare dati su CD
- ☐ solo per cancellare dati su CD

Apparato didattico Il sistema computer

**41.** Di queste caratteristiche, non è propria della memoria centrale di un computer:
- ☐ la capacità
- ☐ il tempo di elaborazione dei dati
- ☐ il tempo di accesso ai dati
- ☐ sono tutte caratteristiche proprie

**42.** Un DVD-RW:
- ☐ può essere scritto una sola volta
- ☐ può essere cancellato una sola volta
- ☐ può essere letto una sola volta
- ☐ può essere scritto più volte

**43.** Un DVD+R:
- ☐ può essere scritto una sola volta
- ☐ può essere scritto più volte
- ☐ è equivalente di un supporto Blu-ray
- ☐ equivale ai CD+R

**44.** Quale dei seguenti non è un disco ottico:
- ☐ Blu-ray
- ☐ MMC
- ☐ DVD+R
- ☐ CD-R

**45.** Non è un dispositivo di input:
- ☐ la tastiera
- ☐ il mouse
- ☐ il plotter
- ☐ la trackball

**46.** I programmi di tipo OCR (*Optical Character Recognition*):
- ☐ possono trasformare l'immagine digitale di un testo in un file di testo che non può essere manipolato
- ☐ possono trasformare l'immagine digitale di un testo in un vero e proprio file di testo che può essere manipolato
- ☐ possono trasformare l'immagine digitale di un testo in un file pronto per la sola stampa
- ☐ possono trasformare l'immagine digitale di un testo in una nuova immagine

**47.** Perché è così utile il touch screen?

**48.** Che cosa sono i pixel?

**49.** Che cosa si intende con l'espressione risoluzione video?

**50.** Che cosa indica la frequenza di refresh?

**51.** Quanti tipi di stampanti esistono?

**52.** A che cosa serve il plotter?

**53.** Che cos'è il monitor touch screen?

**54.** È un dispositivo di puntamento:
- ☐ la fotocamera
- ☐ la tastiera
- ☐ la trackball
- ☐ il touch screen

**55.** Un pixel è:
- ☐ un'area di un millimetro quadrato sul video
- ☐ uno dei tre colori fondamentali del video
- ☐ l'unità elementare controllabile del video
- ☐ un'area composta da vari elementi illuminabili

**56.** Una risoluzione corretta di un monitor è:
- ☐ 800 × 600 pixel
- ☐ 1024 × 5000 pixel
- ☐ 1152 × 798 pixel
- ☐ 1010 × 1010 pixel

**57.** Per collegare un dispositivo periferico alla sua scheda si utilizzano:
- ☐ i dispositivi di puntamento
- ☐ i monitor LCD
- ☐ i dot pitch
- ☐ i cavi connettori

**58.** Indica se le seguenti affermazioni sono vere oppure false.
- V | F | Nelle porte seriali i dati viaggiano in gruppi.
- V | F | Nelle porte parallele i dati viaggiano uno dopo l'altro.
- V | F | Cavi connettori seriali e cavi connettori paralleli hanno la stessa forma.

**59.** Quali delle seguenti sono periferiche di input/output?
- ☐ mouse
- ☐ monitor touch screen
- ☐ plotter
- ☐ stampante

**60.** Quale delle seguenti è una porta multimediale ad alta definizione?
- ☐ PCMCIA
- ☐ HDMI
- ☐ USB
- ☐ FireWire

**61.** Quanti tipi di modem conosci?

**62.** Come è fatto uno slot?

**63.** Che cosa sono le porte?

**64.** Qual è la differenza tra porta seriale e porta parallela?

**65.** Qual è la sigla per l'interfaccia multimediale ad alta definizione?

**66.** Una porta USB 2.0 a quale velocità può trasmettere? Una porta HDMI 1.3, invece?

**67.** A che cosa possono servire le porte wireless? E quelle Bluetooth?

**68.** Quali sono le caratteristiche dei supercomputer?

**69.** Che cosa sono i mainframe?

**70.** Che cosa sono i notebook?

**71.** Uno smartphone è:
- ☐ un'evoluzione di un PDA con funzioni di telefonia
- ☐ un netbook specializzato
- ☐ un mainframe
- ☐ una workstation con funzioni ridotte

**72.** I supercomputer:
- ☐ sono progettati per eseguire calcoli semplici
- ☐ sono basati sui cluster
- ☐ sono molto diffusi nella realtà aziendale
- ☐ eseguono circa 10 milioni di operazioni al secondo

# UNITÀ DI APPRENDIMENTO 2
# IL SISTEMA OPERATIVO

## IN QUESTA UNITÀ IMPARERAI...

- Cosa è un sistema operativo e quali sono le sue funzioni
- Come operare con Windows e le finestre
- Come eseguire operazioni su file e cartelle
- Quali sono le differenze tra i più importanti sistemi operativi per pc, tablet e smartphone

Glossario CLIL

Approfondimento

## 1 | Il sistema operativo

Un computer fornito di solo hardware sarebbe certamente quasi impossibile da usare. Per ovviare a tale difficoltà è stato creato un software di base, il **sistema operativo**, in grado di sfruttare al meglio le risorse hardware e di gestire l'interazione con l'utente.

> Il **sistema operativo** è l'insieme dei programmi, che si occupa di gestire, coordinare e controllare, in maniera sicura, sia la comunicazione tra tutte le componenti del computer, sia quella tra computer e utente. Permette di utilizzare il computer anche senza conoscere il funzionamento dei suoi vari dispositivi.

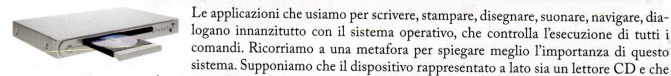

Le applicazioni che usiamo per scrivere, stampare, disegnare, suonare, navigare, dialogano innanzitutto con il sistema operativo, che controlla l'esecuzione di tutti i comandi. Ricorriamo a una metafora per spiegare meglio l'importanza di questo sistema. Supponiamo che il dispositivo rappresentato a lato sia un lettore CD e che tu lo stia usando per ascoltare musica, per cambiare brano musicale, per riprodurre brani. Come lo utilizzi? Premendo gli appositi pulsanti. In sostanza, utilizzi il lettore senza sapere che cosa avviene effettivamente al suo interno. In fondo, non importa sapere quali processi ha innescato la pressione di un tasto e neppure come sia stato letto il brano desiderato, ma solo ascoltare la musica.

Il principio è lo stesso per il sistema operativo. Per esempio, quando vuoi stampare un documento o vuoi salvarlo su un disco, premi un tasto o fai un clic su un pulsante da qualche parte e il sistema operativo comunica questa istruzione alla CPU, che la esegue coinvolgendo il dispositivo richiesto. Sintetizzando, il sistema operativo offre un'**interfaccia** tra gli utenti e la macchina, mettendo a disposizione strumenti di lavoro, facilitazioni e piccole procedure pronte da utilizzare. Inoltre, gestisce le risorse hardware e software ottimizzandone l'uso.

Le principali funzioni svolte dal sistema operativo possono essere così riassunte:

- gestione dell'unità centrale e dei vari processi legati all'elaborazione dei dati;
- inizializzazione e terminazione dei lavori della macchina;
- gestione della memoria centrale (ossia coordina e gestisce tutte le fasi inerenti l'accesso in memoria e distribuisce la capacità di memoria in presenza di più utenti e di più lavori);
- gestione dei processi nell'ordine con il quale vengono eseguiti;
- gestione dell'input/output (I/O) ottimizzando le periferiche collegate al computer anche nel caso in cui siano presenti più utenti che usano contemporaneamente la stessa risorsa (per esempio, una stampante condivisa tra più utenti);
- gestione dei file memorizzati sulle memorie di massa e dell'accesso ai dati in essi contenuti;
- gestione delle protezioni dei file e dei programmi da accessi non autorizzati;
- supporto ai programmatori durante la fase di sviluppo del software.

Esistono moltissimi sistemi operativi e sono strettamente collegati alla tipologia di computer su cui funzionano. Il sistema operativo di un personal computer, per esempio, non potrà certo funzionare così com'è su un supercomputer!

**Interfaccia**
Dispositivo hardware o software che permette la comunicazione tra due entità diverse. Ogni dispositivo espone la sua "faccia" con la sua caratteristica tecnica di comunicazione.

**Linea del tempo**

**Evoluzione sistemi operativi**
Dalle interfacce testuali ai moderni sistemi operativi per tablet e smartphone. Analizza attraverso la timeline dedicata alla storia dei sistemi operativi come si è evoluta l'interazione con il computer.

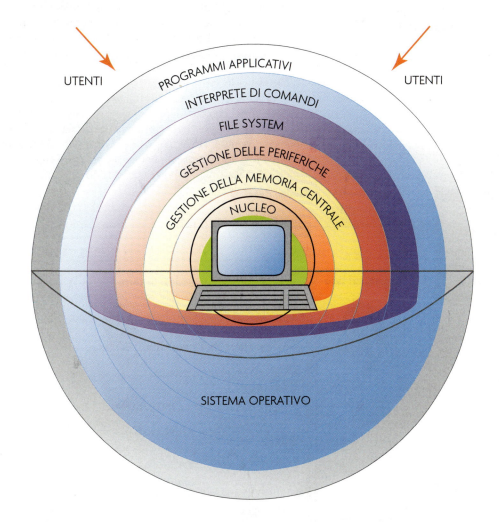

Struttura a cipolla di un sistema operativo.

In passato, prima del grande sviluppo dei personal computer, ogni casa costruttrice di computer installava sistemi operativi proprietari. Oggi, invece, tali sistemi vengono installati esclusivamente su grandi sistemi di elaborazione.

# Lavorare al computer

## POSTURA CORRETTA

**Schermo** posizionato al livello degli occhi con un'inclinazione di circa 10°-20° e una distanza di 50-70 cm.

Quando si utilizza il computer è molto importante assumere una postura corretta, che rispetti fisionomia del nostro corpo, per evitare conseguenze dannose per la salute.

### Posture scorrette

**In avanti**
Collo e spalle in tensione. I muscoli della schiena si sovraccaricano, affaticando la colonna.

**Indietro**
Deltoidi e trapezio sotto sforzo. Le gambe troppo in avanti ostacolano la circolazione sanguigna.

Il segreto di una schiena in buone condizioni è proprio la postura.
Il punto di partenza è una sedia ergonomicamente studiata per adattarsi alla peculiarità fisiche di chi la utilizza. Con la sedia completamente sotto la scrivania, il peso del corpo va distribuito su tutta la seduta, appoggiandosi sempre allo schienale. Ovviamente, è necessario impegnarsi per mantenere la schiena diritta.

### Posture da evitare

**Sdraiati sul lato**

**Supini**

**Seduti in terra**

**Portatile**
Quando di utilizza un computer portatile è sempre meglio sollevare lo schermo in posizione leggermente più bassa rispetto all'altezza degli occhi.

30  Apparato didattico A  Il sistema computer

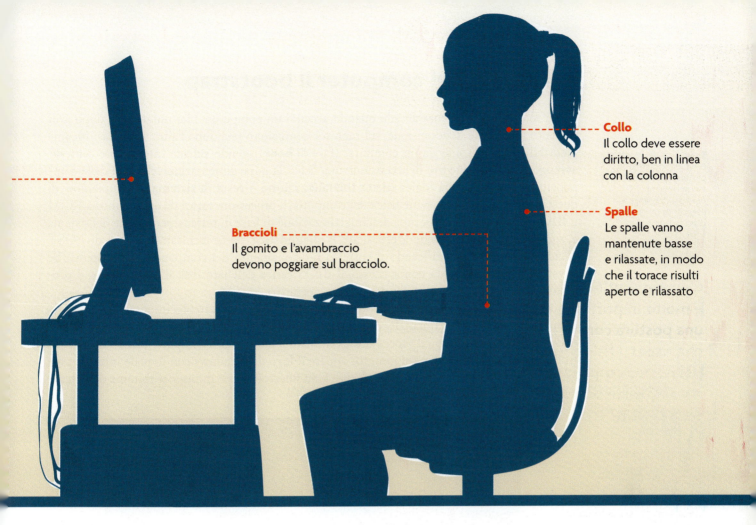

**Collo**
Il collo deve essere diritto, ben in linea con la colonna

**Spalle**
Le spalle vanno mantenute basse e rilassate, in modo che il torace risulti aperto e rilassato

**Braccioli**
Il gomito e l'avambraccio devono poggiare sul bracciolo.

## Posizione sedia

Come detto, la sedia deve essere ergonomica, girevole e regolabile sia nell'altezza sia nell'angolazione. L'angolazione dello schienale oscilla tra i 90° e i 110°.

▼

## Ginocchia

Il ginocchio deve formare un angolo retto tra coscia e gamba.

▼

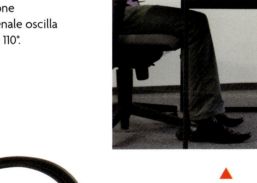

## Il mouse

Il mouse deve muoversi senza ostacoli.
Il polso deve poggiare sulla scrivania e, così come le dita, deve assumere una posizione rilassata. Nella digitazione evitare di piegare i pollici sotto le palme delle mani.

## Tutto a portata di mano

Anche la posizione degli elementi sulla scrivania è importante per il mantenimento di una corretta postura. Lo spazio libero tra tastiera e mouse deve permettere di appoggiare gli avambracci. Altri dispositivi di uso frequente (blocco appunti, biro ecc.) devono essere sullo stesso piano della tastiera

▼

## Piedi e ginocchia

I piedi devono poggiare saldamente al pavimento o su di un poggiapiedi

▼

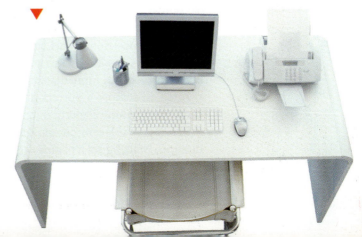

## 2 | L'avvio del computer il bootstrap

**Boot**
Boot (o "bootstrap", o più raramente "booting") indica l'insieme dei processi che vengono eseguiti da un computer durante la fase di avvio del sistema operativo.

Ti sei mai chiesto che cosa accade quando accendi un computer? Hai notato che, dopo aver premuto il pulsante di accensione, sul monitor compaiono una dopo l'altra varie frasi incomprensibili? Quando si avvia un computer (fase di **boot**) agendo sul suo interruttore centrale, avvengono di fatto due tipi di accensioni: una fisica, la pura alimentazione elettrica delle componenti hardware, e una logica (detta **inizializzazione** o **reset di sistema**). Occupiamoci di quest'ultima: dopo l'accensione fisica del computer, il processore carica da una memoria ROM il **BIOS**, che dapprima si occupa dell'inizializzazione di base di tutte le periferiche del sistema e, successivamente, provvede a effettuare la **diagnostica**, detta tecnicamente fase di POST (*Power-On Selt Test*), verificando il corretto funzionamento dei componenti del sistema. Se questa fase viene superata con successo, il BIOS carica dall'hard disk il **boot loader**, il programma deputato al caricamento del sistema operativo.

Il boot loader non carica in memoria tutto il sistema operativo (sarebbe impossibile!), ma solo il suo componente fondamentale, detto **kernel** o **nucleo**, il cui compito è proprio quello di dialogare direttamente con il processore. Terminato il bootstrap, il computer passa sotto il controllo del sistema operativo: sul monitor appare il logo di Windows con il quale inizia la procedura di identificazione dell'utente (*login*). Una finestra chiede di inserire il nome dell'utente e la password per accedere al sistema.

Una volta effettuato il riconoscimento, il sistema operativo predispone l'ambiente di lavoro e le impostazioni predefinite per l'utente, e appare il desktop.

## 3 | Il desktop

Windows adotta un'interfaccia utente grafica (GUI). L'ambiente di lavoro è rappresentato dal **desktop**, una sorta di scrivania virtuale. Come su una normale scrivania, anche sul desktop possono essere posizionati vari oggetti.

In Windows 7 sono inclusi piccoli programmi, denominati **gadget**, che consentono di ottenere informazioni immediate e di accedere direttamente a strumenti utilizzati di frequente, per mantenerli sempre a portata di mano. Per esempio, puoi visualizzare i titoli delle notizie accanto ai programmi aperti; in questo modo, se vuoi seguire le notizie mentre lavori, non dovrai interrompere il lavoro per passare a un sito Web dove cercarle, ma le troverai direttamente sul desktop. Nella figura a pagina seguente sono visibili due gadget nell'angolo superiore destro.

Gadget Orologio

Gadget Meteo

Per inserire un gadget, fai clic con il pulsante destro del mouse sul desktop e dal menu contestuale seleziona **Gadget**, poi scegli il gadget che desideri e trascinalo sul desktop. E ora occupiamoci delle icone.

## Le icone

Le **icone** sono piccoli elementi grafici che identificano programmi applicativi, file, cartelle e risorse fisiche (unità disco, stampanti e così via).

Ogni applicazione usa una propria icona, che accompagna anche i documenti creati con essa. Alcune icone sono facilmente interpretabili (pensa a quella del cestino), altre risultano meno immediate. Se posizioni il puntatore del mouse su un'icona e fai clic con il pulsante destro del mouse appare un menu come quello visibile qui a destra: si tratta di un **menu sensibile al contesto**, o **contestuale**, perché contiene le scelte disponibili in quel momento per l'oggetto selezionato. Questa funzione del pulsante destro del mouse è divenuta uno standard operativo comune a tutti i programmi per Windows.

## Selezionare e spostare le icone

Per **selezionare un'icona** sul desktop, posiziona il mouse su di essa per far apparire il **tooltip**, una casella che ne descrive la funzione. Ora, fai clic con il pulsante sinistro del mouse: l'icona assume un colore diverso, a indicare che è selezionata. Per **selezionare più icone** presenti sul desktop ci sono due modi:

- se **sono contigue**, fai clic sulla prima icona e, tenendo premuto il tasto Maiusc, fai un'altra volta clic sull'ultima; oppure fai clic con il pulsante sinistro del mouse in un punto esterno a tutte le icone che desideri selezionare e, tenendolo premuto, traccia un rettangolo in modo tale che al suo interno rientrino tutte le icone che vuoi selezionare (vedrai che a mano a mano che le icone saranno inserite nel rettangolo si selezioneranno automaticamente);
- se **non sono contigue**, fai clic sulle icone da selezionare tenendo premuto il tasto Ctrl.

Per **spostare le icone** (una o più), dopo averle selezionate, tenendo premuto il pulsante sinistro del mouse, trascinale (operazione chiamata **drag**) nella nuova posizione, quindi rilascia il pulsante del mouse (operazione chiamata **drop**). Se l'icona o le icone non mantengono la posizione in cui hai rilasciato il pulsante, significa che è attiva la funzione di **disposizione automatica**. Per disattivarla, fai clic con il pulsante destro del mouse in qualsiasi area vuota del desktop. Si apre un menu. Posiziona il puntatore del mouse sulla voce Visualizza e vedrai apparire un sottomenu. Togli la spunta dalla voce Disponi icone automaticamente per disattivarla.

**Drag & drop**
Come vedremo meglio più avanti, l'espressione significa "trascina e deposita".

UNITÀ 2 Il sistema operativo

## 4 | Il menu Start

Nell'angolo in basso a sinistra del desktop si trova il menu Start, che consente di accedere rapidamente agli elementi più utili del computer.

Questo menu è organizzato in modo semplice e razionale per semplificare la ricerca dei programmi e delle cartelle preferiti.

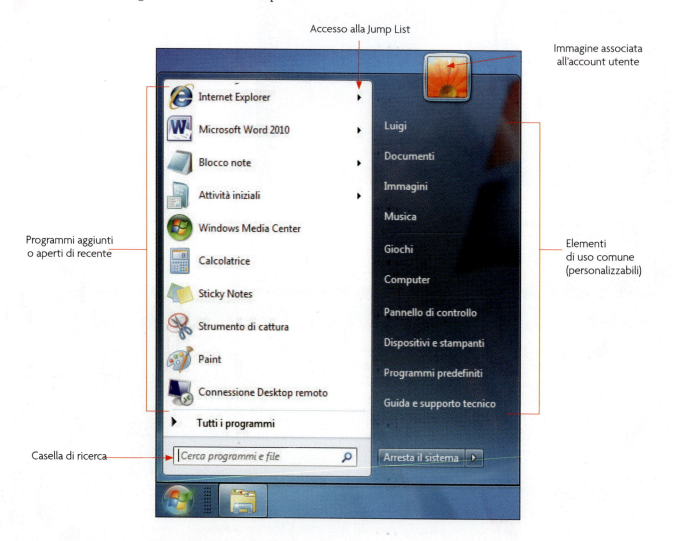

Come è facile osservare dalla figura, nella sezione sinistra del menu Start sono riportati i programmi utilizzati più frequentemente e quelli appena aggiunti.

Windows accetta un numero predefinito di programmi in questo elenco, perciò, quando tale numero viene raggiunto, i nomi dei programmi aperti meno recentemente sono sostituiti da quelli utilizzati per ultimi. Per rimuovere un nome manualmente basta fare clic su di esso con il pulsante destro del mouse e dal menu contestuale scegliere Rimuovi da questo elenco.

Una nuova funzionalità di Windows 7 è la **Jump List**, visibile nella figura a pagina seguente, che consente di accedere immediatamente ai documenti, alle immagini, ai brani musicali e ai siti Web utilizzati frequentemente. Per aprire la Jump List basta fare clic sulla freccia accanto al nome del programma, oppure mantenere il puntatore del mouse sul pulsante per un secondo.

Sotto l'elenco dei programmi aggiunti o installati di recente compare la voce Tutti i programmi: facendo clic su di essa si visualizza l'elenco di tutti i programmi installati nel computer.

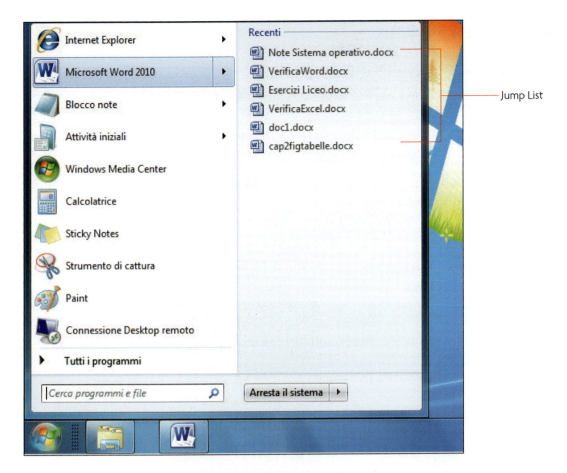

Jump List

Ancora più giù è presente la nuova **Casella di ricerca**, utilissima per eseguire ricerche in maniera semplice e veloce. Basta cominciare a digitare i termini da ricercare per azionare un motore di ricerca che visualizzerà all'interno del menu Start i risultati della ricerca effettuata. Quando i risultati della ricerca non possono rientrare all'interno del menu, Windows li raggruppa per categorie: facendo clic sul nome di una categoria si possono vedere tutti i risultati corrispondenti. Nella sezione destra sono presenti alcune voci che consentono di accedere agli elementi (cartelle e funzionalità) più utili del computer e che analizzeremo in seguito. In questa sezione è presente in primo piano il pulsante che ci consente di **spegnere il PC** in modo corretto.
Le opzioni Cambia utente, Disconnetti, Blocca, Riavvia il sistema, Sospendi sono selezionabili mediante un menu a tendina che compare al passaggio del mouse sopra la freccetta presente alla destra del pulsante Arresta il sistema.

## 5 | La guida in linea

Se sei in difficoltà, puoi ricorrere alle funzioni di **help** premendo F1, oppure scegliendo la voce Guida e supporto tecnico dal menu Start.
Si apre una finestra organizzata in sezioni, dove gli argomenti sono suddivisi in aree di funzionalità. Per ottenere informazioni utilizzando l'elenco degli argomenti, fai clic su uno dei collegamenti in modo da visualizzare l'elenco degli argomenti contenuti, quindi fai clic sull'argomento desiderato.
Per effettuare una ricerca utilizza la casella **Cerca**: digita al suo interno una parola o una frase e premi il tasto **Invio** per far comparire gli argomenti individuati. Fai clic su un argomento per visualizzarlo.

UNITÀ 2 Il sistema operativo

# 6 | Le finestre

Di seguito esaminiamo più dettagliatamente i vari elementi.

**1. Barra degli indirizzi**: consente di passare a un'altra cartella o raccolta, o di tornare a una cartella o raccolta precedente facendo clic sui nomi che vi compaiono.

**2. Pulsanti Indietro e Avanti**: sono utilizzati per passare ad altre cartelle o raccolte aperte in precedenza, senza chiudere la finestra corrente. Attraverso il pulsante Indietro, per esempio, è possibile tornare alla cartella precedente.

**3. Barra degli strumenti**: è utile per eseguire attività comuni, per esempio modificare l'aspetto di file e cartelle, masterizzare file su un CD o avviare una presentazione di immagini digitali. I pulsanti della barra degli strumenti cambiano in base al contesto per visualizzare solo le attività pertinenti.

**4. Riquadro delle raccolte**: è visualizzato solo se è attiva una raccolta, per esempio Documenti. Utilizzalo per personalizzare la raccolta o per disporre i file in base a proprietà diverse.

**5. Casella di ricerca**: consente di digitare una parola o una frase per cercare un elemento nella cartella o nella raccolta corrente. La ricerca viene avviata appena si inizia a digitare. Per esempio, se digiti "F", verranno visualizzati tutti i file i cui nomi iniziano con la lettera F.

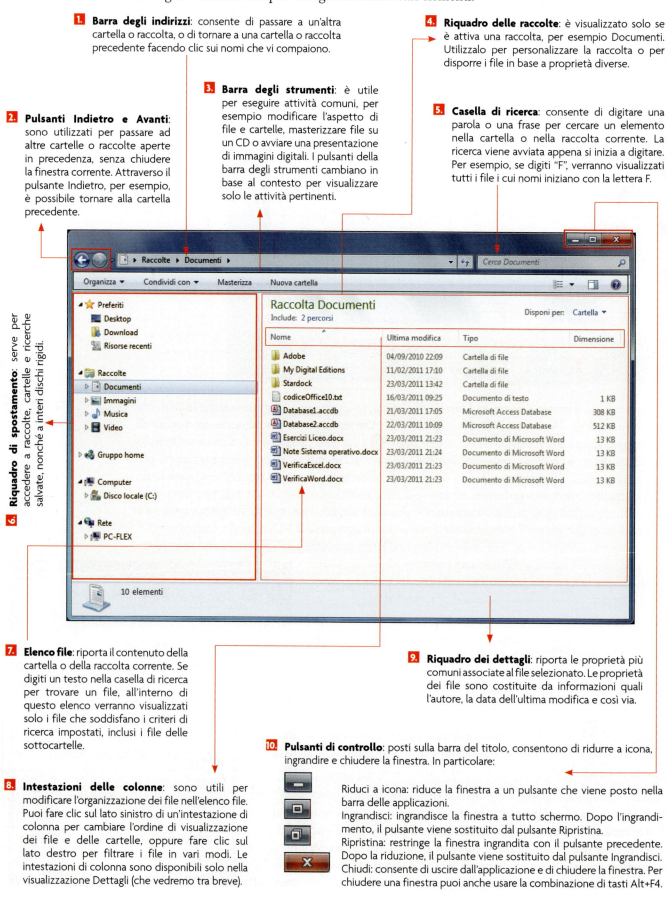

**6. Riquadro di spostamento**: serve per accedere a raccolte, cartelle e ricerche salvate, nonché a interi dischi rigidi.

**7. Elenco file**: riporta il contenuto della cartella o della raccolta corrente. Se digiti un testo nella casella di ricerca per trovare un file, all'interno di questo elenco verranno visualizzati solo i file che soddisfano i criteri di ricerca impostati, inclusi i file delle sottocartelle.

**8. Intestazioni delle colonne**: sono utili per modificare l'organizzazione dei file nell'elenco file. Puoi fare clic sul lato sinistro di un'intestazione di colonna per cambiare l'ordine di visualizzazione dei file e delle cartelle, oppure fare clic sul lato destro per filtrare i file in vari modi. Le intestazioni di colonna sono disponibili solo nella visualizzazione Dettagli (che vedremo tra breve).

**9. Riquadro dei dettagli**: riporta le proprietà più comuni associate al file selezionato. Le proprietà dei file sono costituite da informazioni quali l'autore, la data dell'ultima modifica e così via.

**10. Pulsanti di controllo**: posti sulla barra del titolo, consentono di ridurre a icona, ingrandire e chiudere la finestra. In particolare:

Riduci a icona: riduce la finestra a un pulsante che viene posto nella barra delle applicazioni.
Ingrandisci: ingrandisce la finestra a tutto schermo. Dopo l'ingrandimento, il pulsante viene sostituito dal pulsante Ripristina.
Ripristina: restringe la finestra ingrandita con il pulsante precedente. Dopo la riduzione, il pulsante viene sostituito dal pulsante Ingrandisci.
Chiudi: consente di uscire dall'applicazione e di chiudere la finestra. Per chiudere una finestra puoi anche usare la combinazione di tasti Alt+F4.

La **barra dei menu**, visualizzabile premendo il tasto Alt, è composta di una serie di voci, ognuna delle quali può essere selezionata facendo clic con il pulsante sinistro del mouse oppure utilizzando i tasti freccetta della tastiera. Su tutti i menu è presente una lettera sottolineata, il **carattere selettore**. Per esempio, nel menu File è sottolineata la lettera F, nel menu Modifica è sottolineata la lettera M. Se vuoi aprire il menu, basta premere il carattere selettore corrispondente.

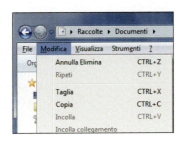

Anche le voci presenti all'interno dei menu presentano la lettera sottolineata: le puoi attivare allo stesso modo, cioè premendo il carattere selettore.

> Alla destra di alcune opzioni dei menu sono presenti i **tasti di scelta rapida**, che rappresentano un'alternativa al mouse. Per esempio, per richiamare la voce Copia del menu Modifica puoi semplicemente premere Ctrl+C senza aprire alcun menu.

Se vuoi far scomparire le lettere sottolineate, premi nuovamente il tasto Alt: tornerai a utilizzare la barra dei menu solo con il mouse.

Le voci che appaiono di colore più chiaro non possono essere attivate. Ciò non significa che il tuo computer non funziona, bensì che la scelta non ha significato in quel momento, ma potrebbe averlo successivamente.

La **barra degli strumenti** riporta piccoli pulsanti che consentono di attivare rapidamente (cioè con un semplice clic) i comandi più usati; in questo modo si evita di ricorrere sempre alla barra dei menu. Per sapere qual è la funzione dei pulsanti, è sufficiente posizionare il puntatore del mouse su ognuno di essi e, dopo qualche attimo, comparirà il suggerimento.

Quando gli elementi di una finestra sono troppi, per poterli visualizzare devi servirti delle **barre di scorrimento**, che permettono di far scorrere il contenuto della finestra in senso orizzontale e verticale. Per fare ciò occorre posizionare il puntatore del mouse sulle frecce di scorrimento e tenerlo premuto sino a quando non si raggiunge l'elemento desiderato. Per scorrere in modo più veloce, si può trascinare la casella di scorrimento, posta all'interno della barra, oppure fare clic direttamente all'interno della barra stessa.

## 7 | La barra delle applicazioni

La barra delle applicazioni (in inglese *task bar*) è un'area dello schermo (normalmente posizionata sul lato inferiore) contenente un elenco di pulsanti che rappresentano i vari programmi attivi. Consente di vedere con un colpo d'occhio tutti i programmi aperti e di passare da uno all'altro con un semplice clic del mouse (**multitasking**). È divisa in tre sezioni principali:

- pulsante Start , che consente di aprire il menu corrispondente;
- sezione centrale, che indica i programmi aperti e consente di passare rapidamente dall'uno all'altro;
- area di notifica, che include un orologio e le icone che indicano lo stato di alcuni programmi (i cosiddetti *programmi residenti*) e alcune impostazioni del computer.

Quando si apre più di un programma alla volta, le relative finestre si sovrappongono l'una all'altra sul desktop. Fra tutte quelle aperte, quella **attiva**, ossia quella su cui si può lavorare, è riconoscibile poiché ha l'intera cornice evidenziata. A volte le finestre coprono altre finestre, oppure occupano l'intero schermo, e così può risultare difficile raggiungere le finestre sottostanti o ricordare quali finestre sono state già aperte. La barra delle applicazioni è utile proprio in questi casi, poiché per ogni programma aperto contiene un pulsante con l'icona che lo rappresenta.

Ora cerchiamo di capire meglio come funziona questa barra. Osserva la figura:

UNITÀ 2 Il sistema operativo 37

La prima icona (Windows Media Player), la seconda (Internet Explorer) e la quarta (Word 2010) sono riquadrate e corrispondono ad applicazioni attualmente aperte, mentre la terza non lo è: Microsoft Outlook non è aperto. Alcune icone sono fisse sulla barra, mentre altre compaiono solo quando la relativa applicazione viene aperta; vengono poi rimosse quando l'applicazione viene chiusa.

In Windows 7 ogni programma usa solo un'icona nella barra delle applicazioni, quindi che cosa succede se ci sono più finestre della stessa applicazione aperte? Come si fa a capire che un'icona fa riferimento a più finestre? Un caso tipico è quello di Internet Explorer: quando si naviga sul Web spesso si aprono nuove finestre o si raggruppano in schede; un altro caso analogo si ha quando si lavora con Word tenendo aperti più documenti contemporaneamente. Osserva la seguente figura:

L'icona di Microsoft Word 2010 è cambiata, ora mostra due riquadri sovrapposti a indicare, appunto, che sono aperte due finestre di quell'applicazione. Se fossero aperte tre o più finestre, i riquadri sarebbero comunque tre.

### Aero Peek

Per esaminare rapidamente le altre finestre aperte senza spostarsi dalla finestra attualmente in uso, è possibile utilizzare **Aero Peek**. Questa funzionalità innovativa consente di posizionare il puntatore del mouse su un pulsante sulla barra delle applicazioni per vedere apparire le anteprime delle finestre aperte associate a quel pulsante.

Per aprire una finestra di cui si sta visualizzando l'anteprima, basta fare clic sulla relativa miniatura. In questo modo si può passare velocemente alle altre finestre del programma con un solo clic. Inoltre, premendo il quadratino rosso con la "x", che appare passando sopra all'anteprima, si possono anche chiudere le singole finestre senza aprirle nella loro interezza.

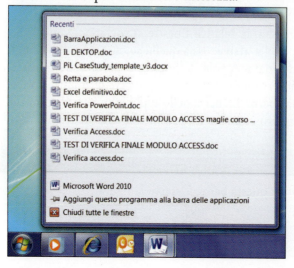

Ora prova a fare clic con il pulsante destro del mouse su una scheda: si aprirà un riquadro con una **Jump List**. Nel caso di Internet Explorer, per esempio, verranno mostrati i siti visitati più di frequente e le attività, oltre a una serie di altre funzioni che possono differire da un programma all'altro.

Nel caso rappresentato in figura, invece, avendo fatto clic sulla scheda di Word 2010, vengono riportati gli ultimi documenti aperti.

Per aggiungere un elemento alla barra delle applicazioni è sufficiente trascinare la sua icona all'interno della barra.

## L'area di notifica

L'**area di notifica** raccoglie all'estremità destra della barra delle applicazioni una serie di icone dalle quali è possibile avviare i programmi associati.

Così diventa più rapida l'attività di avvio dei programmi, perché non occorre aprire la sezione Tutti i programmi del menu Start.

In passato l'area di notifica a volte si riempiva troppo di icone. Ora è possibile scegliere le icone da mantenere sempre visibili, lasciando tutte le altre in un'area di riversamento a cui è possibile accedere con estrema facilità: un clic sul pulsante con una freccetta rivolta verso l'alto, in prossimità dell'orologio, farà aprire un menu dal quale sceglierai Personalizza: si apre una finestra che consente di selezionare icone e notifiche da visualizzare sulla barra delle applicazioni.

Per poter modificare qualcosa devi togliere la spunta all'opzione Mostra sempre tutte le icone e le notifiche sulla barra delle applicazioni.

Ora basta fare clic su ciascuna voce per aprire il relativo menu a cascata e scegliere se visualizzare o meno la notifica o l'icona.

Un link nella parte inferiore della finestra consente di ripristinare le impostazioni predefinite o di disattivare/attivare tutte le notifiche in un sol colpo.

> **Area di notifica**
> in inglese *system tray*.

# 8 | Lavoriamo con le finestre

Per ridimensionare una finestra sul desktop è possibile trascinarla dai suoi lati o dai suoi angoli. Windows 7 offre sorprendenti funzionalità per disporre le finestre sul desktop. Vediamo quali.

## Aero Snap

La funzionalità **Aero Snap** consente di affiancare velocemente e/o massimizzare le finestre, trascinando queste ultime agli angoli dello schermo. Grazie a questa funzionalità puoi allineare rapidamente le finestre su un lato del desktop, espanderle verticalmente per l'intera altezza dello schermo oppure ingrandirle in modo che occupino completamente il desktop. Snap è molto utile per confrontare due documenti, copiare o spostare file tra due finestre, ingrandire la finestra attualmente in uso oppure espandere i documenti particolarmente lunghi per facilitarne la lettura riducendo le operazioni di scorrimento.

Se si trascina la barra del titolo di una finestra aperta verso un lato del desktop la si allinea a tale lato; se, invece, la si trascina verso la parte superiore del desktop, la si ingrandisce. Per espandere una finestra verticalmente, devi trascinare il bordo superiore della finestra fino al bordo superiore del desktop.

## Shake

La funzionalità **Shake** consente di ridurre rapidamente a icona tutte le finestre aperte sul desktop tranne quella attiva.
A tale scopo, basta fare clic sulla barra del titolo della finestra che si desidera lasciare aperta e, mantenendo premuto il pulsante sinistro, "scuotere rapidamente" (*shakerare*) la finestra avanti e indietro. Le altre finestre aperte verranno ridotte a icona.
Per ripristinare le finestre ridotte a icona, basta scuotere di nuovo la finestra aperta.

## Visualizzare gli elementi di una finestra

È possibile modificare la visualizzazione dei file di una cartella all'interno di una finestra. Puoi visualizzare icone più grandi o più piccole, oppure attivare una visualizzazione in cui siano elencati diversi tipi di informazioni per ogni file.
Facciamo subito un semplice esercizio: trova sul desktop l'icona Cestino e fai doppio clic su di essa per aprire la finestra relativa.
Per cambiare la visualizzazione dei file, fai clic sul pulsante Visualizza ▼ sulla barra degli strumenti. Ogni volta che fai clic sul lato sinistro del pulsante Visualizza, la visualizzazione di file e cartelle viene alternata tra cinque diverse modalità: Icone grandi, Elenco, Dettagli (con

diverse colonne di informazioni sui file), Titoli (con icone più piccole) e Contenuto (in cui viene mostrata parte del contenuto del file).
Facendo clic sulla freccia sul lato destro del pulsante Visualizza puoi scegliere tra più opzioni. Sposta il cursore di scorrimento verso l'alto o verso il basso per regolare la dimensione delle icone di file e cartelle: le dimensioni delle icone cambieranno di conseguenza.

### Passare da una finestra all'altra: Windows Aero

Per passare da una finestra all'altra, puoi procedere in uno dei seguenti modi:
- fai clic su una qualsiasi parte visibile della finestra che vuoi attivare;
- fai clic sul relativo pulsante della barra delle applicazioni;
- premi Alt+Tab fino a quando non selezioni la finestra da attivare;
- premi Alt+Esc per spostarti sulla successiva finestra aperta sul desktop;
- premi ⊞+Tab per attivare lo **Scorrimento Aero 3D**, una funzionalità di **Aero** che consente di disporre le finestre aperte in una pila tridimensionale e scorrerle rapidamente senza fare clic sulla barra delle applicazioni. Aero unisce caratteristiche grafiche eccezionali, con animazioni e finestre trasparenti personalizzabili, a un innovativo e utile metodo di gestione del desktop.

**INFO GENIUS**

Per stampare la finestra attiva devi premere la combinazione di tasti Alt + Stamp, mentre se vuoi stampare l'intero schermo (cioè tutto quanto appare sul monitor) devi premere solo il tasto Stamp. L'immagine catturata viene memorizzata negli **Appunti**, quindi puoi incollarla in qualsiasi documento quando lo ritieni opportuno. Per farlo, apri il documento in cui intendi copiare l'immagine catturata, posizionati nel punto in cui intendi effettuare la copia e premi i tasti Ctrl + V. Gli altri metodi per effettuare la copia li analizzeremo nelle prossime lezioni.

## 9 | I file

Devi sapere che tutte le informazioni, dati e programmi, che devono essere memorizzate sull'hard disk o su altri supporti di memoria di massa devono essere contenute in una particolare struttura detta file.

> Un **file** (in inglese significa *archivio*) è un raggruppamento di dati memorizzato su memoria di massa e caratterizzato da un nome tramite il quale può essere identificato dal sistema operativo.

Ogni file si distingue dagli altri presenti sul supporto di memorizzazione per mezzo di un nome scelto dall'utente. Il nome completo di un file è, in effetti, composto da due parti separate da un punto: **nome.estensione**.
La prima parte rappresenta il **nome** vero e proprio. Secondo le regole di Windows, può contenere un massimo di 255 caratteri, inclusi gli spazi (questo significa che può essere composto da più parole), ma non può contenere alcuno dei seguenti simboli: \ ? : " < >.

La seconda parte, chiamata **estensione**, è costituita in genere da tre caratteri e ne descrive il tipo, cioè serve per specificare in quale categoria rientra un file e quale tipo di informazioni contiene. In Windows, normalmente, l'estensione del file non appare quando ne viene visualizzato l'elenco perché il tipo di file è identificato dall'icona associata.

## 10 | Il sistema di archiviazione

Tutte le informazioni che un computer utilizza sono registrate in file e memorizzate su hard disk interni ed esterni, sulle chiavi USB, sui CD, sui DVD e sui dischi di rete. Le unità di memoria di massa sono identificate da lettere seguite dai due punti. Per esempio, l'hard disk interno è normalmente chiamato C:, il lettore CD/DVD è solitamente chiamato D:.
Le lettere successive sono usate per identificare chiavi USB e altre unità disco.
Quanto maggiore è il numero dei file, tanto più difficoltoso diventa trovare quello che interessa. Prova a pensare a uno schedario: sicuramente i documenti contenuti non sono messi alla rinfusa, bensì sono catalogati o classificati in base a un criterio. In ogni cassetto avremo delle cartelle contenenti ciascuna gruppi di documenti omogenei.

Per esempio, nel cassetto *Studenti*, gli studenti potranno essere raggruppati per classe. Il disco magnetico può essere considerato come uno schedario composto da una grande cartella di capacità pari a quella del disco. Questa cartella è chiamata **radice** o **root** e viene indicata con il simbolo "\" (*back slash*).
Le cartelle presenti nella radice vengono dette proprio **cartelle**. Per mantenere l'analogia possiamo quindi affermare che:

- lo schedario è la nostra cartella radice;
- i documenti contenuti nelle varie cartelle sono i file.

Se si vuole raggiungere il file *Triangolo.ppt* (nome locale) a partire dalla radice, si deve passare dalla cartella *Matematica* e giungere nella cartella *Geometria*, dove troveremo il file. Il *path* (percorso) è, quindi, il seguente:

$$\backslash Matematica \backslash Geometria \backslash Triangolo.ppt$$

dove il primo \ indica la radice.
Le dimensioni dei file e delle cartelle sono rappresentate con i multipli del byte.

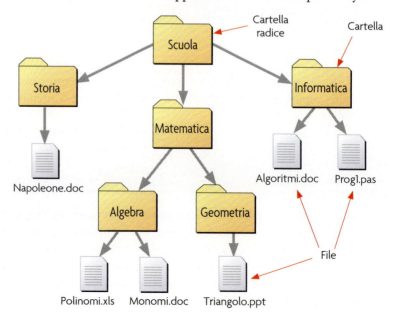

## Esplora risorse

Per capire in quale modo i file sono organizzati sui supporti di memoria di massa ci serviamo del programma Esplora risorse. Per aprirlo, fai clic con il pulsante destro del mouse sul pulsante Start e seleziona Apri esplora risorse. Viene visualizzata la seguente finestra:

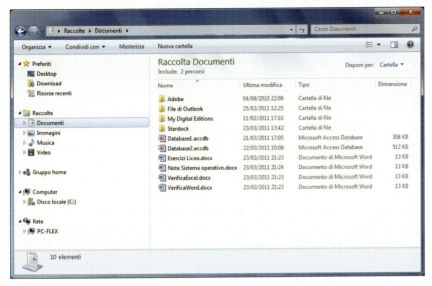

Nel lato sinistro della finestra è rappresentata la struttura ad albero del sistema di archiviazione; per vedere il resto, se esiste, occorre usare le barre di scorrimento. In questo riquadro, le icone delle cartelle possono essere accompagnate da alcuni simboli e possono apparire aperte o chiuse:

- se alla sinistra della cartella compare il segno ▷ significa che la cartella ne contiene altre;
- quando si apre una cartella che contiene altre cartelle, il segno ▷ diventa ◢;
- se alla sinistra della cartella non compare alcun segno significa che la cartella contiene solo file oppure è vuota;
- la cartella con il nome evidenziato e con una cartelletta aperta come icona è la **cartella attiva**, ossia la cartella su cui si sta lavorando e di cui compare il nome sulla barra del titolo e il contenuto nella colonna destra della finestra.

Il riquadro di destra della finestra mostra il contenuto della cartella attiva, selezionata nel riquadro di sinistra.

# 11 | Lavoriamo con i file

## Tipi di file

I file vengono classificati in base al loro contenuto. Diamo uno sguardo solo ad alcuni di essi.

- I **file di dati** contengono numeri, lettere, parole, immagini. Vengono creati da appositi software applicativi e sono caratterizzati da particolari estensioni che consentono di intuire il loro contenuto. Per esempio i file con estensione *.txt* indicano **file di testo generico** che possono essere manipolati da un qualsiasi word processor. Le estensioni specifiche attribuite da questi software rappresentano un valido aiuto per il sistema operativo in quanto gli consentono di associare automaticamente al file l'applicazione con cui è stato originato, che viene attivata ogniqualvolta venga aperto il file.
- I **file di programma** contengono le istruzioni di un programma. In base al linguaggio con cui sono codificate le istruzioni, i file di programma prendono il nome di **file eseguibili**, se le istruzioni sono scritte in linguaggio macchina, e **file sorgente**, se le istruzioni sono scritte in un linguaggio di programmazione. L'attivazione manuale dei file eseguibili provoca l'immediata esecuzione del programma in essi contenuto. I file eseguibili sono caratterizzati da estensioni quali *.exe*, *.com*, *.sys*, *.drv*, *.dll* e altre ancora.

**File compressi o zippati**
I **file compressi** o **zippati** sono caratterizzati da un'icona che rappresenta una morsa. La **compressione** è la tecnica usata per diminuire lo spazio occupato dai dati sul disco. Si tratta di un particolare tipo di operazione eseguita da programmi specifici che serve a ridurre, anche notevolmente, le dimensioni dei file. Come i file anche le cartelle possono essere zippate. Sono riconoscibili anche da un'icona che rappresenta una cartella con zip.

**INFO GENIUS**
Comprimere un file con Windows è estremamente facile. Fai clic con il pulsante destro del mouse sul file o sulla cartella che intendi comprimere. Dal menu di scelta rapida selezione Invia a e, di seguito, Cartella compressa.

Nello schema che segue sono riportati alcuni tra i principali tipi di file (dati e programmi) con le relative estensioni e il tipo di applicazione a cui sono solitamente associati.

Con Windows, per comprimere i dati è sufficiente selezionare il file o la cartella con il pulsante destro del mouse. Dal menu di scelta rapida si seleziona la voce Invia a e di seguito Cartella compressa. Viene creata una copia "zippata" del file o della cartella selezionata. Per decomprimere i file è sufficiente aprire la cartella zippata e trascinare i file in essa contenuti in una nuova cartella.

| Icona | Tipo di file | Estensione | Applicazione |
|---|---|---|---|
|  | testo (generico) | .txt .rtf | Blocco note, WordPad, Word |
|  | testo (formattato) | .docx | Word |
|  | database | .accdb | Access |
|  | foglio elettronico | .xlsx | Excel |
|  | presentazione diapositive | .pptx | PowerPoint |
|  | pagina Web | .htm | Internet Explorer |
|  | grafico | .bmp | Paint |
|  | grafico | .jpg | Visualizzatore immagini |
|  | audio video | .wav .avi | Windows Media Player |

### Gli attributi dei file

La visualizzazione **dettagli** fornisce informazioni sul tipo di file, la data dell'ultima modifica ecc. Se vuoi informazioni ancora più dettagliate devi fare clic con il pulsante destro del mouse sul suo nome e, dal menu contestuale, scegliere la voce Proprietà.

Attraverso questa finestra è possibile ottenere informazioni su:

- gli attributi del file o della cartella;
- il tipo di file e il nome del programma che lo apre;
- il numero di file e di sottocartelle contenuti nella cartella;
- la data dell'ultima modifica o dell'ultimo accesso al file.

I file sono caratterizzati da alcuni attributi:

- **Sola lettura**: il file può essere aperto, e quindi letto, ma non può essere modificato;
- **Nascosto**: non permette di visualizzare il file quando si apre Esplora risorse.

Nel riquadro Attributi, fai clic sulle caselle di controllo per rendere attivo o meno un attributo. È utile fare copie di backup dei propri file su dispositivi di memoria esterni, in modo da evitare che si possano perdere preziose informazioni. È anche possibile fare il backup dei dati anche online attraverso appositi siti Web.

### Aprire i file dal desktop: i collegamenti

Puoi aggiungere sul desktop **collegamenti** a file, cartelle e programmi da te usati più di frequente. L'icona del collegamento non rappresenta direttamente un programma, ma costituisce semplicemente una via di accesso a esso e, quindi, un modo alternativo per avviarlo.
Facendo doppio clic sull'icona del collegamento, si apre immediatamente l'elemento (programma, documento o cartella) a cui fa riferimento.

Per creare un collegamento a un file o a una cartella, procedi come segue:

- apri Esplora risorse, seleziona con il pulsante destro del mouse la cartella (o il file) e trascinala in un'area vuota del desktop;
- una volta rilasciato il pulsante del mouse viene visualizzato il menu di scelta rapida; scegli la voce Crea collegamento. Sul desktop viene visualizzata l'icona di collegamento all'oggetto che hai scelto.

Puoi organizzare le icone in base a vari attributi premendo il pulsante destro del mouse su una zona libera del desktop.
Dal menu di scelta rapida così richiamato, seleziona Ordina per e scegli la disposizione che desideri applicare.

Le icone dei collegamenti sono riconoscibili perché in basso a sinistra hanno una caratteristica freccia rivolta verso l'alto e verso destra, che le distingue dalle altre icone.

## 12 | Lavoriamo con file e cartelle

### Creare un file o una cartella

Per creare un file o una cartella segui questa procedura.

- Apri Esplora risorse o posizionati nella cartella che desideri; puoi anche scegliere il luogo in cui creare il file o la cartella aprendo il menu Start e scegliendo la voce Computer.
- Apri il menu File e seleziona l'opzione Nuovo.
- Se desideri creare un file, fai clic su uno dei formati disponibili (per esempio, per creare un file di testo fai clic su Documento di testo). Se, invece, vuoi creare una cartella, seleziona l'opzione Cartella. Per creare una cartella puoi servirti direttamente del pulsante Nuova cartella presente nella barra degli strumenti.
- Nel riquadro destro compare una nuova cartella o un nuovo file al fianco del quale devi inserire il nome. Digita il nome e conferma premendo Invio. Quando si crea un file o una cartella è buona regola assegnargli un nome significativo in modo che il reperimento possa essere più semplice e anche perché abbiamo la possibilità, leggendo il solo nome, di ricordare qualcosa in merito al contenuto.

### Copiare file o cartelle

Per compiere questa operazione, si può procedere in diversi modi: uno di questi è la tecnica nota come **drag & drop** (che in inglese, come abbiamo visto, significa *trascina e deposita*). Supponiamo di volere copiare un file, o un gruppo di file, su una pendrive da una cartella presente sull'hard disk.
Per farlo:

- seleziona dal riquadro destro il nome del file o della cartella da copiare. Nel caso in cui i file da copiare siano più di uno e contigui, puoi ricorrere a una **selezione multipla** tenendo premuto il tasto Maiusc mentre selezioni. Se invece non sono contigui, li puoi selezionare servendoti del tasto Ctrl;
- tenendo premuto il pulsante sinistro del mouse, trascina il file o la cartella sull'icona corrispondente al luogo in cui vuoi effettuare la copia, nel nostro caso, l'icona della pendrive. Quando l'icona viene evidenziata, rilascia il pulsante e la copia ha inizio.

> Se la cartella di origine e quella di destinazione si trovano sulla stessa unità disco, la copia non verrà effettuata, ma avverrà un semplice spostamento. La copia viene eseguita solo se le due cartelle non si trovano sulla stessa unità.
> Ciò nonostante, se durante il trascinamento si tiene premuto il tasto Ctrl, si attiva la modalità di copia (evidenziata dalla comparsa di un segno di addizione) e il problema è risolto. Se, invece, il trascinamento viene effettuato con il pulsante destro, il problema non si pone in quanto, a trascinamento avvenuto, verrà visualizzato un menu dal quale è possibile selezionare il tipo di operazione da compiere (cioè *copiare* oppure *spostare*).

**INFO GENIUS**

Se vuoi selezionare tutti gli oggetti presenti nella cartella usa la combinazione di tasti CTRL + A.

UNITÀ 2 Il sistema operativo 45

**INFO GENIUS**

Le operazioni di spostamento e copia puoi anche realizzarle con la tastiera, utilizzando le seguenti combinazioni di tasti:
CTRL + C per copiare;
CTRL + X per tagliare;
CTRL + V per incollare.

## Spostare file o cartelle

Per lo spostamento dei file puoi utilizzare la tecnica del **cut & paste** (*taglia e incolla*):

- seleziona dal riquadro destro i nomi dei file o delle cartelle da spostare (servendoti sempre del tasto Maiusc o Ctrl se intendi fare selezioni multiple);
- fai clic con il pulsante destro del mouse e dal menu seleziona Taglia;
- nel riquadro sinistro o destro scegli la cartella o il disco in cui desideri collocare gli oggetti selezionati;
- fai clic con il pulsante destro del mouse e dal menu seleziona Incolla.

## Cancellare file o cartelle: il cestino

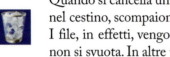

Quando si cancella una cartella o un file, questi vanno a finire nel **cestino**. Una volta che i file sono nel cestino, scompaiono dalle cartelle e sembrano cancellati del tutto, ma non lo sono realmente. I file, in effetti, vengono spostati dalla loro posizione al cestino, dove rimangono finché questo non si svuota. In altre parole, si realizza prima una **cancellazione logica**. La **cancellazione fisica**, invece, cioè la reale eliminazione dei file dal disco, coincide con lo svuotamento del cestino.

Per **cancellare** file e cartelle devi prima selezionarli dal riquadro destro e trascinarli sull'icona Cestino presente nel riquadro sinistro. Se durante il trascinamento tieni premuto il tasto Maiusc, l'oggetto selezionato viene cancellato fisicamente senza essere spostato nel cestino.

Per **recuperare** un file o una cartella dal cestino:

- apri il cestino da Esplora risorse o dal desktop;
- seleziona il file e/o la cartella che intendi ripristinare;
- seleziona l'opzione Ripristina elemento della barra degli strumenti;
- se desideri ripristinare tutti gli elementi, non selezionarne alcuno, ma fai clic direttamente sul pulsante Ripristina tutti gli elementi della barra degli strumenti.

Per **svuotare il cestino** devi semplicemente fare clic sul pulsante Svuota cestino.

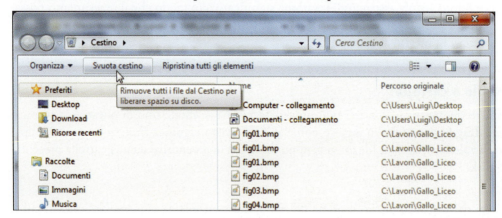

I file che possono essere depositati nel cestino sono solo quelli memorizzati sull'hard disk. Per i file o le cartelle che vengono eliminati da altre unità disco rimovibili, invece, non c'è più alcuna possibilità di recupero: questi file, infatti, vengono cancellati subito fisicamente.

## Rinominare un file o una cartella

Per assegnare un nuovo nome a un file o a una cartella, è sufficiente fare clic sulla sua icona con il pulsante destro del mouse e, dal menu contestuale, selezionare l'opzione Rinomina. Il testo dell'icona appare evidenziato e il cursore comincia a lampeggiare al suo interno: a questo punto puoi digitare il nuovo nome. Al termine premi il tasto Invio, oppure fai clic con il pulsante sinistro in un punto qualsiasi della finestra.

Fai molta attenzione a non cambiare l'estensione del file, altrimenti non sarà più riconosciuto dal software con il quale lo hai creato.

# ORA TOCCA A TE!

## 1 Operazioni su file e cartelle.

Crea nella root dell'hard disk del tuo computer la cartella bibite.
All'interno della cartella bibite, crea la cartella naturali.

Dal menu Start, servendoti della casella di ricerca, trova il programma WordPad e crea un file di testo che descriva l'acqua minerale.

Salva il file con il nome acqua minerale nella cartella naturali.
Riapri il file acqua minerale e crea il file aranciata, cancellando tutto il testo contenuto nel file acqua minerale.
Salva il testo con il nome aranciata nella cartella naturali.
All'interno della cartella bibite, crea la cartella gassate.
Sposta il file aranciata dentro la cartella gassate.

Cancella il file acqua minerale.
All'interno della cartella bibite, crea la cartella alcoliche.
Crea un file di testo di nome nuovaBibita e memorizzalo all'interno di questa cartella appena creata.
Disegna nel riquadro sottostante la struttura gerarchica delle cartelle partendo dalla cartella bibite.

## 2 Operazioni su file e cartelle.

Crea nella root dell'hard disk del tuo computer la cartella Risposte;

Dal menu Start, servendoti della casella di ricerca, trova il programma WordPad e crea un file di testo dove descrivi la corretta procedura per spegnere un computer.
Salva il file con il nome Risposta nella cartella Risposte.
Apri la Guida in linea e cerca informazioni sul concetto di formattazione di un disco.
Servendoti delle tecniche di copia e incolla, riporta le informazioni che ritieni opportune all'interno di un file di testo a cui assegnerai il nome formatta e che dovrai memorizzare nella cartella Risposte.
Quali dei seguenti pulsanti deve essere premuto per ingrandire la finestra di un'applicazione? Scrivi la risposta nel file Risposta e salvalo.

a. ▭   b. ▢   c. ▣   d. ✕

Crea una cartella di nome Ritardi come sottocartella di Risposte.
All'interno della cartella Ritardi crea due sottocartelle Lettere e Pagamenti come riportato in figura.

Controlla la dimensione del file Risposta.
Sposta il file Risposta nella cartella Lettere.
Rinomina la cartella Pagamenti con il nome Da pagare.
Cancella la cartella Da pagare.
Disegna nel riquadro sottostante la struttura gerarchica delle cartelle partendo dalla cartella Risposte.

# 13 | Ricerchiamo file e cartelle

In Windows hai a disposizione vari modi per trovare file o cartelle. Non esiste un metodo di ricerca migliore in assoluto, ma puoi servirti di metodi diversi a seconda delle situazioni.

Per trovare velocemente un programma o un file nel computer basta ricordare parte del suo nome o una parola che si trova al suo interno (nel caso di file testuali).

- Fai clic sul pulsante Start. Il cursore lampeggia nella casella di ricerca che si trova appena sopra il pulsante Start.
- Inizia a digitare un termine relativo al programma o file cercato.

A volte è sufficiente digitare due o tre lettere per trovare immediatamente il file cercato. Appena inizi a digitare, il menu Start si trasforma e visualizza immediatamente i programmi e i file trovati nel tuo PC. Una volta rinvenuto, fai clic sull'elemento trovato per aprirlo. Oppure, se i risultati non ti soddisfano puoi fare clic su Ulteriori risultati per aprire una finestra analoga a Esplora risorse e continuare la ricerca.

### Cercare un file in una specifica cartella

Se ti trovi all'interno di una cartella contenente molti file e cartelle e vuoi trovare velocemente un documento, un'immagine o un generico file, puoi usare la casella di ricerca illustrata qui a fianco.
Procedi nel seguente modo.

- Apri la cartella nella quale credi sia presente il file che intendi cercare.
- Fai clic all'interno della casella in alto a destra.
- Digita l'inizio, o l'intera parola che si trova all'interno del titolo del file o all'interno del documento.

I risultati vengono filtrati e nella finestra vedrai solamente i file che corrispondono al testo che stai digitando.
Nel caso in cui non dovessi trovare il file che stai cercando, puoi ampliare la ricerca facendo clic direttamente sulle cartelle proposte, sotto la voce Cerca di nuovo in.

## Impostare criteri di ricerca

E se non conosci il titolo del documento, ma ricordi quando lo hai creato o modificato, oppure conosci solo il tipo del documento (testo, immagine e così via)? Niente paura! Queste informazioni possono essere utili per condurre una ricerca.

- Fai clic sul pulsante Start 🪟 e nella casella di ricerca digita una qualunque parola o parte di essa.
- Fai clic su Ulteriori risultati.
- Fai clic sulla crocetta posta all'interno della casella di ricerca in modo da cancellare il termine di ricerca. Se pensi che il termine digitato possa essere utile ai fini della tua ricerca, fai clic direttamente sulla casella di ricerca e vedrai aprirsi un menu denominato Aggiungere un filtro di ricerca.
- Fai clic sulla voce Ultima modifica. Si aprirà un ulteriore menu.
- Fai clic sulla data in cui probabilmente hai creato il file. Fai clic sui triangolini neri posti a destra e a sinistra del mese per scorrere i vari mesi dell'anno, oppure fai clic sopra il mese per eseguire una scelta più veloce, oppure fai clic sui periodi di tempo proposti nel menu più in basso. Verranno presentati i risultati sulla scelta appena fatta. Se vuoi impostare ancora un filtro:
  - fai clic sulla voce Ultima modifica all'interno della casella della ricerca oppure clicca sulla crocetta interna per cancellare il filtro e scegli uno degli altri filtri proposti (per tipologia, tipo, dimensione);
  - scorri l'elenco a discesa e scegli con un clic la tipologia o il tipo o la dimensione, tra le voci proposte.

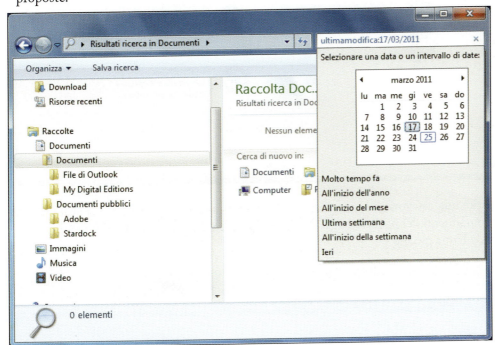

Se non conosci esattamente il nome dell'oggetto da ricercare, puoi ricorrere ai **caratteri jolly**, che sono l'asterisco * e il punto interrogativo ? e ti consentono di mascherare una parte del nome dell'oggetto. L'**asterisco** * inserito all'interno di un nome del file o dell'estensione indica che in quella posizione si può trovare una sequenza di caratteri qualsiasi. Per esempio:

- *.xls* indica tutti i file creati con Excel;
- *Pippo.** indica tutti i file con nome Pippo e con qualsiasi estensione;
- *Pi*.** indica tutti i file il cui nome inizia con Pi e con qualsiasi estensione.

Il **punto interrogativo ?** inserito all'interno di un nome di file o dell'estensione indica che in quella posizione si può trovare un solo carattere qualsiasi. Per esempio, *let?.doc* indica tutti i file che iniziano con let, seguito da un carattere qualsiasi e con estensione .doc (sono nomi validi lett.doc, leti.doc, leta.doc e così via).

**UNITÀ 2** Il sistema operativo

## 14 | Il Pannello di controllo

Il **Pannello di controllo** contiene molti strumenti specifici che consentono di personalizzare l'ambiente di lavoro e modificare l'aspetto e il funzionamento di Windows.

Per aprire il Pannello di controllo, fai clic su Start 🪟 e poi sull'opzione Pannello di controllo. Nella finestra che appare sono visualizzati alcuni degli elementi e delle funzioni di uso più comune, suddivisi per categorie.

Per aprire una categoria o le sue voci, fai clic sul suo nome. Se preferisci una visione delle singole componenti del pannello, apri il menu relativo alla funzione Visualizza per e scegli Icone grandi o Icone piccole.

## Verificare le informazioni di base del computer

Per avere informazioni riguardanti le caratteristiche di base del computer come la versione di sistema operativo, la quantità di RAM installata, il tipo di processore e così via, seleziona Icone piccole dal menu Visualizza per, quindi fai clic sulla voce Sistema. Attraverso le varie voci presenti nella colonna sinistra puoi avere altri tipi di informazioni quali il nome del computer, la gestione delle periferiche e altre ancora che, però, richiedono un po' di conoscenze superiori.

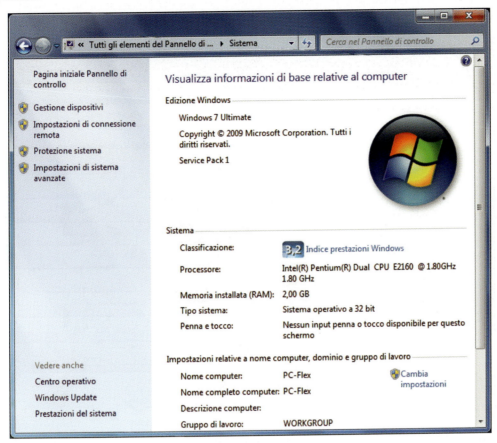

## Rimuovere programmi

Windows dispone di un particolare strumento che semplifica le operazioni da compiere per rimuovere nuovi programmi, procedura tecnicamente chiamata **disinstallazione**.
Per disinstallare un software, seleziona l'icona Programmi e funzionalità dal Pannello di controllo e, nell'apposita finestra, seleziona il nome del programma che intendi disinstallare. Fai clic sul pulsante Disinstalla e il gioco è fatto!

UNITÀ 2 Il sistema operativo

# 15 | Personalizzare il desktop

## Cambiare lo sfondo del desktop

Sei stanco di vedere il solito sfondo quando accendi il computer? Allora è il momento di cambiare lo sfondo del desktop.

- Fai clic con il pulsante destro del mouse su un punto vuoto del desktop e dal menu contestuale seleziona il comando Personalizza.
- Nella finestra che appare, fai clic sull'immagine che preferisci (Temi Aero). Lo sfondo del desktop è già cambiato, quindi puoi già chiudere la finestra.

Se non vuoi scegliere un tema Aero, dopo aver fatto clic sul comando Personalizza dal menu contestuale fai clic sulla voce Sfondo del desktop (la trovi in basso nella finestra).

- Fai clic sul menu a discesa a fianco di Percorso immagine.
- Fai clic su una delle voci presenti nel menu.
- Seleziona con un clic l'immagine che desideri, oppure puoi selezionare più immagini facendo clic sul quadratino in alto a sinistra, che appare su ogni immagine quando il puntatore si trova sopra di essa. Il segno di spunta indica che l'immagine è stata selezionata.

- Dal menu a discesa Posizione immagine (che trovi in basso a sinistra) scegli il tipo di posizione che deve assumere l'immagine. In particolare:
  - Riempi: riempie lo schermo con parte dell'immagine, mantenendo le sue proporzioni originali;
  - Adatta: visualizza tutta l'immagine mantenendo le sue proporzioni originali;
  - Estendi: estende l'immagine in altezza e larghezza fino a riempire lo schermo;
  - Affianca: mantiene le dimensioni originali dell'immagine e riempie lo schermo replicandola più volte, se necessario;
  - Centra: visualizza l'immagine al centro con le sue dimensioni originali (se le dimensioni dell'immagine sono inferiori alla risoluzione dello schermo, parte del desktop viene riempita con un colore di sfondo).
- Se hai selezionato più immagini, dal menu a discesa Cambia immagine ogni puoi scegliere quanto tempo deve passare a ogni cambio immagine.
- Prima di salvare i cambiamenti, visualizza il desktop, posiziona il puntatore del mouse sull'estremità destra in basso (a fianco dell'orario) e attendi qualche secondo, quindi fai clic su Salva Modifiche.

## Attivare uno screen saver

Ora vediamo come impostare uno screen saver. Ma prima spieghiamo che cos'è!
Lo **screen saver** o salvaschermo è nato per preservare lo schermo in quanto, come ben sai, questo dispositivo di output è formato da tanti puntini luminosi detti pixel. Può accadere che qualche puntino luminoso possa danneggiarsi a seguito di un uso prolungato. Quando viene attivato, lo screensaver imposta un ciclo nel quale ogni puntino luminoso non rimarrà sempre "acceso" e "fisso" su uno stesso colore, ma cambierà di continuo o a intervalli regolari.
Lo screen saver si attiverà dopo un certo tempo (stabilito dall'utente) di inattività del computer. Per disattivarlo, basta solo muovere il mouse o premere un tasto qualsiasi.
Per attivare lo screen saver:

- fai clic con il pulsante destro del mouse su un punto vuoto del desktop.
- dal menu contestuale seleziona Personalizza;
- fai clic sulla voce Screen saver e quindi dalla casella combinata scegli lo screen saver desiderato (nell'esempio abbiamo scelto Testo 3D);
- fai clic sul comando Impostazioni per variare alcuni parametri. Per esempio, se scegli come effetto Testo 3D potrai cambiare molte impostazioni, mentre per altri effetti le impostazioni da cambiare potrebbero essere di meno.

## LO SAI CHE...

L'ideatore dell'iniziativa è **Mark Shuttleworth**, un giovane imprenditore sudafricano diventato sostenitore del software libero al cui servizio ha posto le sue risorse. Ubuntu, infatti, prende il nome da un'antica parola africana che significa *"umanità agli altri"*, l'obiettivo è portare questa idea nel mondo del software, dando un grande peso alla comunità di utenti partecipanti nello sviluppo del sistema operativo.

## 16 | Ubuntu

**Ubuntu** è un sistema operativo nato nel 2004, basato su **Linux** e su un'interfaccia desktop inizialmente impostata sulla libreria grafica **Gnome**, progettata per fornire una soluzione grafica semplice, intuitiva e allo stesso tempo completa e potente. I punti di forza di questa distribuzione sono l'estrema semplicità di utilizzo, l'ottimo riconoscimento e supporto dell'hardware, il vasto parco software costantemente aggiornato e una serie di strumenti di gestione grafici che la rendono improntata verso l'ambiente desktop.

### La scrivania (desktop)

A partire dalla versione 11.04, Ubuntu utilizza una nuova interfaccia completamente ridisegnata chiamata **Unity**. Nella figura sono riportati gli elementi del nuovo ambiente grafico.

Il **Launcher** consente un accesso rapido alle applicazioni e alle aree di lavoro. La barra dei menu, posta nella parte alta dello schermo, contiene il titolo della finestra corrente, il menu dell'applicazione in uso e, a sinistra, i pulsanti per la gestione delle finestre.

Gli **Indicatori** o **Menu di stato** sono presenti nella parte destra del pannello superiore e, generalmente, forniscono un'informazione collegata a uno stato o a un evento relativo a qualche applicazione. Il sistema di notifica prevede che il colore delle icone presenti possano cambiare. In via predefinita, gli indicatori disponibili sono i seguenti:

- **Menu messaggistica**: gestisce eventi collegati ad applicazioni di messaggistica (istant messaging o client e-mail), di social network e UbuntuOne. È possibile modificare il proprio stato (Disponibile, Assente ecc.), eseguire azioni o visualizzare le notifiche dei messaggi ricevuti.

- **Menu di rete**: consente di gestire la propria connessione di rete.

- **Menu audio**: consente di gestire le impostazioni audio e i riproduttori multimediali disponibili.

- **Orologio**: visualizza la data e l'ora e consente la modifica di tali impostazioni.

- **Menu utente**: consente di modificare le impostazioni utente o di cambiarlo temporaneamente senza abbandonare la sessione corrente.

- **Menu di sistema**: consente di gestire le impostazioni di sistema (tra le altre anche le stampanti e i dispositivi collegati), bloccare lo schermo, terminare la sessione, riavviare o arrestare il computer.

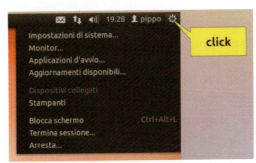

UNITÀ 2 Il sistema operativo 55

- Se necessitano **driver aggiuntivi** per la gestione di periferiche hardware, un indicatore è presente per l'avvio dell'installatore.

Il pulsante **Ubuntu (Dashbutton)**, conosciuto anche come pulsante **Home**, è posto nel Launcher, in alto a sinistra, raffigurante il logo di Ubuntu. Permette di avviare la **Dash** qualora per la sua apertura non si opti per la scorciatoia offerta dal tasto **Super**.

La **Dash** è uno degli elementi centrali dell'interfaccia **Unity**. Accessibile facendo clic sul pulsante Ubuntu oppure attraverso la pressione del tasto **Super** (più noto come tasto **Windows**), consente di navigare tra i propri file, i propri programmi, la propria musica e i propri video rendendo inoltre disponibile, per ciascuna di essi, uno storico degli elementi utilizzati. Include una barra di ricerca per rendere più agevole l'individuazione degli elementi desiderati (è posizionata nella parte bassa dello schermo). Gli elementi, in questo contesto prendono il nome di **Lens** e rappresentano un sottoinsieme della **Dash**, accessibili per mezzo delle icone disponibili nella parte bassa di quest'ultima; consentono di restringere i risultati escludendo le restanti **Lens**.

Sono disponibili cinque **Selettori Lens**, nell'ordine da sinistra verso destra:

- **Home Lens**: include tutti i risultati.
- **Lens App**: restringe i risultati limitatamente alle applicazioni.
- **Lens File**: restringe i risultati limitatamente ai file.
- **Lens Musica**: restringe i risultati limitatamente alla musica disponibile sul proprio computer o su Internet.
- **Lens Video**: restringe i risultati limitatamente ai video disponibili sul proprio computer o su Internet.

Ognuna delle lens è comunque direttamente raggiungibile cliccando con il tasto destro sul dashbutton e selezionando quella che interessa.

Alcuni messaggi che il sistema invia (anche a seguito di nostre azioni) sono evidenziati nell'area di notifica, nella parte superiore destra del desktop.

## Ll Launcher

Il **launcher** è composto da una barra contenente diverse icone e rappresenta il modo più veloce di interazione con il sistema per le attività più comuni. Le icone del launcher hanno un utilizzo immediato:

- clic sinistro per avviare il programma;
- clic destro per il menu contestuale;
- clic centrale per avviare una nuova finestra programma;
- clic sinistro a lungo e trascinamento per spostare l'icona.

Ogni applicazione avviata inserisce la propria icona sul launcher fino alla propria chiusura e ogni icona è gestita dal corrispondente menu contestuale. Se vengono bloccate restano anche alla chiusura dell'applicazione, mentre se si sbloccano, vengono eliminate.

Il **selettore spazio** di lavoro permette una vista sui 4 separati spazi di lavoro a disposizione e la scelta di quello da utilizzare.

> **LO SAI CHE...**
>
> Un metodo di inserimento icone nel launcher è il trascinamento dalla dash. Solo le icone di applicazioni possono essere messe sul launcher (quelle dei documenti possono essere poste sul desktop), le icone del selettore spazio di lavoro e del cestino non possono essere sbloccate, se le icone sono molte, scrollano in basso o in alto quando il puntatore si porta verso l'inizio o la fine del launcher.

Sull'icona **cestino** possono essere trascinate le icone poste sul desktop. Aprendo il cestino si possono raggiungere i file cancellati, ma ancora utilizzabili e ripristinabili. Un clic destro sul cestino nel launcher permette di selezionare lo svuotamento del cestino stesso. I file contenuti non saranno più recuperabili.

Un'applicazione avviata è segnalata con un indicatore posto sulla relativa icona launcher in lato destro. Per ogni finestra aperta per un'applicazione sono posti sulla sinistra della relativa icona launcher degli indicatori per un massimo di tre. La figura riporta a sinistra dell'icona cartella due indicatori (trattini) a mostrare il numero di finestre aperte sull'applicazione. Cliccando sull'icona di un'applicazione avviata, viene attivata la relativa finestra; cliccando due volte sull'icona di un'applicazione avente più finestre aperte, esse vengono rappresentate sullo schermo per la scelta di quella d'interesse.

## La gestione delle finestre

La **barra dei menu** riportata sul lato superiore è il luogo in cui vengono visualizzati i menu delle singole applicazioni. Nel momento in cui un'applicazione viene visualizzata a schermo intero, la **barra dei menu** contiene il menu del programma della finestra attiva. Per visualizzare questo menu basta portare il puntatore sulla barra. La novità consiste nel fatto che la barra dei menu non fa parte della finestra dell'applicazione ma risulta un elemento della scrivania in cui trovano posto man mano i menu delle varie applicazioni.

> **LO SAI CHE...**
>
> Nella barra dei menu si trovano anche i tre classici pulsanti di controllo per la gestione della finestra, ma con la differenza che tali controlli sono posti a sinistra anziché a destra.

UNITÀ 2 Il sistema operativo 57

Non tutte le applicazioni sono ancora predisposte a questa funzionalità, continuando a gestire i rispettivi menu all'interno delle singole finestre.

Una breve pressione del tasto Alt, mentre è in esecuzione un'applicazione, attiva **HUD** (*Heads Up Display*), una linea di comando che può ricevere i medesimi comandi previsti dai menu della stessa applicazione. Per esempio, se in Visualizzazione immagini si desidera ruotare un'immagine, dopo la pressione del tasto Alt compare una casella di ricerca. Cominciando a digitare "ruota" compaiono voci di menu attinenti a ciò che si scrive, e che si possono selezionare con i tasti freccia e invio.

Le scrollbar delle finestre sono sostituite dai sottili **overlay-scrollbar** (il cursore per lo scorrimento compare quando il puntatore si avvicina al bordo della finestra).

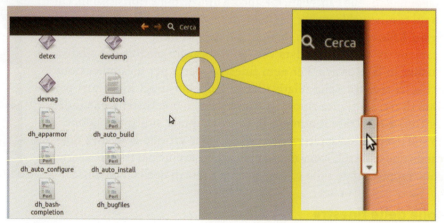

## Il gestore file

Ubuntu utilizza un gestore file chiamato **Nautilus**, semplice, chiaro e potente. Le icone visualizzate denotano la tipologia di file anche con un'anteprima del contenuto.

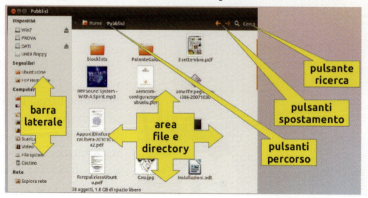

La barra laterale può contenere dispositivi ed altri "oggetti" del sistema, oppure una vista ad albero delle directory. Il sistema di file di Linux, individua ogni elemento come file o directory (un particolare tipo di file) che si distribuiscono ad albero partendo da un'unica radice. Anche dispositivi esterni possono entrare a fare parte di questo albero (nel quale, si dice appunto, vengono "**montati**").

Come in Windows, anche in questo sistema operativo il tasto destro del mouse apre un menu contestuale riportante l'elenco di azioni da effettuare sul file o sulla cartella.

La **ricerca** di file avviene attraverso l'apposito bottone; sono disponibili anche strumenti più sofisticati di ricerca che offrono la possibilità di inserire dei filtri.

## Ubuntu Software Center

Con il sistema operativo Ubuntu, il software viene fornito in file con estensione **.deb** che contengono il programma e le librerie necessarie. Ci sono migliaia di programmi installabili in Ubuntu, reperibili in alcuni archivi software (i *repository*) e sono disponibili per l'installazione attraverso Internet. Questo rende l'installazione di nuovi programmi estremamente facile e molto sicura, dato che ogni programma che si installa viene controllato e creato specificamente per questo sistema operativo. Ubuntu accede ai repository attraverso lo strumento **Ubuntu Software Center**.

## Impostazioni di sistema

Le impostazioni di sistema offrono un controllo dettagliato su molti aspetti di configurazione sia hardware sia software. Esistono molte analogie con il sistema operativo Windows in merito alla configurazione di tastiera, mouse, stampante, rete, ecc. per cui cerchiamo di porre l'attenzione su un particolare aspetto che concettualmente risulta differente da altri sistemi operativi: la **gestione degli utenti**.

In Linux, l'utente amministratore si chiama **root** e può fare praticamente tutto. In sede di installazione, Ubuntu crea un utente con privilegi amministrativi (non è root, che è disabilitato) che possiede molte capacità e privilegi di amministratore.

Durante l'utilizzo di alcuni strumenti, il sistema chiederà la password personale, in quanto per le azioni amministrative il sistema deve assicurarsi che sia realmente l'utente amministratore ad aver invocato il corrispondente comando. L'esplicita richiesta di autorizzazione viene fatta dal sistema per evitare che alcuni programmi possano cambiare gli aspetti di configurazione.

## OS X

Il sistema operativo **Mac** è stato sviluppato dalla **Apple Computer** e venne presentato nel 1984 quando fu esibito al mondo il primo **Macintosh**. Questo sistema operativo fu il primo ad implementare un'**interfaccia grafica**, idea rivoluzionaria in quanto, fino a quel momento, era possibile lavorare sui computer esclusivamente usando un terminale e scrivendo i comandi

### LO SAI CHE...

Tutti i nomi in codice utilizzati per i rilasci ufficiali di Mac OS derivano da quelli di Felidi o "grandi felini". La versione 10.0 si chiamava Cheetah (Ghepardo), la 10.1Puma, la 10.2 Jaguar (Giaguaro), la 10.3Panther (Pantera), la 10.4 Tiger (Tigre), la 10.5 Leopard (Leopardo), la 10.6Snow Leopard (Leopardo delle nevi), la 10.7 Lion (Leone), la 10.8 Mountain Lion (Leone di montagna).

precisi che l'elaboratore riusciva ad interpretare. L'interfaccia grafica, con il suo facile utilizzo, avvicinava il computer ad un pubblico vastissimo, al quale non veniva più chiesta la conoscenza esatta di comandi spesso lunghi e complicati ma semplicemente una dimestichezza con una nuova e indispensabile periferica: il mouse.

La vita del sistema operativo della Apple si può suddividere in due fasi.

La prima che va dal 1984 al 2001 nella quale si parlerà di **Mac OS Classic** e la seconda dal 2001 ai giorni d'oggi, nella quale si parlerà di **Mac OS X**, in quanto la Apple assorbì la Next ed il suo sistema operativo **OpenStep** basato su Unix. Vennero pertanto fusi i due sistemi operativi dando vita a Mac OS X (la X sta ad indicare proprio un nucleo del sistema operativo basato su UNIX). Con la versione 10.8, rilasciata a luglio 2012, il sistema perde il sostantivo distintivo Mac e venne denominato semplicemente OS X.

## La scrivania

La scrivania implementa le stesse funzionalità del desktop nei computer Windows e Linux. È infatti possibile trascinare file, rinominarli, creare una struttura gerarchica a cartelle per una migliore organizzazione dei documenti e tutte le altre operazioni comuni di manipolazione che vengono eseguiti sui file in generale. Illustriamo di seguito le principali caratteristiche:

**2. Menu dell'applicazione**: contiene i menu dell'applicazione attualmente in uso. Il nome dell'applicazione viene visualizzato in grassetto accanto al menu Apple.

**4. Menu di stato**: mostra data e ora, lo stato del computer in uso o fornisce un accesso rapido ad alcune funzionalità; per esempio, puoi rapidamente attivare il Wi-Fi, disattivare il Bluetooth o il volume del computer.

**1. Menu Apple**: permette di accedere ad Aggiornamento Software, Preferenze di Sistema, Stop, Spegnimento e molto altro.

**3. Barra dei menu**: contiene il menu Apple, il menu dell'applicazione attiva, il menu di stato, la barra dei menu extra, l'icona Spotlight e l'icona Centro Notifiche (OS X Mountain Lion).

**5. Icona Spotlight**: facendo clic su questa icona è possibile visualizzare il campo di ricerca Spotlight, che consente di cercare qualsiasi elemento presente sul Mac.

**6. Icona Centro Notifiche**: fai clic su questa icona per visualizzare il Centro Notifiche, in cui vengono riunificate le notifiche di Messaggi, Calendario, Mail, Promemoria e delle app di terze parti.

**8. La barra Dock**: permette l'accesso veloce ad applicazioni, cartelle e file utilizzati più frequentemente e permette di aprirli con un solo clic.

**7. Scrivania**: si tratta della posizione in cui verrà visualizzata la finestra dell'applicazione. Si possono aggiungere più scrivanie utilizzando **Mission Control**.

## La barra Dock

Questo strumento rappresenta, quindi, un collegamento diretto tra l'utente e le applicazioni installate: basterà cliccare su una delle icone presenti all'interno della dock per lanciare l'applicazione associata all'icona.

Come possiamo osservare dalla figura, al di sotto di alcune icone delle applicazioni è presente un indicatore luminoso: una sorta di ellisse di colore celeste ad indicare che l'applicazione è attualmente in esecuzione (anche se in quel momento non è utilizzata dall'utente). L'indicatore si spengerà non appena l'utente chiuderà l'applicazione.

È possibile effettuare anche alcune personalizzazioni alla dock in generale. Spostiamo il cursore del mouse a destra della dock nello spazio vuoto (identificato da una sorta di attraversamento pedonale) prima delle ultime tre icone ed clicchiamo con il tasto destro.

Andiamo dunque ad esplorare le varie voci del menu:

- **Attiva nascondi**: la dock scomparirà dalla parte bassa dello schermo come se fosse stata rimossa. Se ci si avvicina, con il cursore, alla parte bassa dello schermo la dock ricomparirà per poi scomparire nuovamente quando vi allontanerete con il cursore.
- **Disattiva ingrandimento**: disattiva l'ingrandimento che viene effettuato di default quando il cursore viene passato sulle icone della dock.
- **Posizione sullo schermo**: permette di spostare la dock dalla parte bassa dello schermo a destra o a sinistra.
- **Minimizza uso**: contiene al suo interno due sottovoci che identificano l'effetto grafico con il quale sono inserite nella dock le finestre delle applicazioni che vengono ridotte ad icona.
- **Preferenze dock**: una volta cliccata su questa voce del menu, verrà aperta una nuova finestra con all'interno, sostanzialmente, il riepilogo delle operazioni di personalizzazione eseguibili viste nei punti precedenti.

**INFO GENIUS**
Una buona prassi ci porterà ad inserire all'interno della dock tutte quelle applicazioni che usiamo più frequentemente per poterle aprire immediatamente con un semplice clic.

## Il Finder

L'importanza di questa applicazione è facilmente intuibile dal fatto che è l'unico in esecuzione non appena il computer viene acceso. Il Finder è il vero punto di accesso a tutti i dati contenuti all'interno del computer. Andiamo adesso ad esplorare la struttura e le funzionalità di questa applicazione. Se fai clic sull'icona del Finder (rappresentata in figura) si aprirà una nuova finestra.

## Le applicazioni

In OS esistono diverse modalità con le quali è possibile installare un'applicazione. La prima installazione è identica a quella che avviene in Windows quando abbiamo a disposizione un file di installazione con estensione .exe. Nel caso di OS, invece, questo file ha estensione **.dmg**. La fase di installazione produrrà un collegamento nella cartella *Applicazioni*.

L'installazione di applicazioni più corpose solitamente possiede un file di tipo **.PKG** che rappresenta il pacchetto di installazione vero e proprio. Facendo doppio clic su questo file verrà eseguita la procedura di installazione che solitamente consta dei seguenti passi:

- Introduzione: viene mostrata una panoramica del software che andremo ad installare.
- Leggimi: è una schermata che contiene la licenza di utilizzo del software e le relative regolamentazioni. È obbligatorio accettare per poter proseguire con l'installazione.
- Destinazione: in questa fase si deve semplicemente scegliere il dispositivo fisico nel quale volete installare l'applicazione. Se il Mac è dotato, per esempio, di due hard disk separati si può scegliere quello nel quale si vuole installare l'applicazione.
- Tipo di installazione: solitamente viene richiesto all'utente se si svuole installare tutti i pacchetti relativi all'applicazione o solamente alcuni di questi. Per esempio, per suite come iWork (suite Apple paragonabile a Office di Windows) si può scegliere quali applicazioni della suite installare.

**INFO GENIUS**

Prima però di poter installare delle applicazioni direttamente dal Mac AppStore è necessario disporre di un account **iTunes** da creare attraverso la medesima applicazione.

UNITÀ 2 Il sistema operativo — 61

**1.** Questi tre pulsanti individuano le operazioni che è possibile eseguire sulle finestre: il cerchio rosso chiuderà la finestra (rappresenta la X nell'interfaccia Windows), il cerchio giallo riduce ad icona la finestra (rappresenta il simbolo _ in Windows) ed infine il cerchio verde espande la grandezza della finestra (rappresenta il simbolo del quadrato in Windows).

**2. Pulsanti Indietro/Avanti**: quando ci si sposta all'interno della finestra del Finder, il pulsante Indietro consente di tornare all'elemento precedente e il pulsante Avanti per passare a quello successivo.

**3.** Con questi pulsanti è possibile visualizzare in modo diverso i contenuti nella finestra principale sottostante. OS ci permette di scegliere tra quattro tipi di visualizzazione:
- **Visualizza come icone**: è la visualizzazione che permette di rappresentare le icone una accanto all'altra;
- **Visualizza come elenco**: mostra i file in un elenco. Accanto al nome del file vengono solitamente mostrate alcune informazioni relative al file come per esempio la data di ultima modifica, il peso del file e l'estensione del file.
- **Visualizza in colonne**: elenca i file in colonne. La particolarità di questa visualizzazione è che tiene traccia del percorso nel quale si trova il file. Per esempio se accedi alla cartella *Documenti*, poi fai clic sulla cartella *Musica* ed infine sulla cartella *Canzoni italiane* (cartella creata dall'utente), la finestra principale mostrerà tre colonne che conterranno le cartelle precedentemente esplorate.
- **Cover Flow**: è una visualizzazione molto particolare, una sorta di slide-show, nella quale vengono mostrate le anteprime dei file contenuti nella cartella che stai esplorando in quel momento.

**4. Menu Azioni**: consente di accedere rapidamente alle funzioni del Finder per la gestione degli elementi selezionati. Ad esempio, Ottieni informazioni, Sposta nel Cestino e Servizi.

**5. Pulsante per la disposizione degli elementi**: indipendentemente dal tipo di vista scelto, si possono disporre gli elementi selezionando un metodo per il raggruppamento degli stessi.

**6. Campo di ricerca**: quando inizi a digitare una parola o una frase, Spotlight avvia la ricerca di eventuali corrispondenze sul Mac.

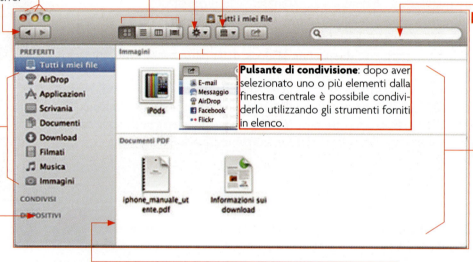

**7. Riquadro di destra**: in quest'area vengono visualizzati i contenuti della cartella selezionata.

**8. Barra laterale**: gli elementi sono raggruppati in categorie, Preferiti, Condivisi e Dispositivi. La sezione superiore include i preferiti con accesso rapido a tutti i documenti, Applicazioni, Scrivania, Documenti, Download, Filmati e Immagini.

**9. Dispositivi**: indica i dispositivi connessi al computer, ad esempio DVD, dispositivi USB o dischi di backup Time Machine.

**10. Limite del riquadro**: questo punto può essere trascinato per modificare le dimensioni del riquadro.

- Installazione: viene mostrato l'andamento dell'installazione della nostra applicazione.
- Conclusione: ultima schermata nella quale viene notificato all'utente se l'installazione è riuscita con successo oppure si sono verificati alcuni problemi.

Ovviamente, anche in questo tipo di installazione, il software appena installato andrà a finire nella cartella Applicazioni.

Un ultimo tipo di installazione è quella che passa dal **Mac AppStore**, un negozio di applicazioni online che possiamo installare sul nostro dispositivo.

Per ogni applicazione installata il sistema verifica lo stato di aggiornamento e visualizza il numero di aggiornamenti disponibili semplicemente guardando l'icona del Mac AppStore sulla dock in quanto, in presenza di aggiornamenti, comparirà un numero su sfondo rosso.

### La gestione delle finestre

Una delle caratteristiche è senza dubbio **Mission Control**, il nuovo sistema che consente di ottenere una visione d'insieme di tutte le finestre e le applicazioni aperte sul Mac OS. Offre, inoltre, la possibilità di creare fino a 16 desktop virtuali, ognuno dei quali personalizzabile con sfondo differente. Per attivare Mission Control basta premere il tasto F9 e avvicinando il puntatore nell'area in alto a destra comparirà un pannello semitrasparente con il segno "+": basta cliccarci sopra per aprire un nuovo desktop. Se si vuole utilizzare la nuova scrivania virtuale per un'applicazione con finestre già aperte, si possono trascinare direttamente le finestre dell'applicazione sul pannello. Una volta attivato Mission Control ci troviamo davanti una schermata come quella raffigurata.

**2.** **Scrivania**: la Scrivania in cui ci si trova attualmente, indicata con un bordo bianco.
*Suggerimento*: per chiudere una Scrivania diversa da Scrivania 1, spostare il cursore sulla Scrivania da chiudere, quindi fare clic sull'icona con la X che viene visualizzata in alto a sinistra.

**4.** **Pulsante Aggiungi Scrivania**: viene visualizzato quando il cursore si trova in alto a destra; fai clic su di esso per aggiungere una nuova Scrivania o trascina la finestra o l'icona di un'applicazione per spostarla in una nuova Scrivania.

**3.** Applicazioni a tutto schermo.

**1.** **Dashboard**: fai clic per entrare in Dashboard

**5.** **Finestre Applicazione**: spostare il cursore per evidenziare, quindi fare clic sulla finestra da spostare in primo piano.
*Suggerimento*: premere la barra spaziatrice per ingrandire finestra evidenziata e ottenere un'anteprima. Premere nuovamente la barra spaziatrice per rimpicciolire la finestra.

## Verso il touchscreen e i sistemi operativi mobili

L'evoluzione verso dispositivi mobili (notebook, tablet, smartphone) punta nella direzione di tecnologie che hanno esigenze differenti da quelle previste per un sistema operativo desktop. Sebbene i sistemi operativi che abbiamo studiato sino ad ora sono da considerarsi di tipo squisitamente desktop, nessuno di loro è rimasto insensibile al fascino dei nuovi strumenti touchscreen. La loro evoluzione naturale ha già da tempo contemplato la necessità di orientarsi verso tali strumenti. Gli odierni sistemi operativi mobili hanno tutti un'interfaccia grafica la cui gestione avviene attraverso l'uso di dispositivi **touchscreen**; le funzionalità del mouse, pertanto, sono state sostituite dai movimenti effettuati con le dita. La tabella che segue illustra tali funzionalità:

| Movimento | Operazione | Risultato |
|---|---|---|
| | Toccare una volta un elemento | Consente di aprire l'elemento toccato, eseguire un'applicazione, attivare un collegamento, ecc. |
| | Tenere il dito premuto su un elemento per alcuni secondi e rilasciare quando viene visualizzato un riquadro. | Consente di visualizzare le opzioni correlate all'operazione in corso (come avviene quando si fa clic con il pulsante destro di un mouse). |
| | Trascinare il dito sullo schermo. | Consente di scorrere gli elementi sullo schermo. |
| | Avvicinare o allontanare pollice e indice. | Consente di ingrandire o ridurre una schermata, un sito Web, una mappa o un'immagine. |
| | Posizionare due o più dita su un elemento e quindi ruotare la mano. | Consente di ruotare gli elementi che supportano la rotazione. |
| | Toccare e trascinare un elemento in un'altra posizione, quindi rilasciare. | Consente di spostare un elemento, come se venisse trascinato con il mouse. |

**UNITÀ 2** Il sistema operativo     **63**

# 17 | Windows 8

Windows 8 rappresenta l'ultima frontiera dei sistemi operativi di casa Microsoft. Lanciato sul mercato nell'ottobre 2012, questo sistema operativo rappresenta una completa rivoluzione per l'esperienza d'uso dei suoi utenti. Il modo di navigare all'interno dell'interfaccia grafica di Windows 8 è del tutto differente rispetto a tutte le versioni precedenti. Windows 8 conserva tutte le caratteristiche del suo predecessore (Windows 7) al quale è stato aggiunto uno strato finale costituito da una nuova interfaccia grafica detta **Metro** progettata per i dispositivi touch-screen, per i quali la tradizionale barra delle applicazioni non era la scelta migliore; ecco allora che Windows 8 usa quattro diverse barre a scomparsa su ogni lato dello schermo, rappresentate nell'immagine sottostante.

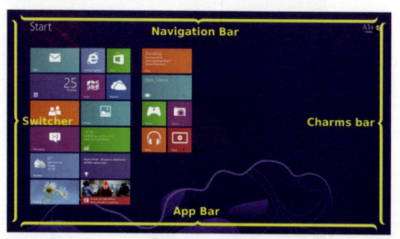

I pulsanti per ingrandire o ridurre a icona una finestra non ci sono più, perché **la finestra attiva è a schermo intero per impostazione predefinita**, mentre quelle non attive sono semplicemente nascoste. Un comportamento del tutto simile a quello di sistemi operativi mobile come Android o iOS. Il desktop e l'interfaccia classica presente in Windows 7 rimane comunque a disposizione degli utenti anche se sotto forma di applicazione. Il pulsante Start delle versioni precedenti di Windows è stato sostituito dalla schermata iniziale **Start**, che costituisce il nuovo punto di partenza da cui aprire tutti i programmi e le app disponibili nel sistema. All'interno della schermata Start trovano posto delle mattonelle dette **live tiles**, dei box di forma rettangolare o quadrata che fungono da icone e da visualizzatore di notifiche relative all'applicazione a cui si riferiscono. Per esempio, la live tile relativa alle e-mail notificherà la ricezione delle stesse e una anteprima di parte del loro contenuto ma, allo stesso tempo, se sfiorata porterà direttamente all'applicazione dedicata alla posta elettronica. Osservandola attentamente, si può notare che non si tratta di una schermata di icone statiche: i riquadri si aggiornano automaticamente con le informazioni più recenti, come aggiornamenti dello stato, nuovi messaggi di posta elettronica e appuntamenti, ed è possibile vedere gli aggiornamenti in tempo reale ancora prima di aprire una singola applicazione.

### Le barre laterali

In Windows 8 i lati dello schermo assumono un ruolo chiave: il lato destro dello schermo è dedicato alla **Charms Bar** mentre il lato sinistro ha il compito di gestire la navigazione tra le applicazioni aperte.

**swipe**
trascinamento effettuato con un dito.

Per attivare la **Charms Bar** basta un gesto di **swipe** da destra verso sinistra (eseguita sul lato destro dello schermo tipicamente con il pollice della mano destra). Ovviamente, è anche possibile aprire tale barra tramite il mouse (muovendo il cursore nell'angolo inferiore destro o superiore destro dello schermo). La barra si presenterà come nella figura.

**toolbar**
barra degli strumenti

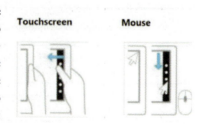

La Charms Bar è una toolbar universale in Windows 8 che può essere visualizzata da qualsiasi applicazione in qualsiasi momento. Si presenta come un contenitore di cinque comandi del sistema operativo: **Ricerca**, **Condivisione**, **Start**, **Dispositivi** e **Impostazioni**. Il primo charm di Ricerca consente di ricercare app, impostazioni, file, contenuti Web, mappe ecc. senza dover aprire l'applicazione specifica: basta inserire il criterio di ricerca nella casella del pannello di destra (che verrà attivato con la selezione del comando), selezionare la tipologia di ricerca e i risultati verranno visualizzati nel pannello principale di sinistra.

Le funzionalità di *Condivisione* sono native nel sistema operativo. Il metodo di condivisione di default è tramite email, ma una volta installate applicazioni di social networking avremo la possibilità di condividere su altre piattaforme social i nostri contenuti in modo estremamente semplice e naturale; è sufficiente selezionare il comando di Condivisione e scegliere il servizio con il quale condividere.

Il comando relativo ai **Dispositivi** fornisce un'interfaccia comune per lavorare con i dispositivi collegati al computer. È il "luogo" dove recarsi quando si deve stampare (da un'applicazione Windows Store), configurare i monitor/proiettori collegati, utilizzare le funzionalità per visualizzare i nostri contenuti su tv o altri device e inviare file a dispositivi portatili. L'ultimo charm, **Impostazioni**, attiva un pannello che conterrà le impostazioni specifiche dell'applicazione corrente e alcune impostazioni del sistema operativo quali volume, luminosità, lingua e il pulsante di power off.

Il lato sinistro dello schermo è dedicato alle funzionalità di navigazione tra le applicazioni (**Switcher**). Grazie a un gesto di swipe da sinistra verso destra (eseguita sul lato sinistro dello schermo tipicamente con il pollice della mano sinistra) il sistema visualizzerà un'anteprima di tutte le applicazioni aperte (per i nostalgici è come una versione touch del classico ALT + TAB).

La maggior parte delle applicazioni, anche nella schermata Start, offrono tante opzioni che non rientrano nella schermata principale, né sono gestite tramite gli Charm. Con le applicazioni desktop queste funzioni di solito si trovano in un menu nella parte alta, o in una comoda barra degli strumenti. Windows 8 colloca queste opzioni all'interno di una o due barre: sotto troviamo quella dell'applicazione (**app bar**) e in alto quella della navigazione (**navigation bar**), ma non sempre. Entrambe cambiano a seconda dell'applicazione.

La **app bar** rappresenta la barra dei comandi di un'applicazione e permette di personalizzare aspetti dell'applicazione attraverso alcuni comandi del tipo "Aggiorna", "Guida" oppure aggiungi al menu, ma solitamente non si trova il comando per chiuderla. Non è necessario chiudere le app quando si passa a un'altra: l'app precedente rimane in esecuzione in background e, se non viene utilizzata, viene chiusa automaticamente. L'app bar è resa visibile da uno swipe dal basso verso l'alto partendo dal lato inferiore dello schermo. L'utente può scegliere comunque di chiedere un'app, quando la stessa è attiva su schermo, semplicemente attivando uno swipe attraverso un movimento centrale dall'alto verso il centro dello schermo.

La **navigation bar** (posta in alto) non è utilizzata da tutte le applicazioni allo stesso modo; per molte rappresenta un'estensione della app bar, mentre si esprime al meglio per quelle app in cui vi è la necessità di visualizzare differenti contenuti. Un esempio per tutti è Internet Explorer, in cui il sistema a schede sovrapposto è stato sostituito, nell'interfaccia Metro, con una carrellata di miniature delle singole schede, proprio nella navigation bar.

**App bar**
barra dei comandi delle applicazioni

UNITÀ 2 Il sistema operativo 65

| LO SAI CHE... | **Le applicazioni** |

Le applicazioni installate su Windows 8 sono classificate in due gruppi: quelle propriamente definite **app** (gestite attraverso lo store) e le **applicazioni desktop** che si rifanno al vecchio concetto dei programmi installati nelle versioni precedenti di Windows.

Lo store di Windows rappresenta il luogo su internet dove la Microsoft mette a disposizione le proprie app, sia gratuite sia a pagamento, l'accesso a tale store è condizionato al possesso di un account Microsoft.

Le app presenti nella schermata Start possono essere disposte su più pagine da scorrere lateralmente, può però nascere la necessità di visualizzarle tutte su un'unica videata. Se si utilizza il touch, nella schermata Start si deve far scorrere rapidamente un dito verso l'alto dal bordo inferiore o verso il basso dal bordo superiore della schermata e si tocca la dicitura *Tutte le app*. Se si usa un mouse, si fa clic con il pulsante destro del mouse su un punto qualsiasi della schermata Start e si sceglie *Tutte le app*. A sinistra della videata vengono collocate le app mentre nella parte destra trovano posto le applicazioni desktop.

Come abbiamo detto in precedenza, le singole tile aggiornano il loro contenuto in maniera automatica. Questo aspetto dinamico può essere disattivato, così come è possibile anche ridimensionarle, rimuoverle dalla schermata Start e persino disinstallarle dal sistema. Per fare tutte queste cose, è sufficiente attivare sulla singola tile l'app bar, che riporta le seguenti voci relative:

- **Rimuovi da Start**: rimuove semplicemente la mattonella dalla schermata Start, questo ovviamente non significa che venga disinstallata;
- **Disinstalla**: serve a disinstallare i programmi scaricati dallo store;
- **Più piccolo/Più grande**: riduce o aumenta la dimensione della tile selezionata;
- **Disattiva riquadro animato**: disattiva le funzioni dinamiche della piastrella.

Tutte le tile possono essere spostate a piacimento semplicemente trascinandole.
Per le applicazioni desktop le relative app bar possono riportare voci differenti, anche se in linea di massima possono essere tutte riconducibili al seguente elenco:

- **Rimuovi da Start**
- **Aggiungi alla barra delle applicazioni**: aggiunge l'applicazione alla barra delle applicazioni visibile nell'ambiente desktop;
- **Disinstalla**: disinstalla l'applicazione desktop;
- **Apri nuova finestra**: apre un nuovo documento dell'applicazione selezionata;
- **Esegui come amministratore**: esegue il programma con privilegi di amministratore;
- **Apri percorso file**: apre una finestra nell'ambiente desktop dove è presente il collegamento all'applicazione.

Windows 8 consente di accedere all'ambiente desktop attraverso la corrispondente tile, come si trattasse di una app alla stregua delle altre. Il sistema che ci troviamo davanti ricorda l'ambiente desktop con cui Microsoft gestiva l'interfaccia grafica dei precedenti sistemi operativi.
Chi ha lavorato con Windows 7 o XP troverà subito un ambiente con moltissime analogie, come per esempio la gestione di file e cartelle, l'utilizzo del cestino, le impostazioni di sistema, e così via.
Quello che manca in questo ambiente desktop è il pulsante Start, che come ormai sappiamo è stato rimpiazzato dalla schermata Start attivabile attraverso l'apposito pulsante della Charms bar, così come illustrato in figura.

Le applicazioni di Windows 8 sono eseguite a pieno schermo, tuttavia il sistema operativo ha un'opzione di **Ancoraggio** per affiancare due diverse applicazioni. Si possono quindi inviare email mentre si guarda un video, o navigare sul Web mentre si chatta con i propri amici. Per affiancare due applicazioni con touchscreen occorre far scorrere il dito dal bordo sinistro per visualizzare l'app da affiancare e quindi trascinarla nel lato dello schermo in cui la si vuole "agganciare". Con il mouse bisogna portare il puntatore nell'angolo in alto a sinistra, attendere che compaia l'app, cliccare sopra la sua anteprima e trascinarla poi nel lato dello schermo desiderato.

**INFO GENIUS**

Il problema delle app affiancate è che non si può decidere la larghezza delle singole applicazioni perché è predefinita.

# 18 | iOS

**iOS**, inizialmente **iPhone OS**, è un sistema operativo sviluppato da Apple per iPhone, iPod touch e iPad e come Mac OS X è basato sul un nucleo UNIX.

Il primo sistema operativo iPhone OS 1.0 è stato presentato a gennaio 2007, entrato in commercio con il primo iPhone a giugno dello stesso anno. A luglio 2008 viene pubblicato in concomitanza della vendita di iPhone 3G l'aggiornamento a iPhone OS 2.0 che aggiunge, tra le altre funzioni, il molto atteso AppStore e la possibilità di installare applicazioni di terze parti. iPhone OS 3.0, rilasciato a giugno 2009, ha aggiunto molte funzioni che furono richieste dagli utenti, alcuni dei quali il copia e incolla e gli MMS. Il primo iPad, entrato in commercio nell'aprile 2010, ha avuto inizialmente un percorso separato di iPhone OS 3. Il quarto rilascio del sistema operativo, pubblicato con iPhone 4 a giugno 2010, ha aggiunto numerose funzioni quali il multitasking per le applicazioni di terze parti, FaceTime e iBooks, unificando i vari dispositivi (iPhone, iPod touch e iPad) con una versione comune, la 4.2.1. Nel giugno 2011 è stata presentata la quinta versione di iOS con numerose nuove funzioni, tra cui la sincronizzazione wireless, l'integrazione con il servizio iCloud di Apple e un rinnovato sistema di notifiche. Nel giugno 2012 è stata presentata la sesta versione di iOS con un'applicazione mappe completamente rinnovata, nuovissime funzioni e lingue per l'assistente vocale Siri tra cui l'attesa inclusione della lingua italiana, integrazione con Facebook, nuove funzioni di risposta alle chiamate e novità grafiche. Il 10 giugno 2013 è stata presentata la settima versione di iOS con uno stile grafico completamente rinnovato e adattato allo stile "piatto" e "minimale", che presenta icone molto più semplici e colorate. Altra importante punto di rottura col precedente iOS è la rimozione della barra di sblocco presente fin dalla prima release di iOS, sostituendola con una schermata di sblocco più semplice e minimalista. Altro rinnovamento sostanziale è la totale revisione del multitasking, modificandone il look e le funzionalità, rendendolo più attuale e al pari dei sistemi concorrenti.

## iOS 7.0

Apple realizza sia l'hardware sia il sistema operativo di iPad, iPhone e iPod touch, per questo tutto funziona in modo davvero intelligente. Questa integrazione permette alle app di sfruttare al meglio caratteristiche hardware come il processore dual-core, la grafica accelerata, le antenne wireless e molto altro. La schermata iniziale presenta differenti icone di app (abbreviazione di applicazione) incolonnate e posizionate, a piacimento dell'utente, su differenti schermi da scorrere con il movimento laterale del dito.

Il **Centro di controllo** consente di accedere in un secondo a tutte le impostazioni e app che serve avere subito a disposizione, si attiva sfiorando dal basso verso l'alto sul display e dalla schermata di blocco. Contiene cinque gruppi di comandi:

- **Impostazioni**: attiva o disattiva Uso in aereo, Wi-Fi, Bluetooth e Non disturbare, blocca la rotazione dello schermo.
- **Luminosità**: regola la luminosità dello schermo.
- **Controllo media**: fa partire una canzone, mette in pausa, cambia traccia.

UNITÀ 2 Il sistema operativo

- **Air play**: consente il collegamento ai dispositivi AirPlay.
- **Apps**: quattro apps a portata di mano: torcia, timer, calcolatrice e fotocamera.

Il **Centro Notifiche**, ora disponibile anche dalla schermata di blocco, racchiude tutte le notifiche visualizzabili semplicemente sfiorando lo schermo con un movimento del dito dall'alto verso il basso. La nuova funzione Today offre una vista panoramica sugli impegni della giornata con un riassunto delle informazioni più importanti come meteo, traffico, riunioni ed eventi.

**Multitasking** consente agli utenti la possibilità di passare da un'app all'altra in maniera più intuitiva e visiva, iOS 7 registra quali sono le app usate più spesso dall'utente e tiene aggiornati i contenuti in automatico, sempre in background. All'attivazione, toccando il tasto Home due volte, si possono visionare gli screen delle app usate in precedenza, un movimento del dito laterale consente di muoversi da una all'altra, mentre un movimento verso l'alto rimuovere l'app dall'elenco.

**AirDrop** è una nuova funzione di iOS. Lo scambio dati con AirDrop, compatibile unicamente tra dispositivi Apple, funziona su connessione Wi-Fi o tramite Bluetooth, quest'ultimo più indicato nel caso in cui si voglia trasferire un documento da un dispositivo ad un altro quando questi sono fisicamente vicini tra di loro. Ma come funziona tecnicamente AirDrop? Basterà cliccare sul contenuto da condividere e, dopo aver aperto il menu di condivisione, premere sull'icona del contatto a cui si vuole inviare il file. I trasferimenti con AirDrop sono criptati, quindi non si correranno rischi durante la trasmissione dei documenti. Gli utenti con iOS 7 compariranno automaticamente come "visibili" in AirDrop e potranno scambiare o ricevere file dalle altre persone nelle vicinanze. In alternativa, si potrà scegliere di limitare il funzionamento di AirDrop e di farsi vedere come "disponibili" solo dagli amici dell'elenco Contatti.

Con l'introduzione dell'iPhone 4s, Apple presentava al mondo **Siri**, l'assistente vocale in grado di riconoscere il nostro input vocale e risponderci a schermo con azioni o informazioni. Di fatto ci sono voluti due anni per permettere a Siri un raffinamento progressivo del riconoscimento vocale tant'è che oggi la Apple ha deciso finalmente di togliere l'etichetta "beta" al prodotto. **Siri** oggi consente di utilizzare sia voci maschili che femminili, inoltre permette la ricerca integrata con Twitter, si potrà quindi chiedere a Siri quali persone parlano di un preciso argomento su Twitter. Siri effettua anche ricerche su Wikipedia e Bing. Ogni volta che viene effettuata una richiesta a Siri, si muovono le onde acustiche sul display che indicano che Siri è in ascolto e sta elaborando una risposta.

**iCloud** è un sistema per archiviare i contenuti multimediali dell'utente su server remoti, condivisi tra i vari dispositivi in possesso dell'utente: iPhone, iPad, iPod touch, Mac e PCWindows. Grazie alla tecnologia push vengono inviati a tutti i dispositivi via rete senza fili (3G o Wi-Fi), automaticamente e senza che si debba fare nulla se non configurare la modalità di funzionamento dal relativo pannello di controllo. Se si acquista un brano musicale, si scatta una foto, si redige un documento o un foglio dati, tali file verranno automaticamente scritti o aggiornati su ogni dispositivo dello stesso utente.

Analogamente, possono essere tenuti sincronizzati e memorizzati sia in locale sia nel cloud remoto il proprio calendario di impegni, la posta elettronica e i contatti. Una funzione accessoria è la geolocalizzazione, ovvero la possibilità di condividere con contatti scelti la propria posizione, rilevata dal GPS del dispositivo, e di ritrovarlo in caso di smarrimento.

# 19 | Android

Android è un sistema operativo realizzato dall'omonima azienda, fondata nell'ottobre 2003, nel 2005. L'azienda venne rilevata da Google che inizia a sviluppare un sistema operativo per dispositivi mobili basato su Linux.

La schermata principale che ci si trova davanti appena il dispositivo viene avviato oppure appena si preme il tasto Home è detta **Homescreen**. È costituita da cinque pagine, che l'utente può scorrere lateralmente, le quali contengono le icone delle varie applicazioni che possono essere posizionate a piacere.

La seguente immagine mostra lo sviluppo di tutte le pagine, alcuni quadratini bianchi (posti in basso) indicano la disponibilità delle restanti pagine da scorrere a destra o a sinistra. L'homescreen di Android è in genere occupata sia dalle icone delle applicazioni che dai **widget** cioè delle sorti di gadgets con varie funzioni. Ci sono widget che mostrano vari stili di orologi, quelli che visualizzano gli ultimi video di YouTube, altri che visualizzano informazioni meteo, quelli relativi alla ricerca su Google o quelli che consentono di attivare alcune funzionalità di sistema.

## LO SAI CHE...

La presentazione ufficiale del "robottino verde" avvenne il 5 novembre 2007 ma solo un anno dopo venne lanciato sul mercato il primo dispositivo equipaggiato con Android. Dal 2008 gli aggiornamenti di Android per migliorarne le prestazioni e per eliminare i bug delle precedenti versioni sono stati molti. Ogni aggiornamento o release segue un ordine alfabetico e possiede l'originale caratteristica di prendere il nome dai dolciumi. La versione 1.5 prese il nome *Cupcake* che venne seguita dalla versione 1.6 *Donut*, fino alle versioni più recenti come la 4.3 *Jelly Bean* e la 4.5 *KitKat*.

Icone     pagina a sinistra     pagine a destra     widget

## Le app

Quando si vuole aggiungere all'ambiente Android una funzionalità non presente, si usa ricercarla in un play store (come Google Play) e "installarla", ossia copiarla all'interno del dispositivo affinché sia sempre presente e utilizzabile. L'accesso allo store è subordinato a un account utente di posta elettronica su gmail. Una volta trovata l'applicazione desiderata le fasi di download prima e installazione dopo sono semplici e immediate, in pochi istanti ci si ritrova con l'app pronta sul nostro dispositivo da utilizzare istantaneamente.

Dalla versione 2.2 di Android è possibile installare una app, oltre che nella memoria interna del dispositivo, su una card esterna. Questa nuova caratteristica viene spesso chiamata dalla community "app2sd". Ufficialmente, però, in fase di installazione, la scelta del supporto di destinazione (memoria interna o card) è lasciata allo sviluppatore del software e non all'utente finale. Per alcune app inoltre è prevista la possibilità di essere trasferita su card esterna ("Impostazioni → Applicazioni → Gestisci applicazioni", selezionando l'app appena installata e premendo il bottone "Sposta su scheda SD"). Talvolta può capitare di non avere la disponibilità di utilizzare le funzionalità di Google Play, e di non riuscire ad installare l'applicazione richiesta e quindi la necessità di reperire l'applicazione da altre fonti. In questo caso la procedura da seguire è quella di scaricare un **APK** (un file di installazione) pronto per essere installato manualmente.

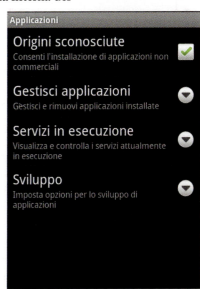

Installare un APK è ad ogni modo molto semplice:

1. *Scaricare l'APK* trovato in rete.
2. Trasferire l'APK sulla scheda SD del telefono.
3. Direttamente dallo smartphone, cercare il file APK inserito nella scheda SD, selezionarlo, e cliccare "installa", accettando eventuali richieste dell'applica-

zione. (Nota: potrebbe essere necessario, se non l'avete ancora fatto, autorizzare il vostro telefono ad accettare file di origine sconosciuta. Per fare ciò: Impostazioni → Applicazioni → Check su *Origini sconosciute*.)

Tutte le applicazioni presenti all'interno del dispositivo vengono visualizzate all'interno di una schermata (**appdrawer**), una pressione prolungata del dito su un'icona consentirà di posizionare un collegamento dell'applicazione sulla pagina prescelta della Homescreen.

Nel momento in cui l'icona relativa ad un app è posizionata all'interno della Homescreen, una pressione prolungata del dito consente di trascinare l'oggetto su un'altra pagina o verso il cestino che compare nella parte inferiore o superiore dello schermo (dipende dal dispositivo utilizzato). La rimozione di un'icona dalla Homescreen (a seguito di uno spostamento nel cestino) non provoca la rimozione dell'applicazione dal sistema che continua a rimanere presente nell'appdrawer. La disinstallazione completa di un'applicazione può essere fatta o attraverso il play store o direttamente dalle impostazioni del dispositivo (Impostazioni → Applicazioni → Gestione applicazioni, un elenco di tutte le applicazione consentirà di scegliere l'applicazione eventualmente da disinstallare).

Quello che consentiva nei sistemi operativi desktop di creare delle cartelle per raggruppare file o icone, in Android così come in iOS avviene attraverso un procedimento automatico, nel momento in cui un'icona viene sovrapposta e rilasciata su un'altra, il sistema automaticamente crea un contenitore contraddistinto da un piccolo cerchio dove al suo interno vedremo entrambe le icone: questa è una cartella, eventuali altre icone potranno essere trasportate al suo interno.

# TRAINING

Test

## CONOSCENZE

1. Indica se le seguenti affermazioni sono vere oppure false.
   - V | F  Il sistema operativo fa parte dell'hardware del computer.
   - V | F  Il sistema operativo è composto da un unico programma.
   - V | F  Il sistema operativo consente di utilizzare il computer senza conoscerlo.

2. Quali tra le seguenti non sono funzioni svolte dal sistema operativo?
   - ☐ gestione dell'unità centrale
   - ☐ masterizzazione
   - ☐ gestione dei file memorizzati nell'hard disk
   - ☐ inizializzazione e terminazione dei lavori della macchina
   - ☐ controllo delle cartucce della stampante

3. Completa la seguente frase.
   I ........................... sono computer piuttosto "grandi" e usano ........................... come sistema operativo.

4. Quale tra i seguenti è un sistema operativo usato sui telefoni cellulari?
   - ☐ Windows XP
   - ☐ Unix
   - ☐ Android
   - ☐ MacOs

5. Quale tra i seguenti sistemi operativi è caratterizzato da un codice sorgente libero e modificabile?
   - ☐ Windows
   - ☐ Linux
   - ☐ Unix
   - ☐ Symbian
   - ☐ MacOs

6. Completa la seguente frase.
   Il ........................... si occupa dell'inizializzazione di base di tutte le ........................... e, successivamente, provvede a effettuare la ........................... delle risorse del sistema.

7. Il componente fondamentale del sistema operativo è:
   - ☐ il boot loader
   - ☐ il kernel
   - ☐ il BIOS
   - ☐ il bootstrap

8. Seleziona tutte le icone presenti sul desktop del tuo computer.

9. Seleziona cinque icone contigue del tuo desktop.

10. Seleziona cinque icone non contigue del tuo desktop.

11. Trascina un'icona verso l'angolo superiore destro del desktop. L'icona rimane ancorata? Se non rimane nel luogo in cui l'hai trascinata che cosa devi fare per fare in modo che ciò accada?

12. Analizza il seguente menu e completa i punti mancanti.

    - ☐ Il menu sopra illustrato si chiama ........................... . Per aprirlo ........................... .
    - ☐ Con esso è possibile ........................... .
    - ☐ La presenza di tre puntini accanto a una voce indica ........................... 
    - ☐ La freccia a destra (▶) accanto a una voce indica ......
    - ☐ Se l'opzione non riporta alcun simbolo significa che ........................... .

13. Commenta le opzioni presenti in questa finestra.
    ...........................
    ...........................
    ...........................
    ...........................
    ...........................

UNITÀ 2 Il sistema operativo

# TRAINING

**14.** Utilizzando la Guida in linea trova informazioni sulla modalità Sospendi relativa a un nuovo tipo di arresto del sistema.

**15.** Utilizzando la Guida in linea trova informazioni sulla modalità Sospendi relativa a un nuovo tipo di arresto del sistema, questa volta utilizzando la scheda indice che si apre facendo clic sul pulsante presente sulla barra degli strumenti.

**16.** Dai le definizioni corrette.

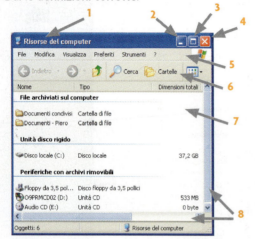

1 ..............................................................
2 ..............................................................
3 ..............................................................
4 ..............................................................
5 ..............................................................
6 ..............................................................
7 ..............................................................
8 ..............................................................

**17.** La finestra che informa l'utente su un determinato aspetto ma non gli permette di scegliere è la:
□ finestra interattiva
□ finestra statica
□ finestra di messaggio
□ nessuna delle precedenti

**18.** Con multitasking si intende:
□ la riaccensione automatica del computer dopo un periodo di tempo in standby
□ l'apertura di un programma che consente la scrittura di testi
□ la possibilità di utilizzare suoni, immagini, audio e video attraverso il computer
□ la possibilità di utilizzare più applicazioni contemporaneamente

**19.** Apri cinque finestre sul desktop del tuo computer. Ora usa la combinazione di tasti ALT + TAB e ALT + ESC per passare da una finestra all'altra. Quali differenze noti nell'utilizzo delle due combinazioni di tasti?

**20.** Indica se le seguenti affermazioni sono vere o false.
V F  Il nome di un file può essere lungo al massimo 30 caratteri.
V F  L'estensione di un file deve essere .doc.
V F  Windows non consente di inserire il simbolo "\" all'interno del nome di un file.

**21.** Il nome globale di un file è dato:
□ dal percorso a partire dalla root, seguito dal suo nome locale
□ dal nome del file e dalla sua estensione
□ dal nome del file senza l'estensione
□ nessuno dei precedenti

**22.** Quale tra le seguenti cartelle è quella attiva? Come fai a riconoscerla?

□ ⊟ 📁 Master (C:)
□     📁 CtDriverInstTemp
□ ⊞ 📁 Documents and Settings
□     📁 FirstSteps
□     📁 fsc-screensaver
□ ⊞ 📁 ISP
□ ⊟ 📁 Lxk1100
□  ⊞ 📁 drivers
□  ⊞ 📁 PROGRAM
□ ⊞ 📁 Media

**23.** Quale tra le seguenti estensioni indica un file eseguibile?
□ .ppt   □ .exe   □ .doc   □ .txt

**24.** Il file sorgente è quello in cui:
□ le istruzioni sono scritte in linguaggio macchina
□ le istruzioni sono scritte in linguaggio di programmazione
□ le istruzioni sono scritte in linguaggio assembly
□ non sono presenti istruzioni

**25.** Tra le seguenti affermazioni, non è corretta:
□ i file di dati contengono numeri, lettere, parole
□ i file di dati possono contenere immagini
□ i file di dati possono essere file di testo
□ i file di dati non sono né attivi né passivi

**26.** Rispondi alle seguenti domande:
□ Perché è utile fare spesso il backup dei dati?
□ Dove è possibile fare il backup?

**27.** Un doppio clic sull'icona per:

□ Collegarsi ad altri PC presenti in rete
□ Vedere i dischi e le altre risorse del computer
□ aprire una cartella

□ Recuperare o gettare i file cancellati dall'hard disk
□ Eliminare i dati non più utilizzati
□ Recuperare file cancellati da un floppy

72  **Apparato didattico A**  Il sistema computer

☐ Consultare pagine Web
☐ Creare o modificare pagine Web
☐ Utilizzare la posta elettronica

☐ Attivare connessioni Internet
☐ Accedere al menu di Avvio-Chiusura
☐ Collegarsi ad altri PC presenti nella rete

☐ Gestire il floppy che si trova nell'unità A:
☐ Utilizzare un CD-ROM
☐ Gestire il floppy che si trova nell'unità C:

☐ Gestire il floppy che si trova nell'unità C:
☐ Gestire il proprio disco rigido
☐ Utilizzare i programmi antivirus

☐ Utilizzare il CD-ROM inserito nel lettore
☐ Cancellare il CD-ROM inserito nel lettore
☐ Copiare un floppy

☐ Modificare i colori della scrivania
☐ Copiare, spostare, cancellare file
☐ Utilizzare programmi di regolazione del PC

☐ Vedere che ore sono
☐ Regolare calendario e orologio di sistema
☐ Vedere da quanto tempo il PC è acceso

☐ Regolare il volume di casse, cuffie e microfono
☐ Scegliere un file da sentire in cuffia
☐ Registrare suoni salvandoli in un file

# ABILITÀ

**1.** Con il programma Esplora risorse crea un file di Word e, successivamente, attribuiscigli l'attributo Nascosto.

**2.** Crea la seguente struttura ad albero su una pendrive (nota che, nel diagramma, i nomi delle cartelle sono stati riportati in rosso, mentre i nomi dei file in nero).

Esegui, ora, le operazioni indicate.
a) Cancella la cartella Autunno.
b) Crea la cartella Gennaio nella cartella Inverno.
c) Sposta la cartella Luglio nella cartella Stagioni.
d) Crea il file Pasqua in Primavera.
e) Sposta il file Natale nella cartella Febbraio.
f) Rinomina il file Sci in Sci di fondo.
g) Crea il file Cenone di San Silvestro nella cartella Dicembre.
h) Trova sul disco C il file Pasquetta.doc e copialo sulla pendrive nella cartella Primavera, altrimenti crealo e memorizzalo.
i) Cancella il file Alberto Tomba.

La struttura ad albero risultante dopo l'esecuzione delle precedenti operazioni deve essere come quella qui di seguito.

**3.** Crea sull'hard disk la seguente struttura ad albero.

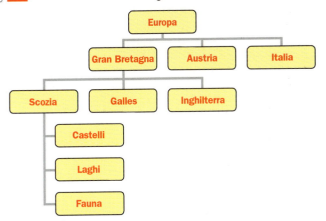

Esegui, ora, le seguenti operazioni (i file da creare possono essere di qualsiasi tipo).
a) Crea il file Edimburgo nella cartella Scozia.
b) Copia il file precedentemente creato nella cartella Italia e rinominalo Roma.
c) Crea il file Londra nella cartella Inghilterra.
d) Copia il file precedentemente creato nella cartella Austria e rinominalo Vienna.
e) All'interno della cartella Inghilterra, fai una copia del file Londra con il nome Oxford.
f) Crea i file Lecce, Torino e Perugia nella cartella Italia.

UNITÀ 2 Il sistema operativo

# TRAINING

g) Sposta nel cestino i file Roma e Vienna.
h) Cancella il file Perugia senza portarlo nel cestino.
i) Svuota il cestino.
j) Copia la cartella Scozia sulla pendrive.
k) Cancella la cartella Austria.

**4.** La struttura iniziale è, ora, cambiata. Riempi il diagramma seguente, tenendo conto delle modifiche apportate.

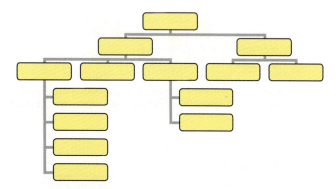

**5.** Svolgi il seguente esercizio:
a) Crea sulla pendrive nella directory radice una cartella di nome Windows e al suo interno una cartella di nome Esempio.
b) Apri Blocco note e scrivi il tuo cognome e nome. Salva il file con il nome name.txt dentro la cartella Windows.
c) Copia il file name.txt in Esempio e rinominalo in copy.txt.
d) Crea nella directory radice una cartella Pippo e sposta la cartella Windows e tutto il suo contenuto dentro Pippo.
e) Cerca con lo strumento trova file un file di testo (.txt) e salvalo nella directory radice.
f) Crea un collegamento al file di testo all'interno della cartella Windows e rinominalo in text.txt.
g) Apri Wordpad e scrivi "Prova di Informatica", salva il file con il nome save.rtf dentro Esempio.
h) Crea nella directory radice una cartella di nome Computer e copiaci tutti i file presenti sulla pendrive.
i) Cancella il file save.rtf che si trova in Esempio.
j) Cambia l'icona del file di collegamento dentro la cartella Computer scegliendone una a piacere.

**6.** Controlla se la tua tastiera ripete i caratteri lentamente o se il cursore lampeggia troppo velocemente.

**7.** Qual è il tipo di processore presente sul tuo computer? Accertati attraverso il Pannello di controllo.

**8.** Rimuovi lo screen saver attivato sul tuo computer. Se non ne è stato attivato alcuno, attivane uno di tuo gradimento.

# UNITÀ DI APPRENDIMENTO 3
# LA CODIFICA DELL'INFORMAZIONE

## IN QUESTA UNITÀ IMPARERAI...

- Cosa sono i dati e le informazioni
- Come vengono rappresentati i dati all'interno di un computer
- Le caratteristiche dei vari sistemi di numerazione
- Come convertire un numero da un sistema di numerazione ad un altro

Glossario CLIL

Approfondimento

## 1 | La rappresentazione delle informazioni

I dati appartengono a diverse categorie. Partendo da un primo criterio è facile osservare che nella nostra quotidianità abbiamo a che fare con:

- dati che simboleggiano oggetti concreti o reali (per esempio una sedia);
- dati che simboleggiano oggetti astratti o concetti (per esempio il concetto di amore o l'oggetto astratto numero 3).

Rifletti: per l'oggetto concreto sedia si può realizzare una rappresentazione grafica tale da consentire il riconoscimento a qualsiasi individuo; ciò non accade, invece, per il concetto di amore, che, pur potendosi rappresentare graficamente (per esempio con un cuore) potrebbe dar adito ad ambiguità. Questo non accade per la sedia, la cui rappresentazione è universalmente riconosciuta. Anche il numero tre viene espresso graficamente con il simbolo arabo 3. In sostanza, che cosa abbiamo fatto? Abbiamo associato a un concetto o a un oggetto una sua rappresentazione simbolica. In termini più rigorosi possiamo affermare quanto segue:

> La **rappresentazione** è una legge μ che associa a un oggetto concreto o a un concetto una sequenza di simboli presi da un opportuno alfabeto.

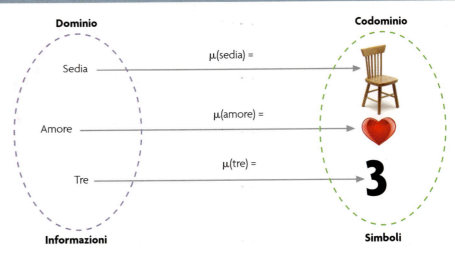

Il problema ora è quello di rappresentare queste informazioni all'interno di un computer.
Da quanto detto sinora è ovvio che non è possibile rappresentare le informazioni viste poc'anzi con i simboli che abbiamo associato, dovremo utilizzarne altri. Abbiamo visto che tutto ciò che viene fornito al computer è immediatamente tradotto in precise sequenze di 0 e di 1, ma per quale motivo la macchina utilizza soltanto due simboli? La risposta è semplice: per motivi di efficienza.
Rifletti. Il numero tre può avere varie rappresentazioni: quella romana (III) oppure quella classica araba (3), poiché la funzione di rappresentazione ($\mu$) non è univoca.
Per rappresentare un dato all'interno di un computer occorre scegliere un metodo efficiente, nel senso che tale rappresentazione deve essere facilmente:

- memorizzabile;
- trasmissibile;
- elaborabile.

A titolo di esempio, analizziamo il numero romano VIII: tale rappresentazione è efficiente nella memorizzazione, perché si usano pochi simboli, però non è efficiente in fase di elaborazione, perché le operazioni aritmetiche con i numeri romani sono tutt'altro che semplici. Pensa ai giapponesi che utilizzano ideogrammi composti da decine di migliaia di simboli, oppure al vecchio ma sempre attuale alfabeto Morse, composto da soli due simboli (il tratto e il punto). Ognuno dei due sistemi ha vantaggi e svantaggi: per esempio, se si vuole esprimere un concetto abbastanza complesso quale "ti voglio molto bene" potrebbe bastare un ideogramma, mentre con l'alfabeto Morse occorre una sequenza di punti e linee, ma sicuramente tale sequenza sarà molto più precisa di quanto non possa esserlo l'ideogramma. È proprio per questo motivo, cioè per evitare ambiguità nell'interpretazione di ogni simbolo, che nel computer si utilizzano solo i simboli 0 e 1.
In questa unità vedremo come si rappresentano informazioni numeriche e alfanumeriche, ma ciò che ci preme sottolineare sin d'ora è che, a prescindere dal tipo, **tutte le informazioni saranno rappresentate mediante numeri**.

## 2 | Dato e informazione

Stiamo per affrontare lo studio di come i dati vengono rappresentati all'interno di un computer. Prima di iniziare, poniamoci una domanda: è corretto parlare di rappresentazione dei dati o rappresentazione dell'informazione?
Esiste una differenza tra **dato** e **informazione**? Scopriamolo insieme.
Dal dizionario De Mauro Paravia, l'informazione è un "elemento o dato che permette di venire a conoscenza di qualcosa" (definizione generale), un "qualsiasi messaggio inviato secondo un determinato codice da un [...] trasmettitore a un ricevente" (definizione scientifica).
In sintesi possiamo affermare che:

> L'**informazione** riguarda i dati, si codifica tramite un codice e fornisce conoscenza.

Analizziamo questa importante definizione.

I dati consistono di fatti, per esempio: *125/70 mmHg*.

L'informazione è costituita da dati che assumono significato in un certo contesto, per esempio: la pressione è 125/70 mmHg (ossia 125 la massima e 70 la minima).

La conoscenza definisce le relazioni tra diversi tipi di informazioni, per esempio: se la pressione di un paziente è superiore a 135/95 mmHg in tre diverse occasioni, allora il paziente ha una pressione sanguigna alta.

# 3 | Il codice

Abbiamo detto che l'informazione si codifica tramite un codice: vediamo che cosa significa ciò. Affinché un dato diventi informazione, deve essere interpretato tramite un codice, secondo il contesto di riferimento. Storicamente i primi codici furono il Morse, del 1840, seguito dal linguaggio delle bandiere usato in marina. Una sequenza di punti e linee non è informazione, se non riusciamo a interpretarla! È necessario conoscere il codice.

> Un **codice** comprende due componenti distinte: un **alfabeto** per descrivere come rappresentare il dato e una **semantica** per descrivere come interpretarlo.

**Alfabeto del codice Morse**

**Semantica del codice Morse**

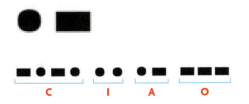

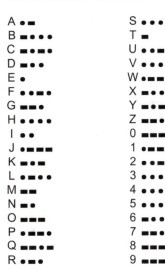

Un esempio di codice si ha anche nelle domande di un questionario, come nel seguente esempio.

*Che cos'è l'informatica?*
*a. Lo studio del calcolatore.*
*b. La scienza che studia l'informazione.*
*c. Saper scrivere programmi.*

Per questa domanda, l'alfabeto è costituito dai simboli "a", "b" e "c", mentre la semantica associata è il testo della risposta. Tramite questo codice, quindi, specifichiamo come un dato (per esempio "b") debba essere interpretato come "La scienza che studia l'informazione" affinché fornisca informazione.

Formalmente, **un alfabeto è un insieme di simboli**. Una **parola** è una sequenza di tali simboli. Nell'esempio della figura, l'alfabeto relativo all'età di un uomo (alfabeto decimale) è l'insieme dei simboli {0, 1, 2, ..., 8, 9}.
Il dato "28" è rappresentato nell'alfabeto decimale dalla parola composta dalla sequenza di 2 e 8.

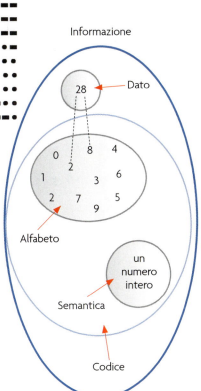

# 4 | Codifica e decodifica dell'informazione

Ora cerchiamo di consolidare i nuovi concetti appresi. Sappiamo che l'**alfabeto interno** della macchina è rappresentato dai due simboli (0 e 1) del sistema binario, mentre l'utente colloquia con la macchina utilizzando allo scopo un **alfabeto esterno** composto da:

- 26 lettere maiuscole dell'alfabeto;
- 26 lettere minuscole dell'alfabeto;
- 10 cifre decimali;
- caratteri vari (simboli di valuta, segni di interpunzione, simboli matematici e così via).

UNITÀ 3 La codifica dell'informazione

Accostando opportunamente i simboli di un alfabeto è possibile costruire delle parole. Disponendo di un solo bit si possono rappresentare due simboli; con due bit se ne possono rappresentare 4, con tre bit 8, con 4 bit 16 e così via, secondo la formula $Y = 2^X$.

Ciò significa che disponendo di X bit possiamo rappresentare Y caratteri, pari a 2 elevato all'esponente X.

Verifichiamo la formula realizzando il bit con una lampadina, che quando è accesa chiamiamo 1 e quando è spenta chiamiamo 0. Vogliamo, per esempio, rappresentare le 26 lettere dell'alfabeto più i segni ! ? / % ( ).

Cominciamo con l'utilizzare una sola lampada. Abbiamo due soli valori a disposizione: 1 (accesa) e 0 (spenta). Conveniamo, allora, che disponendo di una sola lampadina possiamo rappresentare la lettera A quando è accesa e la lettera B quando è spenta. E gli altri segni? Riproviamo aggiungendo un'altra lampada. Con entrambe le lampade possiamo formare quattro combinazioni acceso–spento: 00, 10, 01, 11, alle quali associamo i caratteri A, B, C, D.

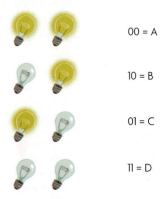

Ancora non basta. Continuiamo prendendo un'altra lampadina, la terza, che ci porta a configurare 8 caratteri, perché 23 = 8, dalla lettera A alla lettera H.

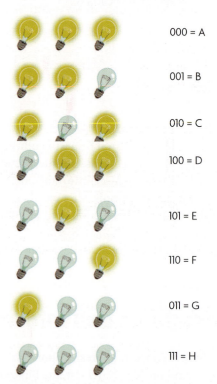

Continuiamo ancora: con 5 lampade arriviamo a configurare i 32 caratteri che volevamo.

Tornando al discorso appena introdotto sui due alfabeti, per avere una "conversazione" con il computer è necessario che vi sia una corrispondenza biunivoca tra i due: a ogni simbolo dell'alfabeto esterno dovrà corrispondere uno e un solo simbolo di quello interno. Tale corrispondenza l'abbiamo chiamata **codice**.

Quando introduciamo delle informazioni all'interno del computer, utilizziamo simboli dell'alfabeto esterno: questi, però, prima di poter essere memorizzati ed elaborati, dovranno essere **tradotti** nei corrispondenti simboli dell'alfabeto interno.

Viceversa, i risultati dell'elaborazione dovranno essere tradotti in caratteri dell'alfabeto esterno, prima che il computer possa comunicarli. La traduzione da alfabeto esterno ad alfabeto interno viene detta **codifica**, mentre la traduzione inversa viene detta **decodifica**.

A questo punto potremmo anche dire che all'interno del computer tutte le informazioni sono rappresentate in codice.

Ogni computer ha un suo codice particolare, diverso (in parte o completamente) da quello di altri elaboratori. La scelta del codice di un computer è ispirata a criteri di ottimizzazione costruttiva, come accade per esempio per le rappresentazioni dei numeri, dove adottare un certo tipo di codice significa semplificare enormemente i circuiti dell'unità di calcolo e di controllo.

Prima di descrivere in dettaglio i principali codici utilizzati dal computer, è necessario chiarire un'importante differenza. In precedenza abbiamo detto che accostando opportunamente i simboli dell'alfabeto è possibile ottenere delle parole.

Parole del nostro alfabeto esterno, quindi, potrebbero essere:

*mamma    informatica    ciao    20149    20a30*

Analizziamo la parola 20149: potrebbe rappresentare un codice di un cliente, un numero telefonico, un codice di avviamento postale, la targa di una moto o, ancora, l'importo di una bolletta. Con questo vogliamo dire che non tutti i dati espressi con simboli numerici rappresentano, effettivamente, numeri: affinché possano essere considerati tali, infatti, deve essere possibile effettuare operazioni aritmetiche su di essi.

Nel nostro particolare caso, quindi, la parola 20149 è un numero solo se rappresenta, per esempio, l'importo di una bolletta.

Questa distinzione è importantissima, in quanto ci consente di distinguere i metodi di codifica dei numeri in due grandi categorie:

- metodi che rappresentano il valore numerico;
- metodi che rappresentano le cifre.

I metodi che rappresentano il valore considerano il valore di quell'insieme di simboli (**informazioni numeriche**), mentre quelli che rappresentano le cifre "vedono" il numero solo come un insieme di simboli (**informazioni alfanumeriche**).

# 5 | I sistemi di numerazione

Cominciamo a occuparci delle informazioni numeriche e, per farlo, dobbiamo introdurre la definizione di sistema di numerazione.

> Si definisce **sistema di numerazione** un insieme di simboli e di regole che permettono di rappresentare i numeri e possibilmente alcune operazioni che si possono effettuare su di essi.

Per definire un sistema di numerazione è necessario indicare:

- un insieme di simboli detti **cifre**;
- una *sintassi*, cioè un insieme di **regole** che specificano come costruire i vari numeri.

Per comprendere la differenza tra sistemi addizionali e sistemi posizionali, considera con attenzione quanto segue.

Abbiamo visto che nella numerazione romana si utilizzano tra gli altri i simboli I, V, X, L, C, mentre nella nostra abituale numerazione decimale i simboli sono esattamente 10, ossia: 0, 1, 2, 3, 4, 5, 6, 7, 8, 9.

I simboli quindi sono diversi, ma è altrettanto importante il fatto che sono diverse le regole in base alle quali si scrivono i numeri (sintassi). Per renderci conto di questo facciamo alcuni semplici esempi.

Consideriamo il numero romano XXXII. Tenendo conto che i Romani sottintendevano il segno di addizione, possiamo dire che corrisponde al numero: X + X + X + I + I = 32. Consideriamo, ora, le due scritture:

IX e XI

Sappiamo che IX rappresenta il numero naturale 9, mentre XI rappresenta il numero 11. È noto infatti che, nel sistema di numerazione adottato dai Romani, il simbolo I, se è posto prima di un altro simbolo, sottrae una unità, mentre se è posto dopo un altro simbolo aggiunge una unità al simbolo che lo precede.

Riprendiamo, ora, il numero XXXII. Se pensassimo di tradurlo simbolo per simbolo in cifre arabe otterremmo:

| X | X | X | I | I |
|----|----|----|---|---|
| 10 | 10 | 10 | 1 | 1 |

con un valore numerico completamente diverso. Come mai? Qui entra in gioco la differenza di sintassi. Osserviamo allora che il **sistema di numerazione romano è additivo (o addizionale)**.

## LO SAI CHE...

Il sistema addizionale è stato molto usato nel passato, anche se, come abbiamo appena detto, era caratterizzato da notevoli svantaggi. La svolta decisiva che condusse all'introduzione dei sistemi posizionali avvenne intorno all'anno 500 d.C. grazie al matematico indiano Aryabhata, che riprese l'idea dell'astronomo babilonese Naburian (400 a.C.) e introdusse il concetto di **numero zero**. Fino ad allora, infatti, nessuno si era preoccupato di contare "zero cose", ossia nulla. Dopo attenta analisi su che cosa rappresentasse questo numero, e una volta compresa la sua grande utilità, gli Arabi lo introdussero nell'Occidente permettendo, così, il passaggio dai sistemi addizionali ai nostri sistemi posizionali (o pesati).

# 6 | I sistemi addizionali

In un **sistema addizionale** la regola per rappresentare un numero è relativamente semplice: il valore di ciascun simbolo viene sommato se immediatamente alla sua destra compare un simbolo di valore inferiore o uguale (oppure se è l'ultimo), altrimenti viene sottratto.

Il sistema additivo, però, non è esente da possibili ambiguità e quindi potenziale confusione, come si nota subito quando ci si trova davanti a numeri quali XIX, che potrebbe essere interpretato come:

X + I + X = 21

oppure come:

X + (I − X) = 19

valore che effettivamente gli viene attribuito, o anche:

X + I − X =?

Viene spontaneo pensare che questo tipo di sistema non sia poi tanto comodo.

Un altro svantaggio dei sistemi di questo tipo risiede nelle dimensioni delle rappresentazioni che si ottengono (in termini di quantità di simboli impiegati): i simboli hanno un valore fissato indipendentemente dalla posizione che occupano e quindi la codifica di un numero ha una lunghezza proporzionale al numero stesso.

# 7 | I sistemi posizionali

In un sistema di numerazione **posizionale** una stessa cifra (0, 1, 2, 3...) assume valori diversi (cioè ha un **peso** diverso) a seconda della posizione che occupa all'interno di un numero.

Un sistema di numerazione posizionale è definito da:

- una **base** b che indica il numero di simboli utilizzato per rappresentare tutti i numeri (per esempio, base 2, base 10, base 16 e così via) e quante unità dell'ordine inferiore servono per formare una unità dell'ordine immediatamente superiore;
- un insieme c di **cifre** distinte (naturalmente l'insieme è costituito da b cifre distinte. Nel sistema a base 5, per esempio, avremo 5 cifre distinte, in quello a base 8 ne avremo 8 e così

via). Ogni cifra può assumere un valore compreso tra 0 e b − 1. A ognuna di queste cifre possono essere assegnati due valori: uno che dipende esclusivamente dalla forma della cifra, e che pertanto potremmo chiamare **valore facciale**, e uno legato alla posizione della cifra nel numero, a partire dalla virgola verso destra o verso sinistra, al quale si dà appunto il nome di **valore posizionale**;

- un **insieme di regole** necessarie per poter interpretare il numero, per contare e per eseguire le operazioni.

Ogni numero si esprime come somma dei prodotti di ciascuna cifra per la base elevata all'esponente che rappresenta la posizione della cifra stessa. Vediamo alcuni esempi:

7       rappresenta sette unità (valore facciale)

70     $= 7 * 10$ rappresenta settanta unità

700    $= 7 * 100$ rappresenta settecento unità

77     $= 70 + 7 = 7 * 10 + 7$

777   $= 700 + 70 + 7 = 7 * 100 + 7 * 10 + 7$

7,7   $= 7 + \dfrac{7}{10}$

7,77  $= 7 + \dfrac{7}{10} + \dfrac{7}{100}$

Abbiamo dunque scritto sette numeri usando sempre lo stesso simbolo dal valore facciale equivalente a sette unità, però il valore del numero rappresentato cambia a mano a mano che varia la posizione della cifra 7. Così dal valore di *sette* unità siamo passati a *settanta* e successivamente a *settecento*. Poi, da *settantasette* siamo passati a *settecentosettantasette* e infine abbiamo rappresentato 7 + sette decimi di unità e 7 + sette decimi di unità + sette centesimi di unità.

Per concludere possiamo dire che nel sistema posizionale, proprio perché esiste una regola per passare da una cifra alla precedente e alla seguente, ogni numero, per quanto grande, può essere scritto con pochi simboli elementari, il numero dei quali dipende dal sistema di numerazione prescelto.

# 8 | Il sistema di numerazione decimale

Aristotele, uno dei più innovativi e prolifici uomini di cultura del mondo antico, notò che l'uso della base decimale per il sistema di numerazione si doveva al fatto che siamo nati con dieci dita dei piedi e dieci dita delle mani. Il sistema di numerazione decimale, o sistema in base 10, è un sistema posizionale e utilizza le seguenti dieci **cifre decimali**:

0 1 2 3 4 5 6 7 8 9

Queste cifre, opportunamente combinate, permettono di rappresentare qualsiasi numero. I numeri superiori a 9 vengono formati con più di una cifra.

Prendiamo in esame il numero 238. Sappiamo bene che la cifra 8 rappresenta le unità, la cifra 3 le decine e la cifra 2 le centinaia. Ma attenzione: dire 3 decine o 30 unità non è forse la stessa cosa? E dire 2 centinaia o 200 unità non è anche la stessa cosa? Da questo esempio si ricava una regola di base: a mano a mano che ci spostiamo verso sinistra, il valore di una cifra viene ricondotto alle unità moltiplicandolo per il suo peso, ossia moltiplicandolo per 10 elevato a un esponente pari alla posizione occupata:

| Posizione | 6 | 5 | 4 | 3 | 2 | 1 | 0 |
|---|---|---|---|---|---|---|---|
| Peso | $10^6$ | $10^5$ | $10^4$ | $10^3$ | $10^2$ | $10^1$ | $10^0$ |
| Valore del peso | milioni | centinaia di migliaia | decine di migliaia | migliaia | centinaia | decine | unità |

Nel numero 238, quindi, il numero 3 ha il suo valore intrinseco che è, appunto, 3, ma ha un valore posizionale di $3 * 10^1$. Analogamente, il 2 ha il suo valore intrinseco 2, ma ha un valore posizionale di $2 * 10^2$.

A questo punto possiamo dire che il numero 238 può essere espresso nel seguente modo:

$2 * 10^2 + 3 * 10^1 + 8 * 10^0 = 2 * 100 + 3 * 10 + 8 * 1 = 200 + 30 + 8 = 238$

Ora analizziamo il numero 1258,64. In questo caso ci troviamo di fronte a un numero composto da un parte intera e da una decimale. Per esprimere i valori delle singole cifre dobbiamo servirci anche della tabella seeguente, che riporta i pesi delle cifre poste alla destra della virgola decimale:

| Posizione | 1 | 2 | 3 | 4 | 5 | 6 |
|---|---|---|---|---|---|---|
| Peso | $10^{-1}$ | $10^{-2}$ | $10^{-3}$ | $10^{-4}$ | $10^{-5}$ | $10^{-6}$ |
| Valore del peso | decimi | centesimi | millesimi | decimillesimi | centimillesimi | milionesimi |

A questo punto il numero può essere espresso nel seguente modo:

$1 * 1000 + 2 * 100 + 5 * 10 + 8 * 1 + 6 * 1/10 + 4 * 1/100 =$
$1000 \quad + 200 \quad + 50 \quad + 8 \quad + 0,6 \quad + 0,04 \quad = 1258,64$

In generale, quindi, possiamo scrivere ogni numero come combinazione di potenze di 10:

$$numero = c_n * 10^n + c_{n-1} * 10^{n-1} + ... + c_0 * 10^0 + c_{-1} * 10^{-1} + c_{-2} * 10^{-2} ...$$

dove:

- $c_0 ... c_n$ possono avere i valori da 0 a 9;
- 10 è la base.

Generalizzando la formula e indicando con $b$ la generica base otteniamo:

$$numero = c_n * b^n + c_{n-1} * b^{n-1} + ... + c_0 * b^0 + c_{-1} * b^{-1} + c_{-2} * b^{-2} ...$$

Tale forma costituisce la cosiddetta **notazione polinomiale** (o **espansa**), così chiamata proprio perché viene evidenziato il valore di ogni cifra.

# 9 | Il sistema di numerazione binario

All'interno di un computer la rappresentazione di tutte le informazioni è di tipo numerico. La base di rappresentazione è di tipo binario, cioè si basa su un sistema di numerazione che è costituito da due soli simboli 0 e 1 dette **cifre binarie** o **bit**, termine derivante dalla contrazione di Binary Digit. Questa circostanza deriva dal fatto che le macchine elettroniche numeriche sono costituite da unità fisiche elementari, le quali sono in grado di operare con due soli livelli stabili. Un numero binario è un numero composto da una sequenza di 0 e di 1, e i pesi associati a queste due cifre sono, naturalmente, potenze della base 2.

| Posizione | ... | 6 | 5 | 4 | 3 | 2 | 1 | 0 | . | 1 | 2 | 3 | 4 | 5 | ... |
|---|---|---|---|---|---|---|---|---|---|---|---|---|---|---|---|
| Peso | ... | $2^6$ | $2^5$ | $2^4$ | $2^3$ | $2^2$ | $2^1$ | $2^0$ | . | $2^{-1}$ | $2^{-2}$ | $2^{-3}$ | $2^{-4}$ | $2^{-5}$ | ... |

Benché 0 e 1 siano simboli che possono appartenere sia al sistema di numerazione decimale che a quello binario, non c'è ambiguità nella rappresentazione, purché sia definito a priori su quale base si sta operando. Infatti, il numero 1101 nel sistema decimale esprime una quantità numerica diversa rispetto al sistema binario.
Il numero 735 non pone questa ambiguità, poiché il sistema binario non dispone dei simboli 7, 3, e 5, ma potrebbe rappresentare un numero in una base contenente 8 diversi simboli (da 0 a 7). Per evitare dubbi e ambiguità, all'interno di una formalizzazione rigorosa è corretto rappresentare ogni numero esplicitando la base utilizzata, come in: $1101_{(2)}$ e $735_{(10)}$.

All'interno di un numero, la cifra più a sinistra (cioè quella elevata alla potenza più alta) viene detta **cifra più significativa** (o **bit più pesante**), mentre la cifra più a destra (cioè quella elevata alla potenza più bassa) è detta **cifra meno significativa** (o **bit più leggero**). La numerazione naturale si ottiene, analogamente a quanto avviene nel sistema decimale e similmente a tutte le altre basi, per mezzo di una successione ordinata di tutti i simboli disponibili (due nel sistema binario, dieci nel sistema decimale) a partire dalla posizione meno significativa; una volta esauriti i simboli in tale posizione si aumenta di una unità la posizione successiva e si ricomincia la successione dei simboli dall'inizio:

Questa sequenza di numeri binari, ciascuno costituito da tre cifre binarie (3 bit), consente di generare 8 diverse combinazioni. Perciò, se includiamo lo zero, con 3 soli bit potremmo contare fino a 7 unità. Ciò conduce alla regola generale secondo la quale disponendo di un numero $N$ di cifre binarie è possibile rappresentare $2^N$ combinazioni e quindi rappresentare come massima quantità positiva il numero $2^{N-1}$. Per esempio, con 16 bit si possono ottenere $2^{16} = 65536$ combinazioni diverse e quindi esprimere come massima quantità positiva il numero 65535.

| 3 cifre in base 10: | da 0 a | $999 = 10^3 - 1$ |
|---|---|---|
| 8 cifre in base 2 (1 byte): | da 0 a | $255 = 2^8 - 1$ |
| 16 cifre in base 2 (2 byte): | da 0 a | $65535 = 2^{16} - 1$ |
| 32 cifre in base 2 (4 byte): | da 0 a | $4294967295 = 2^{32} - 1$ |

In generale, pertanto, con $N$ cifre in base b possiamo rappresentare $b^N$ valori compresi tra 0 e $b^{N-1}$.

Maggiore è il numero di bit a disposizione per la rappresentazione di un numero e maggiore è l'ampiezza dell'intervallo di rappresentazione da 0 a $b^{N-1}$.

# 10 | Conversione da binario a decimale

Per conoscere il valore decimale di un numero binario basta esprimerlo in notazione espansa, quindi:

> moltiplichiamo ciascuna cifra binaria per il suo corrispondente peso e sommiamo alla fine i prodotti ottenuti.

Facciamo un esempio utilizzando la seguente tabella:

| $2^n$ | n | $2^{-n}$ |
|---|---|---|
| 1 | 0 | 1.0 |
| 2 | 1 | 0.5 |
| 4 | 2 | 0.25 |
| 8 | 3 | 0.125 |
| 16 | 4 | 0.0625 |
| 32 | 5 | 0.03125 |
| 64 | 6 | 0.015625 |
| 128 | 7 | 0.0078125 |
| 256 | 8 | 0.00390625 |
| 512 | 9 | 0.001953125 |
| 1024 | 10 | 0.0009765625 |

> Nel seguito utilizzeremo spesso il punto decimale al posto della virgola decimale, perché quando si realizzano programmi al computer generalmente occorre procedere in questo modo.

Determiniamo il valore decimale del numero binario 100101:

$$1 * 2^5 + 0 * 2^4 + 0 * 2^3 + 1 * 2^2 + 0 * 2^1 + 1 * 2^0 =$$
$$1 * 32 + 0 + 0 + 1 * 4 + 0 + 1 = 32 + 4 + 1 = \mathbf{37}$$

Quindi $100101_{(2)} = 37_{(10)}$
Ora determiniamo il valore decimale del numero binario 11111110

$$1 * 2^7 + 1 * 2^6 + 1 * 2^5 + 1 * 2^4 + 1 * 2^3 + 1 * 2^2 + 1 * 2^1 + 1 * 2^0 =$$
$$1 * 128 + 1 * 64 + 1 * 32 + 1 * 16 + 1 * 8 + 1 * 4 + 1 * 2 + 0 =$$
$$128 + 64 + 32 + 16 + 8 + 4 + 2 = \mathbf{254}$$

Quindi $11111110_{(2)} = 254_{(10)}$

> È prassi comune esprimere verbalmente i numeri binari come sequenze di cifre 0 e 1, quindi il numero 1101 non si legge "millecentouno" (come si farebbe normalmente se la base fosse decimale), bensì "uno uno zero uno".

# OSSERVA COME SI FA

**1.** **Convertiamo il numero binario 100101.101 nel suo corrispondente decimale**

Il numero da trasformare presenta una parte decimale. Nessun problema! L'unica differenza consiste nel fatto che occorre tenere conto che per i numeri decimali le potenze del 2 sono negative.
Quindi:

$100101.101_{(2)} = ???_{(10)}$ ?
$1*2^5 + 0*2^4 + 0*2^3 + 1*2^2 + 0*2^1 + 1*2^0 + 1*2^{-1} + 0*2^{-2} + 1*2^{-3} =$
$1 * 32 + 0 + 0 + 1 * 4 + 0 + 1 + 1 * 1/2 + 0 + 1 * 1/8 =$
$32 + 4 + 1 + 1/2 + 1/8 =$
$32 + 4 + 1 + 0,5 + 0,125 =$

$= \mathbf{37.625}$
Quindi $100101.101_{(2)} = 37.625_{(10)}$.

**2.** **Convertiamo il numero binario 111101.1011 nel suo corrispondente decimale**

$111101.1011_{(2)} = ???_{(10)}$ ?
$1*2^5 + 1*2^4 + 1*2^3 + 1*2^2 + 0*2^1 + 1*2^0 + 1*2^{-1} + 0*2^{-2} + 1*2^{-3} + 1*2^{-4} =$
$1*32 + 1*16 + 1*8 + 1*4 + 0 + 1*1 + 1*1/2 + 0 + 1*1/8 + 1*1/16 =$
$32 + 16 + 8 + 4 + 1 + 1/2 + 1/8 + 1/16 =$
$32 + 16 + 8 + 4 + 1 + 0,5 + 0,125 + 0.0625 =$
$= \mathbf{61.6875}$

Quindi $111101.1011_{(2)} = 61.6875_{(10)}$.

# ORA TOCCA A TE!

**1** **Trasforma i seguenti numeri binari nel loro corrispondente decimale:**

- $11001100_{(2)} = \underline{\hspace{3cm}}_{(10)}$
  $1 * 2^7 + \dots$
  $128 + \dots$
- $10101010_{(2)} = \underline{\hspace{3cm}}_{(10)}$
  $1 * 2^7 + \dots$
  $128 + \dots$
- $11110000_{(2)} = \underline{\hspace{3cm}}_{(10)}$
  $1 * 2^7 + \dots$
  $128 + \dots$

**2** **Trasforma i seguenti numeri binari nel loro corrispondente decimale:**

- $01010100_{(2)} = \underline{\hspace{3cm}}_{(10)}$

- $00000110_{(2)} = \underline{\hspace{3cm}}_{(10)}$

- $11100110_{(2)} = \underline{\hspace{3cm}}_{(10)}$

**3** Trasforma i seguenti numeri binari nel loro corrispondente decimale:

- $1100.11_{(2)} =$ _____$_{(10)}$

  .................................................................................................................................................

- $11110.111_{(2)} =$ _____$_{(10)}$

  .................................................................................................................................................

- $11100.101_{(2)} =$ _____$_{(10)}$

  .................................................................................................................................................

**4** Trasforma il numero binario 110001 nel suo equivalente decimale utilizzando il metodo di seguito descritto.
Con la seguente tabella è facilmente calcolabile il valore decimale di un numero in notazione binaria:

| Numero esponenziale | ... | $(2^{12})$ | $(2^{11})$ | $(2^{10})$ | $(2^9)$ | $(2^8)$ | $(2^7)$ | $(2^6)$ | $(2^5)$ | $(2^4)$ | $(2^3)$ | $(2^2)$ | $(2^1)$ | $(2^0)$ |
|---|---|---|---|---|---|---|---|---|---|---|---|---|---|---|
| Numerazione decimale calcolato | ... | 2048 | 1024 | 512 | 256 | 128 | 64 | 32 | 16 | 8 | 4 | 2 | 1 | |
| Cifre binarie da trasformare | | | | | | | | | | | | | | |

**Esempio pratico:**

dato il numero $110001_{(2)}$, calcola il suo equivalente in notazione decimale.

| Notazione esponenziale | ... | $(2^6)$ | $(2^5)$ | $(2^4)$ | $(2^3)$ | $(2^2)$ | $(2^1)$ | $(2^0)$ |
|---|---|---|---|---|---|---|---|---|
| Numerazione decimale calcolato | ... | **64** | **32** | **16** | 8 | 4 | 2 | **1** |
| | | | ↑ | ↑ | | | | ↑ |
| Cifre binarie da trasformare | | | 1 | 1 | 0 | 0 | 0 | 1 |

$$1 + 16 + 32 = 49_{10}$$

Numero decimale:
(il 2, il 4 e l'8 sono corrispondenti agli zeri, quindi non vengono conteggiati).

**5** Utilizzando il metodo appena descritto, converti il numero binario $1110111_{(2)}$ nel suo equivalente decimale:

| Numero esponenziale | | | | | | | |
|---|---|---|---|---|---|---|---|
| Numerazione decimale calcolato | | | | | | | |
| Cifre binarie da trasformare | | | | | | | |

$1110111_{(2)} =$ .............................$_{(10)}$

UNITÀ 3 La codifica dell'informazione

# 11 | Conversione da decimale a binario

Per convertire un numero decimale intero in un numero binario è possibile utilizzare il metodo delle divisioni successive, fondato sulla seguente regola:

> Si divide il numero N da convertire per due e il resto (che naturalmente può essere soltanto lo 0) rappresenta la prima cifra meno significativa del numero binario corrispondente. Successivamente si divide il quoziente ottenuto per due e si ottiene un resto che rappresenta la seconda cifra meno significativa. Si ripete il procedimento fino a quando il quoziente sarà uguale a zero.

Come abbiamo già visto, la **significatività** di una cifra dipende dal suo peso; quindi, all'interno di un numero, la **cifra meno significativa** è quella che ha il valore posizionale più basso, mentre la **cifra più significativa**, ovviamente, è quella caratterizzata dal valore posizionale più elevato. Per esempio, nel numero binario 1001100111 avremo:

Cifra più significativa                              Cifra meno significativa

$$①001100011①$$

Ora trasformiamo il numero decimale 18 nel suo corrispondente binario:

| | | | | | |
|---|---|---|---|---|---|
| 18 | : 2 | = | 9 | resto 0 | Cifra meno significativa |
| 9 | : 2 | = | 4 | resto 1 | |
| 4 | : 2 | = | 2 | resto 0 | |
| 2 | : 2 | = | 1 | resto 0 | |
| 1 | : 2 | = | 0 | resto 1 | Cifra più significativa |

**10010**

Quindi $18_{(10)} = 10010_{(2)}$.

Ora trasformiamo il numero decimale 137 nel suo corrispondente binario:

| | | | | | |
|---|---|---|---|---|---|
| 137 | : 2 | = | 68 | resto 1 | Cifra meno significativa |
| 68 | : 2 | = | 34 | resto 0 | |
| 34 | : 2 | = | 17 | resto 0 | |
| 17 | : 2 | = | 8 | resto 1 | |
| 8 | : 2 | = | 4 | resto 0 | |
| 4 | : 2 | = | 2 | resto 0 | |
| 2 | : 2 | = | 1 | resto 0 | |
| 1 | : 2 | = | 0 | resto 1 | Cifra più significativa |

**10001001**

Quindi $137_{(10)} = 10001001_{(2)}$.

Un ultimo esempio, trasformiamo il numero decimale 127 in binario:

| | | | | | |
|---|---|---|---|---|---|
| 127 | : 2 | = | 63 | resto 1 | Cifra meno significativa |
| 63 | : 2 | = | 31 | resto 1 | |
| 31 | : 2 | = | 15 | resto 1 | |
| 15 | : 2 | = | 7 | resto 1 | |
| 7 | : 2 | = | 3 | resto 1 | |
| 3 | : 2 | = | 1 | resto 1 | |
| 1 | : 2 | = | 0 | resto 1 | Cifra più significativa |

**1111111**

Quindi $127_{(10)} = 1111111_{(2)}$.

**Apparato didattico A** Il sistema computer

# Osserva come si fa

**1.** **Convertiamo il numero decimale 845 nel suo equivalente binario**

Ognuno di noi può utilizzare qualsiasi metodo per eseguire la divisione per 2. In precedenza, per esempio, abbiamo effettuato delle divisioni in colonna. Potremmo effettuare la divisione nel modo più classico, oppure servirci di una tabella: sono tutti metodi validi, puoi scegliere quello che più ti sembra comodo.

Nel seguente esempio eseguiamo la divisione nel modo classico e tramite una tabella.

$845_{(10)} = ?????_{(2)}$

```
845 |2
 1   422 |2
  0    211 |2
   1     105 |2
    1      52 |2
     0      26 |2
      0      13 |2
       1      6 |2
        0      3 |2
         1      1
```

| Dividendo | Divisore | Quoziente | Resto |
|-----------|----------|-----------|-------|
| 845 | 2 | 422 | 1 |
| 422 | 2 | 211 | 0 |
| 211 | 2 | 105 | 1 |
| 105 | 2 | 52 | 1 |
| 52 | 2 | 26 | 0 |
| 26 | 2 | 13 | 0 |
| 13 | 2 | 6 | 1 |
| 6 | 2 | 3 | 0 |
| 3 | 2 | 1 | 1 |
| 1 | 2 | 0 | 1 |

$845_{(10)} = 1101001101_{(2)}$

**2.** **Convertiamo il numero decimale 0.53125 nel suo equivalente binario**

In questo caso utilizziamo il metodo delle moltiplicazioni successive. Il prodotto ottenuto sarà anch'esso composto da una parte intera e da una decimale. La parte intera, che potrà essere soltanto 1 o 0, rappresenta il nostro bit, mentre la parte decimale continuerà a essere moltiplicata per due. I bit ottenuti saranno scritti uno di seguito all'altro nello stesso ordine in cui sono ottenuti, cioè da sinistra a destra. Il procedimento termina quando da una moltiplicazione si ottiene un prodotto privo di parte decimale (cioè con parte decimale uguale a zero). Tuttavia, se questo non avviene (pensa ai numeri periodici), possiamo bloccare il procedimento dopo aver eseguito un determinato numero di moltiplicazioni. In questo caso, naturalmente, il numero binario ottenuto sarà solo un'approssimazione del numero decimale.

Convertiamo il numero decimale 0.53125 nel suo equivalente formato binario.

| | | |
|---|---|---|
| $0.53125 * 2 = 1.0625$ | la parte intera è **1** |
| $0.0625 * 2 = 0.125$ | la parte intera è **0** |
| $0.125 * 2 = 0.25$ | la parte intera è **0** |
| $0.25 * 2 = 0.5$ | la parte intera è **0** |
| $0.5 * 2 = 1.0$ | la parte intera è **1** ▼ la parte decimale è 0. |

Il numero binario corrispondente è, quindi, $0.10001_{(2)}$.

Ora proviamo a convertire in binario il numero decimale 0.63.

| | | |
|---|---|---|
| $0.63 * 2 = 1.26$ | la parte intera è **1** |
| $0.26 * 2 = 0.52$ | la parte intera è **0** |
| $0.52 * 2 = 1.04$ | la parte intera è **1** |
| $0.04 * 2 = 0.08$ | la parte intera è **0** |
| $0.08 * 2 = 0.16$ | la parte intera è **0** |
| $0.16 * 2 = 0.32$ | la parte intera è **0** |
| $0.32 * 2 = 0.64$ | la parte intera è **0** ▼ |

...

Come puoi notare, la parte decimale continua a risultare diversa da zero costringendoci a eseguire ulteriori moltiplicazioni. In situazioni di questo tipo conviene stabilire a priori un numero massimo di moltiplicazioni da effettuare. Quindi, se supponiamo di considerare solo cinque bit, l'equivalente numero binario di $0.63_{(10)}$ sarà $0.10100_{(2)}$.

Convertiamo $0.10100_{(2)}$ in decimale e vediamo a quale numero corrisponde.

$$1 * 2^{-1} + 0 * 2^{-2} + 1 * 2^{-3} + 0*2^{-4} + 0*2^{-5} =$$
$$= 1 * 1/2 + 0 + 1 * 1/8 + 0 + 0 = 1/2 + 1/8 = \mathbf{0.625}$$

Abbiamo ottenuto 0.625 e non 0.63. L'errore è dato dalla seguente differenza:

$$0.63 - 0.625 = 0.005$$

Ci siamo avvicinati moltissimo al numero dato, 0.63, e se avessimo fatto ancora qualche altra moltiplicazione, l'approssimazione sarebbe stata sempre migliore.

UNITÀ 3 La codifica dell'informazione

# ORA TOCCA A TE!

**1** Trasforma il numero decimale 147(10) nel suo equivalente binario:

| Dividendo | Divisore | Quoziente | Resto |
|---|---|---|---|
|  |  |  |  |
|  |  |  |  |
|  |  |  |  |
|  |  |  |  |
|  |  |  |  |
|  |  |  |  |
|  |  |  |  |

$147_{(10)} = \ldots\ldots\ldots\ldots_{(2)}$

**2** Trasforma il numero decimale $212_{(10)}$ nel suo equivalente binario:

| Dividendo | Divisore | Quoziente | Resto |
|---|---|---|---|
|  |  |  |  |
|  |  |  |  |
|  |  |  |  |
|  |  |  |  |
|  |  |  |  |
|  |  |  |  |
|  |  |  |  |
|  |  |  |  |
|  |  |  |  |

$212_{(10)} = \ldots\ldots\ldots\ldots_{(2)}$

## 12 | Il sistema esadecimale

In questo sistema di numerazione posizionale la base è 16, pertanto occorrono 16 cifre per poter rappresentare i numeri. Precisamente:

**0 1 2 3 4 5 6 7 8 9 A B C D E F**

Avendo a disposizione solo dieci cifre numeriche, sono state inserite sei lettere dell'alfabeto alle quali è stato associato un preciso valore: infatti la lettera A rappresenta il numero 10, la lettera B il numero 11 e così via fino alla lettera F che rappresenta il numero 15.
Dopo la lettera F i numeri esadecimali, come al solito, cominciano a essere composti da due cifre: quindi 10 rappresenterà il 16 decimale, 11 il 17 decimale e così via.

### Le conversioni

Per **convertire un numero decimale nel suo equivalente esadecimale** possiamo utilizzare il rapido metodo delle divisioni successive.

**Apparato didattico A** Il sistema computer

Convertiamo il numero decimale 34728 nel suo equivalente esadecimale.

| Dividendo | Divisore | Quoziente | Resto |
|-----------|----------|-----------|-------|
| 34728 | 16 | 2170 | 8 |
| 2170 | 16 | 135 | 10 |
| 135 | 16 | 8 | 7 |
| 8 | 16 | 0 | 8 |

Quindi $34728_{(10)} = 87A8_{(16)}$

Naturalmente, se il numero fosse stato frazionario avremmo dovuto convertire anche la sua parte frazionaria, utilizzando allo scopo il metodo delle moltiplicazioni successive.

Per **convertire un numero esadecimale nel suo corrispondente decimale** adottiamo l'espressione in notazione espansa.

Convertiamo il numero esadecimale B95D in decimale. Avremo:

$B * 16^3 + 9 * 16^2 + 5 * 16^1 + D * 16^0 =$
$11 * 4096 + 9 * 256 + 5 * 16 + 13 * 1 =$
$45056 + 2304 + 80 + 13 = \mathbf{47453}_{(10)}$

Le conversioni da binario a esadecimale e da esadecimale a binario sono praticamente immediate e rispecchiano il concetto riportato nella lezione in cui abbiamo trattato il sistema ottale. Infatti, se pensi che il numero $16_{(10)}$, ossia la base del sistema esadecimale e, quindi, il numero di cifre di cui si serve, è uguale a $24_{(16)}$, è chiaro che le cifre esadecimali si possono esprimere in binario con quattro bit. Da ciò segue che:

- per **convertire un numero esadecimale nel suo equivalente binario** è sufficiente sostituire a ogni cifra esadecimale il gruppo di quattro bit corrispondente alla sua rappresentazione binaria;
- per **convertire un numero binario nel suo equivalente esadecimale** è sufficiente raggruppare a quattro a quattro tutte le cifre del numero binario partendo da quella meno significativa e sostituire a ogni gruppo la cifra esadecimale equivalente.

Convertiamo il numero esadecimale $FA72_{(8)}$ in binario. Per facilitare il calcolo possiamo servirci della seguente tabella.

| Cifra esadecimale | Corrispondente binario |
|-------------------|------------------------|
| 0 | 0000 |
| 1 | 0001 |
| 2 | 0010 |
| 3 | 0011 |
| 4 | 0100 |
| 5 | 0101 |
| 6 | 0110 |
| 7 | 0111 |
| 8 | 1000 |
| 9 | 1001 |
| A | 1010 |
| B | 1011 |
| C | 1100 |
| D | 1101 |
| E | 1110 |
| F | 1111 |

| F | A | 7 | 2 |
|---|---|---|---|
| 1111 | 1010 | 0111 | 0010 |

UNITÀ 3 La codifica dell'informazione

Otteniamo immediatamente che il numero binario corrispondente a FA72$_{(16)}$ è 1111101001110010$_{(2)}$.
Proviamo ora a convertire il numero binario 1001101000111$_{(2)}$. Cominciamo con il raggruppare a quattro a quattro tutte le cifre partendo da quella meno significativa (cioè la prima da destra). Avremo:

1  0011  0100  0111

L'ultimo gruppo è composto da una sola cifra, quindi dobbiamo aggiungere tre zeri in modo da formare un altro gruppo di quattro.

0001  0011  0100  0111

E ora convertiamo:

Quindi 1001101000111$_{(2)}$ = 1347$_{(16)}$

Proviamo, infine, con un numero frazionario. Convertiamo il numero binario 11110010.110111 in esadecimale. In questo caso il raggruppamento a quattro a quattro deve avvenire:

- dal punto esadecimale verso sinistra per la parte intera;
- dal punto esadecimale verso destra per la parte frazionaria.

## 13 | La rappresentazione binaria dei numeri

### Numeri interi senza segno

Per rappresentare un numero intero senza segno si utilizza la conversione dalla rappresentazione decimale in quella a base 2 (**sistema binario puro**), precedentemente descritta.

### Numeri interi con segno

Per rappresentare un numero relativo è necessario disporre di un'informazione sul segno. Nel sistema decimale la rappresentazione più comune è quella modulo e segno, a cui siamo abituati sin dalle elementari e che consiste nell'utilizzare il segno + per gli interi positivi e il segno – per quelli negativi. Nel sistema binario naturalmente si può usare lo stesso metodo, premettendo il segno + o il segno – alla rappresentazione in base 2 del numero (**sistema binario puro**).
Considerato che il segno può essere positivo o negativo (e quindi può assumere solo due valori), tale informazione nella rappresentazione binaria può essere associata a uno specifico bit. Si assume, quindi, che il valore 0 rappresenti il segno + (numero positivo), mentre il valore 1 rappresenti il segno – (numero negativo). In pratica, disponendo di $N$ bit, si utilizzeranno $N-1$ bit per rappresentare il valore del **modulo** (ossia del **valore assoluto** del numero) e 1 bit per rappresentare il **segno**. Tale rappresentazione prende appunto il nome di **rappresentazione in modulo e segno**.

Per esempio, se disponiamo di soli 3 bit, il primo bit a sinistra sarà impiegato per esprimere il segno e i restanti 2 bit per il modulo. Così, delle $2^3 = 8$ combinazioni, 4 avranno uno 0 a sinistra e 4 un 1 a sinistra:

| Positivi | | Negativi | |
|---|---|---|---|
| + 0 | 000 | 100 | – 0 |
| + 1 | 001 | 101 | – 1 |
| + 2 | 010 | 110 | – 2 |
| + 3 | 011 | 111 | – 3 |

In questo modo avremmo per i numeri positivi la successione 0, 1, 2, 3 e analogamente, per i numeri negativi, la successione 0, −1, −2, −3.

C'è un'evidente ambiguità nella rappresentazione dello zero, poiché sono possibili due diverse rappresentazioni dello stesso numero (+0, −0). È come se esistesse uno zero positivo e uno zero negativo! Per eliminare questa ambiguità si ricorre a una rappresentazione **in complemento a due**, che consiste nel rappresentare i numeri negativi attraverso un'operazione di complementazione del corrispondente positivo. In generale, l'operazione di complementazione si effettua cambiando gli 1 con 0 e viceversa.

Sono possibili due forme di complementazione: **complementazione a uno** e **complementazione a due**. Per motivi di ordine pratico relative a operazioni di calcolo si preferisce l'operazione di complementazione a due.

Per ottenere il complemento a due di un numero si procede nel seguente modo:

- si effettua il complemento a 1 del numero stesso, che consiste nel cambiare gli 0 in 1 e viceversa;
- si somma il valore 1 al complemento a uno.

Facciamo un esempio. Se consideriamo ancora 3 bit, il numero 010 rappresenta +2. Per ottenere il valore corrispondente negativo procederemo così:

010  numero positivo (+2)
101  complemento a 1 (gli 0 vengono cambiati in 1 e viceversa)
  1  somma 1
110  numero negativo in complemento a 2 (−2)

È importante ricordare che, se c'è un riporto nel bit di segno, questo non viene considerato.

> Non ci crederai, ma esiste un metodo ancora più semplice per ottenere il complemento a 2 di un numero: consiste nel lasciare invariati i bit del numero a partire da destra fino al primo 1, invertendo tutti gli altri. Per esempio, il complemento a 2 del numero binario 10100100 è 01011100, infatti a partire da destra (dalla cifra meno significativa) lasciamo invariati i bit fino a incontrare il primo 1, mentre tutti gli altri li invertiamo.

Attraverso la complementazione a 2, nel caso di 3 bit possiamo rappresentare la seguente sequenza:

| Valore | Rappresentazione in complemento a 2 |
|--------|-------------------------------------|
| +3 | 011 |
| +2 | 010 |
| +1 | 001 |
| +0 | 000 |
| −1 | 111 |
| −2 | 110 |
| −3 | 101 |
| −4 | 100 |

Avendo a disposizione 4 bit si potranno rappresentare più numeri, come riportato nella seguente tabella:

| Valore | Rappresentazione in complemento a 2 | Valore | Rappresentazione in complemento a 2 |
|--------|-------------------------------------|--------|-------------------------------------|
| +7 | 0111 | −1 | 1111 |
| +6 | 0110 | −2 | 1110 |
| +5 | 0101 | −3 | 1101 |
| +4 | 0100 | −4 | 1100 |
| +3 | 0011 | −5 | 1011 |
| +2 | 0010 | −6 | 1010 |
| +1 | 0001 | −7 | 1001 |
| +0 | 0000 | −8 | 1000 |

Possiamo fare due importanti osservazioni. La prima riguarda il tipo di disposizione circolare dei numeri binari: a partire dallo 0 verso l'alto la numerazione si raccorda tra il massimo positivo ($+3$) e il massimo negativo ($-4$).

La seconda osservazione, ben più rilevante, è che attraverso la rappresentazione in complemento a 2 non c'è simmetria, dal momento che il massimo numero negativo è di una unità superiore (in valore assoluto) al corrispondente numero positivo. Questo è il prezzo che si deve pagare per non avere nessuna ambiguità nella rappresentazione dei numeri relativi. Dati $N$ bit, la rappresentazione in complemento a 2 consentirà una numerazione bipolare i cui valori estremi (positivi e negativi) sono rispettivamente:

$$- 2^{N-1} \quad e \quad + 2N^{-1} - 1$$

Per esempio, disponendo di 16 bit complessivi e volendo rappresentare numeri relativi si avranno come limiti estremi $-32768$, $+32767$. Questa apparente limitazione dovuta all'asimmetria non porta ad alcun inconveniente nella pratica. Naturalmente il procedimento di complementazione è ancora applicabile per ottenere il corrispondente positivo di un numero negativo dato. La rappresentazione in complemento a due è molto diffusa e una certa classe di dati numerici viene rappresentata secondo tale formato.

# OSSERVA COME SI FA

**1.** **Rappresentiamo in complemento a 2 su 4 cifre i numeri $+3$ e $-6$**

$+ 3$ è positivo ed è rappresentato come 0011.
$- 6$ è negativo, per cui procediamo nel seguente modo:
- il numero binario corrispondente è 0110;
- il complemento bit a bit è 1001;
- sommiamo 1 e otteniamo il complemento a 2 cioè 1010.

**2.** **Rappresentiamo in modulo e segno e complemento a 2 su 10 bit i numeri $-31$ e $-109$**

Prendiamo in esame il numero decimale $-31$ e vediamo come procedere:

| | |
|---|---|
| Il numero binario corrispondente al numero decimale 31 è | 11111 |
| Dovendolo scrivere su 10 bit dobbiamo aggiungere cinque zeri alla sinistra del numero; avremo quindi | 0000011111 |
| Per la rappresentazione in modulo e segno dobbiamo partire dalla rappresentazione binaria del valore assoluto del numero e impostare a 1 il bit del segno, quindi $+2$ | 1000011111 |
| Per giungere alla rappresentazione in complemento a 2 basta partire dalla rappresentazione binaria del valore assoluto del numero e invertire tutti i bit partendo dal primo 1 (escluso) che incontriamo, quindi $+1$ | 1111100001 |

Esaminiamo ora il numero $-109$:

| | |
|---|---|
| Il numero binario corrispondente al numero decimale 109 è | 1101101 |
| Dovendolo scrivere su 10 bit dobbiamo aggiungere tre zeri alla sinistra del numero; avremo quindi | 0001101101 |
| Per la rappresentazione in modulo e segno dobbiamo partire dalla rappresentazione binaria del valore assoluto del numero e impostare a 1 il bit del segno, quindi | 1001101101 |
| Per giungere alla rappresentazione in complemento a 2 basta partire dalla rappresentazione binaria del valore assoluto del numero e invertire tutti i bit partendo dal primo 1 (escluso) che incontriamo, quindi | 1110010011 |

**3.** **Rappresentiamo in complemento a 2 su 5 bit alcuni numeri decimali**

Consideriamo i seguenti numeri:

| Numero decimale | Numero binario | Complemento a 1 | Complemento a 2 |
|---|---|---|---|
| $+ 11$ | 01011 | | |
| $- 8$ | 01000 | 10111 | 11000 |
| $+ 1$ | 00001 | | |
| $- 0$ | 00001 | 11110 | 11111 |
| $+ 10$ | 01010 | | |
| $- 10$ | 01010 | 10101 | 10110 |

**4.** **A quali numeri decimali corrispondono i seguenti numeri binari rappresentati in modulo e segno e in complemento a 2?**

100110      11110      111      0101

**Procedura**

- In modulo e segno elimina il bit del segno e calcola il valore assoluto in notazione decimale. Il risultato sarà il valore assoluto se il bit di segno è 0, oppure il corrispondente numero negativo se il bit di segno è 1.
- In complemento a 2, se il bit di segno è 1, calcola la rappresentazione binaria del valore assoluto del numero invertendo tutti i bit partendo dal primo 1, escluso, che incontri leggendo la stringa binaria da destra verso sinistra. Calcola quindi il valore assoluto in notazione decimale. Il risultato sarà il corrispondente numero negativo. Se invece il bit di segno è 0, allora il numero è positivo e basta calcolarne la rappresentazione decimale senza invertire i bit.

**Soluzione**

100110 è negativo perché il bit del segno vale 1.
In modulo e segno il valore assoluto è 000110 = 6, quindi il risultato è −6.
In complemento a 2 il valore assoluto diventa 011010 = 26, quindi il risultato ottenuto è −26.

11110 è negativo perché il bit del segno vale 1.
In modulo e segno il valore assoluto è 01110 = 14, quindi il risultato è −14.
In complemento a 2 il valore assoluto diventa 00010 = 2, quindi il risultato è −2.

111 è negativo perché il bit del segno vale 1.
In modulo e segno il valore assoluto è 011 = 3, quindi il risultato è −3.
In complemento a 2 il valore assoluto diventa 001 = 1, quindi il risultato è −1.

0101 è positivo perché il bit del segno vale 0.
In modulo e segno il valore assoluto è 0101 = 5, quindi il risultato è 5.
In complemento a 2 il risultato è lo stesso ottenuto per modulo e segno, ovvero 5.

**5.** Scriviamo i seguenti numeri decimali nelle varie codifiche in binario puro, modulo e segno, complemento a 1, complemento a 2, tutte su 7 bit

| Decimale | Binario puro | Modulo e segno | Complemento a 1 | Complemento a 2 |
|---|---|---|---|---|
| 15 | 1111 | 0001111 | 0001111 | 0001111 |
| −15 | −1111 | 1001111 | 1110000 | 1110001 |
| −19 | −10011 | 1010011 | 1101100 | 1101101 |
| −27 | −11011 | 1011011 | 1100100 | 1100101 |
| −63 | −111111 | 1111111 | 1000000 | 1000001 |
| −64 | −1000000 | Non rappresentabile | Non rappresentabile | 1000000 |
| +63 | 111111 | 0111111 | 0111111 | 0111111 |
| +64 | 1000000 | Non rappresentabile | Non rappresentabile | Non rappresentabile |
| +127 | 1111111 | Non rappresentabile | Non rappresentabile | Non rappresentabile |
| −45 | −101101 | 1101101 | 1010010 | 1010011 |

# ORA TOCCA A TE!

**1** Converti i numeri decimali (6, − 6) in binario puro, modulo e segno, complemento a 1, complemento a 2, su 4 bit.

Binario puro
+6 ................................................................................................................
−6 ................................................................................................................
Modulo e segno
+6 ................................................................................................................
−6 ................................................................................................................
Complemento a 1
+6 ................................................................................................................
−6 ................................................................................................................
Complemento a 2
+6 ................................................................................................................
−6 ................................................................................................................

**2** Converti i numeri decimali (9, −9) in binario puro, modulo e segno, complemento a 1, complemento a 2, su 4 bit.

Binario puro
+9 ................................................................................................................
−9 ................................................................................................................
Modulo e segno
+9 ................................................................................................................
−9 ................................................................................................................

UNITÀ 3 La codifica dell'informazione

Complemento a 1
+9 ......................................................................................................................................................
−9 ......................................................................................................................................................
Complemento a 2
+6 ......................................................................................................................................................
−6 ......................................................................................................................................................

**3** **Rappresenta in modulo e segno e complemento a 2 i seguenti numeri negativi su 8 bit:**

$$−28, \quad −44, \quad −126$$

| | |
|---|---|
| Il numero binario corrispondente al numero decimale − 28 è | |
| Dovendolo scrivere su 8 bit dobbiamo aggiungere _____ zeri alla sinistra del numero: avremo, quindi | |
| Per la rappresentazione in modulo e segno dobbiamo partire dalla rappresentazione binaria del valore assoluto del numero e impostare a 1 il bit del segno, quindi | |
| Per giungere alla rappresentazione in complemento a 2 basta partire dalla rappresentazione binaria del valore assoluto del numero e invertire tutti i bit partendo dal primo 1 (escluso) che incontriamo, quindi | |

| | |
|---|---|
| Il numero binario corrispondente al numero decimale 44 è | |
| Dovendolo scrivere su 10 bit dobbiamo aggiungere _____ zeri alla sinistra del numero: avremo, quindi | |
| Per la rappresentazione in modulo e segno dobbiamo partire dalla rappresentazione binaria del valore assoluto del numero e impostare a 1 il bit del segno, quindi | |
| Per giungere alla rappresentazione in complemento a 2 basta partire dalla rappresentazione binaria del valore assoluto del numero e invertire tutti i bit partendo dal primo 1 (escluso) che incontriamo, quindi | |

| | |
|---|---|
| Il numero binario corrispondente al numero decimale 126 è | |
| Dovendolo scrivere su 10 bit dobbiamo aggiungere _____ zeri alla sinistra del numero: avremo, quindi | |
| Per la rappresentazione in modulo e segno dobbiamo partire dalla rappresentazione binaria del valore assoluto del numero e impostare a 1 il bit del segno, quindi | |
| Per giungere alla rappresentazione in complemento a 2 basta partire dalla rappresentazione binaria del valore assoluto del numero e invertire tutti i bit partendo dal primo 1 (escluso) che incontriamo, quindi | |

**4** **Scrivi i seguenti numeri decimali nelle varie codifiche in binario puro, modulo e segno, complemento a 1, complemento a 2, tutte su 8 bit.**

| Decimale | Binario puro | Modulo e segno | Complemento a 1 | Complemento a 2 |
|---|---|---|---|---|
| −10 | | | | |
| +25 | | | | |
| −59 | | | | |
| −47 | | | | |
| −35 | | | | |
| +31 | | | | |
| −37 | | | | |

**5** **Converti in modulo e segno e in complemento a 2 i seguenti numeri interi con segno:**

$$−32, −31, +15, +16, −46, −18, −4, +31.$$

**Indica, per ognuno, il numero di bit necessari per rappresentarlo.**

| Decimale | Binario puro | Modulo e segno | Complemento a 1 | Complemento a 2 |
|---|---|---|---|---|
| −10 | | | | |
| +25 | | | | |
| −59 | | | | |
| −47 | | | | |
| −35 | | | | |
| +31 | | | | |
| −37 | | | | |

# 14 | Rappresentazione dei numeri reali

## Rappresentazione in virgola fissa

Una possibile codifica dei numeri reali è quella in **virgola fissa** (*fixed point*) in cui si stabilisce un numero di cifre a disposizione per la parte intera, un numero a disposizione per la parte frazionaria e un bit per rappresentare il segno. È detta a virgola fissa poiché la posizione della virgola (o punto decimale) è stabilita una volta per tutte, ovvero i posti per rappresentare le cifre dopo la virgola sono prefissati e quindi la virgola viene pensata sempre allo stesso posto.

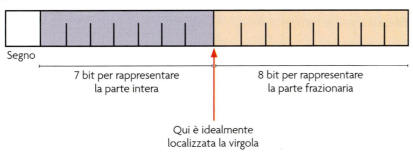

Per esempio:

+1,25 si rappresenta come +0000001.00011001
−8,0 si rappresenta come −0001000.00000000

Il numero minimo rappresentabile con questo formato è:

$N_{min} = -1111111.11111111 = -(2^7 - 1),(2^8 - 1)$

Il numero massimo è:

$N_{max} = +1111111.11111111 = +(2^7 - 1),(2^8 - 1)$

Come abbiamo visto per gli interi, anche per i numeri reali ci riferiamo sempre a un sottoinsieme. Nella rappresentazione in virgola fissa i numeri sono rappresentati con una certa approssimazione. Per esempio, 5,37 (periodico) 5,373737373737... assumerebbe la rappresentazione in virgola fissa:

+0000005.37373737

che ha un numero di cifre decimali inferiore a quelle reali.
Analogamente, il numero irrazionale $\sqrt{2} = 1,414213562...$ verrebbe troncato a:

+0000001.41421356.

Quindi occorre prestare attenzione, perché espressioni come 1/3 + 1/3 + 1/3 = 1, perfettamente valide in matematica, non sono generalmente valide se eseguite su un computer; infatti 1/3 verrebbe approssimato in +00000000.33333333 e quindi la somma delle tre frazioni dell'espressione darebbe per risultato +00000000.99999999, che è diverso da 1.
Il sistema a virgola fissa, essendo basato su un numero di posti fisso per la rappresentazione delle cifre dopo la virgola, può comportare la perdita più o meno grave di numerose cifre significative e ha, quindi, campi di applicazione specifici.

## Rappresentazione in virgola mobile (floating point)

Per risolvere gli inconvenienti della rappresentazione in virgola fissa è stata studiata la rappresentazione in **virgola mobile** (*floating point*), diventata poi quella più usata dai costruttori di computer. L'idea è quella di far variare dinamicamente (*floating* in inglese significa mobile, fluttuante) la posizione della virgola.
In questo caso il numero viene espresso secondo la notazione scientifica, cioè scisso in due parti:

1. la **mantissa**, che rappresenta un numero compreso tra 0,100000... e 0,99999...;
2. l'**esponente**, che indica la potenza di 10 per cui occorre moltiplicare la mantissa al fine di ottenere il numero che si intende rappresentare.

Consideriamo il numero 8,41. Per esprimerlo in notazione scientifica dobbiamo procedere con un'operazione di **normalizzazione**, che consiste nel portare il punto decimale immediatamente a sinistra della prima cifra diversa da zero della mantissa: il punto quindi si muove verso l'inizio della prima parte del numero, moltiplicandolo per un opportuno esponente.

Il numero 8,41 normalizzato diventa:

$$0.841 \times 10$$

che, a sua volta, può essere espresso come:

$$0.841 \times 10^1 = 0.841E + 1$$

dove la lettera E sta per "10 elevato all'esponente" ($+ 1$).

Questa notazione è molto comoda per rappresentare numeri grandi; per esempio, la massa della terra, che si dovrebbe scrivere nella consueta notazione come:

6 000 000 000 000 000 000 000 000 kg

in notazione scientifica si esprime come:

$$0.6 \times 10^{25} = 0.6E + 25$$

Generalizzando, il criterio per rappresentare un numero in forma normalizzata è il seguente: ogni numero può essere rappresentato come prodotto di un numero decimale e di una potenza di 10, in modo tale che la parte intera del numero decimale risulti sempre uguale a 0 e la prima cifra decimale risulti sempre diversa da 0. Per ottenere questo risultato, l'esponente di 10 è calcolato secondo la seguente regola: se il numero dato è in valore assoluto maggiore di 1, l'esponente è positivo e uguale al numero delle cifre intere; se il numero dato è in valore assoluto minore di 1, l'esponente è negativo e uguale al numero degli zeri dopo la virgola.

Vediamo qualche esempio:

$$
\begin{aligned}
812 &= 0.812E + 3 \\
-812 &= -0.812E + 3 \\
-0.007 &= -0.7E - 2
\end{aligned}
$$

Osserviamo che il numero 0 non può obbedire a questa regola e occorre quindi stabilire la sua forma normalizzata, per esempio: 0,0.

Oggigiorno non sono più i singoli progettisti o produttori di sistemi a stabilire il codice da usare per la rappresentazione floating point dei numeri all'interno di un sistema di calcolo. La soluzione di questo problema ha ormai raggiunto un livello di maturità tale da consentire a organismi internazionali di definire degli standard a cui tutti i progettisti e costruttori si devono adeguare. In particolare, lo standard più diffuso è quello stabilito dall'**IEEE** (*Institute of Electrical and Electronics Engineering*) e identificato dalla sigla **754**. Questo standard prevede due formati di rappresentazione, uno in "precisione normale" codificato su 32 bit e uno in "doppia precisione" codificato su 64 bit.

Inoltre lo standard prevede che:

- la mantissa venga rappresentata in **modulo e segno**;
- l'esponente (o **caratteristica**) venga rappresentato in modo **polarizzato**.

# Osserva come si fa

Abbiamo detto che lo standard IEEE 754 prevede 32 bit per rappresentare un valore in virgola mobile a precisione singola. I 32 bit a disposizione saranno così organizzati:

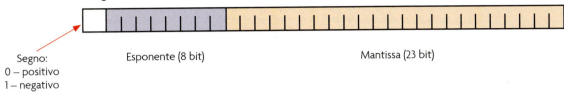

Segno:
0 – positivo
1 – negativo

Esponente (8 bit)

Mantissa (23 bit)

In particolare:
- 1 bit per il segno;
- 8 bit di esponente **polarizzato biased 127** (detto anche in **eccesso 127**);
- 23 bit di parte frazionaria (mantissa).

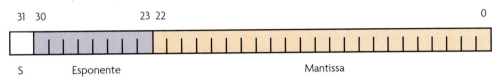

All'interno di questi 32 bit, quindi, sarà inserita una successione di cifre binarie il cui valore sarà quello del numero reale.

**1.** Rappresentiamo in singola precisione il numero reale decimale $43{,}6875_{(10)}$

I passi da svolgere sono i seguenti.

### 1. Calcolare il segno del numero

Per il segno è necessario inserire 1 se il numero è negativo e 0 se è positivo.
Nel nostro caso, essendo il numero positivo, il valore da inserire nel bit riservato al segno è **0**.

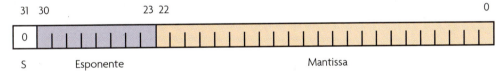

### 2. Trasformare il numero senza segno in forma binaria

Utilizzando il metodo delle divisioni successive, convertiamo la parte intera 43 in binario. Otterremo:

| Dividendo | Divisore | Quoziente | Resto |
|---|---|---|---|
| 43 | 2 | 21 | 1 |
| 21 | 2 | 10 | 1 |
| 10 | 2 | 5 | 0 |
| 5 | 2 | 2 | 1 |
| 2 | 2 | 1 | 0 |
| 1 | 2 | 0 | 1 |

Quindi $43_{(10)} = 101011_{(2)}$.
Procediamo, ora, con la conversione della parte decimale 0,6875, servendoci del metodo delle moltiplicazioni successive:

0,6875 × 2 = 1,375    parte intera 1
0,375  × 2 = 0,75    parte intera 0
0,75   × 2 = 1,5     parte intera 1
0,5    × 2 = 1,0     parte intera 1

Quindi la parte frazionaria $0{,}6875_{(10)} = 1011_{(2)}$.
Complessivamente, $43{,}6875_{(10)} = \mathbf{101011{.}1011_{(2)}}$.

UNITÀ 3 La codifica dell'informazione

## 3. Normalizzare il numero binario ottenuto

Spostiamo la virgola verso sinistra lasciando solo un 1 a sinistra. Otteniamo:

$$1.010111011 \times 2^5$$

## 4. Completare la mantissa fino a coprire tutti i bit a disposizione

Stiamo rappresentando un numero reale in precisione singola, quindi abbiamo a disposizione 23 bit per la mantissa. Dobbiamo inserire in coda al numero ottenuto (cioè alla sua destra) tanti zeri fino a completare i 23 bit. Otteniamo, quindi:

**1.01011101100000000000000**

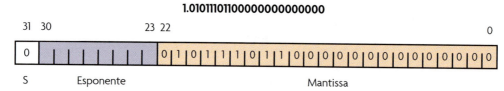

## 5. Convertire l'esponente

L'esponente che abbiamo ottenuto durante la fase di normalizzazione è pari a 5. Secondo lo standard IEEE 754, l'esponente deve essere **polarizzato** nel senso che al valore dell'esponente originario occorre sommare un certo valore fisso chiamato **bias**. Nel caso di numeri in precisione singola, il bias è pari a 127.

Abbiamo, quindi, $5 + 127 = 132_{(10)} = \mathbf{10000100_{(2)}}$.

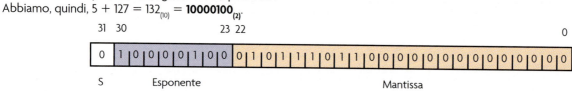

Ricapitoliamo. Convertiamo il numero decimale 4568,1875 in floating point su 32 bit.

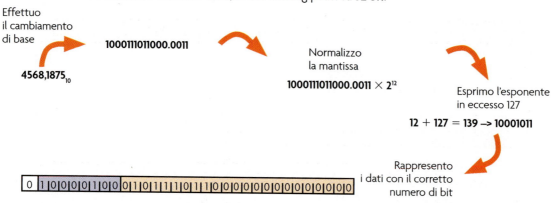

**2.** Rappresentiamo, ora, un valore negativo in virgola mobile a precisione singola (32 bit). Il numero da rappresentare è $-11{,}375_{(10)}$.

## 1. Calcolare il segno del numero

Per il segno è necessario inserire 1 se il numero + negativo e 0 se è positivo.
Nel nostro caso, essendo il numero negativo, inseriamo **1**.

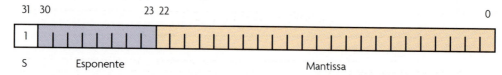

## 2. Trasformare il numero senza segno in forma binaria

Utilizzando il metodo delle divisioni successive, convertiamo la parte intera 43 in binario.

| Dividendo | Divisore | Quoziente | Resto |
|---|---|---|---|
| 11 | 2 | 5 | 1 |
| 5 | 2 | 2 | 1 |
| 2 | 2 | 1 | 0 |
| 1 | 2 | 0 | 1 |

Quindi $11_{(10)} = 1011_{(2)}$ Procediamo ora con la conversione della parte decimale 0,375:

| | | |
|---|---|---|
| $0{,}375 \times 2 = 0{,}75$ | parte intera 0 | |
| $0{,}75 \times 2 = 1{,}5$ | parte intera 1 | |
| $0{,}5 \times 2 = 1{,}0$ | parte intera 1 | |

Quindi la parte frazionaria $0{,}375_{(10)} = 011_{(2)}$.
Complessivamente, $11{,}375_{(10)} = \mathbf{1011.011(2)}$

### 3. Normalizzare il numero binario ottenuto

Spostiamo la virgola verso sinistra lasciando solo un 1 a sinistra. Otteniamo:

$$\mathbf{1.011011 * 2^3}$$

### 4. Completare la mantissa sino a coprire tutti i bit a disposizione

Siamo in precisione singola per cui abbiamo a disposizione 23 bit per la mantissa. Dobbiamo inserire in coda al numero ottenuto tanti zeri sino a completare i 23 bit. Otteniamo, quindi:

$$\mathbf{1.01101100000000000000000}$$

### 5. Convertire l'esponente

L'esponente che abbiamo ottenuto durante la fase di normalizzazione è pari a 3 a cui occorre sommare il **bias 127**. Abbiamo, quindi, $3 + 127 = 130_{(10)} = \mathbf{10000010_{(2)}}$.

---

### 3. Rappresentiamo il numero reale $-0{,}005_{(10)}$

Questa volta velocizziamo le operazioni considerato che, ormai, dovrebbero essere chiare.
Per quanto riguarda il segno sappiamo che è pari a 1 poiché il numero è negativo.

Nella trasformazione del numero decimale in binario ci dobbiamo occupare solo della parte frazionaria (e quindi del sistema delle moltiplicazioni successive) poiché la parte intera è pari a zero. Procedendo con le moltiplicazioni otteniamo il seguente numero binario:

$$0{,}005_{(10)} = \mathbf{0.00000001010001111010111000001010_{(2)}}.$$

Per normalizzare il numero dobbiamo portare la virgola in posizione immediatamente successiva al primo 1. A differenza dei precedenti esercizi, questa volta dobbiamo andare verso destra di otto posizioni per cui la forma normalizzata sarà caratterizzata da un esponente negativo del 2:

$$\mathbf{1.01000111101011100001010 * 2^{-8}}$$

La mantissa non necessita di alcun completamento poiché le cifre sono proprio pari a 23.

Occupiamoci, ora, dell'esponente. L'esponente che abbiamo ottenuto durante la fase di normalizzazione è pari a $-8$ a cui, sappiamo, dobbiamo sommare il bias 127. Abbiamo, quindi,

$$-8 + 127 = 119_{(10)} = \mathbf{01110111_{(2)}}$$

La rappresentazione ottenuta è:

UNITÀ 3 La codifica dell'informazione    99

## La rappresentazione dei numeri in precisione doppia

Per quanto riguarda la precisione doppia occorre solo tener presente che i 64 bit a disposizione sono così strutturati:

- 1 bit per il segno;
- 11 bit per l'esponente **polarizzato biased 1023**
- 52 bit per la mantissa.

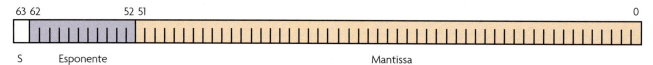

I calcoli sono analoghi a quelli visti per la precisione singola, con la sola variante del bias che, in questo caso, è pari a 1023. È evidente che la precisione doppia è utilizzata quando si vogliono rappresentare numeri con molte cifre.

# ORA TOCCA A TE!

**1** Rappresenta in virgola mobile a precisione singola (32 bit) il numero $-49{,}526_{(10)}$

1. **Calcola il segno del numero.**

2. **Trasforma il numero senza segno in forma binaria.**
   Convertiamo la parte intera _____ in binario.

| Dividendo | Divisore | Quoziente | Resto |
|---|---|---|---|
| 49 | 2 | 24 | 1 |
| 24 |  |  |  |
|  |  |  |  |
|  |  |  |  |
|  |  |  |  |

Quindi _____$_{(10)}$ = _____$_{(2)}$
Procediamo, ora, con la conversione della parte decimale _____ servendoci del metodo delle moltiplicazioni successive:

_____ × 2 = _____     parte intera _____
_____ × 2 = _____     parte intera _____
_____ × 2 = _____     parte intera _____
_____ × 2 = _____     parte intera _____
......

Quindi la parte frazionaria _____$_{(10)}$ = _____$_{(2)}$
Complessivamente, _____$_{(10)}$ = _____$_{(2)}$

3. **Normalizza il numero binario ottenuto.**

4. **Completa la mantissa sino a coprire tutti i bit a disposizione.**

5. **Converti l'esponente.**

L'esponente che abbiamo ottenuto durante la fase di normalizzazione è pari a ___ a cui occorre sommare (o sottrarre?) _____. Abbiamo, quindi, _____.

| 31 30 | 23 22 | 0 |

S    Esponente                                    Mantissa

## 2 Rappresenta in virgola mobile a precisione singola (32 bit) il numero $625{,}00137_{(10)}$

1. **Calcola il segno del numero.**

| 31 30 | 23 22 | 0 |

S    Esponente                                    Mantissa

2. **Trasforma il numero senza segno in forma binaria.**

Convertiamo la parte intera _____ in binario.

| Dividendo | Divisore | Quoziente | Resto |
|---|---|---|---|
|  |  |  |  |
|  |  |  |  |
|  |  |  |  |
|  |  |  |  |
|  |  |  |  |

Quindi _____$_{(10)}$ = _____$_{(2)}$

Procediamo, ora, con la conversione della parte decimale _____ servendoci del metodo delle moltiplicazioni successive:

_____ × 2 = _____  parte intera _____
_____ × 2 = _____  parte intera _____
_____ × 2 = _____  parte intera _____
_____ × 2 = _____  parte intera _____
......

Quindi la parte frazionaria _____$_{(10)}$ = _____$_{(2)}$

Complessivamente, _____$_{(10)}$ = _____$_{(2)}$

3. **Normalizza il numero binario ottenuto.**

_____

4. **Completa la mantissa sino a coprire tutti i bit a disposizione.**

| 31 30 | 23 22 | 0 |

S    Esponente                                    Mantissa

5. **Converti l'esponente.**

L'esponente che abbiamo ottenuto durante la fase di normalizzazione è pari a ___ a cui occorre sommare (o sottrarre?) _____. Abbiamo, quindi, _____.

| 31 30 | 23 22 | 0 |

S    Esponente                                    Mantissa

UNITÀ 3 La codifica dell'informazione

# 15 | Rappresentazione delle informazioni alfanumeriche

L'unica soluzione che si può adottare per la rappresentazione di informazioni di tipo non numerico (caratteri alfabetici, cifre, segni diacritici e caratteri speciali) è quella di codificare ogni carattere con una particolare configurazione binaria.

Con un byte si può rappresentare un carattere alfabetico qualsiasi, una cifra o un simbolo speciale. Disponendo di 8 bit possiamo ottenere $2^8$ caratteri diversi, cioè 256. Avendo a disposizione ben 256 caratteri, ogni casa costruttrice di hardware potrebbe costruire un apposito codice di caratteri realizzabili. Grazie a un accordo tra tutti i produttori di hardware è stato però realizzato un codice di riferimento, il codice **ASCII** (*American Standard Code for Information Interchange*), che in inglese si pronuncia *askey*, mentre in italiano può essere pronunciato anche *asci*.

Il codice ASCII nacque a 7 bit, ma poi venne portato a 8 bit (**ASCII esteso**).

| 000 | NUL | 052 | 4 | 104 | h | 156 | £ | 208 | ╨ |
|---|---|---|---|---|---|---|---|---|---|
| 001 | SOH | 053 | 5 | 105 | i | 157 | ¥ | 209 | ╤ |
| 002 | STX | 054 | 6 | 106 | j | 158 | Pts | 210 | ╥ |
| 003 | ETX | 055 | 7 | 107 | k | 159 | ƒ | 211 | ╙ |
| 004 | EOT | 056 | 8 | 108 | l | 160 | á | 212 | ╘ |
| 005 | ENQ | 057 | 9 | 109 | m | 161 | í | 213 | ╒ |
| 006 | ACK | 058 | : | 110 | n | 162 | ó | 214 | ╓ |
| 007 | BEL | 059 | ; | 111 | o | 163 | ú | 215 | ╫ |
| 008 | BS | 060 | < | 112 | p | 164 | ñ | 216 | ╪ |
| 009 | HT | 061 | = | 113 | q | 165 | Ñ | 217 | ┘ |
| 010 | LF | 062 | > | 114 | r | 166 | ª | 218 | ┌ |
| 011 | VT | 063 | ? | 115 | s | 167 | º | 219 | █ |
| 012 | FF | 064 | @ | 116 | t | 168 | ¿ | 220 | ▄ |
| 013 | CR | 065 | A | 117 | u | 169 | ⌐ | 221 | ▌ |
| 014 | SO | 066 | B | 118 | v | 170 | ¬ | 222 | ▐ |
| 015 | SI | 067 | C | 119 | w | 171 | ½ | 223 | ▀ |
| 016 | DLE | 068 | D | 120 | x | 172 | ¼ | 224 | α |
| 017 | DC1 | 069 | E | 121 | Y | 173 | ¡ | 225 | ß |
| 018 | DC2 | 070 | F | 122 | Z | 174 | « | 226 | Γ |
| 019 | DC3 | 071 | G | 123 | { | 175 | » | 227 | π |
| 020 | DC4 | 072 | H | 124 | \| | 176 | ░ | 228 | Σ |
| 021 | NAK | 073 | I | 125 | } | 177 | ▒ | 229 | σ |
| 022 | SYN | 074 | J | 126 | ~ | 178 | ▓ | 230 | µ |
| 023 | ETB | 075 | K | 127 | DEL | 179 | │ | 231 | τ |
| 024 | CAN | 076 | L | 128 | Ç | 180 | ┤ | 232 | Φ |
| 025 | EM | 077 | M | 129 | ü | 181 | ╡ | 233 | Θ |
| 026 | SUB | 078 | N | 130 | é | 182 | ╢ | 234 | Ω |
| 027 | ESC | 079 | O | 131 | â | 183 | ╖ | 235 | δ |
| 028 | FS | 080 | P | 132 | ä | 184 | ╕ | 236 | ∞ |
| 029 | GS | 081 | Q | 133 | à | 185 | ╣ | 237 | φ |
| 030 | RS | 082 | R | 134 | å | 186 | ║ | 238 | ε |
| 031 | US | 083 | S | 135 | ç | 187 | ╗ | 239 | ∩ |
| 032 | SP | 084 | T | 136 | ê | 188 | ╝ | 240 | ≡ |
| 033 | ! | 085 | U | 137 | ë | 189 | ╜ | 241 | ± |
| 034 | " | 086 | V | 138 | è | 190 | ╛ | 242 | ≥ |
| 035 | # | 087 | W | 139 | ï | 191 | ┐ | 243 | ≤ |
| 036 | $ | 088 | X | 140 | î | 192 | └ | 244 | ⌠ |
| 037 | % | 089 | Y | 141 | ì | 193 | ┴ | 245 | ⌡ |
| 038 | & | 090 | Z | 142 | Ä | 194 | ┬ | 246 | ÷ |
| 039 | ' | 091 | [ | 143 | Å | 195 | ├ | 247 | ≈ |
| 040 | ( | 092 | \ | 144 | É | 196 | ─ | 248 | ° |
| 041 | ) | 093 | ] | 145 | æ | 197 | ┼ | 249 | ∙ |
| 042 | * | 094 | ^ | 146 | Æ | 198 | ╞ | 250 | · |
| 043 | + | 095 | _ | 147 | ô | 199 | ╟ | 251 | √ |
| 044 | , | 096 | ` | 148 | ö | 200 | ╚ | 252 | ⁿ |
| 045 | - | 097 | a | 149 | ò | 201 | ╔ | 253 | ² |
| 046 | . | 098 | b | 150 | û | 202 | ╩ | 254 | ■ |
| 047 | / | 099 | c | 151 | ù | 203 | ╦ | 255 | |
| 048 | 0 | 100 | d | 152 | ÿ | 204 | ╠ | | |
| 049 | 1 | 101 | e | 153 | Ö | 205 | ═ | | |
| 050 | 2 | 102 | f | 154 | Ü | 206 | ╬ | | |
| 051 | 3 | 103 | g | 155 | ¢ | 207 | ╧ | | |

Questo codice mantiene l'ordinamento alfabetico, in quanto, se un carattere precede un altro, il suo codice, considerato come un numero binario, è minore.
In base a questo codice, per rappresentare la parola CASA occorrono 4 byte e la rappresentazione in memoria è la seguente:

| 01000011 | 01000001 | 01010011 | 01000001 |
|---|---|---|---|
| C | A | S | A |

Non ci credi? Un'esperienza concreta per focalizzare questo concetto è quella di aprire Blocco note, digitare la stringa **ciao!** e poi salvare il documento: quanto sarà grande il file così generato? Si tratta di cinque caratteri, ognuno pari a un byte per quanto visto poco fa… quindi in totale 5 byte.
E se volessimo conoscere la stessa grandezza espressa in termini di bit?
Ricordando che un byte è pari a 8 bit, basta moltiplicare 5 byte × 8 bit = 40 bit. Possiamo dire indifferentemente, quindi, che il nostro documento occupa 5 byte oppure 40 bit.

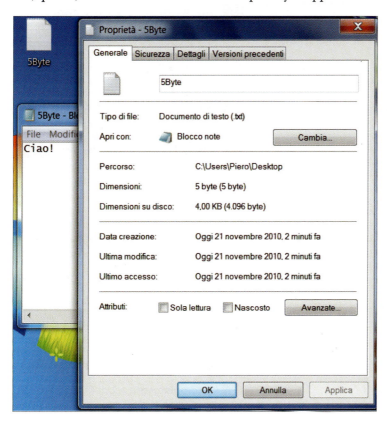

Questo codice viene utilizzato prevalentemente su personal computer. Come puoi notare dalla tabella precedente, i primi 32 caratteri hanno un aspetto singolare: sono i cosiddetti **caratteri di controllo**, che non fanno parte dell'alfabeto visualizzabile (stampabile), ma provocano effetti specifici (spostamenti verticali e orizzontali su video e cancellazione di caratteri, e così via) oppure vengono interpretati come caratteri di significato speciale (fine di una sequenza di caratteri, separatore e così via).
Se osservi bene la figura che riporta il codice ASCII noterai che la codifica dei caratteri numerici e alfabetici è rigorosamente crescente: grazie a questo ordinamento è possibile operare confronti tra singoli caratteri e stringhe come se fossero numeri.
L'introduzione di memorie sempre più capaci e la necessità di codificare molti altri caratteri ha portato allo sviluppo di un nuovo codice: l'**UNICODE**, che mette a disposizione dell'utente $2^{16} = 65536$ caratteri. Con questo codice è possibile codificare le lettere e le cifre delle principali lingue del mondo, anche di quelle che utilizzano ideogrammi come il giapponese e il cinese. Questo codice è di estrema importanza poiché permette di operare su dati e programmi provenienti da tutto il mondo.

中華人民共和國
日本国

# TRAINING

## CONOSCENZE

**1.** Che cosa si intende con sistema di numerazione?

**2.** In un sistema di numerazione la sintassi indica:
- [ ] un insieme di azioni utili per stabilire come effettuare le operazioni tra i numeri
- [ ] un insieme di simboli utili per costruire i numeri
- [ ] un insieme di cifre con le quali costruire i numeri
- [ ] un insieme di regole che specificano come costruire i vari numeri

**3.** Quali sono le differenze tra sistemi di numerazione addizionali e sistemi posizionali?

**4.** In un sistema posizionale, il valore facciale di una cifra è legato:
- [ ] alla posizione che la cifra occupa all'interno del numero
- [ ] alla forma della cifra
- [ ] al valore dell'intero numero
- [ ] non esiste il valore facciale di una cifra, ma solo il suo valore posizionale

**5.** In un sistema di numerazione in base b caratterizzato da N cifre possiamo rappresentare:
- [ ] $b^N$ valori compresi tra 0 e $b^{N-1}$
- [ ] $b*N$ valori compresi tra 0 e $b^{N-1}$
- [ ] $N$ valori compresi tra 0 e $b^N - 1$
- [ ] $b/N$ valori compresi tra 0 e $b^N - 1$

**6.** All'interno di un numero, la cifra più significativa è quella che:
- [ ] si trova più a sinistra
- [ ] si trova più a destra
- [ ] ha il valore posizionale più alto
- [ ] ha il valore posizionale più basso

**7.** Per effettuare il complemento a uno di un numero binario:
- [ ] si scambiano gli 1 con gli 0 e viceversa e si aggiunge 1
- [ ] si scambiano gli 1 con gli 0 e viceversa e si sottrae 1
- [ ] si scambiano gli 1 con gli 0 e viceversa
- [ ] si inverte solo l'ultima cifra

**8.** Per effettuare il complemento a due di un numero binario:
- [ ] si effettua il complemento a uno e poi si aggiunge uno
- [ ] si effettua la conversione in modulo e segno e poi si aggiunge uno
- [ ] si effettua la conversione in modulo e segno e poi si invertono gli uno con gli zeri e viceversa
- [ ] partendo da destra (dalla cifra meno significativa) si lasciano invariati i bit fino a incontrare il primo uno, invertendo tutti gli altri

**9.** Perché è così importante il complemento a due?

**10.** Stabilisci se la seguente affermazione è vera o falsa.
V F   Per convertire un numero binario nel suo equivalente esadecimale è sufficiente raggruppare a quattro a quattro tutte le cifre del numero binario partendo da quella meno significativa e sostituire a ogni gruppo la cifra esadecimale equivalente.

**11.** Che cosa indichiamo con il termine rappresentazione?

**12.** Qual è la differenza tra dato e informazione?

**13.** All'interno del seguente elenco individua l'elemento che non caratterizza un codice:
- [ ] alfabeto
- [ ] sintassi
- [ ] semantica
- [ ] grammatica

**14.** In base al seguente alfabeto: {a, e, i, o, u} come definiresti il concetto di parola?

**15.** Completa la seguente frase:
L'alfabeto interno della macchina è rappresentato dai _____ del sistema _____, mentre l'utente colloquia utilizzando un alfabeto esterno composto da _____

_____
I computer colloquiano se esiste una _____ tra i due: ad ogni simbolo dell'alfabeto _____ dovrà corrispondere _____ solo di quello _____. Tale corrispondenza viene detta _____.

**16.** In cosa consiste la fase di decodifica dell'informazione?

**17.** In cosa consiste la rappresentazione dei numeri in modulo e segno? Per quale tipologia di numeri è utilizzata?

**18.** Il complemento a 2 di 1100100 è
- [ ] 0010110
- [ ] 0011000
- [ ] 0011100
- [ ] 0011101

**19.** Stabilisci se la seguente affermazione è vera o falsa:
V F   La rappresentazione in complemento a due di un numero è l'opposto della rappresentazione dello stesso in complemento a uno.

**20.** In che cosa consiste la rappresentazione dei numeri reali in virgola fissa?

**21.** Come è strutturato un numero in notazione scientifica?

**22.** Quale tra i seguenti è la rappresentazione corretta in formato scientifico del numero 2745?
- [ ] 1.2745 E +3
- [ ] 0.2745 E +4
- [ ] 0.2745 E +1
- [ ] 0.2745 E −4

**23.** Quanti bit prevede lo standard IEEE 754 per i numeri in precisione singola?

**24.** Quanti bit prevede lo standard IEEE 754 per i numeri in precisione doppia?

**25.** Lo standard IEEE 754 prevede che per i numeri in precisione singola l'esponente venga codificato polarizzato biased 127. Che cosa significa?

**26.** Il codice ASCII:
- ☐ nella sua versione estesa è un codice a 7 bit
- ☐ codifica ogni carattere con una particolare configurazione binaria
- ☐ codifica 256 caratteri
- ☐ non prevede il bit di parità

**27.** Stabilisci se la seguente affermazione è vera o falsa.
|V|F| Il codice ASCII serve per codificare solo i caratteri alfabetici e segni diacritici.

**28.** Stabilisci se la seguente affermazione è vera o falsa.
|V|F| Il codice UNICODE mette a disposizione dell'utente 65536 caratteri.

# ABILITÀ

**1.** Scrivi in notazione polinomiale i seguenti numeri decimali:
134   1190   445   1101   445   110

**2.** Quali sono gli insiemi di cifre usati nei sistemi n base 6 e 9?

**3.** Quanti numeri binari si possono rappresentare con 8 bit?

**4.** Verifica se le seguenti corrispondenze sono vere:
a) $11010_2 = 50_{10}$
b) $1111_2 = 17_{10}$
c) $100001_2 = 39_{10}$

**5.** Verifica se le seguenti corrispondenze sono vere:
a) $1110101_2 = 102_{10}$
b) $11011_2 = 27_{10}$
c) $1110001110_2 = 237_{10}$

**6.** Calcola il corrispondente decimale dei seguenti numeri binari frazionari:
a) 0.00100
b) 0.111001
c) 0.10110

**7.** Calcola il corrispondente decimale dei seguenti numeri binari frazionari:
a) 0.010101
b) 0.110111
c) 0.010110

**8.** Calcola il corrispondente binario dei seguenti numeri decimali:
10   103   123   198   17

**9.** Calcola il corrispondente binario dei seguenti numeri decimali:
1098   256   1086   899   787

**10.** Calcola il corrispondente binario dei seguenti numeri decimali frazionari:
0.12   0.234   0.27   0.56

**11.** Calcola il corrispondente binario dei seguenti numeri decimali frazionari:
0.78   0.656   0.222   0.159

**12.** Converti i seguenti numeri decimali negativi in binario utilizzando il complemento a 2:
−58   −97   −92   −12   −120

**13.** Converti i seguenti numeri decimali negativi in binario utilizzando il complemento a 2:
−159   −253   −100   −111   −122

**14.** Calcola i numeri decimali equivalenti ai seguenti numeri esadecimali:
13A   A32BCD   DF8   5CE6F

**15.** Calcola i numeri decimali equivalenti ai seguenti numeri esadecimali:
54AB   ABD   B4A6   AB1F

**16.** Calcola i numeri decimali equivalenti ai seguenti numeri esadecimali:
0.6   0.AD   0.54   15D.A4

**17.** Calcola i numeri esadecimali equivalenti ai seguenti numeri decimali:
7546   3453   79965   9975

**18.** Calcola i numeri esadecimali equivalenti ai seguenti numeri decimali:
90765   11122   5643   8756

**19.** Senza effettuare le conversioni dei seguenti numeri binari interi, stabilisci se i corrispondenti decimali sono pari o dispari:
a) 1100010
b) 1110011
c) 1100
d) 11111100011

**20.** Senza effettuare le conversioni dei seguenti numeri binari interi, stabilisci se i corrispondenti decimali so-

# TRAINING

no divisibili per una potenza del 2. In caso affermativo indica anche la potenza:
a) 111001
b) 1000
c) 1100110
d) 1100

**21.** Rappresenta i numeri interi compresi tra −5 e +5 nella forma valore assoluto con segno con 4 bit.

**22.** Rappresenta nella forma valore assoluto con segno con 6 bit i seguenti numeri:
−13    27    −25    −7

**23.** Rappresenta nella forma complemento a 2 con 6 bit i numeri decimali descritti nell'esercizio n. 4.

**24.** Rappresenta i numeri compresi tra −7 e 7 nella forma complemento a 1 con 4 bit.

**25.** Rappresenta nella forma in complemento a 1 con 6 bit i numeri decimali descritti nell'esercizio n. 4.

**26.** Rappresenta in complemento a due su 6 bit i seguenti numeri:
+14    −2    +9    −9

**27.** Rappresenta in modulo e segno su 6 bit i seguenti numeri:
+14    −2    +9    −9

**28.** Rappresenta i seguenti numeri decimali:
−75    −123    125    64
nelle seguenti codifiche:
- forma complemento a con 8 bit;
- forma complemento a 2 con 10 bit;
- forma valore assoluto con segno con 12 bit.

**29.** Verifica con tre esempi che il complemento a 2 del complemento a 2 di un numero è proprio il numero di partenza.

**30.** Rappresenta i numeri decimali 3 e −3 nella forma complemento a 2 usando:
- 4 bit
- 6 bit
- 8 bit

**31.** Rappresenta i numeri decimali:
5    15    20
nella forma complemento a 2 usando:
- 4 bit
- 6 bit
- 8 bit

**32.** Scrivi i seguenti numeri decimali:
25    −25    84    −84    124
nelle varie codifiche in:
- binario puro
- modulo e segno
- complemento a 1
- complemento a 2
**tutte su 7 bit.**

**33.** Scrivi i seguenti numeri decimali:
100    200    −200    110    −110
nelle varie codifiche in:
- binario puro
- modulo e segno
- complemento a 1
- complemento a 2
tutte su 8 bit.

**34.** Rappresenta la frase "Studio informatica" nel codice ASCII.

**35.** Rappresenta la frase "Ciao a tutti" nel codice ASCII.

**36.** Considera la seguente sequenza di bit e determina la codifica ASCII:
1100    0011    1001    0100    1000    0100    1001    0110

**106**     **Apparato didattico A**   Il sistema computer

Nome ............................................ Classe .................. Data ..............................

Con questa scheda puoi autovalutare il tuo livello di acquisizione delle conoscenze e delle abilità insegnate nell'Unità di apprendimento.
Attribuisci un punto ad ogni risposta esatta. Se totalizzi un punteggio:

| <4 | Tra 4 e 6 | Tra 6 e 8 | >8 |
|---|---|---|---|
| • Rifletti un po' sulle tue "disgrazie"<br>• Rivedi con attenzione tutta l'unità di apprendimento<br>• Ripeti il questionario | • Rivedi l'unità nelle sue linee generali<br>• Ripeti il questionario | • Rivedi l'unità nelle sue linee generali | tutto OK |

**Ritaglia la tua scheda**

Scheda di autovalutazione

**1.** L'utente di un computer può accedere direttamente alla memoria RAM:
- ☐ solo per scrivere i programmi
- ☐ solo per inserire i dati multimediali
- ☐ proprio come si può fare con la CACHE
- ☐ in nessuno dei casi presentati

**2.** Un tablet PC è:
- ☐ un'evoluzione di un PDA con funzioni di telefonia
- ☐ un'evoluzione dei netbook con alcuni dei quali è anche possibile telefonare
- ☐ un mainframe
- ☐ una workstation con funzioni ridotte

**3.** La barra delle applicazioni di Windows consente:
- ☐ di aprire più programmi contemporaneamente e di lavorarci contemporaneamente
- ☐ di aprire più programmi contemporaneamente e di lavorare su di essi uno alla volta
- ☐ di aprire un programma alla volta
- ☐ di aprire solo il menu Start

**4.** Con 2 byte si possono rappresentare i numeri compresi nell'intervallo:
- ☐ 0 .. 1024
- ☐ 0 .. 128
- ☐ 0 .. 255
- ☐ 0 .. 65535

**5.** Il numero –109 in complemento a 2 è pari a:
- ☐ 1001101110
- ☐ 1001101110
- ☐ 1001101111
- ☐ 1001101101

**6.** L'equivalente esadecimale del numero binario 1110001 è:
- ☐ 81
- ☐ 62
- ☐ 71
- ☐ 73

**7.** L'equivalente binario del numero esadecimale FA63A è:
- ☐ 1025641
- ☐ 1026798
- ☐ 1013256
- ☐ 1025594

**8.** Per ottenere la negazione di un numero binario espresso in complemento a due:
- ☐ si complementa ogni singolo bit e si somma 1
- ☐ si somma 1 e si complementa ogni singolo bit
- ☐ si complementa ogni singolo bit
- ☐ nessuna delle precedenti

**9.** Sia dato l'intero binario in complemento a due su 8 bit: 10000010. Esso rappresenta:
- ☐ 4 in base 10
- ☐ 2 in base 10
- ☐ 126 in base 10
- ☐ nessuno dei precedenti

**10.** Nella rappresentazione IEEE 754 in formato doppia precisione:
- ☐ per la mantissa vengono usati 11 bit e per l'esponente 52 bit
- ☐ per la mantissa vengono usati 52 bit e per l'esponente 11 bit
- ☐ per la mantissa vengono usati 23 bit e per l'esponente 8 bit
- ☐ per la mantissa vengono usati 52 bit e per l'esponente 8 bit

diamoci il voto!

**UNITÀ 3** La codifica dell'informazione

Con questa scheda puoi "riflettere" sul tuo processo di apprendimento in modo che tu abbia presenti sia i punti di forza che i limiti delle tue conoscenze e delle relative strategie.

## Impariamo a imparare

| Impariamo a imparare | CON MOLTA DIFFICOLTÀ | CON QUALCHE DIFFICOLTÀ | CON INCERTEZZA | CON SUFFICIENTE SICUREZZA | CON SICUREZZA | CON SICUREZZA E PADRONANZA |
|---|---|---|---|---|---|---|
| Cosa è la scheda madre | ☐ | ☐ | ☐ | ☐ | ☐ | ☐ |
| Le caratteristiche di un processore | ☐ | ☐ | ☐ | ☐ | ☐ | ☐ |
| Cosa sono i bit e i byte | ☐ | ☐ | ☐ | ☐ | ☐ | ☐ |
| Le caratteristiche della memoria centrale | ☐ | ☐ | ☐ | ☐ | ☐ | ☐ |
| I dispositivi di I/O e le loro caratteristiche | ☐ | ☐ | ☐ | ☐ | ☐ | ☐ |
| A cosa servono le memorie di massa e le loro tipologie | ☐ | ☐ | ☐ | ☐ | ☐ | ☐ |
| A distinguere i vari tipi di computer | ☐ | ☐ | ☐ | ☐ | ☐ | ☐ |
| Cosa sono e a cosa servono i sistemi operativi | ☐ | ☐ | ☐ | ☐ | ☐ | ☐ |
| Ad interagire con le finestre | ☐ | ☐ | ☐ | ☐ | ☐ | ☐ |
| A svolgere operazioni con file e cartelle | ☐ | ☐ | ☐ | ☐ | ☐ | ☐ |
| Ad impostare e personalizzare il sistema | ☐ | ☐ | ☐ | ☐ | ☐ | ☐ |
| A riconoscere caratteristiche, pregi e difetti dei vari sistemi operativi | ☐ | ☐ | ☐ | ☐ | ☐ | ☐ |
| A cosa serve un codice | ☐ | ☐ | ☐ | ☐ | ☐ | ☐ |
| Come vengono rappresentati i dati all'interno di un computer | ☐ | ☐ | ☐ | ☐ | ☐ | ☐ |
| Le caratteristiche dei sistemi di numerazione | ☐ | ☐ | ☐ | ☐ | ☐ | ☐ |
| A convertire un numero da un sistema ad un altro | ☐ | ☐ | ☐ | ☐ | ☐ | ☐ |

A cosa ti sono servite le informazioni presenti in questa unità di apprendimento?

Cosa conosci degli argomenti presentati?

Quali strategie hai usato per apprendere?

Come puoi correggere gli errori che eventualmente hai commesso?

Hai raggiunto gli obiettivi che ti proponevi?  ☐ SI  ☐ NO  ☐ IN PARTE

# APPARATO DIDATTICO B
# LE BASI DELLA PROGRAMMAZIONE

## 1 Informatica e problemi

Un problema è un quesito nel cui enunciato si forniscono i dati necessari per giungere, mediante calcoli o elaborazioni, alla soluzione richiesta nell'enunciato stesso. Ma come si affronta lo studio di un problema? E ancora, quali sono le strade per giungere alla sua soluzione? Come si fa a trovare una strategia risolutiva valida ed efficiente?

## 2 Problemi e algoritmi

Un problema descrive "che cosa" si deve calcolare mentre un algoritmo è la descrizione del procedimento risolutivo. Più correttamente, un algoritmo è un insieme di regole che, eseguite ordinatamente, permettono di ottenere i risultati del problema a partire dai dati a disposizione. Per descrivere un algoritmo si deve adottare un formalismo espressivo adeguato con una sintassi e semantica ben precise, si deve garantire che l'esecutore sia in grado di eseguire ciò che gli richiediamo di fare e garantire che l'esecuzione termini in tempo finito.

## 3 Strutture di controllo

Per formalizzare algoritmi occorre seguire le regole della programmazione strutturata e, di conseguenza, conoscere le strutture di controllo. Ciò favorisce la descrizione di algoritmi facilmente documentabili e comprensibili.

## 4 Programmiamo con Scratch

Scratch è un software gratuito basato su un linguaggio di programmazione a blocchi che permette di creare storie interattive, animazioni, giochi, musiche e prodotti artistici. Utilizzare Scratch significa utilizzare la **logica** e la **creatività** per incastrare tra di loro dei blocchi con funzioni differenti e realizzare oggetti multimediali.

## 5 Fondamenti di teoria dei linguaggi

I linguaggi formali che vengono utilizzati nel "colloquio" con il computer non sono proprio come i linguaggi naturali. Ognuno dei due ha pregi e difetti ma per colloquiare con una macchina occorre la "rigidità" di un linguaggio formale. È un po' come con i segnali stradali: se incontri uno stop devi fermarti. In altri termini, un linguaggio formale non lascia spazio a dubbie interpretazioni.

## PREREQUISITI

### Conoscenze
- Concetti di base di matematica
- Differenza tra dato e informazione

### Abilità
- Saper leggere e comprendere un problema
- Riconoscere, nella lettura del testo di un problema, i dati necessari per la risoluzione e i dati da fornire come risultato

## OBIETTIVI

### Conoscenze
- Conoscere le tecniche per la modellizzazione di un problema
- Conoscere le differenze tra azioni e processi
- Conoscere il concetto di algoritmo
- Conoscere il concetto di ambiente di valutazione delle espressioni

### Abilità
- Individuare dati di input e di output
- Individuare strategie risolutive migliori
- Formalizzare una strategia risolutiva secondo formalismi specifici
- Realizzare algoritmi

### Competenze
- Utilizzare le strategie del pensiero negli aspetti didattici ed algoritmici per affrontare situazioni problematiche elaborando opportune soluzioni

# UNITÀ DI APPRENDIMENTO 1
# INFORMATICA E PROBLEMI

## IN QUESTA UNITÀ IMPARERAI...

- Che cosa è l'informatica e di cosa si occupa
- Come si formula e si comprende un problema
- Quali sono le tecniche per modellare un problema
- Come si perviene alla soluzione di un problema
- Cosa sono le strategie risolutive

Glossario CLIL

Approfondimento

**Informatica**
= computer science.

## 1 | Informatica

Che cos'è l'informatica? Che cosa studia? Per capire che cos'è l'informatica, diciamo che cosa essa non è; in questo modo possiamo comprendere non soltanto di che cosa si occupa questa scienza, ma anche di che cosa si occupa l'informatico, cioè chi studia l'informatica e le sue applicazioni. Le due domande appena poste sembrerebbero elementari, forse banali, ma le risposte sono, invece, complesse. Perché, nel linguaggio quotidiano, informatica è un termine di uso comune, ma dai contorni poco definiti. Ciò a causa dell'accezione comune del termine "informatica" che fa riferimento all'uso del computer: scrivere una lettera, fare dei calcoli, installare un software, realizzare delle presentazioni, navigare su Internet, divertirsi con i videogiochi. Questo, secondo il pensiero comune, è ciò di cui si occupa l'informatica e che dovrebbe saper fare un informatico.
Tutto quanto appena detto è, invece, ciò che l'informatica non è!

### LO SAI CHE...

L'informatica è un campo di studio molto giovane. I primi computer risalgono infatti alla seconda metà del 1900 e a quell'epoca l'informatica non era considerata una disciplina separata dalla matematica.

### Informatica e matematica

L'informatica affonda le proprie radici nella matematica, ma ormai è una scienza ben distinta. Per comprendere quali sono i rapporti tra matematica e informatica, e quali sono invece le peculiarità dell'informatica come scienza, ricorriamo a un semplice esempio.
Consideriamo un'operazione matematica semplicissima, che tutti noi sappiamo eseguire: la divisione tra due numeri. La matematica e l'informatica hanno due punti di vista diversi su questo problema:

- la matematica si occupa di scoprire un procedimento per risolvere il problema;
- l'informatica si occupa di codificare questo procedimento in un linguaggio comprensibile ed eseguibile da una macchina.

L'informatica si occupa proprio di codificare la procedura matematica in maniera da renderla comprensibile al computer. Perché proprio a una macchina? I motivi sono tanti e li riassumiamo in pochi punti:

- perché la macchina riesce a eseguire la procedura in modo molto più rapido di quanto non possa fare l'uomo;
- perché l'uomo può commettere errori durante l'esecuzione della procedura, mentre la macchina applicherà sempre in maniera corretta la procedura che è stata predisposta dall'uomo;
- perché, lasciando alla macchina l'esecuzione dei compiti più lunghi, noiosi e ripetitivi, l'uomo può concentrarsi su attività "intellettuali" che non sono di competenza delle macchine.

## Informatica, algoritmi e computer

L'informatica si occupa, quindi, di trovare soluzioni elementari ai problemi. Parliamo di "soluzioni elementari" perché la macchina non è in grado di svolgere compiti complessi, anzi è capace di eseguire solo istruzioni semplici ed elementari. Impareremo a conoscere queste soluzioni elementari con il termine **algoritmo**. Un algoritmo è una descrizione completa e non ambigua di una procedura risolutiva di un problema. Alla base dell'informatica c'è, quindi, lo studio delle tecniche per la risoluzione dei problemi tramite gli algoritmi.

**Alla base dell'informatica non c'è il computer**, come comunemente si pensa, ma concetti diversi, quali, per esempio:

- le tecniche di progettazione degli algoritmi;
- le metodologie per la produzione del software;
- i linguaggi di programmazione;
- i programmi traduttori (compilatori e interpreti).

La maggior parte degli oggetti elettronici, come i telefoni cellulari, per esempio, è programmata grazie alla preventiva realizzazione di specifici algoritmi. La principale differenza tra il computer e questi strumenti elettronici è data dal fatto che **il computer è capace di apprendere nuovi algoritmi ed eseguirli autonomamente**.

A nessun altro tipo di strumento possiamo far svolgere un nuovo compito, poiché tali strumenti possono svolgere solo le operazioni previste dall'algoritmo che sono già in grado di interpretare (essi sono, quindi, degli **automi**), mentre i compiti di un computer sono tutti da definire e progettare (programmare), grazie agli algoritmi.

Ora possiamo dare una definizione di informatica:

> derivato dal francese *informatique* e coniato dall'ingegnere francese Philippe Dreyfus nel 1962, il termine **informatica** (contrazione di *informazione automatica*) si riferisce alla disciplina scientifica che aiuta a risolvere problemi di una parte semplificata della realtà, tramite tecniche e metodi per l'analisi, la rappresentazione, l'elaborazione, la memorizzazione e la trasmissione dell'informazione.

Dalla definizione si evince che l'informatica è una **scienza interdisciplinare** che riguarda tutti gli aspetti del trattamento dell'informazione mediante procedure automatizzabili e che il supremo compito di questa scienza e dei suoi studiosi è quello di progettare e sviluppare algoritmi che descrivano e trasformino l'informazione pervenendo, così, alla soluzione automatica dei problemi.

L'informatica è diventata ormai strategica in ogni settore dell'attività umana, nello sviluppo economico e sociale delle popolazioni. Il fatto che esistano persone prive della possibilità di utilizzarla è divenuto un problema di interesse internazionale. Questo divario tra chi ha la possibilità di utilizzare la tecnologia e chi no viene indicato con il termine **digital divide** e le sue principali cause sono legate alle condizioni economiche, al grado di istruzione e alle dotazioni infrastrutturali.

L'informatica è scienza in quanto propone un approccio sistematico e disciplinato alla soluzione (automatica) dei problemi attraverso l'elaborazione dell'informazione.

Lo studio dell'informatica considera il computer come in astronomia si considera il telescopio: uno **strumento** per provare le proprie teorie e, nel caso specifico, verificare i propri ragionamenti o algoritmi.

## Che cos'è e che cosa non è l'informatica

| L'informatica è... | L'informatica non è... |
|---|---|
| • La scienza che studia i metodi e i processi per risolvere i problemi.<br>• La scienza del ragionamento automatico.<br>• La scienza che ha come principale applicazione il mondo dei computer e del software (linguaggi, algoritmi, architetture, applicazioni, interfacce, Web). | • Lo studio dei calcolatori.<br>• L'uso dei computer.<br>• L'abilità di navigare su Internet.<br>• La tecnica per assemblare i computer.<br>• La conoscenza di particolari software.<br>• La tecnica per installare il software.<br>• La conoscenza di svariati linguaggi di programmazione.<br>• Soltanto programmare. |

In conclusione possiamo dire che l'informatica comprende anche le parti appena citate ma esse, prese singolarmente, non sono l'informatica.

**UNITÀ 1** Informatica e problemi

## 2 | I problemi

L'essere umano è fortemente dipendente dai problemi. Tutti, fin dalla più tenera età, ci poniamo problemi di natura molto varia: trovare il maggiore fra due numeri; dato un elenco di nomi e numeri di telefono, trovare il numero di una data persona; dati $a$ e $b$, risolvere l'equazione $ax + b = 0$; e così via.

Alcuni problemi possono apparire più semplici, altri più complessi, altri ancora assurdi. Ma come facciamo a definire un problema facile, difficile o assurdo? E principalmente: che cos'è un problema? Sfogliando il dizionario leggiamo che:

> un **problema** è una questione in base alla quale si devono trovare uno, o più elementi ignoti (la **soluzione**) partendo dagli elementi noti contenuti nell'enunciato della questione stessa.

Il concetto di "problema" può avere svariate accezioni in quanto può applicarsi sia a strumenti di valutazione nell'ambito di discipline specifiche, come per i problemi di matematica o fisica, sia a metodologie di sviluppo per l'apprendimento integrato del sapere scientifico, sia alla risoluzione di situazioni "quotidiane".

### Risolvere un problema

Non è semplice trovare una soluzione a un problema. Spesso pensiamo di averla trovata ma, dopo un'attenta verifica, ci rendiamo conto che essa non fornisce i risultati che attendevamo. Siamo quindi costretti a trovare una nuova soluzione, e la cerchiamo per tentativi: se un tentativo non ha successo si riprova con un altro, magari sfruttando i punti validi della soluzione fallita e facendo tesoro dell'insuccesso precedente. Il lavoro mentale volto alla ricerca della soluzione prende il nome di strategia risolutiva.

> Una **strategia risolutiva** è un insieme di passi da compiere per giungere alla soluzione di un problema.

> La **soluzione** o **risultato** o **risultato finale** è l'obiettivo che vogliamo raggiungere.

Per poter risolvere un problema sono necessarie alcune informazioni iniziali e indispensabili che chiameremo **dati iniziali**. Consideriamo, per esempio, l'emissione di un biglietto ferroviario da parte di un addetto in un'agenzia viaggi, il signor Gino. La situazione può essere schematizzata nel seguente modo:

Il cliente, entrando in agenzia, effettua la seguente richiesta:

"vorrei un biglietto per due persone da Roma a Milano per il 20 marzo"

Ottenuto il biglietto, il cliente lo osserverà attentamente per verificare la correttezza delle informazioni contenute. Il suo criterio di verifica consisterà nel controllare che:

- la stazione di partenza coincida con Roma;
- la stazione di arrivo sia Milano;
- la data corrisponda al 20 marzo;
- il numero di persone sia due.

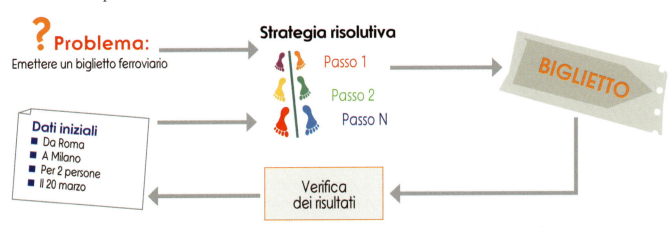

La strategia risolutiva di un problema segue, pertanto, la seguente successione di fasi:

- l'**analisi** del problema, che rappresenta lo studio attraverso il quale si riesce a identificare l'**obiettivo** da raggiungere e lo **stato iniziale** del problema, ossia l'insieme dei dati iniziali oggettivi e significativi che si hanno a disposizione;
- la **progettazione**, che specifica le **azioni** da intraprendere per **risolvere** il problema, ossia per trasformare i dati iniziali in dati finali;
- la **verifica della soluzione**, che consente di raggiungere lo **stato finale** del problema, ossia permette di verificare che i risultati finali ottenuti siano rispondenti agli obiettivi iniziali. In caso contrario, si dovranno rivedere le specifiche rilevate in fase di analisi, apportare le modifiche al progetto e verificare nuovamente la soluzione.

Un'accezione più ampia di "strategia risolutiva" è conosciuta come:

> **problem solving**, termine inglese che indica, appunto, l'insieme dei processi per analizzare e individuare un metodo opportuno per risolvere positivamente situazioni problematiche. Il problem solving si basa sul concetto del *divide et impera*, cioè sulla scomposizione del problema in sottoproblemi più semplici in modo da poter ricavare la soluzione in modo più agevole.

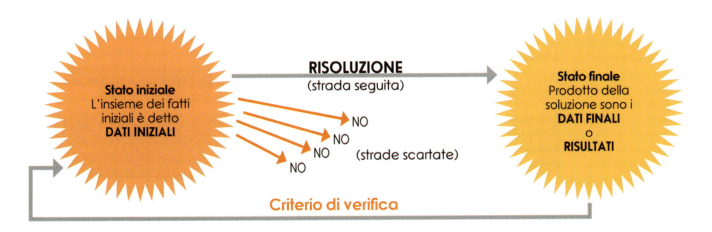

**UNITÀ 1** Informatica e problemi

# 3 | Formulare e comprendere i problemi

## La formulazione del problema

La formulazione del problema è la fase iniziale del problem solving e di norma costituisce la parte più difficile del processo di soluzione. Per formulare qualunque problema si usa sempre un testo descrittivo ottenuto raccogliendo le specifiche richieste della persona interessata alla sua risoluzione. La cattiva formulazione di un problema è dannosa poiché potrebbe compromettere la risoluzione del problema stesso oppure portarci, mentre ci spingiamo verso la ricerca della soluzione, ad approdare a risultati che sembrano corretti, ma in realtà non corrispondono agli obiettivi prefissati. Pertanto, prima di procedere con la ricerca della soluzione, è necessario riformulare correttamente il problema. Per fare questo proponiamo le seguenti regole.

### 1. Individuare gli obiettivi del problema evidenziando regole e dati impliciti

Quando un problema è espresso in modo confuso, oppure non si riescono a individuare gli obiettivi, una prima e ovvia necessità è quella di comprendere l'incognita del problema.

Un esempio di problema mal formulato in cui non si individuano gli obiettivi è il seguente: *calcolare il Massimo Comun Divisore*. Tale problema non potrà mai essere risolto, in quanto mancano le informazioni iniziali, e cioè i valori numerici sui quali calcolare il Massimo Comun Divisore. Occorre pertanto riformularlo.

Il problema dell'emissione del biglietto ferroviario sarebbe stato mal formulato e privo di obiettivi se la richiesta del cliente fosse stata espressa in uno dei seguenti modi:

- "vorrei un biglietto per due persone"
- "vorrei un biglietto per il 20 marzo"
- "vorrei un biglietto per Milano"

Occorre quindi procedere con un'operazione di riassetto del testo.

### 2. Eliminare i dettagli inutili e ambigui rilevati nelle ipotesi

Chiariamo il concetto con un esempio. Analizziamo il testo del seguente problema: *identificare l'insieme delle operazioni che deve svolgere un cuoco professionista per cucinare la pasta*.

Il problema è molto semplice nella sua natura, ma è formulato in maniera ambigua. Intanto non si parla di "cuocere" la pasta (il problema sarebbe fin troppo semplice!), ma di "cucinare" la pasta. Non si dice, però, come la pasta debba essere cucinata (alla carbonara, al pomodoro, e così via): decidiamo, pertanto, di fissare come obiettivo quello di cucinare la pasta al pomodoro. Proseguendo con l'analisi rileviamo che il testo del problema fornisce un'informazione superflua: non ha alcuna importanza, infatti, che il cuoco sia professionista. Ora siamo in grado di riformulare correttamente il problema: *identificare l'insieme delle operazioni che un cuoco deve svolgere per preparare la pasta al pomodoro*.

### 3. Individuare il criterio di verifica, cioè il modo con cui verificare che la soluzione ottenuta sia effettivamente quella cercata

Il **criterio di verifica** consiste nel provare che la soluzione ottenuta non sia in contrasto con gli obiettivi prefissati e con i dati iniziali.

## L'astrazione del problema

Non è opportuno tentare di risolvere un problema specifico semplicemente cercando una soluzione specifica, ma, piuttosto, è utile seguire un percorso di astrazione del problema.

> Il termine **astrazione** indica il procedimento mentale attraverso il quale si sostituisce un insieme di oggetti con un concetto, più generale, che descrive gli oggetti in base a proprietà a loro comuni.

Per esempio, a partire dall'insieme di tutte le automobili esistenti, si può ricavare il concetto generico di automobile in base alle caratteristiche condivise da tutte le auto (hanno quattro ruote, un volante, e così via). Il processo di astrazione, quindi, consiste nel cambiamento del livello di dettaglio nella descrizione di un problema, limitandosi a "considerare" solo alcune delle sue caratteristiche. Quello dell'astrazione è un momento tipico dell'uomo, anzi il momento apice del suo processo raziocinante in cui dall'analisi del particolare si accede alla sintesi universale. L'astrazione ci porta gradualmente a generalizzare in modo da risolvere classi di problemi della più varia natura; infatti, non si tenderà mai a risolvere un singolo problema, ma tutti i problemi di uno stesso tipo.

Un semplice esempio potrebbe essere: *trovare il minimo tra i numeri 4, 8 e 2*. Il problema è ben posto e non richiede precisazioni. Però, ragionando con un livello di astrazione più elevato, si può facilmente dedurre che esistono tanti problemi diversi quante sono le possibili terne di numeri tra i quali si vuole trovare il minimo. Sarebbe pertanto riduttivo risolvere il problema solo in funzione dei numeri 4, 8 e 2; generalizzando, lo si potrebbe riformulare in modo da renderlo universale: *trovare il minimo di tre numeri dati, A, B e C*.

Una volta generalizzato il problema, è possibile sfruttare la conoscenza strutturata a disposizione della metodologia per identificare in maniera sistematica la soluzione generica e solo in quel momento tradurre in una soluzione specifica tale soluzione astratta.

## L'analisi del problema

Attraverso l'analisi si affronta lo studio del problema in modo sistematico, considerando i vari aspetti della formulazione e scomponendo situazioni complesse e piene di incognite in entità comprensibili e riconoscibili.

La comprensione del problema e la sua successiva analisi permettono di estrarre dalla realtà tutte le informazioni che risultano essenziali al fine della risoluzione.

L'analisi del problema deve fornire una breve descrizione di che cosa si vuole fare evidenziando i possibili vincoli inerenti il problema e i requisiti, ossia specifiche richieste che devono essere soddisfatte. Prendiamo in esame il seguente problema: *calcolare il prodotto di due numeri interi X e Y*. Nella descrizione del problema si potrebbe dettagliare il fatto che calcoleremo il prodotto X * Y utilizzando l'addizione. Dobbiamo anche dettagliare i casi che potrebbero verificarsi e cioè:

- se Y = 0, il prodotto è 0
- se Y > 0, il prodotto si ottiene sommando Y volte il valore di X.

Per condurre un'analisi efficace, è importante definire con precisione l'**area di interesse** separandola da quella di non interesse. L'area di interesse è composta da:

- i **dati iniziali**, cioè quelli da elaborare, detti anche **dati in ingresso** al problema, che devono essere individuati con attenzione nell'insieme dei dati a disposizione specificando con esattezza le caratteristiche che ne determinano l'inclusione o l'esclusione (casi particolari e casi limite di funzionamento). Specificando quali sono i dati di ingresso si definisce una istanza di problema. Per esempio, considerato il problema P: *dato un naturale n calcolare la somma dei primi n numeri naturali*, un'istanza di P è: *risolvere P per n = 12* (ovvero calcolare la somma dei primi 12 numeri naturali). In generale, quindi, un problema può essere visto come l'insieme di tutte le sue possibili istanze.
- i **dati finali** che si vogliono ottenere in funzione degli ingressi, detti anche **dati in uscita** del problema.

In gergo informatico ci si riferisce all'area di interesse del problema con l'espressione **specifiche funzionali**.

Il processo di analisi prende il nome di **problem setting**, che è una fase del più complesso problem solving. Il problem setting, infatti, risponde alla domanda: "Che cosa fare?", mentre il problem solving risponde alla domanda: "Come fare?".

Il problem setting utilizza i concetti di comprensione e astrazione del problema per arrivare alla sua modellizzazione.

# OSSERVA COME SI FA

Esaminiamo alcuni semplici problemi per i quali la fase di analisi risulta praticamente ovvia o, comunque, prevedibile. Per questo motivo, nella descrizione dell'analisi riporteremo solo la descrizione di che cosa si vuole fare. L'osservazione di questi problemi è utile per iniziare a comprendere come muoversi durante la fase di comprensione del testo e di definizione delle specifiche funzionali.

## 1. Fare una telefonata

Desideriamo chiamare un abbonato con il telefono. Dopo aver composto il numero sull'apparecchio telefonico si possono verificare i seguenti casi: l'abbonato risponde, per cui la telefonata viene eseguita con successo, oppure la telefonata non può essere effettuata perché il telefono è occupato o l'abbonato non risponde.

**Dati iniziali**
numero da comporre
**Dati finali**
messaggio "telefonata riuscita"
messaggio "telefonata non riuscita"

## 2. Trovare il maggiore tra due numeri

Vogliamo trovare il maggiore tra due numeri interi che chiamiamo X e Y. Il procedimento da seguire è piuttosto semplice, poiché ci si può servire di una semplice sottrazione. Infatti:

- se $X - Y > 0$, il maggiore è X
- se $X - Y < 0$, il maggiore è Y
- se $X - Y = 0$, X e Y sono uguali

**Dati iniziali**
due numeri interi X e Y
**Dati finali**
X, se $X - Y > 0$
Y, se $X - Y < 0$

## 3. Calcolare il prodotto di due numeri interi

Dobbiamo considerare due numeri interi, che indichiamo con X e Y, e trovare il loro prodotto. Il semplice procedimento dettato dalla matematica prevede che si possa utilizzare l'addizione. Infatti:

- se $Y = 0$, il prodotto è 0
- se $Y > 0$, il prodotto è $X + X + ... + X$ (per Y volte)

**Dati iniziali**
due numeri interi X e Y
**Dati finali**
0, se $Y = 0$
$X * Y$, se $Y > 0$

## 4. Trovare il massimo fra tre numeri

Per cercare il massimo fra tre numeri, che chiamiamo a, b e c, è sufficiente confrontare *a* con *b* e trovare il massimo tra questi due; quindi, una volta ottenuto questo valore, basta confrontarlo con il numero c per ottenere il massimo valore fra i tre forniti.

**Dati iniziali**
tre numeri interi a, b, c
**Dati finali**
il valore massimo

## 5. Convertire una temperatura da gradi Fahrenheit a gradi Celsius e viceversa

Nella scala Celsius delle temperature il punto di congelamento dell'acqua è 0 gradi Celsius, mentre quello di ebollizione è 100 gradi Celsius. Nella scala Fahrenheit il punto di congelamento dell'acqua è 32 gradi Fahrenheit, mentre il punto di ebollizione si trova a 212 gradi Fahrenheit, suddividendo così la distanza fra i due estremi in 180 gradi. L'unità di questa scala, il grado Fahrenheit (°F) è 5/9 di un grado Celsius. Notiamo che la temperatura di 32 °F corrisponde a 0 °C. Quindi, un metodo per convertire gradi Celsius in gradi Fahrenheit è quello di moltiplicare per 9/5 e aggiungere 32, mentre per convertire gradi Fahrenheit in gradi Celsius occorre sottrarre 32 e moltiplicare per 5/9.

**Dati iniziali**
un numero intero X che rappresenta i gradi
un'opzione di conversione Opz (per esempio, 1 significa convertire da gradi Celsius in gradi Fahrenheit e 2 da Fahrenheit in Celsius)
**Dati finali**
un numero intero corrispondente ai gradi ottenuti

## 6. Cercare il numero di un utente in un elenco telefonico

Un modo piuttosto semplice per iniziare potrebbe essere quello di osservare la prima coppia (nome, numero telefonico). Se il nome è uguale a quello cercato, allora il numero telefonico corrispondente è quello cercato e il problema è risolto. Se questa prima coppia non soddisfa la nostra condizione, dobbiamo passare alla coppia successiva, ma occorre tenere conto che non dobbiamo oltrepassare l'ultima coppia presente in elenco. Se ciò dovesse accadere, significa che il valore cercato non è presente nell'elenco.

**Dati iniziali**
un insieme ordinato di coppie (nome, numero telefonico) e un nome da ricercare che indichiamo con X
**Dati finali**
il numero telefonico corrispondente all'utente caratterizzato dal nome X (se presente nell'insieme)
visualizzazione di un messaggio con il quale si informa che l'utente non è incluso nell'elenco (se l'utente non è presente

**Apparato didattico B** Le basi della programmazione

# 4 La modellizzazione del problema

## I modelli

Durante la fase di risoluzione del problema è frequente rappresentare graficamente la situazione analizzata in modo da poter evidenziare sinteticamente gli elementi utili allo scopo dell'analisi, le loro proprietà e le relazioni esistenti tra di essi. Queste rappresentazioni vengono definite *modelli*.

> Dato un problema da risolvere si definisce **modello** relativo al problema in esame la rappresentazione semplificata della situazione analizzata che evidenzi tutti gli elementi fondamentali e determinanti utili alla risoluzione del problema.

La modellizzazione del problema è il risultato grafico e schematico ottenuto grazie a un processo di astrazione compiuto sul problema stesso. In un'accezione più ampia, i modelli sono spesso usati nella vita quotidiana. Per esempio, quando diciamo che una persona è di un certo tipo esprimiamo un modello del suo comportamento che è nella nostra mente e consente di prevedere il comportamento di una persona in una certa situazione. La creazione di un modello inizia con lo studio del fenomeno nella realtà; le osservazioni derivanti dallo studio vengono poi interpretate per cogliere gli aspetti più importanti del fenomeno. Poi si costruisce il modello, lo si fa "funzionare" e si controlla se e quanto i risultati ottenuti corrispondano con la realtà. Successivamente, il modello potrà essere riconsiderato e modificato per renderlo più efficiente.

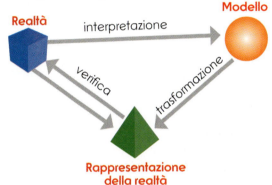

## Classificazione dei modelli

Esistono molte tipologie di modelli. In base al loro uso si classificano in:

- Modelli **descrittivi** o **statici**: si limitano a riprodurre con eventuali semplificazioni la realtà, senza presupporre l'uso che ne verrà fatto (per esempio, lo schema descrittivo di una lavatrice nel suo complesso). Rientrano in questa classe i modelli grafici e quelli tabellari.
- Modelli **predittivi**: forniscono gli elementi necessari della realtà di interesse per prevederne l'evoluzione, lasciando spazio a eventuali scelte (per esempio, la descrizione dei possibili programmi di lavaggio della lavatrice).
- Modelli **prescrittivi**: impongono un comportamento particolare in previsione dell'obiettivo da raggiungere (per esempio, la sequenza di comandi che si devono specificare per ottenere un particolare lavaggio).

In base alla loro natura, i modelli si classificano in:

- Modelli **analogici**: forniscono una rappresentazione fedele della realtà in scala ridotta e riproducono qualitativamente un certo sistema riducendone proporzionalmente la dimensione (per esempio, modellini di autovetture, plastici, cartogrammi).
- Modelli **simbolici** o **matematici**: forniscono una rappresentazione astratta della realtà a cui si riferiscono mediante un'equazione o un insieme di equazioni che legano le grandezze (per esempio, un circuito elettrico con l'indicazione di resistenza, tensione e corrente, messe in relazione dalla legge di Ohm).
- Modelli **logici**: forniscono un insieme di regole logico-funzionali che, se seguite, permettono di emulare integralmente la realtà di interesse. Gli algoritmi rientrano in questa categoria.

In informatica, e in particolare nell'ambito della risoluzione dei problemi, i modelli più utilizzati sono quelli descrittivi, suddivisi in grafici, tabellari e simbolici.
Pensiamo al disegnatore di un aliante. Una volta costruito l'apparecchio, decide di modificare le ali. Costruisce fisicamente un modello di una nuova forma delle ali e ne saggia le carat-

teristiche nella galleria del vento. In base ai risultati ottenuti, la forma viene modificata e il modello viene sottoposto a un nuovo test nella galleria del vento. Si esaminano di nuovo i risultati e si apportano le modifiche ritenute utili, e così via fino a quando non si raggiunge il risultato desiderato. L'utilizzo di un modello matematico, in questo caso, potrebbe aiutare ulteriormente il disegnatore. Infatti, la manipolazione dei modelli in forma simbolica è decisamente più facile che in forma fisica: molto spesso è sufficiente modificare il valore di una variabile o di una costante, o ritoccare un'equazione, oppure modificare i dati di input e così via.

Diamo ora uno sguardo al modello costruito per risolvere il seguente problema: *individuare il percorso più breve per andare dall'abitazione A alla scuola B secondo il grafico riportato*.

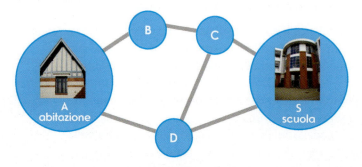

Conoscendo la lunghezza di ogni tratto di strada tra i due incroci, si tratta di accertare quale percorso tra ABCS – ABCDS – ADCS – ADS sia il più breve.

Supponendo che AB = 240 m, BC = 200 m, CD = 220 m, AD = 330 m, DS = 220 m e CS = 190 m, è semplice calcolare la distanza. Il modello, già nel suo aspetto grafico, aiuta la comprensione del problema.

Quando si studia un problema, ci si può servire di diverse tipologie di modelli. Costruiamo un modello relativo al seguente problema: *studiamo una popolazione virtuale composta da persone che vivono all'infinito*. Supponiamo che al tempo $t_0$ esse siano tutte esenti dalla malattia M. Al tempo $t_1$ aggiungiamo alla popolazione un numero D1 di individui con una malattia contagiosa M che si trasmette da 1 persona ammalata a 1 persona sana in 1 unità di tempo. Assumiamo D1 = 10; allora, al tempo $t_2$ le persone ammalate saranno 20, a $t_3$ saranno 40, a $t_4$ saranno 80 e così via. Il numero di persone ammalate viene riprodotto dalla seguente equazione:

$$D_{t_n} = D_{t_1} * 2^{n-1}$$

Utilizziamo un modello tabellare per vedere la diffusione nel tempo della malattia all'interno della popolazione.

Ora perfezioniamo il modello, supponendo che la malattia sia capace di provocare la morte del 30% delle persone colpite entro 1 unità di tempo dopo l'infezione. Allora si verificherà la seguente situazione:

| Tempo | Ammalati |
|---|---|
| $t_0$ | 0 |
| $t_1$ | 10 |
| $t_2$ | 20 |
| $t_3$ | 40 |
| $t_4$ | 80 |
| $t_5$ | 160 |
| ecc. | |

| Tempo | Ammalati | Morti |
|---|---|---|
| $t_0$ | 0 | 0 |
| $t_1$ | 10 | 0 |
| $t_2$ | (10 * 2) − 3 = 17 | 10 * 0.3 = 3 |
| $t_3$ | (17 * 2) − 5.1 = 28.9 | 17 * 0.3 = 5.1 |
| $t_4$ | (28.9 * 2) − 8.7 = 49.1 | 28.9 * 0.3 = 8.7 |
| $t_5$ | (49.1 * 2) − 14.7 = 83.5 | 49.1 * 0.3 = 14.7 |
| ecc. | | |

Il numero di persone ammalate presenti in un dato istante $t_n$ all'interno della nostra popolazione-modello può ora venire calcolato nel seguente modo:

$$D_{t_n} = D_{t_1} * (2 - 0.3)^{n-1}$$

# Osserva come si fa

### 1. Somma di lunghezze

In un libro per la scuola elementare abbastanza diffuso viene proposto il seguente esercizio:
Somma le seguenti lunghezze: 3.5 km, 23 hm, 125 cm, 59 mm

- Svolgi l'esercizio come, secondo te, dovrebbe essere svolto nelle intenzioni degli autori.
- Ti sembra un esercizio ben posto? Perché?
- Quale sarebbe un modo "corretto" per rispondere al quesito?

**Risposta**
59 mm + 1250 mm + 2300000 mm + 3500000 mm = 5801309 mm (oppure: 3.5 km + 2.3 km + 0.00123 km + 0.00059 km = 5.801309 km, oppure...)

— L'esercizio è diseducativo: non ha senso sommare lunghezze espresse in unità di misure così diverse senza tener conto delle precisioni delle misure.
— Si dovrebbe rispondere 5.8 km tenendo conto che 125 cm e 59 mm sono trascurabili in quanto le altre misure sono approssimate alle centinaia di metri (il valore esatto può differire dal valore indicato di qualche decina di metri, valore che "assorbe" l'aggiunta di valori dell'ordine del metro).

### 2. Spese di viaggio

Per un viaggio Daniela, Riccardo e Anna hanno speso, rispettivamente, 550 euro, 300 euro e 350 euro. Affinché il costo del viaggio sia distribuito equamente fra i tre, quanti soldi devono dare a Daniela, rispettivamente, Riccardo e Anna? Scegli la risposta corretta:

(A) 100 euro, 50 euro  (B) 75 euro, 25 euro
(C) 125 euro, 100 euro  (D) 250 euro, 200 euro

**Risposta**
La spesa totale è di 1200 euro, per cui ciascuno deve metterci 400 euro. Riccardo e Anna devono dare a Daniela la differenza tra quanto hanno messo e questa cifra: risposta (A).

Mentalmente si sarebbe potuto operare anche così: Riccardo ha speso meno di tutti; Anna ha speso 50 euro più di lui, Daniela 250 euro; in tutto hanno speso 300 euro in più; la spesa individuale di ciascuno deve essere pari a quanto ha speso Riccardo più 1/3 di questa cifra, ossia 100 euro; Riccardo deve metterli tutti; Anna solo 50.

### 3. Pavimentazione di una stanza

Utilizzando piastrelle rettangolari le cui dimensioni sono esattamente 20 cm e 40 cm è possibile pavimentare (usando solo piastrelle intere) una stanzetta rettangolare che sia esattamente di 2.10 m per 1.60 m?

**Risposta**
(1) Prima verifichiamo se l'area della stanza contiene esattamente un numero intero di volte l'area di una piastrella. Può essere comodo esprimerci in dm per le lunghezze e in $dm^2$ per le aree.
Area Piastrella = 2*4 = 8. Area Pavimento = 21 * 16 = 336.
Area Pavimento / Area Piastrella = 336/8 = 42.
Quindi l'area del pavimento contiene esattamente 42 volte l'area di una piastrella.
(2) Ma ciò non basta. Infatti non possiamo disporre 42 piastrelle in modo da pavimentare la nostra stanza in quanto affiancando piastrelle di questo tipo non riusciamo a coprire esattamente il lato di 210 cm: sommando ripetutamente 20 e 40 otteniamo comunque un multiplo di 20, e 210 non è multiplo di 20.

Per risolvere il nostro problema non è sufficiente confrontare le "estensioni" di piastrella e pavimento, ma occorre tener conto anche delle loro "forme". Nella "modellizzazione" della situazione se ci fermiamo al punto (1) trascuriamo un aspetto determinante della "realtà" e la nostra conclusione ("è possibile in quanto il pavimento contiene esattamente 42 piastrelle") sarebbe errata. Sarebbe stato sufficiente fermarsi al punto (1), per concludere negativamente, solo se il risultato della divisione non fosse risultato intero.

### 4. Rappresentazione di frequenze su una cartina

Gli alunni di una scuola vogliono rappresentare su una cartina dell'Italia disegnata su un cartellone la frequenza con cui si verifica un certo fenomeno nelle diverse regioni. Riccardo, Anna e Daniela propongono, in ordine, i tipi di rappresentazione corrispondenti alle figure riportate di seguito.

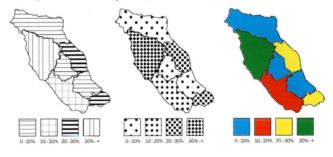

L'insegnante propone alla classe una discussione per scegliere la rappresentazione migliore. Quali aspetti dovrebbe cercare di far emergere l'insegnante?

**Risposta**
Nel tipo di cartina centrale, il passaggio a una regione in cui il fenomeno considerato si presenta con una frequenza maggiore corrisponde al passaggio a una figura in cui i punti sono più fitti; vi è una **analogia** tra frequenza del fenomeno e densità della punteggiatura.
Tutte le rappresentazioni sono formalmente corrette, ma quella centrale è quella più efficiente in quanto consente di individuare le zone in cui il fenomeno è più intenso e quelle in cui lo è meno più facilmente, con un colpo d'occhio, appoggiandosi sulle nostre capacità percettive. Le altre costringono invece a un continuo riferimento alla legenda per gestire la corrispondenza tra percentuali e "tratteggio" o "colorazione".

UNITÀ 1 Informatica e problemi

La terza rappresentazione, a "colori", può essere più bella, ma in questo caso non è il modello migliore.
Se, invece, non avessimo avuto a che fare con la rappresentazione di valori numerici o, comunque, di fenomeni ordinabili, sarebbe stata forse più gradevole ed efficace (e meno fuorviante) una rappresentazione a colori.

Sarebbe bene che questa osservazione fosse collegata ad altre analoghe, che l'insegnante dovrebbe fare in altre occasioni (quale tipo di diagramma scegliere per questo fenomeno, come scegliere le scale su questo grafico, con quante cifre significative riportare questi dati, ...). È importante tener conto delle finalità delle diverse attività di modellizzazione.

# 5 | La strategia risolutiva: i metodi

Descrivere la strategia risolutiva è un'attività creativa che richiede l'apporto di una persona in grado di risolvere il problema in questione. Persone competenti diverse potrebbero ideare strategie risolutive diverse che raggiungano gli stessi risultati finali. In questo caso alcune di queste strategie saranno efficaci ed efficienti, altre meno, alcune più eleganti, altre meno, e così via.

Gli aggettivi **efficace** ed **efficiente** non sono sinonimi e non vanno confusi. Infatti, data una certa strategia intesa a raggiungere un dato obiettivo, si dice che la strategia è "efficace" quando "funziona", cioè consente di raggiungere il risultato voluto. Una strategia "efficiente" è, invece, qualcosa di più: consente di raggiungere il risultato voluto, ma utilizzando un dispendio minimo di risorse. La differenza risulterà più chiara quando tratteremo gli algoritmi, ma consigliamo vivamente di tenerne conto sin da ora!

Quando i problemi sono semplici, la ricerca e la descrizione della strategia risolutiva risultano un'attività immediata e priva di qualsiasi complicazione. Quando, però, i problemi cominciano a essere più complessi, occorre agire con metodo. Nella ricerca della soluzione di un problema non si possono definire criteri, ma si possono proporre suggerimenti e strategie, che possono essere utilizzati in un rilevante numero di situazioni problematiche.
Per trovare la soluzione di un problema, quindi, è possibile ricorrere a diversi metodi.

- **Conoscere il tema oggetto del problema.** È indiscusso il grande vantaggio offerto dalla conoscenza dell'argomento relativo al problema preso in esame. Per questo motivo riportiamo ciò come primo metodo per reperire un'adeguata tecnica di risoluzione.
- **Procedere per tentativi.** Il più delle volte, il problema non si risolve "al primo colpo". Questo non deve portare a scoraggiarsi. Se l'idea avuta non conduce alla soluzione, non la si deve abbandonare immediatamente, o meglio, prima di farlo è consigliabile controllare che non abbia, comunque, dei "fondamenti di verità" sfruttabili nella ricerca della nuova idea di soluzione. Una volta effettuato questo accertamento, si abbandona la strada percorsa e se ne trova un'altra. Individuare una strategia risolutiva non significa aver trovato la soluzione al problema: se la soluzione trovata è complessa, tortuosa e di difficile interpretazione, è opportuno "raffinarla" per quanto possibile o ricercarne una alternativa. Ciò perché, in definitiva, la soluzione migliore è sempre la più semplice.
- **Servirsi dell'esperienza e di metodi risolutivi già sperimentati.** È assolutamente sbagliato affrontare i problemi come casi isolati. "L'esperienza fa maestri", si dice. I problemi, nella loro complessità, hanno spesso elementi in comune tra loro, che possono essere sfruttati per adattare alle nuove situazioni problematiche metodi risolutivi già individuati e sperimentati. È importante, quindi, ricercare l'analogia con i problemi già risolti.
- **Ripercorrere il cammino all'indietro (backtracking).** Spesso accade che, nel cammino percorso durante la ricerca della soluzione, ci accorgiamo che la strada seguita non porta a nessuna soluzione. In questo caso è opportuno ripercorrere i propri passi, tornare indietro a un punto del cammino dal quale si possa ripartire per un'altra strada.
- **Scindere il problema in sottoproblemi.** Risolvere un problema partendo dai soli dati iniziali potrebbe talvolta essere di estrema difficoltà. È buona norma individuare in un problema dei problemi più piccoli, in modo da concentrarsi sulla loro risoluzione che, ovviamente, sarà più semplice rispetto a quella del problema generale. Questa tecnica ha origini remote, ispirate al *divide et impera* degli antichi romani.

120 **Apparato didattico B** Le basi della programmazione

## Scissione di un problema in sottoproblemi

Questa tecnica di risoluzione dei problemi si applica:

- fissando, durante il processo risolutivo, una serie di sottobiettivi, ciascuno dei quali individua sottoproblemi su cui puntare l'attenzione;
- procedendo in una scomposizione attraverso raffinamenti successivi, che deve essere spinta a definire uno o più sottoproblemi facilmente risolvibili.

Se, per esempio, il problema è quello di "preparare una deliziosa torta Sacher", è possibile individuare prontamente i seguenti sottoproblemi:

- preparare la pasta per una torta al cioccolato;
- preparare le varie farciture della torta;
- farcire la torta;
- guarnire la torta.

Ogni sottoproblema, a sua volta, potrebbe essere suddiviso in ulteriori sottoproblemi sino a un livello ritenuto di semplice soluzione. Per esempio, il sottoproblema "preparare le varie farciture della torta" potrebbe essere ulteriormente scomposto in:

- preparare la marmellata di albicocche;
- preparare la glassa (cioccolato fuso);
- preparare la panna per accompagnare la torta.

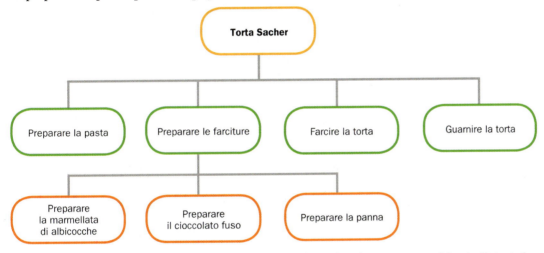

In una successiva fase di dettaglio, può anche accadere che alcuni sottoproblemi rilevati durante la loro individuazione non necessitino di essere dettagliati poiché non sono scomponibili (nel nostro esempio, potremmo non preparare la marmellata di albicocche, ma utilizzarne una acquistata in un supermercato). In tal caso il sottoproblema può essere eliminato. Procedendo in questo modo non corriamo il rischio di dover tenere sotto controllo troppe cose da fare contemporaneamente.

Non esistono regole fisse per la ricerca di appropriati sottoproblemi: creatività, intuizione ed esperienza devono guidarci in questo compito.

## Applicazione dei metodi di risoluzione

I metodi di risoluzione descritti qui non sono da utilizzare in alternativa tra loro. L'approccio migliore è sempre quello "composto", utilizzando insieme, per quanto possibile, le varie attività.

# 6 | Risolutore ed esecutore

Nell'intero processo di risoluzione di un problema esistono sempre due momenti distinti: quello della **risoluzione**, consistente nell'individuazione di una strategia per raggiungere l'obiettivo, e quello **dell'esecuzione** di tutte le azioni necessarie descritte nel procedimento di risoluzione. Quando si risolve un problema è quindi possibile fare riferimento a due tipi di attori.

UNITÀ 1 Informatica e problemi  121

> Il **risolutore**: la persona che definisce e costruisce la strategia risolutiva per un dato problema poiché svolge attività di studio e di ricerca legate all'analisi e alla progettazione.

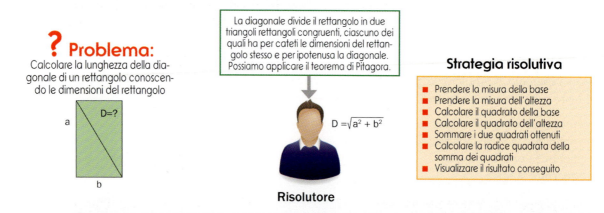

> L'**esecutore** (o **processore**): colui che esegue le azioni descritte dal risolutore per giungere concretamente alla soluzione del problema.

L'esecutore è un'entità generica che sa soltanto eseguire le azioni elementari suggerite dal risolutore. Non è necessario che l'esecutore conosca gli scopi o il senso complessivo della strategia risolutiva. Il suo compito è quello di comprendere, interpretare ed eseguire correttamente le istruzioni fornite dal risolutore sui dati iniziali per giungere ai dati finali.

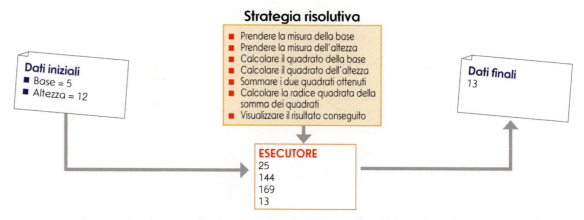

L'esecutore è, quindi, un'entità generica capace di attuare il procedimento risolutivo. Ma che cosa significa "entità generica"? E, in particolare, chi può svolgere il compito di esecutore? Diamo uno sguardo alla seguente figura.

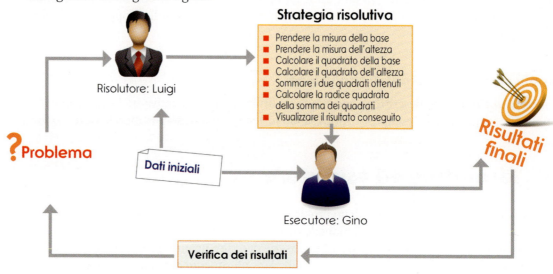

Quando Luigi formula la soluzione si colloca nella condizione di risolutore e quando esegue materialmente le azioni diventa l'esecutore. Non è necessario che i due ruoli siano assunti sempre dallo stesso soggetto.

Supponiamo che il problema sia quello di raccogliere delle mele da un albero. Se Luigi affidasse a Gino il compito di raccoglierle, assumerebbe il ruolo del risolutore e Gino quello dell'esecutore.

Finché la soluzione di un problema viene descritta in termini informali (proprio come tra gli esseri umani) può rimanere l'**ambiguità** circa l'attuabilità della soluzione da parte dell'esecutore (la sua effettività).

In questo caso Luigi non dovrà stare particolarmente attento al modo in cui darà le indicazioni a Gino poiché, essendo ambedue esseri umani, potranno utilizzare le varie accezioni messe a disposizione dalla lingua parlata per farsi comprendere.

Quando, però, l'esecutore è il computer, non sarà più possibile descrivere la strategia risolutiva utilizzando un linguaggio naturale. L'esecutore "computer" è caratterizzato da:

- il linguaggio che è in grado di interpretare (che non prevede né sinonimi, né accezioni, né ambiguità);
- l'insieme di azioni che è in grado di compiere;
- l'insieme delle regole che a ogni frase corretta del linguaggio (*costrutto linguistico*) associano le relative azioni da compiere.

Per questo motivo, il risolutore deve descrivere l'insieme delle azioni previste dalla strategia risolutiva secondo un ordine logico ben preciso e in una forma che l'esecutore "computer" sia in grado di interpretare correttamente il **programma**:

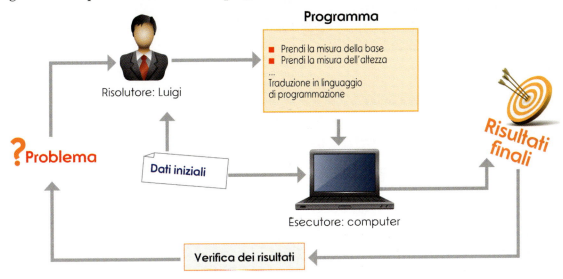

# TRAINING

## CONOSCENZE

**1.** Per poter risolvere un problema è necessario:
- ☐ conoscere i dati iniziali
- ☐ comprendere il problema
- ☐ conoscere i dati finali
- ☐ conoscere la matematica

**2.** Completa la tabella associando ogni elemento della colonna di sinistra a un elemento della colonna di destra.

| A | Analisi | 1 | Specifica le azioni |
|---|---------|---|---------------------|
| B | Dati iniziali | 2 | Accertamento dello stato finale |
| C | Progettazione | 3 | Identifica obiettivo |
| D | Verifica | 4 | Insieme dei dati a disposizione |

| A | B | C | D |
|---|---|---|---|
|   |   |   |   |

**3.** Chiarisci il concetto di problem solving.

**4.** Quali sono le regole da seguire per riformulare correttamente un problema?

**5.** Quali tra i seguenti sono problemi correttamente formulati?
- ☐ in albergo: "vorrei prenotare una stanza per domani"
- ☐ allo stadio: "vorrei cinque biglietti per la partita"
- ☐ in salumeria: "mi dia cinque etti"
- ☐ in lavanderia: "Signora, mi stiri questi pantaloni e il gatto"
- ☐ alla stazione: "Potrebbe farmi un biglietto di andata e ritorno?"

**6.** L'astrazione è:
- ☐ un procedimento mentale che partendo da un concetto specifico ne ricava uno generico
- ☐ un procedimento mentale che partendo da un concetto generico ne ricava uno specifico
- ☐ un procedimento mentale attraverso il quale si sostituisce un insieme di concetti con un oggetto più generale
- ☐ nessuno dei precedenti

**7.** Che cosa si intende con l'espressione "area di interesse" riferita a un problema?

**8.** Nel gergo informatico, quale termine è utilizzato come sinonimo di "area di interesse"?
- ☐ specifiche analitiche
- ☐ specifiche problematiche
- ☐ specifiche funzionali
- ☐ specifiche astratte

**9.** Il problem setting:
- ☐ riguarda l'analisi del problema
- ☐ risponde alla domanda: "Come fare?"
- ☐ risponde alla domanda: "Cosa fare?"
- ☐ è utile per giungere alla modellizzazione del problema

**10.** Un modello è:
- ☐ una rappresentazione grafica che illustra la situazione analizzata evidenziando analiticamente gli elementi utili allo scopo dell'analisi
- ☐ la rappresentazione completa della situazione analizzata
- ☐ il risultato grafico e schematico ottenuto grazie a un processo di astrazione compiuto sul problema stesso
- ☐ una rappresentazione grafica che deve precedere lo studio della realtà

**11.** Il modellino di un animale preistorico è:
- ☐ analogico
- ☐ simbolico
- ☐ descrittivo
- ☐ predittivo

**12.** Per trovare la soluzione di un problema è utile:
- ☐ riformulare necessariamente il testo del problema
- ☐ procedere per tentativi
- ☐ servirsi dell'esperienza e di metodi risolutivi già sperimentati
- ☐ risolvere il problema senza ricorrere alla sua scissione in sottoproblemi

**13.** L'algoritmo fa parte dei modelli:
- ☐ iconici
- ☐ logici
- ☐ matematici
- ☐ predittivi

**14.** Relativamente ai modelli, stabilisci se le seguenti affermazioni sono vere o false.
- V | F  i modelli predittivi forniscono gli elementi necessari della realtà di interesse per prevederne l'evoluzione
- V | F  i modelli prescrittivi impongono un comportamento particolare: in previsione dell'obiettivo da raggiungere si parte da una verità assodata
- V | F  i modelli analogici forniscono una rappresentazione fedele della realtà in scala ridotta: si procede partendo dal particolare per giungere all'universale
- V | F  i modelli simbolici forniscono una rappresentazione astratta della realtà a cui si riferiscono mediante un'equazione o un insieme di equazioni che legano le grandezze

**15.** La suddivisione dei problemi in sottoproblemi è anche conosciuta con:
- ☐ divide et elabora
- ☐ drug and drop
- ☐ divide et impera
- ☐ taglia e incolla

**Apparato didattico B** Le basi della programmazione

**16.** Il backtracking consiste nel:
- ☐ ripercorrere i vari passi seguiti per giungere a definire una soluzione rigorosa
- ☐ controllare tutta l'analisi del problema sinora svolta
- ☐ ricontrollare il procedimento seguito
- ☐ ripercorrere il cammino all'indietro

**17.** Qual è la differenza tra risoluzione ed esecuzione?

**18.** Quali sono le caratteristiche fondamentali di un risolutore? E quelle di un esecutore?

**19.** Quali sono le caratteristiche di un risolutore di tipo non umano?

**20.** Per quale motivo il risolutore non umano non può comprendere soluzioni che non siano rigorose?

**21.** Un esecutore:
- ☐ è un'entità generica che sa soltanto eseguire le azioni elementari suggerite dal risolutore
- ☐ non deve conoscere gli scopi o il senso complessivo della strategia risolutiva
- ☐ deve capire la strategia risolutiva realizzata dal risolutore
- ☐ deve comprendere, interpretare ed eseguire correttamente le istruzioni fornite dal risolutore sui dati iniziali per giungere ai dati finali

**22.** Tra le seguenti coppie di personaggi, stabilisci chi fornisce la strategia risolutiva e chi la esegue:
- ☐ ingegnere e muratore
- ☐ impiegato e capo ufficio
- ☐ infermiere e medico
- ☐ computer e operatore

UNITÀ 1 Informatica e problemi

# UNITÀ DI APPRENDIMENTO 2
# PROBLEMI E ALGORITMI

## IN QUESTA UNITÀ IMPARERAI...

- Che cosa è un algoritmo
- Che cosa sono le variabili e come si usano
- Che cosa sono i tipi di dato
- Come analizzare un problema e affrontarlo in termini informatici
- Come rappresentare un algoritmo secondo specifici formalismi

Glossario CLIL

Approfondimento

## 1 | Descrizioni rigorose

Facciamo un esempio di strategia risolutiva. Possiamo prendere in considerazione qualsiasi problema, di tipo matematico o preso dalla vita di tutti i giorni, poiché le considerazioni che faremo hanno validità generale. Consideriamo, allora, il seguente problema: ***Cucinare la pasta asciutta per la propria famiglia***.

Come puoi immaginare, è ben diverso cucinare pasta asciutta per 2 persone o per 8. È evidente che manca un dato iniziale importantissimo: il numero di persone da cui è composta la nostra famiglia. Indichiamo genericamente con N questo dato iniziale. Quindi:

**Dati iniziali**
N: numero di persone da cui è composta la propria famiglia

Una prima strategia risolutiva potrebbe essere costituita dai seguenti passi:

1. Inizio strategia risolutiva
2. Prendere una pentola adeguata
3. Aggiungere dell'acqua nella pentola
4. Accendere il fuoco e mettere la pentola sul fornello
5. Attendere che l'acqua bolla
6. Aggiungere il sale
7. Versare la pasta nella pentola
8. Attendere che sia cotta
9. Scolare la pasta togliendo l'acqua
10. Fine strategia risolutiva

A prima vista questa strategia risolutiva sembrerebbe sufficiente a descrivere la soluzione del nostro problema, ma osserviamola meglio!

Nel passo 2 si parla di "pentola adeguata". Ma che cosa significa adeguata? Ciò che può essere adeguato per una persona, potrebbe non esserlo per un'altra. Questo aggettivo risulta, pertanto, **ambiguo** e, quindi, non eseguibile dall'esecutore "stupido" da noi indicato. Ambigue sarebbero anche le espressioni: "una pentola sufficiente" oppure "una pentola giusta". È ambigua anche l'espressione: "una pentola per N persone". Come fa l'esecutore a stabilire quanto deve essere grande una pentola per N persone? Possiamo spiegarglielo trasformando il passo 2 nel modo seguente:

2. Prendere una pentola da N * L litri dove L è il numero di litri a persona (per esempio L = 0,5, cioè mezzo litro a persona) e N è il numero delle persone.

L è, ora, un nuovo dato iniziale, che andiamo ad aggiungere all'insieme dei dati iniziali del nostro problema.

**Dati iniziali**
**N**: numero di persone da cui è composta la propria famiglia
**L**: litri di acqua per persona

Non sempre è immediatamente chiaro quali siano i dati iniziali di un problema, anzi, spesso si arriva a determinarli durante la stesura della strategia risolutiva. Riscriviamo, allora, anche il passo 3, che ora diventa:

3. Aggiungere N * L litri di acqua nella pentola

I passi 2 e 3, così riscritti, ci aiutano a formalizzare il problema e la strategia risolutiva e a dare rigore alle nostre descrizioni. Osserviamo, ora, il passo 5. Tale passo non è sufficientemente **dettagliato**. Che cosa vuol dire per un esecutore (stupido) attendere che l'acqua bolla? Occorre essere più precisi e scrivere:

5. Attendere finché la temperatura dell'acqua (misurata con un termometro) raggiunge i 100 gradi centigradi.

Anche gli altri passi devono essere riscritti per **evitare ambiguità**: occorre essere precisi nella descrizione del da farsi. Una possibile riscrittura della strategia risolutiva, pertanto, può essere la seguente:

**Strategia risolutiva**
1. Inizio strategia risolutiva
2. Prendere una pentola da N * L litri dove L è il numero di litri a persona (per esempio L = 0,5 mezzo litro a persona) e N è il numero delle persone
3. Aggiungere N * L litri di acqua nella pentola
4. Accendere il fuoco e mettere la pentola sul fornello acceso
5. Attendere finché la temperatura dell'acqua (misurata con un termometro) raggiunge i 100 gradi centigradi
6. Aggiungere N * S grammi di sale
7. Versare N * G grammi di pasta nella pentola
8. Attendere T minuti
9. Scolare la pasta togliendo l'acqua
10. Fine strategia risolutiva

dove **S** indica la quantità in grammi di sale per ogni persona, **T** indica il tempo in minuti di cottura e **G** indica i grammi di pasta per persona.
I dati iniziali sono ora i seguenti.

**Dati iniziali**
**N**: numero di persone
**L**: litri di acqua per persona
**G**: quantità di pasta per persona
**S**: grammi di sale per persona
**T**: tempo di cottura

La strategia risolutiva (descritta da un risolutore) è ora **rigorosa**, nel senso che non è ambigua, è più completa ed è sufficientemente dettagliata. Solo in questo modo l'**esecutore** può compiere le azioni necessarie a risolvere il problema.
Il problema appena analizzato è ben formulato; infatti, per quanto detto:

1. l'obiettivo finale è "cucinare la pasta asciutta" ed è, pertanto, esplicito;
2. il criterio di verifica consiste nel controllare che il risultato sia: "pasta asciutta correttamente cucinata: cioè al dente, non scotta, giustamente salata ecc.";

**UNITÀ 2** Problemi e algoritmi          **127**

**3.** i dati iniziali indispensabili per proseguire nel processo risolutivo sono tutti presenti:

| Dato iniziale | Significato |
|---|---|
| N | numero di persone |
| L | litri di acqua per persona |
| G | grammi di pasta per persona |
| S | grammi di sale per persona |
| T | tempo di cottura |

L'assenza di uno solo di tali dati non consentirebbe all'esecutore di cucinare la pasta.
Notiamo, infine, che la strategia risolutiva descrive come cucinare un qualsiasi tipo di pasta e non solo spaghetti o farfalline. Si dice che tale soluzione è generale.

> Una strategia risolutiva è **generale** quando risolve problemi simili, cioè, problemi che fanno parte di una stessa famiglia di problemi detta **classe di problemi**.

Nel nostro esempio la classe di problemi è: "cucinare pasta asciutta". Se, per esempio, dobbiamo risolvere un'equazione di secondo grado, descriveremo come risolvere qualunque equazione di secondo grado e non solo una equazione specifica. Questo a condizione che ci forniscano, ogni volta, i coefficienti dell'equazione di cui vogliamo trovare le radici.

# Osserva come si fa

**1.** **Trasporto della capra, del lupo e del cavolo da una sponda a un'altra del fiume.**

Un contadino doveva trasportare al di là di un fiume il suo lupo, la sua capra e una cesta di cavoli, avendo a disposizione una barca poco capiente che avrebbe potuto trasportare solo lui in compagnia di una delle due bestie o lui insieme alla sola cesta di cavoli. Ma se avesse lasciato su una delle due rive del fiume il lupo insieme alla capra, questi l'avrebbe uccisa per mangiarsela; allo stesso modo non avrebbe potuto lasciare insieme capra e cavoli, perché la bestia li avrebbe sicuramente mangiati. La sua presenza era importante perché il lupo non nuocesse alla capra e la capra non toccasse i cavoli.

**Strategia risolutiva**
1. Inizio strategia risolutiva
2. Porta la capra sull'altra sponda
3. Torna indietro
4. Porta il cavolo sull'altra sponda
5. Porta la capra indietro
6. Porta il lupo sull'altra sponda
7. Torna indietro
8. Porta la capra sull'altra sponda
10. Fine strategia risolutiva

**2.** **Calcolo del Massimo Comun Divisore secondo il procedimento euclideo.**

Abbiamo imparato che il Massimo Comun Divisore (MCD) di due numeri è il più grande divisore comune a entrambi (per esempio MCD(18,12) = 6; MCD(5,10) = 5; MCD(4,3) = 1) e ci è stato insegnato anche a calcolarlo componendo in fattori i due numeri e prendendo i fattori comuni con esponente minore (per esempio, per calcolare MCD(18,12): $18 = 3^2 * 2$ e $12 = 3 * 2^2$ quindi MCD = 2 * 3 = 6).

Il **metodo euclideo** delle divisioni successive serve per determinare il Massimo Comun Divisore di due numeri naturali non nulli a e b.

**Dati iniziali**
**a**, **b**: numeri naturali non nulli di cui calcolare il Massimo Comun Divisore
**Dati finali**
**MCD**: Massimo Comun Divisore dei numeri a e b

Illustriamo il funzionamento di questo metodo mediante due esempi.
Supponiamo di voler determinare il MCD di 2079 e 987.
Dividendo 2079 per 987 otteniamo come quoziente 2 e come resto 105.
Abbiamo, quindi: 2079 = 987 * 2 + 105.
Dividiamo ora 987 per 105. Si ha: 987 = 105 * 9 + 42.
Procediamo dividendo 105 per 42: 105 = 42 * 2 + 21.
Dividiamo ora 42 per 21: 42 = 21 * 2 + 0.
Siamo pervenuti a un resto nullo. L'ultimo divisore, in questo caso 21, è il MCD cercato. Quindi MCD(2079, 987) = 21.

Calcoliamo ora MCD(2835, 1540):

dividiamo 2835 per 1540: 2835 = 1540 * 1 + 1295,
dividiamo 1540 per 1295: 1540 = 1295 * 1 + 245,
dividiamo 1295 per 245: 1295 = 245 * 5 + 70,
dividiamo 245 per 70: 245 = 70 * 3 + 35,
dividiamo 70 per 35: 70 = 35 * 2 + 0.

Il resto è 0, per cui MCD(2835, 1540) = 35.

**Strategia risolutiva**
1. Inizio strategia risolutiva
2. Acquisisci i valori di x e y
3. Calcola il resto della divisione di x e y
4. Se il resto è diverso da zero, ricomincia dal passo 3 utilizzan- ▶

do come x il valore attuale di y e come y il valore del resto, altrimenti prosegui al passo successivo.
5. Il Massimo Comun Divisore è uguale al valore attuale di y.
6. Fine strategia risolutiva.

**3.** **Calcolo della soluzione dell'equazione ax + b = 0**

Prendiamo in esame il metodo già conosciuto per risolvere un'equazione di primo grado, o meglio un'equazione algebrica razionale intera di primo grado (a una incognita). Consideriamo l'equazione nella sua forma generale (ricorrendo, cioè, a dei coefficienti letterali):

$$ax + b = 0$$

Aggiungendo a entrambi i membri dell'uguaglianza la quantità $-b$ (regola del trasporto) otteniamo:

$$ax = -b$$

Infine, dividendo ambo i membri per a, otteniamo la soluzione:

$$x = -b/a$$

Naturalmente il coefficiente a dovrà essere diverso da zero, perché l'equazione sia determinata (in questo esercizio daremo per scontato che il coefficiente a sia diverso da zero poiché non conosciamo ancora uno strumento che ci consenta di effettuare dei controlli). Per esempio:

$$2x - 8 = 0$$
$$2x = 8 \text{ (regola del trasporto)}$$
$$x = 8/2 \text{ (dividendo ambo i membri per 2)}$$

La soluzione dell'equazione data è:

$$x = 8/2 = 4.$$

**Strategia risolutiva**
1. Inizio strategia risolutiva.
2. Acquisisci i valori di a e b.
3. Calcola $-b$.
4. Dividi $-b$ per a e assegna il risultato a x.
5. Visualizza il valore di x.
6. Fine strategia risolutiva.

# 2 | Azioni e istruzioni

Sappiamo che una strategia risolutiva è caratterizzata da una serie di passi. Per essere più precisi, al termine *passo* **dobbiamo sostituire quello di azione.**

> Si definisce **azione** un evento di cui sono noti il soggetto, detto esecutore, l'oggetto, o gli oggetti, su cui l'esecutore deve agire e la trasformazione prodotta su di essi in un'unità finita di tempo.

La frase *Daniela mangia una mela* puntualizza un'azione, in quanto, in un'unità finita di tempo, Daniela (esecutore) opera una trasformazione sulla mela (oggetto). Se poniamo l'accento sull'azione svolta e su come *Daniela mangia una mela*, risulta evidente che tale azione è composta da azioni più semplici. Nel dettaglio, infatti, l'azione in questione si può scomporre nel seguente modo:

- Daniela prende una mela;
- Daniela sbuccia la mela;
- Daniela taglia a fette la mela;
- Daniela mastica la mela.

Le azioni devono avvenire in **sequenza**, una dopo l'altra (non si ritiene quindi possibile che Daniela tagli a fette la mela e, contemporaneamente, la mastichi).

> Un'azione si dice **elementare** quando non può essere scomposta in altre azioni più semplici. L'azione elementare, detta anche **istruzione**, è interpretabile in modo univoco dall'esecutore e direttamente eseguibile. Ciò significa che l'esecutore comprende in modo univoco che cosa deve fare e sa come farlo.

Prendiamo in esame il problema: ***Prelevare una somma di denaro dal bancomat.***

| Specifiche funzionali | |
|---|---|
| **Dati iniziali** | **Dati finali** |
| **C**: codice segreto **I**: importo da prelevare | Banconote |

Per descrivere la strategia risolutiva possiamo utilizzare la seguente sequenza ordinata di azioni elementari:

- introdurre la carta nel lettore
- digitare il codice segreto: **C**
- digitare l'importo da prelevare: **I**
- ritirare la carta dal bancomat
- prelevare le banconote

Abbiamo ora tutti gli elementi per comprendere il concetto di algoritmo.

# 3 | L'algoritmo

> Un procedimento risolutivo è un **algoritmo** quando, fissato l'insieme **finito** delle **azioni elementari univocamente interpretabili e definite**, è possibile descrivere passo per passo il procedimento che risolve un problema costruendo una **successione ordinata e finita** di istruzioni la cui esecuzione si arresta per fornire i **risultati** di un problema a partire da ogni valore assunto dai **dati iniziali**.

Potrà sembrare strano, ma esistono algoritmi che non si arrestano e sono pur sempre algoritmi. In questo corso ci occuperemo esclusivamente di algoritmi che si arrestano per fornire il risultato desiderato.

Affinché si possa parlare di algoritmo è necessario che vengano rispettate le caratteristiche fondamentali viste in precedenza. Un algoritmo deve essere:

- **finito**: la strategia risolutiva descritta dall'algoritmo deve essere composta da un numero finito di azioni elementari. L'algorimo, inoltre, deve prevedere un solo inizio e una sola fine;
- **univoco** o **non ambiguo** o **preciso**: ogni azione deve essere definita nei suoi effetti rigorosamente e senza ambiguità per l'esecutore;
- **generale**: deve essere valido non solo per un particolare problema, ma per tutti i problemi di una stessa classe;
- **completo**: deve considerare tutti i casi possibili che si possono verificare durante l'esecuzione e, per ogni caso, indicare la soluzione da seguire;
- **osservabile nei risultati**: deve esserci riscontro oggettivo del risultato. Nell'esempio del problema "cucinare la pasta" ottengo della pasta da mangiare;
- **deterministico**: a ogni unità finita di tempo l'esecutore deve scegliere e compiere una e una sola azione. Si dice anche che, partendo dagli stessi dati iniziali, l'esecuzione dell'algoritmo deve fornire sempre gli stessi risultati finali.

Come abbiamo già visto, per la risoluzione di un problema è possibile trovare diverse strategie risolutive alle quali corrispondono altrettanti algoritmi. Il parametro che consente di preferire una strategia, e quindi un algoritmo, rispetto a un'altra è l'*efficienza*.
Un algoritmo si dice **efficiente** quando:

- è **corretto**, cioè produce il risultato atteso;
- è **veloce** in termini di tempo impiegato per produrre il risultato;
- è **parsimonioso** in termini di risorse allocate per produrre il risultato.

## LO SAI CHE...

Il termine **algoritmo** deriva dal nome di un matematico arabo del IX secolo: **Abu Ja'far Mohammed ibn Musa al-Kowarizm** (in arabo il nome significa "padre di Ja'far, Maometto, figlio di Mosè, nativo di Kowarizm", e Kowarizm è il nome dell'odierna città russa Khiva). Nell'anno 825 questo personaggio pubblicò due opere: una di aritmetica e una intitolata *Kitab Al-jabr Wal Muqabala*. Dalla parte centrale di quest'ultima ebbe origine la parola inglese **algebra**, mentre il termine **algoritmo** deriva da modifiche e adattamenti del nome del matematico.

Leonardo da Pisa, un altro grandissimo matematico vissuto intorno agli inizi del XIII secolo e noto con il soprannome di Fibonacci, riferendosi alle scoperte del matematico arabo era solito semplificare il suo nome in: "algoritmo diceva che...". Considerato che Abu Ja'far Mohammed ibn Musa al-Kowarizm si era sempre interessato allo studio dei procedimenti aritmetici di calcolo necessari per risolvere i problemi, il termine algoritmo venne utilizzato per indicare questo tipo di procedimento.

**130**    **Apparato didattico B**   Le basi della programmazione

Ora riconsideriamo il problema (e l'algoritmo) del "prelievo dal bancomat". Le azioni descritte in quel semplice algoritmo sono perfettamente applicabili se:

- il bancomat funziona correttamente;
- il codice segreto viene inserito correttamente.

In altre parole, l'algoritmo che descrive la soluzione del problema non è completo! Trasformiamolo, allora, nel modo riportato di seguito. Per semplicità supponiamo che, in caso di inserimento errato del codice segreto, il bancomat non consenta di digitarlo di nuovo.

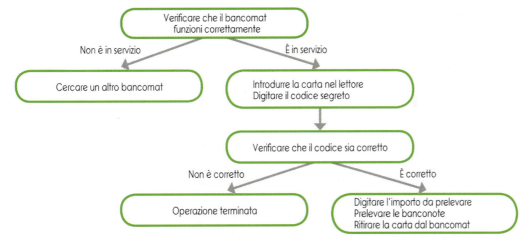

Questa versione ha una nuova veste grafica. Per facilitare la lettura abbiamo utilizzato le frecce per visualizzare i percorsi logici presenti nell'algoritmo e abbiamo raggruppato le azioni da eseguire al verificarsi di determinate situazioni.

# 4 | Rappresentazione degli algoritmi

Per rappresentare un algoritmo possiamo ricorrere:

- al formalismo dei **diagrammi a blocchi** (detti anche *DaB* e *flow-chart*);
- al formalismo dello **pseudolinguaggio** (detto anche *linguaggio di progetto*).

### I diagrammi a blocchi

Un diagramma a blocchi è una **descrizione grafica** dell'algoritmo, realizzata mediante appositi simboli, che mette in evidenza il flusso di esecuzione delle istruzioni. I simboli utilizzabili nei diagrammi a blocchi sono quelli riportati nella seguente tabella.

| Il simbolo | indica nei diagrammi a blocchi |
|---|---|
| INIZIO | l'inizio dell'algoritmo |
| FINE | la fine dell'algoritmo |
| ▭ | un'azione o un blocco di azione |
| → | l'ordine in cui eseguire i vari passi |
| ◇ | una condizione che può essere vera o falsa |
| ▱ | la possibilità di fornire informazioni (input) al computer, mediante la tastiera, durante l'esecuzione |
| ▱ | la possibilità di ricevere informazioni (output) dal computer, sullo schermo, durante l'esecuzione |

UNITÀ 2 Problemi e algoritmi

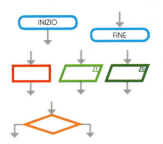

Per usare correttamente questi simboli occorre tenere presente che:

- all'inizio si può seguire una sola direzione e alla fine si può giungere da un'unica strada;
- un blocco di azioni, di input o di output, ha una sola freccia che vi arriva e una sola che parte da esso;
- solo il simbolo del rombo prevede due frecce in uscita, ma ne ha sempre solo una in entrata:

### Lo pseudolinguaggio

Per indicare le azioni, negli algoritmi analizzati finora abbiamo utilizzato la lingua italiana, che è un **linguaggio naturale**. Questo tipo di linguaggio, però, pur essendo molto utile per chiarire le idee sul problema, non si presta bene a una precisa descrizione dell'algoritmo, poiché contiene sinonimi, ambiguità e, talvolta, anche eccezioni, metafore, allegorie.

> Se dobbiamo affermare che uno studente è molto volenteroso, possiamo anche utilizzare gli aggettivi: zelante, operoso, attivo, alacre, sollecito, dinamico, solerte e così via. Inoltre, se proviamo a leggere la frase:
> **"Ieri sera ho visto Riccardo con un conoscente"**
> vediamo che può essere interpretata in due modi diversi. Vale a dire:
> **"Ieri sera ho visto Riccardo che era in compagnia di un conoscente"**
> oppure:
> **"Ieri sera ho visto Riccardo mentre ero in compagnia di un conoscente"**
> Un altro esempio di ambiguità sono le istruzioni:
> **prendere una pentola adeguata**
> **aggiungere dell'acqua nella pentola**
> della strategia risolutiva del problema: *Cucinare la pasta asciutta per la propria famiglia.*

Lo pseudolinguaggio è un **linguaggio formale**, ossia un linguaggio che utilizza simboli ai quali corrisponde uno e un solo significato in qualsiasi contesto. La descrizione formale dell'algoritmo in pseudolinguaggio si dice **pseudocodice**. L'attività di scrittura dello pseudocodice prende il nome di **pseudocodifica**. Scopo principale della pseudocodifica è portare il risolutore a esprimere le proprie istruzioni in una forma naturale, utilizzando frasi ed espressioni elementari della lingua italiana. Ciò permette di concentrarsi sulla risoluzione logica del problema, invece che sulla forma e sui vincoli da rispettare nella sua enunciazione.

Non esiste uno pseudolinguaggio standard e convenzionalmente usato: gli autori definiscono spesso un proprio pseudolinguaggio che utilizzano nelle loro pubblicazioni, inoltre ciascun programmatore può essere portato a utilizzare una propria variante. Ogni pseudolinguaggio ha un proprio lessico, una propria sintassi e una propria semantica, ma la progettazione di questo tipo di formalismo è volta alla comprensibilità e alla leggibilità del codice; la sintassi sarà quindi meno rigorosa rispetto a un vero linguaggio e le parole chiave saranno evocative, in modo da rendere più intuitiva la sua interpretazione.

Per usare correttamente lo pseudolinguaggio occorre rispettare le seguenti regole.

1. Le **parole chiave**, o parole riservate, sono scritte in maiuscolo (non possono essere usate come identificatori). Sono utilizzati verbi all'imperativo proprio per evidenziare l'ordine che il programmatore impone all'esecutore.
2. Le altre risorse usate nell'algoritmo sono scritte in maiuscolo se composte da una sola lettera (per esempio A, K), con l'iniziale maiuscola se composte da più caratteri (per esempio Somma, Totale, Contatore) e rigorosamente senza spazi.
3. Nell'illustrazione della sintassi di un'istruzione:

   `<Variabile> ← <Espressione>`

   - le parole racchiuse tra parentesi angolari < > rappresentano le **categorie sintattiche**, ossia elementi generali del linguaggio che devono essere ulteriormente specificati. Osserva l'esempio qui sotto:

   può essere:
   $A \leftarrow B$
   $A \leftarrow C + 2 * D$
   $C \leftarrow 0$

- le parentesi quadre [ ] indicano l'**opzionalità**, ossia i blocchi in esse racchiusi possono anche non essere presenti; per esempio, la pseudoistruzione riportata qui a destra indica che dopo la parola chiave **SCRIVI** occorre aprire la parentesi tonda ▮ SCRIVI(<Messaggio>(<Variabile>)) e inserire un messaggio; se lo si desidera si può anche inserire una variabile, purché sia separata dal messaggio con una virgola;

- i blocchi separati dal simbolo | possono essere usati in **alternativa**. ▮ <Variabile> ← <Numero>|<Lettera> Per esempio, la pseudoistruzione riportata qui a destra indica che alla variabile posso assegnare un numero oppure una lettera;

- le parentesi graffe { } indicano la **ripetizione**, ossia i blocchi in esse ▮ LEGGI(<Variabile>(<Variabile>)) racchiusi possono essere ripetuti più volte; per esempio, la pseudoistruzione riportata qui a destra indica che dopo la parola chiave LEGGI occorre aprire la parentesi tonda e inserire il nome di una variabile; se dobbiamo inserirne delle altre occorrerà separarle con una virgola;

- il simbolo // è utilizzato per inserire i commenti per le varie istruzioni, ▮ LEGGI(A) // Questo è un commento che saranno ignorati dall'esecutore. Un esempio è riportato qui a destra.

Lo pseudolinguaggio, quindi, viene usato per esprimere con chiarezza e semplicità la soluzione logica di un problema di elaborazione dati. Di per sé non può essere immesso direttamente in un calcolatore per essere eseguito, dovrà essere tradotto in un codice scritto in un **linguaggio di programmazione** che possa essere interpretato dal computer (per esempio il linguaggio C, il linguaggio Java e così via).

# 5 | Variabili e costanti

Consideriamo il seguente problema di tipo matematico:

*Calcolare e visualizzare l'area della superficie di un triangolo*

Procediamo alla sua risoluzione servendoci della descrizione della strategia risolutiva in italiano, corredandola dell'analisi e delle specifiche funzionali.

### Analisi

L'area di un triangolo si ottiene moltiplicando la misura della base per quella dell'altezza e dividendo il prodotto ottenuto per due. Per risolvere il problema è necessario conoscere, pertanto, le due misure.

| Specifiche funzionali | |
|---|---|
| **Dati iniziali** | **Dati finali** |
| *Base*: misura della base del triangolo *Altezza*: misura dell'altezza del triangolo | *Area*: misura dell'area del triangolo |

### Strategia risolutiva

1. Inizio strategia risolutiva
2. Acquisisci in *Base* il valore della base del triangolo
3. Acquisisci in *Altezza* il valore dell'altezza del triangolo
4. Moltiplica il valore di *Base* per il valore di *Altezza* e dividi il risultato per due. Memorizza il risultato in *Area*
5. Comunica il valore di *Area*
6. Fine strategia risolutiva

*Base*, *Altezza* e *Area* individuano tre variabili.

> Una **variabile** è un'area di memoria RAM riservata per contenere un particolare dato che può essere modificato durante l'esecuzione del procedimento risolutivo.

UNITÀ 2 Problemi e algoritmi    133

La variabile costituisce, quindi, l'astrazione di una cella di memoria: tale cella contiene in ogni istante il valore della variabile.

La variabile è caratterizzata da:

- un **nome** che identifica univocamente la cella di memoria e, quindi, il dato in essa contenuto (per esempio: *Base*); è buona norma utilizzare nomi che consentano di richiamare immediatamente il significato della variabile;
- un **valore** che il dato può assumere (per esempio: 10);
- un **tipo**, cioè l'insieme di valori che il dato può assumere, per esempio *valori interi* (l'operazione che definisce il tipo di dato di una variabile prende il nome di **tipizzazione** o **dichiarazione**).

Nel nostro esempio la variabile *Base* è individuata dalla terna (*Base*, 10, Intero), dove: *Base* è il nome, 10 è il valore, intero è il tipo.

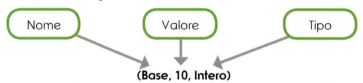

Il concetto di variabile è molto importante in informatica. Possiamo pensare a una variabile come a un contenitore aperto, all'interno del quale è possibile inserire dei valori e sostituirli con altri dello stesso tipo.

> Penseremo alla **costante**, invece, come a un "oggetto" a cui è associato un identificatore e un valore che non può essere modificato, nel senso che potrà essere utilizzato ma non modificato, rimanendo così fisso per tutta l'esecuzione del procedimento risolutivo. Una costante ha, quindi, un valore statico predefinito. Un esempio di costante è il valore π.

Variabili e costanti sono normalmente rappresentate con scatole che simboleggiano le celle di memoria, infatti altro non sono che aree di memoria adibite a contenere temporaneamente (cioè per tutto il corso dell'elaborazione) determinati valori.

Le variabili *Base*, *Altezza* e *Area* contengono i dati del nostro algoritmo.

### Classificazioni dei dati

I dati possono essere classificati in diversi modi e, in base a come interagiscono con il computer, si distinguono come segue.

- **Dati di input**: sono quelli che vengono forniti dall'esterno e servono per la risoluzione del problema (per esempio il valore della base e dell'altezza).
- **Dati di output**: sono quelli che vengono comunicati all'esterno come soluzione del problema (per esempio il valore dell'area).
- **Dati di lavoro** (o **dati intermedi**): sono quelli che vengono utilizzati durante l'esecuzione del processo risolutivo.

In base agli oggetti che rappresentano e, quindi, al loro tipo, i dati si classificano come segue.

- **Numerici**: sono quelli che contengono numeri (la misura dell'altezza, dell'area, la costante 2, la costante 127.78) e che possono essere utilizzati per effettuare le operazioni matematiche. Sono, quindi, astrazioni dei corrispondenti insiemi di numeri della matematica. Questi dati possono essere ulteriormente distinti in **interi** e **reali**. Questa classificazione risulta utile per rappresentare in modo più dettagliato le informazioni alle quali si riferiscono.

- **Alfanumerici** (detti anche **stringhe**): sono dati che contengono caratteri (cifre, lettere dell'alfabeto, segni di interpunzione, caratteri speciali). Possono anche essere formati da sole cifre, ma su di essi non è possibile effettuare calcoli matematici (per esempio, che senso avrebbe sommare due numeri telefonici?). Esempi di dati alfanumerici sono, pertanto, il numero di codice fiscale, il nome di un cliente, il CAP, la parola "Appennino", il carattere 'A' e così via.

Lo pseudolinguaggio che utilizzeremo in questo corso prevede che le risorse utilizzate nell'algoritmo debbano essere scritte in maiuscolo se composte da una sola lettera (per esempio A, K), con l'iniziale maiuscola se composte da più caratteri (per esempio Somma, Totale, Contatore) e rigorosamente senza spazi. Questa regola si applica sia alle variabili, sia alle costanti. Per garantire una maggiore leggibilità e consentire una loro netta distinzione, scriveremo gli identificatori delle costanti interamente in maiuscolo e senza spazi. Pertanto:

- **PIGRECO, MASSIMO, MINIMO** sono tutti identificatori di costanti;
- **Somma, Media, NumeroMax** sono identificatori di variabili.

Rimane il dubbio sugli identificatori composti da una sola lettera che, secondo le regole stabilite, deve essere maiuscola. Al fine di evitare confusione, utilizzeremo nomi di una sola lettera solo per indicare variabili.

# 6 | I tipi di dati

Nella progettazione di un algoritmo devono essere affrontati i problemi relativi alla rappresentazione delle informazioni, che deve essere **efficiente** (senza sprechi inutili) ed **efficace** (non si deve perdere traccia di dati importanti). È importante, quindi, assegnare un corretto tipo di dato. Formalmente:

> un **tipo di dato** è un'entità caratterizzata dai seguenti elementi:
>
> - un insieme X di valori che rappresenta il **dominio** del tipo di dato;
> - un insieme di **operazioni** su X.

Come è facile intuire, un algoritmo lavora sia con dati non numerici, cioè stringhe (ovvero sequenze di caratteri) sia numerici; questi ultimi, poi, si dividono ulteriormente in numeri interi, decimali, valute e così via. Questa distinzione è molto importante, perché ogni tipo di dato ha una dimensione (cioè un'occupazione in memoria) diversa: per esempio, un numero intero occupa meno memoria di un numero decimale a precisione doppia. Tali particolari possono sembrare sottigliezze, però quando si sviluppano applicazioni di una certa complessità assumono un'importanza rilevante.

I tipi di dati possono essere classificati in due grandi categorie:

- **tipi elementari** (o **tipi semplici**), sono i dati atomici visti sinora (interi, reali, carattere, booleani) e, come tali, non sono costituiti da altri dati;
- **tipi strutturati**, sono aggregazioni di altri dati (semplici o strutturati). Queste aggregazioni hanno una loro struttura, dalla quale è possibile estrarre i dati tramite appropriate operazioni.

Ogni linguaggio di programmazione consente di usare, in modo più o meno esplicito, un certo numero di tipi di dati predefiniti e fornisce di solito un certo insieme di strumenti per definire nuovi tipi di dati sulla base delle esigenze specifiche di un programma; questi ultimi sono conosciuti come **tipi di dati astratti** o **ADT** (*Abstract Data Type*).

## Il tipo intero

È un tipo base che intuitivamente potremmo assimilare all'insieme dei numeri interi relativi. Tuttavia non è proprio così, in quanto un calcolatore può rappresentare solo un sottoinsieme finito di questo insieme. Il dominio del tipo **intero** è pertanto un sottoinsieme finito dell'insieme Z dei numeri relativi. I suoi elementi (le **costanti**) sono compresi nell'intervallo:

$$- \text{MassimoIntero}, + \text{MassimoIntero} - 1$$

Il valore della costante *MassimoIntero* dipende dal numero di bit che vengono utilizzati per rappresentare il numero. Nella maggioranza dei linguaggi, un dato di tipo intero occupa due o quattro byte in memoria, cioè 16 o 32 bit. Nelle più comuni rappresentazioni, il valore del bit più significativo indica il segno (0 positivo, 1 negativo). Il massimo numero rappresentabile con 16 bit è:

Segno ──── 1 1 1 1 1 1 1 1 1 1 1 1 1 1 1 1

che, convertito in decimale, rappresenta il valore 65536.

Generalmente l'intervallo di definizione degli interi è $(-32768, +32767)$. Come mai l'estremo inferiore ha un'unità in più? Abbiamo detto che, dei 16 bit occupati da un dato di tipo intero, 15 sono riservati al valore e uno al segno. Con 15 bit possiamo rappresentare tutti i numeri compresi tra 1 e $2^{15}$ estremi inclusi, oppure tra 0 e $2^{15} - 1$, sempre con gli estremi inclusi. Considerando il bit del segno, possiamo affermare che con 15 bit è possibile rappresentare $2^{15}$ **numeri positivi** e $2^{15}$ **numeri negativi** a due a due uguali ma con segno opposto. Così facendo, anche il numero zero avrà due rappresentazioni: $+0$ e $-0$.

Questo tipo di rappresentazione, denominato **rappresentazione in modulo e segno**, ha, quindi, lo svantaggio di fornire due differenti rappresentazioni per il valore zero e inoltre non rende vera l'uguaglianza $X + (- X) = 0$. Per questo motivo, per rappresentare i numeri negativi si ricorre al criterio del **complemento a 2** e quindi i numeri negativi rappresentabili in due byte vanno da $-1$ a $-2^{15}$.

In conclusione, se N è il numero di bit a disposizione per la rappresentazione di un tipo intero, utilizzando la rappresentazione in modulo e segno per i numeri positivi e quella del complemento a 2 per i numeri negativi è possibile rappresentare il seguente insieme di valori:

$$[- 2^{(N - 1)} \dots 2^{(N - 1)} - 1]$$

Esaminiamo ora gli **operatori aritmetici associati al tipo intero**, ossia gli operatori che agiscono su operandi interi e forniscono risultati interi:

| Operatore | Esempi | |
| --- | --- | --- |
| + per l'addizione | $30 + 14 = 44$ | $- 5 + 2 = - 3$ |
| − per la sottrazione | $28 - 18 = 10$ | $- 4 - 30 = - 34$ |
| * per la moltiplicazione | $2 * 8 = 16$ | $- 6 * 3 = - 18$ |
| **DIV** per la divisione intera. Se viene applicato a numeri interi dello stesso segno fornisce un risultato positivo, altrimenti negativo. Se il secondo operando è 0 viene segnalato un errore. | $(- 20) \textbf{ DIV } (- 3) = - 6$<br>$4 \textbf{ DIV } (- 3) = - 1$<br>$5 \textbf{ DIV } 0 = \text{ERRORE}$ | $(- 5) \textbf{ DIV } 2 = - 1$<br>$8 \textbf{ DIV } 5 = 1$ |
| **MOD** per il modulo (resto della divisione tra gli operandi indicati). Si applica solo con il secondo operando positivo e fornisce sempre risultati positivi, altrimenti segnala un errore. | $24 \textbf{ MOD } 4 = 0$<br>$20 \textbf{ MOD } - 2 = \text{ERRORE}$ | $15 \textbf{ MOD } 6 = 3$<br>$- 15 \textbf{ MOD } 2 = 1$ |

Su tutti gli operandi numerici è possibile applicare anche gli **operatori relazionali** (come $<$, $>$, $\leq$, $\geq$, $\neq$). Se si lavora con espressioni aritmetiche, queste devono essere composte esclusivamente da operandi e operatori interi. I risultati devono sempre appartenere allo stesso insieme. Durante il calcolo il computer seguirà le regole dell'algebra, rispettando priorità e precedenze di operazioni e operandi. È molto importante definire le **espressioni intere**, in quanto talvolta può accadere che alcuni risultati parziali non risultino compresi nell'intervallo stabilito. In questi casi il computer può interrompere l'esecuzione, oppure assegnare a questo risultato parziale un valore non controllabile, falsando così il risultato finale.

**Apparato didattico B** Le basi della programmazione

Se il computer deve eseguire $32767 + 3$, può anche non interrompere l'esecuzione (segnalando un messaggio di errore), ma eseguire l'addizione fornendo come risultato $-32766$. Com'è possibile? Per comprendere questo metodo, immaginiamo un orologio i cui numeri fanno parte di un insieme numerico finito.
Analizziamo l'**aritmetica dell'orologio**:

$2 + 5 = 7$
$8 + 4 = 12 = 0$
$10 + 5 = 15$ che sull'orologio ha valore 3
$8 + 9 = 17$ che sull'orologio ha valore 5

Risultati di questo tipo sono possibili solo in insiemi finiti e l'aritmetica di questo tipo è detta **aritmetica modulare**: pertanto l'aritmetica dell'orologio è modulo 12. Analogo ragionamento vale per il nostro tipo intero: l'aritmetica dell'insieme intero è modulo 65536 (65536 è il numero massimo rappresentabile in 16 bit, cioè la somma di $32768 + 32768$) e presenta una struttura ciclica identica a quella dell'orologio, solo un po' più estesa.
L'errore dovuto al superamento degli estremi dell'intervallo prende il nome di:

- **errore di overflow** (quando il risultato è troppo grande, ossia quando si supera l'estremo superiore);
- **errore di underflow** (quando il risultato è troppo piccolo, ossia si va oltre l'estremo inferiore).

Tali errori si verificano per un superamento della capacità della memoria nel momento in cui viene ricevuto un valore che oltrepassa i limiti previsti. Gli **errori di overflow** e di **underflow**, insieme a quelli di **divisione per 0** e **modulo negativo**, sono segnalati in fase di esecuzione del programma, provocandone l'arresto; per questo motivo vengono detti errori a **run-time** (o errori a **tempo di esecuzione**).

## Il tipo reale

È un tipo base che potremmo intuitivamente associare ai numeri reali. Sappiamo però, da quanto già visto per il tipo intero, che il calcolatore non può rappresentare un insieme infinito di numeri, e quindi ciò vale anche per i numeri reali. Inoltre, in questo caso c'è un'ulteriore limitazione in quanto il numero reale della matematica richiede in taluni casi un numero infinito di cifre per la sua rappresentazione, quindi anche nella rappresentazione del singolo numero reale abbiamo una restrizione, che si traduce in un'approssimazione del numero reale. I valori di tipo reale sono anche detti numeri in virgola mobile o con rappresentazione a mantissa e esponente. Ciò corrisponde al fatto che il calcolatore, per ogni numero reale, rappresenta esattamente una coppia di numeri (m, e) dove il primo è la mantissa e il secondo l'esponente.
Il dominio del tipo reale è pertanto un sottoinsieme finito dell'insieme R dei numeri reali. I suoi elementi sono quei numeri decimali relativi compresi tra:

$$\pm \, \text{MinimoReale} \times 10^{-\,\text{EsponenteNegativo}} \, ... \, \pm \, \text{MassimoReale} \times 10^{+\,\text{EsponentePositivo}}$$

in cui sia i valori assunti dalle costanti MinimoReale, MassimoReale, EsponentePositivo ed EsponenteNegativo, sia il numero di cifre significative (generalmente compreso tra 7 e 16) dipendono dal numero di bit impiegati per la rappresentazione di mantissa ed esponente. Gli operatori aritmetici associati a questo tipo sono i seguenti:

| Operatore | Esempi |
|---|---|
| + per l'addizione | $4,3 + 3,1 = 7,4$ |
| | $8,45 + (-6,8) = 1,65$ |
| − per la sottrazione | $-18,6 - 3,4 = -22,0$ |
| | $124,72 - 0,039 = 124,681$ |
| * per la moltiplicazione | $9,6 * 4,2 = 40,32$ |
| | $5,12 * (-6,4) = -32,768$ |
| / per la divisione | $15,3 / 2,1 = 7,285714286$ |
| | $18 / 4 = 4,5$ |

**UNITÀ 2** Problemi e algoritmi  137

### Il tipo carattere e il tipo stringa

Sul computer è possibile rappresentare anche caratteri non numerici (per esempio una lettera dell'alfabeto, un segno di operazione, un segno di interpunzione e così via). Il dominio del tipo *carattere* è l'insieme di tutti i caratteri disponibili e riproducibili sul computer dove il linguaggio è implementato, e cioè:

- le 26 lettere maiuscole;
- le 26 lettere minuscole;
- le 10 cifre numeriche;
- lo spazio o *blank* (b);
- i segni d'interpunzione;
- molti altri simboli non presenti come tasti sulla tastiera del computer, ma ugualmente rappresentabili. Questi simboli possono essere ottenuti tenendo premuto il tasto Alt e digitando, sulla tastierina numerica, il numero di **codice ASCII** corrispondente. Ciò, ovviamente, è valido per i sistemi che utilizzano il codice ASCII. Tale codice contiene la codifica dei caratteri rappresentabili, ordinati in modo da consentire di effettuare dei confronti anche tra caratteri.

**INFO GENIUS**
Oggi il codice ASCII è stato sostituito dal codice UNICODE che consente di rappresentare più caratteri in quanto utilizza due byte per la codifica di un singolo carattere.

Risulta vero che il dato di tipo carattere 'A' è minore del dato di tipo carattere 'a', oppure che 'a' < 'b' in quanto il numero di codice ASCII di 'A' (65) è minore del numero di codice ASCII di 'a' (97) e, analogamente, il numero di codice ASCII di 'a' è minore di quello di 'b' (98).

| Byte | Cod | Car | Byte | Cod | Car | Byte | Cod | Car | Byte | Cod | Car | Byte | Cod | Car |
|---|---|---|---|---|---|---|---|---|---|---|---|---|---|---|
| 00000000 | 0 | NUL | 00011010 | 26 | Substitution | 00110100 | 52 | 4 | 01001110 | 78 | N | 01101000 | 104 | h |
| 00000001 | 1 | Start of heading | 00011011 | 27 | Escape | 00110101 | 53 | 5 | 01001111 | 79 | O | 01101001 | 105 | i |
| 00000010 | 2 | Start of text | 00011100 | 28 | File separator | 00110110 | 54 | 6 | 01010000 | 80 | P | 01101010 | 106 | j |
| 00000011 | 3 | End of text | 00011101 | 29 | Group separator | 00110111 | 55 | 7 | 01010001 | 81 | Q | 01101011 | 107 | k |
| 00000100 | 4 | End of transmit | 00011110 | 30 | Record separator | 00111000 | 56 | 8 | 01010010 | 82 | R | 01101100 | 108 | l |
| 00000101 | 5 | Enquiry | 00011111 | 31 | Unit separator | 00111001 | 57 | 9 | 01010011 | 83 | S | 01101101 | 109 | m |
| 00000110 | 6 | Acknowledge | 00100000 | 32 | Spc | 00111010 | 58 | : | 01010100 | 84 | T | 01101110 | 110 | n |
| 00000111 | 7 | Audible bell | 00100001 | 33 | ! | 00111011 | 59 | ; | 01010101 | 85 | U | 01101111 | 111 | o |
| 00001000 | 8 | Backspace | 00100010 | 34 | " | 00111100 | 60 | < | 01010110 | 86 | V | 01110000 | 112 | p |
| 00001001 | 9 | Horizontal tab | 00100011 | 35 | # | 00111101 | 61 | = | 01010111 | 87 | W | 01110001 | 113 | q |
| 00001010 | 10 | Line feed | 00100100 | 36 | $ | 00111110 | 62 | > | 01011000 | 88 | X | 01110010 | 114 | r |
| 00001011 | 11 | Vertical tab | 00100101 | 37 | % | 00111111 | 63 | ? | 01011001 | 89 | Y | 01110011 | 115 | s |
| 00001100 | 12 | Form feed | 00100110 | 38 | & | 01000000 | 64 | @ | 01011010 | 90 | Z | 01110100 | 116 | t |
| 00001101 | 13 | Carriage return | 00100111 | 39 | ' | 01000001 | 65 | A | 01011011 | 91 | [ | 01110101 | 117 | u |
| 00001110 | 14 | Shift out | 00101000 | 40 | ( | 01000010 | 66 | B | 01011100 | 92 | \ | 01110110 | 118 | v |
| 00001111 | 15 | Shift in | 00101001 | 41 | ) | 01000011 | 67 | C | 01011101 | 93 | ] | 01110111 | 119 | w |
| 00010000 | 16 | Data link escape | 00101010 | 42 | * | 01000100 | 68 | D | 01011110 | 94 | ^ | 01111000 | 120 | x |
| 00010001 | 17 | Device control 1 | 00101011 | 43 | + | 01000101 | 69 | E | 01011111 | 95 | _ | 01111001 | 121 | y |
| 00010010 | 18 | Device control 2 | 00101100 | 44 | , | 01000110 | 70 | F | 01100000 | 96 | ` | 01111010 | 122 | z |
| 00010011 | 19 | Device control 3 | 00101101 | 45 | - | 01000111 | 71 | G | 01100001 | 97 | a | 01111011 | 123 | { |
| 00010100 | 20 | Device control 4 | 00101110 | 46 | . | 01001000 | 72 | H | 01100010 | 98 | b | 01111100 | 124 | \| |
| 00010101 | 21 | Neg. acknowledge | 00101111 | 47 | / | 01001001 | 73 | I | 01100011 | 99 | c | 01111101 | 125 | } |
| 00010110 | 22 | Synchronous idle | 00110000 | 48 | 0 | 01001010 | 74 | J | 01100100 | 100 | d | 01111110 | 126 | ~ |
| 00010111 | 23 | End trans. block | 00110001 | 49 | 1 | 01001011 | 75 | K | 01100101 | 101 | e | 01111111 | 127 | DEL |
| 00011000 | 24 | Cancel | 00110010 | 50 | 2 | 01001100 | 76 | L | 01100110 | 102 | f | | | |
| 00011001 | 25 | End of medium | 00110011 | 51 | 3 | 01001101 | 77 | M | 01100111 | 103 | g | | | |

In generale, sul tipo carattere è imposto il seguente ordine:
a < b < c < ... < z
A < B < C < ... < Z
0 < 1 < 2 < ... < 9

Racchiuderemo i dati di tipo carattere tra apici. Questo è indispensabile per tenere distinte le cifre dal loro eventuale valore: nel tipo carattere, per esempio, le cifre da '0' a '9' non hanno alcun legame con il rispettivo valore numerico. Pertanto, 2 è diverso da '2', 9 è diverso da '9'.
Gli operatori definiti sul tipo carattere sono i classici operatori relazionali e forniscono, ovviamente, risultati di tipo booleano.
Una **sequenza di caratteri** prende il nome di **stringa** e, a differenza dei dati di tipo carattere, la racchiuderemo tra virgolette. Pertanto "Il mio nome è Piero" oppure "Come ti chiami?" o, ancora, "Ciao" sono tutti esempi di stringhe.

### Il tipo booleano

Il dato di tipo **booleano** riveste un ruolo fondamentale nelle situazioni in cui si operano delle scelte in base al verificarsi di determinate condizioni. Tale tipo di dato rappresenta il dominio composto da due soli valori o, più precisamente, da due costanti logiche (**valori di verità**) dette **Vero** e **Falso**. Questi due valori sono ordinati all'interno dell'insieme in modo che Falso < Vero. Gli operatori che possono essere applicati a questi dati sono quelli booleani:

**AND** congiunzione logica
**OR** disgiunzione logica
**NOT** negazione logica

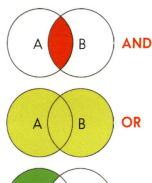

e forniscono risultati booleani. In tale contesto si adotta la classica convenzione che attribuisce all'operatore NOT la precedenza sull'operatore AND e all'operatore AND la precedenza sull'operatore OR.

## Tipi ordinati

In base a quanto è stato detto i tipi intero, reale, carattere sono tipi ordinati. Su un tipo ordinato sono definiti i seguenti operatori di relazione:

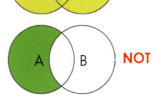

= ugual
≠ diverso
< minore
<= minore o uguale
> maggiore
>= maggiore o uguale

# 7 | La valutazione delle espressioni

Esaminiamo il passo:

*Moltiplica il valore dell'area della base (AreaBase) per il valore di Altezza
e dividi il risultato per tre*

per calcolare il volume di una piramide, e consideriamo l'equivalente espressione aritmetica:

AreaBase * Altezza / 3

In questa espressione:

- *AreaBase*, *Altezza* e 3 sono **operandi**;
- * e / sono **operatori**.

Quando un esecutore considera un'espressione che contiene più operatori, per calcolarne il valore, cioè per poter stabilire, per esempio, che l'espressione vale 10, deve stabilire l'ordine di esecuzione dei vari operatori e poi eseguire i calcoli veri e propri. Questo processo prende il nome di *processo di valutazione* e l'esecutore prende il nome di *valutatore*.

> Nel **processo di valutazione** si stabilisce dapprima l'ordine di esecuzione dei vari operatori, cioè in quale ordine gli operatori presenti devono essere applicati agli operandi dell'espressione, e poi si eseguono le operazioni.

Si parla di **precedenza degli operatori** intendendo che ogni operatore ha la sua **priorità** e, quindi, può avere o meno precedenza rispetto a un altro operatore. Per calcolare il valore della nostra espressione potremmo prima moltiplicare il valore di *AreaBase* per quello di *Altezza* (cioè associare * ad *AreaBase* e ad *Altezza*) e poi dividere il prodotto per 3. È come se utilizzassimo le parentesi tonde nel seguente modo:

(AreaBase * Altezza) / 3

In alternativa, potremmo dividere il valore di *Altezza* per 3 (cioè associare / ad *Altezza* e al 3) e poi moltiplicare il tutto per il valore di *AreaBase*. È come se utilizzassimo le parentesi tonde nel seguente modo:

AreaBase * (Altezza / 3)

Il risultato in matematica non cambierebbe, perché gli operatori **\* e / hanno la stessa priorità** e quindi è possibile associare gli operandi indifferentemente a destra o a sinistra. Questo invece non è vero in informatica, per i motivi precedentemente esposti di finitezza delle rappresentazioni. Per esempio, se *Altezza* = 1 e *AreaBase* = 6 avremo che *AreaBase* \* (*Altezza* / 3) = 6 \* 0,333 = 1,999998, mentre (*AreaBase* \* *Altezza*) / 3 = 6 / 3 = 2. Quindi:

$$(AreaBase * Altezza) / 3 \neq AreaBase * (Altezza / 3)$$

Consideriamo, ora, l'espressione:

$$Base + Altezza / 2$$

Poiché gli operatori **+ e / hanno differenti priorità** (/ ha priorità maggiore, cioè viene associato per primo), vi è differenza se associamo prima l'operatore + alla *Base* e all'*Altezza* e poi dividiamo per 2, oppure se prima associamo l'operatore / all'*Altezza* e al 2 e poi aggiungiamo la *Base*. Pertanto:

$$(Base + Altezza) / 2 \neq Base + (Altezza / 2)$$

In generale, quindi, nella valutazione di un'espressione, nota che sia la precedenza degli operatori e utilizzando la proprietà associativa, un esecutore elimina l'*ambiguità di esecuzione* e può ottenere il risultato dell'espressione.

Inserendo opportunamente le parentesi, forziamo l'esecutore a valutare l'espressione esattamente come desideriamo.

## 8 | L'ambiente di valutazione delle espressioni

Prendiamo in esame l'espressione:

$$(Base * Altezza) / 2$$

Sappiamo che l'ordine di valutazione è stabilito dalla priorità degli operatori \* e / che, in questo caso, è la stessa. Per calcolare il risultato, occorre attribuire i valori alle variabili in gioco. Supponiamo che la variabile Base abbia un valore *intero* pari a 10 e la variabile *Altezza* un valore *intero* pari a 30. Formalmente, potremmo definire un insieme così strutturato:

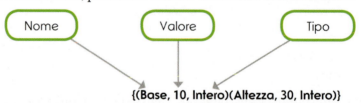

Il valore dell'espressione è, pertanto, 150 (quindi di tipo intero). Alla luce di queste considerazioni possiamo affermare che:

> **L'insieme delle terne:**
> **{(NomeVariabile1, Valore1, Tipo1), (NomeVariabile2, Valore2, Tipo2), ...,**
> **(NomeVariabileN, ValoreN, TipoN)}**
> **utilizzato per valutare un'espressione costituisce il suo ambiente di valutazione.**

Nella valutazione di una generica espressione, occorre, quindi, tenere conto del suo ambiente di valutazione.

Consideriamo l'espressione:

$$A + B * 7$$

In base all'ordine stabilito dalla priorità degli operatori viene valutata come se fosse:

$$A + (B * 7)$$

e vale:

- 31 se valutata nell'ambiente: {(A, 3, Intero), (B, 4, Intero)}

- 19 se valutata nell'ambiente: {(A, 5, Intero), (B, 2, Intero)}
- 8 se valutata nell'ambiente: {(A, 1, Intero), (B, 1, Intero)}

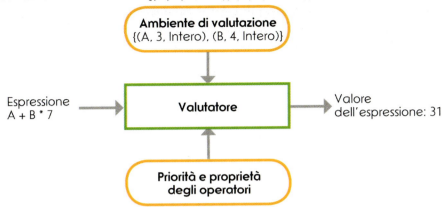

## 9 | Le istruzioni di un algoritmo

Le istruzioni presenti in un algoritmo possono essere classificate in base al loro comportamento. In generale possiamo suddividerle in *istruzioni operative* e *istruzioni di controllo*.

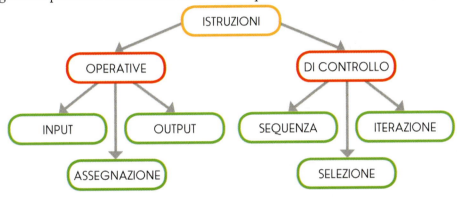

Le **istruzioni operative** sono quelle che corrispondono ad azioni direttamente eseguibili dall'esecutore e servono per acquisire i dati iniziali, effettuare le elaborazioni e comunicare i risultati finali. Si classificano in istruzioni di **assegnazione**, di **input** e di **output**.
Le **istruzioni di controllo** consentono di scegliere percorsi differenti durante l'esecuzione, in funzione del verificarsi o meno di determinate condizioni. Si suddividono in istruzioni di **sequenza**, **selezione** e **iterazione**.
Iniziamo a occuparci delle istruzioni operative; per ognuna di esse, oltre alla specifica dell'attività eseguita, riportiamo la formalizzazione secondo il simbolismo dei diagrammi a blocchi e dello pseudolinguaggio.

### Le istruzioni di inizio e fine

Abbiamo visto che un algoritmo deve prevedere un solo inizio e una sola fine per indicare, rispettivamente, quale istruzione dell'algoritmo debba essere eseguita inizialmente e quale determini la fine dell'esecuzione.

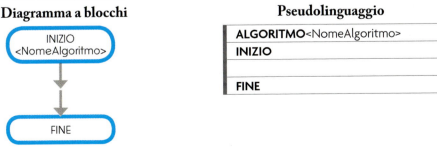

UNITÀ 2 Problemi e algoritmi  141

Per descrivere la sintassi di un linguaggio formale ci si serve generalmente di un metalinguaggio: la BNF (Backus-Naur Form o Forma Normale di Backus). Al fine di rendere lo studio semplice ed efficace, nel corso della nostra trattazione impiegheremo solo alcuni simboli propri della BNF e pochissime regole. In particolare:

- le parole chiave del linguaggio saranno scritte in grassetto;
- le parole racchiuse tra le parentesi angolari (< >) rappresentano le categorie sintattiche, ossia elementi generali del linguaggio che saranno sostituiti con opportune occorrenze. Ad esempio, se A, B e C sono tre variabili, istruzioni valide che rispettano la sintassi

  <Nome Variabile> = <Espressione>

  sono

  A = C + 2*D oppure
  C = 0 oppure
  A = C ecc.;

- i blocchi racchiusi tra parentesi quadre ([ ]) indicano l'opzionalità, ossia il fatto che tali blocchi possono anche non essere presenti;
- i blocchi racchiusi tra parentesi graffe { } indicano la possibilità di ripetizione.

## La dichiarazione degli identificatori

Tutti gli identificatori di costanti e di variabili presenti in un algoritmo devono essere dichiarati prima di essere utilizzati, specificandone il tipo. Questa istruzione crea la costante o la variabile allocando un'apposita area di memoria. L'istruzione di dichiarazione viene utilizzata solo quando ci si avvale del formalismo dello pseudolinguaggio.

Per dichiarare una costante occorre utilizzare la parola chiave **COSTANTI** seguita dal nome della costante, dal simbolo ← e dal valore da assegnare.

Per dichiarare una variabile occorre utilizzare la parola chiave **VARIABILI** seguita dall'identificatore della variabile, dal segno di due punti e dal tipo di appartenenza. In una stessa istruzione di dichiarazione è possibile dichiarare più variabili dello stesso tipo separandole con una virgola.

## L'istruzione di assegnazione

Per attribuire un valore a una variabile facciamo uso dell'**istruzione di assegnazione** (o assegnamento), caratterizzata dall'operatore binario identificato dal simbolo ←. L'istruzione di assegnazione ha due termini, uno a sinistra e uno a destra del simbolo ←. Il termine di sinistra (*LValue*) è sempre il nome di una variabile, mentre quello di destra (*RValue*) può essere una costante, una variabile o, più in generale, un'espressione.

L'assegnazione viene eseguita se il risultato della valutazione di <Espressione>, posta a destra dell'operatore ←, appartiene all'insieme di definizione della variabile <Variabile> posta a sinistra di ←.

Quando si dichiara una variabile viene riservato dello spazio in memoria per potervi memorizzare un valore (numerico, carattere, stringa e così via). Di norma questo spazio in memoria viene fornito così com'è, senza "pulizia". Quindi, se abbiamo dichiarato una variabile intera, non è detto che questa contenga per forza il valore zero, anche se può capitare. È utile, perciò, dopo aver dichiarato una variabile, assegnarle un valore iniziale; tale operazione prende il nome di **inizializzazione**. Inizializzare significa proprio "assegnare il primo valore" a una variabile non ancora usata. Dopo l'inizializzazione, in qualunque punto dell'algoritmo potremo dire con certezza quanto vale la variabile.

## L'istruzione operativa di input

L'istruzione di input è un particolare tipo di istruzione di assegnazione: consente di assegnare a una variabile un valore fornito dall'esterno, modificando, di conseguenza, l'**ambiente di valutazione** della variabile.

## L'istruzione operativa di output

L'istruzione di output consente di visualizzare il valore di una variabile, o di un'espressione, sul video o sulla stampante. È altresì utilizzata per visualizzare dei messaggi a video. L'istruzione di output non modifica in nessun modo l'ambiente di valutazione delle variabili.

**Diagramma a blocchi**    **Pseudolinguaggio**

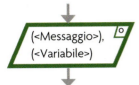
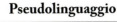

SCRIVI([<Messaggio>], [<Variabile>])

# Osserva come si fa

Riprendiamo l'analogia scatola–variabile e riportiamo alcuni esempi utili per comprendere l'istruzione di assegnazione.

<Variabile> ← <Costante>

Assegniamo alla variabile Z il valore 0, alla variabile Cognome il valore Rossi e alla variabile Lettera il valore A.

La rappresentazione dell'assegnazione secondo il formalismo del diagramma a blocchi e dello pseudolinguaggio è la seguente:

**Diagramma a blocchi**    **Pseudolinguaggio**

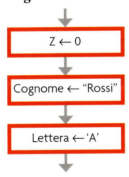

| VARIABILI |
|---|
| Z: **INTERO** |
| Cognome: **STRINGA(20)** |
| Lettera: **CARATTERE** |
| ... |
| Z ← 0 |
| Cognome ← "Rossi" |
| Lettera ← 'A' |

Da notare che il valore stringa (cioè Rossi) deve essere racchiuso tra virgolette, mentre il valore carattere (cioè A) va racchiuso tra apici singoli. Inoltre, quando si dichiara una variabile di tipo *stringa*, è necessario specificare tra parentesi quadre qual è la dimensione massima consentita (nel nostro caso 20 caratteri).

<Variabile> ← <Variabile>

Assegniamo alla variabile K il valore contenuto nella variabile A nell'ambiente {(K, 5, intero), (A, 8, intero)}.
Vediamo graficamente le condizioni delle variabili prima e dopo l'assegnazione.

**Prima**    **Dopo**

**Diagramma a blocchi**    **Pseudolinguaggio**

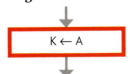

| VARIABILI |
|---|
| K, A: **INTERO** |
| ... |
| K ← A |

UNITÀ 2 Problemi e algoritmi    143

La "scrittura" di una variabile, cioè l'assegnazione di un valore alla variabile stessa, rappresenta un'operazione distruttiva: nel nostro caso, il vecchio valore della variabile K, cioè 5, viene irrimediabilmente perso e sostituito con il nuovo valore, cioè 8, ceduto dalla variabile A. La "lettura" di una variabile, cioè il processo di valutazione, non è distruttiva: la variabile, nel nostro caso A, continua a mantenere lo stesso valore, cioè 8.

<Variabile> ← <Espressione>

Assegniamo alla variabile K il risultato della somma dei valori contenuti nelle variabili P e Q nell'ambiente {(K, 0, intero), (P, 8, intero), (Q, 6, intero)}.
Il processo di assegnazione è illustrato nella seguente figura.

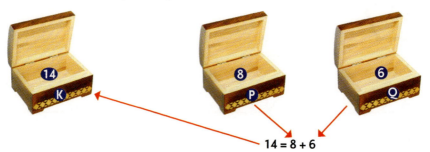

Formalizzando, abbiamo:

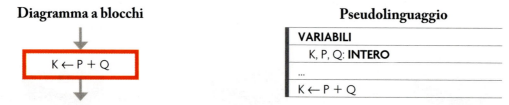

Per eseguire l'istruzione si valuta l'espressione P + Q, recuperando i valori presenti in P e Q e facendone la somma. Si pone il risultato nella variabile K dopo avere eliminato il valore precedentemente presente.
Dato che la valutazione di un'istruzione di assegnazione avviene "da destra verso sinistra", è possibile utilizzare **istruzioni che assegnano una variabile a se stessa**. Diamo uno sguardo alle seguenti rappresentazioni:

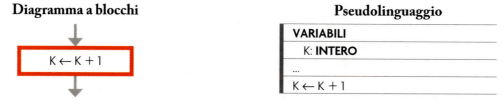

Supponiamo che il valore iniziale della variabile K sia 3. Si valuta l'espressione K + 1, recuperando il valore di K (cioè 3) e sommandogli 1. Si pone il risultato nella variabile K dopo avere eliminato il valore precedentemente presente. Pertanto, il valore finale della variabile K è 4. Vediamo un esempio più completo:

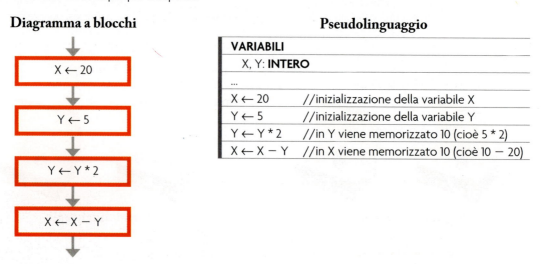

Esaminiamo alcuni esempi di istruzioni operative di input. Supponiamo di voler acquisire in input (ossia dalla tastiera) il valore della variabile Lato. L'istruzione:

| Diagramma a blocchi | Pseudolinguaggio |
|---|---|
|  | **LEGGI**(Lato) |

nell'ambiente {(Lato, ?, intero)} rappresenta l'ordine impartito all'esecutore di introdurre un valore inserito dalla tastiera all'interno della variabile *Lato*.

**LEGGI**(Lato)

Quando il computer incontra l'istruzione LEGGI attende che l'utente inserisca un dato da tastiera

A digitazione avvenuta, confermata dalla pressione del tasto Invio, il dato viene trasferito nella variabile *Lato*

A input effettuato, il nuovo ambiente di valutazione sarà {(Lato, 5, Intero)}.
Con una istruzione operativa di input è possibile acquisire il valore di più variabili. Per esempio, l'istruzione:

| Diagramma a blocchi | Pseudolinguaggio |
|---|---|
| 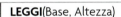 | **LEGGI**(Base, Altezza) |

nell'ambiente {(Base, ?, Intero), (Altezza, ?, Intero)} rappresenta l'ordine impartito all'esecutore di introdurre un valore inserito dalla tastiera all'interno della variabile *Base* e, dopo aver premuto il tasto Invio, di introdurre un valore nella variabile *Altezza*.

**LEGGI**(Base, Altezza)

Quando il computer incontra l'istruzione LEGGI attende che l'utente inserisca un dato da tastiera

A digitazione avvenuta, confermata dalla pressione del tasto Invio, il dato viene trasferito nella variabile *Base* e il computer si pone nuovamente in attesa per permettere all'utente di inserire il valore della variabile *Altezza*

Vediamo ora alcuni esempi di istruzioni di output. Supponiamo di voler "scrivere" un messaggio sul monitor del computer. La sola cosa che occorre ricordare è che il messaggio in questione deve essere racchiuso tra virgolette.

| Diagramma a blocchi | Pseudolinguaggio |
|---|---|
|  | **SCRIVI**("Ciao, come stai?") |

La precedente istruzione scrive sul monitor la frase *Ciao, come stai?* Vediamo come viene eseguita.

**SCRIVI**("Ciao, come stai?")

Quando il computer incontra l'istruzione SCRIVI("Ciao, come stai?") visualizza sullo schermo la dicitura racchiusa tra virgolette

UNITÀ 2 Problemi e algoritmi

Per scrivere sul monitor il contenuto di una variabile è sufficiente scrivere tra parentesi il suo nome.

La precedente istruzione scrive sul monitor il contenuto della variabile *Lato*. Vediamo come viene eseguita.

Quando il computer incontra l'istruzione SCRIVI(Lato) accede alla locazione di memoria riservata alla variabile Lato e ne visualizza il contenuto sul monitor

Supponiamo, ora, di voler scrivere sul monitor del computer un messaggio e il contenuto di una variabile. Occorre scrivere il messaggio racchiuso tra virgolette, seguito da una virgola e dal nome della variabile.

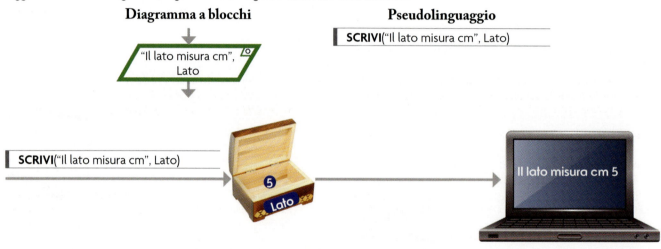

# TRAINING

Test

## CONOSCENZE

1. Che cosa si intende con il termine azione?

2. Un'azione elementare:
   - ☐ può essere scomposta in azioni basilari
   - ☐ non può essere scomposta in altre azioni più semplici
   - ☐ è anche detta istruzione
   - ☐ non è compresa in modo univoco dall'esecutore

2. Il problema: "Determinare il volume di una piramide quadrata di altezza 12,4 cm":
   - ☐ non può essere risolto, poiché non sono esplicitamente definiti i risultati richiesti
   - ☐ non può essere risolto, poiché non è scindibile in azioni elementari
   - ☐ non può essere risolto, poiché non è presente un dato significativo
   - ☐ può essere risolto in un numero finito di azioni elementari
   - ☐ nessuna delle precedenti affermazioni è corretta

4. Nel problema: "Un computer costa € 350,00; vengono pagati € 25,00 in contanti e per il saldo viene richiesto il 20%. Il resto viene rateizzato. Stabilisci l'ammontare della rata mensile, sapendo che il prestito dovrà essere rimborsato in un anno":
   - ☐ i dati sono eccessivi, pertanto il problema ammette più di una soluzione
   - ☐ i dati sono insufficienti: non viene precisato il numero di rate
   - ☐ il risultato richiesto dal problema è ambiguo: non è chiaro quando dovrà essere pagato l'interesse
   - ☐ i dati sono precisi e i risultati possono essere determinati univocamente
   - ☐ nessuna delle precedenti affermazioni è corretta

5. Quando un procedimento risolutivo può essere definito un algoritmo?

6. Quale tra le seguenti non è una caratteristica degli algoritmi?
   - ☐ finitezza
   - ☐ generalità
   - ☐ completezza
   - ☐ razionalità

7. La caratteristica della non ambiguità di un algoritmo fa riferimento al fatto che:
   - ☐ un algoritmo deve essere valido per tutti i problemi di una classe
   - ☐ ogni azione deve essere rigorosamente definita nei suoi effetti
   - ☐ a ogni unità finita di tempo l'esecutore deve scegliere e compiere una e una sola azione
   - ☐ la strategia risolutiva descritta dall'algoritmo deve essere composta da un numero finito di azioni

8. Una categoria sintattica è:
   - ☐ una parola chiave di un linguaggio
   - ☐ un elemento del linguaggio che deve essere scritto così come è riportato
   - ☐ un elemento del linguaggio che deve essere ulteriormente specificato
   - ☐ un elemento di un linguaggio che deve essere scritto totalmente in maiuscolo

9. Una variabile è caratterizzata da:
   - ☐ un nome
   - ☐ un valore
   - ☐ un indirizzo fisico di memoria
   - ☐ un tipo

10. L'operazione che definisce il tipo di dato di una variabile prende il nome di:
    - ☐ assegnazione
    - ☐ inizializzazione
    - ☐ tipizzazione
    - ☐ dichiarazione

11. I dati alfanumerici sono anche detti:
    - ☐ costanti
    - ☐ stringhe
    - ☐ booleani
    - ☐ reali

12. Che cosa si intende con "tipo di dato" e, in particolare, che cosa significa "assegnare un tipo di dato a una variabile"?

13. Completa la seguente frase:
    Un tipo di dato è caratterizzato da un insieme X di valori che rappresenta il _____ del tipo di dato, un insieme non vuoto di costanti che caratterizzano gli _____ di X e un insieme di _____ su X.

14. I tipi di dati elementari:
    - ☐ sono anche detti atomici
    - ☐ sono anche detti semplici
    - ☐ non sono costituiti da altri dati
    - ☐ sono costituiti dai soli dati interi e reali

15. I tipi di dati strutturati
    - ☐ sono anche detti primitivi
    - ☐ non sono costituiti da altri dati
    - ☐ possono essere costituiti da altri dati elementari
    - ☐ possono essere costituiti da altri dati strutturati

16. Che cosa si intende con la sigla ADT?

17. L'intervallo di definizione dei dati di tipo intero è, generalmente:
    - ☐ $-32768, +32767$
    - ☐ $-127, +127$
    - ☐ $0, 255$
    - ☐ $-65536, +65536$

UNITÀ 2 Problemi e algoritmi

# TRAINING

**18.** Stabilisci se le seguenti affermazioni sono vere o false:
- V | F | il tipo di dato viene definito esclusivamente in funzione del valore che il dato stesso può assumere
- V | F | i dati numerici sono per forza senza decimali
- V | F | il peso specifico dell'acqua è rappresentato con una variabile

**19.** Che cos'è l'ambiente di valutazione di un'espressione?

**20.** Che cos'è la precedenza di un operatore? Fai un esempio di come funziona.

**21.** Che cosa si intende per aritmetica modulare?

**22.** A che cosa serve il codice ASCII?

**23.** Una sequenza di caratteri prende il nome di:
- ☐ alfanumerica
- ☐ stringa
- ☐ variabile
- ☐ costante

**24.** Il processo di valutazione di un'espressione stabilisce:
- ☐ l'ordine di esecuzione dei vari operatori
- ☐ le variabili che devono essere considerate per il calcolo del risultato
- ☐ la differenziazione tra variabili e costanti
- ☐ il solo modo secondo cui l'espressione può essere eseguita dall'esecutore

**25.** Che cosa si intende per ambiente di valutazione di un'espressione?

**26.** Qual è la differenza tra pseudolinguaggio e pseudocodifica?

**27.** Stabilisci se le seguenti affermazioni sono vere o false:
- V | F | le istruzioni operative fanno parte delle istruzioni di controllo
- V | F | il simbolo = rappresenta l'operatore di assegnazione
- V | F | l'assegnazione modifica l'ambiente di valutazione

**28.** Le istruzioni operative sono quelle che:
- ☐ corrispondono ad azioni direttamente eseguibili dall'esecutore
- ☐ servono per acquisire i dati iniziali
- ☐ non sono utilizzate per effettuare le elaborazioni
- ☐ comunicano i risultati finali

**29.** Le istruzioni di controllo:
- ☐ si suddividono in istruzioni di input e di output
- ☐ si classificano in istruzioni operative e dichiarative
- ☐ consentono di instradare percorsi differenti durante l'esecuzione
- ☐ consentono di instradare il percorso definito dal programmatore

**30.** L'istruzione di assegnazione:
- ☐ attribuisce un valore a un'espressione
- ☐ attribuisce un valore a una variabile

- ☐ è caratterizzata dall'operatore binario ←
- ☐ è caratterizzata dall'operatore binario →

**31.** Completa la seguente frase:
La "scrittura" di una variabile, cioè _____ di un valore alla variabile rappresenta un'operazione _____
_____

**32.** Completa la seguente frase:
Secondo le regole dello pseudolinguaggio i blocchi racchiusi tra parentesi quadre ([ ]) indicano _____
_____

**33.** Stabilisci se le seguenti affermazioni sono vere o false:
- V | F | il linguaggio dei diagrammi a blocchi viene utilizzato per descrivere un algoritmo
- V | F | linguaggio di progetto e pseudolinguaggio sono sinonimi
- V | F | linguaggio di progetto e pseudocodifica sono sinonimi
- V | F | una categoria sintattica è un elemento generale del linguaggio che deve essere sostituita con un'opportuna occorrenza

**34.** Stabilisci se le seguenti affermazioni sono vere o false:
- V | F | il risultato di una divisione è un dato di tipo intero
- V | F | il numero civico di un'abitazione è di tipo reale
- V | F | il numero dei mesi dell'anno può essere memorizzato all'interno di una costante
- V | F | l'indirizzo di un'abitazione è di tipo stringa
- V | F | il numero di telefono di un amico è di tipo stringa

**35.** Al termine dell'esecuzione della pseudoistruzione:
$A \leftarrow 5 * 8$
la variabile A contiene il valore:
- ☐ 0
- ☐ 40
- ☐ 15
- ☐ non si sa, poiché non è noto il valore che aveva la variabile A prima dell'esecuzione dell'istruzione

**36.** Al termine dell'esecuzione della seguente istruzione:
$A \leftarrow A * 8$
la variabile A contiene il valore:
- ☐ 0
- ☐ 40
- ☐ 15
- ☐ non si sa, poiché non è noto il valore che aveva la variabile A prima dell'esecuzione dell'istruzione

**37.** Al termine dell'esecuzione del seguente blocco
$A \leftarrow 0$
$A \leftarrow A * 8$
la variabile A contiene il valore:
- ☐ 0
- ☐ 40
- ☐ 15
- ☐ non si sa, poiché non è noto il valore che aveva la variabile A prima dell'esecuzione dell'istruzione

**38.** La variabile A vale 3 e la variabile B vale 2. Stabilisci quale valore assume la variabile C dopo l'esecuzione dell'istruzione:

C ← A + B − 3

☐ −2
☐ 0
☐ 1
☐ 2

**39.** La variabile A vale 3 e la variabile B vale 2. Stabilisci quale valore assume la variabile C dopo l'esecuzione del seguente blocco:

C ← 2
C ← A + B − 3

☐ −2
☐ 0
☐ 1
☐ 2

**40.** L'istruzione A ← B + 1:

☐ assegna alla variabile A il valore della variabile B e, successivamente, aggiunge 1
☐ somma 1 al contenuto della variabile B, quindi assegna alla variabile A il risultato dell'operazione
☐ è errata in quanto l'operatore di assegnazione è =
☐ nessuna delle precedenti affermazioni è corretta

# ABILITÀ

**1.** Di seguito è riportata la ricetta per realizzare una parmigiana di melanzane. Dettaglia il procedimento in modo rigoroso evidenziando le azioni elementari.

**2.** Dato il seguente ambiente di valutazione:
(a,10), (b, 20), (c, 15)
qual è il nuovo ambiente di valutazione nei seguenti casi?

a) ← 10 * b
b) ← a * b
c) c ← a + 10 * b
d) a ← a + 10 * b
e) b ← a
f) a ← a

**3.** Scrivi accanto a ogni identificatore se può essere dichiarato come costante o variabile:

Pigreco _____
AltezzaTriangolo _____
PesoPersona _____
PesoSpecificoAcqua _____
Età _____
EtàMaggiorenne _____

**4.** Per i seguenti esercizi:

- individua le costanti e le variabili
- individua i dati in input e in output
- descrivi l'evoluzione dell'ambiente di valutazione
- riporta la strategia risolutiva

a) Calcola il doppio di un numero fornito in input
b) Scambia il contenuto di due variabili
c) Calcola la misura dell'ipotenusa di un triangolo rettangolo noti i cateti
d) Ottieni una bibita da un distributore automatico
e) Prepara un piatto di spaghetti al sugo
f) Scatta una fotografia
g) Travasa un contenitore d'acqua in 30 bottiglie da un litro
h) Aggiorna l'orario di un orologio digitale
i) Aggiorna la data di un orologio digitale
j) Cambia un pneumatico (forato) di un'auto
k) Sintonizzati sul programma televisivo di tuo interesse
l) Registra dalla radio una canzone con il registratore

**5.** Disegna il simbolo che indica l'inizio di un diagramma a blocchi.

**6.** Disegna il simbolo che indica la fine di un diagramma a blocchi.

**7.** Disegna il simbolo per effettuare un calcolo.

**8.** Disegna il simbolo per assegnare alla variabile x il valore 25.

**9.** Disegna il simbolo per scrivere sullo schermo la scritta "Ok funziona!".

**10.** Disegna il simbolo per scrivere sullo schermo il risultato del calcolo (5 − 3) * (5 + 3).

**11.** Disegna il simbolo per assegnare alla variabile N il risultato del calcolo (12 − 8) * (1 + 2).

**12.** Disegna il simbolo per leggere dalla tastiera un valore da memorizzare nella variabile Ipotenusa.

**13.** Disegna il simbolo corretto intorno alla seguente istruzione: *Guadagno = Ricavo − Costo*
e, di seguito, correggi l'errore presente:

_____

**14.** Date le variabili A = 5, B = 10, C = 12 qual è il risultato delle seguenti assegnazioni?

C ← A _____
A ← B _____
B ← C _____

**15.** Associa alle tre pseudoistruzioni i corrispondenti simboli della diagrammazione a blocchi:

| | |
|---|---|
| **LEGGI**(Ricavo) | _____ |
| A ← 5 | _____ |
| **SCRIVI**(A) | _____ |

UNITÀ 2 Problemi e algoritmi

# TRAINING

**16.** Associa alle tre pseudoistruzioni i corrispondenti simboli della diagrammazione a blocchi scrivendoli uno di seguito all'altro come a formare un algoritmo.

| LEGGI(Base) |
| LEGGI(Altezza) |
| Area ← (Base * Altezza)/2 |
| SCRIVI("L'area è ") |
| SCRIVI(Area) |

**17.** Modifica l'esercizio 16 introducendo nel diagramma i blocchi che determinano l'inizio e la fine del procedimento. Poi, accorpa le due ultime pseudoistruzioni in modo da ottenere una sola istruzione di output.

**18.** Traduci il seguente blocco in pseudoistruzioni:

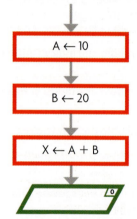

Qual è il valore della variabile X visualizzato?

**19.** Il seguente blocco di istruzioni deve richiedere da tastiera il valore della variabile K, moltiplicarla per due e dopo il calcolo visualizzare sul video il valore ottenuto. Sono presenti, però, tre errori. Sapresti correggerli?

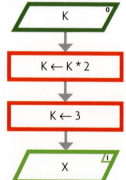

**20.** Le seguenti pseudoistruzioni presentano degli errori. Riscrivile correttamente.

| SCRIVI('Area =') |
| LEGGI("Lato") |
| A = 2 |
| X: = INTERO |
| Nome: = STRINGA(25) |

**21.** Dopo aver trovato gli errori presenti nel seguente blocco di pseudoistruzioni, traducilo secondo il formalismo dei diagrammi a blocchi.

| VARIABILI |
| X, Y: INTERO |
| ..... |
| X = 120 |
| Y ← '5' |
| K ← X * Y |
| X ← X − Y |
| SCRIVI('Il risultato è' K) |

**22.** Commenta il seguente algoritmo:

**23.** Scrivi gli algoritmi risolutivi dei seguenti problemi:
- calcola il doppio di un numero fornito in input
- scambia il contenuto di due variabili
- calcola la misura dell'ipotenusa di un triangolo rettangolo noti i cateti
- calcola l'area di un rettangolo note le misure della base e dell'altezza

**24.** Scrivi gli algoritmi risolutivi dei seguenti problemi:
- risolvi l'equazione di primo grado $ax = b$
- calcola l'area e la misura di una circonferenza noto il raggio

**25.** Dopo aver trovato gli errori presenti nel seguente blocco di pseudoistruzioni, traducilo secondo il formalismo dei diagrammi a blocchi

| VARIABILE |
|---|
| A, B : **CARATTERI** |
| C, D: **INTERI** |
| **INIZIO** |
| A ← C + D |
| A ← A ∧ 2 |
| Nuovo ← C + D |
| C ← C + 2 |
| **LEGGI**(Variab) |
| C ← C + Variab |
| **SCRIVI**('Il risultato è', Variab) |
| **FINE** |

**26.** Trasforma le seguenti descrizioni rigorose in pseudocodice e in diagramma a blocchi.
- Acquisisci in input (leggi) il valore del lato ponendolo in L
- Esegui l'operazione L * 4
- Poni il risultato nella variabile P
- Stampa il valore di P

**27.** Trasforma le seguenti descrizioni rigorose in pseudocodice e in diagrammi a blocchi.
- Leggi il numero dei lati e la misura del lato ponendoli in N e L
- Esegui l'operazione L * N
- Poni il risultato nella variabile P
- Stampa il valore di P

**28.** Trasforma il seguente codice in diagramma a blocchi.

| **VARIABILI** L, N, P: **INTERO** |
|---|
| **LEGGI** (N, L) |
| P ← N * L |
| **SCRIVI**(P) |

**29.** Trasforma il seguente codice in diagramma a blocchi.

| **VARIABILI** A, B, C: **INTERO** |
|---|
| **LEGGI** (A, B) |
| C ← A |
| A ← B |
| B ← C |
| **SCRIVI**(A, B) |

**30.** Il seguente diagramma a blocchi presenta simboli non chiari e al loro interno sono presenti istruzioni non scritte correttamente. Correggilo e riporta anche lo pseudocodice.

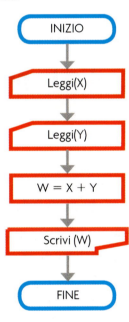

UNITÀ 2 Problemi e algoritmi  151

# UNITÀ DI APPRENDIMENTO 3
# LE STRUTTURE DI CONTROLLO

## IN QUESTA UNITÀ IMPARERAI...

- Che cosa è la programmazione strutturata
- Cosa sono e a cosa servono le strutture di controllo
- Come realizzare algoritmi
- Le differenze tra vari tipi di costrutti iterativi
- I fondamenti della logica booleana

Glossario CLIL

Approfondimento

## 1 | La programmazione

Per risolvere un problema abbiamo imparato a individuare la strategia risolutiva e a descriverla in una sequenza di passi elementari, costruendo un algoritmo. L'algoritmo, però, non è direttamente eseguibile dall'esecutore. Per renderlo eseguibile, è necessario rappresentarlo in un sistema formale che consenta di comunicarlo al computer. Questo significa trasformare l'algoritmo concettuale in un insieme di istruzioni ben definite, che vanno scritte in modo chiaro e non ambiguo. Nel caso dei computer, il sistema formale che consente di **codificare**, cioè di tradurre nel linguaggio adottato l'algoritmo risolutivo. L'attività di codifica viene anche indicata con il termine **implementazione**, molto usato in informatica con il preciso significato di concretizzazione di un'astrazione.

> L'algoritmo così tradotto prende il nome di **programma**. La disciplina che si occupa dell'automatizzazione dei processi risolutivi dei problemi prende il nome di **programmazione**.

Il paradigma di programmazione è strettamente legato al linguaggio: non si fa programmazione logica in C o in Java, non si programma a oggetti in Prolog. L'algoritmo risolutivo viene scelto in base al paradigma e al linguaggio adottato.

### La documentazione del lavoro

Per uno studio corretto della programmazione è importantissimo abituarsi a documentare ogni fase del lavoro con grafici, tabelle e commenti. Mentre si programma, si ha spesso la necessità di tornare indietro per rivedere alcuni punti, per correggere errori o per sviluppare meglio un problema già risolto. Anche a distanza di tempo, un lavoro ben documentato sarà sicuramente più semplice da rileggere e da correggere. Realizzare una **buona documentazione**, quindi, è una regola fondamentale per uno sviluppo completo ed esauriente della soluzione di un problema. Per questo motivo suggeriamo alcuni accorgimenti.

- Realizzare la documentazione contemporaneamente alla progettazione e mai successivamente.
- Riferire tutti i chiarimenti indicati nella documentazione ai **punti fondamentali del problema**, indicando dettagliatamente che cosa fare e, subordinatamente, come farlo.
- Attribuire alle variabili nomi significativi, che favoriscano la comprensione dello scopo per cui le variabili vengono utilizzate.
- Commentare in modo semplice le istruzioni, evitando annotazioni superflue. Durante la lettura di un algoritmo, i **commenti** alle istruzioni rappresentano la prima e più immediata documentazione disponibile. Essi aiutano a comprendere e a giustificare la presenza di alcune istruzioni e a favorire la verifica della correttezza formale dell'algoritmo. Non tutte le istruzioni hanno bisogno di essere commentate: in generale saranno trascurate tutte le istruzioni il cui contenuto è facilmente deducibile dal contesto.
- Aggiornare la documentazione immediatamente appena dovessero essere necessarie modifiche all'algoritmo o al programma.

| L'identificatore | Esempio |
|---|---|
| deve suggerire il contenuto | Massimo, Minimo, Media |
| può essere composto da più parole | Valoremassimo, Mediageometrica |
| può essere composto da un solo carattere | X, Y, Z |
| non dovrebbe avere un nome scelto a caso | Abc, Xk, Aa |
| **non deve contenere spazi** | |
| **non deve contenere simboli speciali** | |
| **non dovrebbe contenere caratteri accentati** | |

Per ottenere un lavoro ben documentato, quindi, è consigliabile procedere affrontando i seguenti passaggi.

- **Lettura del testo del problema**. È indispensabile leggere attentamente e interpretare correttamente la traccia del problema per poter passare alle fasi successive.
- **Analisi del problema**. È una delle fasi più delicate. Consiste nell'esporre l'interpretazione che segue la lettura del testo del problema e nel mettere in evidenza tutti gli aspetti fondamentali. Durante questa fase occorre individuare con grande attenzione di quali dati di **input** è necessario servirsi e quali dati di **output** occorre produrre.

| Nome | Funzione | Tipo | Descrizione |
|---|---|---|---|
| | | | |
| | | | |

- **Analisi dei dati**. Consiste nell'analizzare i dati individuati durante l'analisi del problema e nel descriverli dettagliatamente. Utilizzeremo la **tabella delle variabili** con il nome, la funzione (I = input, O = output, L = lavoro), il tipo e la descrizione (il significato e l'utilizzo) di ogni variabile coinvolta nell'elaborazione. Le variabili che hanno funzione di input e di output costituiranno l'area di interesse del problema, ossia le **specifiche funzionali**. È buona norma compilare la tabella indicando dapprima le variabili che descrivono le specifiche funzionali e, di seguito, le altre. Quando i dati di output sono rappresentati da messaggi e non da valori di variabili, si può scrivere "Messaggio" all'interno della colonna del nome e completare solo la colonna *Funzione* (scrivendo al suo interno la lettera O) e la colonna *Descrizione* (riportando il contenuto del messaggio).

**UNITÀ 3** Le strutture di controllo **153**

- **Formalizzazione dell'algoritmo**. È la fase di dettaglio. Consiste nello sviluppo dell'algoritmo usando lo pseudolinguaggio, i DaB o qualsiasi altro metodo di descrizione formale conosciuto.
- **Test** (o **trace**). Consiste nella rappresentazione dell'esecuzione dell'algoritmo, ossia nel compimento del test per verificare se i passi dettagliati risolvono il problema dato. Per far ciò ci serviremo di un'altra tabella, la **tavola di traccia**. Inserendo dati opportunamente scelti, seguiremo, passo dopo passo, i valori assunti dalle variabili, così controlleremo l'esattezza delle istruzioni e il raggiungimento dell'obiettivo.

| Nome | Funzione | Tipo | Descrizione |
|---|---|---|---|
| Istruzione 1 | | | |
| Istruzione 2 | | | |
| ... | | | |
| Istruzione N | | | |

- **Codifica.** L'algoritmo così testato potrà, a questo punto, essere codificato nel linguaggio di programmazione scelto. Tuttavia, se durante questa fase dovessero risultare necessarie delle modifiche, queste andranno riportate prima nelle altre fasi precedentemente descritte e poi nel programma.

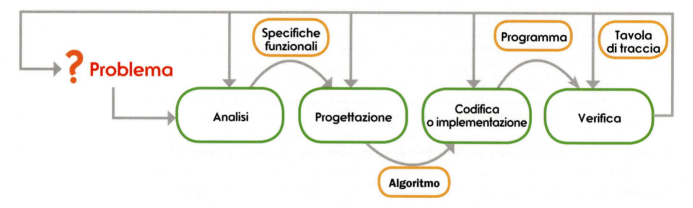

## 2 | La programmazione strutturata

Analizziamo un metodo di strutturazione degli algoritmi che ha l'obiettivo di rendere più facile la loro costruzione, la loro lettura e la loro eventuale modifica.
Tale metodo di programmazione si basa sull'utilizzo di tre costrutti sintattici fondamentali, noti come **strutture di controllo**:

- sequenza;
- selezione;
- iterazione.

La metodologia di programmazione che considera un algoritmo come un insieme di blocchi di istruzioni, ognuno fornito di un solo ingresso e una sola uscita e organizzati tra di loro secondo le strutture di controllo di sequenza, selezione e iterazione, prende il nome di **programmazione strutturata**.
Ciascun blocco è isolato dagli altri, nel senso che non è possibile, per esempio, saltare dall'interno di uno all'interno di un altro (cioè non è prevista un'istruzione del tipo **VAI A...**). A tale proposito, due matematici italiani, Corrado Bohm e Giuseppe Jacopini, nel 1966 enunciarono il seguente teorema:

un algoritmo scritto secondo le regole della programmazione a salti, per quanto complesso, può essere sempre trasformato in un algoritmo a esso equivalente che utilizzi esclusivamente tre costrutti sintattici fondamentali: **sequenza**, **selezione** e **iterazione**.

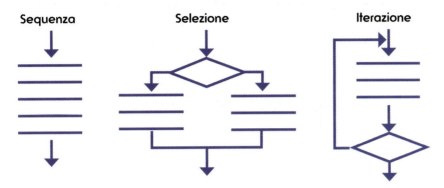

Dal teorema seguono due considerazioni:

- gli algoritmi che analizzeremo non conterranno al loro interno la famigerata istruzione di salto (VAI A...);
- utilizzando opportunamente i tre costrutti sintattici fondamentali possiamo scrivere qualsiasi algoritmo.

### Perché nasce la programmazione strutturata?

Quando l'arte della programmazione muoveva i primi passi, i programmatori consideravano dimostrazione di bravura il programmare utilizzando il minor numero di istruzioni possibile, questo faceva sì che si tendesse a riutilizzare pezzi di codice semplicemente saltando al loro inizio. Ne risultavano complicati collegamenti tra le varie parti del programma, non facilmente comprensibili a chi non lo aveva scritto. L'aspetto grafico dell'algoritmo era il cosiddetto "piatto di spaghetti", con un groviglio di linee tra un punto e l'altro. Il problema è che in questo modo l'algoritmo risulta difficilmente comprensibile anche allo stesso programmatore, specie quando è grande o quando questi lo riprende in esame dopo una lunga pausa. Inoltre, questo modo di lavorare può essere ancora praticabile da un singolo programmatore, ma diventa del tutto inconcepibile per un lavoro di gruppo, quando è necessario che il codice sia facilmente capito anche da persone che non lo hanno scritto.

Si è dunque arrivati, verso la fine degli anni Sessanta, a cambiare completamente la visione di che cosa fosse un programma ben scritto, e a non considerare più la capacità di districarsi in mezzo ad aggrovigliate matasse di VAI A come principale caratteristica del buon programmatore.

Alla fine è emerso proprio lo schema della programmazione strutturata che, come abbiamo visto, si proponeva di ottenere l'aspetto di un flusso ordinato tra un inizio e una fine, per programmi che di per sé sarebbero intricati. Il modello è quello di una struttura sequenziale, nella quale si applicano le varie operazioni una di seguito all'altra, in modo ordinato, senza alternative possibili. La semplice sequenza non può esprimere tutta la potenza degli algoritmi, poiché questa è essenzialmente contenuta nella capacità di scegliere tra due alternative. Come si possono dunque conciliare queste due esigenze?

L'idea è semplicissima: basta imitare il linguaggio naturale. Il VAI A è concepibile solo per una macchina i cui "pensieri" hanno dei ben determinati indirizzi, mentre in un linguaggio naturale un algoritmo è già espresso in una forma strutturata che corrisponde allo "svolgimento temporale" di una particolare computazione, il cosiddetto **processo**. In un linguaggio naturale i costrutti utilizzati sono "fai questo ..., poi fai quello ...", "se ... fai questo ... altrimenti fai quello ...", "finché ... fai così ..." oppure "ripeti 5 volte questo ...", che sono proprio i costrutti di **controllo del flusso**, **sequenza**, **alternativa** e **ciclo**, al centro di questa unità formativa.

| Forma non strutturata | Forma strutturata |
|---|---|
| 1) inizio | inizio |
| 2) leggi x, y | leggi x, y |
| 3) se x < y scambiali | se x < y scambiali |
| 4) dividi x per y, chiama r il resto | **ripeti** |
| 5) poni x = y | dividi x per y, chiama r il resto |
| 6) poni y = r | poni x = y |
| 7) **se y ≠ vai a 4)** | poni y = r |
|  | **fino a che y = 0** |
| 8) scrivi x | scrivi x |
| 9) fine | fine |

## 3 | Il costrutto sequenza

La sequenza è il più semplice fra i tre costrutti fondamentali. Si utilizza quando le azioni devono essere eseguite ordinatamente una dopo l'altra senza alcuna possibilità di scelta. Le istruzioni vengono scritte una dopo l'altra separandole in modo opportuno (per esempio con un punto e virgola ";", o semplicemente scrivendo un'istruzione per riga); esse verranno poi eseguite una dopo l'altra nell'ordine con cui sono scritte. In generale tale struttura si rappresenta nel seguente modo:

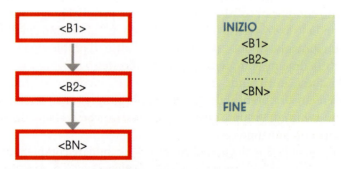

dove B1, B2 e BN possono essere **blocchi semplici** o **blocchi composti**. Un blocco semplice è, per esempio, un'istruzione di assegnazione, un'istruzione di I/O o uno degli altri costrutti fondamentali. Il blocco composto, invece, è un insieme di più blocchi semplici. In base a quest'ultimo concetto, anche un intero algoritmo strutturato è una struttura sequenziale.

# Osserva come si fa

**1.** Scambiare il contenuto di due variabili A e B

A prima vista la soluzione immediata sembrerebbe:
- prendi il contenuto di *B* e mettilo in *A*;
- prendi il contenuto di *A* e mettilo in *B*.

Naturalmente questa soluzione è errata, in quanto l'esecuzione della prima azione comporta la perdita immediata del contenuto della variabile *A*. Per risolvere questo problema dobbiamo servirci di una terza variabile *C* in cui "salvare temporaneamente" il contenuto di A. È un po' come se volessimo scambiare il contenuto di due bottiglie contenenti una del vino e l'altra del latte: non possiamo versare il vino contenuto nella bottiglia all'interno dell'altra! Così facendo, otterremo soltanto un "cocktail poco gradevole", ma non risolveremo il problema: per farlo, è necessario utilizzare una terza bottiglia. In dettaglio, quindi, le azioni da compiere sono le seguenti:

- prendi il contenuto di A e mettilo in C;
- prendi il contenuto di B e mettilo in A;
- prendi il contenuto di C e mettilo in B.

Vediamole graficamente ricorrendo all'analogia con le scatole. Supponendo che l'ambiente di valutazione sia il seguente:

{(A, 2, Intero), (B, 6, Intero), (C, 0, Intero)}

inizialmente avremo:

Prendi il contenuto di A e mettilo in C.

Nuovo ambiente di valutazione:

{(A, 2, Intero), (B, 6, Intero), (C, 2, Intero)}

Prendi il contenuto di B e mettilo in A.

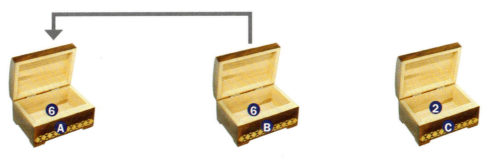

Nuovo ambiente di valutazione:

{(A, 6, Intero), (B, 6, Intero), (C, 2, Intero)}

Prendi il contenuto di C e mettilo in B.

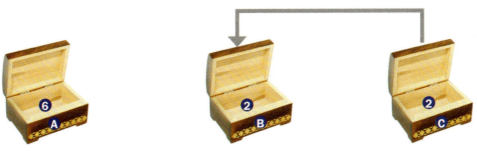

Ambiente di valutazione terminale:

{(A, 6, Intero), (B, 2, Intero), (C, 2, Intero)}

UNITÀ 3 Le strutture di controllo

**Analisi dei dati**

| NOME | FUNZIONE | TIPO | DESCRIZIONE |
|---|---|---|---|
| A | I/O | Intero | Primo valore da scambiare. Dopo lo scambio diviene variabile di output. |
| B | I/O | Intero | Secondo valore da scambiare. Dopo lo scambio diviene variabile di output. |
| C | L | Intero | Variabile che consentirà di effettuare lo scambio. |

Con un diagramma a blocchi si vogliono cogliere gli aspetti **essenziali** di un algoritmo; questo significa, per esempio, "trascurare" alcuni messaggi ovvi che nel programma scritto in linguaggio di programmazione saranno invece indicati. È questo il caso dei messaggi "Inserisci il primo numero" e "Inserisci il secondo numero" che precedono la lettura dei dati. Per questo motivo, in tutti gli algoritmi presenti in questo libro, i messaggi "ovvi" potranno anche non essere presenti.

**Formalizzazione dell'algoritmo**

```
ALGORITMO Scambia
VARIABILI
    A, B, C: INTERO
INIZIO
SCRIVI("inserisci il primo numero")
LEGGI(A)
SCRIVI("inserisci il secondo numero")
LEGGI(B)
C ← A
A ← B
B ← C
SCRIVI(A)
SCRIVI(B)
FINE
```

**Test**

| Istruzione | A | B | C | Output |
|---|---|---|---|---|
| LEGGI(A) | 2 | | | |
| LEGGI(B) | | 6 | | |
| C ← A | | | 2 | |
| A ← B | 6 | | | |
| B ← C | | 2 | | |
| SCRIVI(A) | | | | 6 |
| SCRIVI(B) | | | | 2 |

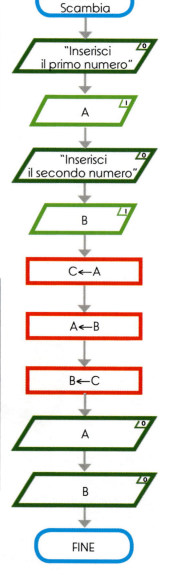

# ORA TOCCA A TE!

**1** Qual è il risultato prodotto dal seguente algoritmo? Enuncia il problema risolto.

```
ALGORITMO Uno
VARIABILI
    X, Y, Z: INTERO
INIZIO
    SCRIVI("Inserisci due numeri")
    LEGGI(X, Y)
    Z ← X + Y
    SCRIVI(Z)
FINE
```

**2** Qual è il risultato prodotto dal seguente algoritmo? Enuncia il problema risolto.

| |
|---|
| **ALGORITMO** Due |
| **VARIABILI** |
|   A, B, P1, P2, Somma: **INTERO** |
| **INIZIO** |
|   **SCRIVI**("Inserisci due numeri") |
|   **LEGGI**(A, B) |
|   P1 ← 3 * A |
|   P2 ← 2 * B |
|   Somma ← P1 + P2 |
|   **SCRIVI**(Somma) |
| **FINE** |

**3** Qual è il risultato prodotto dal seguente algoritmo? Enuncia il problema risolto.

| |
|---|
| **ALGORITMO** Tre |
| **VARIABILI** |
|   A, B, Sorpresa: **INTERO** |
| **INIZIO** |
|   **SCRIVI**("Inserisci due numeri") |
|   **LEGGI**(A, B) |
|   Sorpresa ← (A + B) / 2 |
|   **SCRIVI**(Sorpresa) |
| **FINE** |

**4** Qual è il risultato prodotto dal seguente algoritmo? Enuncia il problema risolto.

| |
|---|
| **ALGORITMO** Quattro |
| **COSTANTI** |
|   PIGRECO ← 3.14 |
| **VARIABILI** |
|   R, Circ, Area: **INTERO** |
| **INIZIO** |
|   **SCRIVI**("Inserisci la misura del raggio") |
|   **LEGGI**(R) |
|   Circ ← 2 * R * PIGRECO |
|   Area ← R * R * PIGRECO |
|   **SCRIVI**(Circ, Area) |
| **FINE** |

**5** Qual è il risultato prodotto dal seguente algoritmo? Realizza il diagramma a blocchi e compila la tabella delle variabili.

| |
|---|
| **ALGORITMO** Cinque |
| **VARIABILI** |
|   Somma, Interesse: **REALE** |
| **INIZIO** |
|   **SCRIVI**("Inserisci la somma di denaro") |
|   **LEGGI**(Somma) |
|   Interesse ← Somma * 0.30 |
|   **SCRIVI**("Interesse calcolato = ", Interesse) |
| **FINE** |

All'interno dell'algoritmo esiste un valore che potrebbe essere dichiarato come costante? Se la risposta è affermativa, individualo e correda lo pseudocodice di questa nuova dichiarazione.

▶

**UNITÀ 3** Le strutture di controllo     **159**

**6** Il seguente algoritmo richiede in input la misura della base e dell'altezza di un rettangolo, quindi calcola e visualizza il perimetro e l'area.

| ALGORITMO Sei |
|---|
| **VARIABILI** |
| Base, Altezza, Perimetro, Area: **REALE** |
| **INIZIO** |
| **SCRIVI**("Inserisci la misura della base") |
| **LEGGI**(          ) |
| **SCRIVI**("Inserisci la misura dell'altezza") |
| **LEGGI**(          ) |
|            = (Base +          ) * 2 |
| Area =            * Altezza |
| **SCRIVI**(          , Perimetro) |
| **SCRIVI**("Area = ", Area) |
| **FINE** |

Completa le istruzioni riportate parzialmente e, successivamente, realizza il diagramma a blocchi e la tabella delle variabili.

## 4 | Il costrutto selezione

Questo costrutto permette di effettuare una scelta fra due possibili alternative. Per effettuare una scelta, però, dobbiamo valutare una condizione. Un esempio tratto dalla vita di tutti i giorni potrebbe essere il seguente:

**SE** pioverà **ALLORA** prenderò l'autobus **ALTRIMENTI** farò una passeggiata

In termini più generali possiamo scrivere:
**SE** SI VERIFICA LA CONDIZIONE
**ALLORA** ESEGUI ISTRUZIONE1
**ALTRIMENTI** ESEGUI ISTRUZIONE2

La sintassi di questo costrutto, chiamato più precisamente **selezione binaria**, è la seguente:

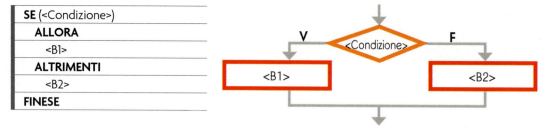

dove B1 e B2, anche in questo caso, possono essere blocchi semplici o composti. Quindi, se la Condizione è Vera si esegue il blocco B1 altrimenti, cioè se la Condizione è Falsa, si esegue il blocco B2.

Il costrutto selezione può presentarsi anche con un solo ramo, cioè senza l'alternativa **ALTRIMENTI**. Questo caso, chiamato **selezione unaria**, si rappresenta sintatticamente nel seguente modo:

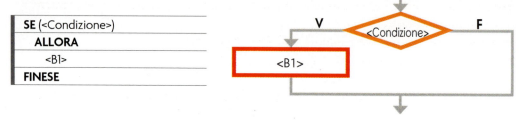

**160**  Apparato didattico B  Le basi della programmazione

# 5 | L'indentazione

Hai notato i "rientri" utilizzati per i SE, gli ALLORA, gli ALTRIMENTI? E che ogni SE ha un suo FINESE corrispondente? E che la parola chiave ALTRIMENTI inizia esattamente nella stessa colonna in cui inizia la parola chiave ALLORA?

Le istruzioni vengono così incolonnate per indicare la loro dipendenza. Si evidenzia, in tal modo, che un'istruzione è contenuta in un'altra. È buona abitudine curare questi incolonnamenti, poiché così facendo si garantisce una buona leggibilità dello pseudocodice. Questa tecnica è conosciuta come **indentazione**, è estremamente diffusa e il suo utilizzo viene considerato come una norma fondamentale di buona programmazione. La tecnica è basata sull'idea di usare gli spazi bianchi (ossia i rientri) allo scopo di separare più chiaramente le istruzioni e, in particolare, di rappresentare esplicitamente le relazioni di annidamento.

Consideriamo il seguente frammento di pseudocodice:

L'indentazione del codice rende chiaro il fatto che la verifica di riga 3 viene eseguita *solo* se ha avuto esito positivo quella di riga 1, ovvero che la seconda selezione è *annidata* nella prima.

# 6 | Il costrutto selezione multipla

Questo costrutto deriva dal costrutto selezione, anzi ne rappresenta un'estensione. Capita molto spesso di dover fare delle scelte orientandosi fra più possibilità. Quotidianamente ci poniamo delle domande alle quali possiamo dare più di una risposta. Per esempio: quale maglione indosserò questa mattina? Quale film vedrò stasera? Quali libri porterò domani a scuola? E così via.

Per risolvere i problemi in cui si opera una scelta tra più di due alternative, in dipendenza del valore assunto da un certo parametro, è molto utile utilizzare il costrutto selezione multipla. Esso è presente in quasi tutti i linguaggi di programmazione, anche se il comportamento non è sempre lo stesso. La sintassi è la seguente:

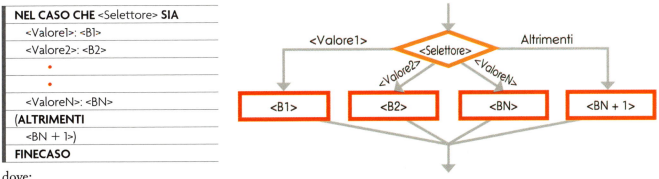

dove:
- <*Selettore*> può essere un valore numerico intero o un singolo carattere, non una costante; costituisce l'elemento che discrimina la scelta;
- <*Valore1*> deve essere dello stesso tipo di <*Selettore*> e può essere:
  - un valore unico (ad esempio 1, 2, 3 ecc., oppure "a", "b", "c" ecc.);
  - una lista di valori (ad esempio 1, 10, 100 – 2, 3, 6 – "a", "A", – "s", "S" e così via);
  - un intervallo chiuso di valori (per esempio 1... 100 per comprendere tutti i numeri tra 1 e 100, "a"... "n" per indicare tutte le lettere tra "a" e "n" e così via).

# Osserva come si fa

**1.** **Dato in input un numero intero N, comunicare se è positivo o negativo.**

Si parte dal concetto che un numero positivo è maggiore o uguale a zero. Quindi, non dobbiamo far altro che acquisire un numero dall'esterno e confrontarlo con zero: se il numero è maggiore o uguale a zero, allora è positivo, altrimenti è negativo.

### Analisi dei dati

| NOME | FUNZIONE | TIPO | DESCRIZIONE |
|---|---|---|---|
| N | I | Intero | Valore da verificare |
| Messaggio | O | | Numero positivo oppure numero negativo |

### Formalizzazione dell'algoritmo

| |
|---|
| **ALGORITMO** PosNeg |
| **VARIABILI** |
|   N: **INTERO** |
| **INIZIO** |
|   **LEGGI**(N) |
|   **SE**(N ≥ 0) |
|     **ALLORA** |
|       **SCRIVI**("Il numero è positivo") |
|     **ALTRIMENTI** |
|       **SCRIVI**("Il numero è negativo") |
|   **FINESE** |
| **FINE** |

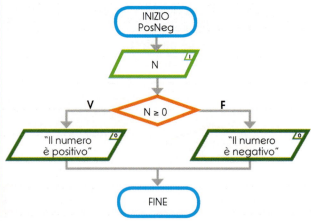

### Test

È superfluo corredare l'esercizio della tavola di traccia: non abbiamo alcun bisogno di controllare la correttezza di questo algoritmo. È fin troppo chiaro!

**2.** **Dato in input un numero intero N, comunicare se è negativo, positivo o nullo.**

L'analisi del problema è simile alla precedente, con un controllo in più. Se il numero richiesto in input è maggiore di zero, allora è positivo, ma se così non è, non possiamo affermare che il numero è negativo: potrebbe essere nullo. Controlliamo, quindi, se il numero è minore di zero. Se il numero non è maggiore o minore di zero, allora è nullo.

### Analisi dei dati

| NOME | FUNZIONE | TIPO | DESCRIZIONE |
|---|---|---|---|
| N | I | Intero | Valore da verificare |
| Messaggio | O | | Numero positivo, negativo o nullo |

### Formalizzazione dell'algoritmo

| |
|---|
| **ALGORITMO** PosNeg2 |
| **VARIABILI** |
|   N: **INTERO** |
| **INIZIO** |
|   **LEGGI**(N) |
|   **SE**(N > 0) |
|     **ALLORA** |
|       **SCRIVI**("Il numero è positivo") |
|     **ALTRIMENTI** |
|       **SE**(N < 0) |
|         **ALLORA** |
|           **SCRIVI**("Il numero è negativo") |
|         **ALTRIMENTI** |
|           **SCRIVI**("Il numero è nullo") |
|       **FINESE** |
|   **FINESE** |
| **FINE** |

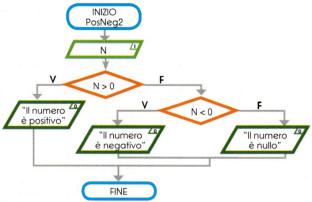

### Test

Anche per questo problema è superfluo compilare la tavola di traccia. La semplicità e la correttezza dell'algoritmo sono fin troppo evidenti!

Questo esercizio è caratterizzato dalla presenza di un costrutto selezione all'interno di un altro. Quindi, nel ramo "altrimenti" del primo costrutto di selezione, se ne esegue un altro. Un costrutto inserito in un altro dello stesso tipo si dice **annidato**. Si parla, invece, di costrutti **in cascata** quando due o più costrutti di ugual tipo devono essere eseguiti in successione.

**3.** Realizzare un algoritmo che risolva l'equazione lineare ax = b e comunichi all'utente se è un'equazione determinata, indeterminata o impossibile.

Un'equazione lineare si risolve separando i termini che contengono l'incognita dagli altri termini mediante l'applicazione delle proprietà dell'uguaglianza. Nel nostro caso la soluzione si ottiene dividendo il termine noto per quello associato all'incognita. Nel caso in cui si abbia a che fare con equazioni del tipo $0 = 0$, avremo equazioni indeterminate, mentre con equazioni del tipo $0 = B$ dove $B \neq 0$ avremo equazioni impossibili.

### Analisi dei dati

| NOME | FUNZIONE | TIPO | DESCRIZIONE |
|------|----------|------|-------------|
| N | I | Intero | Valore del coefficiente A |
| B | I | Intero | Valore del coefficiente B |
| Soluzione | O | Reale | Soluzione dell'equazione |

### Formalizzazione dell'algoritmo

| |
|---|
| **ALGORITMO** Equazione |
| **VARIABILI** |
| A, B: **INTERO** |
| Soluzione: **REALE** |
| **INIZIO** |
| **LEGGI**(A, B) |
| **SE**(A $\neq$ 0) |
| **ALLORA** |
| Soluzione $\leftarrow$ B / A |
| **SCRIVI**("La soluzione è", Soluzione) |
| **ALTRIMENTI** |
| **SE**(B $\neq$ 0) |
| **ALLORA** |
| **SCRIVI**("L'equazione non ammette soluzioni") |
| **ALTRIMENTI** |
| **SCRIVI**("L'equazione ammette infinite soluzioni") |
| **FINESE** |
| **FINESE** |
| **FINE** |

### Test

| ISTRUZIONE | A | B | Soluzione | ? | OUTPUT |
|------------|---|---|-----------|---|--------|
| LEGGI(, B) | 2 | 6 | | | |
| A $\neq$ 0 | | | | V | |
| Soluzione $\leftarrow$ B/A | | | 3 | | |
| **SCRIVI**("La soluzione è", Soluzione) | | | | | La soluzione è 3 |
| | | | | | |
| **LEGGI**(A, B) | 0 | 5 | | | |
| A $\neq$ 0 | | | | F | |
| B $\neq$ 0 | | | | V | |
| **SCRIVI**("L'equazione non ammette soluzioni") | | | | | L'equazione non ammette soluzioni |
| | | | | | |
| **LEGGI**(A, B) | 0 | 0 | | | |
| A $\neq$ 0 | | | | F | |
| B $\neq$ 0 | | | | F | |
| **SCRIVI**("L'equazione ammette infinite soluzioni") | | | | | L'equazione ammette infinite soluzioni |

**4.** Realizzare un algoritmo che scriva il nome dei poligoni in base al numero dei lati (il numero dei lati non può essere superiore a 12).

Il problema è semplice: occorre prima leggere il numero dei lati; quindi, in base al valore acquisito, se è minore o uguale a 12, scrivere a quale tipo di poligono corrisponde un certo numero di lati, altrimenti segnalare l'input non valido.

### Analisi dei dati

| NOME | FUNZIONE | TIPO | DESCRIZIONE |
|------|----------|------|-------------|
| Lati | I | Intero | Numero di lati del poligono |
| Messaggio | O | | Tipo di poligono o messaggio di errore |

### Formalizzazione dell'algoritmo

**ALGORITMO** Poligoni
**VARIABILI**
  Lati: **INTERO**
**INIZIO**
  **SCRIVI**("Inserisci il numero dei lati")
  **LEGGI**(Lati)
  **NEL CASO CHE** Lati **SIA**
    3: **SCRIVI**("Triangolo")
    4: **SCRIVI**("Quadrilatero")
    5: **SCRIVI**("Pentagono")
    6: **SCRIVI**("Esagono")
    7: **SCRIVI**("Ettagono")
    8: **SCRIVI**("Ottagono")
    9: **SCRIVI**("Ennagono")
    10: **SCRIVI**("Decagono")
    11: **SCRIVI**("Endecagono")
    12: **SCRIVI**("Dodecagono")
  **ALTRIMENTI**
    **SCRIVI**("Inserimento errato")
  **FINECASO**
**FINE**

# ORA TOCCA A TE!

**1** Considera il seguente frammento di pseudocodice:

**LEGGI**(I)
**SE**(J < 0)
  **ALLORA**
    J ← J +1
  **ALTRIMENTI**
    J ← 0
**FINESE**
**SCRIVI**(J)

Che cosa viene stampato?

**2** Modifichiamo il precedente frammento di pseudocodice nel seguente modo:

**LEGGI**(I)
**SE**(J > 0)
  **ALLORA**
    J ← J +1
  **ALTRIMENTI**
    J ← 0
**FINESE**
**SCRIVI**(J)

Che cosa succede ora? Qual è il valore finale di J?

**3** Modifichiamolo ancora:

| |
|---|
| **LEGGI**(I) |
| **LEGGI**(J) |
| **SE**(I > 0) |
|    **ALLORA** |
|      **SE**(J > 0) |
|        **ALLORA** |
|          J ← 1 |
|      **FINESE** |
|    **ALTRIMENTI** |
|      I ← 1 |
| **FINESE** |
| **SCRIVI**(I) |
| **SCRIVI**(J) |

Che cosa succede ora? Qual è il valore finale di I e di J?

**4** Il seguente pseudocodice risolve il problema di trovare il massimo tra due numeri interi. In esso, però, è presente un errore; sei in grado di trovarlo?

| |
|---|
| **ALGORITMO** Massimo |
| **VARIABILI** |
|    Num1, Num2, Max: **INTERO** |
| **INIZIO** |
|    **SCRIVI**("Inserisci il primo numero") |
|    **LEGGI**(Num1) |
|    **SCRIVI**("Inserisci il secondo numero") |
|    **LEGGI**(Num2) |
|    **SE**(Num1 > Num2) |
|      **ALLORA** |
|        Max ← Num2 |
|      **ALTRIMENTI** |
|        Max ← Num1 |
|    **FINESE** |
|    **SCRIVI**("Il valore massimo è ", Max) |
| **FINE** |

**5** Il seguente pseudocodice risolve il seguente problema: dati in input due numeri interi e il simbolo dell'operazione, fornire in output il risultato. In esso, però, è presente un grave errore. Riesci a individuarlo? Inoltre, avresti potuto utilizzare un altro costrutto per la risoluzione del problema?

| |
|---|
| **ALGORITMO** Operazione |
| **VARIABILI** |
|    Num1, Num2, Ris: **INTERO** |
|    Op: **CARATTERE** |
| **INIZIO** |
|    **SCRIVI**("Inserisci il primo valore") |
|    **LEGGI**(Num1) |
|    **SCRIVI**("Inserisci il secondo valore") |
|    **LEGGI**(Num1) |
|    **SCRIVI**("Inserisci il simbolo della operazione") |
|    **LEGGI**(Op) |
|    **SE**(Op = '+') |
|      **ALLORA** |
|        Ris ← Num1 + Num2 |
|    **FINESE** |

| |
|---|
|    **SE**(Op = '−') |
|      **ALLORA** |
|        Ris ← Num1 − Num2 |
|    **FINESE** |
|    **SE**(Op = '*') |
|      **ALLORA** |
|        Ris ← Num1 * Num2 |
|    **FINESE** |
|    **SE**(Op = '/') |
|      **ALLORA** |
|        Ris ← Num1/Num2 |
|    **FINESE** |
|    **SCRIVI**("Il risultato è ", Ris) |
| **FINE** |

**UNITÀ 3** Le strutture di controllo

# 7 | Algebra booleana e logica

## Proposizioni ed enunciati

Nel pensiero greco antico, la **logica** era parte della filosofia ed era intesa come studio del modo di ragionare. **Aristotele**, il grande filosofo greco vissuto tra il 384 e il 322 a.C., se ne occupò organicamente, esaminando il discorso come traduzione verbale del pensiero. Successivamente **George Boole** (1815-1864), un matematico e logico inglese, pose le basi per la moderna logica matematica, fondamentale per il funzionamento del computer e per la sua programmazione. Boole intuì la mancanza di un formalismo matematico che permettesse di esprimere i concetti della logica simbolica e lavorò per colmare questa lacuna. Il risultato fu la costruzione di un sistema algebrico conosciuto con il nome di **algebra booleana**, che ha trovato poi applicazioni più vaste di quelle che lo stesso Boole poteva allora immaginare.

Le operazioni che un computer esegue, infatti, non sono unicamente di tipo aritmetico. In fase di programmazione capita spesso di incontrare istruzioni di tipo logico, per l'esecuzione delle quali occorre fare riferimento all'**algebra di Boole**. Questa è costituita da un insieme di operazioni definite su oggetti astratti, le **proposizioni** e gli **enunciati**, per cui è detta anche **algebra proposizionale**.

> Una **proposizione** è un costrutto linguistico autonomo di senso compiuto, composto per lo meno da un soggetto e da un predicato.

> Un **enunciato** è una particolare proposizione che può assumere solo due stati possibili (Vero/Falso, V/F). La verità o falsità di un enunciato rappresentano i valori di verità.

Oggi il sole splende – Londra è la capitale d'Italia – 4 è un numero pari

Le tre frasi sono enunciati:

- il primo ha valore Vero se oggi il sole effettivamente splende e il valore Falso in caso contrario;
- il secondo ha valore decisamente Falso;
- il terzo ha valore decisamente Vero.

È facile intuire che un enunciato può essere esclusivamente vero o falso, mai entrambi. Attenzione, le seguenti sono proposizioni ma non enunciati:

- "Prendimi il libro"
- "Il fiume Po scorre in Italia"
- "Che ore sono?"

Per essi non è infatti possibile stabilire i rispettivi valori di verità.
Gli enunciati per i quali si può immediatamente affermare se sono veri o falsi prendono il nome di **enunciati semplici** (o **atomici**). Una combinazione di enunciati legati da particolari operatori detti **connettivi logici** prende il nome di **enunciato composto** (o **molecolare**). I connettivi sono così definiti proprio perché connettono i vari enunciati.

L'enunciato:

"Stasera studierò o andrò al cinema"

è un enunciato composto, poiché è formato dai sottoenunciati "Stasera studierò" e "andrò al cinema" legati dal connettivo "o"; il suo valore di verità sarà definito dalla valutazione dei sottoenunciati e dal connettivo che li congiunge.

## Le funzioni logiche elementari

Valutare gli enunciati composti significa associare a ognuno il valore Vero o Falso, partendo dall'analisi degli enunciati semplici che li compongono e applicando semplici regole di composizione.

Accenniamo brevemente ai seguenti **connettivi logici**:

**AND** (congiunzione)    **OR** (disgiunzione)    **NOT** (negazione).

Costruiamo, per ognuno di essi, particolari tabelle dette **tavole di verità**. In esse **p** e **q** rappresentano due enunciati e sono illustrate tutte le possibili combinazioni di valori in funzione delle quali l'enunciato composto assume un certo valore. In alcuni linguaggi i valori Vero e Falso sono rappresentati rispettivamente con 1 e 0.

Questo connettivo viene anche detto **prodotto logico** poiché il risultato si può ottenere effettuando il prodotto algebrico delle due variabili che rappresentano gli enunciati in ingresso. Il valore di verità di **p and q** è dato dalla tabella qui a destra.

L'enunciato **p**:

"Io ascolto un CD"

e l'enunciato **q**:

"Io mangio un panino"

| p | q | p AND q |
|---|---|---------|
| F | F | F |
| F | V | F |
| V | F | F |
| V | V | V |

danno origine all'enunciato **p and q**:

"Io ascolto un CD e mangio un panino"

che è vero, effettivamente, se sto facendo entrambe le cose.
Come si vede, l'unico caso in cui **p and q** è vero è quando sia **p** che **q** sono veri.

Questo connettivo è anche detto **somma logica** poiché il risultato si può ottenere effettuando la somma algebrica delle due variabili che rappresentano gli enunciati in ingresso. Il valore di verità di **p or q** è dato dalla tabella qui a destra.

L'enunciato **p**:

"Io vado al cinema"

e l'enunciato **q**:

"Io ascolto un CD"

| p | q | p OR q |
|---|---|--------|
| F | F | F |
| F | V | V |
| V | F | V |
| V | V | V |

danno origine all'enunciato **p OR q**:

"Io vado al cinema o ascolto un CD"

che è vero se faccio almeno una delle due cose.
Basta che **p** sia vero oppure che **q** sia vero, perché **p or q** sia anch'esso vero.

Questo connettivo è anche detto **negazione logica** poiché inverte, cioè "complementa" il valore della variabile in ingresso. Fornisce in uscita il valore "opposto" al valore della variabile in ingresso, che per tale motivo viene detto **valore complementato** o **valore negato**. Il valore di verità di **not p** è dato dalla tabella qui accanto.

L'enunciato **p**:

"Io vado al cinema"

| p | NOT p |
|---|-------|
| F | V |
| V | F |

dà origine all'enunciato **NOT p** (scritto anche come **!p** in alcuni contesti):

"Io non vado al cinema"

**UNITÀ 3** Le strutture di controllo    **167**

## Altre funzioni logiche

I connettivi AND, OR e NOT svolgono le funzioni logiche elementari. Ne esiste un ultimo che prende il nome di **disgiunzione esclusiva** e che nella teoria degli insiemi corrisponde alla differenza simmetrica.

Questo connettivo *esclude che la proposizione risultante possa essere vera se entrambe le proposizioni componenti sono vere*. Un esempio di disgiunzione esclusiva è fornito dalla proposizione seguente:

"O è giorno o è notte".

| p | q | p XOR q |
|---|---|---------|
| F | F | F |
| F | V | V |
| V | F | V |
| V | V | f |

Il corrispondente connettivo si indica con **XOR** e la sua tabella di verità è riportata qui a sinistra. Oltre alle funzioni logiche AND, OR e NOT, esistono altre funzioni logiche elementari di uso comune che possono essere definite in funzione delle prime. Fra queste vi sono la funzione NAND (NOT AND) e NOR (NOT OR), che si ottengono, come suggerisce il nome stesso, come negazione logica, rispettivamente, delle funzioni AND e OR.

## Gli operatori relazionali

Nell'ambito della logica booleana è possibile usare gli **operatori relazionali** $(=, \neq, <, >, \leq, \geq)$. Vediamo alcune equivalenze:

| Dire | Equivale a dire |
|------|-----------------|
| A ≠ B | **NOT** (A = B) |
| A ≥ B | (A > B) **OR** (A = B) |
| A ≤ B | (A < B) **OR** (A = B) |
| A > B | (**NOT** (A = B)) **AND** (**NOT** (A < B)) |
| A < B | (**NOT** (A = B)) **AND** (**NOT** (A > B)) |

Un ultimo appunto. Spesso in matematica utilizziamo la notazione:

$$A \leq X \leq B$$

per affermare che X è compreso tra a e b. Come tradurlo con gli operatori booleani, visto che la logica dei computer non accetta tale notazione?
È presto detto:

$$A \leq X \leq B$$

equivale a:

$$(X \geq A) \textbf{ AND } (X \leq B) \text{ oppure } (A \leq X) \textbf{ AND } (X \leq B)$$

La notazione:

$$2 \leq X \leq 8$$

equivale a:

$$(X \geq 2) \textbf{ AND } (X \leq 8) \text{ oppure } (2 \leq X) \textbf{ AND } (X \leq 8)$$

Tale relazione sarà vera, ovviamente, per X = 2, 3, 4, 5, 6, 7, 8.

## Regole di precedenza

Si possono combinare più operatori logici per ottenere espressioni logiche più complesse. Come nell'algebra tradizionale, anche nell'algebra di Boole sono definite precise precedenze tra gli operatori.
Pertanto, è necessario ricordare che:

1. **NOT** ha precedenza più alta di **AND** e **OR**; ad esempio:

    **NOT a AND NOT b OR NOT c** equivale a **(NOT a) AND (NOT b) OR (NOT c)**.

2. **AND** ha precedenza più alta di **OR**, ad esempio:

    **a AND b OR c** equivale a **(a AND b) OR c**.

**Apparato didattico B** Le basi della programmazione

Supponiamo di voler calcolare il valore di verità del seguente enunciato composto:

$$(p \text{ AND } q) \text{ OR } ((\text{NOT } p) \text{ AND } (\text{NOT } q))$$

**1.** si assegnano i valori di ingresso alle varie occorrenze di p e di q.

| p | AND | q | OR | NOT p | AND | NOT q |
|---|-----|---|----|-------|-----|-------|
| V |     | V |    |       |     |       |
| V |     | F |    |       |     |       |
| F |     | V |    |       |     |       |
| F |     | F |    |       |     |       |

**2.** Si negano i valori di p e q.

| p | AND | q | OR | NOT p | AND | NOT q |
|---|-----|---|----|-------|-----|-------|
| V |     | V |    | F     |     | F     |
| V |     | F |    | F     |     | V     |
| F |     | V |    | V     |     | F     |
| F |     | F |    | V     |     | V     |

**3.** Si calcolano i valori del primo AND.

| p | AND | q | OR | NOT p | AND | NOT q |
|---|-----|---|----|-------|-----|-------|
| V | V   | V |    | F     |     | F     |
| V | F   | F |    | F     |     | V     |
| F | F   | V |    | V     |     | F     |
| F | F   | F |    | V     |     | V     |

**4.** Si opera allo stesso modo con il secondo AND.

| p | AND | q | OR | NOT p | AND | NOT q |
|---|-----|---|----|-------|-----|-------|
| V | V   | V |    | F     | F   | F     |
| V | F   | F |    | F     | F   | V     |
| F | F   | V |    | V     | F   | F     |
| F | F   | F |    | V     | V   | V     |

**5.** Si calcola infine l'OR utilizzando come valori di ingresso le due colonne AND.

| p | AND | q | OR | NOT p | AND | NOT q |
|---|-----|---|----|-------|-----|-------|
| V | V   | V | **V** | F  | F   | F     |
| V | F   | F | **F** | F  | F   | V     |
| F | F   | V | **F** | V  | F   | F     |
| F | F   | F | **V** | V  | V   | V     |

Nella colonna OR, che è il "connettivo principale" troviamo la tavola di verità del nostro enunciato.

# OSSERVA COME SI FA

**1.** **Realizzare un algoritmo che, date in input le misure di tre lunghezze, stabilisca se possono essere le misure dei lati di un triangolo.**

In un triangolo la somma di due lati qualsiasi è maggiore del terzo. Perciò, affinché tre numeri a, b, e c possano essere considerati misure dei lati di un triangolo, dovranno essere soddisfatte le tre condizioni: $a + b > c, a + c > b, b + c > a$. Per risolvere il problema faremo uso di una variabile booleana (che chiameremo *TuttoOK*) che avrà la funzione di "interrutto-

re": all'inizio dell'algoritmo si inizializza la variabile *TuttoOK* al valore VERO. Se le condizioni $a + b > c, a + c > b, b + c > a$ sono soddisfatte, e quindi le misure inserite possono essere le misure dei lati di un triangolo, la variabile *TuttoOK* mantiene il suo valore VERO, ma se una delle condizioni non viene verificata, alla variabile *TuttoOK* viene assegnato il valore FALSO. Al termine della verifica delle tre condizioni, occorre controllare il valore della variabile *TuttoOK*: se il valore è VERO allora significa che le tre lunghezze possono essere le misure dei lati di un triangolo, altrimenti no.

## Analisi dei dati

| NOME | FUNZIONE | TIPO | DESCRIZIONE |
|---|---|---|---|
| A | I | Intero | Valore della prima lunghezza |
| B | I | Intero | Valore della seconda lunghezza |
| C | I | Intero | Valore della terza lunghezza |
| Messaggio | O | | Lunghezze possono essere lati del triangolo o non possono essere |

## Formalizzazione dell'algoritmo

**ALGORITMO** Triangolo
**VARIABILI**
  A, B, C: **INTERO**
  TuttoOK: **BOOLEANO**
**INIZIO**
  TuttoOK ← **VERO**
  **SCRIVI**("Inserisci le tre lunghezze")
  **LEGGI**(A, B, C)
  **SE**(A + B ≤ C)
    **ALLORA**
      TuttoOK ← **FALSO**
  **FINESE**
  **SE**(A + C ≤ B)
    **ALLORA**
      TuttoOK ← **FALSO**
  **FINESE**
  **SE**(C + B ≤ A)
    **ALLORA**
      TuttoOK ← **FALSO**
  **FINESE**
  **SE**(TuttoOK = **VERO**) // si poteva anche scrivere **SE**(TuttoOK)
    **ALLORA**
      **SCRIVI**("Le tre lunghezze possono essere lati di un triangolo")
    **ALTRIMENTI**
      **SCRIVI**("Le tre lunghezze non possono essere lati di un triangolo")
  **FINESE**
**FINE**

**2.** Realizzare un algoritmo che, letti tre valori da tastiera a, b e c con a ≤ b ≤ c, stabilisca se possono essere le misure dei lati di un triangolo e, in caso affermativo, visualizzi il tipo (scaleno, isoscele, equilatero) e lo stampi a video.

Per risolvere questo problema inseriremo tre valori che rispettino la condizione a ≤ b ≤ c poiché sappiamo che tre segmenti rappresentano i lati di un triangolo se il lato maggiore è minore della somma degli altri due. Per questo accertamento

ci serviremo ancora di una variabile booleana che fungerà da "interruttore".
Una volta accertato che le tre misure possono essere quelle dei lati di un triangolo, occorrerà stabilire il tipo di triangolo che possono formare. In particolare:

- se i lati sono tutti uguali si tratta di un triangolo equilatero;
- se solo due lati sono uguali si tratta di un triangolo isoscele;
- altrimenti si tratta di un triangolo scaleno.

### Analisi dei dati

| NOME | FUNZIONE | TIPO | DESCRIZIONE |
|------|----------|------|-------------|
| A | I | Intero | Valore della prima lunghezza |
| B | I | Intero | Valore della seconda lunghezza |
| C | I | Intero | Valore della terza lunghezza |
| TipoTriangolo | O | | Tipo di triangolo oppure messaggio di errore |

### Formalizzazione dell'algoritmo

```
ALGORITMO TipoTriangolo
VARIABILI
    A, B, C: INTERO
    Trovato: BOOLEANO
    TipoTriangolo: STRINGA(10)
INIZIO
    Trovato ← FALSO
    SCRIVI("Inserisci le tre lunghezze")
    LEGGI(A, B, C)
    SE(A + B > C)
        ALLORA
            Trovato ← VERO
            SE((A = B) AND (B = C))
                ALLORA
                    TipoTriangolo ← "Equilatero"
                ALTRIMENTI
                    SE((A = B) OR (B = C) OR (A = C))
                        ALLORA
                            TipoTriangolo ← "Isoscele"
                        ALTRIMENTI
                            TipoTriangolo ← "Scaleno"
                    FINESE
            FINESE
    FINESE
    SE(Trovato) // Significa SE(Trovato = VERO)
        ALLORA
            SCRIVI("Le misure digitate formano un triangolo". TipoTriangolo)
        ALTRIMENTI
            SCRIVI("Le tre lunghezze non sono lati di un triangolo")
    FINESE
FINE
```

UNITÀ 3 Le strutture di controllo

# 8 | Iterazione = potenza di calcolo

Pur avendo a disposizione strutture sequenziali e di selezione, rimangono molte le situazioni "intrattabili" con tali strumenti. In tutti gli esempi visti nelle lezioni precedenti, la sequenza di istruzioni eseguita dall'algoritmo è sempre stata la stessa a ogni esecuzione: il risultato finale dipendeva solo dal valore delle variabili e dai pochissimi dati inseriti dall'utente.

I problemi risolti sono stati del tipo: *dati in input tre numeri A, B e C, fornire in output la loro somma*. Non abbiamo fatto altro che acquisire dall'esterno i valori di A, B, C, sommarli e visualizzare il risultato.

E se avessimo dovuto fare la somma di 100 numeri? Avremmo utilizzato 100 variabili? Avremmo realizzato l'algoritmo seguente?

| **INIZIO** |
| --- |
| **LEGGI**(A) |
| **LEGGI**(B) |
| **LEGGI**(C) |
| **LEGGI**(D) |
| **LEGGI**(E) |
| . |
| . |

Certamente no! E ancora: se al posto di 100 numeri avessimo voluto sommare N numeri, con N richiesto in input e che, quindi, può variare da esecuzione a esecuzione? Prendiamo proprio in esame questo problema: *dati in input N numeri, fornire in output la loro somma.*

L'algoritmo risolutivo di questo problema deve essere **flessibile**, ossia deve adattarsi a gestire situazioni diverse: occorre, infatti, rendere **indeterminata** la quantità di numeri da elaborare, consentendo all'utente di inserire la quantità desiderata. L'algoritmo, pertanto, deve conoscere **quanti** e **quali** numeri di cui effettuare la somma. Per fare questo si possono seguire due strade:

- specificare all'inizio la quantità di numeri di cui effettuare la somma e, successivamente, inserirli;
- inserire in sequenza i vari numeri e fissare un valore prestabilito (il cosiddetto **dato tappo**) che ha il compito di chiudere la sequenza. Per esempio, se si fissa il valore zero come dato tappo, l'inserimento dei numeri terminerà quando si digiterà il valore zero.

Entrambi i casi sono accomunati dal fatto che *un gruppo di azioni deve essere ripetuto per un certo numero di volte*: occorre, quindi, utilizzare il *costrutto iterazione*.

Il **costrutto iterazione** o **costrutto iterativo** (detto anche **ciclo**) viene utilizzato quando un'istruzione (o un gruppo di istruzioni) deve essere eseguita finché non si verifica una determinata **condizione**.

Le istruzioni che determinano l'esecuzione dei cicli rivestono particolare importanza nella programmazione in quanto consentono l'esecuzione ripetitiva di gruppi di istruzioni per un determinato numero di volte o fino al raggiungimento di un determinato risultato. Sono queste istruzioni, in definitiva, che consentono principalmente di utilizzare in modo efficace la potenza di calcolo degli elaboratori elettronici.

# 9 | Totalizzatori e contatori

Nell'elaborazione ciclica sono spesso utilizzati i **totalizzatori** (o **accumulatori**) e i **contatori**. Per chiarire meglio il concetto di totalizzatore, pensiamo alle azioni eseguite dal cassiere di un supermercato quando si presenta un cliente con il carrello pieno di merce. Il cassiere effettua un'elaborazione ciclica sulla merce acquistata: ogni oggetto viene esaminato per acquisirne il prezzo. Lo scopo dell'elaborazione è quello di cumulare i prezzi dei prodotti acquistati per stabilire il totale che il cliente dovrà corrispondere.

Dal punto di vista informatico si tratta di utilizzare una variabile (nell'esempio potrebbe essere rappresentata dal totalizzatore di cassa) che viene aggiornata per ogni prezzo acquisito: ogni nuovo prezzo acquisito non deve sostituire il precedente, ma aggiungersi ai prezzi già acquisiti precedentemente. Tale variabile dovrà essere azzerata quando si passa a un nuovo cliente (ogni cliente dovrà pagare solamente il prezzo dei prodotti da lui acquistati), si aggiornerà per ogni prodotto esaminato (ogni nuovo prezzo acquisito verrà cumulato ai precedenti) e una volta terminato l'esame dei prodotti acquistati conterrà il valore totale da pagare.

Nella programmazione, la variabile che assume tale compito viene definita totalizzatore o accumulatore: cioè una variabile nella quale ogni nuovo valore non sostituisce ma si accumula a quelli già presenti in precedenza. Se la variabile si aggiorna sempre di una quantità costante (per esempio, viene sempre aggiunta l'unità), viene chiamata contatore. Nel nostro caso il cassiere, oltre a totalizzare la somma spesa dal cliente, deve anche contare quanti articoli ha acquistato: ogni volta che passa un prodotto sotto il lettore ottico, il contatore si incrementa di una unità. Totalizzatori e contatori devono essere inizializzati prima del loro utilizzo: nel nostro caso, il totalizzatore e il contatore devono essere azzerati (cioè inizializzati a zero), prima di cominciare l'elaborazione, affinché contengano un valore che rispecchi esattamente tutto ciò che è stato acquistato dal cliente esaminato. L'aggiornamento, invece, viene effettuato all'interno di un ciclo: il totalizzatore sarà incrementato del prezzo del singolo prodotto acquistato, mentre il contatore sarà incrementato di una unità ogni volta che il prodotto viene registrato in cassa. Quando i valori da esaminare terminano, il totalizzatore contiene il totale da pagare e il contatore contiene il numero di prodotti acquistati.

## 10 | Costrutto iterativo precondizionale

Nella programmazione strutturata vengono utilizzati due costrutti iterativi; cominciamo ad analizzare il primo, chiamato **costrutto iterativo precondizionale** (o **costrutto iterativo con controllo in testa**) poiché, come dice lo stesso nome, il controllo della condizione viene effettuato prima di eseguire le istruzioni che compongono il ciclo.

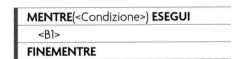

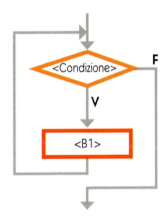

Durante l'esecuzione di questo costrutto si valuta la <*Condizione*>. Se è vera si esegue il blocco <B1> e si ritorna a valutare la <*Condizione*>. Questa esecuzione ciclica continua fino a quando la <*Condizione*> non risulta falsa e, in tal caso, si passa a eseguire l'istruzione successiva al FINEMENTRE.

L'espressione logica presente in <*Condizione*> viene detta **guardia del ciclo**, mentre il blocco di istruzioni <B1> viene detto **corpo del ciclo**.

L'uso del MENTRE richiede alcune precauzioni: nel progetto di un ciclo MENTRE è necessario, infatti, considerare con attenzione le condizioni di ingresso e quelle di uscita. Se le condizioni di ingresso sono mal formulate, il computer, in fase di esecuzione, non entrerà mai nel ciclo. D'altra parte, se esiste un errore di logica all'interno del ciclo, si corre il rischio che l'esecuzione "entri in loop", ossia che si resti intrappolati all'infinito all'interno del ciclo.

# OSSERVA COME SI FA

**1.** **Realizzare un algoritmo che, dati in input N numeri interi, determini la loro somma e la media.**

Con un problema così formulato, l'utilizzo del **costrutto sequenza** per la sua realizzazione è praticamente impossibile. Non conosciamo a priori quanti sono i numeri di cui fare la somma e, quindi, non sappiamo quante variabili utilizzare. Il **costrutto iterazione**, invece, non pone limiti e, come tale, è l'unico che ci permette la risoluzione di questo tipo di problemi. In questo esercizio però, prima di impostare l'iterazione, dobbiamo chiedere all'esterno quanti sono i numeri che bisogna sommare. È questa una richiesta essenziale per una valida esecuzione del costrutto: se non la facessimo, non sapremmo quando fermarci. Alla fine del ciclo è necessario controllare che sia stato inserito almeno un numero. Se ciò non accade, le variabili Somma e Conta rimangono impostate al loro valore iniziale pari a zero e il calcolo della media avverrebbe effettuando una divisione tra due variabili che contengono zero. Per evitare questo inconveniente si effettua un controllo sulla variabile Conta.

## Analisi dei dati

| NOME | FUNZIONE | TIPO | DESCRIZIONE |
|------|----------|------|-------------|
| N | I | Intero | Quantità di numeri da inserire in input |
| Num | I | Intero | Numero richiesto in input |
| Somma | O | Intero | Somma dei numeri inseriti in input |
| Media | O | Reale | Media dei numeri inseriti in input |
| Conta | L | Intero | Contatore del ciclo |

## Formalizzazione dell'algoritmo

**ALGORITMO** SommaMedia1
**VARIABILI**
  N, Num, Somma, Conta: **INTERO**
  Media: **REALE**
**INIZIO**
  Somma ← 0
  Conta ← 0
  **SCRIVI**("Quanti numeri vuoi inserire?")
  **LEGGI**(N)
  **MENTRE**(Conta < N) **ESEGUI**
    **SCRIVI**("Inserisci un numero")
    **LEGGI**(Num)
    Somma ← Somma + Num
    Conta ← Conta + 1
  **FINEMENTRE**
  **SE**(Conta = 0)
    **ALLORA**
      Media ← 0
    **ALTRIMENTI**
      Media ← Somma / Conta
  **FINESE**
  **SCRIVI**("La somma è", Somma)

  **SCRIVI**("La media è", Media)
**FINE**

Nel blocco iterativo deve esserci l'istruzione che modifica la condizione (nel nostro caso Conta ← Conta + 1), altrimenti, una volta iniziato, il ciclo verrà ripetuto all'infinito; in questa evenienza diremo di trovarci in un caso di **loop infinito**.

**2.** **Realizzare un algoritmo che, data in input una sequenza di numeri chiusa dallo zero, determini la loro somma e la media.**

Questo problema rappresenta una variante del precedente. In questa versione, pur non conoscendo a priori quanti sono i numeri di cui fare la somma, non dobbiamo preoccuparci di farlo conoscere all'inizio: si continuerà a inserire numeri fino a quando non verrà inserito lo zero (**dato tappo**). Una volta digitato lo zero si uscirà dal ciclo e potremo visualizzare la somma e la media. Le differenze salienti con la precedente versione sono le seguenti:

- Non è necessario utilizzare un contatore di ciclo poiché non è necessario contare i numeri inseriti per verificare la condizione presente nel ciclo (la **guardia del ciclo**). Nell'algoritmo, però, utilizzeremo ugualmente una variabile Conta che avrà sempre la funzione di contatore, ma non per consentirci di uscire dal ciclo, bensì per contare quanti numeri sono stati inseriti al fine di calcolare correttamente la media.
- La lettura del numero viene inserita due volte: una **esterna al ciclo** che ci permette di entrare nel ciclo (nel caso in cui il numero inserito sia diverso dal tappo, ossia dallo zero) e una **interna** (cioè quella inserita nel corpo del ciclo) che ci permette di digitare numeri fino a quando non digitiamo lo zero.

## Analisi dei dati

| NOME | FUNZIONE | TIPO | DESCRIZIONE |
|------|----------|------|-------------|
| Num | I | Intero | Numero richiesto in input |
| Somma | O | Intero | Somma dei numeri inseriti in input |
| Media | O | Reale | Media dei numeri inseriti in input |
| Conta | L | Intero | Contatore del ciclo |

## Formalizzazione dell'algoritmo

**ALGORITMO** SommaMedia2
**VARIABILI**
  Num, Somma, Conta: **INTERO**
  Media: **REALE**
**INIZIO**
  Somma ← 0
  Conta ← 0
  **SCRIVI**("Inserisci un numero")
  **LEGGI**(Num)
  **MENTRE**(Num ≠ 0) **ESEGUI**
    Somma ← Somma + Num
    Conta ← Conta + 1

**Apparato didattico B** Le basi della programmazione

| |
|---|
| **SCRIVI**("Inserisci un numero") |
| **LEGGI**(Num) |
| **FINEMENTRE** |
| **SE**(Conta = 0) |
| **ALLORA** |
| Media ← 0 |
| **ALTRIMENTI** |
| Media ← Somma / Conta |
| **FINESE** |
| **SCRIVI**("La somma è", Somma) |
| **SCRIVI**("La media è", Media) |
| **FINE** |

**3.** Realizzare un algoritmo che, data in input una sequenza di numeri chiusa dallo zero, determini la loro somma e la media. nel caso in cui l'utente non digiti lo zero, non sarà possibile inserire più di 50 numeri.

Questo problema rappresenta un'altra variante dei precedenti. Anche in questa versione continueremo a inserire numeri fino a quando non digiteremo lo zero, il cui inserimento provocherà l'uscita dal ciclo consentendo la visualizzazione della somma e della media. La differenza con il precedente problema consiste nel fatto che non possiamo inserire più di 50 numeri. Pertanto, occorre prestare attenzione al caso in cui l'utente non abbia ancora digitato lo zero ma abbia inserito 50 numeri, eventualità che porterà comunque a terminare l'inserimento. Per far questo dobbiamo apportare una modifica al ciclo che, in questo caso, prevederà due condizioni legate dall'operatore logico AND: la prima verificherà che il numero inserito sia diverso da zero e la seconda accerterà che la quantità di numeri inseriti sia minore di 50.

### Analisi dei dati

| NOME | FUNZIONE | TIPO | DESCRIZIONE |
|---|---|---|---|
| Num | I | Intero | Numero richiesto in input |
| Somma | O | Intero | Somma dei numeri inseriti in input |
| Media | O | Reale | Media dei numeri inseriti in input |
| Conta | L | Intero | Contatore del ciclo |

### Formalizzazione dell'algoritmo

| |
|---|
| **ALGORITMO** SommaMedia3 |
| **VARIABILI** |
| Num, Somma, Conta: **INTERO** |
| Media: **REALE** |
| **INIZIO** |
| Somma ← 0 |
| Conta ← 0 |
| **SCRIVI**("Inserisci un numero") |
| **LEGGI**(Num) |
| **MENTRE**((Num ≠ 0) **AND** (Conta ≠ 50)) **ESEGUI** |
| Somma ← Somma + Num |
| Conta ← Conta + 1 |
| **SCRIVI**("Inserisci un numero") |
| **LEGGI**(Num) |
| **FINEMENTRE** |

**4.** Realizzare un algoritmo che, data in input una sequenza di N numeri, determini il massimo tra essi.

Acquisiamo innanzitutto il numero N di numeri e successivamente, attraverso un ciclo precondizionale, chiediamo all'utente di inserire N volte i numeri da analizzare. Per quanto riguarda la ricerca del massimo, ipotizziamo che il primo numero inserito sia il massimo (ed effettivamente lo è, essendo il primo!). In seguito, per ogni numero della sequenza inserito, confrontiamo tale numero con l'ipotetico massimo che abbiamo stabilito. Se il numero inserito risulta maggiore del massimo, aggiorniamo il massimo, altrimenti il numero inserito viene ignorato e si passa all'analisi del successivo.

### Analisi dei dati

| NOME | FUNZIONE | TIPO | DESCRIZIONE |
|---|---|---|---|
| N | I | Intero | Numero di elementi da inserire |
| Num | I | Intero | Numero richiesto in input |
| Max | O | Intero | Massimo elemento presente nella sequenza di numeri inseriti |
| Conta | L | Intero | Contatore del ciclo |

### Formalizzazione dell'algoritmo

| |
|---|
| **ALGORITMO** Massimo |
| **VARIABILI** |
| N. Num, Max, Conta: **INTERO** |
| **INIZIO** |
| Conta ← 1 |
| **SCRIVI**("Numeri da inserire") |
| **LEGGI**(N) |
| **MENTRE**(Conta ≤ N) **ESEGUI** |
| **SCRIVI**("Inserisci un numero") |
| **LEGGI**(Num) |
| **SE**(Conta = 1) |
| **ALLORA** |
| Max ← Num |
| **ALTRIMENTI** |
| **SE**(Num > Max) |
| **ALLORA** |
| Max ← Num |
| **FINESE** |
| **FINESE** |
| Conta ← Conta + 1 |
| **FINEMENTRE** |
| **SCRIVI**("Il massimo è", Max) |
| **FINE** |

UNITÀ 3 Le strutture di controllo

# ORA TOCCA A TE!

**1** Analizza il seguente pseudocodice:

| |
|---|
| **ALGORITMO** Uno |
| **VARIABILI** |
| I, R: **INTERO** |
| **INIZIO** |
| I ← 0 |
| **MENTRE**(I > 2) **ESEGUI** |
| R ← R + 1 |
| **FINEMENTRE** |
| R ← 5 |
| **FINE** |

- del ciclo MENTRE (cioè l'istruzione R ← R + 1) sarà mai eseguito?
- Se la risposta è no, per quale motivo?

**2** Analizza il seguente pseudocodice:

| |
|---|
| **ALGORITMO** Due |
| **VARIABILI** |
| I, R: **INTERO** |
| **INIZIO** |
| I ← 0 |
| R ← 0 |
| **MENTRE**(I ≤ 10) **ESEGUI** |
| R ← R + 1 |
| I ← I + 1 |
| **FINEMENTRE** |
| R ← 5 |
| **SCRIVI**(R) |
| **FINE** |

- Quante volte viene eseguito il ciclo MENTRE?
- Qual è il valore della variabile R all'uscita dal ciclo (cioè subito dopo l'esecuzione dell'istruzione FINEMENTRE)? Qual è il valore visualizzato della variabile R?

**3** Quale sequenza produce in output il seguente pseudocodice?

| |
|---|
| **ALGORITMO** Tre |
| **VARIABILI** |
| I: **INTERO** |
| **INIZIO** |
| I ← 1 |
| **MENTRE**(I > 19) **ESEGUI** |
| **SCRIVI**(I) |
| I ← I + 1 |
| **FINEMENTRE** |
| **FINE** |

**Apparato didattico B** Le basi della programmazione

**4** Se il valore di I fosse partito da 0, quale sequenza sarebbe stata prodotta in output?

Analizza il seguente pseudocodice:

| |
|---|
| **ALGORITMO** Quattro |
| **VARIABILI** |
| I, R: **INTERO** |
| **INIZIO** |
| I ← 1 |
| R ← 0 |
| **MENTRE**(I ≤ 10) **ESEGUI** |
| R ← R + 1 |
| I ← I + 2 |
| **FINEMENTRE** |
| **SCRIVI**(R) |
| **FINE** |

- Quante volte viene eseguito il ciclo MENTRE?
- Qual è il valore della variabile R all'uscita dal ciclo?
- Qual è il valore visualizzato della variabile R?
- Quale ritocco apporteresti alla variabile I affinché il ciclo non venga mai avviato?
- Quale ritocco apporteresti alla variabile I affinché il ciclo venga eseguito una sola volta?

**5** Considera il seguente pseudocodice:

| |
|---|
| **ALGORITMO** Sei |
| **VARIABILI** |
| Numero1, Numero2, Effetto: **INTERO** |
| **INIZIO** |
| **LEGGI**(Numero1, Numero2) |
| Effetto ← 0 |
| **MENTRE**(Numero1 ≠ 0) **ESEGUI** |
| **SE**(Numero1 **MOD** 2 ≠ 0) |
| **ALLORA** |
| Effetto ← Effetto + Numero2 |
| **FINESE** |
| Numero1 ← Numero1 / 2 |
| Numero2 ← Numero2 * 2 |
| **FINEMENTRE** |
| **SCRIVI**(Effetto) |
| **FINE** |

- Qual è l'output prodotto dallo pseudocodice nel caso in cui i valori delle variabili di input siano Numero1 = 37 e Numero2 = 41?
- Qual è l'output prodotto dallo pseudocodice nel caso in cui i valori delle variabili di input siano Numero1 = 31 e Numero2 = 17?
- Che cosa rappresenta il risultato fornito in output?

# 11 | Il costrutto iterativo postcondizionale

Analizziamo il secondo costrutto iterativo chiamato **costrutto iterativo postcondizionale** (oppure *costrutto iterativo con controllo in coda*) poiché, come dice il nome stesso, il controllo della condizione viene effettuato dopo l'esecuzione delle istruzioni che compongono il ciclo.

Diamo uno sguardo alla descrizione sintattica illustrata nella seguente figura:

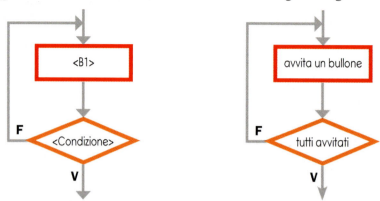

Dopo aver eseguito per la prima volta il ciclo, si valuta la <Condizione>. Se è falsa si riesegue il blocco <B1>, altrimenti, ossia se la <Condizione> è vera, si esce dal ciclo e si passa a eseguire l'istruzione successiva al FINCHÉ. Ovviamente, anche in questo caso l'espressione logica presente in <Condizione> rappresenta la **guardia del ciclo**, mentre il blocco di istruzioni <B1> è il **corpo del ciclo**.

Il costrutto iterativo postcondizionale presenta notevoli differenze con quello precondizionale. Esaminiamo con attenzione le informazioni seguenti.

**Costrutto iterativo MENTRE**
1. La condizione viene controllata prima di eseguire il blocco B1.
2. Il blocco B1 può non essere mai eseguito.
3. Il blocco B1 è eseguito fintantoché la condizione rimane vera.

**Costrutto iterativo RIPETI FINCHÉ**
1. La condizione viene controllata dopo aver eseguito il blocco B1.
2. Il blocco B1 è eseguito almeno una volta.
3. Il blocco B1 è eseguito fintantoché la condizione rimane falsa.

## 12 | Costrutto postcondizionale e precondizionale a confronto

Durante la stesura di un algoritmo ci si può trovare nella situazione in cui il corpo di un ciclo potrebbe non essere eseguito neppure una volta. Con l'utilizzo di un costrutto precondizionale il problema non si pone, ma se si vuole utilizzare quello postcondizionale è necessario eseguire un test prima di entrarci. Riferiamoci al problema risolto negli esempi precedenti che richiedeva di realizzare un algoritmo per visualizzare la somma e la media di N numeri e proviamo a risolverlo utilizzando quest'ultimo costrutto iterativo. Nella soluzione A si evince facilmente che, se digitiamo il valore zero alla richiesta della variabile N, l'esecuzione dell'algoritmo continua poiché la condizione è presente in fondo al ciclo. Per fare in modo che il ciclo venga eseguito solo se l'utente digita un valore diverso da zero, dobbiamo apportare una modifica (così come riportato nella variante B) che obbliga l'utente a inserire un valore della variabile N maggiore di 0.

Vediamo i due algoritmi. Ci si accorge facilmente che il costrutto iterativo precondizionale risulta più semplice e immediato e soddisfa completamente le esigenze in ogni situazione garantendo, inoltre, minori possibilità di errore. D'altro canto, il ciclo postcondizionale è utile per il controllo dei dati in fase di input, quando il valore inserito dall'utente deve essere validato prima di procedere con l'elaborazione. Supponiamo, per esempio, che il problema richieda di inserire un numero corrispondente ai mesi dell'anno. Con l'utilizzo di un costrutto postcondizionale possiamo vincolare l'utente all'inserimento corretto dei dati. Il seguente frammento di algoritmo ci fornisce la conferma:

| **RIPETI** |
|---|
| **SCRIVI**("Inserisci un numero compreso tra 1 e 12") |
| **LEGGI**(N) |
| **FINCHÉ**((N ≥ 1) **AND** (N < 12)) |

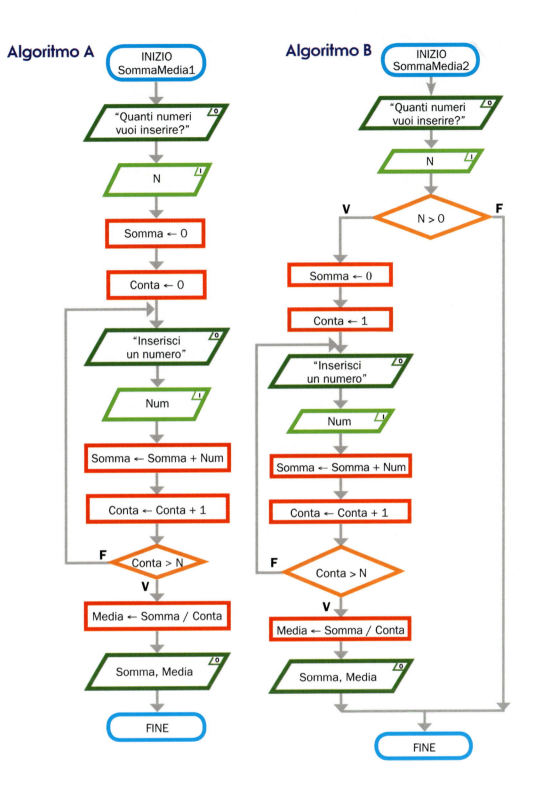

Il costrutto iterativo postcondizionale può essere trasformato in uno precondizionale semplicemente duplicando il blocco interno al ciclo e negando la condizione:

> È doveroso ricordare che il nostro approccio metodologico/didattico prevede un ciclo postcondizionale in cui il blocco viene ripetuto finché la condizione rimane falsa. I moderni linguaggi di programmazione mettono a disposizione costrutti iterativi postcondizionali che iterano quando la condizione è vera.

| RIPETI |
|---|
| <B1> |
| **FINCHÉ**(<Condizione>) |
| <B1> |
| **MENTRE NOT**(<Condizione>) **ESEGUI** |
| <B1> |
| **FINEMENTRE** |

UNITÀ 3 Le strutture di controllo

# Osserva come si fa

**1.** Realizzare un algoritmo che stampi i numeri interi dispari minori o uguali a N, con N letto da tastiera.

Innanzitutto occorre acquisire in input il numero N. Successivamente si inizializza un contatore e si verifica se il suo valore è pari o dispari (attraverso la funzione MOD per il calcolo del resto di una divisione intera). Se il valore è dispari, allora si visualizza il valore del contatore, altrimenti lo si ignora. Il procedimento continua fino a che il valore del contatore si mantiene inferiore a N.

### Analisi dei dati

| NOME | FUNZIONE | TIPO | DESCRIZIONE |
|---|---|---|---|
| N | I | Intero | Quantità di numeri da inserire in input |
| Conta | O | Intero | Contatore del ciclo |

### Formalizzazione dell'algoritmo

| |
|---|
| **ALGORITMO** PariDispari |
| **VARIABILI** |
|   N, Conta: **INTERO** |
| **INIZIO** |
|   **SCRIVI**("Inserisci il valore di N") |
|   **LEGGI**(N) |
|   Conta ← 1 |
|   **RIPETI** |
|     **SE**(Conta **MOD** 2 = 1) |
|       **ALLORA** |
|         **SCRIVI**(Conta) |
|     **FINESE** |
|     Conta ← Conta + 1 |
|   **FINCHÉ**(Conta > N) |
| **FINE** |

**2.** Realizzare un algoritmo che calcoli il prodotto tra due numeri interi utilizzando la sola operazione di somma.

Dopo aver richiesto in input due numeri A e B strettamente positivi, si tratta di sommare il numero A con se stesso per un numero di volte pari al numero B. Per poter individuare il numero di volte che deve essere eseguita la somma e, quindi, per comprendere quando ci si deve fermare, decrementeremo di uno il valore del numero B ogni volta che viene eseguita la somma. Questa operazione si interromperà quando il valore di B sarà uguale a 0.

### Analisi dei dati

| NOME | FUNZIONE | TIPO | DESCRIZIONE |
|---|---|---|---|
| A | I | Intero | Valore del moltiplicando |
| B | I | Intero | Valore del moltiplicatore |
| Prodotto | O | Intero | Valore del prodotto |

### Formalizzazione dell'algoritmo

| |
|---|
| **ALGORITMO** ProdottoAB |
| **VARIABILI** |
|   A, B, Prodotto: **INTERO** |
| **INIZIO** |
|   **SCRIVI**("Inserisci i valori di A e B") |
|   **LEGGI**(A, B) |
|   Prodotto ← 0 |
|   **RIPETI** |
|     Prodotto ← Prodotto + A |
|     B ← B − 1 |
|   **FINCHÉ**(B = 0) |
|   **SCRIVI**("Il prodotto è", Prodotto) |
| **FINE** |

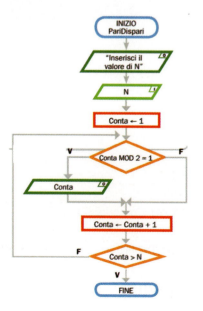

Apparato didattico B   Le basi della programmazione

# ORA TOCCA A TE!

**1** Analizza il seguente pseudocodice:

```
ALGORITMO Uno
VARIABILI
  A: INTERO
INIZIO
  A ← 5
  RIPETI
    A ← A * 2
    SCRIVI(A)
  FINCHÉ(A > 50)
FINE
```

Qual è l'output fornito? Quante volte viene eseguito il ciclo?

**2** Analizza il seguente pseudocodice:

```
ALGORITMO Due
VARIABILI
  A: INTERO
INIZIO
  A ← 5
  RIPETI
    A ← A * 2
  FINCHÉ(A > 50)
  SCRIVI(A)
FINE
```

Qual è l'output fornito? Quante volte viene eseguito il ciclo?

**3** Analizza il seguente pseudocodice:

```
ALGORITMO Tre
VARIABILI
  A: INTERO
INIZIO
  A ← 5
  RIPETI
    A ← A * 2
  FINCHÉ(A < 50)
  SCRIVI(A)
FINE
```

Qual è l'output fornito? Quante volte viene eseguito il ciclo?

**4** Il seguente algoritmo presenta un loop infinito. Individua l'errore.

```
ALGORITMO Quattro
VARIABILI
  X, Y: INTERO
INIZIO
  Y ← 7
  X ← 1
  RIPETI
    Y ← Y
    Y ← Y + 1
  FINCHÉ(Y = 0)
  SCRIVI(X)
FINE
```

**UNITÀ 3** Le strutture di controllo

181

**5** Trova il valore delle variabili I e R alla fine dell'esecuzione del seguente pseudocodice completando la tavola di traccia:

```
ALGORITMO Cinque
VARIABILI
  I, R: INTERO
INIZIO
  I ← 1
  R ← 0
  RIPETI
    R ← R + 1
    SE(R ≠ 2)
      ALLORA
        I ← 0
      ALTRIMENTI
        I ← 1
    FINESE
  FINCHÉ(I ≠ 0)
FINE
```

Quante volte viene eseguito il ciclo RIPETI?

**6** Trova il valore delle variabili I e R alla fine dell'esecuzione del seguente pseudocodice completando la tavola di traccia:

```
ALGORITMO Sei
VARIABILI
  I, R: INTERO
INIZIO
  I ← 1
  R ← 3
  RIPETI
    SE(I ≠ 2)
      ALLORA
        R ← R − 1
      ALTRIMENTI
        R ← R + 1
    FINESE
    I ← I + 1
  FINCHÉ(I < 0)
FINE
```

# 13 | I costrutti iterativi derivati

I costrutti iterativi pre e postcondizionali hanno una caratteristica fondamentale che li accomuna: la condizione che regola l'esecuzione del blocco iterativo. Tale condizione è rappresentata da un'espressione logica (anche complessa) che confronta alcune variabili e, prima o poi, consente di uscire dal blocco iterativo evitando il fatale *loop infinito*.
Questi due costrutti iterativi sono stati ampiamente utilizzati nelle situazioni in cui non è possibile conoscere a priori quante volte deve essere eseguito il ciclo. Sono, pertanto, dei **costrutti iterativi indeterminati** che fanno sì che *il corpo del ciclo venga eseguito per un numero indefinito di volte*. Durante la risoluzione dei problemi, però, ci si può trovare nella situazione in cui il numero di iterazioni è determinato a priori, cioè assume un valore definito e noto.

**Apparato didattico B** Le basi della programmazione

Presentiamo alcuni esempi di processi descrivibili con iterazioni indefinite e definite:

| Iterazioni indefinite | Iterazioni definite |
|---|---|
| Mentre diluvia pensa a studiare | Inserisci 40 foto nell'album |
| Mescola la crema finché si addensa | Per 5 giorni devi prendere la medicina |
| Mentre la terra è secca innaffia la pianta | Invia 100 email di Buon Natale agli amici |
| Finché non ti senti dissetato continua a bere | Scrivi 20 lettere |

Il **costrutto iterativo determinato** (chiamato anche *costrutto iterativo enumerativo*) è un costrutto iterativo derivato da quello precondizionale e permette di ripetere un blocco di istruzioni non in base al valore di verità di una condizione, ma in base al numero di volte che si vuole ripetere il blocco. In questo particolare costrutto iterativo precondizionale la condizione di arresto è indicata dal valore massimo che può raggiungere una variabile denominata **indice** utilizzata come contatore. La sintassi di questo nuovo costrutto è la seguente:

| PER <Indice> ← <Inizio> (**INDIETRO**) A <Fine> [**PASSO** <N>] **ESEGUI** |
|---|
| <B1> |
| **FINEPER** |

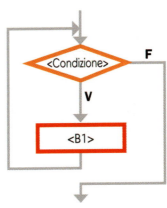

In questa struttura l'<Indice>, che serve da controllo per la ripetizione, assume inizialmente il valore indicato da <Inizio>. Una volta entrati nel ciclo si procede con l'esecuzione del blocco di istruzioni racchiuso tra le parole chiave PER e FINEPER. L'esecuzione di questo blocco viene ripetuta e, a ogni ripetizione, viene incrementato il valore dell'<Indice>. Il ciclo continuerà a essere eseguito fintantoché l'<Indice> si mantiene minore o uguale al valore di <Fine>. La ripetizione del blocco, di conseguenza, si arresta quando l'<Indice> diviene maggiore di <Fine>.

Diamo uno sguardo ai seguenti algoritmi risolutivi del problema: *dati in input 5 numeri visualizzare la loro somma e la loro media*. Le due versioni proposte sono state realizzate utilizzando il costrutto iterativo precondizionale e il costrutto iterativo determinato e indicizzato.

| **ALGORITMO** SommaMedia1 |
|---|
| **VARIABILI** |
| Num, Somma, Conta: **INTERO** |
| Media: **REALE** |
| **INIZIO** |
| Somma ← 0 |
| Conta ← 0 |
| **MENTRE**(Conta < 5) **ESEGUI** |
|   **LEGGI**(Num) |
|   Somma ← Somma + Num |
|   Conta ← Conta + 1 |
| **FINEMENTRE** |
| Media ← Somma / Conta |
| **SCRIVI**("La somma è", Somma) |
| **SCRIVI**("La media è", Media) |
| **FINE** |

| **ALGORITMO** SommaMedia2 |
|---|
| **VARIABILI** |
| Num, Somma, Conta: **INTERO** |
| Media: **REALE** |
| **INIZIO** |
| Somma ← 0 |
| **PER** Conta ← 1 **A** 5 **ESEGUI** |
|   **LEGGI**(Num) |
|   Somma ← Somma + Num |
| **FINEPER** |
| Media ← Somma / Conta |
| **SCRIVI**("La somma è", Somma) |
| **SCRIVI**("La media è", Media) |
| **FINE** |

Osserviamo le differenze.

1. In questo costrutto la variabile Conta, pur avendo la funzione di contatore, è più propriamente definita come **variabile indice**.

2. La variabile indice Conta non necessita dell'**inizializzazione** (cioè dell'assegnazione del suo valore di partenza) esterna al costrutto, in quanto viene inizializzata durante l'impostazione del ciclo. Non è così nel costrutto MENTRE, dove, invece, notiamo l'inizializzazione della variabile (Conta ← 1).

3. La variabile indice non necessita dell'**incremento**. Nell'algoritmo, infatti, non troviamo l'istruzione Conta ← Conta + 1 che è sottintesa nel costrutto.

4. Il ciclo PER si comporta esattamente come il ciclo MENTRE in quanto, se il valore di INIZIO è maggiore di FINE, non viene mai eseguito.

Se l'algoritmo avesse richiesto in input N numeri, anziché 5, avremmo sempre potuto utilizzare il costrutto PER, pur non conoscendo anticipatamente di quanti numeri si sarebbe dovuta fare la somma. Infatti, dopo la richiesta in input del valore di N, saremmo riusciti a ottenere questa informazione indispensabile per applicare questo costrutto e avremmo scritto:

**PER** Conta ← 1 **A** N **ESEGUI**

Ora chiariamo gli ultimi due elementi presenti nella struttura generale di questo costrutto. Nella sintassi, la parola racchiusa tra parentesi quadre INDIETRO A permette l'utilizzo del costrutto nel caso in cui la variabile indice debba subire dei decrementi per giungere dal valore <Inizio> al valore <Fine>. Supponiamo, per esempio, di dover stampare i numeri compresi tra 13 e 5. Utilizzando i concetti studiati si comprende che in questo caso il ciclo PER è il seguente:

**PER** Conta ← 13 **INDIETRO A** 5 **ESEGUI**

Abbiamo visto che l'utilizzo di questo costrutto iterativo non prevede l'incremento della variabile indice, poiché ciò avviene automaticamente. In alcune situazioni problematiche, però, potremmo aver bisogno di incrementare l'indice non di una sola unità, ma di una quantità diversa. In queste circostanze occorre utilizzare PASSO <N>, dove la variabile N indica la quantità della quale viene incrementata la variabile indice. Per esempio, se volessimo visualizzare i primi 50 numeri dispari potremmo utilizzare il seguente ciclo:

**PER** Conta ← 1 **A** 50 **PASSO** 2 **ESEGUI**
    **SCRIVI**(Conta)
**FINEPER**

In questo modo, a ogni iterazione, la variabile Conta viene incrementata di due unità, risolvendo così il problema dato.

# TRAINING

Test

## CONOSCENZE

**1.** Per trasformare l'algoritmo in un insieme di istruzioni comprensibili dal computer occorre:
- ☐ il diagramma a blocchi
- ☐ lo pseudocodice
- ☐ il linguaggio di programmazione
- ☐ la BNF

**2.** Il teorema di Böhm-Jacopini afferma che:
- ☐ in ogni algoritmo è possibile utilizzare le istruzioni di salto
- ☐ in un algoritmo non possono essere inseriti cicli infiniti
- ☐ ogni algoritmo può essere espresso solo attraverso le strutture di sequenza, selezione e iterazione

**3.** Stabilisci se le seguenti affermazioni sono vere o false:
- V F La codifica è la traduzione dell'algoritmo in un linguaggio di programmazione
- V F Il programma è un algoritmo scritto in pseudocodifica
- V F La realizzazione di un algoritmo è affidata al programmatore
- V F L'analisi dei dati di un problema si svolge con l'ausilio della tabella delle variabili
- V F Il test dell'algoritmo prende il nome di trace
- V F Il controllo del trace avviene tramite la tabella delle variabili
- V F La manutenzione del software è una fase di esclusiva manutenzione

**4.** Che cos'è l'indentazione?
- ☐ una tecnica che consente di scrivere le istruzioni in maniera incolonnata così da indicare la loro dipendenza
- ☐ una tecnica che consente di scrivere le istruzioni una sotto l'altra per indicare il flusso del controllo
- ☐ una tecnica che consente di scrivere le istruzioni tramite i diagrammi a blocchi
- ☐ una tecnica che consente di scrivere pseudocodice leggibile

**5.** Qual è la differenza tra proposizione e enunciato?

**6.** Qual è la differenza tra enunciato semplice ed enunciato composto?

**7.** Che cosa sono i connettivi logici?

**8.** Nella disgiunzione XOR:
- ☐ la proposizione risultante è vera se entrambe le proposizioni sono vere
- ☐ la proposizione risultante è vera se solo una delle due proposizioni è vera
- ☐ la proposizione risultante è vera se entrambe le proposizioni sono false

**9.** Relativamente ai cicli, che cos'è un dato tappo?
- ☐ un valore prestabilito che ha il compito di introdurre la sequenza
- ☐ un valore prestabilito che ha il compito di chiudere la sequenza
- ☐ un valore prestabilito che ha il compito di segnalare un errore all'interno della sequenza

**10.** Che cosa si intende con *guardia del ciclo*?

**11.** Relativamente ai cicli MENTRE e RIPETI:
- ☐ entrambi si usano solo se è noto il numero di iterazioni
- ☐ entrambi i cicli eseguono almeno una volta il gruppo di azioni contenute al loro interno
- ☐ il valore di verità del ciclo RIPETI è opposto a quello del ciclo MENTRE equivalente

**12.** Relativamente ai costrutti iterativi:
- ☐ qualsiasi tipo di ciclo può essere risolto mediante il ciclo MENTRE
- ☐ il ciclo RIPETI e il ciclo PER non possono mai essere eliminati per risolvere le iterazioni
- ☐ il ciclo PER può essere utilizzato anche come costrutto iterativo postcondizionale

**13.** Come si fa a trasformare un costrutto iterazione postcondizionale in un equivalente precondizionale?

**14.** Nel ciclo PER:
- ☐ non si deve incrementare il contatore di ciclo
- ☐ il contatore assume il nome di variabile indice
- ☐ l'incremento del contatore può essere solo unitario
- ☐ la condizione è posta in coda

## ABILITÀ

**1.** Tracing
Indica l'output prodotto dal seguente algoritmo:

| ALGORITMO Uno |
|---|
| VARIABILI |
| A: INTERO |
| INIZIO |
| LEGGI(A) |
| A ← A * 3 |
| A ← (A + 2) − (A * 3) |
| SCRIVI(A) |
| FINE |

UNITÀ 3 Le strutture di controllo

# TRAINING

**2.** **Tracing**

Indica l'output prodotto dal seguente algoritmo:

| |
|---|
| **ALGORITMO** Due |
| **VARIABILI** |
| A, B, C, D: **INTERO** |
| **INIZIO** |
| **LEGGI**(A) |
| B ← A + 2 |
| **LEGGI**(B) |
| C ← A + B |
| **SCRIVI**(C) |
| D ← (A – B) + C |
| **SCRIVI**(D) |
| **FINE** |

**3.** **Tracing**

Trova il valore della variabile A visualizzato al termine del seguente algoritmo:

| |
|---|
| **ALGORITMO** Uno |
| **VARIABILI** |
| A: **INTERO** |
| **INIZIO** |
| **LEGGI**(A) |
| A ← A * 3 |
| A ← (A + 2) – (A * 3) |
| **LEGGI**(A) |
| **SCRIVI**(A) |
| **FINE** |

**4.** **Gradi, primi e secondi**

Scrivi un algoritmo che, data in input la misura di un angolo in gradi (G), primi (P) e secondi (S), determini la sua ampiezza espressa in secondi.

**5.** **Media di tre numeri**

Scrivi un algoritmo che, dati in input tre numeri, ne determini la media.

**6.** **Area del cerchio**

Scrivi un algoritmo che determini l'area del cerchio circoscritto a un quadrato.

**7.** **Perimetro e area triangolo**

Scrivi un algoritmo che, date in input la base e un lato di un triangolo isoscele, ne determini perimetro e area.

**8.** **Età di una persona**

Scrivi un algoritmo che, dati in input il cognome, il nome e l'anno di nascita di una persona, fornisca in output la sua età.

**9.** **Equazione di primo grado**

Scrivi un algoritmo che calcoli la radice dell'equazione di primo grado ax = b.

**10.** **Calcolo secondi**

Dati un numero di giorni, uno di ore, uno di minuti e uno di secondi, calcola il numero di secondi corrispondente. Esempio:
Giorni = 2, Ore = 3, Minuti = 23, Secondi = 7 → N = 184987

**11.** **Calcolo litri di vino**

Supponiamo di essere andati da un contadino a comprare il vino. Il contadino ci vende il vino a 1,70 euro il litro. Costruisci un algoritmo che, ricevuto il numero di litri acquistati, comunichi l'importo da pagare.

**12.** **Vernici e additivi**

Per produrre una vernice sono necessari 10 grammi di additivo ogni chilo di prodotto fino a 10 chili e 5 grammi al chilo per i chili eccedenti. Stabilisci la quantità di additivo in base al quantitativo di vernice richiesto.

**13.** **Telefonate e scatti**

Scrivi un algoritmo che determini il numero di scatti effettuati da un utente telefonico e l'ammontare della sua bolletta. Vengono forniti in input i seguenti dati:
a) il nome dell'utente;
b) il numero di scatti emersi dalla lettura della bolletta precedente;
c) il numero di scatti emersi dalla lettura della bolletta attuale;
d) il costo dello scatto.
Ricorda, inoltre, che per determinare il valore della bolletta occorre aggiungere un canone fisso il cui importo viene anch'esso fornito in input.

**14.** **Spese condominiali**

In un condominio si decide di calcolare una tassa una tantum rispetto alle dimensioni dell'appartamento, espresse in metri quadrati, in ragione di euro K per ogni metro quadro. All'importo così calcolato viene aggiunta una quota fissa di euro X e una percentuale del T%. Scrivi un algoritmo che, dati in input i valori di K, X e T, determini l'ammontare della tassa.

**15.** **Due numeri in ordine crescente**

Scrivi un algoritmo che, dati in input due numeri, li scriva in ordine crescente.

**16.** **Pari o dispari**

Scrivi un algoritmo che, dato in input un numero, stabilisca se è pari o dispari.

**17.** **Tipo di triangolo**

Scrivi un algoritmo che, date in input le misure dei lati di un triangolo, determini se il triangolo è scaleno, equilatero o isoscele.

**18.** **Calcolo espressione**

Scrivi un algoritmo che, dati in input due numeri interi X e Y, visualizzi il valore di X + N * B dove N è un numero compreso tra 2 e 50.

**Apparato didattico B** Le basi della programmazione

**19.** **Conversione euro/lire/dollaro**
Progetta un algoritmo che data una quantità di soldi in lire letta da tastiera restituisca la quantità corrispondente in euro (/2000) o in dollari(/2500), a seconda del valore assunto da una variabile moneta di tipo carattere.

**20.** **Valore assoluto**
Scrivi un algoritmo che, dati due numeri A e B, calcoli la somma di quello che ha valore assoluto maggiore e del doppio di quello che ha valore assoluto minore.

**21.** **Equazione di secondo grado**
Scrivi un algoritmo che calcoli le radici di un'equazione di secondo grado.

**22.** **Somma spesa da un cliente**
Calcola la somma spesa da un cliente tenendo conto delle seguenti condizioni:
a) per spese inferiori a euro 50, sconto 10%;
b) per spese inferiori a euro 100, sconto 20%;
c) per spese superiori a euro 100, sconto 30%.

**23.** **Acquisto di merce**
Calcola l'imponibile relativo all'acquisto di una certa merce, noti la quantità acquistata, il prezzo unitario e lo sconto, tenendo presente che lo sconto viene applicato soltanto per quantità superiori a un valore dato.

**24.** **Maggiore e minore**
Scrivi un algoritmo che, dati in input tre numeri, determini:
a) il maggiore;
b) il minore;
c) la differenza tra il maggiore e il minore.

**25.** **Metodo di Cramer**
Sia dato il sistema lineare a due incognite. Scrivi un programma che, acquisiti da tastiera i coefficienti e il termine noto delle equazioni, risolva il sistema con il metodo di Cramer.
Metodo di Cramer:
siano     $Ds = ab' - a'b$
          $Dx = cb' - c'b$
          $Dy = ac' - a'c$
Si possono verificare le seguenti situazioni:
I.   se $Ds = 0$ e $Dx = 0$ il sistema è indeterminato
II.  se $Ds = 0$ e $Dx = 0$ il sistema è impossibile
III. se $Ds$ 0 le soluzioni del sistema sono:
     $= Dx/Ds$              $y = Dy/Ds$

**26.** **Mesi dell'anno**
Scrivi un algoritmo che, dato in input il numero corrispondente al mese dell'anno, visualizzi il numero di giorni di cui l'anno è composto.

**27.** **Le quattro operazioni**
Scrivi un algoritmo che, dati in input due numeri interi, visualizzi, a scelta dell'utente, il risultato di una delle quattro operazioni fondamentali (addizione, sottrazione, moltiplicazione, divisione).

**28.** **Stipendi e trattenute**
Sullo stipendio dei dipendenti di una ditta viene applicata una trattenuta fiscale in base alla seguente tabella:
Scaglione 1     Trattenuta 5%
Scaglione 2     Trattenuta 10%
Scaglione 3     Trattenuta 15%
Scaglione 4     Trattenuta 25%
Scaglione 5     Trattenuta 35%
Scrivi un algoritmo che, dato in input lo scaglione di appartenenza di un dipendente, calcoli la trattenuta da versare.

**29.** **Rettangoli e calcoli**
Date le misure dei lati di un rettangolo a, b fornite da tastiera, scrivi un programma che calcoli il perimetro, l'area o la diagonale del rettangolo secondo la richiesta dell'utente. (Supponi che l'utente possa inserire come scelta: 1 = perimetro, 2 = area o 3 = diagonale).

**30.** **Sconti e fatture**
Un negoziante, per incrementare le sue vendite, prevede di applicare uno sconto progressivo sull'importo della fattura, in base al numero di pezzi acquistati, secondo la seguente tabella:

| Numero pezzi acquistati | Sconto |
| --- | --- |
| 1 | 10% |
| 3 | 20% |
| 5 | 30% |
| 10 | 35% |
| > 10 | 40% |

Calcola lo sconto praticato e la somma che il cliente dovrà pagare.

**31.** **Visitatori di una mostra**
Per aumentare il numero di visitatori di una mostra, si decide di far pagare il biglietto d'ingresso differenziato in base all'età. Precisamente:

| Età | Prezzo del biglietto |
| --- | --- |
| Inferiore a 5 anni | Gratuito |
| Fino a 10 anni | euro 2 |
| Da 11 a 17 anni | euro 4 |
| Da 18 a 26 anni | euro 5 |
| Oltre 26 anni | euro 7 |

Scrivi un algoritmo che, data in input l'età, visualizzi l'importo del biglietto da pagare.

**32.** **Agenzia immobiliare 1**
Un'agenzia immobiliare, per incrementare le sue vendite, decide di abbassare i prezzi degli appartamenti e affige la seguente tabella:

UNITÀ 3 Le strutture di controllo    187

# TRAINING

| Distanza dal centro | Prezzo al mq |
|---|---|
| Centro | euro 1.500 |
| Zona 1 | euro 1.200 |
| Zona 2 | euro 1.400 |
| Zona 3 | euro 1.300 |
| Periferia | euro 1.000 |

**33. Agenzia immobiliare 2**
Scrivi un algoritmo che, date in input le dimensioni dell'appartamento in mq e la zona di appartenenza, determini il prezzo dell'appartamento. Infine, per determinare il prezzo complessivo di vendita, deve essere aggiunta la percentuale dell'X% relativa alla provvigione spettante all'agenzia.

**34. Valore assoluto di N numeri**
Scrivi un algoritmo che, dati in input N numeri, determini, per ognuno di loro, il loro valore assoluto.

**35. Visualizza i numeri pari 1**
Scrivi un algoritmo che visualizzi i primi 100 numeri pari.

**36. Generalizza l'esercizio precedente facendolo operare su N numeri.**

**37. Visualizza i numeri dispari**
Scrivi un algoritmo che visualizzi i primi N numeri dispari.

**38. Somma dei numeri dispari**
Scrivi un algoritmo che legga N numeri interi (con N < 100) e calcoli la somma dei soli numeri dispari.

**39. Maggiori e minori di un numero**
Scrivi un algoritmo che, dati in input N numeri interi e un numero X, determini:
a) quanti numeri sono maggiori di X
b) quanti sono minori di X
c) quanti sono uguali a X

**40. Massimo e minimo**
Scrivi un algoritmo che, dati in input N numeri interi, determini il massimo e il minimo.

**41. Massimo, minimo e posizione**
Scrivi un algoritmo che, data una sequenza di numeri chiusa dallo zero, determini il valore massimo, il valore minimo e la posizione dei due valori nell'ambito della sequenza (lo zero non deve essere considerato).

**42. Temperatura massima e minima**
Ogni giorno vengono registrate la temperatura massima e minima di ogni città. Scrivi un algoritmo che, date in input la temperatura massima e quella minima registrata e il nome della città corrispondente, visualizzi il nome della città più calda e di quella più fredda.

**43. Prodotti con il prezzo più alto**
Data una serie di coppie nome prodotto e prezzo, stabilisci qual è il prodotto che ha il prezzo più alto.

**44. Sufficienze e insufficienze**
Dati i voti riportati da alcuni studenti in una prova, stabilisci quanti sono insufficienti e quanti sufficienti

**45. Media aritmetica e media geometrica**
Scrivi un algoritmo che, dati in input N valori interi positivi, calcoli la media aritmetica e la media geometrica.

**46. Multipli di un numero 1**
Scrivi un algoritmo che, dato in input un numero intero, determini se è multiplo di un numero X anch'esso intero e richiesto in input.

**47. Multipli di un numero 2**
Stampa i multipli di un numero intero A compreso tra due numeri interi X e Y.

**48. Altezze di alcune persone**
Data una serie di altezze, conta le persone che hanno altezza compresa tra due valori limite inseriti in input.

**49. Conta positivi e negativi**
Scrivi un algoritmo che, dopo l'immissione di N numeri interi, consenta di:
a) contare quanti sono i numeri positivi effettuandone la somma;
b) contare quanti sono i numeri negativi effettuandone la somma;
c) visualizzare i conteggi effettuati.

**50. Scrivi un programma che visualizzi tutti i numeri da 10 a 100 multipli di 3.**

**51. Multipli di 3 e di 5**
Scrivi un programma che visualizzi tutti i numeri da 10 a 100 multipli di 3 e di 5.

**52. Numeri di Fibonacci**
Scrivi un algoritmo che visualizzi i primi N elementi della successione di Fibonacci.

**53. Numeri primi 1**
Scrivere un algoritmo che verifichi se un numero è primo.

**54. Numeri primi 2**
Scrivi un algoritmo che visualizzi i primi N numeri primi

**55. Somma di numeri primi**
Scrivi un programma che visualizza la somma dei primi N numeri primi (con N letto da tastiera).

**56. Minimo, massimo e media**
Scrivi un programma che legga da tastiera N numeri reali (N richiesto da tastiera) ed effettui i seguenti calcoli visualizzandone il risultato:
a) minimo;
b) massimo;
c) media dei valori.

**57. Centinaia, decine e unità**
Dato un numero intero inferiore a mille, determina il numero di centinaia, decine e unità. Per esempio, 123 è composto da un centinaio, due decine e tre unità.

Apparato didattico B  Le basi della programmazione

**58. Somma di pari e prodotto di dispari**
Data una sequenza di N numeri interi, calcola la somma dei pari e il prodotto dei dispari.

**59. Media aritmetica e scostamenti**
Dati N numeri reali calcola la media aritmetica e indica il valore per il quale si registra il massimo scostamento.

**60. Moltiplicazioni e divisioni**
Scrivi un algoritmo che, servendosi esclusivamente delle operazioni di addizione e sottrazione, calcoli rispettivamente il prodotto e il quoziente di due numeri interi positivi X e Y. Per quanto riguarda il quoziente, accertati di non incorrere in forme indeterminate.

**61. Quattro operazioni**
Supponendo che l'esecutore conosca le quattro operazioni, scrivi un algoritmo per il calcolo della potenza $x^y$ di due interi non negativi x e y ricevuti in ingresso. Riscrivi poi l'algoritmo nel caso in cui l'esecutore conosca solo le operazioni di somma e sottrazione.

**62. Somma dei quadrati**
Dati tre numeri determina la somma dei quadrati dei due più piccoli.

**63. Vocali e consonanti**
Date N lettere maiuscole conta le vocali e le consonanti.

**64. Minimo Comune Multiplo**
Calcola il Minimo Comune Multiplo tra due numeri interi positivi A e B procedendo nel seguente modo: confronta i due valori e somma al valore più piccolo se stesso, confronta la somma ottenuta con l'altro valore, somma un altro valore alla somma più piccola finché le due somme diventano uguali.
Esempio: A = 3 B = 5.
3 + 3,5   6,5 + 5   9 + 3,10   2,10 + 5   12 + 3,15   15,15

**65. Successioni**
Data la successione 1, 2, 4, 8, 16, 32…, in cui ogni elemento è il doppio del precedente, stabilisci qual è il primo termine maggiore di un valore intero N introdotto.

**66. Potenze**
Dato un numero reale N e uno intero M, calcola la potenza di N alla M con M > = 0.
Variante: supponi che M possa assumere valori negativi.

**67. Tracing**
Osserva il seguente algoritmo espresso in pseudocodifica:

| INIZIO |
| --- |
| **LEGGI**(Numero) |
| I ← 1 |
| **MENTRE**(I < Numero) **ESEGUI** |
| **SCRIVI**(I) |
| I ← I + 1 |
| **FINEMENTRE** |
| **FINE** |

Ora:
a) enuncia il problema che risolve;
b) trasforma il ciclo iterativo MENTRE in un ciclo iterativo RIPETI;
c) trasforma il ciclo iterativo MENTRE in un ciclo iterativo determinato;
d) se alla variabile Numero viene assegnato il valore zero, quante volte viene ripetuto il ciclo? (Serviti della tavola di traccia)

**68. Somma di quadrati**
Scrivi un algoritmo che calcoli la somma dei quadrati dei primi K numeri naturali successivi a un numero naturale N, noti K e N.

**69. Divisori interi**
Scrivi un algoritmo che, dati in input N numeri, determini, per ognuno di essi, tutti i divisori interi.

**70. Fattori primi**
Scrivi un algoritmo che, dati in input N numeri, determini, per ognuno di essi, tutti i fattori primi.

**71. Fattoriale**
Scrivi un algoritmo che, dati in input N numeri, determini il fattoriale di ognuno.

**72. Percentuali**
Scrivere un algoritmo che, dati in input N numeri interi, determini la percentuale dei positivi, dei negativi, dei pari e dei dispari.

**73. Quadrato di numeri**
Scrivi un algoritmo che calcoli il quadrato dei primi N numeri naturali.
(Per risolvere il problema serviti della seguente regola: il quadrato di un numero x diverso da zero è uguale alla somma dei primi x numeri dispari. Per esempio: il quadrato di 5 è dato da 1 + 3 + 5 + 7 + 9 = 25).

**74. Precedente e successivo**
Un calcolatore riesce a eseguire soltanto il precedente e il successivo di un numero. Alla luce di questa informazione, scrivi un algoritmo che realizzi la somma di due numeri X e Y.
(Nota che, in questo caso, la somma può essere realizzata aggiungendo a X tante unità quante possiamo toglierne a Y).

**75. Successioni**
Scrivi un algoritmo che, dato in input un numero intero positivo A, determini quanti termini della successione definita da:
$x_0 = a + 1$
$x_i = x_{i+1} + 1$ per i = 1, 2, …
occorre sommare successivamente (partendo dal primo), per superare strettamente un limite dato in input.

**76. Polinomi**
Realizza un algoritmo che per un dato valore di X calcoli il valore del polinomio:
$Pol = a_n x^n + a_{n-1} x^{n-1} + … + a_1 x + a_0$

UNITÀ 3 Le strutture di controllo   189

# TRAINING

**77. Cartellini e ore lavorate**
Si vuole automatizzare il calcolo delle ore lavorative settimanali da retribuire a ciascun dipendente di una ditta. Scrivi un algoritmo che, date in input l'ora di entrata e l'ora di uscita riportate nel cartellino personale, calcoli, approssimativamente, il totale delle ore da retribuire.

**78. Espressione**
Data una espressione composta da addizioni e sottrazioni (in cui si alternano un numero e un operatore e che termina con il simbolo =) calcola il risultato.

**79. Elenco studenti 1**
L'elenco degli studenti di una scuola riporta la classe frequentata dallo studente e il suo nome. L'elenco è ordinato per classi. Conta gli studenti di ogni classe. Per classe si intende l'anno di corso frequentato (1, 2, 3, 4, 5) e non la sezione. Non è noto a priori quante e quali siano le classi presenti nella scuola.

**80.** L'elenco degli studenti di una scuola riporta la classe, la sezione e il nome dello studente. L'elenco è ordinato per classe e per sezione. Calcola quanti studenti sono presenti nella classe di ciascuna sezione e quanti frequentano lo stesso anno.

**81. Calcolo radice quadrata**
Scrivi una funzione radice che calcoli la radice quadrata (intera) di un naturale N.
*Suggerimento*
Considera un intero X dopo l'altro a partire da 1, e calcolane il quadrato X * X: fermati appena tale quadrato supera N. Il precedente numero considerato (X − 1) è il risultato.

**82. Successioni 1**
Scrivi un algoritmo che letto un numero A in input, generi e visualizzi i primi 100 valori della seguente successione:
5 + A,   10 + A,   15 + A,   20 + A, ...

**83. Per ognuna delle seguenti successioni di numeri, costruisci l'algoritmo che le genera:**
a) 1, 3, 5, 7, 9, ..., 99
b) 1, 4, 9, 16, 25, ..., 2500
c) 1, −2, 3, −4, 5, −6, ..., −100
d) 1/2, 2/3, 3/4, 4/5, ..., 99/100

**84.** Scrivi un algoritmo che legga da input una sequenza arbitraria di numeri a1, a2, a3, a4, ... e restituisca nella variabile SOMMA la seguente espressione: SOMMA = a1 + a22 + a3 + a42 + ... (dove a2 rappresenta l'elevamento di a al quadrato).

**85.** Scrivi un algoritmo che legga da input una sequenza arbitraria di numeri a1, a2, a3, a4, ... e restituisca nella variabile SOMMA la seguente espressione: SOMMA = (a1 * a2) + (a3 * a4) + ...

**86.** Scrivi un algoritmo che legga da input una sequenza arbitraria di numeri a1, a2, a3, a4, ... e restituisca nella variabile SOMMA la seguente espressione: SOMMA = (a1 * a2 * a3) + (a4 * a5 * a6) + ...

**87.** Scrivi un algoritmo che legga da input una sequenza arbitraria di numeri a1, a2, a3, a4, ... e restituisca nella variabile SOMMA la seguente espressione: SOMMA = (a1 * a2 * a3) + (a2 * a3 * a4) + ...

**88.** Scrivi un algoritmo che legga da input una sequenza arbitraria di numeri a1, a2, a3, a4, ... e restituisca nella variabile SOMMA la seguente espressione: SOMMA = (a1 * a2 * a3) + (a3 * a4 * a5) + ...

**89. Conto corrente**
Vogliamo gestire un conto corrente bancario. Realizza un algoritmo che, una volta inserito il saldo iniziale, richieda le varie operazioni (versamento, prelevamento) e la somma. L'algoritmo dovrà:
a) segnalare eventuali scoperti e, in caso siano presenti, non permettere l'operazione;
b) visualizzare il numero di versamenti e la somma complessivamente versata;
c) visualizzare il numero di prelievi e la somma complessivamente prelevata;
d) visualizzare il saldo finale.

**90. Azienda di produzione**
Una ditta produce pacchetti di sale. Tali pacchetti devono contenere 1 kg di sale con una tolleranza in più o in meno del 2%. Costruisci un algoritmo che, data in ingresso la sequenza dei pesi dei pacchetti (che termina con 0), fornisca:
a) il numero di pacchetti di peso corretto, sottopeso e sovrappeso;
b) il peso totale della merce nei pacchetti a norma e il peso totale nei pacchetti fuori norma.

**91. Conversione binario-ottale**
Scrivi un algoritmo che converta un numero intero N nel suo equivalente binario o ottale in funzione della scelta fatta dall'utente.

**92. Distanza tra due date**
Scrivi un algoritmo che, date in input due date, visualizzi la distanza intercorrente espressa in giorni.

**93. Terne di numeri triangolari**
Scrivi un algoritmo per il calcolo delle prime N terne di numeri triangolari. Ricordiamo che le terne di numeri triangolari sono legate dalla seguente relazione:

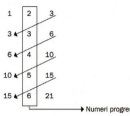

**94. Triangolo di Tartaglia**
Scrivi un algoritmo che stampi le prime N righe del triangolo di Tartaglia. Esempio:
1
1  1
1  2  1
1  3  3  1
1  4  6  4  1
1  5  10  10  5  1
1  6  15  20  15  6  1

**95. Triangolo di Floyd**

Scrivi un algoritmo per la rappresentazione delle prime N righe del triangolo di Floyd. Per esempio, se N = 5 il triangolo stampato sarà il seguente:

1
2  3
4  5  6
7  8  9  10
11  12  13  14  15

**96. Data della Pasqua**

Un interessante algoritmo: stabilisci la data della Pasqua per qualsiasi anno. Traduci in pseudocodice i seguenti passi:

a) assegna alla variabile y l'anno preso in considerazione;
b) assegna alla variabile n la differenza tra 1900 e y;
c) assegna alla variabile a il resto della divisione tra la variabile n e 19;
d) assegna alla variabile b il quoziente della divisione tra (7a + 1) e 19;
e) assegna alla variabile m il resto della divisione tra (11a + 4 − b) e 29;
f) assegna alla variabile q il quoziente della divisione tra n e 4;
g) assegna alla variabile w il resto della divisione tra (n + q + 31 − m) e 7;
h) la data della Pasqua è data da 25 − m − w. Se il risultato ottenuto è positivo, il mese in cui cadrà la Pasqua è aprile. Se il risultato è negativo, il mese sarà marzo e il giorno potrà essere stabilito secondo la seguente tabella:

| Risultato | Data |
|---|---|
| 0 | 31 marzo |
| −1 | 30 marzo |
| −2 | 29 marzo |
| ... | ... |
| −9 | 22 marzo |

**97. Enunciati**

Riconosci tra le seguenti espressioni linguistiche quali sono enunciati e quali no:

a) il numero 5 è divisore del numero 24
b) 10 è un numero composto
c) attenti alla punteggiatura
d) il numero 7 è un numero dispari
e) zitto, arriva il preside
f) Roma è la capitale d'Italia
g) Gigi è un bel ragazzo

**98. Valore di verità 1**

Attribuisci un valore di verità agli enunciati individuati al punto precedente.

**99. Attribuisci un valore di verità ai seguenti enunciati:**

a) 9 + 4 = 12
b) 5 è un numero primo
c) non è vero che 11 sia un numero primo
d) il Tevere bagna Roma
e) il rombo è un particolare parallelogramma

**100. Negazione**

Scrivi la negazione dei seguenti enunciati:

a) il signor Rossi è sposato
b) ieri ero a Roma
c) i Beatles si esibiscono a Milano
d) oggi ho studiato

**101. Enunciati derivati 1**

Dati i seguenti enunciati:
p = Gigi è partito per Milano,  q = Gigi è studente
Scrivi gli enunciati:
not p,  not q,  p AND q,  p OR q,  p AND NOT q, NOT p AND q,  NOT p OR NOT q

**102. Con riferimento agli enunciati p e q dell'esercizio precedente, nella ipotesi che sia p vera, q falsa, stabilisci il valore di verità dei seguenti** enunciati:
p AND q,  p OR q,  p AND NOT q,  NOT p AND q, NOT p OR NOT q

**103. Ripeti l'esercizio precedente nelle seguenti ipotesi:**

a) p vera, q vera  b) p falsa, q vera  c) p falsa, q falsa

**104. Enunciati semplici e composti 1**

Individua gli enunciati semplici e i connettivi dei seguenti enunciati composti:

a) piove e non fa freddo
b) piove oppure la nebbia è molto fitta
c) Gigi e Daniele sono interrogati in matematica
d) Il numero 7 non è primo e non è pari

**105. Scrivi sotto forma simbolica sia gli enunciati semplici che quelli composti dell'esercizio precedente e di ciascuno indica il valore di verità.**

**106. Enunciati semplici e composti 2**

Considera i seguenti enunciati:
p = Anna è amica di Lisa
q = Lisa è amica di Anna
E scrivi in forma simbolica i seguenti enunciati composti:

a) Anna non è amica di Lisa
b) Lisa e Anna sono amiche
c) Lisa e Anna non sono amiche
d) Anna è amica di Lisa o Lisa è amica di Anna
e) Anna è amica di Lisa o Lisa non è amica di Anna
f) Anna non è amica di Lisa e Lisa è amica di Anna

**107. Tavole di verità 1**

Costruisci le tabelle di verità delle seguenti espressioni logiche:

a) d = NOT ((a OR c) OR b) OR (a AND c)
b) d = NOT (a OR NOT b) AND NOT c
c) c = (a OR b) OR NOT (a AND b)
d) d = (a AND (b OR c)) AND NOT c

**108. Calcola le tavole di verità delle seguenti espressioni booleane:**

a) (a AND b) XOR c
b) a AND b OR c
c) a AND (b OR c)
d) a OR b AND c

UNITÀ 3 Le strutture di controllo **191**

# UNITÀ DI APPRENDIMENTO 4
# PROGRAMMIAMO CON SCRATCH

## IN QUESTA UNITÀ IMPARERAI...

- Le prime nozioni su un linguaggio di programmazione
- Come codificare algoritmi
- Come creare semplici animazioni
- Come realizzare un simpatico videogame

Glossario CLIL

Approfondimento

### LO SAI CHE...

Il nome Scratch deriva dalla tecnica dei disk jockey hip-hop che mixano i dischi facendoli ruotare con le mani e l'obiettivo fondamentale è quello di avvicinare alla programmazione e capire la logica degli algoritmi (prima dell'uso di codice di un linguaggio di programmazione rigoroso).

**Infografica**

**Installare Scratch**
Prima di iniziare a programmare con Scratch, vediamo come installarlo attraverso l'infografica dedicata.

Abbiamo visto quanto sia necessario imporre delle descrizioni rigorose per riuscire ad eseguire degli algoritmi utilizzando una sequenza di istruzioni che il computer deve eseguire per giungere ad un risultato finale. Il computer diventa così un mero esecutore, ad alta velocità, delle indicazioni impartite. Attraverso diagrammi a blocchi e pseudolinguaggio abbiamo compreso i passi rigorosi che è necessario effettuare per raggiungere uno specifico obiettivo. Tali strumenti però sono più vicini, da un punto di vista di comprensione, all'uomo e meno al computer, pertanto vi è la necessità di tradurli in linguaggi di programmazione la cui sintassi e semantica possa essere comprensibile anche al computer.

In questa unità impareremo a conoscere uno strumento che rappresenta un approccio visuale alla programmazione: **Scratch**, un software open source sviluppato da un gruppo di ricerca presso il Multimedia Lab del MIT di Boston.

Scratch consente di realizzare programmi per risolvere problemi e creare simulazioni, animazioni, storie interattive, grafica, oggetti artistici ed altro ancora. Utilizza dei mattoncini (simili a quelli della Lego o ai pezzi del puzzle, gli Scratch blocks) per realizzare progetti multimediali che includono immagini, suoni, video ecc.

## 1 | Gli elementi di Scratch

Tutto ruota intorno al concetto di **sprite**, un oggetto grafico su cui eseguire le varie istruzioni. Il software contiene differenti collezioni di sprite ma è possibile utilizzare immagini personali o modificare quelle già esistenti.

Tutte le operazioni che si possono effettuare sono raccolte all'interno di otto categorie e ognuna delle quali contraddistingue i propri Scratch blocks con colori differenti. Ogni categoria rappresenta un insieme di operazioni legate alla funzionalità da assegnare allo sprite; avremo quindi blocchi legati al movimento, al suono, all'aspetto fisico e così via.

La videata iniziale è composta da differenti zone di lavoro:

1. categorie degli Scratch blocks
8. strumenti per la gestione degli sprite
9. barra dei menu
5. pulsanti per modificare la visualizzazione dell'anteprima
6. avvio dell'animazione: bandierina per dare avvio allo script
4. anteprima di scena: area in cui viene eseguita l'animazione
7. arresto dell'animazione

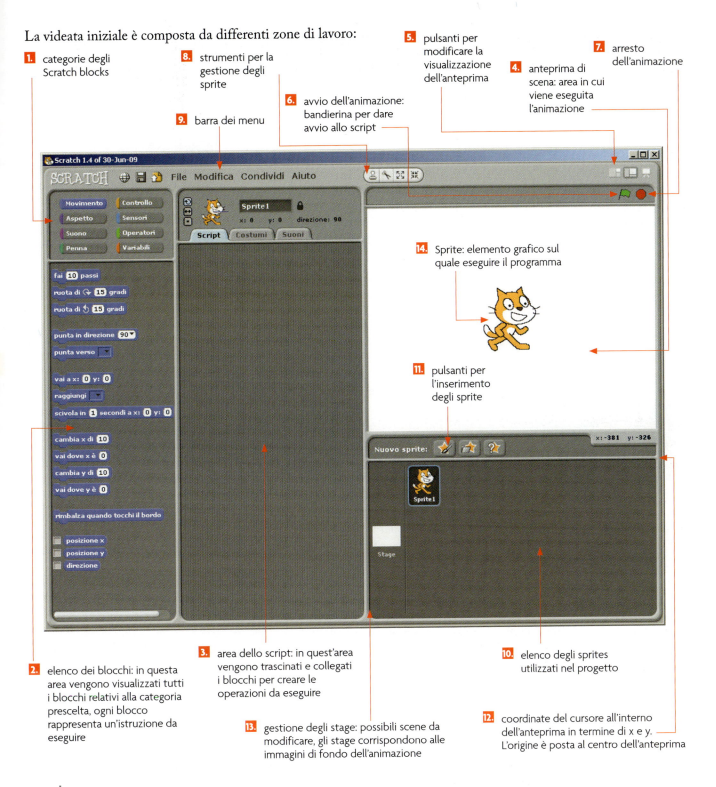

14. Sprite: elemento grafico sul quale eseguire il programma
11. pulsanti per l'inserimento degli sprite
2. elenco dei blocchi: in questa area vengono visualizzati tutti i blocchi relativi alla categoria prescelta, ogni blocco rappresenta un'istruzione da eseguire
3. area dello script: in quest'area vengono trascinati e collegati i blocchi per creare le operazioni da eseguire
13. gestione degli stage: possibili scene da modificare, gli stage corrispondono alle immagini di fondo dell'animazione
10. elenco degli sprites utilizzati nel progetto
12. coordinate del cursore all'interno dell'anteprima in termine di x e y. L'origine è posta al centro dell'anteprima

# 2 | Costruiamo la scena

Attraverso i pulsanti del blocco n. 11 è possibile inserire i vari sprite nell'anteprima. Gli sprite differiscono tra loro solo per l'aspetto grafico, mentre da un punto di vista funzionale non vi è alcuna differenza tra loro: tutto quello che può essere fatto su uno sprite può essere fatto su tutti gli altri.
Gli sprite inseriti possono essere ridimensionati (blocco pulsanti n. 8) e spostati a piacimento all'interno dell'anteprima semplicemente trascinandoli con il mouse. Oltre agli sprite è possibile inserire un'immagine di fondo per rappresentare la scena in cui lo sprite agisce. Nell'area di gestione degli sprite (contrassegnata dal

UNITÀ 4 Programmiamo con Scratch    193

**INFO GENIUS**

Per passare dalla gestione dello sprite a quello dello stage e viceversa basta effettuare un doppio click dallo sprite allo stage e viceversa.

n. 13) vi è inizialmente uno stage bianco in quanto, al lancio dell'applicazione, non è presente alcuna scena.

Attivata la gestione dello stage, nella parte alta dell'area dello script troviamo la scheda Sfondi che ci consente di disegnare uno stage, di importarne uno fra quelli contenuti nelle apposite cartelle o addirittura acquisirne uno dalla realtà che ci circonda grazie all'utilizzo di una webcam. Inoltre, è sempre possibile modificare, copiare e cancellare uno stage già inserito.

Una volta scelto lo sfondo, questo viene caricato nell'anteprima insieme allo sprite. I due oggetti introdotti nella scena sono oggetti di natura differente, pertanto, le azioni da compiere saranno differenti. Se, ad esempio, una volta selezionato lo stage proviamo ad attivare la categoria dei blocchi **Movimento** ti accorgerai che non è presente alcun blocco in quanto le azioni di movimento sono consentite esclusivamente per i singoli sprite.

## 3 | Gli script

È venuto il momento di dare vita alla nostra scena. Proviamo a far muovere l'aereo su una traiettoria ben definita, così come riportato in figura. Far muovere l'aereo equivale a impartire delle istruzioni allo sprite che gli consentano il movimento seguendo la traiettoria. La prima cosa da fare è stabilire quando l'aereo deve iniziare a muoversi e cioè quando avviare lo script. L'avvio dello script può essere effettuato in differenti modi, al clic sulla bandierina verde (pulsante n. 6), alla pressione di un tasto da tastiera o al clic sullo stesso sprite. La categoria che contiene i blocchi per la gestione dell'avvio è quella di **Controllo**. Nel nostro caso il movimento deve avvenire al clic sul pulsante di avvio (bandierina verde in alto a destra), quindi il blocco che ci serve è quello rappresentato in figura che deve essere semplicemente trascinato nell'area di script. Poiché siamo all'interno di un sistema cartesiano, gli spostamenti dell'aereo non sono altro che dei movimenti verso delle specifiche coordinate. È per questo motivo che l'azione in questione fa capo al gruppo **Movimento**. Una volta stabilite le coordinate, basta trascinare i blocchi e agganciarli uno di seguito all'altro in base alla sequenza di operazioni (movimenti) da compiere.

**INFO GENIUS**

Se nel comando FAI inseriamo un numero negativo otteniamo uno spostamento all'indietro, cioè lo sprite torna indietro verso sinistra.

Se provi ad avviare lo script, molto probabilmente non ti accorgerai di nulla, in quanto la velocità di esecuzione è talmente elevata da essere impercettibile all'occhio umano. Una prima soluzione potrebbe essere quella di eseguire lo script in modalità passo-passo, da attivare attraverso il menu Modifica della barra in alto. Ora ogni volta che premi il pulsante di avvio l'aereo riesegue lo script. La prima istruzione ( vai a x: -118 y: 154 ) ha lo scopo di riportare l'aereo nella situazione di partenza. Il termine **passi** indicato nelle istruzioni di movimento si riferisce ai punti del sistema cartesiano (da −118 a −48 sono 70 passi). Se, invece, vogliamo dare al movimento un aspetto più fluido possiamo indicare il tempo in cui il singolo movimento deve essere

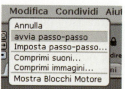

194    **Apparato didattico B**   Le basi della programmazione

effettuato. Il precedente script può essere sostituito come indicato in figura, dove i movimenti avvengono in funzione di un tempo da indicare in secondi.
Per meglio comprendere il sistema delle coordinate usato da Scratch puoi fare riferimento alla seguente figura:

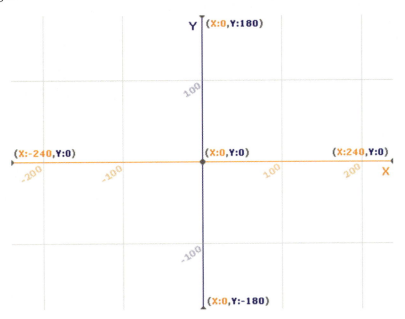

# 4 | Le variabili

Nell'unità precedente abbiamo conosciuto le variabili e i tipi di dato che possono accogliere. In ambiente Scratch una variabile è considerata semplicemente un contenitore che può ospitare qualsiasi tipo di dato, intero, decimale, stringa e così via. Per creare e gestire le variabili ci possiamo servire della categoria **Variabili** che consente, al momento, solo la loro creazione attraverso il pulsante `Nuova variabile`.
Il sistema ci chiederà di assegnare un nome alla variabile e se la stessa deve far riferimento solo allo sprite corrente o a tutti gli sprite. Una volta creata la variabile compaiono i relativi quattro blocchi di gestione. I primi due assegnano un contenuto alla variabile e rappresentano la traduzione di quanto visto all'interno dei diagrammi a blocchi e dello pseudocodice.

| Blocco Scratch | Blocco diagramma | Pseudocodice |
|---|---|---|
| porta base a 5 | base ← 5 | base ← 5 |
| cambia base di 1 | base ← base + 1 | base ← base + 1 |

Il terzo blocco visualizza sulla scena il contenuto della variabile e pertanto può essere considerato un blocco di output.

### INFO GENIUS

Se fai clic con il pulsante destro del mouse su un blocco binario ti apparirà un menu dal quale potrai cambiare l'operazione da svolgere!
Se vuoi scrivere un'espressione annidata trascina un blocco binario all'interno dello spazio bianco!

Il quarto ha esclusivamente il compito di nascondere dalla scena la variabile e il suo contenuto. Questo blocco non ha il suo corrispondente all'interno della rappresentazione degli algoritmi.

# 5 | Gli operatori

La categoria **Operatori** racchiude le quattro operazioni di base, gli operatori booleani (AND, OR e NOT), gli operatori logici (da inserire nei blocchi condizionali), alcuni operatori per gestione delle stringhe, l'operatore resto della divisione, l'operatore per arrotondare un valore decimale ad un intero, un generatore di numeri casuali e altri ancora.

Gli operatori binari si presentano graficamente con il simbolo dell'operazione da compiere posto tra due spazi bianchi ( * ), all'interno dei quali si possono inserire manualmente dei valori numerici (13 * 7), trascinare le variabili precedentemente dichiarate (base * altezza) o espressioni annidate (altezza * base / 2) (il primo operando dell'operazione di divisione sarà il risultato dell'operazione prodotto).

Supponiamo di voler realizzare un piccolo script per il calcolo dell'area di un triangolo. Il primo passo da fare è quello di creare le variabili (*base*, *altezza*, *risultato*), assegnare i valori (base e altezza) e calcolare il valore dell'area nella variabile *risultato*.

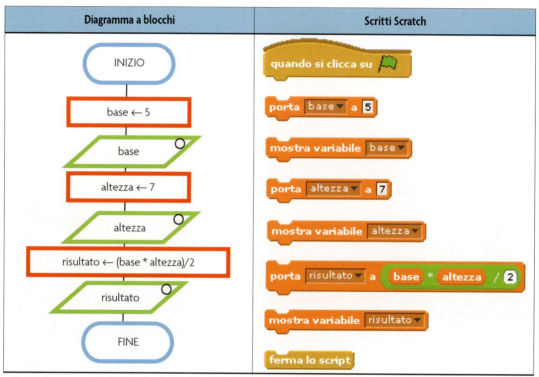

Naturalmente il tutto va compattato, i blocchi appena si avvicinano tra loro, si agganciano automaticamente (ma questo, siamo sicuri che lo hai già sperimentato). Per completezza riportiamo anche il relativo pseudocodice.

L'esecuzione dello script produrrà, nell'area di anteprima, il risultato mostrato in figura.

# 6 | Istruzioni input/output

Oltre al blocco mostra variabile (visto in precedenza), Scratch dispone di blocchi che consentono l'interazione direttamente con il singolo sprite. La funzione di input, cioè la possibilità di fornire dei valori alle variabili durante l'esecuzione dello script, è demandata al blocco `chiedi Come ti chiami? e attendi` della categoria **Sensori**, che consente l'immissione di qualsiasi tipo di dato (intero, decimale, stringa). Il messaggio contenuto al suo interno fornisce all'utente indicazioni sull'informazione da inserire. L'esecuzione del blocco, oltre a visualizzare il messaggio, proporrà una casella in cui inserire il valore da passare allo script. Il valore inserito verrà collocato automaticamente nella variabile preimpostata `risposta` e potrà essere gestito dallo script per essere trasferito in un'altra variabile, inserito all'interno di un'espressione o manipolato come testo.
Per consentire allo sprite di comunicare qualcosa proveniente dallo script (funzione di output) possiamo utilizzare, attraverso la categoria **Aspetto**, il blocco `dire Ciao!` oppure `dire Ciao! per 2 secondi` nel caso in cui il messaggio deve essere visualizzato per un lasso di tempo ben preciso (naturalmente la dicitura Ciao! può essere sostituita con qualsiasi testo o variabile). Questi blocchi, di fatto, inseriscono nella scena degli elementi **callout**, elementi che di solito contraddistinguono le conversazioni nei fumetti. I blocchi `pensa Uhm...` e `pensa Uhm... per 2 secondi` svolgono la stessa funzione dei blocchi precedenti: cambia semplicemente lo stile grafico del callout.
Alla luce di questi nuovi blocchi potremo riformulare lo script precedente facendo in modo che i valori delle variabili base e dell'altezza siano parametrici al programma e cioè vengano forniti durante l'esecuzione dello script.

**INFO GENIUS**

Ricorda che per inserire un blocco all'interno di un altro devi semplicemente trascinare il blocco all'interno dello spazio bianco.

Possiamo notare che nell'ultima istruzione è stato inserito l'operatore di unione (concatenazione di stringhe) che consente di formulare in output un messaggio unendo parti di testo contenute anche eventualmente nelle variabili (in questo caso lo script genera il messaggio "Area = 60").

# 7 | La selezione

La possibilità di effettuare delle istruzioni invece di altre in base alla valutazione di una specifica condizione è demandata ai due blocchi di selezione della categoria **Controllo**.

| Pseudocodice | Diagramma a blocchi | Script Scratch |
|---|---|---|
| SE \<Condizione\><br>　ALLORA<br>　　\<B1\><br>FINESE | | |
| SE \<Condizione\><br>　ALLORA<br>　　\<B1\><br>　ALTRIMENTI<br>　　\<B2\><br>FINESE | | |

UNITÀ 4 Programmiamo con Scratch

Il seguente script verifica se un numero introdotto da tastiera è uguale ad un numero casuale generato dal programma e, in caso affermativo, visualizza un messaggio di complementi preceduto da un suono. In caso negativo esorta a ritentare.

**INFO GENIUS**

Stai lavorando con il blocco SE e non sai come inserire blocchi al suo interno? Osserva che in questo blocco lo spazio in cui inserire i dati ha una forma esagonale. Quindi, dalla categoria Operatori, puoi scegliere solo i blocchi con questa forma e potrai tranquillamente costruirne di più complessi semplicemente trascinandoli e inserendoli.

A proposito di **Suono**, avrai notato che esiste una categoria con questo nome che racchiude dei blocchi per gestire alcuni aspetti audio. Pensiamo sia superfluo soffermaci su tutti questi blocchi in quanto la loro comprensione è facile e immediata e attraverso il loro utilizzo potrai verificarne tutte le funzionalità. È possibile interagire, inoltre, con dei suoni da registrare o importare da file già predisposti.

Eseguiamo ora con Scratch alcuni algoritmi visti nella precedente unità

| ALGORITMO PosNeg2 |
|---|
| **VARIABILI** |
| N: **INTERO** |
| **INIZIO** |
| **LEGGI**(N) |
| **SE**(N > 0) |
| **ALLORA** |
| **SCRIVI**("Il numero è positivo") |
| **ALTRIMENTI** |
| **SE**(N < 0) |
| **ALLORA** |
| **SCRIVI**("Il numero è negativo") |
| **ALTRIMENTI** |
| **SCRIVI**("Il numero è nullo") |
| **FINESE** |
| **FINESE** |
| **FINE** |

198 **Apparato didattico B** Le basi della programmazione

| | |
|---|---|
| **ALGORITMO** Equazione | |
| **VARIABILI** | |
| A, B: **INTERO** | |
| Soluzione: **REALE** | |
| **INIZIO** | |
|   **LEGGI**(A, B) | |
|   **SE**(A ≠ 0) | |
|     **ALLORA** | |
|       Soluzione ← B / A | |
|       **SCRIVI**("La soluzione è", Soluzione) | |
|     **ALTRIMENTI** | |
|       **SE**(B ≠ 0) | |
|         **ALLORA** | |
|           **SCRIVI**("L'equazione non ammette soluzioni") | |
|         **ALTRIMENTI** | |
|           **SCRIVI**("L'equazione ammette infinite soluzioni") | |
|       **FINESE** | |
|   **FINESE** | |
| **FINE** | |

**INFO GENIUS**

Ricorda che Scratch non prevede l'utilizzo di variabili booleane, pertanto l'algoritmo è stato modificato attribuendo 1 al valore VERO e 0 a FALSO.

| | |
|---|---|
| **ALGORITMO** Triangolo | |
| **VARIABILI** | |
| A, B, C: **INTERO** | |
| TuttoOK: **BOOLEANO** | |
| **INIZIO** | |
|   TuttoOK ← **VERO** | |
|   **SCRIVI**("Inserisci le tre lunghezze") | |
|   **LEGGI**(A, B, C) | |
|   **SE**(A + B ≤ C) | |
|     **ALLORA** | |
|       TuttoOK ← **FALSO** | |
|   **FINESE** | |
|   **SE**(A + C ≤ B) | |
|     **ALLORA** | |
|       TuttoOK ← **FALSO** | |
|   **FINESE** | |
|   **SE**(C + B ≤ A) | |
|     **ALLORA** | |
|       TuttoOK ← **FALSO** | |
|   **FINESE** | |
|   **SE**(TuttoOK = **VERO**) // si poteva anche scrivere **SE**(TuttoOK) | |
|     **ALLORA** | |
|       **SCRIVI**("Le tre lunghezze possono essere lati di un triangolo") | |
|     **ALTRIMENTI** | |
|       **SCRIVI**("Le tre lunghezze non possono essere lati di un triangolo") | |
|   **FINESE** | |
| **FINE** | |

# 8 | L'iterazione

Anche in Scratch i blocchi (le istruzioni) possono essere eseguiti più volte in base al verificarsi di alcune determinate condizioni, pertanto esistono dei blocchi di **Controllo** che fungono da costrutti iterativi:

| Costrutto iterativo | Pseudocodice | Diagramma a blocchi | Script Scratch |
|---|---|---|---|
| Precondizionale, itera se la condizione è vera | MENTRE (<Condizione>) ESEGUI<br><B1><br>FINEMENTRE | | per sempre quando |
| Precondizionale, itera se la condizione è falsa | MENTRE NOT (<Condizione>) ESEGUI<br><B1><br>FINEMENTRE | | ripeti fino a quando |
| Postcondizionale | RIPETI<br><B1><br>FINCHE(<Condizione>) | | per sempre |
| Determinato | PER i ←1 A 10 ESEGUI<br><B1><br>FINEPER | | ripeti 10 volte |

Lo script riportato a lato è un semplice esempio di utilizzo del costrutto iterativo precondizionale, nel quale una variabile contatore viene incrementata di un'unità ad ogni ciclo. Lo scopo è quello di modificare il colore allo sprite quando la variabile raggiunge il valore 10 e il ciclo termina. Il blocco che modifica il colore dello sprite prevede come parametro un valore numerico che rappresenta una delle possibile sfumature di colore. Il fattore moltiplicativo ha il semplice scopo di percepire in maniera evidente il cambio di colore.

Il costrutto postcondizionale proposto da Scratch non prevede la condizione finale di ultimazione del ciclo ma itera "per sempre". Pertanto, nel caso in cui si volesse interrompere l'iterazione, è necessario porre al suo interno un'istruzione di fine script. Il seguente script porta lo sprite da una parte all'altra del bordo fino a quando la variabile contatore supera il valore 5.

Il blocco `rimbalza quando tocchi il bordo` ci consente di approfondire l'utilizzo dei tre pulsanti posti nella parte alta dell'area di script. Il primo consente di ruotare orizzontalmente lo sprite mentre il secondo di ruotarlo verticalmente. Nel momento in cui viene premuto uno dei due pulsanti la rotazione non ha effetto immediato sullo sprite, ma si verifica quando lo sprite arriva al bordo e torna indietro. Il terzo pulsante annulla le rotazioni.

200   **Apparato didattico B**   Le basi della programmazione

Facciamo un altro esempio: date 5 coppie di numeri stabilire per ogni coppia, quale dei due è maggiore oppure se risultano uguali.

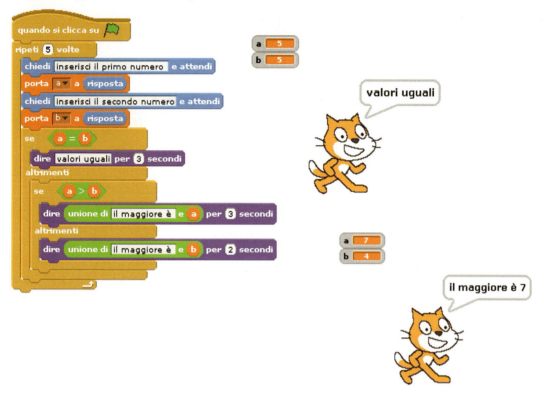

L'esempio riporta un costrutto iterativo determinato. Per effettuare il controllo sulle cinque coppie di numeri, abbiamo inserito due costrutti condizionali annidati, il primo controlla se i valori sono uguali, l'altro individua il maggiore.
Anche relativamente a questo costrutto, realizziamo con Scratch alcuni algoritmi visti nella precedente unità.

| **ALGORITMO** SommaMedia1 |
|---|
| **VARIABILI** |
| N, Num, Somma, Conta: **INTERO** |
| Media: **REALE** |
| **INIZIO** |
| Somma ← 0 |
| Conta ← 0 |
| **SCRIVI**("Quanti numeri vuoi inserire?") |
| **LEGGI**(N) |
| **MENTRE**(Conta < N) **ESEGUI** |
|     **SCRIVI**("Inserisci un numero") |
|     **LEGGI**(Num) |
|     Somma ← Somma + Num |
|     Conta ← Conta + 1 |
| **FINEMENTRE** |
| **SE**(Conta = 0) |
|     **ALLORA** |
|         Media ← 0 |
|     **ALTRIMENTI** |
|         Media ← Somma / Conta |
| **FINESE** |
| **SCRIVI**("La somma è", Somma) |
| **SCRIVI**("La media è", Media) |
| **FINE** |

**UNITÀ 4** Programmiamo con Scratch

| ALGORITMO Massimo |
| --- |
| **VARIABILI** |
| N. Num, Max, Conta: **INTERO** |
| **INIZIO** |
| Conta ← 1 |
| **SCRIVI**("Numeri da inserire") |
| **LEGGI**(N) |
| **MENTRE**(Conta ≤ N) **ESEGUI** |
| **SCRIVI**("Inserisci un numero") |
| **LEGGI**(Num) |
| **SE**(Conta = 1) |
| **ALLORA** |
| Max ← Num |
| **ALTRIMENTI** |
| **SE**(Num > Max) |
| **ALLORA** |
| Max ← Num |
| **FINESE** |
| **FINESE** |
| Conta ← Conta + 1 |
| **FINEMENTRE** |
| **SCRIVI**("Il massimo è", Max) |
| **FINE** |

| ALGORITMO ProdottoAB |
| --- |
| **VARIABILI** |
| A, B, Prodotto: **INTERO** |
| **INIZIO** |
| **SCRIVI**("Inserisci i valori di A e B") |
| **LEGGI**(A, B) |
| Prodotto ← 0 |
| **RIPETI** |
| Prodotto ← Prodotto + A |
| B ← B − 1 |
| **FINCHÉ**(B = 0) |
| **SCRIVI**("Il prodotto è", Prodotto) |
| **FINE** |

# 9 | Costumi

Alcuni blocchi delle categorie Movimento e Aspetto consentono di modificare alcune proprietà sull'intero sprite: posizione, colore e dimensione. Non è possibile, quindi, intervenire graficamente su alcune parti dello sprite (pensiamo ad una persona alla quale modificare un volto sorridente con uno triste). In questi casi la soluzione consiste nella possibilità di sostituire l'immagine che rappresenta lo sprite attraverso i **Costumi** con i quali si può attribuire di volta in volta allo stesso sprite immagini graficamente differenti. Alla luce di ciò possiamo dire che uno sprite è un oggetto a cui è possibile associare più immagini differenti. Supponiamo di volere far muovere il nostro sprite e allo stesso tempo dare l'idea dello spostamento attraverso il movimento delle gambe. Abbiamo bisogno di uno sprite con due immagini differenti (costumi) da alternare durante la scena. Il seguente script muove lo sprite e ad ogni ciclo modifica il costume ( passa al costume seguente ) dando una forma più realistica alla camminata. In questo caso, poiché i costumi sono solo due, si alterneranno ad ogni ciclo; se invece fossero di più si potrebbero selezionare attraverso il blocco passa al costume costume1 .

## 10 | Strumento Penna

La categoria **Penna** raccoglie i blocchi il cui compito è quello di segnare, come se fosse una penna, i movimenti effettuati dallo sprite. E possibile cambiarne il colore, la dimensione, la luminosità. Per attivare lo strumento penna all'interno dello script si usa il blocco `penna giù` e per disattivarlo il blocco `penna su`. Il seguente script consente di muovere lo sprite sulle quattro direzioni a seconda del tasto premuto (uno dei 4 tasti direzionali). I movimenti effettuati vengono inoltre segnati proprio dall'uso dello strumento Penna.

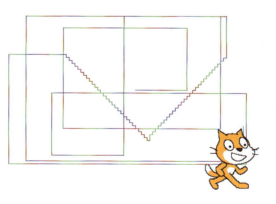

## 11 | Un semplice gioco

Vi proponiamo ora una versione semplificata ma funzionale di un famosissimo gioco:
il gioco, hai capito benissimo di che si tratta, consiste nel colpire con la pallina i mattoncini colorati facendola rimbalzare sulla basetta nera.
La realizzazione con Scratch è più semplice di quello che si possa pensare. Ormai sai bene che ogni oggetto che interagisce nella scena è un singolo sprite (pallina, basetta nera, fascia gialla e

i singoli mattoncini). Gli sprite in questione sono graficamente molto semplici e sono stati realizzati all'interno dello stesso Scratch grazie ad un editor di immagini contenuto al suo interno (primo pulsante gruppo n. 11)

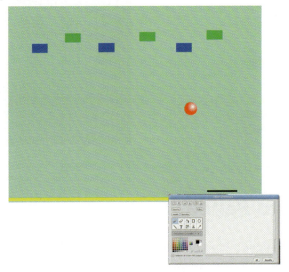

Ognuno di esso, pertanto, deve essere dotato del relativo script.
Partiamo dalla basetta, alla quale deve essere consentito solo un movimento laterale dovuto alla pressione delle frecce laterali. Lo script è molto semplice e per quanto già visto, in precedenza, non ha bisogno di ulteriori chiarimenti.

Il secondo script deve essere assegnato ad ogni singolo mattoncino, in quanto consente di far sparire il mattoncino dalla scena nel momento in cui lo stesso viene colpito dallo sprite *pallina*. Nello stesso istante viene prodotto anche un suono.

Il terzo script è assegnato allo sprite pallina che ne effettua i movimenti, prevedendo un cambio di direzione nel momento in cui tocca lo sprite *basetta*. Il movimento della pallina, e quindi il gioco, si arresta quando la stessa tocca la linea gialla di fondo.

**Apparato didattico B** Le basi della programmazione

# UNITÀ DI APPRENDIMENTO 5
# FONDAMENTI DI TEORIA DEI LINGUAGGI

## IN QUESTA UNITÀ IMPARERAI...
- Le differenze tra linguaggi naturali e linguaggi formali
- A riconoscere le caratteristiche di un linguaggio di programmazione
- Cos'è un paradigma di programmazione
- Come lavorano i compilatori e gli interpreti

Glossario CLIL

Approfondimento

## 1 | Il software

Il **software** rappresenta, genericamente, l'insieme dei programmi che consentono di gestire e utilizzare il computer. Esso costituisce l'aggancio tra il computer e l'utente e finalizza l'uso degli strumenti fisici alla risoluzione dei problemi presentati dall'utente stesso.

Senza il software, il computer non è altro che un ammasso di metallo e plastica (cioè l'hardware), del tutto inutile: è un po' come un corpo senz'anima! È il software che dà vita al computer e gli permette di svolgere tutti i numerosi compiti che lo rendono una macchina universale. Per modificare le funzioni che un computer è in grado di eseguire occorre solo aggiornare il suo corredo di software. Sicuramente conosci già programmi come Windows, Word e magari hai anche usato programmi per la gestione di fogli elettronici o per database. Basta visitare un negozio di informatica o sfogliare un catalogo di vendita di prodotti informatici per rendersi conto della grande varietà di programmi offerti: da quelli di videoscrittura a quelli per l'arredamento della casa, dai videogiochi agli strumenti per stampare e ritoccare le foto digitali e così via.

Il software comprende:

1. i sistemi operativi;
2. le **utility** o **programmi di utilità** (aggiungono funzioni di controllo a quelle di un sistema operativo);
3. i programmi per sviluppare altri programmi (compilatori, interpreti, ambienti di sviluppo e programmi di supporto per il programmatore);
4. i programmi applicativi e quelli realizzati dall'utente;
5. i **tool** (strumenti software) o, in termini generici, i **pacchetti OPT** (*Office Productivity Tools*).

### Le categorie del software

Il software si può suddividere in due grandi categorie: **software di base** o di **sistema** e **software applicativo**.

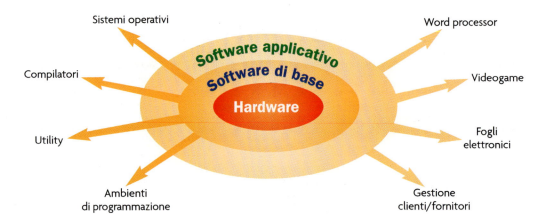

Il **software di base** è costituito dall'insieme dei programmi che permettono di utilizzare e gestire il computer. Costituisce, quindi, parte fondamentale del sistema di elaborazione. Appartengono a questa categoria i sistemi operativi, i compilatori, i debugger e così via.

Al **software applicativo** appartengono tutti i programmi orientati alla soluzione di problemi specifici all'interno di particolari settori; possono essere forniti dalla casa costruttrice del computer, acquistati da aziende specializzate nella produzione di software (**software house**) o essere realizzati all'interno dell'azienda stessa (cioè realizzati "su misura" dai programmatori).

Il software applicativo, a sua volta, si distingue in **software verticale** e **software orizzontale**.

Il **software verticale** comprende tutti i programmi che risolvono problematiche specifiche di un particolare settore gestionale o produttivo. Sono programmi caratterizzati da un'altissima specializzazione e da un'elevata rigidità nelle fasi di inserimento dei dati.

Il **software orizzontale** include tutti i programmi utilizzabili in diversi settori produttivi. Questi non hanno una particolare specializzazione, per cui non sono caratterizzati da particolari rigidità e sono molto flessibili in fase di immissione dei dati.

Il software di base è quello sostanzialmente più legato all'hardware e il software applicativo interagisce con esso per avere accesso alle risorse fisiche. Esso funge, pertanto, da mediatore.

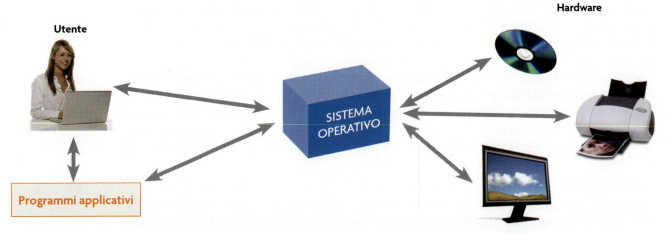

Un'ulteriore classificazione distingue il software nelle seguenti categorie:

| Categoria | Descrizione |
|---|---|
| Software libero | è il software distribuito in modo che chiunque ne abbia il permesso di uso, copia e distribuzione, in forma modificata o meno, gratis o a pagamento. In particolare, ciò significa che il codice sorgente deve essere disponibile. Molti utilizzano il termine open source più o meno con lo stesso significato di software libero. |
| Software di pubblico dominio | è il software privo di copyright. È un caso particolare di software libero senza permesso d'autore, il che significa che alcune copie o versioni modificate possono non essere assolutamente libere. |
| Software semilibero | è software non libero, ma che è distribuito con il permesso per i privati di usarlo, copiarlo, distribuirlo e modificarlo. Le restrizioni del permesso d'autore sono progettate per proteggere le libertà essenziali degli utenti. |

| Software proprietario | è il software che non è libero o semilibero. Il suo utilizzo, la ridistribuzione o la modifica sono proibiti, o richiedono un permesso, o sono sottoposti a tali vincoli che in pratica non sono liberi. |
|---|---|
| Freeware | questo termine non ha una definizione comunemente accettata, ma è comunemente utilizzato per i pacchetti software che possono essere utilizzati senza pagare nulla, ridistribuiti ma non possono essere modificati (e il loro codice sorgente non è disponibile). Questi pacchetti non sono software libero, perciò non si deve confondere freeware con software libero. Qui free si riferisce al prezzo e non alla loro libertà. |
| Shareware | è il software che dà la possibilità di ridistribuire copie, ma impone a chiunque continui a usarne una copia di pagarne la licenza d'uso. Lo shareware non è software libero, né semilibero e neppure freeware. |
| Software commerciale | è il software sviluppato da un'azienda allo scopo di ottenere un guadagno. "Commerciale" non va confuso con "proprietario". La maggior parte del software commerciale è proprietario, ma esiste anche software libero commerciale. |

Il nome di molti programmi è seguito da alcune cifre separate da un punto: Acrobat 5.0, Visual Basic 6.0. Esse rappresentano la **release** del programma. In particolare, la prima cifra, quella a sinistra del punto, indica la **versione**, mentre le altre la **revisione**. Per esempio, se un produttore rilascia per la prima volta sul mercato un prodotto di nome X, la release è 1.0. Se, successivamente, verranno apportate modifiche per correggere alcuni errori o aggiungere una singola feature (funzionalità), la revisione posta in commercio si chiamerà generalmente X 1.1 (se ne seguiranno altre saranno indicate rispettivamente con 1.2, 1.3 e così via). L'immissione sul mercato di una nuova versione, con modifiche e innovazioni sostanziali rispetto alla precedente, invece, farà assumere al programma il nome X 2.0.

# 2 | Linguaggi naturali e linguaggi formali

## Il linguaggio

Il linguaggio è una prerogativa essenziale dell'uomo. Il **linguaggio verbale** è la capacità degli uomini di comunicare utilizzando un sistema di segni vocali. L'**alfabeto** è un sistema di segni grafici che l'uomo utilizza per rappresentare i vocaboli di una lingua. La **lingua** è un sistema di vocaboli e di regole con il quale gli individui di una comunità comunicano tra loro. Il linguaggio verbale (lingua italiana, inglese e così via), quello, cioè, il cui alfabeto è caratterizzato da segni rappresentabili con la voce, non è l'unico tipo di linguaggio che utilizziamo. Con un sordomuto, per esempio, utilizziamo un **linguaggio manuale** (o **gestuale**), basato, cioè, su gesti che rappresentano un'idea o un concetto.

In matematica e in musica adoperiamo un **linguaggio ideografico**, costituito da particolari simboli che rappresentano un significato: la musica, per esempio, viene scritta sugli spartiti musicali mediante simboli che rappresentano le note, le chiavi musicali, le alterazioni e tutto ciò che il musicista trasformerà, appunto, in musica.

> Il **linguaggio**, quindi, è un **codice**, cioè un insieme di segni e di regole che rendono possibile la comunicazione tra tutti coloro che lo usano.

Si hanno, così, codici verbali, gestuali, musicali, iconici e tanti altri quanti la natura umana ne può concepire.

### I linguaggi naturali

I linguaggi possono essere classificati in **naturali** e **formali**.

> I linguaggi verbali, scritti e orali, sono anche indicati come **linguaggi naturali**.

Rientrano in questa categoria l'italiano, l'inglese, il tedesco e così via.
Tutti i linguaggi naturali hanno un proprio **alfabeto**, cioè l'insieme dei simboli che ognuno di essi utilizza.

UNITÀ 5 Fondamenti di teoria dei linguaggi 207

Accostando opportunamente i simboli otteniamo le **parole**: l'insieme di tutte le parole di un linguaggio costituisce il suo **lessico** o **vocabolario**. Le parole, da sole, non bastano a comunicare: occorre accostarle opportunamente per formare delle frasi.

Tutti questi accostamenti non sono semplici da realizzare. Consideriamo, per esempio, le seguenti parole:

1. igiktew;    2. azzurro;    3. mamma;    4. ihhyjjyuu;    5. papà;

e le seguenti frasi:

a. la mamma fa la spesa;    b. il topo picchia l'elefante;
c. la matita studiava all'informatica.

Se utilizziamo le regole della grammatica, è facile affermare che le parole degli esempi 1 e 4 non fanno parte della lingua italiana e che la frase dell'esempio c non è corretta.

> La **grammatica** di un linguaggio comprende l'alfabeto e l'insieme di regole indispensabili per formare le parole e raggrupparle in frasi corrette.

Seguendo queste regole possiamo affermare che:

- le parole degli esempi 1 e 4 sono lessicalmente errate, in quanto l'accostamento dei simboli dell'alfabeto non produce alcun significato;
- la frase c è sintatticamente errata.

> La **sintassi** è un insieme di regole che definisce la struttura di frasi formalmente corrette.

La sintassi ci aiuta a stabilire se una frase appartiene o meno al linguaggio. In questi termini, la frase c non è corretta in quanto il complemento è errato. Dovremmo scrivere:

la matita studiava l'informatica.

A questo punto possiamo affermare che ora la frase, pur essendo sintatticamente corretta, è però semanticamente errata, ossia priva di significato.

> La **semantica**, quindi, definisce il significato delle parole e delle frasi.

Una delle principali caratteristiche dei linguaggi naturali è la presenza di sinonimi, ambiguità e, talvolta, anche di eccezioni, metafore e allegorie. Facciamo qualche esempio. Se dobbiamo affermare che uno studente è molto volenteroso, possiamo utilizzare gli aggettivi: zelante, operoso, attivo, alacre, sollecito, dinamico, solerte.

Proviamo a leggere la frase:

"Ieri sera ho visto Giuseppe con un conoscente"

è evidente che essa può essere interpretata in due modi diversi: "Ieri sera ho visto Giuseppe *che era* in compagnia di un conoscente", oppure: "Ieri sera ho visto Giuseppe *mentre ero* in compagnia di un conoscente".

Se analizziamo le seguenti frasi:

"Questo film è troppo pesante"
"Questa pietra è troppo pesante"

notiamo che l'aggettivo "pesante" assume significati differenti in funzione del contesto in cui è inserito. È solo grazie al soggetto che riusciamo ad attribuire un significato all'aggettivo in tale contesto. Nella prima frase, infatti, assegniamo all'aggettivo "pesante" i significati di noioso, monotono; nella seconda gli attribuiamo il significato di ponderoso. Nei linguaggi naturali, quindi:

- a ogni simbolo non corrisponde un solo significato;
- un simbolo trasmette molteplici significati al variare del contesto.

## I linguaggi formali

Diamo subito una definizione:

> I **linguaggi formali** sono quelli che l'uomo usa per la comunicazione simbolica, la particolare comunicazione che usa simboli astratti applicati a situazioni concrete.

In questi linguaggi:

- a ogni simbolo corrisponde uno e un solo significato;
- un simbolo racchiude lo stesso significato in qualsiasi contesto;
- una volta definito, il codice non può essere modificato dagli elementi che lo usano.

Questi linguaggi, quindi, non presentano né omonimi, né eccezioni, né ambiguità e sono controllati da regole prefissate. Per questa singolare caratteristica, si sono dimostrati particolarmente utili nel campo della comunicazione uomo-macchina. Per suonare il pianoforte, l'uomo utilizza il linguaggio della musica. Per studiare la matematica, utilizza il linguaggio matematico. Per programmare, utilizza il **linguaggio di programmazione**. Precisiamo ancora che l'aggettivo "formale" deve essere inteso come sinonimo di "rigorosamente definito". Il rigore dei linguaggi formali è molto importante in informatica; per i linguaggi di programmazione, infatti, le regole linguistiche devono essere assolutamente rigide, in quanto un computer non ha alcuna capacità di adattarsi a frasi che comunicano seguendo modalità non previste.

Dopo questi chiarimenti generali, siamo in grado di esporre in modo più rigoroso il concetto di programma:

> Un **programma** è la trasformazione dell'algoritmo che risolve un problema in una sequenza di frasi sintatticamente e semanticamente corrette. Tali frasi sono formate utilizzando l'alfabeto, il lessico e le regole del linguaggio di programmazione scelto. Le singole frasi del programma prendono il nome di **istruzioni**.

## 3 | I linguaggi di programmazione a basso livello

I linguaggi di programmazione si sono evoluti di pari passo con i computer e per questo motivo possiamo parlare di **generazioni di linguaggi**, così come si parla di generazioni di computer. Tecnicamente, utilizzare un linguaggio corrisponde, dal punto di vista del programmatore, a disporre delle istruzioni per una **macchina** piuttosto di un'altra. Pertanto, le nozioni di macchina e di linguaggio sono intimamente collegate.

La programmazione elettronica nasce intorno agli anni Cinquanta, quando si programmava esclusivamente in **linguaggio nativo**, ossia il linguaggio macchina del processore fisico. Questa espressione deriva dal fatto che tale linguaggio era influenzato dall'hardware del computer, che costringeva il programmatore a utilizzare soltanto i due simboli del sistema binario (0 e 1) per realizzare i programmi, essendo questi gli unici simboli riconosciuti dalle componenti interne del computer.

Computer (macchina) — Linguaggio macchina — Problema (programmatore)

Questo modo di programmare dava al tecnico la più ampia libertà e il massimo potere, ma nello stesso tempo lo obbligava a scendere al più basso dei livelli dei linguaggi formali, ovvero a dover "parlare" la stessa lingua operativa della macchina, utilizzando una catena molto lunga di istruzioni elementari, quindi con molta difficoltà di scrittura e di verifica del corretto funzionamento.

Con il passare del tempo ci si rese conto che programmare in questo modo era complesso e spesso si commettevano errori. Nasceva, così, l'esigenza di realizzare linguaggi meno elaborati. Il primo linguaggio simbolico fu l'**assembly**, che introduce la **seconda generazione** (anni Sessanta). I linguaggi di questa generazione, molto vicini al linguaggio macchina e anch'essi dipendenti strettamente dal tipo di computer, venivano detti **machine oriented**, ossia **linguaggi orientati alla macchina**.

Con questi linguaggi le **sequenze di bit** (proprie del linguaggio macchina) venivano sostituite da sigle mnemoniche come, per esempio, ADD (che significava "somma"), STA, SUB, LDA, MOVE, scelte in modo da poter essere ricordate facilmente (in riferimento alla lingua inglese).

**Esempio:**
L'istruzione di assegnazione

$$C \leftarrow C + 1$$

in linguaggio ad alto livello corrisponde nel linguaggio assembly a:

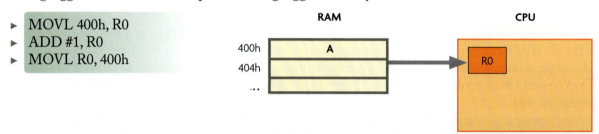

- MOVL 400h, R0
- ADD #1, R0
- MOVL R0, 400h

Il programma realizzato veniva caricato in memoria. Qui doveva essere tradotto in linguaggio macchina da un particolare programma traduttore, che si chiama **assembler**, presente anch'esso in memoria.

Il linguaggio assembly, pur essendo ancora orientato alla macchina, quindi influenzato dall'hardware, cominciava ad avvicinarsi alla logica del programmatore.

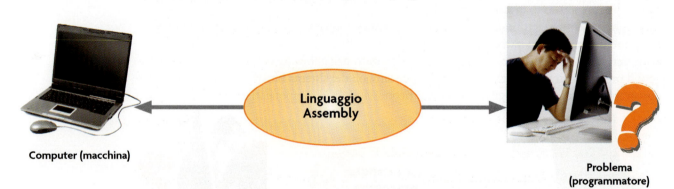

La programmazione in linguaggio assembly aveva, però, notevoli svantaggi:

- richiedeva una notevole pazienza e una grande competenza tecnica;
- il programma in linguaggio assembly era intrinsecamente dipendente dalla macchina per la quale era stato scritto;
- per quanto non si usassero codici macchina (cioè configurazioni di bit), si era comunque costretti a ragionare come la macchina, procedendo per piccoli passi;
- le **primitive** (cioè le operazioni di base messe a disposizione dal linguaggio di programmazione) utilizzate erano di bassissimo livello e corrispondevano alle singole istruzioni macchina.

Per questi motivi, molte problematiche create dal linguaggio macchina non furono risolte. L'assembly, infatti, presentava gli stessi svantaggi del linguaggio macchina. Il programmatore non aveva ancora la possibilità di fare operazioni diverse da quelle previste dalla macchina: infatti, le istruzioni scritte in questo linguaggio corrispondevano solo alle operazioni che la CPU poteva svolgere direttamente.

Per queste ragioni, i linguaggi assembly sono detti **linguaggi a basso livello** (o di una **macchina concreta**). Nonostante tutto, è proprio grazie a questo linguaggio che si attua la svolta definitiva nella storia dei linguaggi di programmazione, grazie all'intuizione di creare un programma in grado di tradurre in codice binario le istruzioni di un altro programma. Da quel momento non fu difficile progettare linguaggi non legati ad alcuna macchina in particolare, ma piuttosto a una **macchina astratta**, e quindi più vicini alla logica del programmatore e alle espressioni della comunicazione umana: nacquero così i **linguaggi ad alto livello** (orientati all'uomo) o **linguaggi della terza generazione**.

# 4 | I linguaggi di programmazione ad alto livello

La programmazione ad alto livello fu motivata dall'esigenza di avere programmi scritti in formalismi comprensibili a un largo numero di sviluppatori e non dipendenti da architetture specifiche.

Nei linguaggi ad alto livello, un programma è costituito da un insieme di istruzioni capaci di modificare il contenuto della memoria del computer. In questo contesto, quindi, l'istruzione di assegnazione assume un ruolo fondamentale. Questi linguaggi vengono anche detti **linguaggi orientati al problema** e sono, attualmente, tra i più diffusi per le applicazioni di tipo gestionale e scientifico.

Naturalmente, anche i programmi scritti in linguaggio ad alto livello risultano incomprensibili al computer. Devono quindi essere tradotti in codice binario. A ciò provvedono appositi programmi del sistema operativo, che si distinguono in **compilatori** e **interpreti**, e che vedremo più avanti.

L'idea di fondo è che i programmi ad alto livello possono essere ricondotti a programmi in linguaggio macchina in modo automatico, ovvero da un apposito programma "traduttore" (compilatore o interprete). Quest'idea è già sottesa dai linguaggi assembly, i quali, come abbiamo visto, non sono altro che traslitterazioni dei corrispondenti linguaggi macchina, che fanno corrispondere un codice mnemonico (perciò più leggibile) a ogni codice di istruzione binario. Nel caso dei linguaggi di programmazione ad alto livello, però, il processo di traduzione può avere complessità arbitraria, per cui il linguaggio ad alto livello è completamente diverso (per sintassi e semantica) dal sottostante linguaggio macchina.

Questa idea innovatrice fu introdotta negli anni Cinquanta, da **John Backus** presso la IBM. Poche altre innovazioni informatiche hanno avuto effetti di equivalente portata. La programmazione ad alto livello ebbe l'effetto di svincolare completamente (o quasi) le caratteristiche dei linguaggi di programmazione da quelle dell'hardware destinato a eseguire i programmi.

Fra le notevoli conseguenze introdotte ricordiamo le seguenti.

- La progettazione di processori fu completamente svincolata da qualunque requisito inerente la leggibilità dei linguaggi macchina, in quanto si comprese che nessuno (o quasi) avrebbe più scritto o letto direttamente codice in linguaggio macchina o assembly; l'efficienza divenne l'unico obiettivo dei progettisti hardware.
- I linguaggi di programmazione ad alto livello ebbero un'evoluzione del tutto indipendente da quella dell'hardware; il fine era quello di rendere questi linguaggi sempre più "facili" da utilizzare per il programmatore.
- Si introdusse il concetto che i linguaggi di programmazione e i programmi potessero essere **portabili**, ovvero eseguibili su computer diversi (a condizione di disporre di compilatori o interpreti adatti a tali computer).

**UNITÀ 5** Fondamenti di teoria dei linguaggi

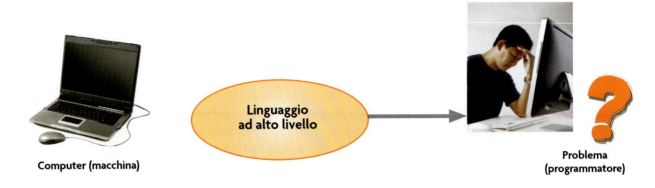

Computer (macchina) — Linguaggio ad alto livello — Problema (programmatore)

Molti dei moderni linguaggi di programmazione ad alto livello conservano alcuni concetti di base riconducibili ad alcune caratteristiche del linguaggio macchina. Per esempio, concetti come quelli di variabile e assegnamento rappresentano una versione astratta dello spostamento di dati fra celle di memoria.

Successivamente sono stati sviluppati altri linguaggi di programmazione, tendenti a offrire la possibilità di programmare anche a coloro che non hanno una cultura informatica molto specialistica: sono i **linguaggi di altissimo livello**, detti anche **UHLL** (*Ultra High Level Language*) o **linguaggi della quarta generazione**. La loro caratteristica principale è quella di consentire all'utente di risolvere problemi di ogni tipo utilizzando un linguaggio molto vicino a quello che normalmente utilizza nella propria attività.

Esempi classici di UHLL sono i **fogli elettronici** o *spreadsheet* e i **linguaggi per la manipolazione delle basi di dati** (per esempio SQL).

Un settore dell'informatica che ha affascinato per molto tempo gli studiosi è quello dell'**intelligenza artificiale**, che si propone di costruire sistemi per la soluzione di problemi ritenuti di competenza dell'intelletto, cercando di avvicinarsi a prestazioni di livello umano. I linguaggi destinati a tali attività fanno parte della **quinta generazione** e hanno il compito di risolvere problemi ancora esistenti nella comunicazione uomo-macchina. Tali linguaggi, infatti, sono rivolti anche alla possibilità, da parte del computer, di utilizzare i linguaggi naturali.

### La scelta del linguaggio

A questo punto potrebbe sorgere spontanea una domanda: quale linguaggio scegliere per risolvere un problema con il computer?

I **linguaggi a basso livello** trovano un impiego particolarmente conveniente nella risoluzione dei problemi in cui la caratteristica di essere orientati alla macchina può essere efficacemente sfruttata. Di conseguenza, i linguaggi a basso livello possono essere utilizzati per realizzare programmi traduttori, sistemi operativi, driver di periferiche e, in genere, programmi che richiedono un elevato livello di efficienza.

Al contrario, i **linguaggi ad alto livello** vengono impiegati per la risoluzione di problemi applicativi. Questi linguaggi offrono numerosi vantaggi rispetto a quelli a basso livello. Tra le loro caratteristiche ricordiamo:

- Facilità di apprendimento e d'uso (**usabilità**). I linguaggi ad alto livello sono relativamente vicini al linguaggio naturale e usano simboli e termini propri delle applicazioni scientifiche e commerciali.
- Indipendenza dalla macchina (**portabilità**). I programmi scritti in linguaggio ad alto livello possono essere eseguiti su computer e sistemi operativi differenti (**piattaforma**).
- Elevata comprensibilità e modificabilità dei programmi (**versatilità**). I linguaggi ad alto livello non sono orientati alla macchina e, quindi, non richiedono una suddivisione particolarmente analitica dei programmi in passi elementari.

|  | Linguaggi a basso livello | Linguaggi ad alto livello |
|---|---|---|
| Apprendimento | non facile | facile |
| Uso | non facile | facile |
| Portabilità dei programmi | nulla | buona |
| Comprensibilità e modificabilità dei programmi | scarsa | buona |

A seconda del modo di operare sui dati, i linguaggi vengono classificati in base ai paradigmi di programmazione che permettono di applicare.

## 5 | I paradigmi di programmazione

Il termine **paradigma** (dal greco *paradeigma*), diffuso anche in campo linguistico, è utilizzato dalla filosofia della scienza con il suo originario significato di *insieme di teorie standard e metodi che assieme rappresentano un modo di organizzare la conoscenza (Thomas Kuhn)*.

Lezione

**Il linguaggio C**
Programmiamo in C.

> Un **paradigma di programmazione** è uno stile fondamentale di programmazione, ovvero un insieme di strumenti concettuali forniti da un linguaggio di programmazione per la stesura di programmi. Pertanto, definisce e determina il modo in cui il programmatore concepisce e percepisce il programma.

Ogni linguaggio di programmazione è solitamente ispirato e riconducibile a un particolare paradigma di programmazione. La storia dei paradigmi di programmazione ben si presta a essere rappresentata con un albero genealogico; spesso, infatti, un nuovo paradigma nasce come evoluzione di un altro, aggiungendo nuovi concetti ma conservando quelli fondamentali del precedente (ponendoli eventualmente in una nuova prospettiva o modificandone l'importanza relativa). Talvolta questi nuovi concetti introdotti, che rappresentano il "salto evolutivo" del paradigma, possono consistere nel rendere obbligatoria e/o supportare apertamente quella che nei paradigmi precedenti era considerata una regola di buona programmazione.

Per esempio, la programmazione strutturata (teorema di Böhm-Jacopini) ha introdotto le strutture di controllo (sequenza, selezione e iterazione) e ha vietato l'uso dell'istruzione di salto incondizionato (*goto*), della quale si era dimostrata la non indispensabilità. Quando questo avvenne, i rischi legati all'uso indiscriminato dell'istruzione *goto* erano già noti a molti programmatori ed erano diffuse regole di stile che suggerivano di restringerne l'uso in modi che si potessero far sostanzialmente corrispondere alle strutture di controllo della programmazione strutturata.

Ora esaminiamo i principali paradigmi di programmazione.

Secondo il **paradigma procedurale** il programmatore analizza il problema ponendosi dal punto di vista del computer che è in grado di eseguire solamente istruzioni semplici e, di conseguenza, adotta un approccio di tipo *divide et impera*. Il programmatore sa perfettamente che un'applicazione per quanto complessa può essere suddivisa in passi di piccola entità. Questo approccio è stato formalizzato in molti modi ed è ben supportato da molti linguaggi che forniscono al programmatore un ambiente in cui siano facilmente definibili procedure e funzioni. La programmazione procedurale abbraccia diversi paradigmi: quello **imperativo**, quello **orientato agli oggetti** e quello **funzionale**.

- Il **paradigma imperativo** si adatta bene al modo in cui gli esseri umani ragionano nel risolvere molti problemi. Tutto ciò che si deve fare è specificare i dati e le relative manipolazioni, controllandone la sequenza. La *base del paradigma imperativo è, pertanto, la manipolazione, totalmente specificata e controllata, dei dati in passi successivi*. Il paradigma è fondato sul concetto di *imperio* (comando), vale a dire su un'esplicita richiesta inviata all'esecutore. La richiesta ha come scopo quello di produrre un *cambiamento di stato* degli oggetti presenti nell'*ambiente* in cui l'esecutore dovrà agire (per esempio, l'istruzione $A \leftarrow B + 4$ produce un cambiamento di stato dell'area di memoria contenente la variabile $A$, nel senso che il precedente valore assunto da questa variabile viene ora sostituito con il valore prodotto dalla somma della variabile $B$ con 4). In tale contesto, il programmatore rappresenta il processo di calcolo come una sequenza di azioni. La costruzione della soluzione si basa su tre concetti cardine: la *memoria*, le *azioni* e i *cicli*. Tra i linguaggi imperativi ricordiamo il **FORTRAN**, il **PASCAL**, il **COBOL** e il **C**. È anche importante ricordare il **BASIC**, tenendo presente, però, che solo le versioni dopo gli anni Ottanta sono di tipo procedurale, mentre quelle usate fino ad allora erano solo imperative (ossia non era possibile utilizzare l'approccio *divide et impera*).

- Il **paradigma di programmazione orientata agli oggetti** (noto come **Object-Oriented** o **OO**) è il più adeguato per lo sviluppo di sistemi software complessi quali, per esempio, le interfacce grafiche. **Il suo concetto chiave è quello di oggetto**, che è una metafora tratta dal mondo reale. A ogni oggetto vengono associate informazioni e determinate funzionalità, e gli oggetti possono interagire gli uni con gli altri. L'automobile, per esempio, è un oggetto che presenta alcune caratteristiche essenziali (colore, cilindrata, marca e così via) e alcune funzionalità (cioè alcune cose che sa fare, come per esempio accelerare, frenare, accendere il motore e così via). Programmare a oggetti, in definitiva, significa progettare un insieme di **oggetti software** per creare un modello che risolva il problema che si sta affrontando. Il principale vantaggio di questo approccio è che rende più naturale la stesura di un programma (cioè lo rende più vicino al modo di pensare dell'uomo comune), che, di conseguenza, risulta molto più facile da capire e da sviluppare senza errori. Tra i linguaggi object oriented ricordiamo il **C++**, il **C#** e **JAVA**.

- Un programma scritto secondo le regole del **paradigma funzionale** è costituito da un insieme di definizioni di funzioni. Rispecchia il concetto matematico di funzione o applicazione tra insiemi. Più in particolare, tale programmazione è fondata sul concetto di composizione di funzioni, ossia il risultato di una funzione diviene l'ingresso di una nuova funzione, e così via sino a ottenere il risultato. L'esecuzione del programma avviene in seguito alla richiesta, fatta al sistema, di valutare un'espressione (costituita dalle costanti, dalle variabili e dalle funzioni definite nel programma, o predefinite nel linguaggio). Come nel calcolo matematico, per ottenere il valore di una funzione è necessario specificare il valore dei suoi argomenti. In questo caso si dice che la funzione viene applicata agli argomenti e la coppia (funzione, lista di argomenti) è un'espressione che prende il nome di **applicazione**. La valutazione di un'applicazione comporta, quindi, la valutazione delle espressioni che fungono da argomenti. Tra i linguaggi funzionali ricordiamo il **LISP**.

Il **paradigma non procedurale** si concentra esclusivamente sul "cosa" richiede il problema e non si occupa minimamente del "come" ottenere i risultati, cosa che avviene nel paradigma procedurale. L'idea di base è quella di pervenire alla soluzione dettagliando la conoscenza della realtà e il problema (i fatti), mediante un determinato linguaggio di specifica e descrivendo poi le regole di deduzione o inferenza da applicare. Questo paradigma si basa su un algoritmo generale per la risoluzione di una classe di problemi. Il problema particolare, poi, va risolto dandone una descrizione compatibile con l'algoritmo generale. Questo approccio è particolarmente usato per la simulazione di sistemi economici, fisici, biologici e così via. La spina nel fianco di questo tipo di programmazione è rappresentata dall'efficienza: i risultati sono prodotti in tempi nettamente superiori a quelli richiesti dai corrispondenti programmi scritti secondo le regole della programmazione procedurale.

Il paradigma funzionale è da molti considerato come un paradigma autonomo e, pertanto, non di tipo dichiarativo.
È importante ricordare che una parte della programmazione funzionale è "inclusa" nella programmazione imperativa e viceversa: per esempio, l'istruzione di selezione è presente nel Lisp come sono presenti le funzioni (ricorsive e non ricorsive) nei linguaggi procedurali. Per questo motivo si è soliti parlare di **proceduralità** dei linguaggi, considerando minima quella della programmazione logica, intermedia quella funzionale e massima quella imperativa.

La programmazione non procedurale abbraccia il paradigma **dichiarativo** e quello **logico**:

- Nel **paradigma logico** il programmatore giunge alla soluzione esprimendo, con una serie di assiomi, il complesso dei fatti che devono essere veri all'interno della realtà esaminata e di regole logiche (tipicamente regole di inferenza, come per esempio "se A e B sono vere, allora è vera C"). Il risultato scaturisce dal conseguente processo di calcolo. Programmare secondo il paradigma logico significa, quindi, formalizzare le proprie conoscenze relative al problema da risolvere e comunicarle al sistema. L'esecuzione di un programma si ottiene ponendo un quesito al sistema; la risposta consiste nella verifica della verità o della falsità dell'affermazione contenuta nel quesito, sulla base delle conoscenze specificate. Tra i linguaggi logici ricordiamo il **PROLOG**.
- Il **paradigma dichiarativo** privilegia il punto di vesta secondo il quale i programmi devono essere delle specifiche eseguibili del problema: ci si preoccupa, cioè, di "cosa" risolvere; il "come" risolvere viene in qualche modo scaricato sull'esecutore del linguaggio. In generale, questo approccio può comportare una certa inefficienza. Un classico esempio del linguaggio dichiarativo è **SQL**.
  È importante ricordare che molti linguaggi funzionali e logici sono anche dichiarativi.

# 6 | I programmi traduttori: i compilatori

## I programmi traduttori

Per poter essere eseguito da un computer, ogni algoritmo deve essere codificato mediante le parole chiave di specifici linguaggi di programmazione. Il computer non è in grado di tradurre in operazioni da eseguire le istruzioni codificate mediante un linguaggio di programmazione. L'unico linguaggio con cui il computer è in grado di operare è il suo linguaggio nativo, ossia il linguaggio macchina. Dobbiamo quindi dotarci di appositi programmi che si occupino della traduzione delle istruzioni dei nostri programmi, scritti con un linguaggio di programmazione, nel linguaggio della macchina. Questi **programmi traduttori** sono classificabili in due categorie principali, in base al loro modo di operare la traduzione: i compilatori e gli interpreti.

I **compilatori** e gli **interpreti** sono programmi in grado di tradurre le istruzioni formulate in linguaggio ad alto livello in istruzioni comprensibili al computer, quindi in linguaggio macchina. Operano però in modo radicalmente diverso tra loro. Analizziamoli dettagliatamente cominciando con i compilatori.

## I compilatori

Partiamo dalla definizione:

> I compilatori sono programmi che accettano in ingresso un programma scritto in linguaggio ad alto livello, detto **programma** o **codice sorgente**, e lo traducono interamente in un programma scritto in un altro linguaggio (detto **linguaggio target**), detto **programma** o **codice oggetto**.

Durante il processo di traduzione, il compilatore comunica all'utente la presenza di eventuali errori nel programma sorgente. A traduzione ultimata, il programma oggetto, per poter divenire eseguibile, dovrà essere sottoposto a due ulteriori passaggi, nell'ordine:

- collegamento con altri moduli oggetto (librerie del sistema operativo, librerie del compilatore, altri programmi e così via) a opera di un particolare programma chiamato **linker**;
- caricamento in memoria centrale da parte di un programma del sistema operativo chiamato **loader**.

UNITÀ 5 Fondamenti di teoria dei linguaggi

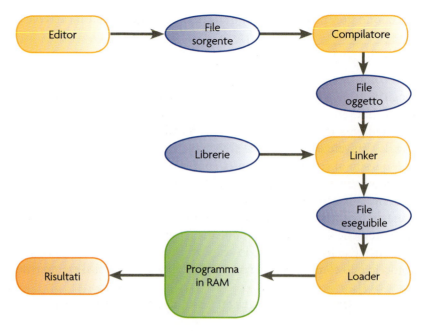

Il processo di traduzione svolto dal compilatore può essere suddiviso in due parti:

1. **analisi** (*front-end*) del programma sorgente;
2. **sintesi** (*back-end*), cioè implementazione del programma oggetto.

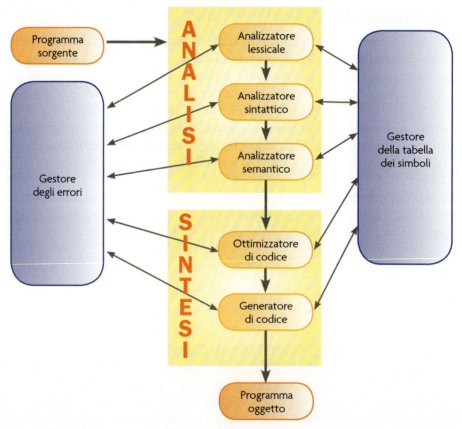

Come si vede dalla figura, un compilatore opera concettualmente in fasi, ciascuna delle quali trasforma il programma sorgente da una rappresentazione in un'altra per giungere alla generazione del programma oggetto. Durante la fase di analisi, il compilatore si occupa di svolgere un lavoro esattamente inverso a quello realizzato dal programmatore: esamina le singole istruzioni del programma sorgente al fine di verificare che tutte le regole grammaticali siano state rispettate. Se nel codice vengono riscontrati degli errori, il compilatore termina la traduzione presentando al programmatore l'elenco degli errori riscontrati.

Se la fase di analisi si conclude con successo, ossia se nel codice sorgente non sono presenti errori, il compilatore passa alla fase di sintesi, attraverso la quale viene generato il codice oggetto codificato in linguaggio macchina, partendo dalla rappresentazione intermedia costruita nella fase procedente. Le fasi di analisi e sintesi sono composte da varie fasi delle quali è utile occuparci singolarmente, in modo da averne una conoscenza sufficientemente approfondita.

> **Grace Murray Hopper** (prima contrammiraglio donna della marina americana) è la creatrice del primo compilatore, realizzato nel 1952. Il suo obiettivo era quello di scrivere programmi per computer al fine di permettere anche ad altri scienziati e a persone normali di usare la macchina direttamente, senza dover dipendere da altri specialisti. I suoi colleghi erano convinti che ciò non potesse succedere, visto che solo gli scienziati avevano le conoscenze necessarie per eseguire operazioni di quel genere, ma Grace Hopper era determinata a rendere il computer uno strumento accessibile a molte persone. Riuscì quindi a realizzare un sistema per far tradurre al computer il proprio codice e riuscire a chiamare subroutine pre-programmate quando necessario. Terminò questo programma nel 1952 e lo chiamò **compilatore A-0**: fu il primo compilatore della storia dell'informatica. Il lavoro successivo consistette nella realizzazione di un programma da utilizzare in ambito commerciale, portato a termine nel 1955 e chiamato **Flow-Matic**. Il programma divenne un modello per la realizzazione del **Cobol** e da quel momento Grace Hopper venne considerata a tutti gli effetti la "nonna" del Cobol. Continuò a lavorare nell'esercito anche avendo superato il limite di servizio, ma il suo contributo per lo sviluppo del linguaggio Cobol fu essenziale. I colleghi la chiamarono Amazing Grace, Magnifica Grace, o "little old lady who talks to computers", la piccola vecchia signora che parla ai computer.

## 7 | I programmi traduttori: gli interpreti

### Il ruolo dell'interprete

Gli **interpreti** sono programmi che accettano in ingresso le singole istruzioni di un programma sorgente e le traducono una alla volta.

> Gli interpreti sono programmi capaci di eseguire direttamente un programma in un generico linguaggio L istruzione per istruzione.

L'interprete opera schematicamente nel seguente modo:

- legge la prima istruzione;
- controlla la prima istruzione segnalando la presenza di eventuali errori che il programmatore dovrà correggere;
- traduce la prima istruzione e la esegue;
- continua così, istruzione dopo istruzione, sino al termine del programma.

Un esempio classico di **linguaggio compilato** è il Pascal; un **linguaggio interpretato** è invece il Visual Basic. Esistono poi linguaggi "misti", come Java o quelli della piattaforma .NET di Microsoft, che sono sia compilati che interpretati,

### Differenze tra compilatori e interpreti

Abbiamo osservato in precedenza che i due tipi di programma traduttore lavorano in modo completamente diverso.

Per avere le idee ancor più chiare, consideriamo l'analogia con un interprete impegnato, in un congresso, a tradurre dal cinese all'italiano.
Come avviene la traduzione? Essenzialmente in due modi:

- se il relatore parla lentamente, fermandosi molto spesso a ogni pausa o fine di periodo, l'interprete traduce **verbalmente**;
- se ciò non accade, l'interprete potrà registrare il discorso del relatore e, successivamente, tradurlo **in forma scritta**. Tale documento sarà poi consegnato al pubblico italiano.

Da questo semplice esempio si evince facilmente che il secondo modo corrisponde al lavoro del compilatore.

Emerge così una sostanziale caratteristica: l'output fornito dai due programmi è diverso in quanto *il compilatore, a differenza dell'interprete, fornisce un nuovo programma* scritto in linguaggio macchina.

La differenza di prestazione tra interprete e compilatore è in buona parte imputabile alle fasi di lettura e di riconoscimento di ogni istruzione.

Pensa ai videogiochi (che sono, naturalmente, programmi): non si può leggere il programma in quanto si tratta di prodotti compilati (e non interpretati) in linguaggio macchina. Nel mondo del software, nella maggior parte dei casi il codice sorgente è considerato segreto industriale e pertanto il produttore cede soltanto il diritto all'uso (la copia di questi programmi è infatti considerata dalla legge come un reato punibile con sanzioni penali).

|  | **COMPILATORE** | **INTERPRETE** |
|---|---|---|
| **Vantaggi** | • Traduce una sola volta e produce un nuovo programma direttamente eseguibile.<br>• L'esecuzione di un programma compilato è più veloce, in quanto la fase di traduzione è già avvenuta.<br>• Avvenuta la compilazione, non è più necessario avere il compilatore in memoria, risparmiando, così, notevole quantità di memoria.<br>• Può rilevare errori diversi rispetto all'interprete.<br>• Consente la segretezza del programma sorgente. | • Il programma può essere modificato continuamente, in modo interattivo, riducendo così i tempi di debugging (ossia di correzione degli errori).<br>• È facilitato il rilevamento di errori di run-time. |
| **Svantaggi** | • In caso di modifica del programma occorre effettuare una nuova compilazione. | • Traduce il programma ogni volta che deve essere eseguito.<br>• L'esecuzione di un programma interpretato è più lenta, in quanto avviene contemporaneamente alla traduzione.<br>• Durante l'esecuzione del programma, l'interprete, ovviamente, è residente in memoria centrale, occupando così spazio prezioso.<br>• Non consente la segretezza del codice sorgente. |

È chiaro che il compilatore ha qualche vantaggio in più rispetto all'interprete. Uno dei principali è rappresentato dalla velocità; pensiamo a un programma contenente un ciclo: il compilatore traduce le istruzioni che lo compongono una sola volta, all'atto della traduzione, mentre l'interprete continuerà a tradurle tutte le volte che il ciclo dovrà essere ripetuto.

Di contro, il vantaggio dell'interprete rispetto al compilatore è dato dalla possibilità di modificare continuamente il programma, apportando così veloci correzioni.

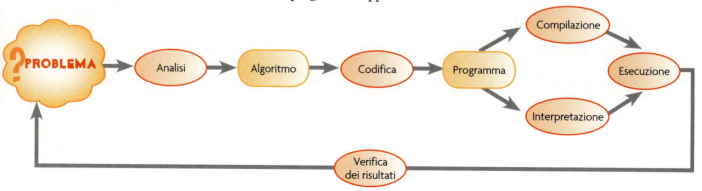

# 8 | Compilatori e interpreti: le soluzioni ibride

## Macchine virtuali e linguaggi intermedi

Una **macchina virtuale (virtual machine)** per un linguaggio L è un sistema software basato sull'esistenza di un interprete per L che fornisce l'impressione, a chi la usa, di avere a disposizione una macchina concreta, cioè una macchina il cui linguaggio è proprio L.

**Lezione**
**Java**
Conosciamo Java.

L'idea delle macchine virtuali ha avuto un grande successo negli ultimi anni, poiché grazie ad esse è possibile garantire la piena portabilità del codice eseguibile.
Molti dei linguaggi cosiddetti "interpretati" (come, per esempio, Java) subiscono in realtà un processo di compilazione, cioè di traduzione in un **linguaggio intermedio**, denominato spesso **bytecode** (ogni linguaggio può avere il suo) strutturalmente molto simile a quello dei linguaggi dei microprocessori.
Il bytecode è un linguaggio intermedio più astratto del linguaggio macchina, usato per descrivere le operazioni che compongono un programma. Il nome si deve al fatto che spesso le operazioni hanno un codice che occupa un solo byte, anche se la lunghezza dell'intera istruzione può variare, in quanto ogni operazione ha un determinato numero di parametri su cui operare. I parametri di queste operazioni possono rappresentare registri o indirizzi di memoria, un po' come accade per il linguaggio macchina.
Il bytecode può anche essere usato come rappresentazione intermedia di un programma da far compilare a un tipo speciale di compilatore, chiamato **compilatore just-in-time**, il quale traduce il bytecode in linguaggio macchina appena prima dell'esecuzione del programma stesso, in modo da velocizzarne l'esecuzione.
Un programma in bytecode viene eseguito grazie a un secondo programma che ne interpreta le istruzioni; questo interprete viene spesso chiamato **macchina virtuale**, poiché può essere visto come un computer astratto che realizza al suo interno gran parte delle funzionalità di un computer reale.
È grazie a questa astrazione che è possibile scrivere **programmi portabili**, ossia programmi che possono essere eseguiti su diversi tipi di sistemi operativi e architetture hardware. Questo vantaggio è anche dei linguaggi interpretati, però un interprete di bytecode è molto più veloce di un interprete di un linguaggio ad alto livello, in quanto il codice è caratterizzato da poche e semplici istruzioni ed è molto più vicino alla tecnica di funzionamento dell'hardware del computer.
L'idea del codice intermedio, e conseguentemente della macchina virtuale, si è fatta strada soprattutto a seguito della nascita del sistema **Smalltalk**, sviluppato negli anni Settanta presso il centro di ricerca di Palo Alto della **Xerox**, e del **P-code**, il linguaggio intermedio prodotto da molti compilatori del Pascal (anni Settanta e Ottanta).
Il linguaggio più famoso tra quelli che fanno uso del bytecode è **Java**, che dispone sia di una macchina virtuale (**JVM – Java Virtual Machine**) che interpreta il bytecode, sia di un compilatore just-in-time che traduce il bytecode in linguaggio macchina.

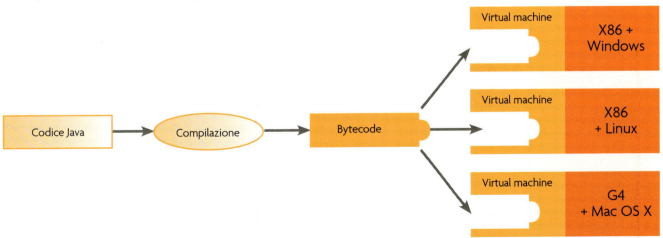

UNITÀ 5 Fondamenti di teoria dei linguaggi

## La strategia di Microsoft

Verso la fine del 2000, Microsoft ha rilasciato la **piattaforma .NET** (tutto in lettere maiuscole, pronunciato **dotnet**), una piattaforma di sviluppo a oggetti per applicazioni desktop, server, client/server, Internet e intranet, come contrapposizione proprietaria al linguaggio Java (che è open source). La piattaforma .NET (e il suo linguaggio principe, **C#**) sono standard ISO riconosciuti e quindi non è possibile, da parte della casa madre, modificarne la sintassi (a meno di discostarsi dal suo stesso standard). La principale caratteristica di questa piattaforma è di essere indipendente dalla versione operativa di Windows su cui è installata.

.NET Framework è la parte centrale della tecnologia .NET di Microsoft. È l'ambiente utilizzato per la creazione, la distribuzione e l'esecuzione di tutti gli applicativi che supportano .NET, siano essi servizi Web o altre applicazioni.

.NET Framework si compone di:

- compilatori per i principali linguaggi supportati da Microsoft;
- libreria di classi;
- ambiente di esecuzione **Common Language Runtime** o **CLR**. Il Common Language Runtime è il motore d'esecuzione della piattaforma .NET; si occupa di eseguire il **CIL** (*Common Intermediate Language*), ossia il codice intermedio, compilato con compilatori che possono avere come target il CLR. Il Common Language Runtime (CLR) e il Common Intermediate Language (CIL) di .NET sono simili rispettivamente alla Java Virtual Machine e al bytecode di Sun Microsystems, con cui sono in forte concorrenza. Entrambi utilizzano un proprio bytecode intermedio. Il bytecode di .NET è progettato per essere compilato al momento dell'esecuzione (just in time compilation, o **JITting**), come il bytecode di Java, che invece inizialmente era interpretato (ossia non compilato al momento).

Microsoft .NET è dotato di un **IDE** (*Integrated Development Environment*, ambiente di sviluppo integrato) denominato **Visual Studio**.

Con la piattaforma .NET è anche possibile:

- quando il sistema operativo sottostante è Microsoft Windows, accedere ai suoi servizi e alle sue API;
- accedere ai servizi Web utilizzando il protocollo **SOAP** (*Simple Object Access Protocol*);
- accedere a componenti scritti in altri linguaggi. La **CLI** (*Common Language Infrastructure*), infatti, è concepita per essere compatibile con qualsiasi linguaggio di alto livello orientato agli oggetti, fornendo un unico modello a oggetti e una vasta libreria di classi condivisibili. Ciò costituisce un'evoluzione della strategia di Microsoft, che in passato aveva avuto tradizionalmente nel linguaggio Visual Basic uno dei propri punti di forza. I linguaggi utilizzati nella piattaforma .NET sono principalmente i seguenti:

    - **C#** (che si legge "C sharp"), linguaggio a oggetti simile a Java di Sun Microsystems;
    - **Visual Basic .NET**, linguaggio orientato agli oggetti e multi-threaded basato sulla semplice sintassi del vecchio Visual Basic;
    - **J#** (che si legge "J sharp"), variante di J++ (la versione Microsoft di Java);
    - **Managed C++**, una variante managed (vedi oltre) del C++ per la piattaforma .NET;
    - **ASP.NET**, evoluzione del classico ASP (*Active Server Pages*), linguaggio di programmazione in ambiente Web, che implementa .NET ed è dotato di librerie .NET, pur non essendo un linguaggio vero e proprio poiché il codice può essere scritto utilizzando un qualsiasi altro linguaggio .NET;
    - altri linguaggi, come **Delphi**, **Lisp**, **Eiffel**, i cui compilatori sono forniti da altri produttori.

# TRAINING

Test

## CONOSCENZE

**1.** Il software:
- ☐ rappresenta le componenti fisiche di un computer
- ☐ rappresenta un insieme di programmi
- ☐ rappresenta l'aggancio tra il computer e l'utente finale
- ☐ rappresenta l'aggancio tra computer e scheda madre

**2.** Il software di base:
- ☐ costituisce una parte fondamentale del sistema di elaborazione
- ☐ comprende la suite Microsoft Office
- ☐ è costituito dall'insieme dei programmi che permettono di utilizzare e gestire il computer
- ☐ comprende i sistemi operativi, i compilatori e i debugger

**3.** Il software applicativo:
- ☐ comprende il sistema operativo
- ☐ comprende tutti i programmi orientati alla soluzione di problemi specifici in particolari settori
- ☐ può essere acquistato solo presso specifiche aziende specializzate
- ☐ può essere realizzato all'interno dell'azienda stessa

**4.** Il software verticale comprende programmi:
- ☐ che risolvono problematiche specifiche di un particolare settore gestionale o produttivo
- ☐ molto specializzati
- ☐ poco specializzati
- ☐ caratterizzati da una irrilevante rigidità nelle fasi di inserimento dei dati

**5.** Il software orizzontale:
- ☐ comprende tutti i programmi che risolvono problematiche specifiche
- ☐ include tutti i programmi utilizzabili in diversi settori produttivi
- ☐ ha una particolare specializzazione
- ☐ non ha una particolare specializzazione

**6.** Le utility:
- ☐ sono programmi usati per sviluppare altri programmi
- ☐ aggiungono funzioni di controllo a quelle di un sistema operativo
- ☐ sono i compilatori e interpreti
- ☐ sono ambienti di sviluppo

**7.** L'avviamento logico del computer è detto:
- ☐ partenza
- ☐ inizializzazione
- ☐ reset
- ☐ avviamento

**8.** Abbina a ogni definizione riportata a sinistra il tipo di software riportato a destra.

| | | | |
|---|---|---|---|
| A | Software distribuito in modo che chiunque ne abbia il permesso di uso, copia e distribuzione, gratis o a pagamento | 1 | Software di pubblico dominio |
| B | Software privo di copyright | 2 | Software proprietario |
| C | Software non libero, ma che è distribuito con il permesso per i privati di essere usato, copiato, distribuito e modificato | 3 | Freeware |
| D | Software il cui utilizzo, ridistribuzione o modifica sono proibiti o richiedono il permesso | 4 | Software semilibero |
| E | Software che può essere ridistribuito ma non modificato e il codice sorgente non è disponibile | 5 | Software libero |
| F | Software che dà la possibilità di ridistribuire copie, ma impone a chiunque continui a usarlo di pagarne la licenza d'uso | 6 | Software commerciale |
| G | Software sviluppato da un'azienda allo scopo di guadagnare dall'uso di esso | 7 | Shareware |

| A | B | C | D | E | F | G |
|---|---|---|---|---|---|---|
|   |   |   |   |   |   |   |

**9.** Il master boot record:
- ☐ è costituito da un settore localizzato nei primi 512 byte dell'hard disk
- ☐ contiene il boot loader
- ☐ contiene il BIOS
- ☐ è costituito da un settore localizzato nei primi 512 byte del CD ROM

**10.** Stabilisci se le seguenti affermazioni sono vere o false
- V F Il linguaggio è uno strumento fonetico
- V F L'alfabeto è un insieme di parole del linguaggio
- V F La grammatica comprende l'alfabeto e un insieme di regole
- V F La semantica definisce il significato della frase

**11.** Che cos'è un programma?

**12.** Che cosa sono le istruzioni?

**13.** Il linguaggio assembly
- ☐ introduce la seconda generazione
- ☐ fa parte dei linguaggi di programmazione ad alto livello
- ☐ è dipendente strettamente dal tipo di computer
- ☐ fa parte dei linguaggi machine oriented, ossia linguaggi orientati alla macchina

UNITÀ 5 Fondamenti di teoria dei linguaggi      221

# TRAINING

**14.** Qual è la differenza tra assembly e assembler?

**15.** I linguaggi ad alto livello
- ☐ sono progettati per una macchina concreta
- ☐ non sono vicini alla logica del programmatore
- ☐ sono linguaggi orientati all'uomo
- ☐ sono linguaggi della terza generazione

**16.** Con UHLL si fa riferimento
- ☐ a linguaggi utilizzati per risolvere problemi molto vicini a quelli che si utilizza nella propria attività
- ☐ a linguaggi di basso livello
- ☐ a linguaggi della terza generazione
- ☐ a codici assembly

**17.** In riferimento alle caratteristiche dei linguaggi ad alto livello, associa ogni elemento della colonna di sinistra con un elemento della colonna di destra.

| A | Usabilità | 1 | Facilità di modifica dei programmi |
|---|-----------|---|-----------------------------------|
| B | Portabilità | 2 | Terza |
| C | Versabilità | 3 | Facilità di apprendimento e di uso |
| D | Generazione di appartenenza | 4 | Possibilità di utilizzo su computer differenti |

| A | B | C | D | E | F | G |
|---|---|---|---|---|---|---|
|   |   |   |   |   |   |   |

**18.** Che cosa si intende con il termine piattaforma?

**19.** Che cosa significa paradigma di programmazione?

**20.** Il paradigma imperativo:
- ☐ si adatta al modo in cui l'uomo ragiona nel risolvere i problemi
- ☐ si basa sulla manipolazione controllata degli oggetti
- ☐ è fondato sul concetto di imperio
- ☐ fa uso del linguaggio LISP

**21.** Il paradigma di programmazione OOP:
- ☐ non è molto adatto per lo sviluppo di sistemi software complessi
- ☐ è il più adeguato per lo sviluppo di sistemi software complessi
- ☐ utilizza la metafora dell'oggetto
- ☐ associa a ogni oggetto informazioni e funzionalità in modo che gli oggetti possano interagire

**22.** Il paradigma dichiarativo:
- ☐ si concentra sul "come" ottenere i risultati e non si occupa minimamente del "cosa" ottenere
- ☐ si concentra esclusivamente sul "cosa" richiede il problema e non si occupa minimamente del "come" ottenere i risultati
- ☐ fa parte del paradigma OOP
- ☐ fa parte del paradigma imperativo

**23.** Il paradigma funzionale:
- ☐ permette che il risultato di una funzione divenga l'ingresso di una nuova funzione
- ☐ non permette che il risultato di una funzione divenga l'ingresso di una nuova funzione
- ☐ fa parte del paradigma OOP
- ☐ fa parte del paradigma procedurale

**24.** Che cosa differenzia l'interprete dal compilatore?

**25.** La macchina virtuale:
- ☐ sostituisce la CPU
- ☐ non necessita della CPU
- ☐ è unica per tutti i linguaggi
- ☐ fornisce l'impressione, a chi la usa, di avere a disposizione una macchina concreta

**Apparato didattico B**  Le basi della programmazione

**Nome** ........................................ **Classe** ................. **Data** ...............................

Con questa scheda puoi autovalutare il tuo livello di acquisizione delle conoscenze e delle abilità insegnate nell'Unità di apprendimento.
Attribuisci un punto ad ogni risposta esatta. Se totalizzi un punteggio:

**Ritaglia la tua scheda**

Scheda di autovalutazione

| <4 | Tra 4 e 6 | Tra 6 e 8 | >8 |
|---|---|---|---|
| • Rifletti un po' sulle tue "disgrazie" <br> • Rivedi con attenzione tutta l'unità di apprendimento <br> • Ripeti il questionario | • Rivedi l'unità di apprendimento <br> • Ripeti il questionario | • Rivedi l'unità di apprendimento nelle sue linee generali | tutto OK |

**diamoci il voto!**

**1.** Una strategia risolutiva è generale
- ☐ quando risolve problemi diversi
- ☐ quando risolve problemi simili
- ☐ quando risolve problemi che fanno parte di una stessa famiglia
- ☐ quando risolve problemi che fanno parte di una stessa classe di problemi.

**2.** Un algoritmo si dice efficiente quando è:
- ☐ corretto
- ☐ scarno
- ☐ veloce
- ☐ lento

**3.** L'algoritmo è deterministico quando:
- ☐ a ogni unità finita di tempo l'esecutore deve scegliere e compiere una serie di azioni
- ☐ a ogni unità finita di tempo l'esecutore deve scegliere e compiere un blocco di azioni
- ☐ a ogni unità finita di tempo l'esecutore deve scegliere e compiere una e una sola azione
- ☐ a ogni unità finita di tempo l'esecutore deve compiere l'intero algoritmo

**4.** Scrivi in BNF la sintassi corrispondente alle seguenti istruzioni:
- ☐ A = A + 5
- ☐ A = 0
- ☐ A = "Ciao"

**5.** Scrivi in BNF la sintassi corrispondente alle seguenti istruzioni:
- ☐ SCRIVI("Risultato", A)
- ☐ SCRIVI("Risultati", A, B, C)
- ☐ SCRIVI("A=", A, "B"=", B)

**6.** Stabilisci il tipo di dato più appropriato per rappresentare le seguenti informazioni:
- ☐ NumeroCellulare
- ☐ CAP
- ☐ PrezzoLattina
- ☐ Nazionalità
- ☐ LampadaAccesa
- ☐ Età

**7.** Supponendo di avere il seguente ambiente di valutazione:
(a,1) , (b, 2), (c, 3)
quale è il nuovo ambiente di valutazione nei seguenti casi:
a) SCRIVI(a)
b) SCRIVI(b * 3)
c) LEGGI(a)

**8.** L'assegnazione Nome = 'Piero'
- ☐ non è corretta perché Nome deve essere racchiuso tra apici
- ☐ non è corretta perché Piero deve essere racchiuso tra apici
- ☐ non è corretta perché l'operatore di assegnazione non è l'uguale
- ☐ è corretta

**9.** Per il seguente esercizio fornisci la descrizione dei dati di input, di output e, eventualmente, di quelle di lavoro e l'algoritmo risolutivo:

Date le età di tre persone calcolare la loro età media.

**10.** Per il seguente esercizio fornisci la descrizione dei dati di input, di output e, eventualmente, di quelle di lavoro e l'algoritmo risolutivo:

Calcolare la bolletta trimestrale dell'acqua per un utente leggendo i metri cubi che ha consumato.

**11.** Una strategia risolutiva è generale
- ☐ quando risolve problemi diversi
- ☐ quando risolve problemi simili
- ☐ quando risolve problemi che fanno parte di una stessa famiglia

**UNITÀ 5** Fondamenti di teoria dei linguaggi

Con questa scheda puoi "riflettere" sul tuo processo di apprendimento in modo che tu abbia presenti sia i punti di forza che i limiti delle tue conoscenze e delle relative strategie.

| Impariamo a imparare | CON MOLTA DIFFICOLTÀ | CON QUALCHE DIFFICOLTÀ | CON INCERTEZZA | CON SUFFICIENTE SICUREZZA | CON SICUREZZA | CON SICUREZZA E PADRONANZA |
|---|---|---|---|---|---|---|
| Come analizzare un problema e affrontarlo in termini informatici | ☐ | ☐ | ☐ | ☐ | ☐ | ☐ |
| Cosa sono i paradigmi di programmazione | ☐ | ☐ | ☐ | ☐ | ☐ | ☐ |
| Che cosa è un algoritmo | ☐ | ☐ | ☐ | ☐ | ☐ | ☐ |
| Che cosa sono le variabili e come si usano | ☐ | ☐ | ☐ | ☐ | ☐ | ☐ |
| A che cosa servono le costanti e come si usano | ☐ | ☐ | ☐ | ☐ | ☐ | ☐ |
| Cosa sono e a cosa servono le strutture di controllo | ☐ | ☐ | ☐ | ☐ | ☐ | ☐ |
| Come rappresentare un algoritmo usando diversi formalismi | ☐ | ☐ | ☐ | ☐ | ☐ | ☐ |
| Come codificare un algoritmo in Scratch | ☐ | ☐ | ☐ | ☐ | ☐ | ☐ |
| Come creare semplici animazioni con Scratch | ☐ | ☐ | ☐ | ☐ | ☐ | ☐ |

| | |
|---|---|
| A cosa ti sono servite le informazioni presenti in questa unità di apprendimento? | |
| Cosa conosci degli argomenti presentati? | |
| Quali strategie hai usato per apprendere? | |
| Come puoi correggere gli errori che eventualmente hai commesso? | |
| Hai raggiunto gli obiettivi che ti proponevi? | ☐ SI     ☐ NO     ☐ IN PARTE |

impariamo a imparare!

**Apparato didattico B** Le basi della programmazione

# APPARATO DIDATTICO C
# OFFICE AUTOMATION

## 1
### Scrivere con Microsoft Word 2010

Con l'aumento degli utenti di Personal Computer c'è stata una grande diffusione di software progettati per gestire testi; detti word processor. Questi prodotti tendono a diventare sempre più facili da usare. Spesso non è necessario ricordare i comandi da utilizzare, poiché il sistema evidenzia sullo schermo dei menu, nei quali l'utente può scegliere l'operazione che vuole eseguire.
Le possibilità offerte dai word processor vengono sfruttate sul lavoro, nel privato e a scuola; una delle applicazioni più fortunate, si ha, però, nel campo dell'office automation. Si può dire che l'automazione del lavoro d'ufficio è cominciata proprio con la gestione, per mezzo del computer, dei testi prodotti nel mondo lavorativo.

## 2
### Calcolare con Microsoft Office 2010

I fogli elettronici (o fogli di calcolo) sono applicazioni utili per gestire grossi quantitativi di dati organizzati generalmente in tabelle o sotto forma di elenchi, su cui è possibile effettuare calcoli anche complessi in modo relativamente semplice. In termini più completi, Excel è uno tra i più potenti programmi integrati che combinano funzioni di foglio elettronico, trattamento e archiviazione dati e rappresentazione grafica.

## 3
### PowerPoint: come costruire uno slideshow

PowerPoint è un'applicazione che consente di creare materiale (visualizzabile con l'ausilio di un proiettore) per esporre una relazione o presentare un lavoro, ecc. Con PowerPoint è possibile creare schermate accattivanti con foto e testi colorati, illustrazioni, disegni, tabelle, grafici, filmati e transazioni da un elemento all'altro da visualizzare come una sequenza di diapositive. È inoltre possibile animare mediante l'apposita funzionalità le illustrazioni e i testi, nonché aggiungere effetti sonori e commenti audio.

Lezione
Lavoriamo con Access

Lezione
Lavoriamo con gli applicativi Open.

## PREREQUISITI

### Conoscenze
- Differenza tra file e cartelle
- Tipi di file

### Abilità
- Saper accendere un computer
- Saper gestire file e cartelle con il sistema operativo
- Saper usare sommariamente la tastiera di un computer e il mouse

## OBIETTIVI

### Conoscenze
- Funzionalità specifiche della suite Office
- Documenti di testo formattati e generici
- Tecniche di gestione e formattazione di documenti testuali e fogli di calcolo
- Formule e funzioni per impostare calcoli
- Tecniche di realizzazione di presentazioni interattive dinamiche ed efficaci

### Abilità
- Saper riconoscere documenti di testo formattati e generici
- Saper impostare documenti di testo formattando adeguatamente testo e paragrafi
- Saper disporre oggetti diversi all'interno di documenti testuali
- Saper realizzare fogli di calcolo usando formule e funzioni
- Realizzare grafici su dati relativi a fogli di calcolo
- Realizzare presentazioni interattive dinamiche

### Competenze
- Abituare all'uso di una suite gestendo le interazioni tra i software

# UNITÀ DI APPRENDIMENTO 1
# SCRIVERE CON MICROSOFT WORD 2010

## IN QUESTA UNITÀ IMPARERAI...

- Cosa è un wordprocessor
- Come impostare un documento
- Come formattare testi e paragrafi
- Come inserire tabelle, elenchi e tabulazioni
- Come stampare il documento
- Come gestire un documento in stampa unione

Glossario CLIL

Approfondimento

Tutorial

## 1 | Dalla macchina per scrivere al word processor

### LO SAI CHE...

La macchina per scrivere fu inventata dall'avvocato novarese **Giuseppe Ravizza** nell'Ottocento e brevettata con il nome di **cembalo scrivano**. Ravizza concepì questo strumento per scopi umanitari poiché voleva permettere ai ciechi di scrivere utilizzando questa macchina; nacque così anche una nuova professione: la **dattilografia**.
Con il passare del tempo, le macchine per scrivere sono state perfezionate sempre di più sino a essere provviste di tastiere collegate a dispositivi elettrici ed elettronici permettendo, così, di stampare su carta documenti sempre più precisi ed efficaci. Questi ultimi modelli rappresentano i precursori degli attuali sistemi di "scrittura computerizzata", tecnicamente detta **videoscrittura**.

Per **videoscrittura** (*word processing* in inglese) si intende la scrittura effettuata attraverso l'utilizzo del computer. Un suo sinonimo è "elaborazione di testi".

I programmi di videoscrittura permettono di separare nettamente i due momenti della scrittura a macchina tradizionale, la diteggiatura e la stampa, passando attraverso la memorizzazione e la revisione del testo.

L'operatore, infatti, tramite il word processor può predisporre un documento con determinate impostazioni per l'impaginazione, effettuare modifiche, memorizzarlo e stamparlo in più copie originali. In seguito potrà riutilizzarlo e rivisitarlo (apportandovi modifiche, anche di più autori), e riprodurlo a mezzo stampa come se si trattasse di un nuovo documento originale.

Il word processor permette anche di gestire in contemporanea più documenti, copiando e spostando interi blocchi di testo da un documento a un altro per ottenerne uno nuovo.

## 2 | Microsoft Word 2010

Uno dei word processor più noti e utilizzati è **Microsoft Word** (d'ora in poi semplicemente Word), un potente strumento incluso nella famiglia Microsoft Office che consente di creare documenti professionali in modo relativamente semplice, grazie alla sua interfaccia particolarmente intuitiva.

Microsoft Word è disponibile in diverse versioni. Nel seguito faremo riferimento in particolare alla versione più recente, **Microsoft Word 2010**, anche se le spiegazioni fornite risulteranno utili, nella maggioranza dei casi, per qualsiasi versione di Word e in generale per qualsiasi word processor. Anche per le altre applicazioni del pacchetto Microsoft Office faremo sempre riferimento alle versioni più recenti, il cui nome contiene sempre "2010".

## Avviare Microsoft Word 2010

Per aprire Microsoft Word 2010:

- fai clic sul menu Start ;
- fai clic sulla voce Microsoft Word, se presente, altrimenti su Tutti i programmi;
- seleziona Microsoft Office e poi scegli Microsoft Word 2010.

All'avvio di Word 2010 si apre una finestra simile a quella riportata nella figura seguente.

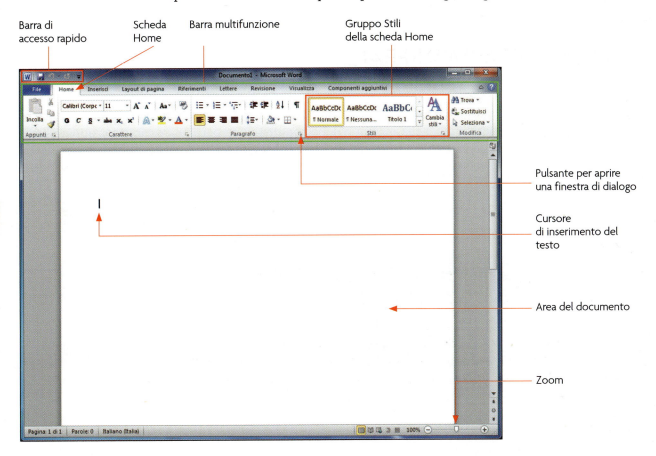

Nella parte superiore, subito sotto il titolo della finestra, puoi notare l'ampia **barra multifunzione**, il principale strumento di accesso ai comandi e alle funzionalità di Word 2010 (e di tutte le applicazioni del pacchetto Microsoft Office 2010). Tale barra è suddivisa in **schede** (da sinistra File, Home, Inserisci e così via), a loro volta suddivise in **gruppi** in cui sono raggruppati comandi attinenti. Per esempio, la scheda Home (quella che si utilizza più spesso) è suddivisa nei gruppi Appunti, Carattere, Paragrafo, Stili e Modifica, dove puoi trovare tutti i comandi e gli strumenti per utilizzare le principali funzionalità del word processor.

Se mantieni per qualche istante il puntatore del mouse sopra un pulsante compare una piccola casella con una breve descrizione del comando (in gergo informatico si chiama **tooltip**, letteralmente: consiglio o suggerimento sull'oggetto). Qui sotto puoi vedere la casella di descrizione del comando Colonne, contenuto nel gruppo Imposta pagina della scheda Layout di pagina.

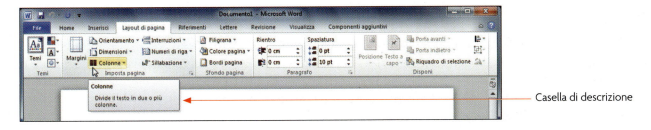

UNITÀ 1 Scrivere con Microsoft Word 2010

### Chiudere l'applicazione

Per chiudere l'applicazione Word basta fare clic sulla scheda File e selezionare il comando Esci.

> Facendo clic sul pulsante [x] nell'angolo superiore destro della finestra dell'applicazione chiudi la finestra corrispondente. Se questa è l'unica finestra di Word aperta, verrà chiusa anche l'applicazione, ma se sono aperte altre finestre con documenti di Word, queste non verranno chiuse e potrai continuare tranquillamente a lavorarci.

## 3 | La scrittura del testo

La tastiera di un computer è composta da una serie ordinata di tasti la cui pressione permette l'inserimento, nella memoria del computer, di un particolare carattere, oppure l'esecuzione di un particolare comando da parte del computer. Per questo motivo, su ogni tasto, è presente una serigrafia che ricorda all'utente a quale carattere o comando corrisponde il tasto.

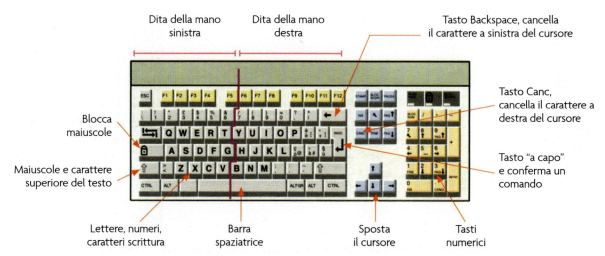

Molti tasti consentono l'inserimento di due o anche tre caratteri diversi. Normalmente un carattere/comando è ottenuto mediante la semplice pressione del tasto, gli altri caratteri/comandi del medesimo tasto attraverso la pressione contemporanea di un particolare tasto funzione. Per esempio:

[A] = a     [ALT GR] + [ç ò @] = @

[⇧] + [A] = A     [ALT GR] + [* + ]] = ]

[! 1] = 1

[⇧] + [! 1] = !

Per andare a capo premi Invio. Le maiuscole si ottengono con Maiusc + lettera. Per le lettere maiuscole accentate usa l'apice (E') oppure scrivi la minuscola (è), selezionala e premi Maiusc + F3 (È). Se devi scrivere molti caratteri in maiuscolo puoi impostare la scrittura in maiuscolo con il tasto Caps lock (Blocca maiuscole), quello in cui compare un lucchetto.

## LO SAI CHE...

Il più comune schema per tastiere di computer è quello denominato **qwerty** (che si pronuncia querti). La tastiera qwerty è stata progettata nel 1868 a Milwaukee da **Christopher Latham Sholes** suddividendo ai lati opposti della tastiera i tasti corrispondenti alle coppie di lettere più utilizzate nella lingua inglese per impedire agli *steli* (i supporti dei caratteri) delle macchine per scrivere dell'epoca di incrociarsi e di bloccarsi. Questa tastiera è stata venduta alla società Remington nel 1873. La tastiera qwerty è stata quindi ideata in un'ottica puramente tecnica, unendo ergonomia ed efficacia. La leggenda vuole che la disposizione dei tasti della prima linea della tastiera qwerty fosse stata impostata in modo che i venditori delle macchine per scrivere fossero in grado di trovare facilmente i tasti per scrivere *typewriter* ("macchina per scrivere" in inglese) durante le dimostrazioni! Le tastiere qwerty sono utilizzate nei computer IBM compatibili (i computer che utilizzano Windows).
In Germania vengono scambiate tra loro le lettere Z e Y, poiché in lingua tedesca la Z è molto più comune della Y e poiché la Z e la A spesso compaiono vicine; di conseguenza, le tastiere tedesche vengono chiamate tastiere **qwertz**. Le tastiere francesi per PC impiegano lo schema **azerty**, mentre hanno nelle macchine per scrivere, come quelle italiane, la M posizionata a destra della L.

Nella figura è riportato lo schema di una classica tastiera italiana a 105 tasti.

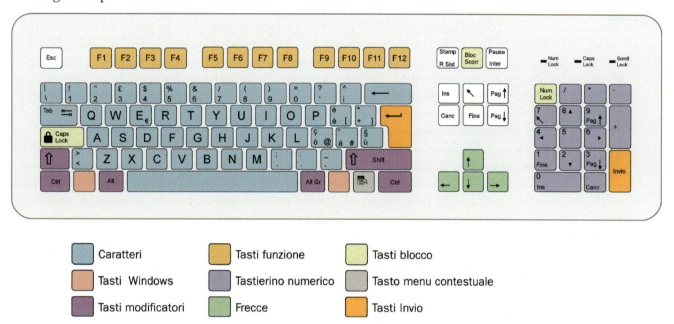

I **tasti per applicazioni** sono quelli che vengono usati in combinazione con altri per ottenere specifici caratteri ed eseguire determinate funzioni, mentre i **tasti di Windows** permettono di effettuare dei collegamenti verso alcune funzionalità di Windows. In particolare:

| Combinazione | Descrizione |
|---|---|
| ⊞ + E | Visualizzare la finestra Computer |
| ⊞ + F | Cercare un file |
| ⊞ + F1 | Visualizzare la Guida |
| ⊞ + M | Ridurre a icona tutte le finestre del desktop |
| ⊞ + Pausa | Visualizzare le proprietà del sistema |
| ⊞ + Tab | Utilizzare Scorrimento 3D Aero |
| ⊞ + R | Visualizzare la finestra Esegui |

In un documento di Word basta digitare parole e frasi senza preoccuparsi di andare a capo, perché automaticamente, arrivati al bordo destro della pagina, il programma sposterà il cursore alla riga sottostante.

Quando invece si desidera iniziare un nuovo paragrafo occorre premere il tasto a capo. Va lasciato ovviamente uno spazio tra le parole, con la barra spaziatrice, ma occorre ricordare che i segni di punteggiatura si attaccano alla parola e solo dopo va lasciato uno spazio.

## 4 | Creare e impostare un documento

Quando si avvia Word viene creato automaticamente un nuovo documento che assume il nome standard *Documento1*, riportato sulla barra del titolo. Per generare un nuovo documento fai clic sulla scheda File, seleziona Nuovo per aprire la visualizzazione Backstage e scegli Documento vuoto nella sezione Modelli disponibili. Quando arriverà il momento di salvare il documento, sarà opportuno sostituire il nome standard con uno più significativo.

Un nuovo documento appare come un "foglio bianco", con il **cursore** posizionato all'inizio. Il cursore, una barretta verticale lampeggiante, indica in che punto verranno inseriti i caratteri digitati da tastiera: potremmo dire che è la nostra "penna digitale" o, a volte, la nostra "gomma digitale". Puoi spostare il cursore nel testo già inserito, usando il mouse o i tasti cursore, o in un altro punto del foglio con un doppio clic. Sulla **barra di stato** (all'estremità inferiore della finestra) puoi leggere l'indicazione della pagina in cui si trova il cursore e del numero di parole inserite.

Un documento è composto da un insieme di pagine. Per ottenere documenti esteticamente validi e professionali, è importante impostare le pagine per modificare gli aspetti tipici della stampa su carta. È necessario definire, innanzitutto, il **formato**, cioè le dimensioni in altezza e larghezza. Esistono formati standard, i più comuni sono quelli della serie A, alcuni dei quali sono riportati nella prima tabella qui sotto; esistono anche i formati della serie B e C. Nella tabella più sotto ancora sono elencati alcuni degli usi più comuni.

| Formato | mm | Formato | mm | Formato | mm |
|---|---|---|---|---|---|
| 4A0 | 1682 × 2378 | A3 | 297 × 420 | A8 | 52 × 74 |
| 2A0 | 1189 × 1682 | A4 | 210 × 297 | A9 | 37 × 52 |
| A0 | 841 × 1189 | A5 | 148 × 210 | A10 | 26 × 37 |
| A1 | 594 × 841 | A6 | 105 × 148 | | |
| A2 | 420 × 594 | A7 | 74 × 105 | | |

| Formato | Utilizzo |
|---|---|
| A0, A1 | Disegno tecnico, poster. |
| A2, A3 | Disegno, diagrammi, tabelle di grandi dimensioni. |
| **A4** | **Lettere, riviste, carta per stampanti e fotocopiatrici.** |
| A5 | Blocchi per appunti. |
| C4 | Buste per il formato A4. |
| C5 | Buste per il formato A5 (A4 piegato a metà). |
| C6 | Buste per il formato A6 (A4 piegato due volte). |
| B4, A3 | Giornali. |

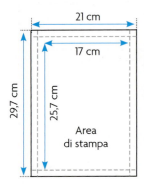

I **margini** superiore, inferiore, sinistro, destro di una pagina misurano la distanza dal bordo e definiscono lo spazio in cui non si può scrivere. Per esempio, considerato un foglio A4 e 2 cm di margine in tutte le direzioni, rimane un'area di stampa di 17 × 25,7 cm.

Una pagina può essere impostata con **orientamento** orizzontale (*landscape*) o verticale (*portrait*). La scelta dipende dai gusti o dal fatto che serva più spazio in orizzontale o in verticale.

È possibile impostare le pagine in qualsiasi momento, ma ti conviene farlo prima di cominciare a scrivere, così che tu possa avere da subito un'idea precisa di come apparirà il documento e di come verrà stampato.

Per fissare le impostazioni delle pagine puoi utilizzare la scheda Layout di pagina: fai clic sul pulsante Margini nel gruppo Imposta pagina per aprire un elenco di impostazioni comuni. Se preferisci impostare i margini in piena libertà, dopo aver fatto clic sul pulsante Margini fai clic sulla voce Margini personalizzati: si apre la finestra di dialogo Imposta pagina, in cui puoi specificare i valori esatti di tutti i margini. Se non vuoi cambiare le impostazioni dei margini per tutto il documento, ma soltanto dal punto in cui ti trovi in poi, fai clic su Applica a: e seleziona l'opzione Da questo punto in poi.

> Quando in una finestra di dialogo c'è il pulsante **Imposta come predefinito**, puoi fare clic su di esso per rendere automatiche le impostazioni per le volte successive.

## 5 | I modelli

Nella maggior parte dei casi vorrai strutturare e definire il documento in totale autonomia, ma talvolta potrà esserti utile partire da un modello preimpostato. Pensa ai casi più comuni: curriculum, lettera, relazione, fax, dépliant, buste e così via. Un **modello** non è altro che un file contenente varie informazioni relative agli stili di paragrafo e di carattere, all'impostazione della pagina e così via. Ogni documento di Word si basa su un modello.

Quando crei un nuovo documento, come hai già visto, fai clic sulla scheda File e seleziona Nuovo. La visualizzazione Backstage mostra i modelli disponibili nel computer locale e anche quelli accessibili da **Office.com**, il sito di Microsoft dedicato al supporto delle applicazioni Office. I vari modelli sono raccolti in categorie. Se fai clic su Modelli di esempio vedrai aprirsi una galleria di modelli che puoi applicare al tuo documento. Scegline uno, per esempio *Curriculum Executive*, per visualizzarne l'anteprima: se ti piace, fai clic sul pulsante Crea in basso a destra: si aprirà un documento con l'indicazione dei campi da riempire o da cancellare ed esempi di compilazione che puoi sostituire, mantenendo la formattazione. Quando hai terminato di impostare il documento, puoi salvarlo come normale documento di Word 2010 (con estensione *.docx*).

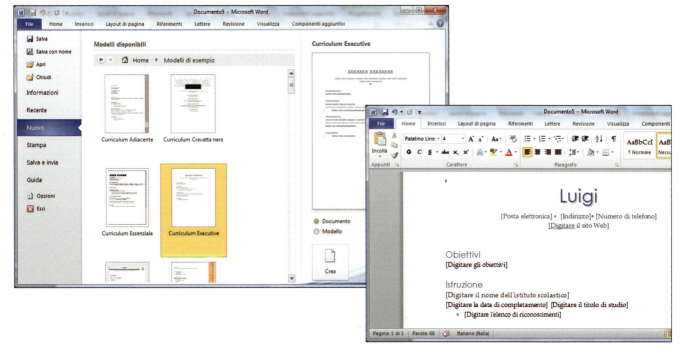

# 6 | La formattazione del testo

Oltre a scrivere il testo, è necessario definire la forma che più ti piace e personalizzare il tuo documento. Occorre, cioè, dare un **formato** ai suoi componenti: caratteri, parole, paragrafi e pagine. Questa operazione si chiama **formattazione**. I programmi di videoscrittura hanno un approccio del tipo **WYSIWYG** (*What You See Is What You Get*), che si traduce in "quello che vedi è quello che ottieni" e indica il fatto che il documento stampato sarà esattamente come quello che vedi sullo schermo.

Questo è molto utile, perché mentre definisci il testo puoi renderti conto di come appare e puoi apportare modifiche e abbellimenti, prima di stamparlo.

Definiamo due importanti componenti del documento.

> Il **carattere** è qualunque segno grafico utilizzato in tipografia per rappresentare le lettere, i segni di interpunzione, le cifre e altri simboli (*grafemi*).
> La **parola**, invece, è una sequenza di caratteri che a sinistra e a destra ha uno spazio o un segno di interpunzione.

Per esempio, la frase *Che bello!* è formata da due parole, mentre un termine apostrofato e la successiva parola sono considerati un tutt'uno, per esempio *l'acqua* oppure *quant'è*.

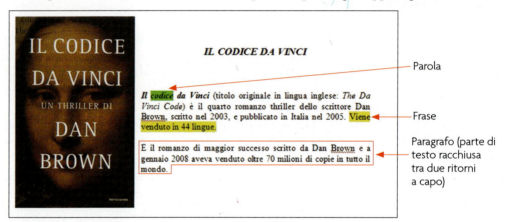

**Grandezze**
Per quanto riguarda la larghezza dei font ci si riferisce ad essa con il termine **spaziatura**. Nei font **a spaziatura fissa** ogni carattere ha la stessa larghezza. Il **passo** corrisponde al numero di caratteri che verranno stampati nell'intervallo di un pollice lineare. Ad esempio, per tutti i font con passo 10 verranno stampati 10 caratteri per pollice (cpi) e per tutti i font con passo 12 verranno stampati 12 caratteri per pollice (cpi). Nei font **proporzionali** (o **tipografici**) la larghezza di ogni carattere può variare. Per questo motivo, la loro dimensione viene espressa in punti e non in passi. Per **dimensione in punti** si intende l'altezza dei caratteri di un font. Un punto equivale a 1/72 di pollice. I caratteri di un font stampati a 24 punti, per esempio, avranno dimensioni doppie rispetto ai caratteri dello stesso font stampati a 12 punti.

Quando leggi un libro o un giornale, ti concentri sul significato delle parole e delle frasi, ma puoi anche osservare che le lettere possono avere forme, **grandezze**, spessori e colori diversi:

Il *codice* da 𝔙inci, *thriller* di **Dan** 𝔅𝔯𝔬𝔴𝔫

Le parole dell'esempio sono state scritte con differenti **tipi di caratteri** e formattate diversamente. Esistono molti tipi di caratteri, per esempio quelli riprodotti qui sopra.

I caratteri possono essere **bastoni** oppure **con grazie**, a seconda che siano lineari o presentino qualche segno nella parte terminale.

A è con grazie (font: *Times New Roman*)    A è bastoni (font: *Franklin Gothic*)

A ognuno di questi gruppi appartengono tipi o **font** particolari, che variano per l'uso delle grazie, per la proporzione e la larghezza dei segni.

Un altro aspetto importante è la **dimensione** o **corpo**, che misura la distanza tra il limite superiore delle lettere ascendenti (t, d, ...) e quello inferiore delle lettere discendenti (g, q, ...). Esistono diverse unità di misura, ma principalmente si usa il punto: 1 punto = 1/72 di pollice (pari a 0,35278 mm).

232   **Apparato didattico C**   Office automation

Infine, puoi definire meglio lo **stile** del carattere, decidendo se il **tratto** deve essere normale (detto anche tondo), corsivo, grassetto o sottolineato. Puoi anche combinare queste qualità. Per esempio:

| | |
|---|---|
| corsivo e grassetto | ***frase in corsivo e in grassetto*** |
| grassetto e sottolineato | **<u>frase in grassetto e sottolineata</u>** |
| corsivo, grassetto e sottolineato | ***<u>frase in corsivo, in grassetto e sottolineata</u>*** |

Ma quando e come utilizzare questi tratti? In linea di massima:

- Il normale è il tratto principale. È il più leggibile, quindi è la scelta ovvia per la stesura del corpo principale dei testi.
- *Il corsivo non è indicato per testi lunghi, in quanto meno leggibile del tondo, ma è utile per esempio per distinguere brevi paragrafi o per segnalare termini tecnici, parole straniere, o parole a cui si vuole dare una certa evidenza senza arrivare alla sottolineatura.*
- **Il grassetto, da evitare per periodi più lunghi di qualche riga, trova ampio utilizzo nei titoli di capitolo. A volte è utilizzabile per evidenziare parole all'interno di un testo, ma per la maggior parte dei casi è consigliabile il corsivo o la sottolineatura.**
- <u>Il sottolineato proprio come il grassetto è utilizzato per dare particolare risalto al testo.</u>

## 7 | Selezionare il testo

I formati possono essere definiti per singoli caratteri o per porzioni maggiori di testo. In generale, devi **selezionare** l'insieme dei caratteri che vuoi formattare, che appariranno a sfondo nero, e applicare le scelte desiderate. Nella seguente tabella puoi trovare le indicazioni su come procedere. Per deselezionare basta fare clic in un punto del documento al di fuori della selezione.

| Per selezionare | Procedura |
|---|---|
| Uno o più caratteri | Trascina il mouse su di essi tenendo premuto il pulsante sinistro oppure sposta il cursore con Maiusc + Freccia. |
| Una parola | Doppio clic su di essa. |
| Una riga | Clic sul margine a sinistra della riga quando il puntatore assume la forma di una freccia. |
| Più righe | Posiziona il puntatore del mouse all'estremità sinistra della prima riga da selezionare, fai clic e trascina. |
| Una frase | Ctrl + clic in un punto della frase. |
| Un paragrafo | Doppio clic sul margine a sinistra del paragrafo oppure triplo clic in un punto del paragrafo. |
| Un documento | Vi sono più alternative:<br>• triplo clic sul margine a sinistra;<br>• clic sul pulsante Selezione (scheda Home, gruppo Modifica) e poi su Seleziona tutto;<br>• Ctrl + clic sul margine a sinistra. |

**INFO GENIUS**

Ma lo sai che esistono moltissime altre scorciatoie che ti consentono di lavorare velocemente con Word senza utilizzare la barra multifunzione? Apri il file Scorciatoie presente *********. Sono presenti alcune tra le tante che ti possono essere molto utili!

UNITÀ 1 Scrivere con Microsoft Word 2010

# Ora tocca a te!

**1**

a) Apri il file *Navi.doc* presente tra i contenuti digitali del volume;
b) imposta i seguenti margini: superiore 5, inferiore 3, destro 2, sinistro 2;
c) formatta il titolo come segue: Tipo carattere: monotype corsiva, dimensione 26, colore azzurro, spaziatura testo: espansa 12 (ricorda che per impostare una Spaziatura devi aprire la finestra *Carattere* agendo sul pulsantino presente all'estremità destra del gruppo *Carattere* della scheda *Home* e selezionare la scheda *Avanzate*);
d) formatta il sottotitolo come segue: Tipo carattere: monotype corsiva, dimensione 16, colore celeste;
e) formatta il testo del brano come segue: Tipo carattere: Comic Sans MS, dimensione 14, colore nero;
f) suddividi il testo in quattro blocchi, inserendo un a capo alla fine di ogni blocco di testo;
g) giustifica tutto il testo;
h) salva il documento chiamandolo "Navi_Mio" in formato Word.

**2**

a) Apri il file *Azzurro.doc* presente tra i contenuti digitali del volume;
b) imposta i margini della pagina secondo i seguenti parametri: margine superiore 3 cm, inferiore 3, destro 5, sinistro 2;
c) seleziona la 2° strofa comprendendo il numero che la contraddistingue e il segno di paragrafo che segue;
d) fai clic sul pulsante *Taglia*;
e) posiziona il punto di inserimento a sinistra del numero 1 che contrassegna la prima strofa;
f) fai clic sul pulsante *Incolla*;
g) seguendo la procedura appena illustrata, seleziona la strofa n. 3;
h) fai clic sul pulsante *Taglia*, posiziona il punto di inserimento a sinistra del numero 1 e fai clic sul pulsante *Incolla*;
i) verificato l'esatto ordine delle strofe cancella i numeri che le contraddistinguono;
l) seleziona il ritornello evidenziato in corsivo e fai clic sul pulsante *Copia*;
m) posiziona il ritornello sotto la prima strofa e fai clic sul pulsante *Incolla*;
n) ed ora prosegui tu inserendo il ritornello sotto ogni strofa;
o) salva il documento chiamandolo "Azzurro_Mio".

## 8 | La formattazione dei paragrafi

**INFO GENIUS**

Word usa dei simboli specifici per indicare la fine di un paragrafo, l'andata a capo senza aver spezzato un paragrafo, lo spazio tra le parole, ecc. Per visualizzare questi caratteri devi fare clic sul pulsante Mostra tutto presente nel gruppo paragrafo della scheda Home oppure premere i tasti Alt + H e poi digitare il tasto 8.

Il **paragrafo** è un insieme di periodi che esprime un concetto completo, ed è generalmente delimitato da due "punto e a capo" (in realtà, quest'ultima parte della definizione si addice al capoverso, ma noi non abbiamo bisogno di complicarci la vita con finezze linguistiche!).

Per andare a capo devi premere il tasto Invio. I programmi di videoscrittura provvedono, all'interno di un paragrafo, ad andare a capo automaticamente mentre scrivi quando raggiungi il margine destro del documento. Questo è utile, in special modo, quando occorre aggiungere o cancellare del testo, perché le righe si ricompongono automaticamente.

Puoi applicare un formato anche ai paragrafi, definendo delle caratteristiche diverse da quelle viste per i caratteri. Una caratteristica che devi sempre definire è l'**allineamento**. Un paragrafo può essere allineato a sinistra, a destra, al centro o giustificato rispetto allo spazio che ha a disposizione (**giustezza**), che può essere una pagina, una casella di testo, la cella di una tabella.

Questo testo è **allineato a sinistra** (mentre a destra ha un margine irregolare o a *bandiera*). Questo allineamento si presta a didascalie o testi brevi.

Questo testo è **centrato** rispetto ai margini (si dice *a epigrafe*); si tratta di un allineamento adatto per titoli e testi brevi da evidenziare.

Questo testo è **allineato a destra** (mentre a sinistra ha un margine irregolare o *a bandiera*). Questo allineamento è utile ad esempio nell'intestazione del destinatario di una lettera, che comprende nome, cognome, indirizzo.

Questo testo è **giustificato** (allineato sia a sinistra sia a destra). Il programma inserisce automaticamente degli spazi per fare arrivare il testo fino ai margini (come si usa spesso nei libri e nei giornali); soltanto l'ultima riga del paragrafo può terminare in qualsiasi punto. Se due termini sono separati da un apostrofo (come "l'acqua", "quant'è" e così via), il programma li considera come un'unica parola e non li dispone su righe diverse

| | a sinistra |
| | centrato |
| | a destra |
| | giustificato |

Un altro elemento importante, che può rendere più leggibile o più vario il testo, è l'**interlinea**, che definisce la spaziatura compresa tra due righe di testo e può essere singola, doppia, di una riga e mezzo o di un valore specificato. Normalmente, maggiore è il corpo del carattere e maggiore è l'interlinea. Osserva gli esempi seguenti:

| Interlinea singola | Interlinea doppia | Interlinea di una riga e mezza | Interlinea esatta (18 pt) |
|---|---|---|---|
| QUI COMINCIA IL LIBRO DI MESSERE MARCO POLO DI VENEZIA, CHE SI CHIAMA MILIONE | QUI COMINCIA IL LIBRO DI MESSERE MARCO POLO DI VENEZIA, CHE SI CHIAMA MILIONE | QUI COMINCIA IL LIBRO DI MESSERE MARCO POLO DI VENEZIA, CHE SI CHIAMA MILIONE | QUI COMINCIA IL LIBRO DI MESSERE MARCO POLO DI VENEZIA, CHE SI CHIAMA MILIONE |

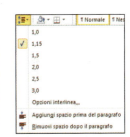

Per impostare queste caratteristiche a un paragrafo basta portare il cursore al suo interno o selezionare tutti i paragrafi interessati e fare clic sulla freccia del pulsante Interlinea e spaziatura paragrafo (scheda Home, gruppo Paragrafo). Il menu che si apre mostra un elenco di valori comuni, ma se preferisci avere più scelta fai clic sulla voce Opzioni interlinea: si apre la finestra Paragrafo, dove puoi impostare tutte le caratteristiche che desideri. Puoi anche definire la spaziatura prima e dopo il paragrafo, per aumentare o diminuire lo spazio che separa il paragrafo dal precedente o dal successivo. Un comodo riquadro di anteprima ti permette di verificare il risultato prima di applicare le scelte di formattazione.

Prova a scrivere un paio di paragrafi con il tuo computer. Copia i primi due paragrafi di questa lezione e poi definisci l'interlinea a 1,5, la spaziatura a 10 pt e l'allineamento del paragrafo centrato.

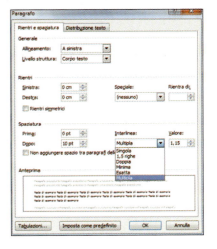

## 9 | Applicare bordi e sfondi ai paragrafi

Per evidenziare uno o più paragrafi, per esempio l'intestazione di un documento o un riquadro con particolari informazioni, puoi racchiuderli all'interno di una cornice (applicando dei **bordi**), oppure farli comparire su uno sfondo di colore diverso. Per aggiungere un bordo, porta il cursore all'interno del paragrafo o seleziona i paragrafi interessati, poi fai clic sulla freccia del pulsante Bordo (scheda Home, gruppo Paragrafo): si apre un menu con vari pulsanti per applicare il tipo di bordo desiderato (puoi attivarne più di uno).

Per impostazioni più avanzate relative ai bordi, scegli la voce Bordi e sfondo dal menu del pulsante Bordo : viene visualizzata una finestra (pagina 236) in cui hai a disposizione numerose opzioni per personalizzare i bordi e lo sfondo come desideri. Facendo clic su un lato o sul corrispondente pulsante, nella sezione Anteprima, puoi scegliere dove applicare il bordo.

UNITÀ 1 Scrivere con Microsoft Word 2010    235

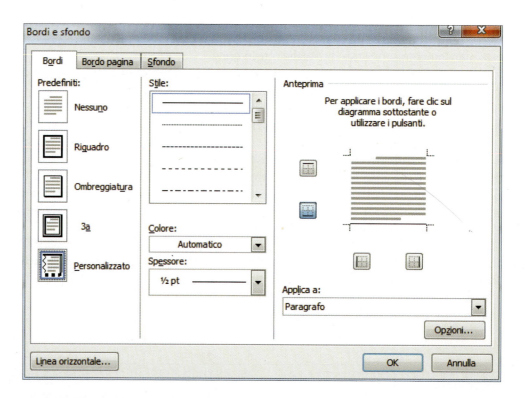

### Applicare bordi e sfondi al testo

Il procedimento da adottare per una sequenza di caratteri selezionati è analogo a quello appena visto per i paragrafi. In particolare, per realizzare lo sfondo puoi usare il pulsante.

## 10 | Bordi, sfondi e filigrane per le pagine

Se desideri impostare il bordo per l'intera pagina, visualizza la scheda Layout di pagina della barra multifunzione.
Nel gruppo Sfondo pagina trovi i pulsanti per impostare i bordi, il colore di sfondo e la filigrana.

> Le **filigrane** sono elementi costituiti da immagini e testo che vengono visualizzati dietro il testo del documento per conferire a quest'ultimo maggiore enfasi.

## 11 | Capolettera

Con Word puoi formattare un paragrafo in modo che la parola o la lettera iniziale sia più grande, come in figura.

- Fai clic nel paragrafo desiderato.
- Seleziona i caratteri della prima parola ai quali vuoi applicare il formato.
- Apri la scheda Inserisci e fai clic sul pulsante Capolettera (gruppo Testo).
- Nell'elenco che si apre seleziona Interno o Esterno in base alla posizione che desideri assegnare al capolettera. Osserva che Word applica immediatamente l'impostazione selezionata.

Puoi personalizzare il capolettera applicando un tipo di carattere e specificando altezza e distanza dal testo.

- Fai clic sulla voce Opzioni capo lettera nel menu aperto dal pulsante Capolettera.
- Seleziona il Tipo di carattere che desideri applicare.
- Mediante la casella Altezza (righe) imposta il numero di righe corrispondente all'altezza del capolettera.
- Nella casella Distanza dal testo seleziona lo spazio che desideri inserire tra il capolettera e il restante testo.
- Fai clic sul pulsante OK.

Puoi applicare altre formattazioni, come colore, tratto e così via.

## 12 | Gli stili veloci di Word 2010

L'insieme delle istruzioni di formattazione relative ai caratteri e al paragrafo definisce uno **stile**, identificato da un nome. Word mette a disposizione vari stili predefiniti e ti dà la possibilità di crearne di nuovi. Per **applicare uno stile** a una parola o a una riga o a un paragrafo, devi selezionarli e scegliere lo stile desiderato nel gruppo Stili della scheda Home. Facendo clic sul pulsante con la freccia verso il basso della casella degli stili puoi aprire l'elenco dei numerosi stili disponibili.

Se hai applicato una serie di formattazioni a un testo e desideri memorizzarle in un nuovo stile veloce, seleziona lo stile desiderato, apri l'elenco degli stili e fai clic su Salva selezione come nuovo stile veloce.

## 13 | Elenchi puntati e numerati

In un testo possono comparire elenchi di parole, di frasi o di paragrafi. Il modo migliore per attirare l'attenzione su un elenco è quello di formattare le voci con numeri o con punti elenco.

> Un **elenco** si definisce **numerato** se le voci sono introdotte da numeri (arabi o romani) o da lettere, in modo che sia rispettato un criterio di ordinamento.
> Si definisce, invece, **puntato** se le voci sono semplicemente precedute da uno stesso simbolo, poiché non ha importanza porre in evidenza l'ordinamento.

**INFO GENIUS**

Per iniziare un elenco puntato puoi anche utilizzare la combinazione Shift + Ctrl + L mentre per terminarlo puoi premere due volte il tasto Invio. Ricorda, poi, che se vuoi creare un elenco con struttura (ossia un elenco con sottoelenchi) devi usare il pulsante Elenco a più livelli posto sempre nel gruppo Paragrafo della scheda Home.

Per creare un elenco puntato o numerato:

- fai clic nel punto in cui desideri creare l'elenco;
- inserisci le voci dell'elenco una sotto l'altra;
- selezionale;
- fai clic sul pulsante ▭ ▾ o ▭ ▾ che trovi nella scheda Home, gruppo Paragrafo.

**Elenco puntato**
- *Il Codice da Vinci*
- *Angeli e Demoni*
- *Il simbolo perduto*

**Elenco numerato**
1. *Il Codice da Vinci*
2. *Angeli e Demoni*
3. *Il simbolo perduto*

Per rimuovere il formato di elenco puntato o di elenco numerato (e i simboli corrispondenti), seleziona l'elenco e fai clic su uno dei due pulsanti appena visti. Se vuoi creare automaticamente un elenco puntato o numerato durante la digitazione, devi digitare **1.** oppure *, seguito da uno spazio o da una tabulazione e dal testo desiderato. Quando premi Invio per aggiungere all'elenco la voce successiva vengono inseriti automaticamente il numero o il punto elenco successivi. Per terminare l'elenco, premi due volte Invio o cancella l'ultimo numero o simbolo.

Anche gli elenchi puntati o numerati possono essere personalizzati per molti aspetti. Fai clic sulla freccia del pulsante per gli elenchi puntati o numerati per aprire l'elenco delle opzioni disponibili: puoi scegliere immediatamente quale simbolo utilizzare come "punto" in un elenco puntato e quali "numeri" impiegare in un elenco numerato (in cifre o in lettere).

Facendo clic su Definisci nuovo punto elenco (o Definisci nuovo formato numero) accedi a opzioni ancora più dettagliate per personalizzare gli elenchi a tuo piacimento.

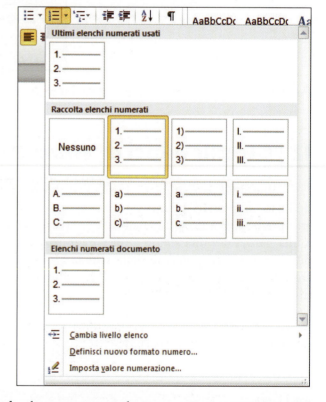

Se introduci in un documento un secondo elenco numerato, la numerazione continua, invece che riprendere da 1. Per evitare che ciò accada utilizza l'opzione Imposta valore numerazione presente nel riquadro visualizzato dal pulsante Elenchi numerati.

## 14 | La disposizione del testo

Il documento può essere visualizzato in diverse modalità, in base a quello a cui si è interessati. Puoi scegliere il tipo di visualizzazione utilizzando la scheda Visualizza della barra multifunzione di Word 2010; nel gruppo Visualizzazioni documento trovi le varie modalità. La modalità predefinita è **Layout di stampa**, in cui il documento appare così come verrà stampato, con tutti gli elementi, come per esempio l'intestazione, le note, le immagini. Nella modalità **Normale**, invece, viene visualizzato il testo per una veloce formattazione o modifica, ma non vengono mostrati i limiti della pagina, gli sfondi, i disegni e le immagini.

## 15 | Lo zoom

Un altro strumento molto utile è lo **zoom**, attraverso il quale puoi scegliere con quale percentuale di ingrandimento vuoi vedere un documento. Un valore inferiore a 100 rimpicciolisce, uno maggiore ingrandisce.
Per impostare lo zoom utilizza il cursore che trovi nell'angolo inferiore destro della finestra di Word 2010. In alternativa, puoi anche servirti del gruppo Zoom nella scheda Visualizza.

## 16 | Il righello

Puoi visualizzare in testa al foglio un **righello**, una specie di riga che somiglia a un metro e rappresenta la larghezza della pagina, attivando l'opzione Righello nel gruppo Mostra della scheda Visualizza. Questo strumento è estremamente utile per formattare il testo, assegnando ai paragrafi rientri, margini e tabulazioni. La zona in grigio corrisponde ai margini, quella bianca all'area di stampa. Puoi trascinare la linea che separa queste due aree per modificarne la misura. I piccoli triangoli grigi e il quadratino servono per definire i **rientri**, cioè la distanza del testo dai margini. Per impostare i rientri seleziona il paragrafo, o semplicemente posiziona il cursore al suo interno, e trascina con il mouse i piccoli cursori sul righello.
Hai a disposizione anche il **righello verticale**, con la sola indicazione dei margini superiore e inferiore.

## 17 | Le tabulazioni

Il testo può essere ulteriormente spostato o allineato rispetto ai margini del rigo. L'utilità delle tabulazioni si trova proprio nel **perfetto incolonnamento** di più parole che sono decentrate rispetto al foglio.
Le tabulazioni più utilizzate sono:

Per impostare le tabulazioni:

- seleziona il paragrafo interessato;

**INFO GENIUS**

Ricorda che premendo Invio dai origine a un nuovo paragrafo che mantiene tutte le formattazioni, anche i rientri e le tabulazioni, del precedente.

- fai clic sul pulsante ⌐ posto all'intersezione sinistra tra righello orizzontale e righello verticale, finché non appare il tipo di tabulazione desiderato;
- fai clic sul righello orizzontale nei punti in cui desideri impostare le tabulazioni.

Una volta impostate le tabulazioni per il paragrafo, per allineare il testo alle posizioni impostate non devi premere la barra spaziatrice bensì il tasto Tab. In altri termini, il tasto Tab ti consente di spostarti all'inizio del punto impostato con le tabulazioni.
Per cancellare un punto di tabulazione, trascina il relativo indicatore all'esterno del righello orizzontale.

### Impostazione precisa delle tabulazioni

Per effettuare impostazioni più precise, puoi fare doppio clic su una posizione di tabulazione nel righello: si apre così la finestra di dialogo Tabulazioni, che ti permette di specificare numericamente il punto preciso in cui impostare la tabulazione e anche di definire l'allineamento e il carattere di riempimento; quest'ultimo andrà a riempire gli spazi creati nel testo dalle posizioni di tabulazione inserite.

**INFO GENIUS**

Ricorda che le interruzioni di riga manuale sono segni di formattazione non visibili, a meno che non si attivi il pulsante ¶, nel qual caso in loro corrispondenza compare il carattere ↵. Cancellando questo, l'interruzione di riga manuale viene rimossa.

## 18 | Le interruzioni di riga

Quando scrivi un paragrafo che si estende su più righe puoi notare che, continuando a digitare, il testo va a capo automaticamente rispettando l'allineamento impostato.
Se l'allineamento è giustificato e non è prevista la sillabazione, ove necessario vengono inseriti automaticamente degli spazi bianchi tra le parole, tranne che per l'ultima riga del paragrafo.
Se desideri andare a capo, ma senza definire un nuovo paragrafo, devi inserire un'**interruzione di riga manuale** premendo i tasti Maiusc + Invio.

## 19 | Le interruzioni di pagina

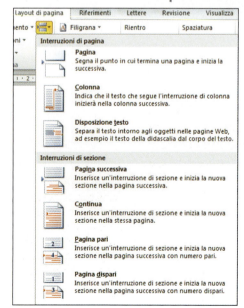

Durante la digitazione, quando si riempie una pagina, Word inserisce automaticamente un'interruzione di pagina per passare a quella successiva.
Tale interruzione viene poi spostata quando si aggiunge o si cancella del testo.
Se vuoi che l'interruzione di pagina sia mantenuta sempre fissa, in modo che un certo paragrafo rimanga comunque a inizio pagina, devi inserire prima di esso un'**interruzione di pagina manuale,** portando il cursore nell'esatta posizione e facendo clic sul pulsante Interruzioni (scheda Layout di pagina, gruppo Imposta pagina).
A questo punto appare un elenco dei vari tipi di interruzione che puoi inserire.
Oltre alle interruzioni di pagina è anche possibile inserire **interruzioni di colonna** e **interruzioni di sezione**; queste ultime servono per suddividere il documento in **sezioni** che si possono impostare in maniera diversa.

# Ora tocca a te!

**1**

a) Apri il file *Tour nella Grecia classica.doc* presente tra i contenuti digitali del volume;
b) Seleziona il testo e scegli il tipo e la dimensione del carattere che preferisci.
c) Centra il titolo ed assegnali una dimensione di carattere più grande.
d) Assegna al titolo il formato **grassetto**.
e) Giustifica il margine destro del testo.
f) Ora ti spieghiamo come abbiamo fatto ad incolonnare il testo. Per fissare gli arresti ed ottenere l'incolonnamento devi:
  1. verificare che sul pulsante all'estrema sinistra del righello sia visualizzato il simbolo di tabulazione sinistra altrimenti clicca su di esso tante volte sino a quando non compare;
  2. clicca sul righello in posizione 6 e 12. I due punti di tabulazione verranno visualizzati sul righello;
  3. ora incomincia a digitare il testo della tabella e per spostarti sulla prossima posizione premi il tasto <TAB>. Il gioco è fatto;
g) Prova a riscrivere il brano e ad usare queste nuove regole.

## 20 | Correggere gli errori di battitura

Durante il lavoro potrai commettere diversi errori di battitura e dovrai operare delle correzioni. Puoi posizionarti in qualunque punto di un testo, anche dopo averlo inserito, per cancellare un carattere o una parola intera.

Se devi muoverti nel testo e posizionarti vicino a una parola per modificarla, correggerla o cancellarla, o per aggiungere un'altra frase:

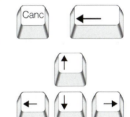

- posiziona il mouse nel punto scelto e vedrai lampeggiare il cursore che indica il punto di inserimento; oppure
- muoviti con i tasti freccia a destra, a sinistra, in alto e in basso.

Una volta che sei posizionato all'interno di una parola:

- premi il tasto Backspace per cancellare uno o più caratteri a sinistra.
- premi il tasto Canc per cancellare uno o più caratteri a destra.

Se ti accorgi di aver sbagliato puoi annullare qualunque operazione effettuata facendo clic sul pulsante Annulla nella barra di accesso rapido (nell'angolo superiore sinistro della finestra di Word 2010).

## 21 | Correggere il testo

Normalmente quando lavori in Word 2010 è attivato il **controllo ortografico e grammaticale** durante la digitazione del testo. Word rileva gli errori ortografici evidenziandoli con una sottolineatura rossa ondulata, mentre quelli grammaticali o di forma, come la punteggiatura errata, le ripetizioni di uno stesso vocabolo e così via, sono contraddistinti da una sottolineatura verde ondulata.

**INFO GENIUS**

Come puoi notare, il correttore di Word, come del resto quello di tutti gli altri programmi di scrittura, non è infallibile. Però aiuta...

> Siete pronti a vivere l'esperienza più eccitante della vostra vita? Siete pronti ad essere affascinati da una dimostrazione di forza ed equilibrio in un inno alla magia e alla fantasia? Allora benvenuti nel fantastico mondo dell'American Circus! Il più grande spettacolo del mondo a tre piste. Un amaliante universo di sogno e belleza di piacere, divertimeto e brivido che non potra restarvi indifferente anzi vi stupirà. Signori e signori entrate sotto il nostro tendone lo spettacolo sta per iniziare...

UNITÀ 1 Scrivere con Microsoft Word 2010 — 241

Puoi comunque impostare le varie opzioni per la correzione nella finestra Opzioni di Word, per aprire la quale devi fare clic sulla scheda File e poi su Opzioni.

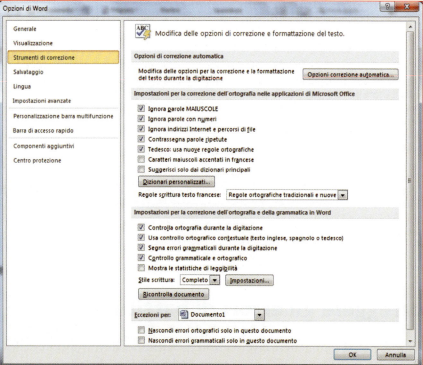

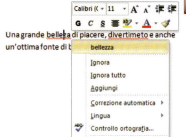

### Sostituire una parola errata

Posiziona il cursore sulla parola sottolineata e fai clic con il pulsante destro del mouse: viene visualizzato un menu di scelta rapida con una lista di parole che possono sostituire il termine errato. Seleziona il termine appropriato facendo clic su di esso e la correzione verrà apportata.

### Correggere il testo al termine della scrittura

Puoi anche decidere di rimandare la fase di correzione dopo l'inserimento del testo. Per farlo, una volta digitato e salvato il testo seleziona la scheda Revisione della barra multifunzione: a sinistra trovi il gruppo Strumenti di correzione in cui devi fare clic su Controllo ortografia e grammatica. Si avvia il controllo e si apre una finestra dove appare il testo in cui è evidenziato in rosso l'errore e sotto la dicitura Suggerimenti una serie di proposte alternative. Seleziona la correzione che ti sembra più adeguata, quindi fai clic su Cambia e la correzione viene effettuata. Se pensi di avere ripetuto lo stesso errore ortografico più volte nel testo, scegli Cambia tutto e il programma cercherà e correggerà l'errore in tutto il testo. Nel caso di errori grammaticali, segnalati con il colore verde, sono suggerite possibili soluzioni.

## 22 | Il thesaurus

Quante volte ti sei imbattuto nella ricerca di sinonimi o di contrari? Se ti accorgi che hai usato la stessa parola più volte e vuoi un aiuto per trovare un sinonimo e/o un contrario, hai la possibilità di ricorrere al **thesaurus**, uno strumento utile per migliorare le tue scelte lessicali. Fai clic sul pulsante Thesaurus  nel gruppo Strumenti di correzione della scheda Revisione: sul lato destro della finestra di Word si apre il riquadro Ricerche, che in questo caso riporta una serie di parole con significato simile a quella che desideri sostituire. Ora puoi scegliere la più adeguata.
Per richiamare il Thesaurus puoi anche fare clic con il pulsante destro del mouse su una parola e dal menu di scelta rapida scegliere la voce Sinonimi. Viene visualizzato un elenco con i sinonimi del testo selezionato. L'ultima voce di questo elenco è proprio Thesaurus che consente di aprire il riquadro Ricerche.

## 23 | Trova e sostituisci

L'elaborazione di un testo un po' più complesso richiede più sessioni di lavoro per essere completato. Queste sessioni possono essere quelle di battitura, di correzione, di formattazione. È l'utente che le decide e che struttura il lavoro nelle diverse fasi secondo le sue scelte e necessità. In queste situazioni può essere necessario trovare e sostituire parole nel testo con altre più significative per rafforzare il messaggio o i concetti riportati. Per far questo, si può fare riferimento a uno strumento che cerca per noi le parole impostate, ed eventualmente sostituirle con altre da noi scelte: il comando **Trova e sostituisci**.
Quando attivi la funzione **Trova** che puoi trovare nel gruppo Modifica della scheda Home, compare a sinistra un riquadro chiamato **Spostamento** nel quale devi digitare la parola o l'espressione da trovare. Nella parte sottostante del riquadro, oltre alla parola o all'espressione digitata (che è evidenziata in giallo), viene riportato anche parte del testo precedente.
Se vuoi ricercare altri elementi, come ad esempio parole **Maiuscole/minuscole**, i **caratteri jolly**, le **parole intere**, ecc., devi fare clic sulla lente di ingrandimento presente nella casella di testo in cui hai digitato la parola da cercare. Scegliendo Opzioni potrai effettuare una ricerca più accurata.

**INFO GENIUS**

Per aprire il riquadro di spostamento puoi anche fare clic sul numero di pagine totali riportato nella barra di stato posta in basso.

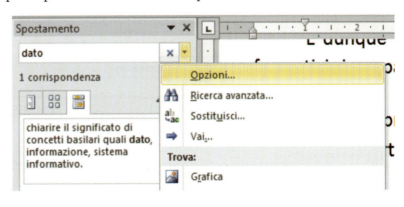

UNITÀ 1 Scrivere con Microsoft Word 2010    243

**INFO GENIUS**
Per aprire la finestra Trova e sostituisci puoi anche usare la combinazione Ctrl + Shift + S.

Se vuoi trovare e sostituire del testo devi agire sul pulsante Sostituisci sempre presente nel gruppo Modifica. Inserisci nella casella Trova il testo da digitare e nella casella Sostituisci con il testo con il quale vuoi sostituirlo.

Ora fai clic su Trova successivo. Word comincerà a trovare la parola che hai indicato. Se vuoi modificarla fai clic su Sostituisci e se vuoi ignorarla seleziona Trova successivo. Se, invece, vuoi sostituire tutte le occorrenze, fai clic direttamente su Sostituisci tutto e il gioco è fatto.

Nella finestra puoi notare la presenza del pulsante Altro. Se fai clic su di esso si aprirà una nuova parte di finestra che ti consentirà di scegliere altri attributi del testo che intendi ricercare in modo che l'operazione possa essere condotta in modo più preciso.

## 24 | Le tabelle

Uno strumento molto utile è la **tabella**: si tratta di un insieme di celle disposte su righe e colonne che permette di incolonnare numeri e/o testo senza utilizzare le tabulazioni.

Supponi di voler **creare una tabella** con gli indirizzi e i numeri di telefono dei tuoi amici. Procedi in questo modo:

- fai clic nel punto in cui desideri inserire la tabella;
- visualizza la scheda Inserisci della barra multifunzione e, nel gruppo Tabelle, fai clic sul pulsante Tabella;
- nel riquadro che appare trascina il puntatore del mouse per selezionare il numero di righe e di colonne di cui deve essere composta la tabella;
- fai clic per inserire la nuova tabella nel documento.

Quando viene creata, la tabella si adatta automaticamente ai margini della pagina e le dimensioni delle righe e delle colonne sono uniformi. Ogni cella è come una piccola pagina, in cui puoi scrivere e formattare. Per passare da una cella a un'altra fai clic all'interno della cella desiderata oppure usa il tasto Tab o i tasti con le frecce.

Ora inizia a digitare i titoli delle colonne e poi inserisci i dati dei tuoi amici:

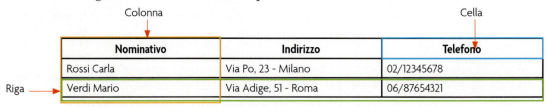

Se vuoi aggiungere una riga, vai nell'ultima cella in basso a destra e premi il tasto Tab. In generale, per **aggiungere una riga o una colonna** posizionati dove vuoi inserirla, fai clic con il pulsante destro del mouse e dal menu di scelta rapida seleziona Inserisci, poi scegli l'elemento da inserire con la relativa posizione. Se vuoi inserire più righe o più colonne, selezionane un numero equivalente e poi richiama l'inserimento.

244   **Apparato didattico C**   Office automation

Per **cancellare righe o colonne**, seleziona gli elementi da cancellare, fai clic con il pulsante destro del mouse e dal menu di scelta rapida seleziona Elimina.

Per **ridimensionare la tabella** trascina il quadratino in basso a destra che compare quando punti su di essa con il mouse. Per modificare l'altezza di una riga punta sul bordo che la separa dalla successiva e quando il puntatore del mouse ha la forma ÷ fai clic e trascina il bordo in basso. Procedi nello stesso modo per modificare la larghezza di una colonna. Per definire meglio la misura di righe, colonne e celle puoi fare clic sulla tabella con il pulsante destro del mouse e dal menu di scelta rapida selezionare Proprietà tabella oppure Adatta.

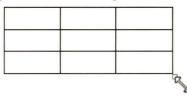

Se vuoi **spostare la tabella**, fai clic sul simbolo che appare in alto a sinistra quando punti su di essa con il mouse e trascinala tenendo sempre premuto il pulsante del mouse, che rilascerai una volta raggiunta la destinazione.

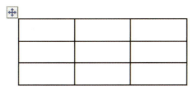

Quando è attiva una tabella, Word 2010 visualizza la scheda Strumenti tabella. Si tratta di una *scheda contestuale*, perché compare soltanto quando il contesto ne prevede l'utilizzo. Questa scheda contiene gli strumenti più comuni per lavorare sulle tabelle, come puoi vedere nella figura qui sotto.

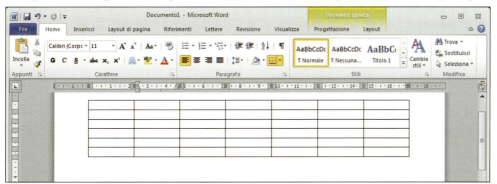

>
> **INFO GENIUS**
> Quando il cursore è presente in una cella della tabella, alla barra multifunzione vengono aggiunte le schede contestuali Progettazione e Layout i cui comandi fanno riferimento alla tabella. Nel gruppo Disegno della scheda Progettazione hai gli strumenti per modificare la struttura della tabella. Con gli strumenti Disegna tabella e Gomma potrai creare nuove celle, dividere alcune esistenti, cancellarle.

Ora cerchiamo di abbellire la tabella applicando una **formattazione** a qualche elemento. Ricorda che per formattare devi prima selezionare.

- Seleziona la prima colonna.
- Formatta i caratteri impostando il colore rosso e il corsivo.
- Disattiva il corsivo per la prima cella.
- Seleziona la prima riga.
- Formatta i caratteri impostando il colore blu e il grassetto.
- Applica un colore di **sfondo** a tutta la riga utilizzando il pulsante Sfondo della scheda Strumenti tabella.
- Seleziona la tabella.
- Modifica i **bordi** esterni con il pulsante Bordi della scheda Strumenti tabella.
- Seleziona la prima riga, fai clic con il pulsante destro del mouse, scegli Allineamento celle, nel menu che compare fai clic sul simbolo centrale.

Adesso la tabella dovrebbe apparire in questa forma.

| Nominativo | Indirizzo | Telefono |
|---|---|---|
| Rossi Carla | Via Po, 23 - Milano | 02/12345678 |
| Verdi Mario | Via Adige, 51 - Roma | 06/87654321 |

UNITÀ 1 Scrivere con Microsoft Word 2010      245

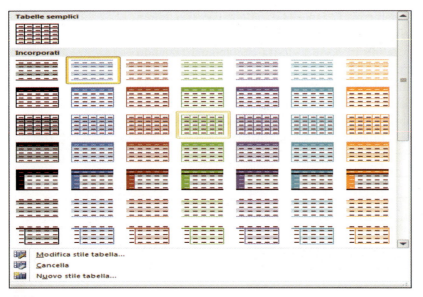

### Stili per le tabelle

Invece di fare tutto da solo, puoi farti aiutare da Word.
Posiziona il cursore all'interno della tabella e utilizza il gruppo Stili tabella della scheda Strumenti tabella per applicare uno degli stili messi a disposizione dal programma. Questi stili comprendono numerose formattazioni quali caratteri, bordi, sfondi e così via, che puoi applicare in modo rapidissimo con un solo clic del mouse.
Se lo desideri, puoi anche modificare uno stile esistente selezionando la voce Modifica stile tabella, oppure creare uno stile del tutto nuovo selezionando Nuovo stile tabella.

# ORA TOCCA A TE!

**1**

a) Apri il file *Elenco classe.doc* presente tra i contenuti digitali del volume;
b) Seleziona il testo e scegli il tipo e la dimensione del carattere che preferisci.
c) Centra il titolo ed assegnali una dimensione di carattere più grande.
d) Assegna al titolo il formato **grassetto**.
e) Scegliendo una tecnica che ti è congeniale, trasporta le tre colonne *Nominativo*, *Indirizzo* e *Telefono* all'interno di una tabella composta da tre colonne.
f) Ora ti spieghiamo come fare per ottenere l'elenco alfabetico. Non è necessario scrivere l'elenco rispettando l'ordine: sarebbe troppo increscioso. Per ordinare l'elenco devi:
   1. Fare clic all'interno di una cella relativa alla colonna sulla quale intendi impostare l'ordinamento.
   2. Selezionare la scheda *Layout*
   3. Fare clic sul pulsante *Ordina* presente nel gruppo *Dati*
   4. Un'apposita finestra di dialogo ti chiederà di impostare il tipo di ordinamento (crescente o decrescente) e se intendi impostare anche un ordinamento contemporaneo sulle altre colonne.
g) Ora clicca sul pulsante OK ed il gioco è fatto.

## 25 | Documenti accattivanti con le immagini

In un documento, spesso, è utile inserire delle immagini per fornire informazioni, a corredo o in sostituzione di un testo, oppure, semplicemente, per migliorare l'aspetto estetico.
Per inserire un'immagine puoi semplicemente trascinare nel documento di Word il file che la contiene, oppure visualizza la scheda Inserisci e utilizza gli strumenti nel gruppo Illustrazioni.

### Inserire ClipArt

Spesso si utilizzano le **ClipArt**: disegni, immagini, fotografie, suoni che fanno parte di una collezione fornita da Microsoft Office. Ogni ClipArt è identificata attraverso delle parole chiave e classificata per tema.
Fai clic sul pulsante ClipArt nel gruppo Illustrazioni della scheda Inserisci: sul lato destro della finestra di Word 2010 si apre un riquadro attività. Ora fai clic nella casella Cerca e digita una

parola che descrive in qualche modo la ClipArt che vuoi inserire, poi fai clic sul pulsante Vai. Word visualizza i risultati, cioè i file che corrispondono a quella parola, e basta un clic su quello che ti interessa per inserirlo nel documento. Per specificare meglio la ricerca, puoi anche indicare i tipi di file che desideri considerare. Una volta individuata la ClipArt desiderata, basta un clic su di essa per inserirla nel documento.

## Inserire immagini da file

Se vuoi inserire un'immagine creata con un altro programma o una foto digitale, oppure un'immagine scaricata da Internet, devi fare clic sul pulsante Immagine nel gruppo Illustrazioni della scheda Inserisci.
Compare la finestra Inserisci immagine, simile a quella per l'apertura di un file, in cui puoi individuare la cartella con le immagini che vuoi. A questo punto seleziona un'immagine e fai clic sul pulsante Inserisci.

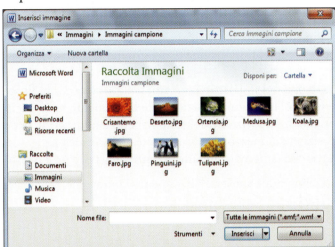

## La scheda contestuale Strumenti immagine

Quando un'immagine è selezionata, compare automaticamente la scheda contestuale Strumenti immagine che contiene gli strumenti più comunemente utilizzati per lavorare sulle immagini.

## Ridimensionare un'immagine

Ogni immagine ha una propria dimensione, che però può essere variata in qualsiasi momento nel documento in cui è inserita. Vediamo come.
Seleziona l'immagine con un clic: compare un bordo con dei piccoli quadratini, detti **maniglie**. Se trascini le maniglie sui lati, cambi solo la larghezza o l'altezza dell'immagine, se usi quelle sugli angoli le cambi entrambe, e se lo fai tenendo premuto il tasto Maiusc vengono mantenute le proporzioni tra di esse, mentre con il tasto Ctrl il ridimensionamento avviene in modo simmetrico rispetto al centro.

## Ritagliare un'immagine

Il pulsante Ritaglia della scheda Strumenti immagine permette di ritagliare l'immagine lungo i bordi del rettangolo che la contiene, selezionandolo e procedendo come per il ridimensionamento. Per ritagliare in modo simmetrico due lati, tieni premuto il tasto Ctrl mentre trascini la

maniglia centrale di un lato verso l'interno. Per ritagliare contemporaneamente in modo simmetrico tutti e quattro i lati, tieni premuto il tasto Ctrl mentre trascini verso l'interno una delle maniglie d'angolo.

Il pulsante Reimposta immagine (scheda Strumenti immagine, gruppo Regola) riporta l'immagine al suo formato originale, annullando tutte le modifiche apportate.

### Riposizionare un'immagine

A volte è necessario intervenire sulla posizione dell'immagine per allinearla al testo nella modalità desiderata. In Word 2010 esistono due modalità di posizionamento: le immagini **in linea con il testo** si spostano insieme al testo a cui fanno riferimento, mentre le immagini **mobili** possono essere posizionate liberamente nella pagina.

In Word le immagini inserite sono, inizialmente, sempre in linea con il testo. Per cambiare questa modalità e posizionare liberamente un'immagine:

- fai clic sull'immagine per selezionarla;
- visualizza la scheda Strumenti immagine e, nel gruppo Disponi, fai clic sul pulsante Posizione;
- si apre un elenco di opzioni di posizionamento; nella sezione Con disposizione testo trovi le opzioni che rendono l'immagine posizionabile liberamente nella pagina e, contemporaneamente, impostano la disposizione del testo rispetto a essa: scegli, per esempio, la casella indicata come Posizione in mezzo al centro con testo incorniciato;
- l'immagine viene portata automaticamente al centro della pagina e il testo le scorre attorno.

A questo punto puoi comunque spostare liberamente l'immagine nella pagina: il testo continuerà a scorrerle attorno.

### Stili per le immagini

Word 2010 mette a disposizione una serie di **stili** per le immagini che consentono di applicare rapidamente diversi effetti quali ritaglio, ombreggiatura, contorno sfumato e così via. Per applicare uno stile a un'immagine:

- seleziona l'immagine desiderata;
- visualizza la scheda Strumenti immagine;
- nel gruppo Stili immagini, fai clic sullo stile desiderato; per accedere a tutti gli stili disponibili, fai clic sul pulsante con la freccia rivolta verso il basso;
- scorri l'elenco degli stili disponibili e fai clic su quello che preferisci per applicarlo direttamente all'immagine selezionata.

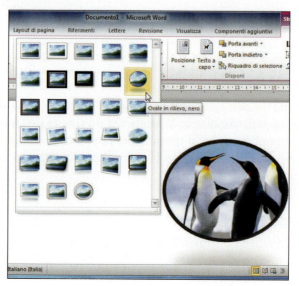

# 26 | Disegnare con Word

Vediamo ora come creare dei disegni. Guarda la figura che ripropone un manifesto di un circo e prova a realizzarlo. Partiamo dal fatto che il disegno è composto da alcuni elementi sovrapposti: un trapezio, un'immagine e due scritte. Sei pronto? Via! Apri un nuovo documento e segui le istruzioni.

Il disegno è composto da tre elementi sovrapposti e raggruppati insieme.

## Le forme

Per disegnare in Word si utilizzano le **forme**; si tratta di elementi di base quali linee, rettangoli e così via, con i quali puoi realizzare un disegno pezzo per pezzo. Visulizza la scheda Inserisci; nel gruppo Illustrazioni è presente il pulsante Forme.

- Fai clic sul pulsante Forme per aprire l'elenco delle forme disponibili e seleziona la forma Trapezio. Trascinando il puntatore del mouse nel documento disegna un trapezio della dimensione desiderata.
- Il trapezio viene inserito nel documento; la forma è selezionata e Word ha attivato la scheda contestuale Strumenti disegno.
- Fai clic sul pulsante ⬛▾ e scegli il colore giallo per il riempimento della forma;
- Fai clic sul pulsante ✏▾ e scegli Nessun contorno.

**INFO GENIUS**

Per fissare delle dimensioni precise, fai clic sul pulsante Dimensioni della scheda Strumenti disegno e specifica i valori desiderati.

## WordArt

Passiamo ora al testo.

- Nella scheda Inserisci fai clic sul pulsante WordArt (gruppo Testo) per aprire l'elenco degli stili WordArt. Scegli il primo in alto a sinistra.
- Nel documento appare un riquadro tratteggiato con la richiesta di inserire un testo. Digita BUCKS.
- Seleziona il testo e imposta il tipo di carattere *Arial Black* e la dimensione 60 punti (utilizza la scheda Home).
- Sempre con il testo selezionato, passa alla scheda Strumenti di disegno e nel gruppo Stili WordArt fai clic sulla freccia del pulsante A▾ ; per il colore di riempimento scegli un arancio, poi seleziona Sfumature e scegli la variante Lineare verso il basso.
- Fai clic sul pulsante A▾ e seleziona Trasformazione; tra le varie trasformazioni possibili, scegli Piatto e concavo.
- Trascina il piccolo rombo colorato per regolare l'effetto.
- Ora passiamo all'ombreggiatura: nel gruppo Stili forma della scheda Strumenti di disegno fai clic sul pulsante ▾, seleziona Ombreggiatura e fai clic sulla prima ombreggiatura esterna.
- Con lo stesso pulsante, richiedi le Opzioni ombreggiatura e scegli un colore grigio.
- Se necessario, modifica le dimensioni dell'oggetto di testo in modo che possa essere contenuto nel trapezio.

Seguendo lo stesso procedimento dovresti essere in grado di realizzare anche l'altra scritta, per la quale abbiamo scelto lo stesso tipo di carattere *Arial Black* e la dimensione a 36 punti. Seguendo i passi appena descritti, applica al trapezio un'ombreggiatura prospettica in colore rosso.

### Raggruppamento di oggetti

Raggruppando più disegni si ottiene un unico disegno.

- Seleziona il trapezio con un clic e, tenendo premuto il tasto Maiusc, seleziona anche il testo WordArt BUCKS.
- Nella scheda Strumenti di disegno, gruppo Disponi, fai clic sul pulsante ▣ e scegli Allinea al centro orizzontalmente: vedrai le due figure disporsi l'una sopra l'altra.
- Ripeti il passaggio precedente ma selezionando Allinea al centro verticalmente: ora le due figure sono esattamente sovrapposte.
- Senza perdere la selezione, fai clic sul pulsante ▣ e scegli l'opzione Raggruppa.
- Ora posiziona anche l'altra scritta e raggruppa di nuovo.

> Se in seguito vorrai modificare le caratteristiche di uno dei componenti del gruppo, dovrai separarli.

Se vuoi modificare l'ordine di sovrapposizione di un oggetto rispetto ad altri, devi selezionarlo e utilizzare i pulsanti Porta avanti e Porta indietro del gruppo Disponi nella scheda Strumenti di disegno. Per esempio, nel nostro caso, il trapezio deve trovarsi in secondo piano rispetto agli altri oggetti.
Ci manca ancora l'immagine del clown. Prova a vedere se sul tuo computer ne esiste una simile, altrimenti cercala su Internet.

### Rotazione

Per ruotare un oggetto basta trascinare in senso orario o antiorario il pallino verde che compare su di esso quando è selezionato.

### Forme e testo

Un elemento molto importante è la **casella di testo**, in quanto permette di scrivere e formattare del testo in un riquadro che può essere manipolato allo stesso modo delle altre forme. Per crearne una, visualizza la scheda Inserisci e fai clic sul pulsante Casella di testo nel gruppo Testo, quindi scegli un tipo di casella e inseriscila nel documento. Ora puoi digitare al suo interno il testo.
Se invece vuoi aggiungere del testo all'interno di altre forme che non siano linee, fai clic su di esse con il pulsante destro del mouse e seleziona Aggiungi testo dal menu di scelta rapida.
Molto simpatici e utili sono i **callout**, che trovi tra le forme di disegno disponibili, e con i quali puoi divertirti a creare dei fumetti.

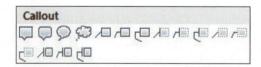

### Copia, taglia, incolla, sposta

Per duplicare o cancellare un'immagine o un disegno, nello stesso documento e in documenti diversi, si procede allo stesso modo visto per il testo. In particolare, lo spostamento è facilmente realizzabile con il trascinamento. Apri dunque un nuovo file, inserisci in alto delle righe bianche, copia il disegno appena realizzato e incollalo in testa.

# 27 | Inserire altri oggetti

Un documento di Word può contenere molte informazioni di tipo diverso: testo, immagini, disegni, grafici, suoni. Abbiamo già visto, nelle lezioni precedenti, come produrre alcune di queste informazioni direttamente in Word e come inserirne altre preesistenti, come le immagini, create con altri programmi o applicazioni di Microsoft Office.

## Oggetti incorporati e oggetti collegati

Gli **oggetti** possono essere introdotti in un documento di Word grazie allo standard **OLE** (*Object Linking and Embedding*), creato da Microsoft ma utilizzato anche da molte altre software house. Secondo la tecnica OLE esistono due metodi per inserire un oggetto in un documento:

- l'**incorporazione** (o inserimento statico);
- il **collegamento** (o inserimento dinamico).

Gli oggetti collegati differiscono da quelli incorporati per il modo in cui vengono memorizzati i dati e per come vengono aggiornati dopo l'inserimento.
Per aprire e modificare un oggetto, occorre fare doppio clic su di esso.

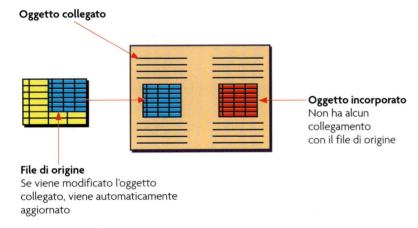

**Oggetto collegato**

**Oggetto incorporato**
Non ha alcun collegamento con il file di origine

**File di origine**
Se viene modificato l'oggetto collegato, viene automaticamente aggiornato

Con un **oggetto incorporato** le informazioni sono copiate nel file di destinazione e rimangono inalterate anche quando viene modificato il file di origine. Le modifiche di un oggetto incorporato non hanno effetto sul file di origine, con il quale non ha più alcun legame.
Un **oggetto collegato**, invece, memorizza solo la posizione del file di origine e visualizza una copia dei dati collegati, memorizzati solo nel file di origine. Un aggiornamento nel file di origine produce un aggiornamento nel file di destinazione alla sua apertura o alla stampa. Gli oggetti collegati permettono di ridurre le dimensioni del file, perché essi non diventano parte del file di destinazione, e di vedere sempre i dati aggiornati. Inoltre, da più file di destinazione si può fare riferimento allo stesso file di origine.

## Inserire file di testo

Per copiare tutto il contenuto di un file di testo in un documento potresti usare la tecnica del Copia e Incolla, ma ancora più semplicemente puoi posizionare il cursore nel punto desiderato, visualizzare la scheda Inserisci, fare clic sulla freccia del pulsante Inserisci oggetto nel gruppo Testo e selezionare Testo da file. Nella finestra che si apre scegli il file desiderato per inserirne il contenuto nel documento corrente.

## Creare grafici

Nella scheda Inserisci fai clic sul pulsante Grafico nel gruppo Illustrazioni per creare un grafico. Devi scegliere il tipo di grafico desiderato e fare clic su OK: appare un foglio dati di esempio con il relativo grafico che ne rappresenta i valori. Modificando il contenuto del foglio dati nelle intestazioni di righe e colonne o nei valori delle celle, viene modificato il grafico. Terminate le modifiche chiudi il foglio dati. A questo punto il riquadro del grafico può essere manipolato come un'immagine. Per operare sul grafico, invece, fai clic su di esso per selezionarlo e attiva la scheda contestuale Strumenti grafico. Se vuoi apportare modifiche ai dati, fai clic sul pulsante Modifica dati. Se vuoi modificare gli elementi del grafico, scegli tra gli stili e le varie opzioni disponibili nella scheda Strumenti grafico. Per maggiori dettagli rimandiamo all'Unità di apprendimento dedicata a Excel.

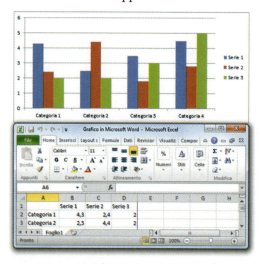

### Inserire fogli di calcolo

Vediamo ora come incorporare o collegare un foglio di calcolo creato con Excel e già memorizzato in un file.

- Posiziona il cursore nel punto in cui desideri inserire il foglio di calcolo.
- Nella scheda Inserisci, fai clic sul pulsante .
- Nella finestra di dialogo che si apre fai clic sulla scheda Crea da file.
- Nella casella Nome file digita il nome del file di origine, oppure fai clic su Sfoglia per localizzarlo.
- Per creare un **oggetto collegato**, attiva la casella di controllo Collega al file, altrimenti verrà creato un **oggetto incorporato**.

Al termine di questa operazione l'oggetto viene importato nel documento Word e può essere manipolato in vari modi.

Per modificare il contenuto di un foglio di calcolo collegato, fai doppio clic sull'oggetto: si apre il file di origine in Excel. Una volta modificato e salvato il file di origine, sarà modificato anche il foglio dati collegato nel documento di Word.
Un collegamento può anche essere interrotto: devi fare clic sull'oggetto con il pulsante destro del mouse, selezionare Oggetto collegato foglio di lavoro, poi Collegamenti e nella finestra che appare fare clic sul pulsante Interrompi collegamento.

Fai doppio clic sull'oggetto incorporato: il foglio dati da tabella si trasforma in un foglio di Excel e nella finestra di Word appaiono schede e strumenti specifici dei fogli di calcolo, che puoi utilizzare per modificare il foglio direttamente in Word. Se, invece, fai clic con il pulsante destro del mouse sull'oggetto e scegli Oggetto foglio di lavoro e poi Apri, si apre una finestra di Excel che questa volta non contiene il file di origine, ma proprio il foglio presente nel documento di Word.

Il procedimento esposto per fogli di calcolo di Excel vale anche per oggetti creati con altri applicativi, se questi ultimi sono attualmente installati sul tuo computer.

### Creare oggetti di vari tipi

Puoi anche creare alcuni tipi di oggetti richiamando la relativa applicazione direttamente da Word.

- Posiziona il cursore nel punto in cui desideri inserire il nuovo oggetto.
- Visualizza la scheda Inserisci e fai clic sul pulsante.
- Nella finestra di dialogo Inserisci oggetto fai clic sulla scheda Crea nuovo oggetto e scegli con quale applicazione lavorare.

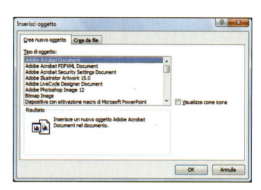

## 28 | Intestazione e piè di pagina

Normalmente le aree di **intestazione** (sul margine superiore delle pagine) e **piè di pagina** (sul margine inferiore) sono vuote, ma possono essere utilizzate per indicare, per esempio, il titolo del capitolo, il numero di pagina, la data, un logo o altro ancora. Per operare su di esse visualizza la scheda Inserisci e utilizza i pulsanti del gruppo Intestazione e piè di pagina.
Per esempio, se fai clic sul pulsante Intestazione si apre un elenco da cui puoi scegliere tra una varietà di impostazioni predefinite: fai clic su quella che preferisci per inserirla nel documento. A questo punto Word mette in evidenza l'intestazione, in cui puoi inserire i dati desiderati, e contemporaneamente apre la scheda contestuale Strumenti intestazione e piè di pagina.

Scheda Strumenti intestazione e piè di pagina

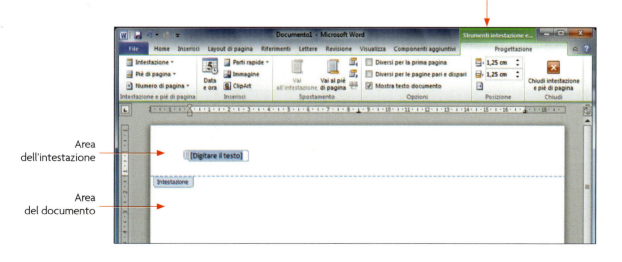

Area dell'intestazione

Area del documento

UNITÀ 1 Scrivere con Microsoft Word 2010    253

Nelle aree di intestazione e piè di pagina puoi digitare ciò che vuoi e formattare a tuo piacimento, ma puoi anche inserire dei campi gestiti automaticamente da Word, per esempio il nome del file, la data di creazione o il nome dell'autore. A questo scopo, utilizza il pulsante Parti rapide nel gruppo Inserisci della scheda Strumenti intestazione e piè di pagina.

Potresti fare in modo, inoltre, che in ogni pagina compaiano automaticamente il numero di pagina e il numero di pagine dell'intero documento; per esempio, in basso nella terza pagina di un documento di venti pagine potrebbe esserci scritto 3/20 e nella quarta 4/20 e così via, in base al formato scelto. Se vuoi che la prima pagina del documento, che potrebbe essere una copertina, non rechi l'intestazione e il piè di pagina, spunta la casella Diversi per la prima pagina nel gruppo Opzioni della scheda Strumenti intestazione e piè di pagina. Se hai distinto i margini delle pagine pari e delle pagine dispari e vuoi intestazioni e piè di pagine diversi per esse, per esempio con allineamento a sinistra e a destra, impostale diversamente nel documento e spunta la casella Diversi per le pagine pari e dispari.

Per inserire i numeri di pagina utilizza direttamente il pulsante Numero di pagina.

Per chiudere l'area di intestazione/piè di pagina e tornare al documento, fai clic sul pulsante Chiudi intestazione e piè di pagina.

> Per modificare l'intestazione, dopo che l'hai inserita e hai continuato a lavorare nel documento, fai clic nuovamente sul pulsante Intestazione e seleziona Modifica intestazione (lo stesso vale per il piè di pagina).

## 29 | Anteprima e stampa di un documento

Per avviare la stampa, fai clic sulla scheda File per aprire la visualizzazione Backstage e seleziona Stampa. A questo punto puoi impostare alcune opzioni e confermare la stampa con un clic sul pulsante Stampa.

Prima di stampare il documento, o comunque ogni volta che si vuole controllare come appare nel suo complesso, è opportuno vederlo in anteprima, per correggere eventuali impostazioni errate. In Word 2010 l'anteprima di stampa è visibile direttamente nella visualizzazione Backstage accanto alle opzioni di stampa.

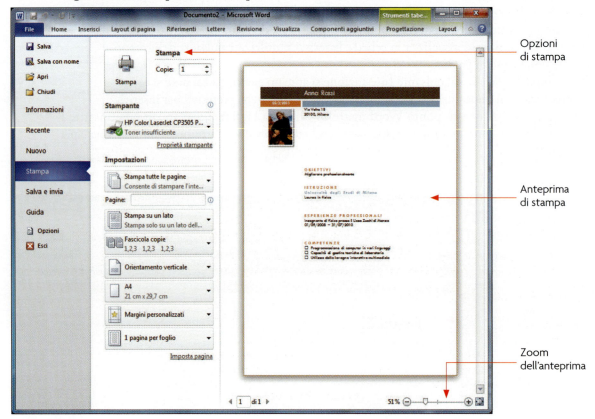

Facendo clic sul collegamento Imposta pagina sotto le impostazioni di stampa apri la finestra omonima, che in sostanza consente di specificare le stesse impostazioni accessibili dalla visualizzazione Backstage, ma riunite in un'unica finestra e più dettagliate, offrendo tra l'altro la possibilità di specificare valori numerici per i margini e così via.

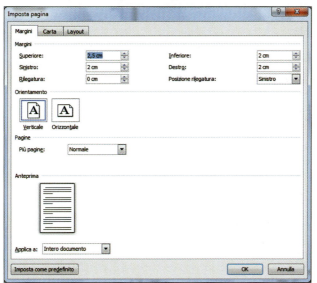

# ORA TOCCA A TE!

**1 Ora:**

a) Apri il file *I Promessi Sposi.doc* presente tra i contenuti digitali del volume;
b) Giustifica il testo.
c) Formatta il carattere come Arial 14 pt.
d) Aggiungi i numeri di pagina nella sezione piè di pagina.
e) Nell'intestazione aggiungi *I promessi sposi*.
f) Nel piè di pagina aggiungi la data e l'ora.
h) Stampa il documento

**2**

a) Apri il file *Articolo.doc* presente tra i contenuti digitali del volume;
b) Assegna all'intero documento il carattere Verdana, dimensione 12.
c) Inserisci all'inizio dell'articolo il seguente testo (rispettando la formattazione di seguito riportata e l'allineamento a sinistra):

Viaggio nel calcio malato di Roma dopo la moneta contro Frisk
Tifosi di curva e ultras borghesi uniti nel grido: "Soli contro tutti"
## Radio, complotti, gladiatori la capitale è scesa nell'arena
*di CARLO BONINI*

d) Giustifica il corpo del documento (cioè il testo dell'articolo senza il titolo).
e) Poni in grassetto la parola ROMA all'inizio dell'articolo.
f) Formatta tutto il documento in modo che tra ogni paragrafo ci sia una spaziatura di 6pt.
g) Correggi eventuali errori di battitura utilizzando i suggerimenti di Word.
h) Imposta la pagina con un margine superiore di cm 3 e inferiore di cm 2,5.
i) Inserisci in fondo all'articolo il seguente testo:

(17 settembre 2004)
Tratto da **la Repubblica.it**

l) Inserisci la foto dell'arbitro denominata Andres Frisk e applica uno stile incorniciato e allineamento orizzontale centrato.
m) Visualizza l'intestazione e scrivi il seguente testo:
*Esercitazione in Word*
n) Visualizza il piè di pagina e scrivi il tuo Cognome e Nome.
o) Inserisci il numero di pagina posizionandolo in basso a destra.
p) Salva il documento.

## 3

a) Apri il file *Il sistema operativo.doc* presente tra i contenuti digitali del volume;
b) Centra il titolo e ponilo in grassetto.
c) Assegna al carattere del titolo la dimensione **14 pt**.
d) Inserisci una riga vuota tra il titolo e resto del documento.
e) Giustifica l'intero documento.
f) Assegna all'intero documento il carattere **Verdana**.
g) Inserisci la numerazione di pagina in basso a sinistra nel formato dei numeri romani.
h) Inserisci un'intestazione di pagina contenente il seguente testo:
Esercitazione in word
i) Metti in corsivo e centra il contenuto dell'intestazione.
l) Inserisci nel Piè di pagina il tuo nome e cognome e allinealo a destra.
m) Trova il **testo** *sistema operativo* e sostituiscilo con *S.O.*
n) Trova il **testo** *apposito comando* e mettilo in grassetto
o) Aggiungi alla fine del documento il seguente testo:
*Un'altra fondamentale attività del sistema operativo è quella di gestire i dati che gli sono stati affidati: quando memorizzi sul tuo disco rigido le informazioni, è il sistema operativo che, in qualsiasi momento, ti consente di visualizzarle, ordinarle, copiarle, spostarle o eliminarle.*
p) Apri un nuovo documento senza chiudere quello che hai già aperto
q) Copia i primi cinque righi sul nuovo documento e salvalo con il nome *Il sistema operativo terzo*
r) Inserisci alla fine del documento *Maglie, 27/04/2004* utilizzando la funzione **Inserisci data**.
s) Salva

## 30 | La stampa unione

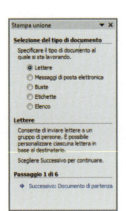

A volte può capitare di dover scrivere più copie dello stesso documento, le quali variano solo per alcune parole. Pensa, per esempio, a una lettera per i clienti o a un invito per più persone, che differiscono solo per i nomi e gli indirizzi dei destinatari. Piuttosto che riprodurre il documento tante volte si può fare in modo che le differenti copie vengano generate automaticamente. Questo è il meccanismo della **stampa unione**.

Esso prevede di scrivere il documento una sola volta e di collegarlo a un archivio con i diversi dati. Le differenti copie verranno generate automaticamente in un file o su stampa.

Supponiamo di voler inviare la stessa lettera a degli amici e che in ognuna sia riportato il nome, l'indirizzo e la città del destinatario. Procedi nel modo seguente.

- Apri il file con il testo della lettera.
- Visualizza la scheda Lettere e fai clic sul pulsante Inizia stampa unione nel gruppo omonimo, quindi seleziona Creazione guidata Stampa unione. Compare il riquadro attività della stampa unione, attraverso il quale puoi seguire una procedura guidata che ti accompagnerà in tutti i passaggi necessari.

- Assicurati che sia attiva l'opzione Lettere come tipo di documento e fai clic su Successivo: Documento di partenza.
- Nella scheda successiva seleziona l'opzione Usa il documento corrente.
- Fai clic su Successivo: Selezione destinatari.
- Non avendo ancora un elenco dei destinatari, scegli Crea un nuovo elenco.
- Fai clic su Crea. Compare la finestra Nuovo elenco indirizzi, nella quale puoi inserire le informazioni dei vari destinatari.
- Nel nostro caso non servono tutti i campi visualizzati, perciò fai clic sul pulsante Personalizza colonne, elimina i campi superflui e rinomina *Riga 1 indirizzo* in *Indirizzo*. Fai clic su OK.

- Inserisci i dati dei destinatari. Ogni destinatario è una voce dell'elenco, puoi aggiungere una Nuova voce o richiedere Elimina voce.

- Dopo aver inserito i dati fai clic su OK. Salva l'elenco con il nome e nella cartella che preferisci.
- Compare un'altra finestra con l'elenco dei destinatari, in cui puoi ancora richiedere delle modifiche e, quindi, selezionare quelli cui vuoi inviare la lettera. Fai clic su OK.
- Procedi con Successivo: Composizione lettera.
- Posiziona il cursore nella lettera dove vuoi che compaia l'indirizzo e seleziona Blocco di indirizzi nel riquadro attività.
- Nella finestra che si apre specifica le impostazioni che preferisci e fai clic su OK.
- A questo punto nel documento compare la scritta **«BloccoIndirizzo»** nel punto in cui saranno inseriti i dati del destinatario. La formattazione applicata a questo testo sarà quella dei dati.
- Seleziona Successivo: Anteprima lettere.
- Viene presentata un'anteprima di una lettera con uno dei destinatari, su cui puoi apportare ulteriori modifiche e formattazioni. Puoi operare sui destinatari dal riquadro attività.
- Giunto alla versione finale, fai clic su Successivo: Completamento unione.
- Se ora scegli Modifica singole lettere, viene creato un file di nome *Lettere1.doc* con le versioni della lettera per i destinatari scelti. Se vuoi, puoi apportare modifiche a singole lettere e salvare il file.
- Con Stampa, dal riquadro attività, puoi stampare direttamente le varie copie.

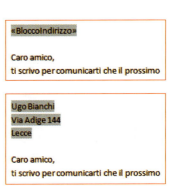

Nel passaggio 4 della procedura guidata (Composizione lettera nel riquadro attività), potresti fare clic su Altro per scegliere, posizionare e formattare i campi uno alla volta, anziché riunirli in un unico blocco di indirizzi.

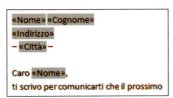 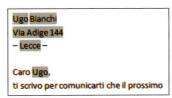

## Altri elenchi dati

L'elenco dei dati può essere anche una semplice **tabella**, memorizzata in un file di Word, che puoi compilare autonomamente.
Un'altra possibilità è scrivere l'elenco come **testo**, separando i dati con la virgola.
In ogni caso, l'archivio deve contenere tante righe quanti sono i destinatari, più la prima riga con i nomi dei campi.

| Nome  | Cognome | Indirizzo       | Città  |
|-------|---------|-----------------|--------|
| Ugo   | Bianchi | Via Adige 144   | Lecce  |
| Aldo  | Rossi   | Via Po 123      | Milano |
| Carla | Verdi   | Via Tevere 78   | Genova |
| Anna  | Viola   | Via Ticino 34   | Milano |

**Nome, Cognome, Città, Indirizzo**
Ugo, Bianchi, Via Adige 144, Lecce
Aldo, Rossi, Via Po 123, Milano
Carla, Verdi, Via Tevere 78, Genova
Anna, Viola, Via Ticino 34, Milano

### Strumenti per la stampa unione

Aperto un documento di stampa unione, puoi trovare nella scheda Lettere tutti gli strumenti necessari per le operazioni più comuni sul documento e anche sui destinatari a cui inviarlo.

### Buste ed etichette

Il procedimento è analogo nel caso tu scelga altri tipi di documento, per esempio buste o etichette. In quest'ultimo caso devi comporre un'etichetta e poi fare clic sul pulsante Aggiorna tutte le etichette per riprodurre l'impostazione su tutte le altre etichette che compaiono in una pagina, infine unire in stampa o in un altro documento.

# ORA TOCCA A TE!

**1**

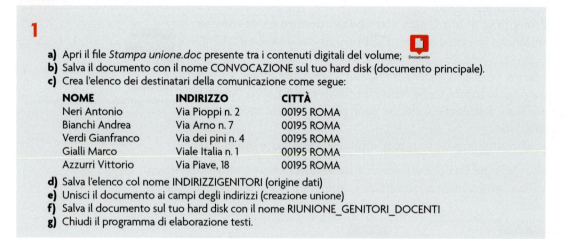

a) Apri il file *Stampa unione.doc* presente tra i contenuti digitali del volume;
b) Salva il documento con il nome CONVOCAZIONE sul tuo hard disk (documento principale).
c) Crea l'elenco dei destinatari della comunicazione come segue:

| NOME | INDIRIZZO | CITTÀ |
|---|---|---|
| Neri Antonio | Via Pioppi n. 2 | 00195 ROMA |
| Bianchi Andrea | Via Arno n. 7 | 00195 ROMA |
| Verdi Gianfranco | Via dei pini n. 4 | 00195 ROMA |
| Gialli Marco | Viale Italia n. 1 | 00195 ROMA |
| Azzurri Vittorio | Via Piave, 18 | 00195 ROMA |

d) Salva l'elenco col nome INDIRIZZIGENITORI (origine dati)
e) Unisci il documento ai campi degli indirizzi (creazione unione)
f) Salva il documento sul tuo hard disk con il nome RIUNIONE_GENITORI_DOCENTI
g) Chiudi il programma di elaborazione testi.

# Training

Test

## Conoscenze

1. **La dattilografia è:**
   - [ ] una professione nata con l'abaco
   - [ ] una professione nata con l'avvento della macchina per scrivere
   - [ ] una professione che consente di utilizzare consapevolmente la macchina per scrivere
   - [ ] una professione nata per realizzare i calcoli

2. **Word è un programma che serve per:**
   - [ ] fare calcoli
   - [ ] elaborare testi
   - [ ] disegnare
   - [ ] archiviare dati

3. **Le barre di scorrimento servono a:**
   - [ ] spostare la finestra
   - [ ] vedere tutti i file di Word
   - [ ] ingrandire la pagina
   - [ ] fare scorrere il documento sul video

4. **Completa le seguenti frasi.**
   - [ ] Per videoscrittura si intende la scrittura attraverso l'utilizzo _____.
   - [ ] All'apertura di Word è già predisposta una pagina di un _____ documento e il cursore per l'inserimento è posizionato _____.

5. **Con la combinazione di tasti WIN + F1:**
   - [ ] si attiva Esplora risorse
   - [ ] si attiva l'aiuto
   - [ ] si attiva la proprietà del sistema
   - [ ] si cerca un file

6. **I documenti di Word hanno estensione:**
   - [ ] .bmp
   - [ ] .wrd
   - [ ] .docx
   - [ ] .gif

7. **Si salva un documento:**
   - [ ] quando si vuole
   - [ ] appena si crea un documento
   - [ ] dopo aver scritto tutto il documento
   - [ ] se è andata via la luce

8. **Quando si chiude un documento:**
   - [ ] si deve spegnere il computer
   - [ ] si deve salvare, per non perdere le ultime modifiche
   - [ ] si deve stampare, per conservare le ultime modifiche
   - [ ] non si fa nulla e le modifiche sono salvate automaticamente, senza avvisare

9. **Completa le seguenti frasi.**
   - [ ] Il **carattere** è qualunque _____ utilizzato in tipografia per rappresentare le _____, i _____, le _____ e altri simboli.
   - [ ] La **parola** è una sequenza di _____ che a sinistra e a destra ha uno _____ o un _____.
   - [ ] **Corpo** di un carattere è sinonimo di _____.

10. **Indica se le seguenti affermazioni sono vere oppure false.**
    - V F Si può cancellare un carattere solo in un modo.
    - V F Per duplicare una parte di testo si usa il comando Taglia.
    - V F Nella finestra di sostituzione per non sostituire ma cercare ancora si deve fare clic sul pulsante Annulla.
    - V F La tecnica drag & drop si serve del metodo del trascinamento con il mouse.
    - V F La tecnica cut & paste si serve del metodo del trascinamento con il mouse.

11. **Completa le seguenti frasi.**
    - [ ] La combinazione di tasti Ctrl + c serve a _____.
    - [ ] La combinazione di tasti Ctrl + v serve a _____.
    - [ ] La combinazione di tasti Ctrl + x serve a _____.
    - [ ] Per cancellare una parola posizionare il _____ all'inizio della parola, premere il tasto _____ fino a quando non si cancella.
    - [ ] Backspace cancella da _____ a _____.
    - [ ] Canc cancella da _____ a _____.
    - [ ] Tagliare e _____ un testo equivale a spostarlo.
    - [ ] Il pulsante ✂ serve a _____.
    - [ ] Il pulsante 📋 serve a _____.
    - [ ] Il pulsante 📑 serve a _____.

12. **Completa le seguenti frasi.**
    - [ ] La combinazione di tasti Ctrl + g serve a _____.
    - [ ] La combinazione di tasti Ctrl + i serve a _____.
    - [ ] La combinazione di tasti Ctrl + s serve a _____.

13. **Completa le seguenti frasi.**
    - [ ] La tabulazione _____ serve per centrare il testo su più righe.
    - [ ] La tabulazione _____ serve per allineare a sinistra.
    - [ ] La tabulazione _____ serve per incolonnare i prezzi.

# TRAINING

**14.** Indica se le seguenti affermazioni sono vere oppure false.

|V|F| Su una riga ci può essere un solo segno di tabulazione.

|V|F| La prima riga di un paragrafo può avere un rientro sinistro diverso dalle altre.

|V|F| Il rientro destro è uguale per tutte le righe.

**15.** Puoi inserire immagini:
- ☐ da file
- ☐ da ClipArt
- ☐ solo gif
- ☐ solo fotografiche

**16.** Un'immagine può essere:
- ☐ copiata
- ☐ ridimensionata
- ☐ ruotata
- ☐ ritagliata

**17.** Puoi stampare:
- ☐ solo una copia del documento intero
- ☐ solo la pagina corrente
- ☐ la parte di documento desiderata in un certo numero di copie
- ☐ soltanto un certo numero di copie dell'intero documento

**18.** Secondo te, in tutte le stampanti è possibile inserire fogli formato A3? Fornisci una risposta esaustiva.

_____

**19.** Quali sono le differenze tra il concetto di formato e quello di orientamento?

_____

**20.** Se, all'interno del testo, devi inserire la prima frase del primo capitolo dei "Promessi Sposi", quale stile utilizzi?

_____

**21.** Qual è la funzione del tasto Canc?

_____

**22.** Qual è la funzione del tasto Backspace?

_____

**23.** Come vengono evidenziati da Word gli errori grammaticali?

_____

**24.** Come vengono evidenziati da Word gli errori ortografici?

_____

**25.** A che cosa serve Thesaurus?

_____

**26.** Le modifiche del file di origine non hanno effetto su un oggetto _____ .

**27.** In un oggetto _____ i dati sono copiati nel file di _____ .

**28.** Stabilisci se le seguenti affermazioni sono vere o false.

|V|F| I grafici possono solo essere creati direttamente.

|V|F| I grafici hanno sempre un formato standard.

|V|F| Una volta incorporato un foglio di calcolo non può essere modificato.

|V|F| In un documento si scrive l'intestazione o il piè di pagina.

|V|F| Il numero progressivo di pagina deve essere impostato manualmente.

|V|F| Le note a piè di pagina possono essere copiate o spostate.

**29.** Quando è utile usare la procedura della stampa unione?
- ☐ Quando si devono fare più copie dello stesso documento
- ☐ Quando bisogna unire due o più documenti
- ☐ Quando si ha una lista di persone cui si inviano spesso gli stessi documenti
- ☐ Quando si vogliono mettere insieme i documenti inviati alla stessa persona

# ABILITÀ

**1.** Svolgi i passi indicati di seguito.
- a) Avvia Word.
- b) Apri un nuovo documento.
- c) Scrivi i tuoi cognome e nome.
- d) Vai a capo.
- e) Scrivi il tuo indirizzo.
- f) Vai a capo.
- g) Scrivi il C.A.P. e la tua città.
- h) Salva il documento, nella cartella Documenti, con il nome io.doc.
- i) Chiudi il programma.

**2.** Svolgi i passi indicati di seguito.
- a) Avvia Word.
- b) Apri il documento io.doc, che si trova nella cartella Documenti.
- c) Scrivi alla fine, su un nuovo rigo, il numero di telefono.
- d) Salva il documento e chiudi il programma.

**3.** Svolgi i passi indicati di seguito.
- a) Apri il documento io.doc, che si trova nella cartella Documenti.
- b) Aggiungi del testo e formatta in modo che il risultato finale sia quello qui indicato.

> **Nome:** Mario
> **Cognome:** Rossi
> **Via:** Roma   **N°:** 23
> **C.A.P.** 73100   **Località:** LECCE
> **Tel.:** 0832/12.34.56

- c) Salva il documento nella stessa cartella, ma con nome io_nuovo.doc.
- d) Chiudi il programma.

**260**  **Apparato didattico C**  Office automation

**4.** Svolgi i passi indicati di seguito.
   a) Apri il documento *io_nuovo.doc*, che si trova nella cartella *Documenti*.
   b) Seleziona tutto e copia.
   c) Crea un nuovo documento.
   d) Incolla.
   e) Sostituisci i tuoi nome e cognome con quelli di un familiare che abita con te.
   f) Salva il documento nella stessa cartella con il nome del tuo familiare.
   g) Chiudi i documenti.

**5.** Copia il seguente testo e formattalo esattamente come riportato:

I VARI TIPI DI SEGNALI

I segnali di pericolo avvertono gli utenti della strada dell'incombenza di un pericolo e ne precisano la natura.

I segnali di precedenza indicano ai conducenti di veicoli se la strada che stanno percorrendo ha diritto di precedenza oppure se devono concedere questo diritto alle strade che stanno per incrociare.

Fra i segnali di divieto vengono inseriti i cartelli che indicano manovre e transiti vietati, la fine dei divieti, precisazioni e deroghe rispetto al divieto di sosta.

I segnali di obbligo servono, appunto, a indicare agli utenti della strada indicazioni utili per la circolazione e per il raggiungimento di determinati luoghi.

**6.** Svolgi i passi indicati di seguito.
   a) Apri un nuovo documento.
   b) Intesta il documento con "I miei professori".
   c) Lascia un rigo vuoto.
   d) Su ogni rigo successivo scrivi il nome di un calciatore, due punti e il nome della squadra.
      Per esempio: *Totti: Roma*
   e) Dai un colore diverso a ogni materia.
   f) Rendi puntato l'elenco.
   g) Cambia il simbolo dell'elenco puntato (prova a cambiare anche il colore).
   h) Chiudi il programma e, alla richiesta, salva il documento nella cartella Documenti.

**7.** Svolgi i passi indicati di seguito.
   a) Apri il documento creato per il precedente esercizio.
   b) Trasforma l'elenco da puntato in numerato.
   c) Applica uno sfondo al titolo.
   d) Applica un bordo alla pagina.
   e) Salva il documento con un nuovo nome.
   f) Chiudi il programma.

**8.** Crea un nuovo documento e inserisci i nomi dei compagni della tua classe in forma di elenco numerato. Posizionati, poi, alla fine del nome del compagno che si trova in posizione n. 8 e premi il tasto Invio. Che cosa succede?

**9.** Riprendi l'elenco creato nell'esercizio precedente e cambia l'elenco da numerato a puntato. Cambia la caratteristica del punto elenco e scegli un quadratino vuoto.

**10.** Applica all'elenco creato nell'esercizio precedente uno sfondo di colore giallo.

**11.** Trasforma l'elenco creato nell'esercizio precedente in testo normale, rimuovendo i punti elenco.

**12.** Utilizza il Thesaurus per trovare un sinonimo per le parole "fantastico", "universo", "tendone", "copertura". Trova, poi, il contrario delle seguenti parole: "forza", "grande", "minimo".

**13.**
   a) Copia il seguente testo descrittivo usando come tipo di carattere Monotype Corsiva, 12. Durante la digitazione correggi gli errori presenti nel testo.
   b) Formatta il titolo usando font, dimensione e colori a tuo piacimento.
   c) Imposta l'allineamento giustificato.
   d) Inserisci alla fine una tabella, che compilerai dopo aver letto con attenzione il testo.
   e) Prima di stampare il tuo lavoro è bene controllare l'intero documento, facendo clic sul pulsante **Anteprima di stampa**.
   f) Salva e stampa il tuo lavoro.

LA MIA INSEGNANTE

Se ne andò veloce sui suoi piedini, sproporzionati al corpo imponente, così piccoli che soltanto nelle calzolerie per l'infanzia trovava le scarpine adatte.

Quando caminava sembrava che lo facesse non per spostarsi da un punto all'altro, ma per non precipitare in avanti, trascinata dal peso di un seno matronale. Per quei piedini la chiamavano Cenerentola, e non certo perché vestisse di stracci, anzi amava l'eleganza vistosa, le tinte vivaci, i tessuti a grandi fiori in primavera ed estate e a righe fortemente contrastate in autunno e in inverno. Ma, a parte questa debolezza e la facilità di commuoversi quando leggeva le prose e i versi che lei definiva "sublimi" e che ai ragazzi non facevano né caldo né freddo, era una brava insegnante. E riservava ai suoi studente l'affetto che avrebbe dato ai figli, se ne avese avuti.

| Stato anagrafico, età | |
|---|---|
| Attività lavorativa | |
| Corporatura | |
| Parti del corpo | |

**14.**
   a) Componi una lettera familiare che abbia le seguenti caratteristiche.
   b) Destinatario: un tuo caro amico.
   c) Scopo: invitarlo a passare le vacanze con te e la tua famiglia.
   d) Imposta la pagina in orizzontale, con i margini superiore e inferiore di 4 cm; sinistro e destro di 3 cm.
   e) Salva e stampa la lettera

# TRAINING

**15.**
a) Copia la seguente lettera formale, applicando i rientri dei paragrafi.
b) Imposta la pagina in verticale con i margini sinistro di 3 cm, destro di 2 cm, superiore e inferiore di 4 cm.
c) Salva e stampa la lettera

Avvocato Paolo Rossi<br>
Viale Mazzini n° 5<br>
Milano

Torino, 23 agosto 20....

Oggetto: richiesta di risarcimento danni

Spett.le Ditta Axtom,
in riferimento alla Vs. richiesta di risarcimento danni inoltrata tramite il Vs. legale, avv; Franceschi, in data 12 settembre u.s., vengo con la presente a informarVi che il mio assistito, signor Rossi, respinge ogni addebito in quanto l'incidente occorso, nel quale è stato danneggiato un Vs. mezzo di trasporto, non è da imputare allo stesso, bensì a imperizia del conducente del mezzo pesante, come risulta dal verbale redatto dalla Polizia di Stato.
Distinti saluti.

Avvocato Paolo Rossi

**16.** Svolgi i passi indicati di seguito.
a) Compila una tabella di questo tipo con i tuoi libri preferiti.

| Autore | Titolo |
|---|---|
| Virgilio | Eneide |
| Omero | Odissea |
| Manzoni | I promessi sposi |

b) Salva il documento col titolo libri.doc.

**17.** Svolgi i passi indicati di seguito.
a) Apri il documento libri.doc.
b) Inserisci un'ultima colonna dal titolo Prestato.
c) Se hai prestato qualche libro a un amico, indicane il nome nella colonna appena inserita.
d) Formatta automaticamente la tabella.
e) Salva il documento.

**18.** Svolgi i passi indicati di seguito.
a) Prepara una tabella di questo tipo con le materie e i giorni del mese.

| Giorno | Italiano | Inglese | Matematica |
|---|---|---|---|
| 1 | Es. n. 1 pag. 32 |  | Es. n. 2 pag. 20 |
| 2 |  | Lettura pag. 12 |  |
| ... |  |  |  |

b) Salva il documento con il nome Compiti settembre.doc.
c) Salva il documento con il nome Compiti ottobre.doc.
d) Fai una copia del file per ogni mese dell'anno scolastico.
e) Compila le tabelle ogni volta che ti viene assegnato un compito.

**19.** Realizza un grafico con i voti che hai riportato in tutte le interrogazioni del primo quadrimestre (l'intestazione delle colonne sia la materia, quella delle righe la data).

**20.** Realizza un grafico a torta che riporti il numero di compagni nati in ogni mese dell'anno.

**21.** Come devi indicare le pagine di stampa se vuoi stampare la pagina n. 3? E se desideri stampare le pagine 6 – 7 – 8 – 9 – 10 – 11 – 12?

**22.** Realizza i seguenti disegni.

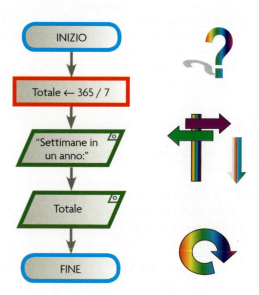

**23.** Svolgi i passi indicati di seguito.
a) Apri un nuovo documento.
b) Imposta la pagina con i margini di 2 cm su tutti i quattro lati.
c) Scegli un foglio di dimensioni A4.
d) Imposta l'orientamento orizzontale.
e) Scrivi l'invito per una tua festa di compleanno, usando caratteri simpatici e colorati.
f) Controlla il risultato in Anteprima di stampa.
g) Salva il documento nella cartella Documenti.
h) Stampa un numero sufficiente di copie per i tuoi amici.
i) Chiudi il programma.

262    **Apparato didattico C**   Office automation

# UNITÀ DI APPRENDIMENTO 2
# CALCOLARE CON MICROSOFT EXCEL 2010

## IN QUESTA UNITÀ IMPARERAI...

- A cosa servono i fogli di calcolo
- Come operare con le celle e con i fogli di lavoro
- Come impostare calcoli, formule e funzioni
- Come formattare il foglio di lavoro
- Come creare grafici significativi e accattivanti

Glossario CLIL    Approfondimento    Tutorial

## 1 | Che cos'è un foglio elettronico

Un **foglio elettronico** (*spreadsheet* per gli anglosassoni) è un software particolarmente utile in quelle situazioni in cui si devono organizzare e raccogliere dati per effettuare calcoli, ordinarli in tabelle, elaborarli, trarne ulteriori informazioni per poi ricavarne rappresentazioni grafiche.

Per avviare Excel, scegli Start, Tutti i programmi, Microsoft Office, Microsoft Excel 2010.

## 2 | L'interfaccia di Microsoft Excel 2010

Diamo uno sguardo alla finestra principale di Excel. Il documento di base è la **cartella** (l'equivalente del documento di Word). Quando lanci Excel sulla barra del titolo compare *Cartel1*, il nome che Excel assegna per default alla prima nuova cartella appena creata.

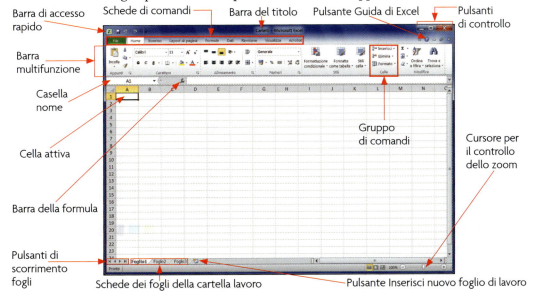

### LO SAI CHE...

Il primo foglio elettronico immesso sul mercato fu Visicalc (abbreviazione di Visibile Calculator), progettato nel 1978 da **Daniel Bricklin** e **Robert Frankston**; seguirono Multiplan, Lotus 123 e l'attuale Excel che opera in ambiente Windows.

Daniel Bricklin

Robert Frankston

**INFO GENIUS**

In una sessione di lavoro di Excel è possibile tenere aperte più cartelle di lavoro (cioè più file), ognuna delle quali è aperta in una propria finestra. Per passare da una finestra all'altra si possono utilizzare le icone inserite automaticamente nella barra delle applicazioni.

Caratteristica di Excel è la **barra della formula**, disponibile nella parte superiore della finestra di Excel, utilizzata per l'immissione o la modifica di formule o valori contenuti nelle celle o nei grafici. Molto utili sono anche le **schede per la selezione dei fogli** della cartella di lavoro che consentono di spostarsi rapidamente su altri fogli di lavoro facendo clic sul nome del foglio. La cartella contiene per default tre fogli di lavoro (chiamati rispettivamente *Foglio1*, *Foglio2* e *Foglio3*), ma è possibile aggiungerne altri sino a un massimo di 255.

## 3 | Inserire, rinominare e cancellare un foglio di lavoro

Per inserire un nuovo foglio di lavoro puoi fare direttamente clic sul pulsante Inserisci foglio di lavoro oppure usare la combinazione di tasti Maiusc + F11. Se vuoi, puoi anche inserire un foglio prima di quello attivo. Per fare questo, fai clic con il pulsante destro del mouse sulla scheda del foglio attivo o, comunque, sulla scheda del foglio prima del quale desideri inserire quello nuovo, quindi dal menu contestuale scegli Inserisci e seleziona la voce Foglio di lavoro. Con questa tecnica puoi anche inserire contemporaneamente numerosi fogli di lavoro: è sufficiente tenere premuto il tasto Maiusc, selezionare un intervallo di fogli e utilizzare il menu contestuale come appena descritto: vengono creati tanti fogli di lavoro quanti ne sono stati selezionati, e posti davanti al primo foglio dell'intervallo.

Per rinominare un foglio di lavoro è sufficiente fare doppio clic sulla linguetta del foglio e digitare il nuovo nome.

Per cancellare un foglio di lavoro devi fare clic su di esso con il pulsante destro del mouse e dal menu di scelta scegliere la voce Elimina. È buona norma assegnare ai fogli di lavoro nomi significativi, ossia meno generici e più adeguati, in modo che possano essere indicativi rispetto al loro contenuto.

Puoi anche assegnare un colore alla linguetta della scheda, in modo da evidenziarla. Fai clic su di essa con il pulsante destro del mouse e, dal menu contestuale, scegli la voce Colore linguetta scheda.

**Linea del tempo**

**Evoluzione foglio di calcolo**

Il mondo del lavoro ai tempi del foglio di calcolo presenta prassi e modalità di esecuzione del tutto differenti al passato. Attraverso la linea del tempo, impara a conoscere la realtà lavorativa prima dell'era computer e scopri come si è giunti ai moderni software applicativi che ci aiutano ogni giorno.

# 4 | Il foglio di lavoro e la cella

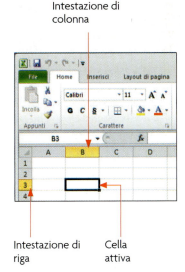

Intestazione di colonna

Il foglio di lavoro non è solo quello riportato sul video: quella che noi vediamo è solo una sua parte, in quanto il foglio è troppo grande per potere essere visualizzato totalmente. Il foglio di lavoro di Excel 2010 è composto da 16.384 colonne per 1.048.576 righe. Le righe sono contraddistinte da un numero progressivo, le colonne da un codice alfabetico crescente. Prova a scorrere il foglio con i tasti di direzione cursore: per posizionarti sull'ultima colonna puoi servirti della combinazione di tasti Ctrl + → mentre con Ctrl + ← si ritorna alla prima. Analogamente, per posizionarti sulla prima riga puoi utilizzare la combinazione Ctrl + ↑ e Ctrl + ↓ per andare sull'ultima. Per tornare direttamente sulla prima cella puoi utilizzare la combinazione Ctrl + Home (il tasto con la freccia obliqua).

L'unità base del foglio di lavoro è la **cella**, che si trova all'intersezione di una riga con una colonna. Per esempio, la cella **B3** è situata all'incrocio della colonna **B** con la riga **3**. All'interno di una cella è possibile inserire un valore numerico o alfanumerico, una formula oppure una particolare istruzione. Sul foglio di lavoro è possibile notare la **cella attiva**, cioè quella su cui agiscono i comandi scelti e in cui vengono inseriti i dati. È riconoscibile immediatamente in quanto è circondata da un bordo più spesso. Per rendere attiva una cella, è sufficiente selezionarla con il mouse o con i tasti direzione cursore.

Intestazione di riga    Cella attiva

# 5 | Che cosa si può inserire nelle celle

Le celle di Excel sono in grado di accogliere diversi tipi di dati. Diamo subito un accenno: i particolari su ogni tipo li vedremo gradatamente nelle prossime lezioni.

## Numeri

Excel identifica i dati numerici come valori solo se iniziano con un numero o con uno dei seguenti simboli speciali:

- + e = vengono ignorati se inseriti all'inizio di un numero;
- – e ( ) vengono utilizzati per introdurre i numeri negativi. Per esempio: è corretto scrivere –56 oppure (56);
- la virgola (,) viene utilizzata come separatore decimale;
- %, posto dopo il numero, viene utilizzato per il calcolo percentuale.

La digitazione corretta di un numero viene confermata da Excel mediante l'allineamento a destra della cella. Durante la digitazione del numero, la cifra appare sia nella cella sia sulla barra della formula e il cursore intermittente nella cella indica dove sarà inserito il successivo numero digitato. In particolare, noterai che nella barra della formula appaiono i pulsanti Annulla ☒ e Invio ☑. Una volta inserito il valore numerico, premi il pulsante ☑ (accanto alla barra della formula) o il tasto Invio. Procedi così per ogni valore che desideri inserire nelle celle.

## Testo

L'immissione di stringhe di testo è identica all'immissione di valori numerici. Quando si digitano i primi caratteri di un testo già inserito nella stessa colonna, la funzione di **completamento automatico** di Excel completa l'inserimento; se quest'ultimo è corretto premi Invio ☑ per confermarlo, altrimenti procedi nella digitazione.

Il testo viene allineato automaticamente a sinistra della cella.

Per fare in modo che Excel accetti il dato come testo, puoi anche digitare regolarmente il numero. Dopo averlo confermato, fai clic sulla freccetta in corrispondenza della parola Generale presente nel gruppo Numeri della scheda Home. Viene visualizzata una lista dalla quale devi scegliere Testo.

**INFO GENIUS**

Anche una sequenza di sole cifre può essere considerata come testo, purché la si faccia precedere da un apostrofo. Per esempio, se al numero 1789 facciamo precedere un apostrofo ('), Excel lo considera stringa di testo; se, invece, digitiamo solo le cifre, lo considera un numero.

### Date

Per inserire una data, seleziona la cella in cui vuoi collocarla, e inizia a digitare. Al termine, premi il pulsante Invio ✓ o il tasto Invio della tastiera. Excel considera le date come valori e, per questo, vengono allineate anch'esse a destra della cella. Proprio come per i numeri, Excel consente di effettuare calcoli: per esempio, è possibile calcolare quanti giorni intercorrono tra due date. Le date possono essere inserite secondo diversi formati. Vuoi vederne qualcuno? Fai clic sul pulsante di apertura finestra posto alla destra del gruppo di comandi Numeri: viene visualizzata la finestra di dialogo Formato celle. Nell'elenco Categoria seleziona Data. Viene visualizzato un elenco denominato Tipo all'interno del quale puoi vedere tutti i tipi di formato data che Excel consente di utilizzare.

### Formule e funzioni

Con il termine **formula** ci si riferisce a delle equazioni che consentono di eseguire calcoli, modificare il contenuto di altre celle, e così via. Il risultato di una formula è anch'esso un numero e, come tale, viene allineato a destra della cella. Una formula corretta deve:

- iniziare con il simbolo =;
- contenere i riferimenti delle celle i cui valori sono oggetti di calcolo;
- utilizzare gli operatori aritmetici.

Le **funzioni** sono formule predefinite che permettono di risolvere calcoli laboriosi. Di queste, come per le formule, tratteremo dettagliatamente in seguito.

## 6 | Salvare il lavoro: la visualizzazione Backstage

È buona norma salvare spesso il file: è sufficiente fare clic sulla scheda File per accedere alla visualizzazione Backstage, che comprende un insieme di funzionalità per eseguire svariate operazioni sul documento. Per esempio, grazie all'opzione Recente è possibile visualizzare l'elenco degli ultimi file aperti e recuperare anche file erroneamente chiusi senza salvarli.

Per salvare il file, scegli Salva con nome: la finestra corrispondente permette di salvare il file con un altro nome agendo nella casella Nome file e in un'altra cartella scegliendola dalla colonna sinistra.

Nella casella Salva come, invece, è possibile impostare il tipo di file di destinazione tra quelli disponibili. Oltre al formato "proprietario" di Excel (contraddistinto dall'estensione *.xlsx*), la cartella di lavoro può essere salvata come file di testo (*.txt*), pagina HTML e altri formati.

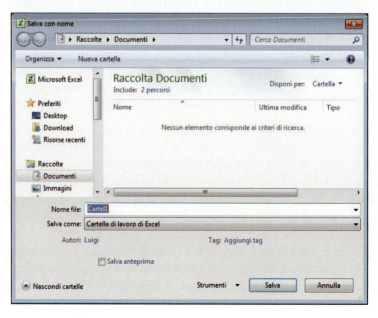

# 7 | Lavorare con le celle

## Inserire e sostituire i dati in una cella

Per inserire un dato in una cella è sufficiente selezionare la cella stessa, inserire al suo interno un valore e confermarlo premendo il pulsante Invio ✓ della barra della formula oppure spostandoti dalla cella attraverso il tasto Invio della tastiera o con i tasti di direzione cursore. Se, invece, vuoi sostituire il contenuto della cella, seleziona la cella con un clic e inizia a digitare. Il vecchio valore scompare per lasciare il posto al nuovo che stai digitando. Se, ancora, vuoi modificare un dato presente nella cella, fai doppio clic all'interno della cella.

## Selezionare un gruppo di celle adiacenti

Per selezionare un gruppo di celle adiacenti:

- seleziona la prima cella del gruppo;
- tenendo premuto il pulsante sinistro, trascina il mouse sino a coprire l'area di celle che ti interessa;
- rilascia il pulsante del mouse.

L'area selezionata appare di colore più intenso a eccezione della cella attiva, ossia della cella dalla quale abbiamo iniziato la selezione. Prova a selezionare l'area di celle B3:D7. La situazione che otterrai sarà quella riportata nella figura sotto.

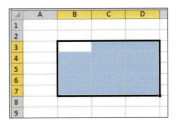

## Selezionare un gruppo di celle non adiacenti

Per selezionare un gruppo di celle non adiacenti:

- premi il tasto Ctrl e seleziona un gruppo di celle con il metodo descritto al punto precedente;
- continuando a tenere premuto il tasto Ctrl, sposta il puntatore del mouse sull'altra area da evidenziare e ripeti l'operazione di selezione. Vedrai che l'area precedentemente selezionata continuerà a rimanere evidenziata;
- terminata la selezione, rilascia il tasto Ctrl.

Ora, premendo il tasto Tab, prova a spostarti nel foglio di lavoro: vedrai che le celle attive di volta in volta saranno solo quelle comprese all'interno degli intervalli selezionati.

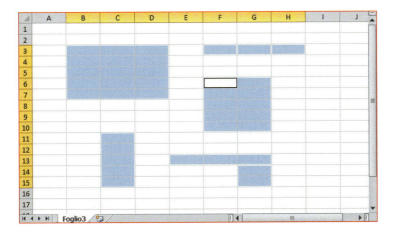

Pulsante per la selezione dell'intero foglio

### Selezionare, copiare e spostare un intero foglio di lavoro

Se fai clic sul pulsante in alto a sinistra del foglio di lavoro, situato all'incrocio tra le intestazioni di riga e di colonna, si seleziona l'intero foglio. Dopo la selezione per copiare il foglio, puoi fare clic sul pulsante Copia, selezionare il foglio che ti interessa dalla barra di selezione fogli e fare clic sul pulsante Incolla. Utilizzando, invece, il pulsante Taglia puoi effettuare lo spostamento del contenuto di un foglio in un altro.

### Selezionare un'intera riga o un'intera colonna

Fai clic sull'intestazione di riga o di colonna, cioè sui pulsanti che ne indicano le coordinate. Per estendere la selezione a righe e/o colonne non adiacenti, tieni premuto il tasto Ctrl mentre fai clic per selezionarle.

### Copiare una cella o un gruppo di celle

Per copiare una cella o un gruppo di celle:

- seleziona la cella o il gruppo di celle da copiare;
- posiziona il puntatore del mouse su un qualsiasi punto del bordo della zona da copiare (la forma del puntatore diviene una freccia);
- tenendo premuto il tasto Ctrl e il pulsante sinistro del mouse, trascina il bordo nella zona in cui desideri copiarlo che, ovviamente, deve essere libera;
- rilascia il tasto Ctrl e il pulsante del mouse.

### Spostare una cella o un gruppo di celle

Per spostare una cella o un gruppo di celle:

- seleziona la cella o il gruppo di celle da spostare;
- posiziona il puntatore del mouse su un qualsiasi punto del bordo della zona da spostare (la forma del puntatore diviene una freccia) e, tenendo premuto il pulsante sinistro del mouse, trascina il bordo nella zona in cui desideri posizionarlo che, ovviamente, deve essere libera;
- rilascia il pulsante del mouse. Se lo spostamento deve avvenire in una zona dove sono già presenti dei dati, occorre tenere premuto il tasto Maiusc;
- puoi anche utilizzare il metodo Copia e Incolla visto per la copia di cella utilizzando, questa volta, il pulsante Taglia.

**INFO GENIUS**

Il metodo **Taglia/Copia e Incolla** è utile per poter spostare/copiare celle in altri fogli di lavoro o in altri file. Infatti, dopo aver selezionato la parte da tagliare/copiare è sufficiente spostarsi nel foglio di lavoro o nel file interessato prima di procedere con l'operazione di **Incolla**.

### Cancellare il contenuto di una cella o di un gruppo di celle

Seleziona la cella o il gruppo di celle e premi il tasto Canc, oppure puoi fare clic con il pulsante destro del mouse sulla cella contenente il valore da eliminare e scegliere Cancella contenuto dal menu contestuale. In caso di errore puoi servirti del pulsante Annulla sulla barra di accesso rapido oppure del pulsante Ripristina.

### Inserire e cancellare colonne e righe

Per inserire una colonna:

- seleziona la colonna che si dovrà trovare a destra di quella che stai per inserire o fai clic in una sua cella;
- dal gruppo di comandi Celle della scheda Home, fai clic sulla freccetta in corrispondenza della voce Inserisci e dal menu scegli Inserisci colonne foglio. La nuova colonna viene inserita a sinistra di quella selezionata.

Per aggiungere una riga si procede in modo analogo:

268 Apparato didattico C Office automation

- seleziona la riga che dovrà trovarsi sotto quella nuova o fai clic in una sua cella;
- fai clic sulla freccetta in corrispondenza della voce Inserisci e scegli Inserisci righe foglio. La nuova riga viene inserita sopra quella selezionata.

## 8 | Creare una cartella di lavoro

Creiamo un foglio elettronico che riporti il pagamento delle quote dei clienti di un centro benessere. La prima operazione da compiere è creare una nuova cartella di lavoro. Una volta lanciato il programma, Excel predispone una cartella vuota di nome *Cartel1*. In generale, per creare una nuova cartella di lavoro dobbiamo servirci dell'opzione Nuovo della visualizzazione Backstage, richiamabile facendo clic sulla scheda File. È possibile creare una cartella vuota oppure crearne una partendo da modelli di foglio già predisposti. Ora, assegniamo il nome *CentroBenessere* alla cartella nel modo spiegato nelle precedenti lezioni.

> Salvare spesso è importante per evitare inconvenienti dovuti a motivi diversi, per esempio interruzioni improvvise di energia elettrica. Excel, comunque, è predisposto in modo da salvare automaticamente il foglio. Se vai in visualizzazione Backstage e selezioni la voce Opzioni viene visualizzata l'omonima finestra di dialogo dalla quale, scegliendo la voce Salvataggio, puoi modificare alcune impostazioni, quali la posizione in cui salvare il file e ogni quanto tempo effettuare il salvataggio automatico.

**INFO GENIUS**

Per inserire una colonna o una riga puoi anche servirti dell'opzione Inserisci del menu contestuale che puoi attivare selezionando con il pulsante destro la colonna o la riga. Allo stesso modo, selezionando l'opzione Elimina puoi rimuovere la colonna o la riga selezionata.

## 9 | Inserimento dei dati e riempimento automatico

Cominciamo dal titolo. Seleziona la cella B2 e introduci: *Pagamenti quote mensili*. Come puoi osservare, il testo è stato introdotto sia nella cella selezionata sia nella barra della formula. Ora dobbiamo inserire i nomi dei clienti del centro benessere. Per semplicità ne inseriremo solo cinque. Seleziona la cella B5 e scrivi Rossi, nella cella C5 scrivi *Verdi* e nelle celle D5, E5, F5 rispettivamente *Neri*, *Bianchi* e *Gialli*.
Ora spostati nella cella A6 e digita al suo interno *Gennaio*. A questo punto dovremmo selezionare le celle successive, ossia A7, A8 ecc. e scrivere, rispettivamente, *Febbraio*, *Marzo*, fino a *Dicembre*. Trattandosi di etichette in sequenza, possiamo utilizzare un metodo di gran lunga più rapido consentito da Excel: l'**inserimento automatico**. Per sfruttare questa opzione procedi in questo modo:

- seleziona la cella A6 all'interno della quale hai inserito *Gennaio*. Nota che la cella attiva presenta un quadratino posto nel suo angolo inferiore destro: la **maniglia di copiatura**;
- posiziona il puntatore del mouse sulla maniglia di copiatura della cella A6. Il puntatore del mouse diviene una croce;
- tenendo premuto il pulsante sinistro, trascina in basso sino alla cella A17; durante il trascinamento Excel riporterà l'etichetta che sarà inserita;
- rilascia il pulsante del mouse: nelle celle che hai evidenziato compaiono i mesi dell'anno.

Maniglia di copiatura

**INFO GENIUS**

Una curiosità sul riempimento automatico? Prova ad inserire il numero 1 e poi a trascinare la maniglia di copiatura. Come vedi non vengono fuori i numeri successivi ma sempre 1! Come mai? Per visualizzare delle sequenze progressive (nel nostro caso 1,2,3...) devi scrivere i primi due numeri in due celle consecutive. Poi devi selezionare entrambe e solo ora puoi utilizzare la maniglia di copiatura!

Per avere un quadro preciso dei pagamenti, inserisci i totali relativi ai singoli mesi e ai singoli clienti.

Quindi, seleziona la cella A18 e scrivi *Totale* poi la cella G5 e scrivi *Totale per mese*.

Per completare lo schema posizionati nella cella B4 e scrivi *Clienti* e, poi, nella cella A5 scrivi *Mese*. La situazione attuale è quella riportata nella figura.

|    | A | B | C | D | E | F | G | H |
|----|---|---|---|---|---|---|---|---|
| 1  |   |   |   |   |   |   |   |   |
| 2  |   | Pagamenti quote mensili |   |   |   |   |   |   |
| 3  |   |   |   |   |   |   |   |   |
| 4  |   | Clienti |   |   |   |   |   |   |
| 5  | Mese | Rossi | Verdi | Neri | Bianchi | Gialli | Totale per mese |   |
| 6  | Gennaio |   |   |   |   |   |   |   |
| 7  | Febbraio |   |   |   |   |   |   |   |
| 8  | Marzo |   |   |   |   |   |   |   |
| 9  | Aprile |   |   |   |   |   |   |   |
| 10 | Maggio |   |   |   |   |   |   |   |
| 11 | Giugno |   |   |   |   |   |   |   |
| 12 | Luglio |   |   |   |   |   |   |   |
| 13 | Agosto |   |   |   |   |   |   |   |
| 14 | Settembre |   |   |   |   |   |   |   |
| 15 | Ottobre |   |   |   |   |   |   |   |
| 16 | Novembre |   |   |   |   |   |   |   |
| 17 | Dicembre |   |   |   |   |   |   |   |
| 18 | Totale |   |   |   |   |   |   |   |
| 19 |   |   |   |   |   |   |   |   |

## 10 | Inserimento dei dati e ottimizzazione

Ora dobbiamo inserire i valori numerici relativi ai pagamenti della quota mensile dei clienti nei vari mesi dell'anno. Supponiamo che la quota mensile sia stata fissata in 65,00 € e che i clienti possano anche versare una quota inferiore a titolo di acconto. Cominciamo a inserire. Pertanto:

- digita *65* nella cella B6;
- ora, con il tasto Tab o con il tasto cursore → spostati nella cella C6 e digita *65*;
- posizionati poi nelle celle D6, E6 e F6 e digita, rispettivamente, *50*, *65* e *65*.

Continuiamo l'inserimento dei valori. Il modo più semplice sarebbe quello di spostarsi di cella in cella e inserirli ma Excel offre la possibilità di ottimizzare l'immissione attraverso la selezione dell'intervallo di immissione dei dati. In situazioni normali, per spostarsi dalla fine di una riga all'inizio di una nuova occorre utilizzare diversi tasti. Per esempio, per inserire i dati relativi al mese di *Gennaio* ci siamo posizionati nella cella B6 e abbiamo digitato il valore, quindi, tramite il tasto → o Tab, ci siamo posizionati nella cella C6 e abbiamo fatto altrettanto e così via sino alla cella F6. A questo punto, per inserire i dati relativi a *Febbraio*, saremmo dovuti tornare indietro e posizionarci sulla cella B7 utilizzando vari tasti. Come abbiamo già osservato nella lezione precedente, per evitare questi inconvenienti e limitare lo spostamento all'area interessata all'inserimento, puoi procedere nel modo seguente:

- fai clic all'interno della cella B6;
- tieni premuto il pulsante sinistro del mouse e seleziona un gruppo di celle contigue, nel modo che già conosci, sino alla cella F17.

A selezione avvenuta, puoi spostarti al suo interno mediante i tasti riportati nella tabella.

| Tasto | Funzione |
|---|---|
| Tab | Sposta a destra la cella attiva all'interno dell'intervallo selezionato. Se ci si trova sull'ultima cella di una riga, la pressione di questo tasto posiziona la cella attiva sulla prima cella della riga successiva. |
| Maiusc + Tab | Sposta a sinistra la cella attiva all'interno dell'intervallo selezionato. Se ci si trova sulla prima cella di una riga, la pressione di questa combinazione di tasti posiziona la cella attiva sull'ultima cella della riga precedente. |
| Invio | Sposta in basso la cella attiva all'interno dell'intervallo selezionato. Se ci si trova sull'ultima cella di una colonna, la pressione di questo tasto posiziona la cella attiva sulla prima cella della colonna successiva. |
| Maiusc + Invio | Sposta in alto la cella attiva all'interno dell'intervallo selezionato. Se ci si trova sulla prima cella della prima riga, la pressione di questa combinazione di tasti posiziona la cella attiva sulla cella più a sinistra dell'ultima riga. |

Ora prova a immettere i diversi valori seguendo questo nuovo metodo.

Il lavoro non è ancora completo. Guarda la figura. Nella cella G5 l'etichetta *Totale per mese* abbraccia due colonne. Dobbiamo, quindi, intervenire sulla formattazione.

È importante ricordare che quando si creano degli elenchi, per facilitare le operazioni di conteggio e reperimento dei dati, è opportuno che le celle contengano dati elementari, ossia dati che non possono essere ulteriormente scomposti. Per esempio, se in una colonna si deve scrivere l'indirizzo di un amico, è necessario utilizzare più colonne, precisamente una per il nome della via, una per il C.A.P. e una per la città.

| | A | B | C | D | E | F | G | H |
|---|---|---|---|---|---|---|---|---|
| 1 | | | | | | | | |
| 2 | | Pagamenti quote mensili | | | | | | |
| 3 | | | | | | | | |
| 4 | | Clienti | | | | | | |
| 5 | Mese | Rossi | Verdi | Neri | Bianchi | Gialli | Totale per n | |
| 6 | Gennaio | 65 | 65 | 50 | 65 | 65 | | |
| 7 | Febbraio | 65 | 65 | 50 | 65 | 65 | | |
| 8 | Marzo | 45 | 60 | 65 | 65 | 50 | | |
| 9 | Aprile | 65 | 50 | 50 | 65 | 65 | | |
| 10 | Maggio | 50 | 65 | 45 | 65 | 65 | | |
| 11 | Giugno | 65 | 65 | 65 | 65 | 65 | | |
| 12 | Luglio | 65 | 65 | 60 | 65 | 60 | | |
| 13 | Agosto | 50 | 65 | 50 | 65 | 40 | | |
| 14 | Settembre | 65 | 65 | 45 | 65 | 20 | | |
| 15 | Ottobre | 55 | 50 | 50 | 60 | 65 | | |
| 16 | Novembre | 65 | 65 | 45 | 65 | 60 | | |
| 17 | Dicembre | 65 | 65 | 50 | 65 | 60 | | |
| 18 | Totale | | | | | | | |

# 11 | Formattare le celle

**La formattazione di un foglio di lavoro consiste nell'apporre alcune caratteristiche necessarie per controllare l'aspetto del foglio in modo da renderlo più idoneo, professionale ed efficace nella fase di comunicazione con l'utente.**

Per formattare un foglio si utilizzano molti pulsanti presenti in alcuni gruppi di comandi della scheda Home.

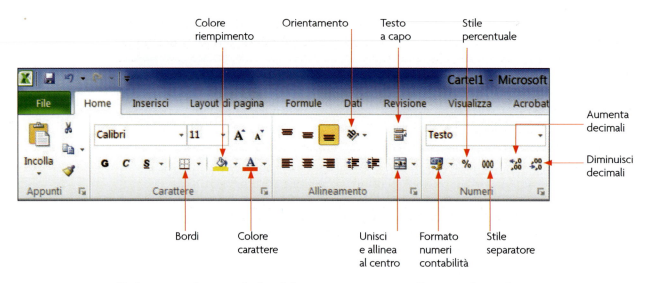

Riferiamoci al nostro foglio di lavoro e proviamo a effettuare alcune formattazioni:

- attiva la cella B2, fai clic sulla casella Dimensione carattere e seleziona *16*;
- fai clic sulla freccia a destra del pulsante Colore carattere e seleziona il *Rosso*;
- seleziona le celle da B5 a F5 e fai clic sul pulsante Centra.

Ora prova ad applicare l'attributo Grassetto ai nomi dei clienti e ai mesi dell'anno. Quando vuoi applicare la stessa formattazione a più celle puoi selezionarle prima di procedere con la formattazione, oppure puoi formattarne una e poi utilizzare il comando Copia formato attivabile dal pulsante del gruppo di comandi Appunti della scheda Home. Per esempio, seleziona la cella A18, applica lo stile grassetto e colora il testo di rosso. Ora fai clic sul pulsante : la cella viene evidenziata con una linea tratteggiata. Ora fai clic sulla cella G5: la formattazione viene applicata automaticamente alla cella.

## 12 | Formattare i numeri

Per formattare numeri, procedi in questo modo:

- seleziona l'intervallo di celle da formattare (dalla cella B6 alla cella G18);
- fai clic sul pulsante di visualizzazione della finestra di dialogo del gruppo Numeri della scheda Home. Viene visualizzata la finestra di dialogo Formato celle;
- dall'elenco della casella Categoria seleziona l'opzione Numero;
- fai clic su Usa separatore delle migliaia, imposta le Posizioni decimali a 2 e fai clic sul pulsante OK;
- fai clic sulla freccetta del pulsante Formato numeri contabilità e seleziona dall'elenco l'opzione € Italiano (Italia).

## 13 | Larghezza delle colonne e altezza delle righe

Capita che il contenuto di una cella non entri all'interno della cella stessa, perciò è necessario modificare la larghezza delle colonne. Per farlo:

- posiziona il puntatore del mouse sulla linea di separazione tra le intestazioni di colonna: il puntatore del mouse assume la forma di una barra che termina con due punte;
- tenendo premuto il pulsante sinistro, spostati verso destra: la larghezza della colonna viene modificata e la dimensione che sta assumendo viene riportata in una piccola finestrella posta in testa alla colonna.

Si può anche lasciare che sia Excel a modificare la larghezza della colonna in modo da adattarla al contenuto delle sue celle: posiziona il puntatore del mouse sulla linea di separazione tra le intestazioni di colonna e fai doppio clic.

Come per la larghezza delle colonne, è possibile modificare anche l'altezza delle righe: la procedura è analoga, con la sola eccezione che il puntatore del mouse deve essere posizionato sulla linea di fondo dell'intestazione di riga da modificare. Lo stesso risultato si può ottenere utilizzando il pulsante Formato del gruppo Celle. Fai clic sulla freccia posta a destra e scegli Altezza righe o Larghezza colonne. Digita in centimetri la dimensione che desideri assuma la riga, o la colonna. Per ottenere lo stesso risultato, puoi anche fare clic con il pulsante destro del mouse sull'intersezione di riga o di colonna e dal menu scegliere le predette opzioni.

È importante sottolineare che, se modifichiamo il tipo di carattere di una cella, Excel aumenta automaticamente l'altezza della riga in modo da fare spazio ai caratteri più grandi.

Ora, cambia la larghezza della colonna A e della colonna G in modo da inserire tutto il testo presente nelle varie celle seguendo uno dei metodi descritti in precedenza.

## 14 | Personalizzazione del foglio di lavoro

Il foglio non ha ancora il suo aspetto definitivo. Osserva la cella G5: la lunghezza del testo inserito supera quella della cella e invade la cella adiacente (perché questa è vuota, altrimenti non sarebbe stato completamente visualizzato). Per renderlo visibile puoi allargare la colonna, oppure apri la finestra di dialogo Formato cella, seleziona la scheda Allineamento e fai clic sul pulsante Testo a capo in modo che il testo vada a capo quando incontra il bordo destro della cella. L'aspetto del gruppo di celle A5:G5 può essere ancora migliorato. Selezionale e sempre dalla scheda Allineamento scegli l'opzione Al centro dalle caselle Orizzontale e Verticale, in modo che il testo appaia perfettamente allineato e centrato.

Ora devi centrare il testo della cella B4 rispetto alle colonne contenenti i nomi dei clienti:

- seleziona l'intervallo di celle B4:F4 e fai clic sul pulsante Unisci e allinea al centro ;
- ripeti l'operazione per gli intervalli A2:G2, A4:A5 e G4:G5.

Ora tracciamo i bordi, che hanno la funzione di migliorare l'aspetto del foglio oltre a quella di separare o mettere in risalto informazioni particolarmente importanti:

- seleziona l'area da A4 a G18;
- fai clic sulla freccetta posta a destra del pulsante Bordi e seleziona Tutti i bordi.

Per rendere il foglio ancora più sofisticato, assegna i colori alle celle:

- seleziona il gruppo di celle A4-A17, fai clic sulla freccetta posta a destra del pulsante Colore riempimento e fai clic sul colore *Giallo*;
- procedendo in questo modo formatta il foglio come riportato nella figura, oppure applica i colori che ritieni più accattivanti.

## 15 | Le formule

All'interno delle celle si possono inserire anche formule per calcolare particolari valori.

> Una **formula** è un'equazione che coinvolge numeri, operatori matematici e valori di celle.

Gli operatori matematici presenti all'interno delle formule sono quelli ormai noti e, nell'esecuzione dei calcoli, Excel segue le regole di priorità tipiche della matematica. Le parentesi inserite per i calcoli algebrici devono essere esclusivamente tonde. Per esempio, se nella cella A4 vogliamo inserire il valore dell'espressione:

$$- 52 \times 15 + [(10 - 2) \times 13] : 2 - 12 + 2$$

dobbiamo selezionare la cella A4 e, al suo interno o nella barra della formula, scrivere l'espressione così tradotta:

$$= - 52 * 15 + ((10 - 2) * 13)/2 - 12 + 2$$

e confermare con il tasto Invio oppure facendo clic sul pulsante Invio nella barra della formula. Ancora, per indicare con una formula che nella cella G5 dobbiamo inserire il valore della cella D3 addizionato al valore della cella A6 e a quello della cella E3, dobbiamo selezionare la cella G5 e, al suo interno, scrivere:

$$= D3 + A6 + E3$$

e confermare con Invio. Tutto chiaro?

## 16 | Le funzioni

Non tutti i calcoli sono semplici. Fortunatamente, Excel può eseguire calcoli anche molto complessi attraverso le funzioni.

> A differenza delle formule, le **funzioni** sono formule predefinite che eseguono calcoli sui dati selezionati ed eseguono particolari azioni sul foglio di lavoro.

Le funzioni, proprio come le formule, iniziano con il simbolo = e sono composte da una parola chiave (SOMMA, MEDIA, MAX ecc.) e da uno o più argomenti, racchiusi in parentesi tonde, indicanti valori costanti e/o indirizzi di cella. Excel dispone di vari tipi di funzioni: finanziarie, matematiche, statistiche, logiche, ingegneristiche ecc. Prima di applicare alcune funzioni al nostro foglio di lavoro, facciamo un semplice esempio.

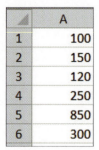

Fai clic su *Foglio2* nella barra dei fogli per lavorare su un nuovo foglio e inserisci i valori riportati nella figura a lato. Vogliamo che nella cella A7 venga inserita la somma dei valori precedentemente immessi. Per eseguire questa operazione seleziona la cella A7 e scrivi la formula:

$$= A1 + A2 + A3 + A4 + A5 + A6$$

Premi Invio oppure fai clic sul pulsante Invio nella barra della formula. Possiamo ottenere un risultato analogo utilizzando le funzioni. Vediamo come:

- seleziona l'intervallo di celle A1:A6;
- fai clic sull'icona Somma **Σ ▼** nel gruppo Modifica della scheda Home. Nella cella A7 e nella barra della formula viene inserita la funzione = *SOMMA(A1:A6)* dove:
    - =       indica la concatenazione di operazioni;
    - SOMMA   è il nome della funzione;
    - A1      è la cella di partenza, ossia la prima cella da sommare;
    - :        è l'**operatore di intervallo** e indica "da... a...";
    - A6      è la cella di arrivo, ossia l'ultima cella da sommare;

- premi il tasto Invio oppure fai clic sul pulsante Invio della barra della formula.

Puoi anche attivare la cella A7, posizionare il puntatore del mouse sull'icona Somma **Σ ▼** e fa-

re clic. Nella cella A7 e nella barra della formula viene inserita la funzione = *SOMMA(A1:A6)*.
Conferma con Invio.

Facciamo un altro esempio. Vogliamo, ora, che nella cella A7 venga inserita la media dei valori delle celle A2, A3 e A6. Per far questo:

- seleziona la cella A7 e scrivi = *(A2 + A3 + A6)/3*; oppure
- seleziona la cella A7 e scrivi la funzione = *MEDIA(A1;A2;A6)* dove
    - =           indica la concatenazione di operazioni;
    - MEDIA   è il nome della funzione;
    - A1, A2, A6  sono le celle i cui valori rappresentano l'oggetto del calcolo;
    - ;           è l'**operatore di unione** (cioè A2 e A3 e A6).

Non è facile ricordare il nome di tutte le funzioni, ma non è neppure necessario. Per inserire direttamente una funzione possiamo servirci dell'opzione Altre funzioni sempre presente nel menu richiamabile dal pulsante Σ ▾, oppure dal pulsante *fx* presente sulla barra della formula. Rifacciamo l'esempio applicando quest'ultima procedura:

- attiva la cella A7 e premi il tasto Canc per cancellare il suo contenuto;
- fai clic sul pulsante Inserisci funzione della barra della formula;
- dall'elenco riportato nella casella Oppure seleziona una categoria scegli Utilizzate di recente e dalla casella Selezionare una funzione scegli MEDIA e fai clic su OK: viene visualizzata la finestra di dialogo riportata in figura;
- nella casella *num1* viene riportato l'intervallo di calcolo con i rispettivi valori.

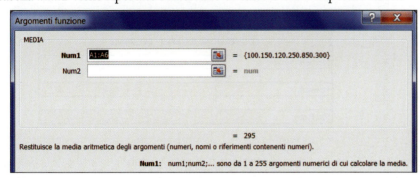

L'intervallo non coincide con quello da noi richiesto, pertanto:

- fai clic sul pulsante ▦ per modificare l'intervallo;
- tenendo premuto il tasto Ctrl, fai clic sulle celle A2, A3 e A6;
- fai clic sullo stesso pulsante per tornare alla finestra di dialogo della funzione che, ora, riporterà il nuovo intervallo e il valore calcolato;
- fai clic sul pulsante OK.

E ora torniamo al nostro foglio di lavoro facendo clic sul pulsante Foglio1. Dobbiamo inserire i totali cominciando da quello relativo al mese di gennaio. Seleziona la cella G6, scrivi la funzione = *SOMMA(B6:F6)* e conferma con Invio oppure usa un altro metodo tra quelli descritti. Nella cella G6 compare il valore relativo alla somma delle quote versate nel mese di gennaio dai soci. Ora dovremmo ripetere le funzioni per le restanti righe, ossia per i mesi da febbraio a dicembre, ma non è affatto necessario! La prossima lezione ti svelerà un trucco.

# 17 | Lo zoom

Per visualizzare il foglio di lavoro ingrandito o ridotto puoi servirti del gruppo di comandi Zoom della scheda Visualizza. Facendo clic sul pulsante Zoom, puoi selezionare una delle impostazioni predefinite o immettere una percentuale tra 10 e 400 semplicemente digitando il nuovo valore (senza aggiungere il segno di percentuale) e confermando con il tasto Invio. Il pulsante successivo, 100%, serve per riportare lo zoom al 100% delle dimensioni del foglio, mentre l'ultimo pulsante, Zoom selezione, serve per impostare automaticamente uno zoom del 400% sul punto in cui si trova la cella attiva.

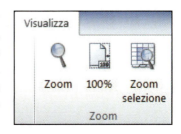

UNITÀ 2 Calcolare con Microsoft Excel 2010

# Osserva come si fa

**1.** Costruiamo un foglio di calcolo per convertire un numero binario (composto al massimo da 5 cifre binarie) in decimale

Per effettuare la conversione applichiamo il metodo delle potenze di 2. Per evitare che l'utente inserisca valori che non sono compresi nell'alfabeto binario utilizziamo il metodo della **convalida dei dati** in input: in tal modo faremo accettare solo i valori 0 e 1.
Il foglio di Excel che vogliamo ottenere è il seguente (vedi figura a lato).

**Funzioni utilizzate e argomenti trattati**
- Funzione **POTENZA()**.
- **Validazione** dei dati inseriti in input.

**Risoluzione**
1. Apri Excel e assegna subito alla cartella di lavoro il nome *Conversione binario-decimale*.
2. Imposta il foglio come riportato in figura. Inserisci le potenze e apporta la formattazione.

Seleziona l'intervallo B2:G3 e applica Unisci e allinea al centro. Applica il colore di riempimento indicato in figura

Seleziona l'intervallo C8:G8 e applica Unisci e allinea al centro. Applica il colore di riempimento indicato in figura

3. Inserisci nella cella C8, che conterrà il numero convertito in decimale, la seguente formula:

    = C4*POTENZA(2;C6) + D4*POTENZA(2;D6) + E4*POTENZA(2;E6) + F4*POTENZA(2;F6) + G4*POTENZA(2;G6)

4. Per la convalida dei valori in input, dobbiamo inserire nelle celle relative a ogni cifra binaria un elenco a discesa con i soli due possibili valori che possono essere inseriti, 0 e 1. Per far questo:
   - fai clic all'interno della cella C4 e, mantenendo premuto il pulsante sinistro del mouse, trascina sino alla cella G4 in modo da selezionare tutto l'intervallo;
   - dal gruppo Strumenti dati della scheda Dati fai clic sul pulsante Convalida dati e dal menu scegli l'omonima opzione. Si apre la finestra mostrata nella figura lato;
   - seleziona Elenco dall'elenco a discesa Consenti;
   - nella casella di testo Origine inserisci i valori (separati dal punto e virgola) che devono essere visualizzati nell'elenco a discesa, quindi 0 e 1;
   - se ora fai clic su queste celle, vedrai comparire un piccolo elenco a discesa contenente i numeri impostati.

Quando nelle celle dell'intervallo verrà inserito un valore diverso da 0 o 1, apparirà la seguente finestra di dialogo:

276   **Apparato didattico C** Office automation

# 18 | I riferimenti assoluti e relativi

Per riportare i totali delle quote versate dai soci del centro benessere nei mesi restanti non è necessario riscrivere le funzioni, è sufficiente procedere in questo modo:

- seleziona la cella G6 che riporta il totale del mese di gennaio;
- posiziona il puntatore del mouse sulla maniglia di copiatura e, tenendo premuto il pulsante sinistro del mouse, trascina in basso sino a coprire la cella G17;
- rilascia il pulsante e osserva che nella cella G6 compare il valore relativo alla somma delle celle B6:F6 (guarda la funzione riportata nella barra della formula).

Copiando il contenuto della cella non abbiamo fatto altro che copiare la formula in essa presente. Quando si copia una formula, si ottiene il risultato corretto per ogni riga o per ogni colonna, cioè copiando una formula cambiano automaticamente i riferimenti di riga e di colonna. Questo modo di gestione dei riferimenti alle celle viene detto **riferimento relativo**.

> Un riferimento relativo (come quelli visti finora) si riferisce alle celle utilizzando la loro **posizione relativa rispetto alla cella che contiene la formula**.
> Se scrivo $= A1 + A2$ nella cella A3, in realtà *sto scrivendo: prendi il contenuto della cella due righe più in alto e sommalo al contenuto della cella una riga più in alto*. Questo mi garantisce che se faccio Copia/Incolla della formula nella cella B3, la formula diventa $= B1 + B2$.

Ora, per parlare di riferimenti assoluti, modifica la formula scritta nella cella G6 nel seguente modo:

$$= SOMMA(\$B\$6:\$F\$6)$$

e conferma con il pulsante invio della barra della formula.

Come puoi vedere il risultato è identico, ma cambia la logica di scrittura. Infatti il simbolo $ (dollaro) indica a Excel che stiamo parlando di **riferimenti assoluti**. In altri termini dico a Excel di sommare i valori delle celle B6, C6, D6, E6 e F6 sempre e comunque, in qualsiasi punto del foglio io copi o sposti quella formula. Copiala nelle altre celle fino alla G17: nonostante la copia, il risultato non cambia! Il simbolo $, quindi, che può essere posto anche solo vicino a una riga o a una colonna (**riferimenti misti**), ha la funzione di bloccare la riga e/o la colonna vicino alla quale è posto. Ora che hai imparato questo nuovo concetto, ritorna al metodo dei riferimenti relativi e inserisci i totali dei singoli mesi e dei singoli clienti.

> Per cambiare un indirizzo relativo in assoluto puoi utilizzare un semplice modo. Per esempio, dovendo cambiare l'indirizzo B6 in $B$6 devi semplicemente posizionare il puntatore del mouse a sinistra o a destra della lettera B e premere il tasto F4.

# 19 | A caccia di errori

Quando una formula non viene eseguita perché non vengono rispettate le rigide regole, Excel visualizza nella cella interessata un **valore di errore**.

Per esempio, è molto facile incorrere in errori quando si utilizza un testo e la formula richiede un numero, quando si elimina una cella a cui una formula fa riferimento oppure quando si usa una cella non sufficientemente ampia per visualizzare il risultato.

Per maggiori informazioni fai riferimento alla *Guida in linea*.

| Se appare | Significa che |
|---|---|
| ###### | Il valore è troppo grande per poter essere visualizzato nella cella. La soluzione? Aumenta la larghezza della colonna. |
| #DIV/0! | Una formula sta tentando di dividere per zero: operazione non possibile. |
| #NOME! | La formula fa riferimento a un nome che Excel non conosce. |
| #VALORE! | È stato usato un tipo sbagliato di argomento; per esempio stiamo cercando di sommare testi e numeri. |
| #NULLO | È stata specificata l'intersezione di due aree che, invece, non si intersecano. |
| #NUM! | Stiamo utilizzando un tipo non valido per l'operazione richiesta. |
| #N/D! | Il valore non è disponibile e viene presentato quando vengono omessi alcuni elementi di una funzione. |
| #RIF! | La formula contiene un riferimento a una cella non valido. |

## La funzione logica SE

La funzione SE consente di valutare una condizione e, in base al risultato, eseguire una tra le due alternative possibili. La sintassi è la seguente:

= SE(test logico;valore se vero;valore se falso)

dove:

- *test logico* rappresenta la condizione da verificare;
- *valore se vero* indica il risultato da inserire nella cella se la condizione è vera;
- *valore se falso* indica il risultato da inserire nella cella se la condizione è falsa.

Facciamo un esempio. Supponiamo che nella cella A7 di un foglio di lavoro ci siano le seguenti funzioni SE.

| La seguente funzione | Deve essere così interpretata |
|---|---|
| = SE(B5<>0;C3*2;C5*3) | Se il valore della cella B5 è diverso da zero, allora nella cella A7 scrivi il valore della cella C3 moltiplicato per 2, altrimenti scrivi il valore della cella C5 moltiplicato per 3. |
| = SE(C6>0;"Non devi pagare"; "Devi pagare") | Se il valore della cella C6 è maggiore di zero, allora nella cella A7 scrivi "Non devi pagare", altrimenti scrivi "Devi pagare" (nota che se il contenuto da visualizzare è un'etichetta questa va racchiusa tra virgolette). |
| = SE(B1<100; SOMMA(C1:C6);0) | Se il valore della cella B1 è minore di 100, allora nella cella A7 scrivi la somma dei valori dell'intervallo di celle C1:C6, altrimenti ci metti 0. |

## La formattazione condizionale

Molte volte può essere necessario visualizzare alcuni dati con colori diversi in base al valore del dato stesso. In questo caso si può ricorrere alla **formattazione condizionale**. Per esempio, desideriamo che le celle del nostro foglio di lavoro in cui compare un valore inferiore a 65,00 € vengano formattate in bianco, grassetto e sfondo rosso. Procedi in questo modo:

- seleziona l'intervallo B6:F17;
- fai clic sul pulsante Formattazione condizionale del gruppo di comandi Stili;
- dal menu scegli Regole evidenziazione cella e dal sottomenu scegli Minore di;
- nella casella Formatta celle con valore minore di scrivi 65 e dalla casella Con scegli Formato personalizzato;
- scegli il colore bianco del testo, il formato grassetto e il riempimento rosso.

Procedi nello stesso modo per inserire altre formattazioni.

# Osserva come si fa

### 1. Costruiamo un foglio di calcolo per convertire un numero da una base qualsiasi (inferiore a 10) alla base 10

Applichiamo il metodo delle potenze della base per convertire in decimale un numero di 5 cifre riportato in una base qualsiasi. È sempre utile aiutare l'utente nella digitazione dei dati servendosi del metodo di convalida dei dati in input. In questo caso i possibili valori delle cifre del numero devono essere quelli compresi tra 0 e il valore della base diminuito di una unità.
Il foglio che vogliamo ottenere è quello riportato in figura:

|   | A | B | C | D | E | F | G | H |
|---|---|---|---|---|---|---|---|---|
| 1 |   |   |   |   |   |   |   |   |
| 2 |   |   | CONVERSIONE DA UNA BASE QUALSIASI A BASE 10 |
| 3 |   |   |   |   |   |   |   |   |
| 4 |   | Numero binario | 1 | 2 | 2 | 2 | 1 |   |
| 5 |   |   |   |   |   |   |   |   |
| 6 |   | Potenze | 4 | 3 | 2 | 1 | 0 |   |
| 7 |   |   |   |   |   |   |   |   |
| 8 |   | Base |   |   | 8 |   |   |   |
| 9 |   |   |   |   |   |   |   |   |
| 10 |   | Risultato |   |   | 5265 |   |   |   |
| 11 |   |   |   |   |   |   |   |   |

**Funzioni utilizzate e argomenti trattati**
- Funzione **POTENZA()**.
- **Validazione** dei dati inseriti in input.

**Risoluzione**
1. Apri Excel e assegna subito alla cartella di lavoro il nome *Conversione da una base qualsiasi*.
2. Imposta il foglio come riportato in figura. Inserisci le potenze e apporta la formattazione.
3. Inserisci nella cella F12, che conterrà il numero convertito in decimale, la seguente formula:

   = C4*POTENZA(C8;4) + D4*POTENZA(C8;3) + E4*POTENZA(C8;2) + F4*POTENZA(C8;1) + G4*POTENZA(C8;0)

4. Per la convalida dei valori in input:

   - fai clic all'interno della cella C4 e, mantenendo premuto il pulsante sinistro del mouse, trascina sino alla cella G4 in modo da selezionare tutto l'intervallo;
   - dal gruppo Strumenti dati della scheda Dati fai clic sul pulsante Convalida dati e dal menu scegli l'omonima opzione. Si apre la finestra mostrata in figura;
   - seleziona Numero intero dall'elenco a discesa Consenti;
   - inserisci 0 nella casella di testo Valore minimo e la formula: **=C8-1** (cioè il valore della base meno 1) nella casella di testo Valore massimo;
   - ripeti questi passi per ogni cifra del numero da convertire.

Quando nella cella verrà inserito un valore diverso da quelli previsti, apparirà la finestra di dialogo che segnala l'errore.

### 2. Costruiamo un foglio di calcolo per effettuare la somma di due numeri binari

Consideriamo due numeri binari di 5 cifre. Il risultato, pertanto, sarà un numero con, al più, 6 cifre. Il foglio che vogliamo ottenere è il seguente:

|   | B | C | D | E | F | G | H | I | J |
|---|---|---|---|---|---|---|---|---|---|
|   |   |   | SOMMA DI DUE NUMERI BINARI |
|   |   | Riporti: |   | 1 | 0 | 1 | 1 | 1 |   |
|   |   | Num1: |   |   | 1 | 0 | 1 | 1 | 1 | + |
|   |   | Num2: |   |   | 1 | 0 | 1 | 1 | 1 | = |
|   |   | Somma: | 1 | 0 | 1 | 1 | 1 | 0 |   |

**UNITÀ 2** Calcolare con Microsoft Excel 2010

**Funzioni utilizzate e argomenti trattati**

- Funzione **SE()**.
- Funzione logica **E**(*logico1;logico2;...*), restituisce VERO se tutti gli argomenti hanno valore logico VERO. Serve per implementare il connettivo logico AND.
- Funzione logica **O**(*logico1;logico2;...*) restituisce VERO se un argomento qualsiasi è VERO. Serve per implementare il connettivo logico OR.
- Funzione logica **NON**(*logico*) inverte il valore logico dell'argomento. Serve per implementare il connettivo logico NOT.

**Risoluzione**

1. Imposta il foglio per poter inserire le cifre per i dei due addendi, i riporti e il risultato finale.
2. Inserisci nella cella I9 la funzione per il calcolo della prima cifra del risultato (quella meno significativa):

$$=SE(E(I5=1;I7=1);0;SE(E(I5=0;I7=0);0;1))$$

Questa formula inserisce 0 nella cella I9 se nelle celle I5 e I7 ci sono valori 1 o se in entrambe le celle sono presenti valori 0. In tutti gli altri casi inserisce il valore 1.

3. Inserisci nella cella H3 la funzione per il calcolo del primo riporto:

$$=SE(E(I5=1;I7=1);1;0)$$

La funzione inserisce 1 come riporto se nelle celle I5 ed I7 (prima cifra di ogni addendo) ci sono valori 1. In tutti gli altri casi inserisce 0.

4. Inserisci nella cella H9 la funzione per la seconda cifra del risultato:

$$=SE(E(H3=1;H5=1;H7=1);1;SE(E(H3=1;H5=0;H7=0);1;$$
$$SE(E(H3=0;H5=1;H7=0);1; SE(E(H3=0;H5=0;H7=1);1;0\ ))))$$

Sono stati analizzati tutti i casi possibili in cui il risultato è 1. Negli altri casi il risultato è 0. La funzione deve essere copiata anche nelle celle G9, F9 e E9.

5. Inserisci nella cella G3 la funzione per il secondo riporto:

$$=SE(E(H3=1;H5=1;H7=1);1;SE(E(H3=1;H5=1;H7=0);1;$$
$$SE(E(H3=0;H5=1;H7=1);1;SE(\ E(H3=1;H5=0;H7=1);1;0))))$$

Sono stati analizzati tutti i casi possibili in cui il risultato è 1. Negli altri il risultato è 0. La funzione deve essere copiata anche nelle celle F3, E3 e D3.

6. Inserisci, infine, la seguente funzione per l'ultima cifra significativa del risultato:

$$=SE(D3=1;1;"\ ")$$

Per la validazione dell'input, cioè per inserire come cifre degli addendi solo valori 0 o 1, puoi utilizzare le stesse impostazioni che abbiamo visto per la conversione di un numero binario in decimale.

---

**3.** **Costruiamo un foglio di calcolo per risolvere una qualsiasi equazione di secondo grado**

Consideriamo la forma generale di un'equazione di secondo grado: $ax^2 + bx + c = 0$. Le soluzioni sono calcolate secondo la seguente formula:

$$x_{1/2} = \frac{-b \pm \sqrt{b^2 - 4ac}}{2a}$$

Il foglio che vogliamo ottenere è il seguente:

280    **Apparato didattico C**  Office automation

**Funzioni utilizzate e argomenti trattati:**
- Funzione **POTENZA()**.
- Funzione **RADQ()**.
- Funzione **SE()**.

**Risoluzione**
1. Imposta il foglio in modo da poter inserire i valori dei coefficienti a, b, c, il valore del delta dell'equazione e le due (eventuali) soluzioni reali $x_1$ e $x_2$.
2. Inserisci nella cella E10 la formula per il calcolo del delta ($b^2 - 4ac$):

$$=POTENZA(E7;2)–4*E6*E8$$

3. Inserisci nella cella E12 la funzione:

$$=SE(E10 >=0; (–E7 + RADQ(E10) ) / (2 *E6); \text{"soluzioni non reali"})$$

e nella cella E13 la funzione:

$$=SE(E10 >=0; –E7 – RADQ(E10) ) / (2 *E6); \text{"soluzioni non reali"})$$

Nella condizione della funzione SE viene verificato che il delta sia maggiore o uguale a zero. Se la condizione è vera vengono calcolate le due soluzioni, altrimenti viene visualizzato il messaggio "soluzioni non reali". In caso di radici reali e coincidenti le funzioni restituiscono lo stesso risultato che, pertanto, viene ripetuto sia nella cella E12, sia nella cella E13.

## 4. Costruiamo un foglio di calcolo per calcolare la somma vinta per una scommessa sportiva

Consideriamo una scommessa su una partita tra due squadre di calcio. Inseriamo il risultato della partita e, successivamente, l'importo scommesso (la posta), il risultato per il quale si sta scommettendo (pareggio, vittoria prima squadra, vittoria seconda squadra) e le quote della scommessa (cioè quante volte si vince la posta in caso di scommessa vinta). Il foglio di Excel che vogliamo ottenere è:

**Funzioni utilizzate e argomenti trattati:**
- Funzione **SE()**.

**Risoluzione**
1. Imposta il foglio per inserire:
   - il risultato della partita;
   - l'importo (posta) e il risultato scommesso (x per il pareggio, 1 per la vittoria della prima squadra, 2 per la vittoria della seconda squadra);
   - le quote della partita (cioè quante volte viene pagata la posta in caso di vincita);
   - l'eventuale importo vinto.

2. Inserisci nella cella E22 la funzione per il calcolo dell'eventuale importo vinto:

$$=SE(E(F6=H6;E12="x"); E10*F17; SE(E(F6>H6;E12=1);$$
$$E10*F18; SE(E(F6<H6; E12=2); E10*F19;0)))$$

Questa formula confronta il contenuto delle celle F6 e H6 con quello della cella E12 per verificare se il risultato scommesso è quello che si è effettivamente verificato. In tal caso calcola l'importo vinto moltiplicando la quota della partita per l'importo giocato. Se invece la scommessa non è stata vinta, viene visualizzato un importo pari a zero. Nell'esempio della figura il risultato scommesso è stato "vittoria prima squadra" (cioè 1, vittoria della Roma) e l'importo giocato è stato di 25 euro, pertanto la somma vinta è stata di 50 euro, cioè 25 giocate per la quota della vittoria della prima squadra, 2

**UNITÀ 2** Calcolare con Microsoft Excel 2010 **281**

## 20 | Costruire un grafico

Excel dispone di un potentissimo strumento molto utile per generare grafici in modo efficace. Supponiamo di voler visualizzare graficamente l'andamento mensile degli incassi relativo al nostro foglio di lavoro.
Per farlo procedi nel seguente modo:

- fai clic sulla scheda Inserisci e nel gruppo Grafici fai clic su Istogramma. Tra i vari sottotipi di grafico proposti in Colonne 2D scegli il primo;
- il grafico apparirà immediatamente nel foglio di lavoro.

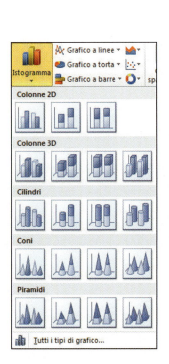
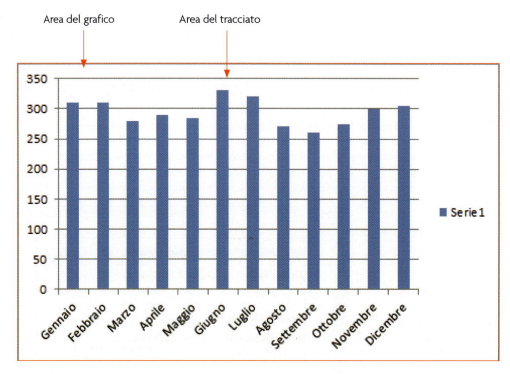

Un grafico è composto da numerosi elementi, alcuni dei quali sono visualizzati per impostazione predefinita, mentre altri possono essere aggiunti in base alle esigenze.

## 21 | Gli strumenti del grafico

Appena creato il grafico viene visualizzata la scheda contestuale Strumenti grafico, che consente di aggiungere al grafico altri elementi quali titoli, etichette e permette anche di cambiare il layout.
Se questa barra non è visualizzata, fai clic in un punto qualsiasi del grafico per attivarla.

Attraverso le schede Progettazione, Layout e Formato è possibile modificare manualmente l'aspetto del grafico e accedere a tutte le sue caratteristiche. Ma vediamo un po' per volta!
Per impostazione predefinita, il grafico viene inserito nel foglio di lavoro come grafico incorpo-

rato. È un normale oggetto, quindi puoi spostarlo semplicemente trascinandolo con il mouse. Se desideri inserirlo in un altro foglio:

- fai clic in un punto qualsiasi del grafico incorporato per attivarlo;
- fai clic sulla scheda Progettazione e nel gruppo Posizione fai clic su Sposta grafico;
- viene visualizzata l'omonima finestra di dialogo, attraverso la quale puoi specificare dove collocare il grafico. Per esempio, per visualizzare il grafico in un foglio grafico, fai clic su Nuovo foglio.

Una volta creato un grafico, puoi modificarne immediatamente l'aspetto. Per applicare un **layout predefinito**, fai clic in un punto qualsiasi del grafico e nel gruppo Layout grafici della scheda Progettazione fai clic sul layout che intendi utilizzare.
Se invece vuoi applicare uno **stile di grafico predefinito**, fai clic in un punto qualsiasi del grafico e nel gruppo Stili grafici della scheda Progettazione fai clic sullo stile che desideri.
Per modificare il layout degli elementi del grafico manualmente, nel gruppo Selezione corrente della scheda Formato fai clic sulla freccia nella casella Elementi grafico e seleziona l'elemento che desideri.
Nel gruppo Etichette, Assi o Sfondo della scheda Layout, poi, puoi anche inserire vari altri elementi per personalizzare ulteriormente il tuo grafico. Fai clic sul pulsante corrispondente all'elemento del grafico selezionato e poi seleziona l'opzione di layout che desideri applicare.

Per formattare tutti gli elementi del grafico selezionati, nel gruppo Selezione corrente fai clic su Formato selezione e poi seleziona le opzioni di formattazione che desideri.

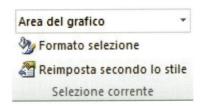

Per modificare la forma di un elemento del grafico selezionato, nel gruppo Stili forma della scheda Formato fai clic sullo stile desiderato, oppure puoi anche fare clic su Riempimento forma, Contorno forma o Effetti forma e poi selezionare le opzioni di formattazione desiderate.

Puoi anche formattare il testo contenuto in un elemento del grafico selezionato attraverso gli oggetti WordArt presenti nel gruppo Stili WordArt. Ricorda che, una volta applicato uno stile WordArt, non potrai più rimuoverlo. Potrai solo selezionarne un altro oppure fare clic su Annulla nella barra di accesso rapido per tornare al formato precedente.

# Osserva come si fa

**1.** **Costruiamo un foglio per il calcolo e la rappresentazione grafica delle medie dei voti degli studenti di una determinata classe**

Per semplicità consideriamo i voti di una materia in cui siano stati previsti tre compiti scritti per quadrimestre. La prima cosa da fare è creare l'elenco degli alunni, suddividere i loro voti per quadrimestre e all'interno di ogni quadrimestre inserire i singoli voti dei compiti. Alla fine del lavoro dobbiamo ottenere un risultato come quello riportato in figura:

**Funzioni utilizzate e argomenti trattati**
- Funzione **MEDIA()**.
- Funzione **SE()**.
- **Formattazione** delle celle.
- Creazione di **grafici**.

**Risoluzione**
1. Costruisci la tabella inserendo tutti i dati relativi ai nomi e ai voti dei compiti degli studenti.
2. Personalizza il foglio creando i bordi delle celle per ottenere l'effetto "tabella" come riportato nella figura. A questo scopo, seleziona le colonne o le celle interessate e usa il pulsante Bordi presente nel gruppo Carattere della scheda Home.
3. Inserisci nella cella G6 la funzione = MEDIA(D6:F6) per il calcolo della media dei voti del primo quadrimestre del primo studente. Ora dovresti calcolare la media per i restanti studenti e, per farlo, saresti costretto a inserire una nuova funzione per ognuno di essi. Excel fornisce un utile strumento che consente di evitare questo passaggio. Osserva la cella G6: nell'angolo inferiore destro è presente un piccolo quadratino chiamato **maniglia di copiatura**; posiziona il puntatore del mouse su di esso: la forma assunta è quella di un segno di addizione (+). Tieni premuto il pulsante sinistro e trascina giù fino alla cella G10. Rilascia il pulsante del mouse. Magia! Le medie sono state calcolate. Nota che nelle celle in cui è avvenuta la copiatura i vari riferimenti presenti nella funzione **MEDIA()** sono stati automaticamente aggiornati.
4. Inserisci nella cella L6 la media finale per il primo studente con la funzione = MEDIA(H6:J6). Utilizza la maniglia di copiatura per copiare la funzione per gli altri studenti.

5. Inserisci il risultato finale per il primo studente. Nella cella M6 inserisci la funzione: =SE(L6>5,9;"Promosso";"Non promosso"). Replica la funzione, tramite la maniglia di copiatura, per gli altri studenti.
6. Inserisci, ora, il grafico relativo alle medie finali. Per far questo, tenendo premuto il tasto Ctrl, seleziona l'intervallo C6:C15 e L6:L15.
7. Fai clic sulla scheda Inserisci e nel gruppo Grafici fai clic su Istogramma. Tra i vari sottotipi di grafico proposti in Colonne 2D scegli il primo. Il grafico apparirà immediatamente nel foglio di lavoro.
8. Ora fai clic sulla scheda Layout e comincia a inserire gli altri elementi del grafico.

9. Fai clic sul pulsante Titolo del grafico, scegli Titolo sovrapposto centrato e assegna il titolo CLASSE 1C.
10. Ora fai clic sul pulsante Titolo degli assi e assegna il nome Voti come titolo dell'asse verticale e *Studenti* come titolo dell'asse orizzontale. Tieni presente che per far apparire il titolo dell'asse verticale nel modo riportato in figura devi selezionare la voce Titolo ruotato.
11. Fai clic sul pulsante Etichette dati e scegli Fine esterna per posizionare i valori in cima alle varie barre dell'istogramma.
12. All'interno del grafico fai doppio clic sulla scala di valori riportata sull'asse verticale. Compare la finestra di dialogo riportata in figura. Fai clic sul pulsante Fissa delle voci Valore minimo, Valore massimo e Unità principale e imposta i valori 0, 10 e 5 proprio come puoi notare nella figura.

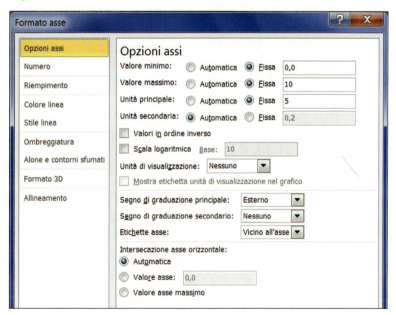

Ora completa l'esercizio cambiando il nome alla serie, disponendo in verticale i nominativi degli studenti e cambiando il colore dello sfondo del grafico.

## 2. Costruiamo un foglio per trovare le intersezioni fra una parabola e una retta

Per trovare le intersezioni fra una retta e una parabola dobbiamo mettere a sistema le loro equazioni:

$$\begin{cases} y = ax^2 + b + c \\ y = mx + q \end{cases}$$

Risolvendo il sistema otteniamo il discriminante dell'equazione di secondo grado:

$$\text{Delta} = (b - m)^2 - 4a(c - q)$$

Se il discriminante risulta positivo, il sistema ha due soluzioni e la retta è secante la parabola. Calcoliamo le ascisse e le ordinate dei punti di intersezione M e N:

$$x_M = (m - b = \sqrt{\text{Delta}}\,)/2a \qquad y_M = mx_M + q$$
$$x_N = (m - b = \sqrt{\text{Delta}}\,)/2a \qquad y_N = mx_N + q$$

Se il discriminante risulta nullo, il sistema ha una soluzione e la retta è tangente alla parabola. Calcoliamo l'ascissa e l'ordinata del punto di tangenza T:

$$x_T = (m - b) / 2a \quad y_T = mx_T + q$$

Infine, se il discriminante risulta negativo, il sistema non ha soluzioni e non ci sono punti di intersezione fra la retta e la parabola. Il foglio di Excel che vogliamo ottenere è il seguente:

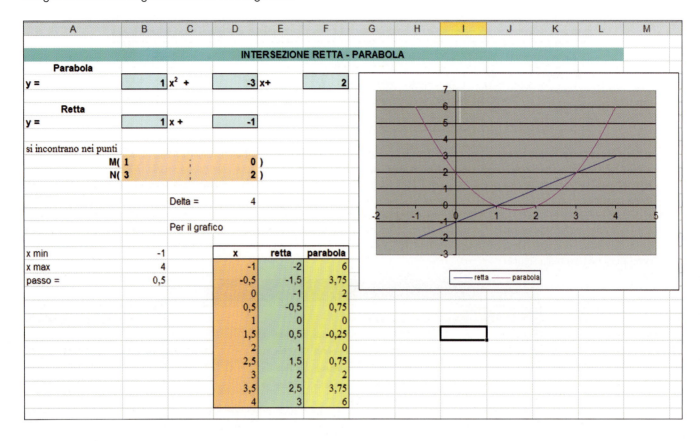

**Funzioni utilizzate e argomenti trattati**
- Funzione **RADQ()**.
- Funzione **SE()**.
- Creazione di **grafici**.

**Risoluzione**
1. Imposta il foglio per inserire i coefficienti relativi alla retta e alla parabola, il valore del discriminante e i valori delle coordinate degli eventuali punti di intersezione.
2. Inserisci nella cella D13 la formula per il calcolo del discriminante:

$$= (D4 - B7) \wedge 2 - 4*B4*(F4 - D7)$$

3. Inserisci le formule per il calcolo dei risultati:

| Cella | Funzione |
|---|---|
| A9 | = SE(D13 > 0; "s'incontrano nei punti";SE(D13 = 0; "sono tangenti nel punto:"; "non s'incontrano")) |
| A10 | = SE(D13 > 0; "M("; SE(D13 = 0;"T(";""))  |
| C10 | = SE(D13 >= 0; ";";"") |
| E10 | = SE(D13 >= 0; ")";"") |
| A11 | = SE(D13 > 0; "N(";"") |
| C11 | = SE(D13 > 0; ";";"") |
| E11 | = SE(D13 > 0; ")";"") |

286    **Apparato didattico C**   Office automation

**4.** Immetti le formule per calcolare le coordinate dei punti di intersezione:

| Cella | Funzione |
|-------|----------|
| B10 | = SE(D13 >= 0; (B7 − D4 − RADQ(D13))/(2*B4); "") |
| D10 | = SE(D13 >= 0; B10*B7 + D7; "") |
| B11 | = SE(D13 > 0; (B7 − D4 + RADQ(D13))/(2*B4); "") |
| D11 | = SE(D13 > 0; B11*B7 + D7; "") |

Se un numero è una frazione, prima di esso digitiamo il simbolo =.

**5.** Stabilisci l'incremento della variabile indipendente. Nella cella B19 inserisci la formula per stabilire l'incremento della x in funzione degli estremi:

$$= (B18 − B17)/10$$

**6.** Prepara la colonna per i valori della x. Per trasferire il valore iniziale della variabile indipendente, nella cella D18 digita la formula **= B17**. Per ottenere i valori seguenti della x, nella cella D19 digita **=D18 + $B$19** e copiala nell'intervallo D20:D28. Come ben sai, per copiare il contenuto di una cella o di una zona di celle in altre adiacenti, devi evidenziarla, portare il cursore sul suo angolo in basso a destra e, tenendo premuto il pulsante del mouse, trascinarlo sino alla posizione desiderata. Nel copiare una cella o una zona di celle contenenti dei riferimenti ad altre celle otteniamo l'aggiornamento dei riferimenti relativi e il mantenimento dei riferimenti assoluti. Stabiliamo i riferimenti relativi digitando normalmente le coordinate di riga e di colonna della cella, i riferimenti assoluti digitando le coordinate di riga e di colonna della cella precedute dal simbolo $ (dollaro).

**7.** Inserisci le formule per ottenere le ordinate della retta e della parabola. Nella cella E18 digita la formula per le ordinate dei punti della retta **=$B$7*D18 + $D$7** e copiala nell'intervallo E19:E28. Nella cella F18 digita la formula per le ordinate dei punti della parabola **=$B$4*D18/2 + $D$4*D18 + $F$4** e copiala nell'intervallo F19:F28.

**8.** Immetti gli estremi di variazione della x per il grafico del primo caso. Nelle celle B17 e B18 immetti, come estremi di variazione della x, i valori −1 e 4. Le colonne della zona D18:F28 si caricano automaticamente con le coordinate della retta e della parabola necessarie per costruire il grafico.

**9.** Traccia il grafico. Con il mouse evidenzia la zona D17:F28, comprendente sia le intestazioni sia i valori che servono a Excel per costruire il grafico. Fai clic sulla scheda Inserisci e nel gruppo Grafici fai clic su Grafico a dispersione. Tra le varie proposte scegli Dispersione con linee smussate. Il sistema considera i valori della prima colonna come le ascisse dei punti delle curve da rappresentare, quelli delle altre colonne come le corrispondenti ordinate. In questo caso abbiamo immesso nella colonna D i valori della x, nella colonna E le corrispondenti ordinate della retta, nella colonna F le corrispondenti ordinate della parabola. Il sistema poi assegna i nomi alle curve, basandosi su quelli scritti da noi in testa alle relative colonne.

**10.** Usa il foglio per studiare i seguenti casi:

**a)** $y = x2 − 3x + 2; y = x − 1$      due punti di intersezione
**b)** $y = − x2 + 3x; y = −x + 4$      un punto di intersezione
**c)** $y = x2 − 4 ; y = 1/2x − 5$      nessuna intersezione

# TRAINING

## CONOSCENZE

**1.** Un file Excel può contenere:
- un numero qualsiasi di fogli di lavoro
- 3 fogli di lavoro, fino a 3 fogli grafici e 1 foglio macro
- fino a 255 fogli di qualsiasi tipo

**2.** In un foglio di calcolo si possono inserire contemporaneamente più fogli selezionandoli con il tasto:
- Maiusc
- Ctrl
- Alt
- Alt Gr

**3.** Una cella è:
- l'intersezione tra una riga e una colonna
- il file che si utilizza per i calcoli
- l'area che si usa per consultare le informazioni

**4.** Le righe e le colonne sono identificate:
- le righe da un numero, le colonne da una lettera dell'alfabeto
- le righe da una lettera dell'alfabeto, le colonne da un numero
- sia le righe sia le colonne sono identificate da una lettera dell'alfabeto e da un numero

**5.** Premendo la combinazione di tasti Ctrl + ↑ si va:
- sull'ultima riga
- sull'ultima colonna
- sulla prima riga
- sulla prima colonna

**6.** Premendo la combinazione di tasti Ctrl + ↓ si va:
- sull'ultima riga
- sull'ultima colonna
- sulla prima riga
- sulla prima colonna

**7.** In una tabella, è possibile selezionare celle tra loro non contigue:
- solo nella produzione di grafici, tenendo premuto il tasto Alt
- tenendo premuto il tasto Ctrl durante la selezione
- no, non è possibile

**8.** Un gruppo di celle non adiacenti si seleziona mantenendo premuto il tasto:
- Maiusc
- Ctrl
- Alt
- Alt Gr

**9.** Premendo i tasti Maiusc + Tab all'interno di una selezione di celle si va:
- a sinistra rispetto alla cella attiva
- a destra rispetto alla cella attiva
- sopra la cella attiva
- sotto la cella attiva

**10.** Premendo il tasto Invio all'interno di una selezione di celle si va:
- a sinistra rispetto alla cella attiva
- a destra rispetto alla cella attiva
- sopra la cella attiva
- sotto la cella attiva

**11.** Questo pulsante :
- colora il testo contenuto nelle celle
- applica un bordo colorato alle celle
- colora il fondo delle celle
- non si occupa di colorare

**12.** Questo pulsante :
- colora il testo contenuto nelle celle
- applica un bordo colorato alle celle
- colora il fondo delle celle
- non si occupa di colorare

**13.** La formula = A3 + B1 − 5 è:
- corretta: restituisce la somma dei contenuti delle celle A3 e B1 diminuita di 5
- sbagliata
- corretta se si toglie il segno = all'inizio

**14.** Copiando dalla cella A5 nella cella B5 la formula = SOMMA(A$1:A$4):
- nella cella B5 risulterà la somma dei valori delle celle da A1 a A4
- nella cella B5 risulterà la somma dei valori delle celle da B1 a B4
- non sisulterà niente perché la formula SOMMA non esiste

**15.** Data la seguente struttura

|   | A | B |
|---|---|---|
| 1 | 25 | 12 |
| 2 | 5 | 80 |
| 3 | 9 | 11 |

la formula per calcolare A1 + B1 è:
- A1 + B1
- = SOMMA(A1 + B1)
- non è possibile fare operazioni tra valori inseriti nella stessa riga

**16.** Data la seguente struttura

|   | A | B |
|---|---|---|
| 1 | 30 | 10 |
| 2 | 24 | 54 |
| 3 | 144 | 47 |

la formula per calcolare la somma dei sei valori:
- non è possibile
- è = SOMMA(A1:B3)
- è = ADDIZIONO(A1;A2;A3;B1;B2;B3)

**17.** Il simbolo del tasto della sommatoria serve per:
- ☐ immettere in una cella una formula generica scelta da una lista
- ☐ sommare in una cella i valori di un gruppo di celle definibile dall'utente
- ☐ immettere in una cella la somma dei valori delle celle della colonna

**18.** Il simbolo $ serve:
- ☐ a trasformare i valori espressi in euro in dollari americani
- ☐ a rendere assoluto il riferimento della riga e/o colonna (a seconda della sua posizione)
- ☐ a rendere relativo il riferimento della riga e/o colonna (a seconda della sua posizione)

**19.** Tra i seguenti, sono riferimenti misti:
- ☐ A4
- ☐ $B$2
- ☐ $G6
- ☐ H$2

**20.** L'errore #NUM! indica che:
- ☐ la colonna è troppo stretta per contenere i dati
- ☐ si sta utilizzando un tipo non valido per l'operazione richiesta
- ☐ si sta eseguendo una divisione al posto di una moltiplicazione
- ☐ si sta utilizzando un riferimento a una cella non valido

# ABILITÀ

**1.** Una concessionaria di automobili rileva in un foglio elettronico le vendite di tre tipi di autovetture (Panda, Punto e Tempra) vendute nei quattro trimestri dell'anno. Il numero di autovetture vendute per trimestre è:

| Trimestre | Panda | Punto | Tempra |
|---|---|---|---|
| Primo | 115 | 150 | 20 |
| Secondo | 80 | 98 | 180 |
| Terzo | 72 | 154 | 12 |
| Quarto | 150 | 189 | 100 |

Predisponi il foglio elettronico calcolando i totali delle vendite riferite ai singoli trimestri e ai singoli tipi di automobili. Costruisci, infine, il grafico relativo scegliendo un diagramma a barre.

**2.** La ditta "Tizio & Caio" produce cinque articoli diversi (*Articolo1, Articolo2* ecc.).
Costruisci un foglio di lavoro che riporti le vendite mensili di ogni articolo, i totali riferiti ai singoli articoli e ai singoli mesi e i valori medi di vendita per ogni articolo. Costruisci, infine, il relativo grafico.

**3.** Viene condotta un'indagine sulla popolazione scolastica di una regione, composta da 2400 ragazzi e 2550 ragazze, in relazione all'attività extrascolastica svolta. Dall'indagine emergono i seguenti dati:

| Attività | Maschi | Femmine |
|---|---|---|
| Sport | 1400 | 2000 |
| Musica | 500 | 350 |
| Lettura | 100 | 70 |
| Altre attività | 350 | 100 |
| Nessuna | 50 | 30 |

Predisponi il foglio elettronico calcolando le percentuali rispetto ai totali. Costruisci, infine, il grafico relativo scegliendo un istogramma.

**4.** Riporta in due colonne di un foglio di calcolo le temperature massime e minime di un mese della tua città. Calcola l'escursione termica e riporta quest'ultima in un grafico.

**5.** Il signor Rossi assiste a una sfilata e acquista per il suo negozio le seguenti merci:
- a) 150 maglioni a 15,00 € cadauno;
- b) 180 T-shirt a 30,00 € cadauna;
- c) 250 cappotti a 150,00 € cadauno;
- d) 100 gonne a 70,00 € cadauna.

Tutte le merci saranno vendute con un ricarico dell'80%. Crea un foglio di lavoro che contenga:
- a) il prezzo di acquisto di ogni partita di merce;
- b) il prezzo di vendita di ogni partita di merce;
- c) il ricavo conseguito dalla vendita della merce;
- d) l'utile derivante dalla vendita.

**6.** L'amministratore del condominio "Fabrizio" di Roma ha sostenuto nell'anno 2007 le seguenti spese:
- a) acqua          3.000,00 €;
- b) luce           2.500,00 €;
- c) riscaldamento  4.000,00 €;
- d) gas            2.000,00 €;
- e) spese varie    10.000,00 €.

In base al regolamento, tutte le spese devono essere ripartite fra i condomini in base ai millesimi di proprietà riportati nella seguente tabella:

# TRAINING

| Piano | Condominio | Millesimi | Anticipo |
|-------|------------|-----------|----------|
| 1 | Rossi | 100 | 150,00 |
| 1 | Gialli | 80 | 200,00 |
| 1 | Verdi | 120 | 100,00 |
| 2 | Neri | 100 | 250,00 |
| 2 | Salerno | 200 | 100,00 |
| 2 | Manca | 100 | 100,00 |
| 3 | Sempronio | 70 | 300,00 |
| 3 | Gallo | 130 | 150,00 |
| 3 | Resta | 100 | 100,00 |

Costruisci un foglio di calcolo che preveda:
a) la suddivisione delle spese per i singoli condomini;
b) il conguaglio che i condomini devono versare;
c) il totale delle spese e degli anticipi.

**7.** **Un docente di informatica deve attribuire la valutazione quadrimestrale ai suoi alunni. Per farlo decide di svolgere quattro compiti in classe e tre interrogazioni per alunno.**
Costruisci un foglio di calcolo che consenta all'insegnante di registrare i voti riportati nelle prove scritte e in quelle orali e che, alla fine, calcoli la media quadrimestrale per lo scritto e per l'orale e la media generale.

**8.** **Viene condotta un'indagine statistica per la rilevazione delle nascite nelle varie regioni italiane. I dati relativi alle nascite da rilevare sono quelli che vanno dal 1980 al 1997.**
Predisponi un foglio di calcolo che accolga i dati suddetti ed evidenzi anche il totale delle nascite per regione, il totale delle nascite per ogni anno, la media delle nascite per anno e la media delle nascite nelle singole regioni. Visualizza, poi, un grafico a tua scelta che evidenzi tale andamento.

**9.** **Dobbiamo organizzare le informazioni relative alla gestione di 1 anno di amministrazione di un condominio di 4 piani (più piano terra) nel quale vi è un solo inquilino per piano. Ogni appartamento ha una superficie misurata in millesimi rispetto alla superficie totale.**
a) Le spese di riscaldamento totali vengono ripartite secondo i "millesimi" di ogni singolo appartamento.
b) Le spese per l'uso dell'ascensore (fisse ogni anno) sono ripartite come segue:
  – l'inquilino del piano terra non ha spese;
  – l'inquilino del primo piano ha una quota di 100 euro;

  – l'inquilino del piano N > 1 ha una quota maggiorata del 12% rispetto al piano N − 1.
In un primo foglio definisci una tabella contenente i valori noti:
a) millesimi dei vari appartamenti, rispettivamente: 150 (piano terra), 170, 200, 230, 250 (IV piano);
b) spese di riscaldamento: 2000 euro;
c) quote spese ascensore: 100 euro, e 12%.
Su un foglio separato definisci le tabelle relative alla ripartizione annuale delle spese tra i vari inquilini. In ogni tabella occorre impostare tramite funzioni Excel i seguenti calcoli:
a) calcolo delle spese di riscaldamento e di ascensore assegnate a ogni singolo inquilino;
b) spesa totale per ogni inquilino.
È importante prevedere possibili modifiche dei valori nel primo foglio: se cambio valore nel primo foglio le quote vengono aggiustate automaticamente.

**10.** **Costruisci una cartella di lavoro formata da 3 fogli formattati nel seguente modo.**

**Primo Foglio**: il primo foglio deve contenere dati (immaginari) sui valori medi della temperatura registrata a Genova, Milano, Firenze, Roma e Lecce durante i mesi di giugno, luglio e agosto del 2009. Più precisamente:
a) crea un'intestazione in grassetto con il testo: "Valori medi rilevati nel trimestre giugno-agosto 2009";
b) imposta una tabella con righe = nomi delle città, colonne = nomi dei mesi. Usa l'inserimento di serie di dati per i nomi dei mesi;
c) per ogni città occorre impostare la funzione per calcolare la temperatura media del trimestre considerato;
d) per ognuno dei mesi considerati occorre inoltre impostare la funzione per calcolare la temperatura media rispetto a tutte le città considerate. Utilizza le opportune funzionalità di Excel per creare la tabella inserendo solo 2 funzioni e le opzioni per copiare blocchi di celle.
Riassumendo, la tabella dovrebbe apparire come segue:

**Valori medi rilevati nel trimestre giugno-luglio 2009**

| | giugno | luglio | agosto | Valori medi |
|-------------|--------|--------|--------|-------------|
| Genova | 24 | 26 | 30 | 26,666666667 |
| Milano | 25 | 30 | 31 | 28,666666667 |
| Firenze | 26 | 34 | 35 | 31,666666667 |
| Roma | 30 | 33 | 36 | 32,666666667 |
| Lecce | 31 | 34 | 36 | 33,666666667 |
| **Valori medi** | 27,2 | 31,4 | 33,4 | |

**Apparato didattico C** Office automation

**Secondo Foglio**: il secondo foglio deve contenere i dati delle temperature per il 2010. Utilizza le funzioni copia e incolla di Excel per accelerare la sua creazione.

**Terzo Foglio**: il terzo foglio deve contenere un riepilogo dei dati dei primi due fogli (del biennio 2009-2010). Più precisamente:

a) in una tabella simile alle tabelle dei primi due fogli imposta la funzione per inserire nelle celle i valori medi della temperatura di ogni città e di ogni mese nel biennio 2009-2010;

b) imposta anche la funzione per calcolare il valore massimo e minimo delle medie così ottenute.

**11.** **Apri il programma di foglio elettronico e crea la seguente tabella:**

| | | Liceo "L. Da Vinci" | | | | |
|---|---|---|---|---|---|---|
| | | MATERIE | | | | |
| Cognome e nome | Informatica | Matematica | Filosofia | Inglese | Fisica | Media |
| Anselmi Sandro | 6 | 5 | 7 | 5 | 4 | Formula |
| Di Francesco Anna | 8 | 7 | 5 | 8 | 4 | Formula |
| Leoni Silvio | 5 | 5 | 4 | 8 | 8 | Formula |
| De Blasi Antonella | 6 | 3 | 8 | 8 | 8 | Formula |
| Bianchi Alberto | 5 | 4 | 8 | 5 | 8 | Formula |
| De Luca Silvana | 6 | 8 | 4 | 8 | 5 | Formula |
| Del Piero Matteo | 8 | 5 | 8 | 6 | 5 | Formula |
| Verdi Gianfranco | 6 | 6 | 6 | 6 | 5 | Formula |

a) Formatta la tabella in modo da renderla più accattivante (scegli colore e struttura in base ai tuoi gusti);
b) inserisci la formula media per ottenere la media dei voti;
c) inserisci una formattazione condizionale che restituisca la cella della media in rosso in caso di voto medio al di sotto del 5;
d) metti in grassetto le caselle delle categorie (Alunno, Media);
e) crea la seguente tabella:

| | Risultato |
|---|---|
| Anselmi Sandro | Formula |
| Di Francesco Anna | Formula |
| Leoni Silvio | Formula |
| De Blasi Antonella | Formula |
| Bianchi Alberto | Formula |
| De Luca Silvana | Formula |
| Del Piero Matteo | Formula |
| Verdi Gianfranco | Formula |

Inserisci la formula SE sotto la cella Risultato dove se il valore della media della tabella precedente restituisce 5 o maggiore di 5 (>) dia "Promosso", sotto il 5 dia "Respinto"
Crea un grafico a barre che riporti gli studenti e i voti di ogni materia.
Salva il file con il nome Discipline

# UNITÀ DI APPRENDIMENTO 3
# POWERPOINT: COME COSTRUIRE UNO SLIDESHOW

## IN QUESTA UNITÀ IMPARERAI...

- Come costruire presentazioni efficaci e funzionali
- Come inserire elementi originali all'interno di una slide
- Come inserire immagini e video per rendere la presentazione interattiva e multimediale
- Come inserire collegamenti ipertestuali per realizzare ipertesti
- Come inserire animazioni personalizzate e transizioni

Glossario CLIL    Approfondimento    Tutorial

## 1 | Che cos'è PowerPoint?

Nel pacchetto dei programmi di Microsoft Office c'è **PowerPoint**, un programma di grafica appartenente alla categoria degli *strumenti di presentazione* il cui obiettivo è la comunicazione. Consente di assemblare in modo rapido e intuitivo testi, colori, immagini, disegni, forme per creare presentazioni elettroniche di tipo multimediale (**slideshow**), efficaci per qualsiasi situazione o argomento.

> Una **presentazione** è composta da una serie di **diapositive digitali** (**slide**) predisposte in modo da poter essere visualizzate in base all'ordine prescelto dal relatore.

Nelle diapositive è possibile inserire grafici, disegni, immagini, suoni, filmati e animazioni di vario genere. Le potenzialità offerte da questo prodotto sono innumerevoli; noi ci limiteremo alla descrizione di quelle fondamentali lasciando alla tua curiosità il compito di esplorare questo affascinante pacchetto.
Per avviare PowerPoint:

- fai clic sul menu Start;
- seleziona Tutti i programmi;
- vai quindi su Microsoft Office e poi su Microsoft PowerPoint 2010. Puoi anche fare clic sull'icona direttamente dal desktop (se presente il collegamento).

Naturalmente, per ogni informazione, consulta la *Guida in linea*, il cui funzionamento è analogo a quello già descritto per gli altri software della stessa suite.

> In una sessione di lavoro di PowerPoint è possibile tenere aperti più slide o più file, ognuno in una propria finestra. Per passare da una finestra all'altra si possono utilizzare le icone inserite automaticamente nella barra delle applicazioni.

## 2 | Come impostare una presentazione

Per impostare una efficiente presentazione devi:

- definire gli obiettivi della presentazione;
- stabilire l'impostazione estetica;

- creare le diapositive;
- realizzare il controllo della loro sequenza;
- provare la presentazione.

È inoltre importante che l'aspetto grafico complessivo della presentazione sia uniforme (per esempio, stesso carattere del testo, stesso sfondo).

# 3 | Le sei regole d'oro

Per creare una presentazione efficace è utile seguire le seguenti regole.

1. **Sinteticità**: il fine del testo è quello di evidenziare i punti più importanti. Quindi:
- limita il testo di ciascuna diapositiva a non più di sei righe;
- per ogni riga scrivi un massimo di sei-sette parole.

Nel momento della relazione puoi ampliare gli argomenti prendendo spunto dalla diapositiva.

2. **Visibilità**: tutti gli spettatori devono riuscire a vedere agevolmente il testo:
- la dimensione del testo deve perciò essere adeguata e mai inferiore a 18 punti;
- per esempio, potresti utilizzare:
  - 44 punti per i titoli;
  - 32 punti per il testo;
  - 28 punti per il testo secondario.

3. **Omogeneità**: è importante conferire un aspetto ordinato alla presentazione:
- utilizza al massimo tre tipi di carattere in una diapositiva;
- mantieni uno stile unico per tutta la presentazione.

Gli spettatori riconosceranno più facilmente elementi uguali che rappresentano punti fondamentali nell'esposizione.

4. **Sfondi idonei**: scegli lo sfondo più opportuno per ogni tipo di presentazione:
- per le presentazioni su schermo utilizza uno sfondo scuro in gradazione, mentre per il testo usa colori brillanti;
- per i lucidi utilizza uno sfondo chiaro e colori scuri per il testo.

5. **Semplicità**: le immagini spiegano più delle parole:
- crea modelli semplici e lineari;
- utilizza immagini e/o elementi grafici per mettere in risalto punti importanti.

A volte alcuni concetti difficili da esprimere con le parole sono rappresentati meglio con un'immagine.

6. **Movimento**: la curva di attenzione dopo i primi 20 minuti è praticamente azzerata:
- evita di avere più di tre diapositive con solo testo in successione;
- aggiungi, se possibile, tabelle, grafici, suoni, animazioni ecc.

Il tono di voce della relazione deve essere variato e mai monotono, poiché procurerebbe senz'altro molti sbadigli. Le immagini e i suoni attribuiscono un minimo di varietà alla presentazione e possono destare meglio l'interesse di chi ascolta.

## 4 | Creare e aprire una presentazione

**Nuovo**

All'avvio, PowerPoint propone una nuova presentazione a cui è assegnato per default il nome *Presentazione standard1* visibile sulla barra del titolo. Per creare un nuovo file (nel nostro caso una nuova presentazione) puoi servirti del pulsante nuovo presente nella scheda File, mentre per aprire una presentazione già salvata devi utilizzare il pulsante APRI.
Vogliamo creare una serie di diapositive per fornire indicazione sui corsi attivati nel nostro centro benessere.

## 5 | Salvare il lavoro

A proposito: salva subito la presentazione che stiamo per costruire (anche se ancora non abbiamo iniziato il lavoro!) e assegnale il nome *CentroBenessere*; poi ricordati di tanto in tanto di salvare durante il lavoro per non incorrere in spiacevoli inconvenienti. La procedura è analoga a quella descritta per gli altri prodotti di Microsoft Office già trattati:

- si fa clic sulla scheda File;
- si seleziona l'opzione Salva o Salva con nome a seconda che il nome sia già stato assegnato o meno (oppure si fa clic sull'icona riportata sulla barra degli strumenti).

I file di PowerPoint vengono salvati con l'estensione **.pptx**. È possibile salvare una presentazione anche in altri formati. Un formato che merita un accenno è il **.ppsx**. Questa estensione viene attribuita ai file salvati scegliendo la voce Solo presentazione di PowerPoint dalla casella Salva come della finestra di dialogo salva con nome. Quando si apre un file di questo tipo, il file verrà avviato automaticamente anche se PowerPoint non è installato. Se si avvia la presentazione da PowerPoint, la presentazione verrà aperta e potrà anche essere modificata. Servendoti della casella Tipo file potrai anche scegliere di salvare il lavoro in un formato diverso da quelli appena descritti. Per esempio, puoi salvarlo come un file immagine (.gif, .jpeg ecc.) oppure come file .rtf (Struttura/RTF) oppure, ancora, potrai salvarlo sempre come file di PowerPoint, ma attribuendogli un formato specifico in base alla versione del software.

> Salvare spesso è importante per evitare vari inconvenienti. Anche PowerPoint, comunque, è predisposto in modo da salvare automaticamente il file. Se fai clic sulla scheda File e selezioni, la voce Opzioni viene visualizzata la finestra di dialogo Opzioni di PowerPoint attraverso la quale puoi modificare alcune impostazioni, quali, per esempio, la posizione in cui salvare il file (nella sezione Salvataggio).

## 6 | L'interfaccia di PowerPoint e le visualizzazioni

Dopo l'avvio, PowerPoint si presenta con l'interfaccia rappresentata nella figura a lato. Fondamentalmente, l'impianto è analogo a quello degli altri prodotti di Microsoft Office. Sono presenti le classiche barre degli strumenti e altre possono essere visualizzate seguendo la procedura analoga a quella descritta per Excel. Tra le pagine dedicate al foglio di calcolo potrai anche rileggere la procedura circa l'utilizzo dello zoom.

Il **riquadro struttura** è una finestra composta da due schede, Struttura e Diapositive; offre uno schema generale di tutto il lavoro e la possibilità di spostare l'ordine di visualizzazione, eliminare diapositive, ecc. In particolare, la scheda Diapositive visualizza le immagini delle diapositive come immagini in anteprima. È una scheda molto utile, perché facilita la navigazione all'interno della presentazione.

Il **riquadro diapositiva** riporta il testo e gli elementi grafici delle singole diapositive, ed è molto utile per intervenire in modo semplice quando occorre modificare i contenuti delle diapositive stesse. In questo riquadro, infatti, è possibile digitare i vari testi delle singole diapositive.

Il **riquadro note** riporta le eventuali note del relatore incluse nelle diapositive.

La visualizzazione composta dai riquadri appena descritti è detta **visualizzazione normale**. PowerPoint prevede altri tipi di visualizzazione. Per passare da un tipo di visualizzazione a un altro puoi utilizzare la pulsantiera riportata in basso a destra oppure le funzioni previste selezionando la scheda Visualizza.

Il primo pulsante attiva la Visualizzazione normale della quale abbiamo appena parlato. Il secondo pulsante attiva la modalità **sequenza diapositive**, con la quale vengono mostrate in forma ridotta tutte le diapositive, complete di testo ed elementi grafici. Con questa visualizzazione è possibile eseguire con facilità diverse operazioni; per esempio l'aggiunta, l'eliminazione, lo spostamento di diapositive, ecc.

Il terzo pulsante attiva la modalità **visualizzazione di lettura**, che consente di scorrere le diapositive singolarmente.

Il quarto pulsante attiva la modalità **visualizzazione presentazione** che consente di vedere a tutto schermo la presentazione reale. Questa visualizzazione esegue la presentazione partendo dalla diapositiva corrente, se è attivata la Visualizzazione normale, mentre esegue la presentazione partendo dalla diapositiva selezionata se è attiva la Sequenza diapositive.

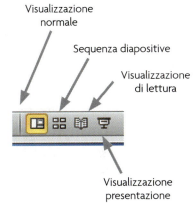

## 7 | L'aspetto progettuale delle diapositive

Seleziona la scheda **Progettazione** (figura sotto) dove, per esempio, potrai stabilire il tipo di sfondo da assegnare alle diapositive:

- Fai clic sul pulsante [Stili sfondo ▼] e scegli lo sfondo da te preferito.
- Nel gruppo Temi sono inoltre presenti i temi da assegnare alla presentazione, i colori, i tipi di carattere, gli effetti, gli stili di sfondo. Prova a curiosare un po' e seleziona il tema che preferisci. Per il lavoro che stiamo per realizzare, abbiamo scelto il tema Città. Quando posizioni il puntatore del mouse sul tema, viene visualizzato il tema direttamente nel riquadro struttura e viene anche visualizzato il nome del tema stesso. Facendo clic sul tasto destro del mouse apparirà un apposito menu che ti inviterà a scegliere se applicare il tema a tutte le diapositive oppure soltanto alle diapositive selezionate. Naturalmente, puoi sempre cambiare tema durante la lavorazione delle diapositive; occorre, però, stare attenti poiché, come abbiamo già detto, ogni tema contiene stili di testo specifici, per cui potrà accadere che il testo formattato secondo un tema potrebbe non essere piacevole secondo gli stili previsti da un altro.

Se lo desideri puoi anche cambiare i colori del tema che hai selezionato semplicemente facendo clic su Crea nuovi colori tema. Vengono visualizzate varie combinazioni di colori relative al modello impostato.

**Progettazione**
Stile da assegnare a una diapositiva, incluso il tipo e la dimensione dei punti elenco e dei caratteri, le dimensioni e le posizioni dei segnaposti, le combinazioni di colori e gli effetti di riempimento per lo sfondo.

**Layout**
Impaginazione della diapositiva, ossia il modo in cui vengono disposti i segnaposto necessari a contenere testi, immagini, disegni e altri tipi di elementi.

## 8 | I layout automatici

Scelto il tema della struttura dobbiamo, ora, scegliere il **layout**.

- Fai clic sulla scheda Home.
- Seleziona la voce Layout: ti appariranno le anteprime dei layout disponibili. Prova a posizionare il puntatore del mouse per averne una sintetica descrizione.

Come puoi notare, in ogni layout la diapositiva viene suddivisa in aree specifiche dette **segnaposto**, ognuna delle quali è predisposta per accogliere particolari oggetti che dovranno apparire sulla diapositiva. I segnaposto sono entità dinamiche che, come gli altri oggetti di Office, possono essere spostate e ridimensionate.

Fai clic all'interno dei segnaposto e digita il testo. Abbiamo così creato la prima diapositiva.

Il testo inserito può essere formattato seguendo le stesse procedure che hai imparato nelle unità dedicate a *Microsoft Word 2010*.

Puoi, quindi, utilizzare i pulsanti presenti nella sezione strumenti del Paragrafo per allineare il testo.

Nella sezione degli strumenti relativa al Carattere puoi cambiare il tipo di font, aumentarne e/o diminuirne la dimensione, cambiare lo stile (grassetto, corsivo, sottolineato, ombreggiato, barrato), variarne la spaziatura, scegliere Maiuscole/minuscole e il colore del carattere.

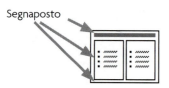

Segnaposto

## 9 | Inserire ed eliminare una diapositiva

Come hai potuto vedere, nel momento in cui crei una nuova presentazione, viene subito generata una diapositiva (Diapositiva titolo) al cui interno puoi inserire un titolo e un sottotitolo (ma anche immagini, disegni e altro ancora). Per inserire una nuova diapositiva fai clic sul pulsante Nuova diapositiva della scheda Home. Ti verrà chiesto di scegliere un tipo di diapositiva dai Temi di Office. Una volta creata la diapositiva vuota, hai la possibilità di personalizzarla con gli strumenti prima descritti, inserendo per esempio Titolo e Contenuto così come riportato in figura.

Per rimuovere una diapositiva è sufficiente selezionarla e premere il tasto Canc. Naturalmente puoi selezionarne più di una (servendoti degli ormai noti tasti Ctrl o Maiusc) e cancellarle contemporaneamente, sempre premendo il tasto Canc.

## 10 | Inserire gli oggetti

Con la selezione del layout automatico Titolo e Contenuto viene riportata a video una diapositiva strutturata come quella contrassegnata dalla freccia nella figura sopra. Il risultato che vogliamo ottenere è quello indicato nella figura qui a fianco. Quindi:

- fai clic sul segnaposto del titolo e inserisci il testo del titolo (Corsi attivati);
- fai clic sul segnaposto di destra e inserisci il testo della diapositiva cercando di formattarlo in base alla figura qui a fianco;
- ora posizionati sui vari pulsanti presenti nel segnaposto. Un *tooltip* ti indicherà la funzione svolta. Posizionati su quello denominato ClipArt e fai clic.

La funzione **ClipArt** contiene un vasto assortimento di disegni, suoni e videoclip che possono essere inseriti e utilizzati direttamente all'interno delle presentazioni. Nella ClipArt è disponibile l'utilissima funzione Cerca: digitando un nome all'interno della casella (noi, per esempio, abbiamo digitato *sport*), è possibile visualizzare tutte le ClipArt relative ad esso.
Sono presenti, inoltre, i *Suggerimenti per la ricerca di immagini* contenenti informazioni su come aggiungere altre ClipArt, su come aggiornarle e personalizzarle in base alle nostre esigenze e come ricercare nuove ClipArt su Internet. Prova a dare un'occhiata in giro e cerca di trovare l'immagine che abbiamo inserito (nel caso in cui non dovessi trovarla, inseriscine una a tuo piacimento). Una volta scovata, selezionala e inseriscila facendo clic sul pulsante Copia. Come ben sai, l'immagine può essere ridotta, ingrandita, spostata, grazie alle maniglie di ridimensionamento. Cimentati in questa operazione e poi, alla fine, fai un clic al di fuori della figura per fissarla alla diapositiva.

Con PowerPoint è possibile inserire anche altri tipi di immagini non comprese nella Raccolta ClipArt. Le immagini, infatti, sono memorizzate in modo digitale in appositi file (aventi estensione .bmp, .jpg, .pcx, .gif ecc.). Per eseguire questa operazione devi fare clic sul pulsante Inserisci immagine da file presente nel segnaposto. A questo punto, attraverso la finestra di dialogo che viene visualizzata, è sufficiente scegliere l'immagine da inserire e il gioco è fatto.
Con le tecniche Copia e Incolla e Taglia e Incolla puoi copiare e/o tagliare e quindi incollare immagini da una diapositiva all'altra o da una presentazione all'altra.
PowerPoint dispone, inoltre, di sofisticati strumenti che consentono di manipolare le immagini. Attiva l'immagine della diapositiva facendo clic su di essa; a questo punto verranno visualizzati gli Strumenti immagine. Viene evidenziata la barra riportata in figura.

Prova a scorrere il mouse sui vari pulsanti in modo da scoprire la loro funzione. Questa barra contiene pulsanti che servono soprattutto per regolare la luminosità, il contrasto, per ritagliare parti di immagini, per ricampionare l'immagine, dare effetti all'immagine, ecc.

## 11 | Come realizzare un grafico

La presenza di un grafico in una diapositiva aiuta il destinatario del messaggio ad apprendere le informazioni in modo più intuitivo. Crea una nuova diapositiva e applica il layout Titolo e Contenuto. Ora, fai clic sull'icona per inserire un grafico, decidi il tipo di grafico che vuoi inserire, scegliendolo dai modelli di grafico predisposti. A questo punto cliccando due volte sul modello ti apparirà un foglio di lavoro dal titolo: Grafico in Microsoft PowerPoint - Microsoft Excel.

Nelle celle potrai inserire i valori da utilizzare per costruire il grafico come visto in *Excel 2010*.
Sai già che i dati in esso contenuti possono essere modificati e che si possono aggiungere righe e/o colonne: è sufficiente scriverci qualcosa. Per cancellare tutti i dati si può fare clic sul quadratino indicato dal triangolo grigio posto all'intersezione tra righe e colonne; in questo caso verranno selezionate tutte le celle, a selezione avvenuta puoi premere il tasto Canc e il foglio è pronto ad accogliere nuovi dati. A titolo di esempio, proviamo a cambiare le parole *Est*, *Ovest* e *Nord* rispettivamente con *Computer*, *Stampanti* e *Scanner*: vedrai che il grafico presente nella diapositiva si aggiorna dinamicamente. Il grafico è contornato dalle maniglie di ridimensionamento con le quali è possibile ridurre o ampliare le dimensioni.

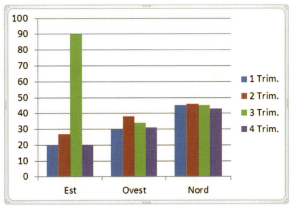

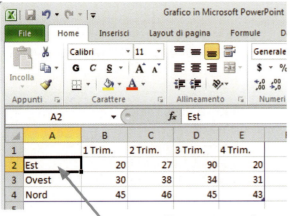

L'aspetto del grafico può essere modificato facilmente: puoi cambiare il tipo di rappresentazione (istogramma, grafico a linee, grafico a torta, grafico a barre, grafico ad area, grafico a dispersione, ecc.), i colori, i titoli degli assi ecc.
Come ben sai:

- fai doppio clic sul grafico;
- posiziona il puntatore del mouse su un elemento del grafico;
- fai clic con il pulsante destro. Si apre un menu di scelta rapida dal quale potrai cambiare tutti gli attributi che vuoi: fai alcune prove. Un modo di gran lunga più veloce per cambiare gli attributi di un grafico è quello di servirsi dei vari pulsanti presenti negli Strumenti grafico sotto le sezioni: Progettazione, Layout, Formato che vengono automaticamente corredati di molte opzioni utili per la manipolazione dei grafici. Per esempio, se vuoi assegnare un titolo al grafico apri la sezione Layout, e clicca sul pulsante Titolo del Grafico e scegli una delle opzioni relative al titolo. Fai clic sul segnaposto titolo del grafico inserendone uno. Ora fai clic all'esterno del grafico.

Nella stessa sezione Layout del menu Strumenti grafico puoi anche fare clic sulla scheda Etichette dati e assegnare un'etichetta al grafico. Anche in questo caso, alla fine, fai clic all'esterno del grafico.

Un grafico, così come qualsiasi altro oggetto, può essere eliminato semplicemente selezionandolo e premendo il tasto Canc.

## 12 | Come inserire un disegno

Sei pronto per disegnare? Bene, allora crea una diapositiva nuova, applica il layout Vuota e prova ad applicare ed eseguire quanto qui sotto elencato.

| Impariamo a disegnare | |
|---|---|
| Se vuoi | Devi |
| Disegnare un oggetto | • selezionare il pulsante Forme presente nella scheda Inserisci<br>• posizionare il puntatore all'interno della diapositiva e, tenendo premuto il pulsante sinistro, trascinare il mouse in modo da definire la grandezza dell'oggetto<br>• una volta disegnato l'oggetto, rilasciare il pulsante del mouse |
| Selezionare un oggetto | • fare clic sul suo bordo |
| Eliminare un oggetto | • selezionarlo e premere il tasto Canc |
| Spostare un oggetto | • afferrarlo da uno dei suoi bordi e trascinarlo |
| Copiare un oggetto | • trascinarlo tenendo premuto il tasto Ctrl e cliccare su Copia |
| Trasportare un oggetto da una diapositiva a un'altra | • utilizzare la tecnica del Taglia e Incolla che hai imparato in Word |
| Disegnare quadrati e cerchi | • selezionare il pulsante Rettangolo o Ovale e disegnare l'oggetto tenendo premuto il tasto Maiusc |

La diapositiva di prova non ci serve più; dal riquadro Struttura (quello a sinistra che riporta le miniature delle slide) fai clic con il pulsante destro del mouse su di essa e, dal menu contestuale, seleziona Elimina Diapositiva. Ora aggiungine una nuova applicando il layout Solo Titolo. Dobbiamo riprodurre la diapositiva riportata nella prima figura della pagina successiva. Comincia a inserire il titolo. Ora vai sulla scheda Inserisci e, nel gruppo Testo, fai clic sul pulsante Casella di testo della barra degli strumenti Testo e traccia un rettangolo grande quanto quello

colorato in rosso, quindi inserisci il testo (per allargare la casella serviti delle maniglie di ridimensionamento oppure inserisci delle righe vuote con il tasto Invio).
Ripeti l'operazione per disegnare i tre rettangoli gialli e inserisci i titoli. Formatta tutte e quattro le caselle secondo i dettagli riportati in figura; ovviamente puoi cambiare i colori dei bordi e del testo.
Ora passiamo alle frecce. Per disegnare una freccia:

- fai clic sul pulsante Forme presente nel gruppo Illustrazioni della scheda Inserisci;
- nella sezione dedicata alle Frecce, scegli il pulsante Freccia in giù;
- posizionati sulla diapositiva e disegna una freccia;
- copiala per ottenerne altre due.

Formattazione:
Verdana 18
Grassetto
Centrato
Stile linea: 3pt

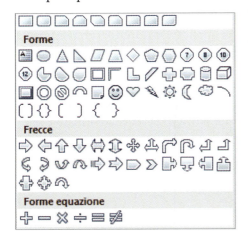

Una volta ottenute tre frecce, disponile come in figura.
Per ruotarle posiziona il puntatore del mouse sulla maniglia verde e, mantenendo premuto il pulsante sinistro del mouse, ruota sino a ottenere la posizione desiderata.
È possibile inserire del testo anche in oggetti diversi dalla casella di testo. Fai clic sulla scheda Inserisci e fai clic sul pulsante Forme per scegliere una forma. Seleziona un oggetto che ti piace e disegnalo sulla diapositiva. Ora fai clic su di esso con il tasto destro del mouse e dal menu di scelta rapida che ottieni fai clic sulla voce Modifica testo.

## 13 | Colorare e abbellire i disegni

Proviamo ad assegnare colori ed effetti di riempimento. Seleziona il rettangolo che contiene la scritta *Danza moderna* e fai clic sul pulsante Riempimento forma nella sezione Disegno del il menu Home. Dal menu a cascata che si presenta seleziona il colore rosso: il rettangolo assumerà il colore da te prescelto. Se i colori riportati non dovessero piacerti, puoi sempre selezionare l'opzione Altri colori di riempimento e scegliere il colore e la gradazione a te confacente. Fai attenzione: è probabile che dopo aver colorato l'oggetto, le frecce risultino sovrapposte. Che cos'è successo? Niente di grave: dobbiamo solo invertire la visualizzazione portando l'oggetto in primo piano. Per fare questo, fai clic con il pulsante destro del mouse sulla forma che hai appena colorato e dal menu che si apre scegli l'opzione Porta in primo piano e il gioco è fatto.
Ora colora gli altri oggetti della diapositiva sempre rispettando i colori riportati in figura. Passando a colorare le frecce ti sarai accorto che i conti non tornano in quanto questi oggetti contengono più di un colore al loro interno. Come abbiamo fatto?
Dal menu a cascata Riempimento forma puoi selezionare altre opzioni di riempimento. Hai quattro opzioni disponibili: Altri colori di riempimento, Immagine, Sfumatura, Trama:

- con **altri colori di riempimento** puoi impostare lo sfondo dell'oggetto utilizzando altri colori non presenti nei colori tema o nei colori standard;
- con **immagine** puoi utilizzare come sfondo un'immagine da te scelta;
- con **sfumatura** puoi scegliere uno sfondo sfumato tra le varianti chiare, le varianti scure oppure altre sfumature;
- con **trama** puoi assegnare uno sfondo particolare che ricalca, per esempio, la trama della sabbia, del legno, del papiro, del jeans ecc.

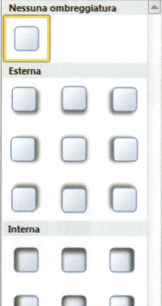

Per le nostre frecce abbiamo utilizzato la scheda Sfumatura, abbiamo selezionato l'opzione Altre sfumature e abbiamo scelto riempimento sfumato e nelle Interruzioni sfumatura i colori giallo e azzurro. Per quanto riguarda il tipo di sfumatura abbiamo scelto Lineare.

Ai rettangoli della nostra diapositiva abbiamo assegnato un'**ombreggiatura**. Per applicarla devi:

- selezionare l'oggetto;
- fare clic sul pulsante Effetti forma (sempre presente nel gruppo Disegno) e sul sottomenu Ombreggiatura;
- dal menu corrispondente, scegliere il tipo di ombreggiatura che preferisci. Se vuoi personalizzare l'ombreggiatura assegnata, fai clic sul pulsante Opzioni ombreggiatura: attraverso la relativa barra potrai cambiare colore all'ombreggiatura, spingerla verso destra, sinistra, in alto e in basso.

Un discorso a parte meritano gli **effetti 3D** che possono essere assegnati solo a quegli oggetti costruiti con gli strumenti di Disegno. Per applicare un effetto tridimensionale devi selezionare l'oggetto, fare clic sul pulsante Effetti forma e scegliere il sottomenu Rilievo, scegliendo poi dalle Opzioni 3D o da quelle presenti nel gruppo Rilievo il tipo di effetto che preferisci. Puoi selezionare più oggetti in modo da farli divenire un unico oggetto. Tieni premuto il tasto Ctrl e fai clic con il pulsante sinistro del mouse su ciò che intendi raggruppare. Dopo averli selezionati, apri la scheda Formato e seleziona il pulsante Raggruppa dal gruppo Disponi.

Se devi selezionare un insieme di oggetti contigui, puoi anche trascinare il mouse per delimitare l'area che li contiene. Per separare gli oggetti raggruppati, fai clic su uno di essi e, questa volta, seleziona la voce Separa del pulsante Raggruppa.

## 14 | Gli organigrammi

Vediamo di che cosa si tratta.

> Un **organigramma** è un diagramma schematico molto sfruttato per rappresentare relazioni tra persone e oggetti (per esempio, un albero genealogico).

Proviamo a costruirne uno; vogliamo ottenere una diapositiva come quella raffigurata qui sotto:

- crea una diapositiva nuova e assegna il layout Vuota: viene presentata una diapositiva senza nulla al suo interno;
- vai sulla scheda Inserisci e nel gruppo Illustrazioni clicca sulla casella SmartArt;
- seleziona dalla finestra di dialogo Scegli Elemento Grafico SmartArt, sotto Cicli, il tipo di organigramma Radiale e conferma con Ok. Viene presentato un organigramma composto da quattro blocchi;
- seleziona il blocco centrale e scrivici dentro il testo che vedi in figura;
- procedi con l'inserimento del testo dei restanti tre blocchi;
- adesso, mantenendo premuto il tasto Maiusc, seleziona i quattro blocchi e, servendoti dei pulsanti presenti nel gruppo Carattere della scheda Home applica le formattazioni al testo così come indicato in figura.

Dobbiamo, ora, applicare un nuovo stile al nostro diagramma. Seleziona il diagramma (nota che viene visualizzata l'omonima barra degli strumenti: Strumenti SmartArt). Abbiamo raggiunto il nostro obiettivo!

Gli altri pulsanti della barra degli strumenti diagramma ti aiutano nel caso in cui tu desideri cambiare il tipo di diagramma, aggiungere nuove forme, spostare le forme e molto altro ancora. Fai clic sul pulsante Aggiungi Forma presente nel gruppo Crea Elemento Grafico della scheda Progettazione. Per eliminarne uno, selezionalo e premi il tasto Canc.
Fai delle prove: vedrai che sarà tutto molto semplice e divertente.

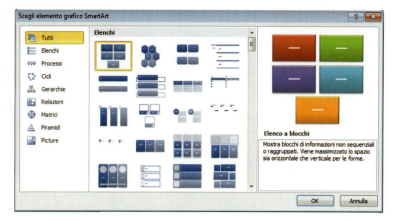

## 15 | I clip video

Vuoi ravvivare la tua presentazione? Niente di meglio che inserire un clip video. Pensa al nostro centro benessere: si potrebbero inserire nelle diapositive dei brevi clip che riproducano le lezioni relative alle varie attività. Perché brevi? Perché i filmati sono molto esigenti per ciò che riguarda le prestazioni richieste all'hardware del computer e occupano, inoltre, una notevole quantità di memoria. I clip video devono essere memorizzati sull'hard disk in un formato che possa essere riprodotto dal sistema operativo.
Fai clic sulla scheda Inserisci, clicca sulla freccetta del pulsante Video presente nel gruppo Elementi Multimediali quindi scegli Video da file. Viene visualizzata la finestra di dialogo Inserisci Video attraverso la quale puoi scegliere il file che intendi inserire.
Il filmato viene, così, visualizzato nella diapositiva. Per scegliere se avviare automaticamente il video vai sul menu Strumenti Video (che si attiva automaticamente quando si seleziona il video), e sotto Riproduzione scegli Automaticamente o al clic del mouse a fianco della casella Inizio.
Se desideri riprodurre il filmato per guardarlo in anteprima, fai clic con il pulsante destro del mouse sul filmato e seleziona Anteprima dal menu di scelta rapida. Durante la presentazione, se non hai impostato l'avvio automatico della riproduzione, al momento della visualizzazione della diapositiva che lo contiene fai clic sul filmato per riprodurlo.
Se non disponi di filmati, PowerPoint dispone di svariati clip che possono, comunque, vivacizzare la diapositiva. Per inserire un clip multimediale puoi creare una nuova diapositiva, scegliere uno fra i vari layout presenti nelle sezioni Layout Titolo e Contenuto, Layout Diapositiva Titolo, ecc., fare clic sull'icona che trovi cerchiata nella figura a fianco. Viene visualizzata la finestra Clip Multimediale attraverso la quale puoi scegliere il clip da inserire.

## 16 | I suoni

Per usare un suono, così come abbiamo visto per i clip video, i file audio devono essere memorizzati sull'hard disk in un formato che possa essere riprodotto dal sistema operativo. Per inserire un suono o un brano musicale in una diapositiva:

- visualizza la diapositiva in cui desideri inserire un brano musicale o un suono;
- fai clic sulla scheda Inserisci, seleziona la freccetta del pulsante Audio quindi Audio da File: così come per i clip video, viene visualizzata una finestra (in questo caso, Inserisci Audio) attraverso la quale puoi scegliere il file che intendi inserire;
- seleziona il file e conferma facendo clic sul pulsante Ok.

Come per la riproduzione automatica o al clic del mouse dei file video, anche per i file audio occorre selezionare dal menu Riproduzione sotto Strumenti Audio e impostare l'inizio della riproduzione su Al clic del mouse oppure Automaticamente a fianco della casella Inizio.

Nella diapositiva viene visualizzata l'icona del suono. Sposta l'icona dove preferisci. Per ascoltare il suono, fai doppio clic sull'icona del suono. Durante la presentazione, dovrai fare clic sull'icona per riprodurre il suono se non hai impostato l'avvio automatico della riproduzione del suono.

## 17 | Registrare un commento audio

Spesso è utile corredare le diapositive di un commento audio. Per registrare un commento audio opera come segue:

- scegli la diapositiva dalla quale desideri iniziare la registrazione;
- nel gruppo Imposta della scheda Presentazione fai clic su Registrazione Presentazione;
- seleziona una delle opzioni seguenti: Inizia Registrazione dall'inizio oppure Inizia Registrazione dalla Diapositiva Corrente. Nella finestra di dialogo Registra Presentazione seleziona la casella di controllo Commenti Audio e Puntatore Laser, poi seleziona o deseleziona la casella di controllo Intervalli Presentazione e Animazione, quindi fai clic su Avvia Registrazione.

In questo modo si incorpora il commento audio alla diapositiva.
Ora leggi il testo del commento audio nel microfono e fai clic sulla diapositiva per avanzare. È possibile sospendere e riprendere il commento audio. Per farlo, fai clic con il pulsante destro del mouse sulla diapositiva e scegli Sospendi Registrazione.
Il commento audio viene salvato automaticamente e viene visualizzato un messaggio che richiede se desideri salvare anche gli intervalli di tempo per la presentazione. Per eseguire la presentazione escludendo il commento audio scegli Imposta Presentazione dal menu Presentazione e seleziona la casella di controllo Senza Commento Audio.

## 18 | Le animazioni personalizzate

Dopo avere applicato una combinazione di animazioni alla nostra presentazione, sebbene il risultato sia soddisfacente, possiamo ancora apportare alcune modifiche o aggiunte particolari. PowerPoint ci dà la possibilità di effettuare tutti questi cambiamenti, per personalizzare il più possibile la nostra presentazione.
Vediamo quali sono le operazioni da compiere per ottenere questo risultato. Posizionati sulla diapositiva che riporta l'elenco dei corsi attivati.
Fai clic sulla scheda Animazioni e poi seleziona il titolo. Vedrai che nel gruppo animazioni si attivano tutti gli effetti che è possibile attribuire. Se fai clic sotto la piccola barra di scorrimento di questo gruppo noterai che i vari effetti sono accorpati all'interno delle seguenti categorie:

- Entrata;
- Enfasi;
- Uscita;
- Altri Effetti di Entrata;
- Altri Effetti di Enfasi;
- Altri Effetti di Uscita;
- Altri Percorsi Animazione.

Facendo clic su questa ultima voce si apre la finestra di dialogo Cambia Percorso Animazione, in cui è possibile scegliere tra numerose tipologie di percorsi da far seguire all'oggetto all'atto dell'animazione, suddivise in varie categorie: Standard, Linee e Curve, ecc. Appena scegliamo l'effetto, l'animazione viene eseguita.
Noi iniziamo con un'animazione già prevista e non creata da noi. Pertanto, seleziona dal gruppo Entrata l'effetto Spirale. Dopo la selezione, vedrai subito la riproduzione dell'effetto.

Puoi anche visualizzare l'animazione associata agli elementi della diapositiva facendo clic su Anteprima appena sotto il menu File in alto a sinistra.

Dopo aver assegnato l'animazione, a fianco del titolo viene visualizzato un pulsante che riporta un numero progressivo indicante l'ordine di riproduzione.

Nel gruppo Intervallo è presente la voce Inizio che riporta, per default, Al Clic del Mouse; ciò indica che l'effetto viene avviato con un clic del mouse, mentre le stelle che affiancano il nome dell'oggetto animato all'interno della finestra Riquadro Animazione indicano il tipo di effetto (nel caso in cui il Riquadro Animazione non dovesse essere visibile è sufficiente fare clic sull'omonimo pulsante presente nel gruppo Animazione Avanzata).

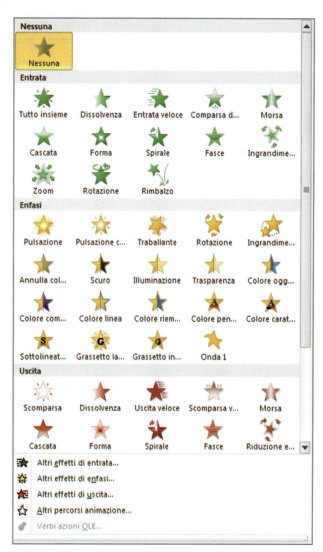

Se vuoi modificare qualche elemento, selezionalo con il mouse e scegli un altro effetto dal menu Aggiungi Animazione. Nel menu che compare seleziona la categoria che ti interessa e l'effetto che desideri. Partirà così in automatico l'anteprima del nuovo effetto.

Analogamente, se vuoi aggiungere un altro effetto, fai clic sull'elemento della diapositiva che desideri modificare. Scegli poi l'effetto desiderato dal menu del pulsante. L'effetto viene aggiunto all'elenco degli effetti con un numero progressivo e verrà riprodotto per ultimo.

Se vuoi modificarne l'ordine, puoi selezionarlo e trascinarlo con il mouse nella nuova posizione.

Per l'avvio di un effetto sono disponibili tre opzioni: Inizia Al Clic del Mouse, Inizia con il precedente, Inizia dopo il precedente. Per impostare il modo di avvio basta selezionare l'elemento o un gruppo di elementi e poi fare clic sulla freccia verde della casella Inizio (come mostrato nella figura qui sotto accanto). *Al clic del mouse* significa che l'effetto viene avviato quando si fa clic con il mouse.

Tramite l'opzione Inizia con il precedente l'effetto viene invece avviato automaticamente all'avvio dell'effetto precedente. A un effetto di questo tipo è associato il numero d'ordine 0.

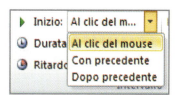

Infine, per impostare l'effetto in modo che venga avviato automaticamente dopo l'effetto dell'elemento precedente, seleziona l'opzione Inizia dopo il precedente.

A seconda dell'avvio che hai scelto, varierà l'icona accanto all'effetto. Fai, poi, clic sulla scheda Presentazione (scegliendo: Dall'inizio, oppure Dalla Diapositiva Corrente) per controllare il risultato delle modifiche alla presentazione. Premi, infine, il tasto Esc sulla tastiera per tornare alla Visualizzazione normale.

## 19 | La transizione delle diapositive

In una presentazione che viene divulgata attraverso lo schermo è utile inserire effetti che evochino nello spettatore una sensazione di continuità.

> La **transizione** è un particolare effetto speciale che consente un passaggio armonioso da una diapositiva alla successiva.

Vai alla scheda Transizioni e potrai scegliere, come mostrato nella figura in alto di pagina seguente, un tipo di transizione da una diapositiva alla successiva tra le seguenti categorie: Delicate, Divertenti, Contenuto Dinamico.

Puoi intevenire sulla durata della transizione (Durata), sul suono (Suono) che verrà emesso adurante la transizione e sull'avviamento della stessa (Passa alla diapositiva successiva: con un clic del mouse, dopo: 00:00:00). Effettuate le scelte, scegli Applica a tutte le diapositive per applicare la transizione a tutte le diapositive che costituiscono la tua presentazione, oppure fai clic sul pulsante Riproduci nel riquadro animazione per vedere l'anteprima e applicarla alla sola diapositiva su cui sei posizionato.

In qualsiasi momento puoi cambiare il tipo di transizione fissato per una diapositiva: visualizzala, apri il riquadro Transizioni e procedi alla selezione di un altro tipo di transizione dall'elenco.

Puoi svolgere le stesse operazioni anche in Sequenza diapositive: in questo caso viene visualizzata la stessa barra degli strumenti Transizioni con cui puoi richiamare gli effetti delle transizioni appena visti. In questa visualizzazione puoi selezionare le diapositive per le quali vuoi definire una transizione: come ben sai, puoi utilizzare il tasto Shift o il tasto Ctrl a seconda che tu debba o meno selezionare diapositive contigue o non contigue. Una volta selezionate, procedi con l'assegnazione dell'effetto di transizione.

## 20 | I pulsanti di azione

In PowerPoint sono disponibili alcuni pulsanti di azione preimpostati, accessibili tramite la scheda Inserisci, grazie ai quali è possibile inserire nella presentazione un collegamento ipertestuale. All'interno del menu associato al pulsante Forme presente nella scheda Inserisci sono presenti nella zona in basso i vari pulsanti di azione che consentono, tra l'altro, il passaggio alla prima o all'ultima diapositiva e alla diapositiva precedente o successiva.

Questi pulsanti sono molto utili poiché trasformano la presentazione da sequenziale in reticolare: sarà infatti possibile spostarsi da una diapositiva all'altra senza seguire la loro scansione originale (ossia dalla prima all'ultima, una dopo l'altra) permettendo così di seguire il filo del discorso in modo più articolato.

Prendiamo in esame la prima diapositiva e inseriamo il pulsante che ci consente di passare alla diapositiva successiva:

- fai clic sul pulsante Forme della scheda Inserisci per visualizzare i Pulsanti di azione posti in fondo al riquadro;

- scegli il pulsante Avanti o Successivo;
- porta il puntatore del mouse nel punto in cui desideri posizionare il pulsante e, tenendo premuto il pulsante sinistro, trascina sino a ottenere la dimensione desiderata;
- al rilascio del pulsante compare la finestra **Impostazioni azione** nella quale è selezionata automaticamente la funzione Effettua Collegamento A e l'opzione Diapositiva successiva. Non dobbiamo fare altro che confermare facendo clic sul pulsante Ok;
- se, per esempio, non vuoi effettuare il collegamento alla diapositiva successiva ma a un'altra, fai clic sulla freccetta del riquadro a discesa e scegli fra le alternative proposte;
- come per tutti gli oggetti, anche i pulsanti di azione possono essere ridimensionati (utilizzando la tecnica del trascinamento già utilizzata) e adeguati al contesto (per esempio per cambiare il colore puoi agire tramite il pulsante Riempimento forma).

Passiamo, ora, alla seconda diapositiva. In questa e nelle altre dobbiamo inserire, oltre al pulsante appena descritto, anche quello per il ritorno alla diapositiva precedente e alla home page, che supponiamo essere la diapositiva numero uno.

Dobbiamo, perciò, inserire anche i pulsanti Indietro o Precedente e Pagina iniziale utilizzando la procedura appena descritta. Se vuoi, puoi anche utilizzare il pulsante Informazioni per effettuare il rimando a una diapositiva informativa sulla presentazione che stiamo realizzando.

## 21 | Creare collegamenti ipertestuali

Quando il contenuto della presentazione richiede un collegamento tra due diapositive, il richiamo di un'altra presentazione o di un documento realizzato con un programma diverso o di un indirizzo di Internet, è possibile aggiungere un collegamento ipertestuale. Può accadere, infatti, che gli oggetti di una diapositiva di PowerPoint possano essere ricavati da altre fonti e si voglia che tali fonti esterne siano disponibili durante la presentazione; è necessario, quindi, reperire i file di origine. Si devono, pertanto, creare collegamenti che accedono a fonti esterne: altre presentazioni PowerPoint, altri file, una pagina Web o anche un altro programma. Questa caratteristica risulta particolarmente utile per quelle presentazioni in cui l'utente potrebbe volere maggiori informazioni su un certo argomento, ma non si è presenti per fornirle di persona. I collegamenti ipertestuali possono essere creati a partire da un qualsiasi oggetto, incluso il testo e le immagini. Questi tipi di collegamento vengono riconosciuti in quanto il posizionamento del puntatore del mouse su di essi fa assumere al puntatore stesso la classica forma di manina con l'indice alzato.

I testi che rappresentano collegamenti ipertestuali appaiono sottolineati e di colore diverso.
Per realizzare un collegamento ipertestuale:

- fai clic sull'oggetto o evidenzia il testo interessato;
- fai clic sul pulsante Collegamento ipertestuale, presente nel gruppo Collegamenti della scheda Inserisci;
- una volta fatto clic viene visualizzata la finestra di dialogo Inserisci collegamento ipertestuale: fai clic sul tipo di collegamento che desideri includere. Se vuoi creare un collegamen-

to a un file o a una pagina Web esistente, fai clic sul pulsante File o Pagina Web esistente (figura sotto), quindi digita il nome del file nella casella Indirizzo o ricercalo nell'elenco. Se, invece, vuoi realizzare un collegamento a una posizione interna del file, fai clic sul pulsante Inserisci nel documento (figura in basso) e seleziona dall'elenco la diapositiva da collegare. Per creare un collegamento a un file non ancora creato, fai clic sul pulsante Crea nuovo documento. Per creare un collegamento che consenta di creare un messaggio di posta elettronica, fai clic sul pulsante Indirizzo di posta elettronica;

- fai clic su Ok e il gioco è fatto.

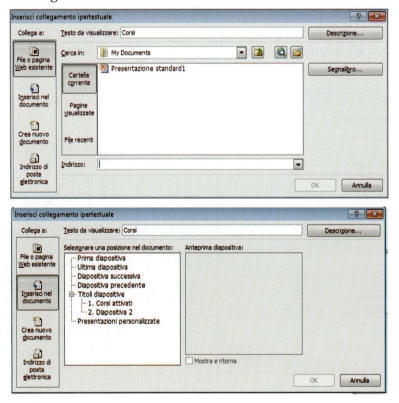

## 22 | Lo schema della diapositiva

Riflettiamo un attimo sui pulsanti di azione appena analizzati. Potremmo farci una domanda: se abbiamo una presentazione con 100 diapositive, dobbiamo creare i pulsanti su tutte le diapositive? Non è troppo dispendioso?

PowerPoint dispone di un particolare tipo di diapositiva chiamato **schema diapositiva** (che trovi nella sezione Visualizzazioni master, una delle sezioni della scheda Visualizza) grazie alla quale è possibile controllare particolari caratteristiche come dimensione, tipo e colore del carattere, sfondo, immagini, effetti speciali ecc.

Pertanto, se vuoi modificare l'aspetto di tutte le diapositive, non è necessario agire su ogni singola diapositiva: ritoccando lo schema, le modifiche saranno apportate automaticamente a tutte le diapositive della presentazione.

Per modificare lo schema di una diapositiva:

- apri la scheda Visualizza e seleziona il pulsante Schema diapositiva;
- cliccando su questo pulsante accederai alla nuova scheda Schema diapositiva che sarà sempre visualizzata nella barra multifunzione.

Viene visualizzata una diapositiva come quella riportata in alto a pagina seguente. Come puoi notare, sono presenti diversi segnaposto che indicano l'area titolo del layout automatico, l'area oggetto del layout automatico è un'area informazioni di piè di pagina (data, ora e numero di diapositiva). Se, per esempio, vuoi cambiare lo stile del titolo, fai clic all'interno del relativo segnaposto e scegli un altro tipo di carattere. Analogamente per gli altri oggetti dello schema.

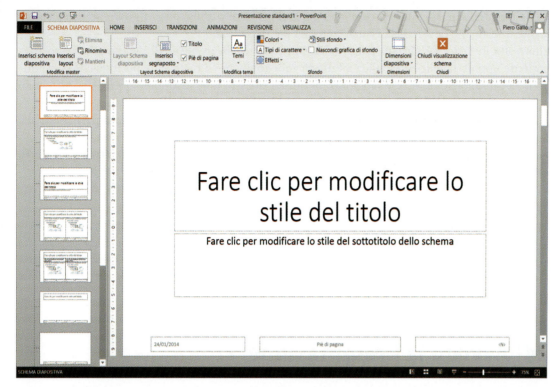

Non digitare il testo nei segnaposto presenti sullo schema: il loro scopo è solo quello di controllare la formattazione e non il contenuto. Per aggiungere del testo è necessario utilizzare lo strumento casella di testo.

Se vuoi inserire un oggetto o un testo particolare in modo che appaia su tutte le diapositive (per esempio i pulsanti di azione) non devi far altro che inserire l'oggetto e sistemarlo nel punto in cui desideri visualizzarlo. A questo punto puoi uscire dallo schema facendo clic sul pulsante Chiudi visualizzazione schema in alto a destra.

## 23 | Inserire intestazioni e piè di pagina

Le diapositive di una presentazione possono essere opportunamente corredate con intestazioni, numerazioni, e note a piè di pagina. Per inserire del testo nel piè di pagina di una diapositiva, puoi operare sullo schema della diapositiva, in modo tale che l'aggiunta del testo sia riportata in tutti i piè di pagina delle diapositive che formano la presentazione.
Per far questo:

- apri il menu Visualizza;
- seleziona l'opzione Schema diapositiva per aprire lo schema della diapositiva;
- posizionati nel segnaposto che riporta la dicitura **Piè di pagina** situato in fondo allo schema;
- fai clic al suo interno e digita il testo che dovrà costituire il piè di pagina.

Se, invece, vuoi inserire il piè di pagina solo in alcune diapositive devi agire attraverso il menu Inserisci, nel Gruppo testo selezionando la voce Intestazione e piè di pagina. Si apre l'omonima finestra di dialogo, riportata qui a fianco.

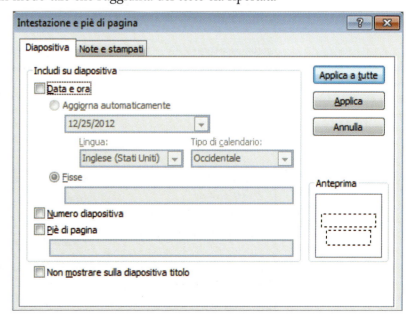

UNITÀ 3 PowerPoint: come costruire uno slideshow    307

Nella finestra, selezionando la casella di controllo Piè di pagina, puoi digitare nell'area sottostante il testo che desideri sia visualizzato nel piè di pagina.

Una volta inserito, fai clic sul pulsante Applica per applicare il piè di pagina alla diapositiva corrente oppure fai clic su Applica a tutte se vuoi applicarlo a tutte le diapositive che compongono la presentazione. Il testo aggiunto in questa finestra non sostituisce quello definito nello schema, ma viene soltanto aggiunto.

All'interno di questa finestra di dialogo è anche possibile inserire informazioni particolari che desideri far comparire nell'intestazione quali Numero di diapositiva, Data e Ora.

Se desideri aggiungere il numero della diapositiva, la data e l'ora, spunta le relative caselle di controllo. Per quanto riguarda la data e l'ora, è anche possibile scegliere se aggiornarla automaticamente (basta selezionare il relativo pulsante di opzione): in questo modo, ogni volta che apri la presentazione, la data si aggiorna riportando quella odierna.

Se non desideri aggiornare la data devi selezionare l'opzione Fisse e digitare nella casella la data che la presentazione dovrà sempre riportare.

Intestazioni e piè di pagina possono anche essere stabiliti per le pagine note e per gli stampati. Per definirle devi solo fare clic sulla linguetta relativa alla scheda Note e Stampati e compilare i relativi campi che non differiscono da quelli che abbiamo esaminato.

## 24 | Avviare la presentazione

Per avviare la presentazione fai clic sul menu Presentazione. Fai poi clic su Dalla diapositiva corrente: in questo modo la presentazione si avvia dalla diapositiva selezionata in quel momento. Se, invece, vuoi partire dalla prima, non servirti del pulsantino, ma premi direttamente il tasto F5 che corrisponde al pulsante Dall'inizio. Il passaggio da una diapositiva a un'altra si ottiene anche facendo clic con il pulsante sinistro del mouse oppure utilizzando i tasti Pag Giù o Pag Su della tastiera. Per uscire dalla presentazione premi il tasto Esc.

La presentazione può essere visualizzata partendo da una diapositiva qualsiasi e non necessariamente dalla prima o da quella selezionata: a tal fine, apri il menu Presentazione e seleziona il pulsante Imposta presentazione.

Nell'area diapositive presentazione puoi scegliere se visualizzarle tutte o scegliere quelle da visualizzare (Da... a...).

Nella sezione Tipo presentazione, puoi decidere come mostrare le diapositive:

- Con relatore (Schermo intero) consente di mostrare le diapositive a schermo intero. L'avanzamento delle diapositive può avvenire manualmente, oppure impostando degli intervalli autonomi attraverso il comando Prova intervalli presente nel menu Presentazione;

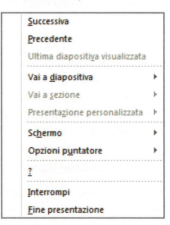

- Scorrimento individuale (Finestra): consente di eseguire la presentazione all'interno di una finestra caratterizzata da menu e comandi utili per semplificare lo scorrimento delle diapositive;
- Presentazione continua (Schermo intero) consente di eseguire la presentazione a schermo intero in modo continuato. Se selezioni questa opzione, viene automaticamente selezionata anche la casella Effettua ciclo continuo fino a Esc.

Mentre effettui la presentazione delle diapositive, puoi servirti del menu contestuale richiamabile con il pulsante destro del mouse per accedere ad alcuni comandi senza uscire dalla modalità Presentazione diapositive. Per esempio, con il comando:

- Successiva passi alla diapositiva seguente;
- Precedente passi alla diapositiva precedente;
- Vai a diapositiva scegli la diapositiva che desideri visualizzare;
- Opzioni puntatore scegli alcuni particolari in merito al cursore quali, per esempio, la penna o il pennarello o, ancora, un evidenziatore al fine di poter scrivere sulle diapositive in fase di presentazione. Puoi anche usare la gomma al fine di rendere la presentazione sempre più dinamica e interattiva.

## 25 | Nascondere le diapositive

Per nascondere una diapositiva devi selezionarla, quindi scegliere Nascondi diapositiva dalla scheda Presentazione, sia nel caso in cui ti trovi in Visualizzazione normale, sia nel caso tu ti trovi in Sequenza diapositive.
In questo ultimo caso puoi, più comodamente, selezionare la voce Nascondi diapositiva dal menu di scelta rapida che compare se premi il pulsante destro del mouse sulla diapositiva che desideri nascondere. È facile individuare le diapositive nascoste poiché in Visualizzazione struttura il numero a esse corrispondente risulta barrato in diagonale.
Le diapositive nascoste non vengono cancellate ma continuano a far parte del file, anche se non vengono visualizzate quando si esegue la presentazione.
Se desideri ripristinare la visualizzazione di una diapositiva nascosta in una presentazione devi:

- selezionare la diapositiva nascosta dalla scheda Diapositive in Visualizzazione normale;
- aprire il menu Presentazione e scegliere Nascondi diapositiva.

Se, invece, desideri visualizzare una diapositiva nascosta durante una presentazione:

- fai clic con il pulsante destro del mouse su una qualsiasi diapositiva;
- scegli Vai a e fai clic su Scelta diapositive. Le diapositive nascoste sono individuabili poiché il loro numero è racchiuso tra parentesi;
- ora fai doppio clic sul documento che intendi rendere visibile.

## 26 | La stampa delle diapositive

Se personalizzi la barra di accesso rapido posta nell'angolo in alto a sinistra della Presentazione standard - Microsoft PowerPoint puoi inserire la Stampa immediata e l'Anteprima di

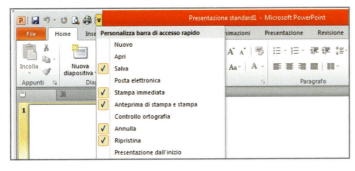

**Infografica**

**Open Office**
Analizziamo le particolarità degli applicativi Open consultando l'infografica visuale.

stampa e stampa; così per stampare le diapositive di una presentazione puoi procedere in tre modi:

- fare clic sull'icona della stampante nella barra di accesso rapido. Con questo sistema le diapositive vengono stampate utilizzando le impostazioni predefinite, quindi singolarmente, una per pagina, con un rilevante consumo di carta, inchiostro e tempo;
- fare clic sull'icona dell'anteprima di stampa e stampa. Alcuni vantaggi dell'utilizzo dell'anteprima di stampa sono costituiti dal fatto che è possibile visualizzare l'aspetto del layout scelto e aggiungere o modificare il testo dell'intestazione e del piè di pagina direttamente in questa visualizzazione;
- aprire la scheda File e selezionare l'opzione Stampa. Viene visualizzata l'omonima finestra di dialogo dalla quale è possibile scegliere il tipo di stampa che si desidera effettuare. Possono essere stampate diapositive con animazioni (cioè viene stampata la diapositiva prima e dopo l'animazione), senza animazioni, stampati (fogli contenenti da 2 a 6 diapositive) ecc. Come puoi vedere dalla figura, la finestra è molto intuitiva e non necessita di ulteriori chiarimenti. Ricorda sempre che per qualsiasi suggerimento c'è sempre disponibile la Guida di Microsoft PowerPoint, utilissimo strumento per ricevere un aiuto quando ne hai bisogno.

# TRAINING

Test

## CONOSCENZE

**1.** In una buona presentazione è necessario:
- ☐ mantenere stili diversi per tutta la presentazione in funzione dell'argomento
- ☐ mantenere uno stile unico per tutta la presentazione
- ☐ non applicare stili grafici

**2.** La curva dell'attenzione in media cala dopo:
- ☐ 10 minuti
- ☐ 30 minuti
- ☐ 20 minuti
- ☐ 2 ore

**3.** Quale procedura è ottimale per la creazione di layout per le diapositive?
- ☐ Creare layout per diapositive, stampati e note utilizzando la finestra di dialogo layout schema diapositiva in Visualizzazione schema diapositiva.
- ☐ Per ogni nuova diapositiva selezionare un layout nel riquadro Attività layout diapositiva.
- ☐ Applicare temi dalla scheda Progettazione.

**4.** Quale procedura consente di applicare un tema diverso a una sezione di diapositive della presentazione rispetto alle altre diapositive?
- ☐ Selezionare le anteprime delle diapositive della sezione desiderata, quindi applicare una combinazione di colori diversa.
- ☐ Selezionare le anteprime delle diapositive della sezione desiderata, quindi applicare un modello struttura diverso.
- ☐ Selezionare una delle diapositive della sezione da modificare, personalizzare i caratteri e i colori, quindi utilizzare Copia formato per applicare tali stili alle altre diapositive della sezione.
- ☐ Nessuno dei precedenti.

**5.** Si è personalizzato un modello struttura in una presentazione e si desidera utilizzarlo in un'altra presentazione. Qual è la soluzione migliore per ottenere questo risultato?
- ☐ Utilizzare la funzionalità Sfoglia nel riquadro attività Struttura diapositiva per individuare il file che include il modello struttura desiderato, quindi applicarlo al file corrente.
- ☐ Copiare e incollare la diapositiva con il modello struttura desiderato nella nuova presentazione. La stessa struttura verrà applicata alle diapositive inserite successivamente.
- ☐ Salvare con un nuovo nome la presentazione che include il modello struttura desiderato, quindi utilizzare il nuovo file per la presentazione.
- ☐ Nessuno dei precedenti.

**6.** Quale procedura consente di inserire nel modo più rapido in una presentazione le fotografie digitali relative alle vacanze?
- ☐ Applicare un layout che prevede più immagini a svariate diapositive, quindi utilizzare l'icona ClipArt disponibile nelle diapositive per importare le immagini.
- ☐ Scegliere Immagine dal menu Inserisci, fare clic su Da file, quindi selezionare un gruppo di immagini per ogni diapositiva.
- ☐ Scegliere Immagine dal menu Inserisci, quindi fare clic su Nuovo album foto.

**7.** Correda le diapositive della tua presentazione della palestra inserendo ClipArt sui vari sport trattati.

**8.** Quale procedura consente di aggiungere gradi di trasparenza a forme quali le frecce, in modo che sia possibile intravedere lo sfondo della diapositiva?
- ☐ Utilizzare il pulsante Stile 3D 4 sulla barra degli strumenti Disegno.
- ☐ Utilizzare il pulsante Imposta colore trasparente sulla barra degli strumenti Immagine.
- ☐ Utilizzare il dispositivo di scorrimento Trasparenza nella finestra di dialogo Formato forme.

**9.** Quale procedura consente di creare il diagramma riprodotto qui a fianco in PowerPoint?
- ☐ Utilizzare Forme e la barra degli strumenti disegno per creare il diagramma e personalizzarlo.
- ☐ Aprire Raccolta diagrammi dalla barra degli strumenti disegno, quindi scegliere il tipo di diagramma specificato.
- ☐ Scegliere Grafico dal menu Inserisci per importare il diagramma.
- ☐ Utilizzare il pulsante SmartArt dalla scheda Inserisci.

**10.** Quale procedura consente di riprodurre continuamente in più diapositive un file audio inserito?
- ☐ Nel riquadro attività Animazione personalizzata visualizzare le opzioni relative agli effetti audio e impostare la riproduzione del file audio per il numero desiderato di diapositive.
- ☐ Utilizzando la funzionalità Registra suono, fare clic sul pulsante Registra e riprodurre il file audio mentre si scorre l'intera presentazione.
- ☐ Utilizzando la funzionalità Riproduzione brano CD, impostare la riproduzione del numero desiderato di brani del CD.

**11.** Utilizzando un effetto di animazione personalizzato, quale procedura consente di visualizzare il testo su una diapositiva una lettera alla volta?
- ☐ Applicare la combinazione animazioni Dissolvenza in entrata un elemento alla volta.

# TRAINING

☐ Applicare un effetto entrata, quindi impostarlo su Per lettera nella finestra di dialogo Opzioni effetto.

☐ Applicare l'effetto entrata Entrata veloce al testo, quindi impostarne la velocità su Molto lento.

**12.** **Stabilisci se le seguenti affermazioni sono vere o false:**

|V | F| Un'immagine non può essere impostata su un'immagine.

|V | F| I pulsanti di azione non possono essere inseriti nello schema della diapositiva.

|V | F| I pulsanti di azione sono tutti già predisposti con un collegamento preimpostato.

**13.** **Lo schema di una diapositiva si richiama dal menu:**

☐ File

☐ Strumenti

☐ Presentazione

☐ Visualizza

**14.** **Quale procedura consente di stampare le diapositive in uno stampato che include righe destinate alle note?**

☐ Nella finestra di dialogo Stampa selezionare stampati e impostare il numero di diapositive per pagina su 3.

☐ Nella finestra di dialogo Stampa selezionare stampati e specificare un numero di diapositive per pagina, quindi selezionare l'opzione Includi pagine di commento.

☐ Nella finestra di dialogo Stampa selezionare Pagina note invece di Stampati.

**15.** **La presentazione è stata completata, ma è necessario tornare a una delle diapositive precedenti. Quale procedura consente di ottenere tale risultato?**

☐ Premere Esc per tornare alla visualizzazione normale, selezionare l'anteprima della diapositiva corretta in visualizzazione normale, quindi fare clic sul pulsante Riprendi presentazione.

☐ Premere Backspace fino a visualizzare la diapositiva desiderata.

☐ Fare clic con il pulsante destro del mouse, scegliere Vai a diapositiva dal menu di scelta rapida, quindi fare clic su per Titolo e selezionare la diapositiva desiderata.

**16.** **Svolgi la seguente esercitazione.**

☐ Dal sito scarica la presentazione *L'elaboratore elettronico* e chiamala Esercizio 1.

☐ Apri la presentazione Esercizio 1.

☐ Inserisci alcune ClipArt nella diapositiva n. 1 in modo da renderla più vivace. Se le ClipArt dovessero sovrapporsi al testo, ricordati di porle in secondo piano.

☐ Vai sulla diapositiva n. 2 e anima l'oggetto raffigurante l'elaboratore elettronico.

☐ Vai sulla diapositiva n. 3 e cambia il tipo, la dimensione e il colore dei vari caratteri utilizzando una combinazione a tuo piacimento.

☐ Salva la presentazione in formato .ppt e .pps.

**17.** **Svolgi la seguente esercitazione.**

☐ Dal sito scarica la presentazione *L'elaboratore elettronico* e chiamala Esercizio 2.

☐ Apri la presentazione Esercizio 2.

☐ Vai sulla diapositiva n. 4 e crea un collegamento ipertestuale interno sulla parola Unità.
Il rimando dovrà essere effettuato alla diapositiva n. 10.

☐ Introduci i tre pulsanti di azione della diapositiva n. 4 nello Schema diapositiva.

☐ Vai sulla diapositiva n. 10 e inserisci un filmato e un suono scelti dalla raccolta.

☐ Crea la diapositiva n. 11 e inserisci un elenco delle varie unità di input che hai imparato a conoscere.

☐ Anima la diapositiva appena creata con effetti a tuo piacimento.

**Apparato didattico C** Office automation

Nome .......................................................... Classe ................. Data ...............................

Con questa scheda puoi autovalutare il tuo livello di acquisizione delle conoscenze e delle abilità insegnate nell'Unità di apprendimento.
Attribuisci un punto ad ogni risposta esatta. Se totalizzi un punteggio:

| <4 | Tra 4 e 6 | Tra 6 e 8 | >8 |
|---|---|---|---|
| • Rifletti un po' sulle tue "disgrazie" <br> • Rivedi con attenzione tutta l'unità di apprendimento <br> • Ripeti il questionario | • Rivedi l'unità di apprendimento <br> • Ripeti il questionario | • Rivedi l'unità di apprendimento nelle sue linee generali | tutto OK |

**Ritaglia la tua scheda**

Scheda di autovalutazione

**diamoci il voto!**

**1.** **Qual è la corretta definizione di rientro?**
☐ La distanza tra le frasi
☐ La distanza tra i margini della pagina e il testo
☐ La distanza tra il bordo del testo e quello del primo o dell'ultimo carattere della riga
☐ La distanza tra l'inizio di una frase e il punto

**2.** **L'anteprima di stampa consente di:**
☐ modificare il formato del documento da stampare
☐ controllare la formattazione e l'impaginazione del documento
☐ stampare più pagine all'interno dello stesso foglio
☐ controllare la fase di stampa

**3.** **La combinazione di tasti Ctrl + X permette di tagliare un testo dopo averlo selezionato.**
☐ Vero
☐ Falso

**4.** **Che cosa rappresenta un file in formato .xlsx?**
☐ Un documento di lavoro
☐ Una cartella di lavoro
☐ Un foglio di lavoro
☐ Una selezione di celle

**5.** **Volendo creare una sequenza dei numeri 1 3 5 7 9 è necessario:**
☐ creare una serie personalizzata
☐ riempire le prime due celle e poi premere Invio
☐ evidenziare solo le prime due celle e poi trascinarle
☐ selezionare le prime tre celle e poi trascinarle

**6.** **Dove sono visualizzati i dati digitati in una cella?**
☐ Nella barra di stato
☐ Nella barra della formula
☐ Nella casella Nome
☐ Nella barra multifunzione

**7.** **In Word, il righello**
☐ consente di impostare le tabulazioni
☐ serve solo per impostare i margini
☐ non consente di impostare i rientri
☐ permette di impostare solo le tabulazioni destre

**8.** **In Excel per cambiare un indirizzo relativo in assoluto occorre agire all'interno della barra della formula, posizionando il puntatore del mouse a sinistra o a destra della lettera che indica la colonna e**
☐ premere il tasto F3
☐ premere il tasto F4
☐ premere il tasto Tab
☐ premere il tasto Ctrl

**9.** **In una presentazione di PowerPoint efficiente**
☐ ogni slide dovrebbe avere molte animazioni per renderla dinamica
☐ ogni slide dovrebbe prevedere almeno un collegamento ipertestuale
☐ ogni slide dovrebbe avere non più di dieci righe di testo
☐ ogni slide non dovrebbe avere più di sei righe di testo

**10.** **In Word per andare a capo senza definire un nuovo paragrafo devi**
☐ inserire un'interruzione di riga manuale premendo i tasti Maiusc + Invio
☐ inserire un'interruzione di riga manuale premendo i tasti Ctrl + Invio
☐ inserire un'interruzione automatica premendo i tasti Maiusc + Invio
☐ inserire un'interruzione automatica premendo i tasti Alt + Invio

**UNITÀ 3** PowerPoint: come costruire uno slideshow

# impariamo a imparare!

Con questa scheda puoi "riflettere" sul tuo processo di apprendimento in modo che tu abbia presenti sia i punti di forza che i limiti delle tue conoscenze e delle relative strategie.

| Impariamo a imparare | CON MOLTA DIFFICOLTÀ | CON QUALCHE DIFFICOLTÀ | CON INCERTEZZA | CON SUFFICIENTE SICUREZZA | CON SICUREZZA | CON SICUREZZA E PADRONANZA |
|---|---|---|---|---|---|---|
| Come formattare un testo | ☐ | ☐ | ☐ | ☐ | ☐ | ☐ |
| Come impostare e formattare i paragrafi | ☐ | ☐ | ☐ | ☐ | ☐ | ☐ |
| Come impostare una pagina | ☐ | ☐ | ☐ | ☐ | ☐ | ☐ |
| Come inserire elenchi puntati e numerati | ☐ | ☐ | ☐ | ☐ | ☐ | ☐ |
| Come inserire interruzioni e correggere il testo | ☐ | ☐ | ☐ | ☐ | ☐ | ☐ |
| Come lavorare con tabelle, immagini e grafici | ☐ | ☐ | ☐ | ☐ | ☐ | ☐ |
| Come gestire un documento in stampa unione | ☐ | ☐ | ☐ | ☐ | ☐ | ☐ |
| Come lavorare con le celle di Excel | ☐ | ☐ | ☐ | ☐ | ☐ | ☐ |
| I vari tipi di dato che possono essere inseriti in una cella di un foglio di calcolo e come gestirli | ☐ | ☐ | ☐ | ☐ | ☐ | ☐ |
| Cosa sono le formule e le funzioni e come devono essere gestite | ☐ | ☐ | ☐ | ☐ | ☐ | ☐ |
| Cosa sono i riferimenti assoluti e relativi e come vanno impostati | ☐ | ☐ | ☐ | ☐ | ☐ | ☐ |
| Come formattare il foglio di lavoro in maniera manuale e condizionale | ☐ | ☐ | ☐ | ☐ | ☐ | ☐ |
| Come realizzare grafici | ☐ | ☐ | ☐ | ☐ | ☐ | ☐ |
| Come costruire una presentazione con PowerPoint | ☐ | ☐ | ☐ | ☐ | ☐ | ☐ |
| Quali sono le regole che rendono una presentazione efficace e dinamica | ☐ | ☐ | ☐ | ☐ | ☐ | ☐ |
| Come inserire oggetti all'interno di una diapositiva | ☐ | ☐ | ☐ | ☐ | ☐ | ☐ |
| Come gestire audio e video all'interno delle diapositive | ☐ | ☐ | ☐ | ☐ | ☐ | ☐ |
| Come inserire animazioni personalizzate e transizioni di pagina | ☐ | ☐ | ☐ | ☐ | ☐ | ☐ |
| Come avviare una presentazione | ☐ | ☐ | ☐ | ☐ | ☐ | ☐ |

A cosa ti sono servite le informazioni presenti in questa unità di apprendimento?

Cosa conosci degli argomenti presentati?

Quali strategie hai usato per apprendere?

Come puoi correggere gli errori che eventualmente hai commesso?

Hai raggiunto gli obiettivi che ti proponevi?

☐ SI      ☐ NO      ☐ IN PARTE

# APPARATO DIDATTICO D
# IL MONDO DI INTERNET

## 1

### Trasmissione dei dati e reti di comunicazione

La costruzione di reti di calcolatori può essere fatta risalire alla necessità di condividere le risorse di calcolatori potenti e molto costosi.
La tecnologia delle reti, e in seguito l'emergere dei computer personali a basso costo, ha permesso rivoluzionari sviluppi nell'organizzazione delle risorse di calcolo.
Le reti consentono ai computer di "comunicare" tra di loro e di condividere dispositivi hardware e software.

## 2

### Internet: una risorsa universale

Variamente definita, Internet è sostanzialmente la "rete delle reti" (o la Rete), cioè un insieme di reti di computer sparse in tutto il mondo e collegate tra loro, a cui possono accedere migliaia di utenti per scambiare tra loro informazioni binarie di vario tipo a definizione. Un uomo, solo con il suo computer, si collega con il mondo grazie alla Rete. Oggi siamo perennemente connessi, a casa, in ufficio, per strada, tramite PC, notebook, tablet e smartphone. Addirittura alcuni studiosi immaginano Internet come una "mente artificiale" perfettamente funzionante "una mente immateriale, ubiqua (ci si accede quasi dappertutto), invisibile" e con prestazioni addirittura superiori a quelle della mente umana.

## 3

### Internet: la navigazione e i servizi

È sufficiente una sola navigazione nel Web per rendersi conto della grande quantità e varietà di contenuti presenti nella Rete.
Tuttavia Internet va ben oltre i milioni di pagine Web disponibili in rete.
La posta elettronica, i gruppi di discussione, le conversazioni in diretta, le videoconferenze, lo scambio di file, il controllo remoto di altri computer sono altre opportunità della rete.
Tutti questi servizi rappresentano un'offerta di informazione e di comunicazione che consente di scambiare corrispondenza anche multimediale in maniera istantanea, fare acquisti, guardare filmati, ascoltare musica, svolgere pratiche burocratiche e centinaia di altre possibilità.

## PREREQUISITI

### Conoscenze
- Fondamenti di editoria elettronica
- Funzioni di base di software a interfacce grafiche

### Abilità
- Utilizzare le varie funzioni di base legate alla digitazione di testi
- Saper interfacciarsi con il sistema operativo

## OBIETTIVI

### Conoscenze
- Terminologia legata alla Rete e ai servizi di Internet
- Campi di applicazione e potenzialità delle tecnologie ipermediali e della rete Internet

### Abilità
- Riconoscere il ruolo di Internet nella vita quotidiana e nello studio
- Saper utilizzare con criterio e razionale consapevolezza gli strumenti che ruotano intorno al mondo di Internet

### Competenze
- Essere in grado di utilizzare criticamente e consapevolmente strumenti informatici e telematici nelle attività di studio e di approfondimento

# UNITÀ DI APPRENDIMENTO 1
# TRASMISSIONE DEI DATI E RETI DI COMUNICAZIONE

## IN QUESTA UNITÀ IMPARERAI...

- Cosa significa comunicare e quali sono le forme di comunicazione
- Cosa sono le reti di computer
- Le differenze tra i vari tipi di reti
- A riconoscere i dispositivi che ti servono per realizzare una rete
- A riconoscere ipertesti ed ipermedia

Glossario CLIL    Approfondimento    Tutorial

## 1 | La comunicazione

Da sempre l'uomo ha sentito la necessità di **comunicare informazioni a distanza**. I primi tentativi in tal senso possono essere considerati quelli con segnali di fumo o con tamburi per trasmettere informazioni legate alla sopravvivenza. Nel corso dei secoli la comunicazione ha cambiato mezzo di trasmissione: dai corrieri a cavallo ai piccioni viaggiatori, fino ad arrivare ai segnali elettrici o elettromagnetici per trasmettere messaggi di tipo economico, culturale, personale.

La comunicazione a distanza (*tele*) tra due o più persone per mezzo di dispositivi e/o infrastrutture che utilizzano particolari tecniche per il trasferimento dell'informazione prende il nome di **telecomunicazione**. L'avvento dell'informatica ha profondamente cambiato il modo di comunicare. Dall'incontro tra telecomunicazione e informatica è nata la *telematica*, neologismo derivato dalla fusione delle parole telecomunicazione e informatica.

**Linea del tempo**

**Evoluzione comunicazione**

L'universalità di Internet e la sua velocità permettono di comunicare in tutto il mondo con una rapidità che conosce davvero pochi limiti. Dalle prime forme di comunicazione a distanza a Internet il salto è notevole, segui i passaggi di questa evoluzione consultando la linea del tempo.

> La **telematica** si occupa della trasmissione a distanza di informazioni (dati, testo, suoni, immagini) attraverso l'uso delle tecnologie informatiche nell'ambito delle telecomunicazioni.

Alcuni esempi di applicazioni telematiche sono: gli sportelli bancomat, i fax e i terminali per la lettura delle carte di credito.

## 2 | Gli elementi della comunicazione

Vediamo di individuare gli elementi che entrano in gioco durante una comunicazione tra due persone. Tali elementi, vedremo, possono essere estesi anche alla comunicazione tra due computer.

- I **soggetti** interessati alla comunicazione. Le persone che colloquiano hanno i ruoli di **mittente** o **trasmittente** (colui che trasmette l'informazione) e **ricevente** o **destinatario** (colui che riceve l'informazione).
- Il **messaggio**: l'informazione che si vuole trasmettere.
- Il **mezzo trasmissivo** utilizzato per la comunicazione: l'aria se il colloquio avviene verbalmente con mittente e ricevente posti vicini tra di loro, i cavi telefonici se il colloquio avviene per telefono.

- Il **linguaggio** utilizzato per poter comunicare. Entrambi devono parlare la stessa lingua, l'italiano per esempio, oppure bisogna far ricorso a un interprete o a un traduttore.
- Le **regole** da seguire per poter comunicare. Le due persone devono parlare a turno senza sovrapporsi, possono usare cenni di assenso con il capo per far capire all'interlocutore che quanto comunicato è chiaro. Se le persone sono più di due occorre regolare gli interventi per evitare le sovrapposizioni. Se la comunicazione coinvolge persone non presenti occorre una sorta di "passaparola" per far giungere l'informazione anche a questi ultimi.
- **Individuare** e **correggere** eventuali **errori** durante la comunicazione. Occorre, per esempio, **ripetere** il messaggio se questo non è stato correttamente compreso.

Questi elementi sono facilmente riscontrabili nella comunicazione tra due o più computer posti in rete. Le reti vengono utilizzate per trasmettere informazioni a distanza.

## 3 | Reti di computer

> Una **rete di computer** (*computer network*) è costituita da un insieme di computer o più in generale di unità di elaborazione autonome, connesse mediante un sistema di comunicazione e in grado di scambiarsi messaggi o condividere risorse utilizzando regole di comunicazione note come **protocollo** di comunicazione.

Parliamo più in generale di **unità di elaborazione** anziché di computer. Sono esempi: una stampante di rete, unità che controllano o gestiscono il traffico in rete come, per esempio, modem e router. Tali unità di elaborazione vengono chiamate **nodi** o **host**.
I nodi sono collegati **fisicamente** tra loro attraverso una **sottorete** di comunicazione o **sottosistema** di comunicazione che prevede attrezzature **passive** (cavi elettrici, fibre ottiche, connettori e così via) e attrezzature o dispositivi **attivi** (modem, router, schede di rete e così via).
I nodi sono collegati **logicamente** tra loro attraverso programmi e software che, per dialogare correttamente, utilizzano un insieme di regole detto **protocollo** informatico di comunicazione.

Le apparecchiature che iniziano con H sono gli host, mentre quelli identificati dalla T sono i terminali.

## 4 | Perché collegare un computer in rete

Collegare un computer in rete offre numerosi vantaggi, tra cui:

- **scambiare o condividere informazioni**: un computer in rete può accedere alle risorse informative residenti su altri computer. I dati di un conto corrente di una filiale di una banca, per esempio, devono essere noti non solo agli impiegati di quella filiale ma anche alle agenzie di Milano, Roma, Parigi;
- **condividere periferiche** o dispositivi hardware: un computer può utilizzare periferiche, come stampanti o fax, collegate ad altri elaboratori, e così via. Per esempio, in uno studio di progettazione i progettisti possono stampare i propri disegni su di un unico plotter oppure stamparli sul plotter di un collega distante chilometri dal proprio ufficio.

UNITÀ 1 Trasmissione dei dati e reti di comunicazione

**Terminale**
È uno dei rari casi nei quali la traduzione italiana fa intuire il significato informatico. Un terminale senza alcuna capacità di calcolo è detto "terminale stupido"; esso è costituito unicamente da tastiera e monitor e affida interamente i calcoli al computer host cui è collegato.
Un "terminale intelligente" è in grado di svolgere localmente una certa quantità di funzioni in modo da alleggerire i componenti del computer principale a cui è collegato. Il terminale intelligente non è dotato di memoria di massa per il salvataggio dei dati in locale (cioè sul singolo strumento). A tal proposito è stato coniato il termine **Network computer** che è un terminale di rete intelligente, senza memoria di massa. Lo scopo del network computer non è quello di centralizzare le operazioni di calcolo, ma piuttosto quello di condividere le risorse disponibili in rete (in particolare sulla "rete delle reti", Internet), tanto a livello di dati, quanto di applicazioni.

Le reti di calcolatori hanno consentito il passaggio dall'**informatica centralizzata**, in cui più **terminali** erano collegati a un unico potente mainframe che possedeva tutte le risorse disponibili, all'**informatica distribuita**, in cui le risorse sono distribuite tra più computer collegati tra loro. In quest'ultima conformazione ogni utente è come se avesse a disposizione molte più risorse di quante non siano direttamente collegate alla sua postazione di lavoro. Può disporre di un maggiore quantitativo di memoria di massa, di CPU più potenti, di diversi dispositivi di input/output, di banche dati e così via.

Comunque, l'utente può continuare a sfruttare le proprie risorse e lavorare in maniera indipendente dagli altri. I vantaggi di avere più sistemi di calcolo rispetto a uno solo sono:

- **miglior rapporto costo/prestazioni**; rispetto ai sistemi centralizzati, i piccoli sistemi collegati in rete hanno un basso costo e offrono in media una velocità di utilizzo maggiore, in quanto gli utenti condividono più frequentemente i dati rispetto all'hardware;
- **migliore espansione del sistema**; l'espansione della rete può riguardare la configurazione dei singoli sistemi con modalità e tempi diversi, permettendo una gestione economicamente più vantaggiosa. La rete, inoltre, può essere ampliata con l'aggiunta di nuovi sistemi (**scalabilità**);
- **maggiore affidabilità**, una buona tolleranza ai guasti (**fault tolerance**). Se un computer si blocca o un collegamento viene interrotto gli altri sistemi continuano a funzionare e spesso, a seconda del tipo di struttura, possono ancora comunicare;
- **maggiore flessibilità** nell'accesso alle risorse; si può accedere alle risorse di una rete da posti diversi e in momenti diversi, grazie anche alle nuove tecnologie e ai nuovi strumenti della comunicazione: computer portatili, cellulari, reti senza cavi.

# 5 | Tipi di rete

Esistono vari tipi di rete, dalle più piccole, che possono essere composte anche solo da due personal computer, a reti enormi, con migliaia di computer, distribuiti su vaste aree geografiche. Un possibile criterio di classificazione delle reti si basa sulla loro **estensione** geografica.

- **PAN** (*Personal Area Network*, rete personale): è una rete che si estende per pochi metri. In tale ambito operano diversi dispositivi che gravitano attorno ad un unico utente: telefono cellulare, tablet, notebook. Tali dispositivi possono scambiarsi informazioni o collegarsi a reti di livello superiore come, per esempio, internet. Una rete PAN può utilizzare sia collegamenti via cavo (WIRED) che connessioni WIRELESS.
- **LAN** (*Local Area Network*): sono reti che si estendono per pochi chilometri (ma non di suolo pubblico); di solito si sviluppano all'interno di un edificio. Il termine **locale** si usa per indicare "vicinanza" e si contrappone a **remoto**, che indica "lontananza". Sono reti affidabili, non molto costose e di facile manutenzione. La tecnologia più diffusa per la realizzazione di una LAN è **Ethernet**.
- **CAN** (*Campus Area Network* o *Controller Area Network* o *Cluster Area Network*): si usa in un ambito ristretto come quello di un campus universitario o di una fiera espositiva.
- **MAN** (*Metropolitan Area Network*): può coprire un'area di alcune decine di chilometri quadrati, corrispondente appunto a una città; tuttavia, a essa si preferisce ormai la WAN. Storicamente le MAN sono nate per fornire servizi di TV via cavo nelle città in cui la ricezione terrestre non era buona. In pratica un'antenna posta in una posizione favorevole distribuiva il segnale alle case mediante cavo. Dopo una prima fase avvenuta a livello locale, sono subentrate le grosse aziende che hanno richiesto di cablare intere città, soprattutto negli Stati Uniti. Quando il fenomeno Internet è esploso, queste società hanno diffuso la comunicazione Internet anche attraverso il cavo TV utilizzando la struttura preesistente. Questa struttura, attualmente, utilizza la fibra ottica come mezzo di collegamento.
- **WAN** (*Wide Area Network*): sono reti che connettono computer posti a distanze enormi.

**Apparato didattico D** Il mondo di Internet

Sono anche dette **reti geografiche** poiché si possono sviluppare in ambito nazionale, internazionale e intercontinentale. Naturalmente, i tempi di risposta sono maggiori a quelli di una LAN; sono quindi reti un po' più lente. Queste reti sono, per la loro stessa natura, molto più "aperte" delle reti locali, ovvero hanno tutta una serie di procedure già predisposte per accogliere nuovi elaboratori remoti: da quelli di un'eventuale nuova sede fino al computer portatile di un dipendente munito di modem e (ovviamente) di linea telefonica.
- **GAN** (*Global Area Network*): sono reti che collegano computer collocati in vari continenti attraverso l'uso di diverse tecnologie: dai semplici cavi ai satelliti.

Internet, o più semplicemente "the Net", "la Rete", è il classico esempio di GAN. Non ha importanza quale sia la tecnologia che unisce le reti: cavi, fibre ottiche, ponti radio, satelliti o altro. Non è neppure rilevante di che tipo siano i computer connessi: dal piccolo personal computer al grosso elaboratore. Punto di forza di Internet, e motivo del suo velocissimo espandersi, è la capacità di "parlare" un linguaggio universale, adatto alla quasi totalità degli elaboratori esistenti.

## 6 | Segnali analogici e digitali

In una rete di comunicazione tra computer i dati si propagano da un nodo all'altro per mezzo di segnali elettrici. Tali segnali possono essere di due tipi: analogici e digitali.

> Un segnale **analogico** è un segnale il cui valore varia nel tempo in un intervallo continuo. Ovvero, se il segnale è compreso tra [min, max], esso assumerà tutti i valori reali compresi tra il valore *min* e il valore *max*.

Sono esempi di segnali continui le onde radio, i numeri interi, le tensioni ecc.

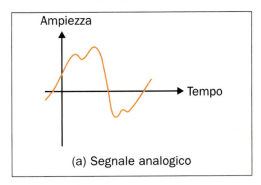

> Un segnale **digitale** è un segnale *discreto*, ovvero un segnale che può assumere solo un numero *finito* di valori. Nel caso specifico diremo che *un* **segnale binario** *è un caso particolare di segnale digitale che può assumere solo due valori* (0 e 1).

Sono esempi di segnali digitali: i bit, l'alfabeto Morse, i numeri interi ecc.

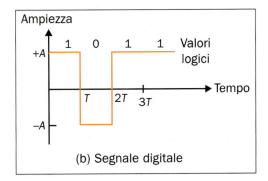

# 7 | Mezzi trasmissivi

Occorre distinguere tra canale di comunicazione e mezzo trasmissivo. Quando si mettono in collegamento due interlocutori si dice che fra questi si stabilisce un "**canale di comunicazione**". L'informazione da trasmettere a distanza, per raggiungere luoghi lontani necessita di una elaborazione che la trasformi in segnali elettrici e/o magnetici.

> Un **mezzo trasmissivo** è il supporto fisico tramite il quale un segnale si propaga da un punto a un altro della rete

Da questa distinzione deriva che:

- su un mezzo trasmissivo vi possono essere simultaneamente più canali;
- un canale può usare più mezzi trasmissivi.

Esistono diversi mezzi trasmissivi in base alle distanze che si devono coprire, all'affidabilità e alla velocità che si vuole ottenere. I mezzi trasmissivi possono essere i seguenti.

- **Elettrici**

  - **Doppini telefonici**: (*twisted pair*) consistono in una coppia di fili di rame, isolati singolarmente, ritorti tra di loro, in modo da formare una treccia e protetti per evitare interferenze. I possibili tipi sono:
    - **UTP** (*Unshielded Twisted Pair*): doppino non schermato;
    - **FTP** (*Foilded Twisted Pair*): doppino con unico schermo;
    - **STP** (*Shielded Twisted Pair*): doppino con una schermatura per ogni singola coppia oltre alla schermatura globale.

    Il doppino garantisce velocità fino a 100 Mbps, è usato nelle reti LAN e geografiche, in particolare nelle reti pubbliche nei tratti che arrivano fino all'utente (detti "ultimo miglio"). Alle estremità dei cavi sono presenti i **plug** ovvero i terminali che andranno nelle schede di rete del computer e nelle porte dei dispositivi di rete come hub, switch, router.

  - **Cavi coassiali**: erano molto usati prima dell'avvento dei doppini. Oggi vengono utilizzati nelle reti telefoniche e nelle trasmissioni televisive "via cavo". Consistono in un'anima metallica sulla quale viaggia il segnale, ricoperta da uno strato di materiale isolante, circondata da una calza di rame (massa) e isolata da una guaina di plastica per le interferenze. Vengono usati per distanze limitate ai 500 metri. Sono difficili e costosi da fabbricare, sono difficili da utilizzare in spazi limitati in quanto non possono essere piegati con angoli ristretti.

- **A fibra ottica**: sono costituiti da una parte centrale di vetro detta **core** (il *nucleo* attraverso il quale passa la luce), dal **cladding** (il *mantello* che tiene la luce confinata all'interno del core), da un rivestimento primario e dalla guaina protettiva. La sorgente luminosa può essere costituita da un semplice **led** o da un qualsiasi altro dispositivo che generi impulsi luminosi come il **laser**. Il segnale elettrico è trasformato in segnale luminoso da un modulatore. La trasformazione inversa avviene a opera di un fototransistor o da parte di diodi fotoelettrici. Offrono il vantaggio di un'enorme velocità (nell'ordine dei Gbps) e dell'assenza di interferenze elettromagnetiche. Per contro hanno un costo di installazione molto alto.

- **Wireless**: le reti e i dispositivi wireless per far comunicare i computer utilizzano segnali radio ad alta frequenza o raggi di luce a infrarossi. Ogni computer deve avere un dispositivo che, per spedire e ricevere dati, trasforma i segnali digitali in segnali radio e viceversa. Le **reti wireless** a differenza delle **reti cablate** o **wired** (quelle realizzate con doppini, cavi e fibra ottica) sono molto adatte a creare una rete LAN in edifici storici dove non è consentita una cablatura fissa o in spazi aperti (bar, aeroporti ecc.). I loro svantaggi riguardano aspetti legati alla sicurezza, all'interferenza elettromagnetica, alla velocità ridotta rispetto alle reti cablate. Le reti LAN wireless con *access point* utilizzano degli **access point** (punti d'entrata), sorta di *concentratori* del traffico di rete in grado di mettere in contatto in modo efficiente le varie stazioni presenti sulla rete. Tramite l'utilizzo di più access point la copertura della rete potrà essere estesa anche a grandi aree, come un intero edificio o un campus. Un access point può coprire un'area da 30 fino anche a 150 metri. Ogni computer dovrà utilizzare un'apposita scheda di rete wireless.

# 8 | Reti analogiche e reti digitali

Poiché le reti richiedevano collegamenti a grandi distanze, inizialmente si decise di utilizzare come *sottorete di comunicazione* una rete già esistente: quella telefonica che usava segnali analogici. La rete telefonica analogica viene indicata con le sigle: RTG (*Rete Telefonica Generale*), in inglese PSTN (*Public Switched Telephone Network*), o POTS (*Plain Old Telephone Service*).

Anche la rete per le trasmissioni radio-televisive della RAI è una rete che utilizza segnali analogici anche se ormai, con l'avvento del **digitale terrestre**, i segnali trasmessi sono quasi tutti digitali.

Oggi, quindi, la maggior parte delle reti è di tipo digitale (o numerico): usano, cioè, sequenze di bit per trasmettere dati binari. Le informazioni da trasmettere che non sono in formato binario, per esempio la voce, vengono **digitalizzate**, cioè trasformate in formato digitale (sequenza di bit), trasmesse e poi riconvertite in analogico alla ricezione. Il **MODEM** analogico (**MO**dulatore/**DEM**odulatore) è il più famoso dispositivo che effettua una conversione analogico-digitale (modulazione) e digitale-analogico (demodulazione).

Abbiamo già accennato al **MODEM**; vediamo ora quanti tipi ne esistono. Diamo uno sguardo ai diversi tipi di modem.

- **Modem analogico** (56 kbps): molto comune fino alla fine degli anni Novanta, ha segnato la diffusione di Internet. È disponibile sotto forma di scheda interna o di dispositivo esterno, viene collegato al computer e alla linea telefonica consentendo l'accesso a Internet attraverso la linea telefonica base, occupandola costantemente a bassa velocità di connessione. Dagli inizi del nuovo millennio, con la diffusione prima di ISDN e poi di banda larga ADSL, questa tipologia di modem è caduta in forte disuso.
- **Modem ISDN** (128 kbps): sono utilizzabili solo se in possesso della linea telefonica ISDN. Hanno le medesime funzioni di quelli analogici, con la differenza che sono più veloci e sfruttano una linea dati digitale, con una velocità tra i 64 kbps e 128 kbps, occupando entrambi i canali ISDN.
- **Modem ADSL** (da 640 kbps a 100 Mbps): sono dei modem solitamente esterni (ma anche, raramente, di tipo interno) che consentono di usufruire della linea digitale dati ad alta velocità ADSL. La velocità varia dai 640 kbps sino ai 20-30 Mbps in base all'operatore telefonico, al contratto stabilito con esso e alla rete utilizzata. Recentemente sono usciti anche **VOIP modem** che consentono di avere una seconda linea telefonica su rete Internet (detta appunto *VOIP*).
- **Modem GPRS/EDGE/UMTS/HSDPA** (da 56 kbps a 7,2 Mbps): sono integrati nei telefonini di ultima generazione o anche presenti come PC card o modem USB. Consentono di accedere dal telefonino a Internet a velocità variabili: 50 kbps per **GPRS**, 200 kbps per **EDGE**, 384 kbps con **UMTS**. Per **HSDPA** la velocità arriva fino al limite teorico di 7,2 Mbps, ma è raggiungibile solo in caso di copertura ottimale. In condizioni comuni è possibile arrivare a 3,6 Mbps, paragonabili alla velocità da ADSL. I servizi di navigazione via cellulare sono offerti dagli operatori telefonici; per usufruire di questi servizi si possono utilizzare cellulari abilitati di ultima generazione, modem USB oppure PC card.

**Banda**
Il termine banda indica la capacità di trasferimento dati di un canale.
Per ampiezza di banda generalmente intendiamo quante informazioni possono essere trasmesse attraverso una connessione in una determinata unità di tempo. Si tratta quindi della velocità di trasmissione dell'informazione. Nel caso delle comunicazioni digitali (come per esempio il web) la banda viene misurata in bit al secondo e nei suoi multipli Kbit/s e Mbit/s.

# 9 | Banda larga

Una delle prime reti digitali per la trasmissione dati è stata la rete **ISDN** (*Integrated Services Digital Network*). Negli ultimi anni la rete digitale per eccellenza è quella basata su tecnologia **ADSL** (*Asymmetric Digital Subscribes Line*). Tale tecnologia permette di velocizzare la trasmissione dei messaggi in rete utilizzando la normale rete telefonica (RTG), sfruttandone fino al limite le caratteristiche di banda; si parla di **banda larga** o **broadband**. Ha permesso l'ingresso nelle nostre case di Internet ad alta velocità che permette di fruire audio e video in tempo

UNITÀ 1 Trasmissione dei dati e reti di comunicazione       321

reale. L'utente, oltre al vantaggio dell'accesso veloce a Internet, ha una connessione sempre attiva (**always-on**) contemporaneamente alla disponibilità della tradizionale linea telefonica. Il segnale è codificato in digitale anche nel tratto della linea che arriva all'utente (subscriber line); la velocità di invio dati, **upstream**, e di ricezione, **downstream**, sono differenti, da cui la caratteristica di **asimmetria** di questa tecnologia. Si preferisce avere una velocità in uscita più bassa a vantaggio di quella in ingresso tenendo conto che, per le utenze private, generalmente si chiede molta più informazione in ingresso che in uscita. Attualmente si arriva a una velocità dell'ordine di 20 Mbps in downstream e la distanza massima che si riesce a coprire è di circa 3-4 km. Particolari filtri detti **splitter**, applicati ai dispositivi standard come prese telefoniche, fax e modem analogici, permettono che a tali apparati arrivino solo le frequenze del servizio telefonico di base, bloccando quelle per la trasmissione dati che possono generare disturbi e fruscii e permettendo l'utilizzo della linea telefonica anche durante il collegamento a Internet.
La tecnologia ADSL è solo una parte della famiglia di soluzioni **xDSL** (*Digital Subscriber Line*). Altre due note soluzioni sono:

- **HDSL** (*High data rate DSL*): garantisce un collegamento simmetrico (trasmissione e ricezione date alla stessa velocità) ad alta velocità (nell'ordine dei 2 Mbps). Il limite è che richiede due o tre linee per funzionare, a una distanza massima di 4,5 km. È usata prevalentemente per reti private.
- **SHDSL** (*Single line High data rate DSL*) è una semplificazione di HDSL; usa una sola linea telefonica, fornendo un collegamento simmetrico, alla distanza massima di circa 3 km. Il suo utilizzo principale è per LAN o server remoti.

## 10 | Tipi di collegamento

I **collegamenti fisici** in una rete possono essere di due tipi:

- **punto a punto** (**point to point**) quando esiste un mezzo trasmissivo che mette direttamente in comunicazione due nodi senza passare da nodi intermedi;
- **multipunto** (**multipoint**) quando esiste un mezzo trasmissivo comune che mette in comunicazione più nodi.

Il **collegamento** tra due nodi è **logico** quando essi comunicano un messaggio pur non essendoci un collegamento fisico diretto. In realtà ci sono collegamenti fisici tra nodi intermedi: tali nodi leggono il messaggio e lo inoltrano come se fosse un "passaparola" (tecnica **store and forward**).

### LO SAI CHE...

Nelle reti multipunto la trasmissione è di tipo **broadcast**: i messaggi sono ricevuti da tutti i nodi (come una comunicazione fatta ad alta voce a più persone) ma solo il nodo destinatario li catturerà mentre gli altri li ignoreranno. Quando i destinatari del messaggio sono tutti i nodi si parla di trasmissione di tipo **broadcasting**. Quando i destinatari sono alcuni nodi (non solo uno) si parla di trasmissione **multicasting**.

## 11 | Le topologie di rete

> La **topologia** di una rete definisce il modo in cui sono collegati i nodi della sottorete di comunicazione.
> Ogni topologia possiede caratteristiche che influenzano il costo e il **throughput**, cioè la quantità di informazione scambiata nell'unità di tempo.

La topologia è **fisica** quando definisce il modo in cui i componenti hardware sono collegati fisicamente. È **logica** quando definisce il percorso dei messaggi attraverso i componenti hardware. La topologia fisica può essere diversa dalla topologia logica. Con i tipi di collegamento visti in precedenza si realizzano, per esempio, le seguenti topologie di rete.

- **Topologia a bus**: tutti i nodi sono connessi a un unico mezzo fisico comune (il bus) che viene condiviso (collegamento di tipo multipunto). Le estremità del mezzo fisico non sono tra di loro collegate e devono avere dei terminatori che impediscano al segnale di generare echi non desiderati.
La trasmissione è di tipo broadcast: i messaggi vengono inviati a tutti i nodi ma solo quello

che riconosce di essere il destinatario lo memorizza sul proprio hard disk; solo un nodo alla volta può trasmettere sul canale. Per evitare collisioni, ovvero sovrapposizioni di segnali da parte di più nodi che vogliono trasmettere contemporaneamente, si adottano tecniche dette di **accesso al canale**.

Una delle tecniche più diffuse è nota come tecnica a contesa di tipo **CSMA**.

- **Topologia a stella**: tutti i nodi hanno un collegamento di tipo punto a punto con un nodo centrale detto centro stella che può essere un ripetitore di segnale (*hub*) o un dispositivo intelligente (*switch* o *router*). Tra i nodi periferici vi è, quindi, un collegamento di tipo logico. Un messaggio inviato dal mittente è ricevuto da tutti i nodi, ma solo il destinatario lo memorizzerà sul suo hard disk. Il tipo di trasmissione è di tipo broadcast, quindi la topologia logica è di tipo a bus, mentre quella fisica è di tipo a stella. Se uno o più collegamenti fisici vengono interrotti, il resto della rete continua a funzionare. Se si guasta il nodo centrale tutta la rete rimane bloccata. Si possono facilmente aggiungere nuovi nodi fino al numero massimo previsto dal nodo centrale (per esempio al massimo numero di connessioni previste dallo switch centrale). È la topologia più utilizzata per piccole LAN.

- **Topologia ad anello**: ogni nodo è connesso al successivo con un collegamento di tipo punto a punto. L'ultimo nodo è connesso al primo in modo da formare un anello unidirezionale. Ogni messaggio da trasferire deve percorrere l'anello fino al destinatario: se consideriamo il messaggio di risposta per la conferma, ogni scambio di informazioni coinvolge tutti i nodi della rete che devono cooperare anche se non direttamente interessati al messaggio.

- **Topologia a maglia completa**: ogni nodo è collegato a ognuno degli altri nodi. L'invio di un messaggio, così, avviene in modo diretto senza pericoli di collisioni o interferenze e senza tempi di attesa. Gli svantaggi sono da ricercare nella complessità della manutenzione e nei costi di installazione e di manutenzione.

## 12 | Le apparecchiature per creare una semplice LAN

Vediamo cosa occorre per creare una semplice rete LAN cablata (cioè con cavi) con topologia a stella.

- Ogni computer che occorre collegare dovrà essere dotato di una **scheda di rete**. La scheda di rete dovrà essere riconosciuta dal sistema operativo che si sta utilizzando su quel computer. Occorre, pertanto, avere a disposizione i **driver** della scheda di rete per quel particolare sistema operativo.
- Occorre poi procurarsi un **HUB** o uno **SWITCH**.

> Un **hub** (in inglese *fulcro, mozzo, elemento centrale*) è un **concentratore**, ovvero un dispositivo di rete che funge da nodo di smistamento in una rete a **stella**. È dotato di un numero variabile di porte alle quali connettere i cavi di rete; è un dispositivo che inoltra i dati in arrivo da una qualsiasi delle sue porte su tutte le altre. Per questa ragione può essere definito anche un "ripetitore multiporta".
>
> Uno **switch** è un hub intelligente: dai pacchetti che riceve impara a riconoscere i dispositivi che sono collegati alle proprie porte, per poi inviare i pacchetti solamente alle porte interessate e non a tutte quante indistintamente (come fa invece l'hub). Così facendo riduce il traffico in rete a vantaggio delle prestazioni. Si comporta come un centralino che smista le chiamate tra mittente e destinatario.

Gli hub ormai sono in disuso, sostituti quasi completamente dagli switch.

- Servono infine i **cavi necessari** per il collegamento di ogni PC all'hub/switch. Possiamo utilizzare, per esempio, doppini telefonici di tipo FTP. È possibile comprare cavi già pronti oppure crearli personalmente effettuando la **crimpatura** dei cavi, ovvero l'inserimento dei plug (in base alle specifiche) utilizzando un'apposita pinza detta appunto **pinza crimpatrice**.

# 13 | L'ipertesto

Quando leggiamo un libro (per esempio un giallo) iniziamo dalla prima riga della prima pagina e avanziamo pagina dopo pagina, dall'alto verso il basso, finché non arriviamo all'ultima riga dell'ultima pagina. Procediamo in questo modo (a meno che non vogliamo subito sapere chi è l'assassino) perché un libro presenta una classica **struttura lineare**.

Se analizziamo attentamente la figura, ci accorgiamo che il testo è un'organizzazione rigidamente **unidimensionale** e **unidirezionale**: ovvero è una linea percorribile in una sola direzione. È questa caratteristica che, per brevità, chiamiamo "linearità", anche se dovrebbe chiamarla più correttamente "unidimensionalità unidirezionale": ovvero, non si può leggere un testo all'"indietro". Ciò avviene perché il testo si basa sul linguaggio verbale orale. Quest'ultimo, essendo *mappato* nel tempo (e non nello spazio), deve tradurre linearmente tutti i livelli della sua strutturazione: dai suoni che compongono le parole, alla sintassi che le organizza nella frase, all'insieme di frasi che costituiscono il discorso. In altri termini, tutti gli elementi vanno disposti in una **sequenza prima-poi**.

Disporre le nozioni in maniera lineare a volte risulta naturale e utile, ma non sempre è la strada più funzionale. Anche un'enciclopedia o un dizionario sono stampati su pagine numerate ma le informazioni in essi contenute non si acquisiscono in *sequenza prima-poi*. Nessuno scorrerebbe un dizionario cominciando dalla definizione di "a" e terminando con quella di "zuzzurellone". Quando si consulta un'enciclopedia o un dizionario si cerca la parola interessata e poi, magari, da quella si passa a un'altra parola e poi a una successiva. L'ordine alfabetico ha lo scopo di facilitare la ricerca e non ha niente a che vedere con la consequenzialità delle informazioni contenute.

Un altro modo per strutturare un testo in modo che la trasmissione e l'acquisizione della conoscenza siano più efficaci è quello dell'**ipertesto**. L'ipertesto può essere schematizzato nella figura che segue.

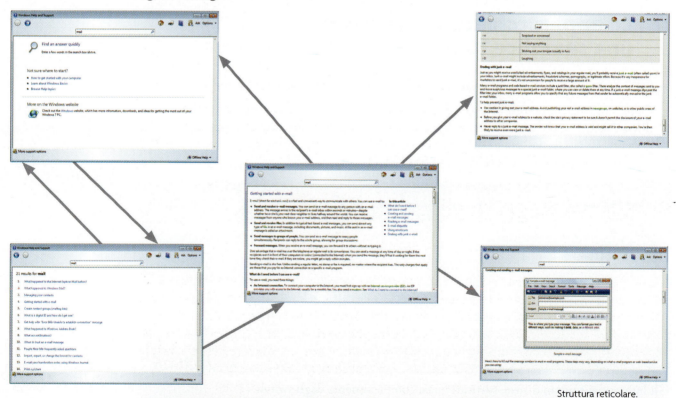

Struttura reticolare.

In un **ipertesto**, ciascuno dei **piccoli blocchi testuali** (**microtesti** rappresentati dai rettangoli in figura) prende il nome di **nodo**. Esso contiene una o più **ancore** (o **hot-word**) che hanno un **legame** (o **link**) con un altro nodo: ciò significa che raggiunta l'ancora si può (ma non *necessariamente si deve*) attivare il legame e passare così all'altro nodo.

Un determinato ipertesto è quindi definito non soltanto dall'insieme dei nodi (quindi dei micro-testi che contiene), ma anche dall'insieme delle ancore e dei legami. Un ipertesto può essere consultato leggendo un nodo dopo l'altro, così come un normale testo, oppure **navigando** da un nodo all'altro e utilizzando i link per gli spostamenti. Lo stesso ipertesto può essere letto da più persone in modo diverso se vengono selezionati **percorsi** diversi. Un classico esempio di ipertesto è la guida in linea (help on line) di un qualsiasi programma per il sistema operativo Windows.

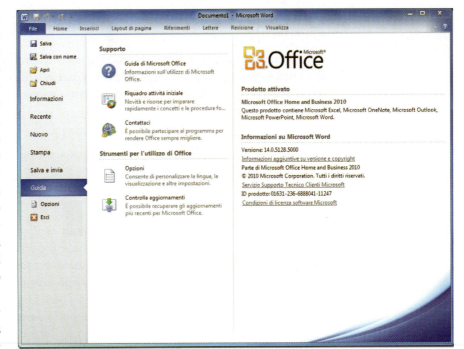

Da come è stato definito un ipertesto e osservando la figura a pagina precedente, in basso, possiamo facilmente concludere che questo tipo di struttura **non è lineare**: i nodi non sono ordinati lungo una singola dimensione prima-poi e **non è unidirezionale**. La si definisce **reticolare** o **multidimensionale**.

È vero che una singola "lettura" (o "percorso") di un ipertesto è un percorso lineare, ma è proprio il fatto che nello stesso ipertesto è possibile un elevato numero di questi percorsi, tutti diversi tra loro, che ne definisce la struttura *non lineare* o *reticolare*. Ciò infatti non è possibile nel testo tradizionale, dove l'ordinamento dei nodi è uno solo e uno solo è il percorso. E infatti, come si può facilmente constatare, nell'ipertesto non vi sono né un punto d'inizio né un punto di fine intrinseci. Al tempo stesso l'ipertesto non è così destrutturato come il dizionario o l'enciclopedia. In questi ultimi non vi è alcun ordinamento intrinseco dei nodi: è possibile il passaggio da qualunque nodo a qualunque altro nodo. Tra i due estremi, quello della strutturazione lineare univoca del testo tradizionale e quello della completa assenza di strutturazione del dizionario/enciclopedia, l'ipertesto si colloca in mezzo: vi è una certa strutturazione (non si può accedere da un nodo a qualunque altro nodo) ma essa non è linearmente univoca. La scelta fra i link consente di usufruire delle informazioni contenute nell'ipertesto seguendo percorsi non sequenziali guidati dall'interesse del "lettore", propri del **pensiero associativo** umano.

## 14 | Gli svantaggi degli ipertesti

Un inconveniente frequente che si riscontra nell'utilizzo di un ipertesto è quello della **dispersione** o **disorientamento**: navigando attraverso i suoi link si segue un percorso che ci fa perdere di vista l'obiettivo iniziale e il punto di partenza. Immagina di leggere un ipertesto sui vini prodotti in Italia dove sono evidenziate le caratteristiche chimiche dell'uva e di passare da un link all'altro fino ad arrivare a nozioni di chimica e biologia. Alla fine ti ritrovi a consultare la struttura degli aminoacidi non riuscendo più a risalire alla tua ricerca iniziale sui vini. Oltre che a concentrarsi su quanto si sta leggendo occorre decidere se percorrere o meno alcune strade per non "perdersi" tra i link. Questo maggior lavoro intellettuale è detto **cognitive overhead**. Per non correre questi rischi è opportuno:

- avere una visione d'insieme della struttura dell'ipertesto (**mappa dell'ipertesto**);
- utilizzare guide o percorsi guidati;
- avere la possibilità di ripercorrere il cammino al contrario: **backtracking**;
- utilizzare strumenti di navigazione con interfacce grafiche che aiutino chi legge a *orientarsi*.

# 15 | I media

Le associazioni di un ipertesto avvengono solo tra informazioni di tipo linguistico (parole e frasi) ma, in realtà, l'informazione può essere di tipo diverso. Essa, infatti, può essere rappresentata e trasmessa attraverso un **mezzo** (in latino: *medium*) che può assumere altre forme:

- **testo alfanumerico**, per esempio un articolo di giornale, un libro, una formula matematica;
- **immagine statica**, per esempio la fotografia di una persona, un disegno, un diagramma;
- **suono**, per esempio il rumore di una cascata, un canto d'uccelli, una musica, un racconto, il rumore di passi sul selciato;
- **immagine in movimento (dinamica)**, per esempio un cartone animato, il video di una persona che corre.

La scelta dei **media** (termine latino, plurale di *medium*) dipende da tanti fattori: dal risultato che vogliamo raggiungere, dal contesto in cui operiamo, da ciò che vogliamo comunicare ecc. Per divulgare una poesia utilizziamo il medium testo alfanumerico, se vogliamo ascoltare Mozart utilizziamo il medium suono. Spesso possiamo utilizzare anche più media assieme per ottenere un particolare obiettivo. Se vogliamo, per esempio, descrivere una persona a un nostro amico, possiamo farlo sia con il medium suono (a parole, descrivendone il carattere) sia con il medium immagine statica (facendo vedere una foto che la ritrae) oppure dinamica (facendo vedere un filmato in cui compare).

|  | Medium statico | Medium dinamico |
|---|---|---|
| Medium lineare | Testo | Multimedia |
| Medium non lineare | Ipertesto | Ipermedia |

Da quanto sin qui detto si comprende facilmente che i media possono essere:

- **statici**, come i testi alfanumerici e le immagini (statiche), indipendenti cioè dal passare del tempo (possono cambiare solo per intervento esterno), o **dinamici**, come una clip audio, un video, un'animazione, il cui stato dipende dal trascorrere del tempo;
- **interattivi** se cambiano stato in risposta ad azioni dell'utente o a eventi esterni; **non interattivi** se cambiano stato soltanto in risposta al trascorrere del tempo ma non dipendono da eventi esterni;
- **lineari**, come un racconto o un libro se le parti di cui sono costituiti si succedono, nello spazio o nel tempo, una di seguito all'altra; **non lineari** se le parti sono organizzate in maniera più complessa, per esempio a rete (*reticolari*), permettendo percorsi *diversi*.

# 16 | Multimedia e ipermedia

Gli aspetti che abbiamo preso in considerazione finora permettono di **classificare i documenti** in diverse categorie. In particolare, se si tiene conto della distinzione tra media statici e dinamici e tra media lineari e non lineari si ottiene la classificazione dei documenti riportata nella tabella sopra.

In base a questa classificazione, definiremo **testo** un documento composto da soli media statici (per esempio, un testo alfanumerico e/o immagini statiche) con struttura lineare. Un **ipertesto** è un documento composto da media statici, dotato di struttura non lineare.

> Analogamente chiameremo **multimedia** un tipo di documento composto da media sia statici sia dinamici (per esempio un suono o immagini in movimento) con struttura lineare. Il termine **multimedia** significa **integrazione** di più media differenti (testo, immagini, video, audio) in un documento. Non si tratta soltanto e semplicemente di usare più media per veicolare dei messaggi, ma piuttosto di **integrare** questi media tra loro in maniera appropriata, in modo da ottenere dalla loro compresenza un **valore aggiunto**.

I multimedia costituiscono un'unità che va oltre la somma delle parti. Alcuni autori includono l'audiovisivo nei tipi primitivi di medium. Questo per sottolineare il fatto che l'audiovisivo non è semplicemente la somma di una traccia video e di una audio, ma qualche cosa che ha

**Apparato didattico D** Il mondo di Internet

delle caratteristiche proprie non direttamente riconducibili al solo video o audio, ma alla loro interrelazione.

Un esempio di applicazione multimediale può essere un CD-ROM sull'antica Roma in cui sia possibile ascoltare musica di sottofondo e voce narrante, vedere filmati, animazioni del testo e immagini fisse.

> Diremo, invece, **ipermedia** un tipo di documento costituito da più media di cui almeno uno dinamico con struttura non lineare e interattivo. Gli ipermedia, pertanto, combinano aspetti sia degli ipertesti sia dei multimedia.

Il modo in cui sono collegate le informazioni è di tipo ipertestuale ma le informazioni sono media di tipo diverso (testo, suoni, immagini, filmati). Un nodo può essere un suono, oppure una pagina da leggere oppure un filmato, tutti i media sono organizzati in modo da ottenere un effetto sinergico e per soddisfare uno o più scopi comunicativi. Il cursore, che in corrispondenza del testo o di una immagine si trasforma in una piccola mano bianca, indica la presenza di un link attivabile facendo clic con il mouse.

> Un altro concetto importante è quello di **presentazione ipermediale**. Il concetto si riferisce al comportamento dinamico degli ipermedia, ossia alla sequenza di eventi che si verificano quando l'utente interagisce con gli ipermedia, per esempio navigando attraverso la struttura ipertestuale o attivando e disattivando clip video audio.

Ipermedia per eccellenza è la **pagina Web** con i link a **oggetti multimediali** (testo, suono, immagini, video) su uno qualsiasi dei computer server presenti in rete.

Un esempio di applicazione ipermediale è quella che descrive la struttura e le varie parti di cui si compone un museo dei dinosauri. Permette di scegliere tra più possibili percorsi: quello cronologico nel quale è possibile vedere le varie specie che si sono avvicendate nel tempo; quello relativo alle dimensioni; quello relativo alle abitudini alimentari ecc.
È possibile ascoltare la ricostruzione dei suoni che emettevano i tirannosauri o vedere un video in cui si confrontano questi ultimi con autobus di linea.

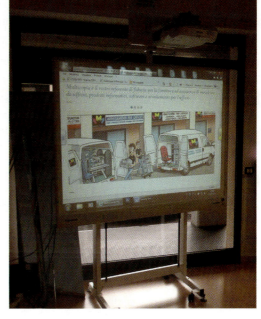

La LIM è uno strumento utile per l'apprendimento poiché coniuga la forza della visualizzazione e della presentazione tipiche della lavagna tradizionale con le opportunità del digitale e della multimedialità.

# TRAINING

Test

## CONOSCENZE

1. Che cos'è la telematica?

2. Considera la tua classe e analizza come si svolge la comunicazione in diverse situazioni (lezione di un professore, assemblea di classe, interrogazione, verifica scritta), mettendo in evidenza ciò che rimane invariato e ciò che è soggetto a cambiamenti.

3. Che cos'è una rete di computer?

4. Perché per fare funzionare una rete sono necessari i protocolli informatici di comunicazione?

5. Quali sono i principali vantaggi del collegare un computer in rete?

6. Cos'è un sottosistema di comunicazione?

7. In che cosa consiste la scalabilità di una rete?

8. Quali sono i principali elementi individuabili in una comunicazione tra due persone?

9. Di che cosa si deve tener conto nella comunicazione tra più persone?

10. In che cosa consiste un protocollo informatico di comunicazione?

11. Qual è la differenza tra attrezzature passive e attrezzature attive?

12. Quando una rete si definisce di tipo LAN?

13. Una rete metropolitana è:
    □ una via di mezzo tra una LAN e una WAN
    □ una nuova topologia
    □ una piccola LAN
    □ una WAN ancora più estesa

14. Una rete WAN è:
    □ più estesa di una MAN
    □ formata da due o più reti LAN
    □ la rete Internet
    □ una rete locale

15. Internet è:
    □ una rete LAN
    □ una rete di reti
    □ una rete WAN
    □ un insieme di reti metropolitane

16. Che cos'è una LAN?

17. Che differenza c'è tra una WAN e una MAN?

18. Che cosa vuol dire elaborazione in locale? E che cosa invece elaborazione in remoto?

19. Un segnale digitale:
    □ è composto solo da 0 e 1
    □ può essere un segnale binario
    □ varia in modo continuo nel tempo
    □ rappresenta sempre una tensione

20. Un segnale analogico:
    □ può essere digitale
    □ varia in modo continuo nel tempo
    □ è sempre digitale
    □ non è mai un segnale elettrico

21. Che cosa indica la banda di un canale?

22. Che differenza c'è tra un segnale analogico e un segnale digitale?

23. Quale delle seguenti sigle non è relativa a un doppino telefonico?
    □ FTP
    □ ADT
    □ UTP
    □ STP

24. Il core è:
    □ un rivestimento
    □ un materiale attraverso cui passa la luce
    □ un isolante
    □ una rete

25. Quali sono le reti digitali a banda larga?

26. Che differenza c'è tra upstream e downstream?

27. Qual è la differenza tra canale di comunicazione e mezzo trasmissivo?

28. L'HDSL è simmetrica. Che cosa vuol dire?

29. Le reti con tecnologia broadcast sono caratterizzate dalla presenza:
    □ di un doppio canale di comunicazione
    □ di un unico canale di comunicazione
    □ di tanti canali di comunicazione quanti sono i computer collegati
    □ nessuna delle precedenti

30. L'indirizzo broadcast consente di inviare un messaggio:
    □ a tutti i computer appartenenti alla stessa rete
    □ a tutti i computer appartenenti a tutte le reti nell'azienda
    □ a tutti i computer di una rete televisiva
    □ a tutti i computer di una WAN

31. Confronta le reti a stella e quelle ad anello.

32. Qual è la velocità di un modem analogico? E quella di un modem ADSL?

33. In che cosa consiste la topologia a stella?

# UNITÀ DI APPRENDIMENTO 2
# INTERNET: UNA RISORSA UNIVERSALE

## IN QUESTA UNITÀ IMPARERAI...

- A comprendere la "rivoluzione digitale"
- Cosa è Internet, come funziona e cosa serve per connettersi
- Come si naviga in Internet
- Le funzioni della posta elettronica
- A conoscere e utilizzare i principali servizi di Internet

Glossario CLIL

Approfondimento

## 1 | Le origini di Internet

Come spesso accade, la ricerca e la messa a punto di nuove tecnologie sono legate a ragioni "militari" e Internet non sfugge a tale regola. Per ritrovare le origini della "Rete delle reti" (così come Internet viene spesso definita), occorre risalire alla fine degli anni Sessanta quando, in piena guerra fredda, il Dipartimento della Difesa (**DOD**, *Department Of Defence*) degli Stati Uniti, precisamente nel luglio del 1968, espresse la necessità di disporre di una rete di interconnessione robusta, flessibile ed eterogenea. Questa avrebbe dovuto garantire in ogni circostanza la comunicazione tra i militari e gli scienziati a servizio del governo in modo tale che calamità naturali, attacchi nucleari e terroristici non avrebbero potuto isolare alcuna stazione di lavoro.

### Da ARPANet a Internet

Così, l'agenzia **ARPA** (*Advanced Research Project Agency*), dello stesso dipartimento, per soddisfare queste esigenze mise a punto, sotto il coordinamento di **Bob Taylor** e **Larry Roberts**, un progetto denominato **ARPANet**. L'idea di base era quella di prevedere diverse "strade" di comunicazione tra i vari computer, in modo che, se una di queste fosse stata interrotta per qualche motivo, i dati trasmessi avrebbero potuto seguire un altro percorso per giungere comunque a destinazione.
Collegare i computer utilizzando il sistema telefonico non era una novità per l'epoca, ma l'agenzia ARPA volle sperimentare la possibilità di connettere computer an-

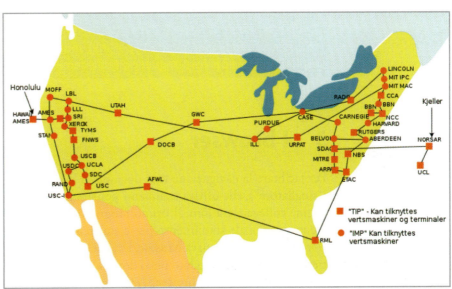

I nodi e le connessioni di ARPA nel 1974.

Vincent Cerf

Robert Kahn

che molto distanti tra loro, adottando regole, i cosiddetti **protocolli**, per la trasmissione di dati tra reti di tipo diverso, cioè per l'**internetworking**.

Da tale termine deriva il nome **Internet** (che comparve per la prima volta in un documento del 1974) e già nel 1974 furono definiti due importanti protocolli: **IP** (*Internet Protocol*) e **TCP** (*Transmission Control Protocol*) a opera di **Vincent Cerf** e **Robert Kahn**.

La Rete nel frattempo cresceva sempre di più: centri di ricerca, università ed enti governativi ne entrarono a far parte e verso la fine degli anni Settanta si svilupparono collegamenti tra ARPANet e reti simili in altri Paesi. Nel 1979 alcuni esperti di informatica progettarono un'altra rete, la **CSNet** (*Computer Science Network*), in grado di garantire collegamenti veloci e molto affidabili, che nel 1980 si unì ad ARPANet tramite un gateway che usava i protocolli TCP/IP dando origine, così, alla vera **Internet**.

Il fermento intorno alle telecomunicazioni cresceva in ogni parte del mondo, ma fu ancora negli Stati Uniti che nel 1984 un'altra agenzia governativa, la **NSF** (*National Science Foundation*), inaugurò la rete **NSFNet**. Questa collegava, tramite linee telefoniche e il protocollo IP, sei supercomputer dislocati sul territorio statunitense e, attraverso un sistema a catena, permetteva a tutte le istituzioni di istruzione o di ricerca di accedere, gratuitamente, ad almeno uno dei sei potenti supercomputer. A partire dal 1990, ARPANet fu sostituita completamente da NSFNet, la quale perse la sua connotazione scientifica e si aprì a organi commerciali e civili. Alcuni di questi, non volendo sostenere gli elevati costi di connessione e desiderando un accesso più libero, trovarono il modo di collegarsi direttamente a Internet, anzi, a volte offrirono loro stessi l'accesso al pubblico. La libertà e la semplicità di allacciamento hanno permesso la crescita esponenziale di Internet.

Tim Berners Lee

Robert Cailliau

## 2 | Il WWW e la navigazione ipermediale

Ogni utente collegato alla Rete aveva migliaia di informazioni a disposizione. Nasceva a questo punto l'esigenza di accedere non solo a dati di tipo **testuale**, ma anche a immagini, suoni, filmati, cioè a informazioni di tipo **multimediale**. Fu così che in soli tre anni lo sviluppo fu tale da cambiare radicalmente il modo di intendere le telecomunicazioni.

Il principale di questi cambiamenti fu la definizione, a opera di **Tim Berners Lee** e **Robert Cailliau**, a partire dal 1991, di una particolare architettura denominata **WWW: World Wide Web**, "ragnatela dalle dimensioni mondiali", presso il **CERN** (*Centro Europeo per la Ricerca Nucleare*) di Ginevra, che intanto era diventato il più grande **sito Internet** (luogo dove si possono trovare le informazioni) in Europa. Questa architettura, accettata pienamente nel 1994, permetteva di visionare documenti multimediali sui computer collegati in Rete, spostandosi o meglio **navigando** da un documento all'altro seguendo il filo logico del proprio interesse e della propria curiosità.

> Questo modo di navigare è detto **ipermediale**: alcune parole o immagini in un documento nascondono legami (link o hyperlink) con altri documenti e, se si desidera, si possono esplorare nuovi percorsi seguendo tali legami.

## 3 | I browser

Per facilitare la navigazione tra i documenti Web fu creato un tipo di software, detto **browser** ("sfogliatore"), che offriva strumenti per sfogliare il "libro multimediale" costituito da tutte le pagine collegate tra loro. Il primo programma di questo tipo fu realizzato nel 1993 presso il Centro nazionale statunitense per il supercalcolo **NCSA** (*National Center for Supercomputing Application*) e si chiamava **Mosaic**. Uno dei suoi inventori è **Marc Anderssen**, allora ventiquattrenne, che avrebbe fondato poco dopo, insieme a **Jim Clark**, la Netscape Corporation, la casa costruttrice del famoso browser *Netscape Navigator*.

Poco dopo nacque *Internet Explorer*, l'altro famoso browser di Microsoft che attualmente è il più diffuso a livello mondiale. Il secondo browser in ordine di utilizzo è Mozilla nelle sue varianti (in particolare *Firefox*), prodotto e distribuito gratuitamente da **Mozilla Foundation**. Prende piede anche **Google Chrome**, il browser di Google. Ricordiamo anche *Safari* della Apple e *Opera*, abbastanza diffusi in Italia.

# 4 | Il W3C

Oggi il World Wide Web, o più semplicemente il Web, è gestito dal **The World Wide Web Consortium** (**W3C**), fondato da molte società tra cui AT&T e Microsoft Corporation, e ha contribuito a diffondere Internet nei settori sia pubblici sia privati. Esisteva solo un controllo di tipo tecnico da parte di alcune società nazionali, per uniformare gli standard di comunicazione e per organizzare alcune attività legate all'accesso o all'utilizzo della Rete stessa. Uno degli enti di controllo era la **IAB** (*Internet Architecture Board*), mentre la NSF aveva coordinato il servizio **InterNIC** per la registrazione di tutti gli indirizzi (identificatori di un nodo) Internet.

Nel gennaio 1992 fu fondata, inglobando la IAB, la **Internet Society** (**ISOC**), un ente non governativo e senza fini di lucro, che si proponeva di coordinare il funzionamento della Rete, di favorirne l'espansione e l'ingresso corretto dei nuovi utenti. Internet ha avuto negli ultimi anni una diffusione di enormi proporzioni e ha visto il proliferare di servizi offerti da organizzazioni commerciali e, quindi, una progressiva riduzione del controllo da parte delle agenzie governative.

# 5 | Il cyberspazio

Internet realizza il cosiddetto **cyberspazio**. Puoi immaginare Internet come l'insieme di tutte le reti stradali del mondo e di grandi autostrade intercontinentali, su cui invece che veicoli, viaggiano dati in quantità e velocità diverse a seconda dell'importanza e della larghezza delle strade. Nelle città e nei paesi collegati da queste strade non ci sono case e uffici dove vivono persone, ma computer in cui "vivono" *file* con tante, diverse, utili, divertenti, inimmaginabili informazioni. Da casa tua, ora, puoi virtualmente partire e raggiungere un altro computer con le informazioni che mette a disposizione, semplicemente accendendo il tuo personal computer e buttandoti nel traffico di Internet.

> **Internet** è un sistema che permette a diverse reti di computer di collegarsi fra loro, in modo che chi è collegato a una delle reti può comunicare con chiunque sia collegato a una qualsiasi delle altre.

Chi si collega ha la percezione di muoversi in un sistema globale unico.

Il sistema permette, quindi, di trasmettere e di ricevere informazioni, idee e opinioni. Siamo tutti, contemporaneamente, spettatori e protagonisti: siamo davvero, e totalmente, **interattivi**. Il sistema funziona su scala planetaria; non ha sede geografica, né confini. Si suddivide in comunità che non dipendono dal luogo fisico ma sono definite, per aree di interesse e di argomento e per la natura dello scambio, dalla libera scelta di tutti coloro che usano il sistema. Internet non è governata da alcun computer centrale, tranne che per alcune reti commerciali; questo è certamente un vantaggio, in quanto non è possibile che la Rete si "rompa": anche se un nodo non funziona più, sul resto della Rete la "circolazione" continua. Ma come si fa a individuare tra questa miriade di nodi (edifici) quello che ci interessa e come il nostro nodo può essere raggiunto da qualcun altro?

# 6 | Gli indirizzi IP

> Per poter utilizzare Internet devi avere un computer collegato. Ogni computer (detto **host**) è identificato **univocamente** (cioè non ci sono duplicati) da un **indirizzo elettronico** (detto **IP Address**).

UNITÀ 2 Internet: una risorsa universale    331

## LO SAI CHE...

Per far fronte all'enorme richiesta di nuovi indirizzi, per rendere più efficiente ed efficace l'identificazione di un host e per aumentare la sicurezza, è stato definito un nuovo standard, denominato **IPv6**. Esso prevede l'utilizzo di 16 byte suddivisi in 8 gruppi di 4 cifre esadecimali ciascuno, separati dal carattere ':'(due punti).

Esso rispetta lo standard **IPv4** (anche se ormai si parla dello standard **IPv6**) e indica il computer (**host**) e la rete (**net**) con cui è collegato. Ogni utente Internet può, dunque, collegarsi con qualsiasi persona, organizzazione che abbia un indirizzo su una delle tante reti connesse; e così facendo può svolgere una delle tante attività consentite dalla tecnologia e dai servizi che vengono messi a disposizione. L'indirizzo altro non è che una sequenza di quattro numeri decimali, ognuno dei quali composto al massimo da tre cifre, così disposte: **xxx.xxx.xxx.xxx**.

Rossi Carlo, Via Po 23, Milano
217.121.104.11

Ogni numero è rappresentato su un byte, per cui può essere compreso tra 0 e 255 (poiché 1 byte = 8 bit, ogni numero possiede quindi $2^8$ valori diversi). In questo modo si può rappresentare un'enorme quantità di numeri (e quindi di indirizzi) diversi. Un esempio di indirizzo Internet è: 217.121.104.11.

## 7 | I pacchetti IP

Sappiamo che per comunicare tramite Internet, un qualsiasi **messaggio** che deve essere spedito non viene inviato per intero ma viene prima suddiviso in pezzetti più piccoli, tutti della stessa dimensione, chiamati **pacchetti IP**.

Ogni pacchetto viene poi inviato in modo indipendente dagli altri pacchetti che compongono il messaggio. Ogni pacchetto, quindi, potrebbe seguire strade diverse per arrivare a destinazione. Una volta giunto al destinatario il messaggio originale viene ricostruito. Questa tecnica prende il nome di **commutazione di pacchetto**.

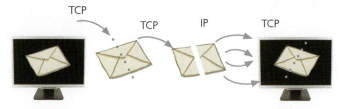

## 8 | Architettura client-server

Internet è sviluppata secondo un'architettura (struttura) **client-server**. Un host della Rete che mette a disposizione servizi e informazioni è detto **server**.

Ogni computer che si collega per utilizzare tali servizi e informazioni è detto **client**. Sui server sono disponibili i **siti** contenenti le informazioni che il server mette a disposizione dei client.

## 9 | Domini e nomi logici

Riferirsi sempre a un host con questa lunga sequenza di numeri può risultare piuttosto noioso e richiede un grande sforzo di memoria, ma fortunatamente è stato previsto un **nome logico** (una sorta di "nome proprio") in formato alfanumerico, che si può utilizzare in alternativa al momento della connessione.

Per facilitare il riconoscimento di un sito e la memorizzazione del suo indirizzo si sono definite, inoltre, aree di interesse o domini, cui gli host appartengono. Al posto dell'indirizzo IP di un sito Internet è, quindi, possibile utilizzare la sintassi:

www.NomeLogico.Dominio

Per raggiungere il sito di Pianeta Scuola, per esempio, al posto dell'indirizzo IP puoi utilizzare la seguente sintassi:

www.pianetascuola.it

> Spesso si indica nell'ultima parte del dominio (**TLD**, *Top Level Domain*) o la nazione di appartenenza (in questo caso si parla di country-code TLD o **ccTLD**) o il tipo di organizzazione di cui si tratta (*generic TLD* o **gTLD**).

I **generic TLD** sono gestiti a livello internazionale. **ICANN** (*Internet Corporation for Assigned Names and Number*) è l'organismo predisposto a garantire la stabilità operativa di Internet e si occupa, tra l'altro, di mantenere il controllo dei TLD.

I **nomi logici** sono, invece, gestiti da **InterNIC** (*Internet Network Information Center*). Nelle varie nazioni esistono diversi enti accreditanti, che gestiscono i nomi logici per il TLD relativo a quel Paese. Chiunque voglia registrare un nome logico, spesso chiamato anche **dominio di secondo livello** (per distinguerlo dal TLD che è chiamato **dominio di primo livello**), deve farne richiesta, indicando il nome desiderato, a una delle organizzazioni accreditate, la quale verificherà che esso non sia già in uso e, in tale caso, accetterà, dietro pagamento di una certa quota, di gestirlo. Il meccanismo che associa all'**IP Address** un nome mnemonico è noto come **DNS** (*Domain Name System*) e si realizza tramite la gestione di alcune tabelle in cui sono elencate le associazioni tra nomi logici-domini e indirizzi IP e che sono presenti su diversi computer collegati alla Rete (detti **server DNS**).

# 10 | La connessione a Internet

Per entrare a far parte della grande Rete, puoi scegliere tra diverse soluzioni a seconda di quali tipi di servizi intendi richiedere, dalla velocità che desideri dal collegamento e dai costi che intendi sostenere. Molti possono accedere a Internet quasi "senza saperlo", se sono già collegati a una rete aziendale che a sua volta è connessa a Internet. Chi vuole connettersi individualmente alla rete, oltre a possedere un computer, deve effettuare alcune scelte. Deve:

- indicare la **modalità di collegamento** attraverso la linea telefonica;
- possedere un **dispositivo che collega il computer alla linea telefonica** (un modem o un modem-router, dipende dalla modalità di collegamento scelta);
- effettuare una sottoscrizione con un **provider** per la fornitura d'accesso;
- disporre di un **software di comunicazione**.

# 11 | Modalità di collegamento attraverso la linea telefonica

Per collegarti a Internet, utilizzando la normale linea telefonica, puoi seguire diverse strade che corrispondono a diverse modalità di collegamento. Puoi utilizzare:

- la rete telefonica **pubblica commutata** (**PSTN**) o rete **telefonica generale** (**RTG**). È quella usata per le normali telefonate, per cui è necessario disporre di un **modem** collegato al proprio computer e alla Rete: collegamento **Dial-up** con protocollo **PPP** (*Point to Point Protocol*);
- una rete di tipo **ADSL** che consente comunicazioni digitali ad alta velocità; si parla di **banda larga** o **broadband**. Per poterti collegare devi disporre di un **modem ADSL** e di un **router**, un dispositivo che instrada i pacchetti IP tra reti diverse. Le connessioni tramite rete ADSL possono essere di due tipi:
  - a banda larga **sempre attiva**; in questo caso puoi utilizzare abbonamenti detti **flat**, cioè sempre in linea 24 ore su 24;

**PSTN**
PSTN = *Public Switched Telephone Network* = "Rete Telefonica Generale".

**ADSL**
ADSL (acronimo di *Asymmetric Digital Subscriber Line*).

UNITÀ 2 Internet: una risorsa universale          333

- a banda larga di tipo **PPPoE** (*Point to Point Protocol over Ethernet*), per cui ogni collegamento è diverso da quello precedente ed è quindi richiesta l'autenticazione dell'utente attraverso nome utente e password.

- le linee dedicate **CDA/CDN** (*Circuiti Diretti Analogici/Numerici*), linee molto costose a uso esclusivo e non condivise, che possono operare ad altissime velocità di trasmissione.

Niente paura! Connettersi a Internet è più semplice di quanto sembri, anche perché i principali sistemi operativi consentono la connessione attraverso procedure guidate.

## 12 | I provider

Un'altra scelta da effettuare riguarda il **provider**.

> Per **Internet Service Provider** (**ISP**) o **network provider** o semplicemente **provider**, si intende un'azienda che offre un servizio di connessione a Internet, con la quale devi sottoscrivere un abbonamento (spesso gratuito) che abbia la durata e le caratteristiche desiderate.

Con l'esplosione di Internet all'inizio del 2000 molti ISP sono stati ristrutturati e acquisiti da altri più grandi. Per questo motivo la maggior parte degli operatori di telecomunicazioni sono anche ISP e forniscono vari servizi tra cui l'accesso a Internet generalmente in modo gratuito.

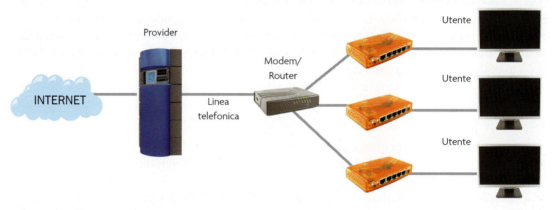

## 13 | Internet computing mobile

Molto diffuso è il collegamento a Internet tramite un telefono cellulare.
Il telefono cellulare deve rispettare lo standard **UMTS** (*Universal Mobile Telecommunications System*) per i cellulari di terza generazione che hanno una velocità di trasmissione notevolmente superiore rispetto al vecchio standard **GPRS** ed **EDGE** (*Enhanced Date rates for GSM Evolution*) per la trasmissione telefonica su cellulari **GSM**. **HSDPA** (*High Speed Downlink Packet Access*, in Italia si usa anche la denomizione **ADSM**, **ADSL + Mobile**), è un protocollo introdotto nello standard UMTS per migliorarne le prestazioni, aumentando la capacità delle reti, e ampliando la larghezza di banda che, in download, può raggiungere la velocità massima teorica di 14,4 Mb/s.
L'HSDPA può essere considerata la naturale evoluzione delle tecnologie: GSM (2G), GPRS (2,5G), EDGE (2,75G), UMTS (3G). Con le prestazioni dell'HSDPA, oltre ai servizi già presenti nelle reti UMTS come la videochiamata, si possono ottenere delle velocità di navigazione pari a quelle che erano prima disponibili solo attraverso collegamenti fissi ADSL, ovvero superiori ai 2 MB/s teorici (e 385 kB/s pratici) dell'UMTS. Si parla già di ulteriori future evoluzioni: **HSPA Evolution** e **LTE** (*Long Term Evolution*).

## 14 | Internet attraverso LAN e WAN

Sono sempre di più le organizzazioni che offrono la possibilità di connessione a banda larga attraverso la propria rete locale LAN o WAN che sia. Nel caso di rete **LAN** (*Local Area Network*) è sufficiente connettere un'estremità del cavo Ethernet alla porta del notebook e l'altra a una qualsiasi presa di rete disponibile. Occorre però conoscere i parametri per impostare la connessione oltre ad avere le opportune autorizzazioni per farlo.

Le reti wireless **WLAN** (*Wireless Local Area Network*) e **WAN** (*Wide Area Network*) sono sempre più un'importante forma di connessione per molte attività, soprattutto per le imprese o per le persone che sono in viaggio o che stanno studiando. Le reti wireless vengono installate soprattutto negli areoporti, nelle università, nei parchi pubblici delle grandi città. Questa tecnologia oltre a essere utilizzata in caso di condizioni in cui l'uso di cavi è difficile o impossibile è entrata anche nelle case degli utenti, permettendo la condivisione di dati e della connessione Internet tra i computer di una famiglia. Quando il notebook rileva una connessione wireless vuol dire che si è "agganciato" a una rete locale. Se la rete fornisce ai suoi computer il collegamento a Internet, allora anche l'utente, se ha le necessarie autorizzazioni, potrà navigare.

## 15 | Il World Wide Web

Come sappiamo in un'architettura client-server le applicazioni vengono sviluppate in modo che una parte dell'applicazione, detta **parte server**, risieda su computer collegato in Rete e svolga determinati compiti richiesti dall'altra parte, detta **parte client**. La parte server può svolgere più compiti e può soddisfare più richieste delle parti client. L'applicazione server è proprio come l'impiegato di un ufficio che soddisfa le richieste di ogni cliente. Grazie all'incontenibile evoluzione tecnologica e alla creatività degli utenti di Internet, ogni giorno vengono prodotti nuovi servizi tra i più disparati e stravaganti.

## 16 | La pubblicazione di pagine Web

Tra i servizi offerti da Internet probabilmente il **WWW**, acronimo di *World Wide Web* "ragnatela mondiale", è il più utilizzato.

> Il termine **Web** è stato scelto proprio per indicare la caratteristica di collegare, secondo la tecnica dell'ipertesto o ipermedia, tante informazioni multimediali e di continuare ad accrescersi con la creazione di nuovi legami e nuovi siti.

Ormai la maggior parte delle aziende, grandi, medie e piccole, hanno allestito un proprio sito web. È, quindi, possibile contattare tali aziende direttamente da Internet con un'interazione diretta, modificando, quindi, le dinamiche di relazione tra clienti e fornitori. Puoi contattare la FIAT, l'IBM o la Microsoft oppure puoi contattare centri di ricerca o università o, ancora, consultare archivi storici, vedere immagini dei maggiori musei, visitare le pagine Web del tuo cantante preferito, essere aggiornato in tempo reale con le notizie dei maggiori quotidiani on line. Quando si naviga su Internet attraverso un browser, le pagine web ma anche i file e le immagini visitate dagli utenti sono registrati in una zona dell'hard disk detta memoria **cache**, che consente di velocizzare la visualizzazione delle pagine visitate più frequentemente o appena visitate poiché tali pagine potranno essere aperte da questa memoria e non dal Web.

## 17 | Home page e link

> Collegandoti a un sito di cui conosci l'indirizzo, giungi alla sua **home page**, una specie di indice generale di che cosa si può trovare su quel sito.

UNITÀ 2 Internet: una risorsa universale   335

Nella pagina, spesso strutturata come quella di una rivista, compaiono oggetti di diverso tipo: testo, disegni, immagini ecc. Puoi leggere la pagina o meglio sfogliarla normalmente dall'alto verso il basso, ma passando con il mouse su alcuni oggetti ti accorgerai che il cursore si trasforma in una manina bianca. Questo significa che l'oggetto nasconde un **legame**, detto **link**, allo stesso sito o ad altri.

Spesso i **link** o le **hot-word** (parole calde) sono evidenziati con un colore diverso e appaiono sottolineati. Procedendo da legame a legame c'è il rischio di non ricordare più dove sei passato, per cui i link, per aiutarti a riconoscere le pagine già visitate, cambiano colore. Le pagine Web non sono altro che file memorizzati su innumerevoli computer sparsi nel mondo, in cui particolari server si occupano di gestirne la comunicazione con i client. Se ti colleghi al sito del Louvre, richiedi una pagina web a un computer server di Parigi, che attraverso Internet invia la pagina al tuo browser per la visualizzazione. A questo punto puoi fare clic sul link di un altro museo che trovi nella pagina del Louvre e accedere alla home page di quel nuovo museo, e così via.

## 18 | HTTP e HTML

> Per la trasmissione di pagine Web, è stato definito il protocollo **HTTP** (*Hypertext Transfer Protocol*), che permette la trasmissione rapida delle risorse attraverso la Rete ed è utilizzato all'interno dei browser. Per la trasmissione di dati sensibili si utilizza il protocollo **HTTPS**. È stato definito, inoltre, il linguaggio **HTML** (*Hypertext Markup Language*) per comporre le pagine Web.

In realtà una pagina Web può essere composta da molti oggetti software diversi come *Applet Java*, oggetti *ActiveX*, programmi *JavaScript* ecc., che servono per rendere una pagina Web animata, interattiva e ricca di effetti grafici accattivanti.

## 19 | URL di una risorsa

> Per riferirti a un sito o a una pagina Web o, più genericamente, a una qualsiasi **risorsa** disponibile su Internet, è necessario specificare il suo **URL** (*Uniform Resource Locator*). L'URL di una risorsa è un modo per individuarla unicamente all'interno di Internet. Il formato dell'URL di una risorsa è:
>
> Protocollo://NomeLogico.Dominio/Percorso/NomeFile
>
> oppure:
>
> Protocollo://IPAddress/Percorso/NomeFile

**Protocollo** specifica il protocollo da utilizzare per accedere a quella risorsa. Esempi di protocolli sono mostrati nella tabella a fondo pagina.
**NomeLogico** è il nome logico assegnato al computer server su cui risiede la risorsa interessata. È il nome simbolico presente nel DNS.
**Dominio** è il TLD relativo alla risorsa che si sta considerando.
**IPAddress** è l'indirizzo IP del computer server che contiene la risorsa considerata. Si può specificare in alternativa a: NomeLogico.Dominio.

**Percorso** è il percorso da compiere sul computer server per raggiungere la risorsa.
**NomeFile** è il nome del file contenente la risorsa, completo di estensione. Può essere omesso se si è interessati a visualizzare il contenuto di una directory.
Esempi di URL sono:

http://www.mondadorieducation.it
http://www.mondadorieducation.it/scuolaeazienda

Puoi digitare un URL all'interno della barra degli indirizzi di un qualsiasi browser e vedere la stessa pagina Web in ogni parte del mondo.
Il Web, quindi, è un grande spazio comunicativo in continua evoluzione, dinamico, che racchiude in sé un po' di radio, di televisione, di giornali, di libri ecc.

| Protocolli | Descrizione |
|---|---|
| Http | è il protocollo che permette all'utente di visualizzare a schermo le informazioni in formato testo e grafico che risiedono sul Web. Quando si digita un indirizzo è sempre buona regola ricordarsi di inserire "http://" prima del "www". |
| Ftp | *File Transfer Protocol* consente di trasferire file da un PC a un altro; dà accesso a centinaia di biblioteche di file di ogni tipo. Puoi trasferire questi file dalla Rete al tuo computer. |
| GOPHER | protocollo standard di rete prima dell'avvento di http. Se ti capiterà di imbatterti in diciture del tipo *gopher://gopher.rettangolo*, significa che quell'archivio è molto vecchio, ma non per questo non utile. |
| Telnet | protocollo per l'accesso a database, cataloghi computerizzati di biblioteche, previsioni meteorologiche e altri servizi di informazioni, insieme a giochi online dal vivo in cui puoi competere con giocatori da tutto il mondo. |
| NEWS | Newsgroup o gruppi di discussione che dir si voglia. |

## 20 | La ricerca di dati e informazioni

Nella miriade di informazioni disponibili in Internet risulta veramente difficile orientarsi e trovare quelle che interessano. Il rischio può essere quello di spazientirsi o di accontentarsi di materiale che non soddisfa pienamente la ricerca. Fino a qualche anno fa, in effetti, non esisteva una specie di indice generale di tutto quanto era "pubblicato" in Internet; poi, due studenti dell'Università di Stanford, **David Filo** e **Jerry Yang**, ebbero l'idea di costruirne uno e cominciarono a lavorarci nell'aprile 1994, definendo uno dei più famosi strumenti per l'indicizzazione: *Yahoo!* Esso divenne un punto di riferimento per tutto il popolo di Internet e diede lo spunto per la costruzione di altri sistemi detti **motori di ricerca**.
I motori di ricerca sono facili da usare, sicuri, accessibili a tutti e gratuiti (molti vivono di pubblicità). Quanto più sono affidabili, tanto più sono utilizzati; per questo motivo chi li gestisce è spinto a tenerli sempre efficientissimi.

**INFO GENIUS**

I motori di ricerca sono simili a geni della lampada (ricordi Aladino?), ai quali basta indicare una o più parole per vedere comparire una lista di siti che le contengono e in cui si può entrare con un clic.

> **LO SAI CHE...**
>
> È un segreto industriale il modo con cui i motori riescono a dare una risposta corretta in un tempo accettabile. Certamente adoperano programmi che vanno sotto il nome di **robot**, **spider** o **wanderer**. Essi esplorano in continuazione la Rete e costruiscono un indice di tutto ciò che trovano. A titolo di esempio *Google* aggiunge al suo indice 1,5 milioni di pagine al giorno!

Oggi in Rete si possono trovare numerosi motori di ricerca ai quali si può accedere indicando il relativo nome logico. Il più famoso di tutti è **Google**, che risulta facilissimo da usare, veloce e completo. La caratteristica di Google è quella di selezionare i risultati di ricerca valutando l'importanza di ogni pagina Web con metodi matematici, in base a un controllo di oltre 500 milioni di variabili e di 2 miliardi di termini. Questa tecnologia, chiamata **PageRank**, non solo controlla il contenuto della pagina Web, ma verifica anche altri eventuali siti che hanno un link verso la pagina: in base alla quantità e al tipo di link, la pagina riceve una valutazione più o meno alta.

Un altro aiuto per la ricerca di informazioni viene proprio dai siti. Molti prevedono la possibilità di eseguire ricerche più mirate e circoscritte al loro interno, nei loro archivi.

> Altri siti che aiutano nella ricerca sono quelli detti **portali**, i quali presentano una pagina iniziale (home page) molto ricca di informazioni e indici per trovare i siti cui si è interessati. I portali si dicono **orizzontali** se sono generici, **verticali** se sono relativi a settori specifici.

## 21 | La posta elettronica

Nota più semplicemente come **e-mail** (electronic **mail**), è certamente uno dei servizi più diffusi di Internet e anche uno dei più facili da utilizzare.

> Così come suggerisce la parola stessa, tramite questo servizio puoi "spedire corrispondenza" contenente le informazioni desiderate a chiunque abbia una **casella di posta elettronica** (**mailbox**) da qualche parte nel mondo e, naturalmente, ricevere posta nella tua casella.

Le informazioni che puoi spedire possono essere di qualsiasi tipo: testo, immagini, disegni, musica, programma eseguibile ecc. Per usufruire di questo servizio devi "appoggiarti" a un host poiché tutto il traffico di posta in arrivo e in partenza deve essere gestito da un particolare programma detto **mailer** (postino). Esso provvede a verificare la correttezza delle informazioni presenti nella posta in partenza, invia verso la Rete i messaggi da spedire al destinatario, deposita la posta nella casella del destinatario, che, anche se non è in casa (ovvero se non è collegato), la troverà al rientro (al nuovo collegamento), e segnala eventuali malfunzionamenti del sistema. Quando un utente spedisce un messaggio a un altro utente, il mailer verifica che l'utente destinatario esista realmente e in caso di errore lo segnala al mittente restituendo copia del messaggio originale inviato. Le caselle di posta elettronica possono essere fornite dal **provider** al quale si è abbonati oppure possono essere fornite (spesso in modo gratuito) da un qualsiasi sito Web che effettui tale servizio. In ogni caso, ciascuna casella è identificata da un **indirizzo di posta elettronica** detto **e-mail address** che ha il seguente formato:

NomeUtente@host.dominio

Il *NomeUtente* è un nome logico che identifica il mittente. Può essere rappresentato in diversi modi; i più diffusi sono quelli che indicano il nome e il cognome dell'utente, oppure l'iniziale del nome seguita dal cognome ecc. Un esempio è:

paolorossi@mondadori.it

Più utenti sullo stesso dominio hanno **e-mail address** diversi (come se più persone abitassero nello stesso condominio e quindi avessero lo stesso indirizzo, ma nomi diversi). Il simbolo **@** (chiocciola) significa "presso di" (**at** in inglese).

Per usufruire del servizio di posta elettronica, oltre a essere collegato a Internet, devi utilizzare un programma specifico di posta elettronica che puoi scaricare gratuitamente (*download*) dalla Rete oppure che può essere incluso all'interno dello stesso browser. In alternativa il **provider** al quale sei collegato può fornire il servizio di posta elettronica (lettura e invio di e-mail) direttamente sul suo sito. Tra i più famosi programmi di posta elettronica troviamo **Eudora** (il primo in assoluto) e **Outlook** di Microsoft.

## 22 | Due chiacchiere in Rete: la chat

Tramite Internet puoi chiacchierare con i tuoi amici.

> La **chat line** o **Webchat** è un servizio che ti permetterà di fare "due chiacchiere", contemporaneamente e in tempo reale, con altri utenti collegati in Rete.

Il suo funzionamento è assai simile a quello delle radio CB usate dai radioamatori: esistono, infatti, canali su cui ci si inserisce per parlare con chiunque sia sintonizzato. Tra le più famose chat ricordiamo **IRC** (*Internet Relay Chat*). Per accedere alle chat devi assegnarti un nome reale o (meglio) convenzionale con il quale partecipi alla conversazione. Questo "nomignolo", detto **nickname**, sarà anteposto a ogni messaggio che scriverai, così come avviene per gli altri partecipanti alla discussione, in modo che si possano tenere le fila del discorso. Gli argomenti di discussione possono essere tanti e di qualsiasi genere; oltre a inserirti in una conversazione già in atto, puoi cominciarne una tua scegliendo un argomento qualsiasi, organizzare una "festa virtuale" o fissare un "tele-appuntamento" con i tuoi amici. Tieni presente che le chat sono spesso aperte a chiunque, ma a volte puoi avere conversazioni private (*whispering*).

## 23 | Che cos'è un feed RSS

Esiste un modo semplice e comodo per ricevere sul proprio computer le ultime notizie (le news) pubblicate da un sito. Tali aggiornamenti possono essere ricevuti in tempo reale, cioè appena vengono pubblicati sul sito, grazie al meccanismo dei feed RSS.

> **RSS**, acronimo di *Really Simple Syndication* (distribuzione veramente semplice), è un formato (che usa il linguaggio XML) per notificare l'avvenuta pubblicazione di un nuovo contenuto sul Web. I gestori di siti Internet ricchi di contenuti, che chiameremo **distributori di contenuto**, consentono agli utenti registrati sul sito di scegliere un argomento del quale desiderano ricevere aggiornamenti frequenti. Per far questo utilizzano i **documenti RSS** (o **feed RSS** o **flussi RSS**) cioè particolari tipi di file. Si dice che l'utente **sottoscrive** un feed RSS relativo al contenuto che gli interessa. L'utente, al momento del collegamento a Internet, riceverà automaticamente gli aggiornamenti, anche mentre sta lavorando su altri documenti o sta visitando altri siti.

Per ricevere gli aggiornamenti tramite i feed RSS si può:

- utilizzare appositi programmi detti **aggregatori** o **news aggregator** o **feed reader**. Esistono diversi tipi di aggregatori, a seconda del computer, del sistema operativo e, in alcuni casi, del browser che si desidera utilizzare. Molti di questi, infatti, si integrano perfettamente con i principali browser e con i programmi di posta elettronica più utilizzati. Alcuni noti aggregatori, da usare attraverso il Web o da scaricare sul proprio computer, sono: *Sharp Reader* e *Feed Reader* (programmi gratuiti per Windows), *Straw* (programma gratuito per Linux), *Netnewswire Lite* (programma gratuito per Mac OS X), *Sape* (plug-in gratuito per Firefox), *URSS* (plug-in gratuito per Mozilla). Per permettere l'aggiornamento, basta collegarsi al sito del distributore del contenuto (per esempio al sito di *Repubblica*), scegliere le notizie cui si è interessati e incollare il relativo indirizzo (URL) del feed RSS sul proprio aggregatore. Ormai, molti browser supportano di default il meccanismo dei feed RSS;

- includere nella propria pagina Web un frammento di codice che fornisce il distributore del contenuto.

## 24 | Il podcasting

Il **podcasting** è un sistema che permette di scaricare in modo automatico documenti audio o video chiamati podcast. Un **podcast** è un file (audio o video) messo a disposizione su Internet da parte di distributori (per esempio dai siti di trasmissioni televisive e radiofoniche) e scaricabile automaticamente tramite un apposito programma, che altro non è che un **aggregatore** che si basa sui feed RSS. Tale programma viene anche chiamato **podcatcher**.

Un podcast è un semplice feed RSS con la possibilità di scaricare non solo il testo relativo alle notizie (così come avviene per un feed RSS testuale), ma file audio e video relativi a canzoni, notiziari, letture di libri (*audiobook*), trailer di film, brani di programmi radiofonici e televisivi e così via.

### Come si ricevono i podcast

Per ricevere un podcast sono necessari: un **abbonamento** presso un fornitore di podcast (spesso gratuito) e un programma **client apposito**: il **podcatcher**.
Tra i podcatcher più noti ricordiamo *iTunes* della *Apple*, *GreatNews Reader* di *CurioStudio*, *PrimeTime*, *Juice*, *Doppler*. Tali programmi permettono di selezionare i podcast di interesse e, con una frequenza decisa dall'utente, di collegarsi a Internet per verificare la comparsa di nuovi contenuti. In caso affermativo, essi vengono segnalati all'utente che così può eseguire il download, manualmente o automaticamente, sull'hard disk del computer in un'apposita cartella. Successivamente, quando l'utente collegherà il lettore multimediale (per esempio *iPod* della *Apple*) al computer, il podcatcher potrà trasferire automaticamente i contenuti sul dispositivo, oppure l'operazione potrà essere effettuata con un semplice *drag and drop*. Il trasferimento automatico garantisce che i contenuti presenti nei due file system siano perfettamente allineati, anche in caso di file omonimi recentemente modificati. In questo caso si parla di **sincronizzazione**. Uno dei migliori esempi di integrazione tra podcatcher e lettore multimediale è l'accoppiata *iTunes–iPod* proposta da *Apple*.
Un'alternativa ai podcatcher da installare sul proprio computer è quella di ricorrere ai servizi

online. In questo caso, il podcatcher risiede sul server Internet del fornitore di podcast e sul server grava il carico di lavoro per il controllo dei feed, per il download e per l'immagazzinamento dei contenuti pubblicati. La ricezione di podcast potrà avvenire da qualsiasi postazione Internet liberando l'utente dalla necessità di avere con sé il computer e di riempirne spesso il disco con contenuti spesso ingombranti solo per scaricarli subito dopo sul lettore portatile.

L'uso del *podcasting* sta conoscendo una enorme diffusione tale da indurre la Apple a investire nel settore, offrendo nell'iPod una voce di menu dedicata al podcasting, con migliaia di podcast gratuiti presenti nell'iTunes Store.

# 25 | Le comunità virtuali

È ormai ampiamente dimostrato che le reti telematiche favoriscono nuove modalità di relazioni sociali nell'ambito di ciò che è stata definita comunità virtuale.

> Per **comunità virtuale** o **comunità online** si intende un insieme di persone interessate a un determinato argomento o genericamente alla vita di relazione, che sono in corrispondenza tra loro attraverso una rete telematica o attraverso Internet o attraverso una rete di telefonia. Si viene così a costituire una **rete sociale online** (**social network**), cioè un'aggregazione di persone diversificate per cultura, condizioni sociali, Paese di provenienza, che esprimono le proprie opinioni e posizioni partecipando alle discussioni in modo paritario, cioè allo stesso livello di importanza.

I motivi del successo delle reti sociali sono molti. Oltre allo scambio di informazioni, una delle principali ragioni è da ricercare nei motivi legati agli aspetti sociologici. Le reti sociali finiscono per offrire sostegno personale, materiale e affettivo; evitano l'emarginazione, favoriscono l'emancipazione, danno luogo a discussioni disinibite e sincere, permettono, in alcuni casi, l'incontro dei loro appartenenti.

## Una possibile classificazione

È possibile classificare le comunità virtuali in base:

- ai tempi di interazione:

  - *sincrona*: il dialogo avviene in tempo reale, le persone devono essere collegate contemporaneamente (per esempio, tramite telefono);
  - *asincrona*: le persone per dialogare possono collegarsi in tempi successivi (per esempio, tramite messaggio SMS).

- al tipo di comunicazione: individuale (*one-to-one*), collettiva (*one-to-many* o *many-to-many*).

Tra le principali comunità virtuali troviamo:

- **forum di discussione** (*bulletin board*): è uno strumento di comunicazione asincrono di tipo "molti a molti", in cui le discussioni e le relative risposte da parte degli utenti si sviluppano non in tempo reale. I forum vengono utilizzati per unire le conoscenze, fornire aiuto per raccogliere le opinioni su argomenti letterari, musicali, politici, sociali, informativi, tecnologici ecc.;
- **gruppo di discussione** (*newsgroup*): è uno strumento di comunicazione asincrono di tipo "molti a molti", analogo al precedente ma con molte funzionalità; opera anche in modalità disconnessa (offline), tramite apposite applicazioni;
- **guestbook** (libro degli ospiti): è uno strumento di comunicazione asincrono di tipo "uno a molti". Dal punto di vista fisico, è simile all'apporre un biglietto su una bacheca;
- **mailing list** (lista di e-mail): è uno strumento di comunicazione asincrono di tipo "uno a molti". È simile al ricevere comunicazioni postali periodiche con possibilità di contribuire a spedirle a un gruppo di indirizzi; vi si accede in genere tramite un programma di posta elettronica o via Web (tramite browser);
- **chat** (o *chat room*): è uno strumento sincrono di tipo "uno a molti", utilizzabile in modo collettivo, nelle cosiddette stanze, o canali, via Web o tramite specifici applicativi;

UNITÀ 2 Internet: una risorsa universale **341**

- **messaggistica istantanea** (*instant messaging*): è uno strumento sincrono di tipo "uno a uno" o "uno a molti", analogo alle chat. Consiste nell'invio di semplici messaggi a utenti collegati in rete. Sono esempi: *ICQ, Pidgin, MSN Messenger, Yahoo!Messenger* ecc.;
- **newsletter**: è uno strumento asincrono di tipo "uno a molti". Consiste nel ricevere comunicazioni periodiche;
- **blog**: è uno strumento che consente di crearsi uno spazio pubblico sul Web in cui il proprietario (*blogger*) inserisce messaggi e opinioni. È una specie di diario, ma con la possibilità di contributi da parte di chi legge; è asincrono di tipo "uno a molti";
- **feed RSS** (*Really Simple Syndication*): è uno strumento di comunicazione asincrono di tipo "uno a molti";
- **podcasting**: è uno strumento di comunicazione asincrono di tipo "uno a molti";
- **giochi online**: è uno strumento di comunicazione in cui sono possibili tutte le combinazioni tra i tempi di interazione (sincrono, asincrono) e i tipi di interazione (uno a uno, uno a molti, molti a molti). Ormai diffusissimi, i giochi online sono praticati da un pubblico sempre più vasto. Tra i più utilizzati possiamo citare:

  - **i giochi di ruolo** (**GdR** o **RPG** dall'inglese *Role-Playing Game*): un giocatore, chiamato generalmente "Master" o "Custode" o "Narratore", racconta una storia, mentre gli altri assumono il ruolo di personaggi che si muovono in un mondo immaginario o simulato, con precise e a volte complesse regole interne;
  - gli **skill game**, giochi caratterizzati dalla maggiore prevalenza dell'abilità rispetto ad altri giochi d'azzardo. Gli *skill game* possono essere praticati solo su siti online gestiti da soggetti concessionari dei Monopoli di Stato e permettono in tutta legalità di giocare con denaro vero. Tra di essi il più popolare è sicuramente il gioco **Texas Hold'em**, o semplicemente **Hold'em** (letteralmente "tienile" riferito alle fiches) o *Poker Texano*: una specialità del gioco del poker più giocata nei casinò degli Stati Uniti diventata recentemente molto popolare anche in Italia.

## 26 | Città virtuali

Molte delle comunità virtuali appena descritte possono coesistere in siti in cui vengono simulate delle vere e proprie città virtuali per gli utenti. In tali siti ci si incontra per strada e si scambiano due chiacchiere (chat), ci si vede (archivio foto degli iscritti o video chat), si leggono i quotidiani in edicola (news), si partecipa a dibattiti e conferenze (forum e bacheca), si gioca tutti insieme (giochi online e concorsi), ci si organizza per incontrarsi in **RL** (**Real Life**, dal vivo) e molto altro. I siti che ospitano comunità virtuali cercano di mettere a disposizione dei propri iscritti quanti più strumenti gratuiti possibili per comunicare: a volte offrono uno spazio Web per creare le proprie pagine personali, danno la possibilità di inviare cartoline elettroniche, dedicano pagine a oroscopo, gossip, mercatino dell'usato, SMS gratuiti, screen saver, e tutto ciò che serve per attirare l'interesse dei propri "cittadini" virtuali.

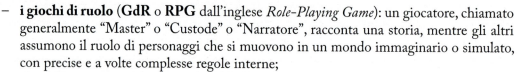

Una menzione particolare va fatta per uno dei più famosi social network del momento: **Facebook**. Per descriverlo possiamo citare testualmente la frase che appare a lettere cubitali nella sua home page: "Facebook ti aiuta a connetterti e a rimanere in contatto con le persone della tua vita". In sostanza è un luogo di incontro tra amici e amici di amici. Il nome del sito si riferisce agli **annuari** (*facebook*) contenenti le foto dei membri dei college americani pubblicato e diffuso a studenti e personale all'inizio di ogni anno accademico per conoscere le persone del college. Gli iscritti a *Facebook* possono scegliere di aggregarsi a una o più reti, organizzate per città, posto di lavoro, scuola e religione. Gli utenti possono navigare tra le persone che fanno parte del network; cercare persone; inserire annunci; ricevere e rispondere a messaggi; scrivere sulla bacheca degli utenti; partecipare a giochi online (*FarmVille*, *Mafia Wars*) e così via.

## 27 | La nuova economia

È difficile dare una definizione di **nuova economia** (**new economy** o **net-economy**) ma, come notano Bernard Maitre e Grégoire Aladjidi in un famoso saggio, se ne dovrebbero precisare i tre elementi fondamentali: "una materia prima, una fonte di energia, un mezzo di trasporto". La materia prima è certamente l'informazione, spesso in forma digitale. L'energia indispensabile per "trattare, trasformare, organizzare" questa materia è l'elettronica; infine, le "reti digitali al centro delle quali Internet svolge un ruolo determinante" costituiscono l'ormai insostituibile mezzo di trasporto per ogni tipo di informazione.
Oggi, ancora di più, il modo di fare impresa e i nuovi mercati stanno cambiando profondamente proprio per l'innovazione e il progresso della tecnologia e non solo nei settori strettamente legati a quest'ultima, ma in tutti. Cambiano le opportunità di successo per le aziende, anche per quelle più piccole, nuove o in nuove aree di sviluppo, che abbiano, però, una notevole caratterizzazione di innovazione tecnologica. A questo proposito c'è da rilevare che è vero che la "nuova economia" offre grandi possibilità di crescita a Paesi fuori dalle aree più avanzate del Nord America, dell'Europa Occidentale e dell'Estremo Oriente, ma che è necessario dotare questi di infrastrutture (fibre ottiche, telefonia mobile e così via) e di competenze adeguate.

## 28 | Il telelavoro e l'ufficio virtuale

Si intende per **telelavoro** l'attività lavorativa che viene svolta lontano dall'azienda madre, con cui, però, si interagisce grazie all'uso delle nuove tecnologie informatiche.

Un telelavoratore può scegliere di stare al mare o in montagna o dovunque gli piaccia e lavorare nelle ore che gli sono più congeniali, purché rispetti le scadenze e si tenga in contatto con la sua azienda. I settori in cui è maggiormente adottato il telelavoro sono quelli delle attività editoriali, della produzione di software, di servizi come assistenza, vendita, consulenza, assicurazione ecc. Un telelavoratore, non solo può lavorare singolarmente a casa propria, ma può costituire nuove filiali o agenzie distributive sul territorio o piccoli centri attrezzati condivisi da più lavoratori. Tutto ciò porta a ripensare il modo di intendere l'azienda come un luogo fisicamente individuabile in cui i lavoratori si recano per svolgere compiti e induce, inoltre, a definire nuovi termini contrattuali, tanto che anche il legislatore, in Italia come all'estero, sta provvedendo a regolamentare questa realtà. Dal punto di vista personale, normalmente, un telelavoratore è più soddisfatto e rende di più in quanto si gestisce con maggiore flessibilità e libertà, conciliando il lavoro con i propri interessi; inoltre viene valutato in base ai risultati e può superare gli svantaggi determinati, per esempio, dell'handicap fisico o dalla residenza lontana dall'azienda. Quest'ultima, d'altro canto, può ridurre i costi relativi al possesso o all'affitto di beni immobili adeguati e alla loro gestione; ha, inoltre, maggiori possibilità di assumere persone con specifiche competenze, che magari vivono lontane, e può procurarsi lavoro anche in caso di parziali indisponibilità del lavoratore. Per la collettività può essere già un vantaggio la maggiore soddisfazione del singolo e il fatto che anche la famiglia possa beneficiare di una maggiore presenza magari del genitore, ma altri benefici possono essere quelli della riduzione del traffico urbano e dell'inquinamento. Il rischio, però, può essere quello che il telelavoratore si isoli e riduca le occasioni di comunicazione con i colleghi. Per ovviare a questo inconveniente a volte, se possibile, si prevede che periodicamente il telelavoratore si rechi in azienda.

# 29 | Il commercio elettronico

Internet, Intranet ed Extranet possono rivoluzionare l'organizzazione di un'azienda incidendo fortemente sui processi produttivi. Specialmente quando le aziende devono soddisfare precisamente e velocemente le richieste dei clienti. Le aziende possono usare Internet e il Web per diversi scopi: presentare se stesse, tenere informati i clienti su nuovi prodotti e offerte, fornire supporto online, offrire veri e propri servizi online.

> Tutte le attività commerciali realizzate a distanza, con l'utilizzo di reti telematiche, costituiscono il cosiddetto **commercio elettronico (e-commerce)**, destinato a crescere sempre di più e a rendere fatturati sempre maggiori.

Il Dipartimento del Commercio americano afferma che il commercio elettronico è destinato a divenire la forza trainante dell'economia mondiale. Gli economisti hanno definito vari sistemi di commercio elettronico, che, indicando con **Consumer** il consumatore finale e con **Business** il venditore, possono essere descritti dallo schema sotto. A questi si aggiunge il sistema **BtE** (*Business to Enterprise*), commercio elettronico dalla ditta al proprio personale, un nuovo campo di applicazione dell'*e-commerce*.

|  | Business | Consumer |
|---|---|---|
| **Business** | BtB *(Business to Business)* | BtC *(Business to Consumer)* |
| **Consumer** | CtB *(Consumer to Business)* | CtC *(Consumer to Consumer)* |

Vediamoli in dettaglio.

- **BtB** (o anche **B2B**): commercio elettronico dal venditore al venditore. È relativo a tutti gli scambi commerciali tra imprese, che fungano da fornitori o da clienti, e tra istituzioni. Riguarda i mercati specializzati, per manufatti intermedi, materie prime e tutto quanto concerne l'attività di produzione di un'azienda. L'utilizzo della telematica offre grandi opportunità per il miglioramento del processo produttivo e l'ottimizzazione delle risorse, inoltre dà la possibilità di avere rapporti con ditte, consulenti, partner che risiedono a grandi distanze, magari in Paesi diversi, ma che in questo modo possono fornire i propri servizi pressoché istantaneamente.

- **BtC**: commercio elettronico dal venditore al consumatore. È il modello classico di vendita al dettaglio, svolta direttamente dal produttore o da un "dettagliante". Esistono **negozi virtuali** specializzati in un settore e centri commerciali (*shopping mall*) in cui si possono trovare oggetti di marche diverse, diverso tipo e a prezzi generalmente convenienti, con un'ampia possibilità di scelta e magari con la possibilità di trovare qualche pezzo da collezione. In Rete, online, si può acquistare di tutto, da un computer a un software o a un CD musicale, si può ordinare una pizza o un mazzo di fiori. Sono talmente tanti i servizi e i prodotti disponibili sulla Rete che sono stati creati, addirittura, diversi siti simili alle "pagine gialle" (Yellow Pages) per cercare le ditte che possono essere utili. In questi siti proprio come in un vero supermercato, durante lo shopping si avrà a disposizione un **carrello virtuale** nel quale depositare la merce scelta e di cui in ogni momento è possibile vedere il contenuto e il corrispondente ammontare della spesa, decidendo se continuare a comperare o rinunciare a qualcosa. Spesso sono presenti anche degli **assistenti virtuali**, che accompagnano e consigliano i potenziali clienti. I siti più avanzati personalizzano continuamente il loro contenuto con l'impiego di sistemi "intelligenti", in grado di capire i comportamenti, i gusti, gli interessi dei visitatori e di proporre, quindi, cataloghi, annunci pubblicitari mirati e offerte promozionali su misura.

  Tra i siti si sta sempre più diffondendo la tipologia di acquisto legata al metodo dell'**asta online**. Pensa a eBay! Utenti venditori presentano i loro prodotti, nuovi e usati, indicando il prezzo di partenza e il limite temporale per fare le offerte. A ogni offerta, da parte degli utenti clienti, si aggiorna e si visualizza il prezzo corrente dell'articolo. Un altro modo per acquistare online è tramite la **TV interattiva** (*T-commerce*). Quando un utente sottoscrive un abbonamento a una **I-TV**, il suo indirizzo, il suo numero di telefono e altri dati personali vengono registrati su una smart card nel dispositivo che permette il collegamento. Questi dati sono accessibili presso ogni produttore cui l'utente richiede informazioni o acquisti.

- **CtB**: commercio elettronico dal consumatore al venditore. In questo caso si sfrutta il sistema dell'asta inversa: un cliente scrive a un sito che pratica il CtB, facendo una richiesta di un certo prodotto o servizio e fissa il tetto massimo che sarebbe disposto a spendere. A questo punto il gestore del sito fa da intermediario ed avvia trattative con i possibili fornitori e se l'operazione va a buon fine percepisce una percentuale sulla transazione. Per esempio, puoi chiedere di voler trascorrere una settimana a Parigi, con la spesa massima di 700 € e sperare di ricevere qualche offerta.

- **CtC**: commercio elettronico dal consumatore al consumatore. Sono i singoli utenti che si scambiano le merci, come una specie di baratto o mercatino dell'usato. Di solito i siti che offrono il CtC facilitano i contatti, ma pagamenti e spedizioni sono gestiti privatamente tra gli interessati.

# TRAINING

## CONOSCENZE

**1.** A quando si può far risalire la nascita di Internet?

**2.** In che cosa consisteva il progetto ARPANet?

**3.** Quali sono i principali protocolli utilizzati da Internet?

**4.** Che cos'è una dorsale?

**5.** In cosa consiste l'architettura WWW?

**6.** Di che cosa si occupa il consorzio W3C?

**7.** Da chi è stato fondato il consorzio W3C?

**8.** A che cosa serve un indirizzo IP?

**9.** Qual è il formato di un indirizzo IP?

**10.** Indica quali dei seguenti sono indirizzi IP e quali no:
- ☐ 128.34.286.15
- ☐ 217:134:100:234
- ☐ 217.128.12.19
- ☐ 56.250.260.112

**11.** Qual è il formato di un indirizzo IPv6?

**12.** Indica quali dei seguenti sono esempi di nomi logici e quali no:
- ☐ www.mondadorieducation.it
- ☐ www.mondadorieducation .it
- ☐ www mondadorieducation it
- ☐ www_mondadorieducation_it
- ☐ www.mondadorieducation

**13.** Che cos'è Internet?

**14.** In che cosa consiste l'architettura client server?

**15.** Che cos'è un nome logico e che cos'è un dominio?

**16.** Che differenza c'è tra TLD, ccTLD e gTLD?

**17.** Che cos'è un DNS?

**18.** Indica quali dei seguenti sono esempi di collegamenti a Internet:
- ☐ collegamento Dial-up
- ☐ collegamento con rete ADSL
- ☐ collegamento con linee dedicate CDN
- ☐ collegamento attraverso rete mobile
- ☐ collegamento attraverso ponti radio
- ☐ collegamento attraverso VHF

**19.** Completa quanto segue.
Una rete di tipo _____ consente comunicazioni digitali ad alta velocità; si parla di **banda larga** o **broadband**. Per potersi collegare occorre disporre di un **modem** _____ e di un _____ un dispositivo che instrada i pacchetti IP tra reti diverse. La re-

te _____ permette la comunicazione parallela su più canali: è possibile, per esempio, effettuare una normalissima telefonata mentre si sta navigando su Internet.

**20.** Che cosa significano i termini downstreaming e upstreaming?

**21.** Chi vuole connettersi individualmente alla rete oltre a possedere un computer che cosa deve possedere?

**22.** In che cosa consiste un collegamento Dial-up?

**23.** Quali sono le caratteristiche di un collegamento attraverso una rete ADSL?

**24.** Che cosa sono le reti CDA/CDN?

**25.** Che cos'è un provider?

**26.** In che cosa consiste l'Internet computing mobile?

**27.** Che cosa succede se fai clic su un link?

**28.** Indica quali dei seguenti sono esempi di URL:
- ☐ http://www.mondadori.it
- ☐ ftp://www/mondadori/it
- ☐ http://www.mondadori.it/esempi/prova.html
- ☐ http://www.mondadori.it/prova.html
- ☐ http://213.234.122.80/prova.html

**29.** Che cosa si utilizza per navigare sul WWW?

**30.** Che cos'è l'home page di un sito?

**31.** Che cosa sono i link?

**32.** Che cos'è HTTP?

**33.** Che cos'è HTML?

**34.** Che cos'è un URL? Qual è il suo formato?

**35.** Fai una ricerca su Internet utilizzando le stesse parole chiave su motori differenti (Google, AltaVista, Lycos, Excite) e confronta poi il risultato.

**36.** Utilizza Google per effettuare una ricerca sul servizio di podcasting, trova quali sono i podcatcher gratuiti ed effettua il download di uno compatibile con il tuo sistema operativo.

**37.** Che cos'è un motore di ricerca? Quali sono i più famosi?

**38.** Che cos'è il PageRank di Google?

**39.** Che cos'è un portale?

**40.** In che cosa consiste il servizio di e-mail?

**41.** Che cos'è una mailbox?

**346**     **Apparato didattico D** Il mondo di Internet

Test

**42.** Qual è il formato di un e-mail address?

**43.** In che cosa consiste una chat? Che cos'è un nickname?

**44.** Un feed RSS serve per:
- ☐ mandare un messaggio di e-mail
- ☐ ricevere aggiornamenti su di un argomento
- ☐ cercare informazioni sul Web
- ☐ scaricare foto e video

**45.** Un podcast è:
- ☐ un database
- ☐ una cartella
- ☐ un dispositivo hardware multimediale
- ☐ un file

**46.** Scarica un programma aggregatore gratuito per il tuo sistema operativo. Iscriviti al servizio RSS di un quotidiano a tua scelta. Utilizza l'aggregatore per ricevere gli aggiornamenti su un determinato argomento tra quelli disponibili.

**47.** Scarica un podcatcher per il tuo sistema operativo. Iscriviti al servizio podcasting di un distributore di contenuti a tua scelta. Utilizza il podcatcher per scaricare periodicamente i podcast di tuo interesse.

**48.** Verifica se sono presenti, ed eventualmente scarica, i podcast di un cantante di tuo gradimento.

**49.** Che cosa è un feed RSS?

**50.** Come si fa a leggere un feed RSS?

**51.** Come funziona il podcasting?

**52.** Che cosa è un aggregatore?

**53.** Fai alcuni esempi di noti aggregatori.

**54.** Utilizza MSN Messenger per inviare un messaggio a un altro utente collegato in rete. Come fai a distinguere un utente dagli altri? Come fai a inviare un messaggio a tutti gli utenti?

**55.** Iscriviti a Facebook, cerca qualche tuo conoscente già iscritto e richiedi la sua amicizia.

UNITÀ 2 Internet: una risorsa universale   347

# UNITÀ DI APPRENDIMENTO 3
# INTERNET: NAVIGAZIONE E I SERVIZI

## IN QUESTA UNITÀ IMPARERAI...

- A navigare in Internet
- Le tecniche per effettuare una buona navigazione
- A creare un account di posta elettronica
- A gestire la posta elettronica

 Glossario CLIL

 Approfondimento

## 1 | L'interfaccia per navigare: il browser Internet Explorer

Internet Explorer è presente nel sistema operativo Windows e può essere avviato direttamente dalla barra delle applicazioni di Windows 7 o dal menu Start. Il programma presenta una finestra principale da cui è possibile svolgere tutte le operazioni necessarie.

Le barre svolgono le funzioni che abbiamo già visto in altri applicativi. Se conosci l'URL della pagina che vuoi visitare basta che lo digiti nella **barra degli indirizzi**.
La **barra di Explorer**, invece, viene visualizzata e utilizzata solo con alcune funzioni e appare sulla sinistra nello spazio riservato alla visualizzazione delle pagine Web.

Esaminiamo, ora, gli strumenti, presenti sulla **barra degli strumenti**, che permettono di attivare le funzioni più richieste di Internet Explorer.

 Permette di **tornare alla pagina precedentemente visualizzata**. Il percorso compiuto viene memorizzato e si può rifare a ritroso, passo a passo o saltando alla pagina interessata, la quale potrà essere selezionata dall'elenco che appare facendo clic sulla freccetta associata al pulsante. Lo stesso effetto si può ottenere premendo il tasto ←, oppure con la combinazione di tasti Alt + ←.

 Consente di **tornare alla pagina successiva a quella corrente e già visualizzata**. Il percorso compiuto viene memorizzato e si può ripercorrere in avanti, a partire da un certo punto, pagina dopo pagina o saltando direttamente a quella interessata, che potrà essere selezionata dall'elenco che appare facendo clic sulla freccetta associata al pulsante. Lo stesso risultato si può ottenere con la combinazione di tasti Alt + →.

 **Annulla l'operazione di caricamento di una pagina** se ci si accorge che non interessa più o che il trasferimento è troppo lento. Si può eseguire questa operazione anche premendo il tasto Esc.

 Quando la pagina Web viene caricata dalla Rete, oltre che essere visualizzata viene copiata in memoria, in modo da rendere rapida una seconda visualizzazione. Questo pulsante permette di scaricare (**aggiornare**) la pagina per avere, quindi, l'ultima versione. Si può ottenere lo stesso risultato selezionando Aggiorna dal menu Visualizza oppure premendo il tasto F5.

▌ Tieni presente che la barra dei menu è attivabile solo premendo il tasto Alt.

 Permette di **tornare alla pagina iniziale (home page)**. Si può definire quale sia tale pagina selezionando Opzioni Internet dal menu Strumenti.

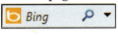 Attraverso questa casella **Ricerca immediata** è possibile digitare l'argomento desiderato per cercarlo sul Web.

 Visualizza nella parte sinistra della finestra un riquadro con i **preferiti**, utile per gestire i siti a cui si accede più spesso. Dallo stesso riquadro si può accedere alla **cronologia**, che elenca i collegamenti ai siti Web visitati in precedenza.

 Avvia il programma di **posta elettronica**, per esempio Microsoft Outlook o un altro predefinito.

 Avvia la **stampa** della pagina corrente (cioè quella attualmente visualizzata). Alternativamente si può selezionare Stampa dal menu File o usare la combinazione di tasti Ctrl + P.

Alcuni valori di default, relativi alle azioni sopra esposte, possono essere variati selezionando **Opzioni Internet** dal menu Strumenti. Si aprirà una finestra di dialogo con diverse schede. Per il momento puoi lavorare sulla scheda Generale. Da tale scheda puoi, per esempio, **cambiare la pagina iniziale** (l'*home page*) del browser. Inserisci l'indirizzo della tua pagina preferita nell'apposito campo di testo della sezione Pagina iniziale.

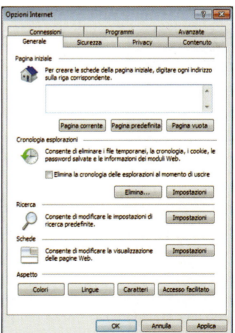

## Guida in linea (Help) del programma

È disponibile una buona **Guida in linea** nella quale puoi trovare le funzionalità di Internet Explorer. La guida dispone di un sommario, di un indice e di un motore di ricerca per facilitare il reperimento di informazioni al suo interno. Per visualizzare la guida in linea fai clic su ? nella barra dei menu e scegli Guida di Internet Explorer, oppure premi il tasto F1.

## 2 | La navigazione nel Web

La velocità con cui una pagina viene visualizzata in Internet Explorer, e genericamente all'interno di un qualsiasi browser, dipende da molti fattori e, in particolare, dal traffico in Rete. Alcune pagine sono costruite in modo che la loro visualizzazione avvenga in **maniera incrementale**: vengono, cioè, mano a mano aggiunte informazioni (senza aspettare che siano tutte disponibili), in modo che sia possibile accorgersi subito se la pagina interessa o meno e, in caso negativo, si possa interrompere il suo caricamento. Sulla **barra di stato**, intanto, vengono visualizzate informazioni relative al trasferimento.

Se la pagina è più grande dello spazio a disposizione per la visualizzazione, si possono utilizzare le **barre di scorrimento** verticale e orizzontale. Si può, anche, variare la dimensione dei caratteri selezionando Dimensioni testo dal menu Visualizza. Per **visualizzare una pagina** puoi procedere in diversi modi.

- Se conosci **l'indirizzo della pagina** (**URL**), lo devi scrivere nella **barra degli indirizzi**. Internet Explorer completa automaticamente un indirizzo usato frequentemente non appena si inizia a digitare. Inoltre, se l'indirizzo Web che si digita o sul quale si fa clic in una pagina Web è errato, verranno proposti automaticamente indirizzi Web simili, per agevolare l'individuazione di quello corretto. Facendo clic sulla freccetta a destra (riepilogo a discesa), invece, si apre una lista da cui puoi **selezionare i siti già visitati**. La nuova pagina sarà visualizzata al posto di quella corrente.
- Se vuoi avere più pagine visualizzate contemporaneamente, puoi richiedere di **aprire una nuova scheda** facendo clic sul pulsante ▣ posto alla destra della barra che contiene la scheda, oppure usando la combinazione tasti Ctrl + T.

Nella pagina in cui stai navigando puoi notare che passando sui **link** (di solito sottolineati o di colore diverso rispetto al resto del testo) o su un'immagine, il cursore del mouse diviene una piccola mano bianca con indice puntato, mentre sulla **barra di stato** appare l'URL relativo; facendo clic puoi **attivare il link** alla nuova pagina che sarà, quindi, caricata.

Se vuoi **aprire la pagina in una nuova finestra** puoi selezionare Apri in un'altra finestra dal menu di scelta rapida attivato quando sei posizionato su quel link (con il pulsante destro del mouse).

Quando il colore cambia, per esempio da blu a rosso, significa che la pagina relativa è già stata visitata. Puoi definire il colore dei link selezionando dal menu Strumenti Opzioni Internet e dalla scheda Generale il pulsante Colori.

**Infografica**

**Uso consapevole della rete**
Consulta l'infografica dedicata a Internet per imparare a navigare in modo consapevole.

## 3 | Aggiunta di un sito preferito

Se pensi di accedere più volte a una certa pagina Web e vuoi trovarla in maniera veloce, puoi memorizzare il suo URL come **preferito** (**bookmark** o **segnalibro** in terminologia Mozilla). Ecco quali passi devi compiere:

- visualizza la pagina interessata;
- scegli Aggiungi a preferiti dal pulsante Preferiti;
- digita un nuovo nome per la pagina, se lo desideri;

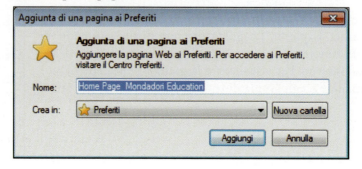

- se vuoi inserire il link in una cartella seleziona Crea in e dalla lista che si apre scegli una cartella esistente o creane una nuova facendo clic sul pulsante Nuova cartella.

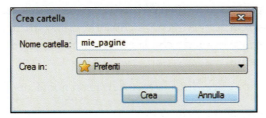

Esistono diversi percorsi possibili per **accedere a un sito preferito**.

- Come abbiamo già detto, puoi utilizzare il pulsante Preferiti della barra degli strumenti, che fa comparire la barra con le cartelle dei siti preferiti. A questo punto puoi selezionare direttamente la pagina dal menu Preferiti.
- Un altro modo può essere quello di selezionare direttamente la pagina dal menu Preferiti.

# 4 | Riorganizzazione dei siti preferiti

Dopo aver aggiunto i siti preferiti può nascere l'esigenza di cambiare il contenuto di alcune cartelle, esistenti o da creare, oppure quella di **rinominare** o **cancellare** qualche sito preferito. Tutte queste operazioni si possono facilmente compiere scegliendo Organizza preferiti dal menu Preferiti.

Tieni conto che le operazioni non sono realizzate sulle pagine, ma solo sui collegamenti. Quando cancelli un preferito, per esempio, non è cancellato il documento cui si riferisce, ma semplicemente non lo troverai più indicato nella lista dei preferiti. Nella finestra di dialogo corrispondente, oltre che utilizzare i pulsanti indicati, puoi procedere utilizzando il trascinamento per spostare gli oggetti o aprire il menu di scelta rapida relativo a ogni oggetto.

Un altro modo per procedere è quello di selezionare il pulsante Preferiti della barra degli strumenti e trascinare gli oggetti nella finestra che si apre o, ancora, aprire il menu con il pulsante destro del mouse.

## 5 | Impostare una pagina Web

Le informazioni disponibili in una pagina Web possono essere salvate, tutte o alcune, sul proprio computer per successivi utilizzi: leggerle, archiviarle, utilizzarle in altri documenti, inviarle per posta elettronica o stamparle senza doversi collegare. Vediamo come fare.

Per **salvare la pagina corrente**:

- fai clic sul pulsante Pagina e seleziona la voce Salva con nome, oppure selezionala dal menu File;

- scegli la cartella in cui salvare la pagina e il nome da assegnare al file nella finestra di dialogo che si apre. Devi anche specificare il tipo di file che stai salvando. Hai tre possibilità:

    - Pagina Web, completa: salva tutti i file necessari per visualizzare la pagina, comprese le immagini, i frame e i fogli di stile, ma non i collegamenti;
    - Pagina Web, solo HTML: salva le informazioni presenti nella pagina Web, ma non i file di grafica, audio e di altro tipo; per vedere la pagina dovrai utilizzare il browser;
    - File di testo: salva le informazioni presenti nella pagina Web in formato solo testo; potrai leggerlo con qualsiasi text editor;

- fai clic sul pulsante Salva.

Per **salvare una pagina o un oggetto** senza visualizzarlo (cioè per effettuare il download di un oggetto):

- fai clic con il pulsante destro del mouse sul collegamento dell'oggetto;
- seleziona Salva oggetto con nome dal menu che si apre;
- scegli la cartella in cui salvare la pagina o l'oggetto e il nome da assegnare al file, dalla finestra di dialogo;
- fai clic sul pulsante Salva.

Per **salvare un collegamento (link)** trascina con il pulsante sinistro del mouse il collegamento dove vuoi, per esempio sul desktop.

Per **copiare informazioni da una pagina Web in un documento** (che non sia un'altra pagina Web):

- evidenzia le informazioni da copiare;
- fai clic sul pulsante Pagina e seleziona Copia. Puoi anche selezionare questa voce dal menu di scelta rapida;
- impartisci il comando Incolla nel punto del documento interessato oppure con la combinazione di tasti Ctrl + V.

Per **copiare un'immagine**:

- fai clic con il pulsante destro del mouse sull'immagine interessata;
- seleziona Salva immagine con nome dal menu che si apre;
- scegli la cartella in cui salvare l'immagine e il nome da dare al file nella finestra che si apre;
- fai clic sul pulsante Salva.

Per **copiare un URL da una pagina Web a un documento**:

- fai clic con il pulsante destro del mouse sull'URL interessato;
- seleziona Copia dal menu che si apre;
- posizionati nel punto del documento dove vuoi copiare l'URL, per esempio in una pagina Word;
- effettua la copia con le funzioni dell'editor con cui hai aperto il documento (in Word fai clic su Incolla dal menu del pulsante destro del mouse).

Per **stampare tutto il contenuto della finestra corrente**:

- scegli Stampa dal menu File oppure fai clic sul pulsante relativo sulla **barra degli strumenti**;
- imposta le opzioni di stampa che desideri.

Per **visualizzare l'anteprima di stampa di una pagina Web**:

- scegli Anteprima di stampa dal menu File;
- imposta, se vuoi, la percentuale di zoom che desideri.

Per **modificare le impostazioni della pagina Web**:

- scegli Imposta pagina dal menu File;
- nella casella di gruppo Margini digita le dimensioni in millimetri relative al margine che vuoi ottenere;
- nella casella di gruppo Dimensione pagina seleziona Verticale oppure Orizzontale per specificare se si desidera stampare la pagina orizzontalmente o verticalmente.

Un'altra operazione di configurazione dell'ambiente di Explorer consiste nella possibilità di **modificare l'aspetto della barra degli strumenti**.

- Per **aggiungere o eliminare i pulsanti standard** della barra degli strumenti, utilizzare pulsanti più piccoli, come quelli in Microsoft Office, e modificare l'ordine con cui i pulsanti sono visualizzati sulla barra degli strumenti procedi in questo modo: fai clic con il pulsante destro del mouse sulla barra degli strumenti, scegli Personalizza e Aggiungi o rimuovi comandi.
- Per **aggiungere un elemento alla barra dei collegamenti**, trascina la relativa icona dalla barra degli indirizzi oppure trascina il collegamento da una pagina Web.
- Per **cambiare l'ordine degli elementi sulla barra dei collegamenti**, trascinali nella posizione desiderata sulla barra stessa.

Per specificare per quanti giorni le pagine devono rimanere memorizzate nell'elenco della cronologia:

- scegli Opzioni Internet dal menu Strumenti.
- fai clic sulla scheda Generale.
- nella sezione Cronologia esplorazioni fai clic sul pulsante Impostazioni. Nel riquadro Cronologia indica per quanti giorni le pagine devono rimanere memorizzate nell'elenco della cronologia.

Per **svuotare la cartella Cronologia**, fai clic sul pulsante Elimina del riquadro Cronologia esplorazioni. Puoi anche decidere di eliminare altri oggetti semplicemente spuntandoli.

## 6 | Cercare informazioni sul Web

Internet Explorer 8 offre la possibilità di ricercare informazioni in modo veloce, digitando l'argomento desiderato nella casella Ricerca immediata.
Per **compiere una ricerca più precisa**, puoi scrivere, nella barra degli indirizzi, l'indirizzo corrispondente a un motore di ricerca e, quindi, effettuare ricerche anche molto complesse.

### I motori di ricerca

Di solito i motori di ricerca, per facilitare il lavoro, presentano, nella home page, una lista di argomenti tra cui scegliere (una specie di ricerca guidata). Vediamo un po' da vicino Google, che, come abbiamo già detto, è uno dei motori più potenti e diffusi.
La home page di Google è riportata in figura.

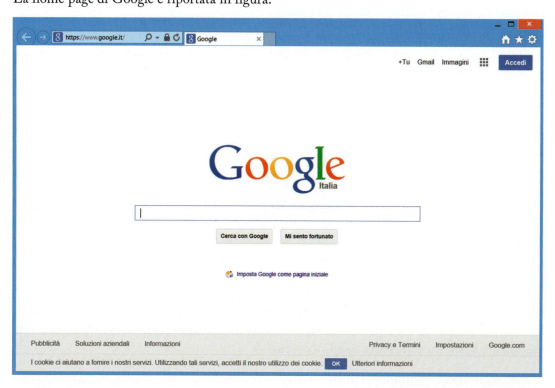

### Utilizzo di Google

Mountain View è una città degli Stati Uniti d'America, appartenente alla Contea di Santa Clara, nello stato della California. La città deve il suo nome alla vista delle Santa Cruz Mountains. Mountain View è una delle maggiori città che formano la **Silicon Valley**, e vi si trova il Quartier Generale e/o i centri di ricerca di molte importanti compagnie informatiche ed elettroniche al mondo.

Come puoi osservare, Google fa della semplicità un suo punto di forza; inoltre non sono presenti fastidiosi messaggi pubblicitari. A livello grafico viene eliminata completamente la barra superiore di colore nero che veniva utilizzata per entrare nei vari Google+, Gmail, Youtube e tutti i maggiori servizi del colosso di Mountain View. Tutto viene raggruppato in un unico tab che cliccato apre una specie di cartella dove sono raggruppati tutti i vari servizi e quindi i vari link. Una specie di pulsante generale di avvio ai diversi servizi o alle diverse funzionalità made in Google.
Google visualizza solo le pagine che contengono *tutti* i termini ricercati, aggiungendo automaticamente l'operatore booleano "and". Per limitare ulteriormente la ricerca, è sufficiente aggiungere altri termini.
Il risultato della ricerca sarà un elenco di link alle pagine

trovate, **ordinati per pertinenza**; sono, cioè, al primo posto le pagine ritenute più interessanti per chi ha richiesto la ricerca.

A differenza di altri motori di ricerca, Google assegna una priorità ai risultati a seconda della "vicinanza" dei termini ricercati. In altre parole, Google dà la precedenza alle parole vicine, in modo da evitare che l'utente perda tempo a ricercarle singolarmente tra i risultati.

Il pulsante speciale "*Mi sento fortunato*" permette all'utente di visualizzare direttamente **il sito Web corrispondente al primo risultato**.

## Suggerimenti per le ricerche in Google

Per evitare di perdere tempo, mentre vengono reperite tutte le pagine rispondenti alle nostre richieste, e di trovare un numero eccessivo di pagine, tra cui anche quelle che non interessano, è opportuno essere quanto più precisi possibile nell'indicare i criteri di ricerca.
Ecco alcuni consigli.

- Se vuoi **cercare una frase**, racchiudila tra doppi apici, per esempio "realtà virtuale".
- Indica non una sola parola, ma più parole, in modo da essere più specifico. Per essere sicuro che oltre alla prima parola **siano presenti** nella pagina anche le altre, falle precedere da un +. Per esempio, se vuoi cercare qualcosa sul famoso calciatore Maradona nel periodo in cui giocava con il Napoli, per evitare che vengano selezionate le pagine di qualche altro personaggio cui non sei interessato, conviene digitare nel campo di ricerca: *Maradona + calciatore + Napoli*.
- Se vuoi **escludere pagine in cui compare una certa stringa**, anteponi a questa un −. Per esempio, se vuoi escludere informazioni legate alla nazionale Argentina digita nel campo di ricerca: *Maradona + calciatore + Napoli − nazionale − Argentina*.
- Puoi utilizzare l'asterisco per **cercare tutte le parole con dei caratteri in comune**. Per esempio, se vuoi cercare tutte le pagine che parlano di qualcosa che ha a che fare con il cyberspazio puoi digitare nel campo di ricerca: *cyber\**.
- Puoi digitare le parole indistintamente **in maiuscolo o in minuscolo**. Google **non** fa distinzione tra lettere minuscole e maiuscole (non è **case sensitive**) poiché considera tutte le lettere come minuscole. Per esempio, digitando "*google*", "*GOOGLE*" e "*GoOgLE*" si ottengono sempre gli stessi risultati. Per impostazione predefinita, Google non riconosce accenti o altri segni diacritici. In altre parole, se digiti [*Muenchen*] e [*München*] ottieni sempre gli stessi risultati. Per fare una distinzione tra le parole, anteponi il segno +; per esempio [+ *Muenchen*] rispetto a [+ *München*].
- Utilizza il link Preferenze, dalla home page di Google, per effettuare **impostazioni sulla lingua e sulla visualizzazione del risultato**.

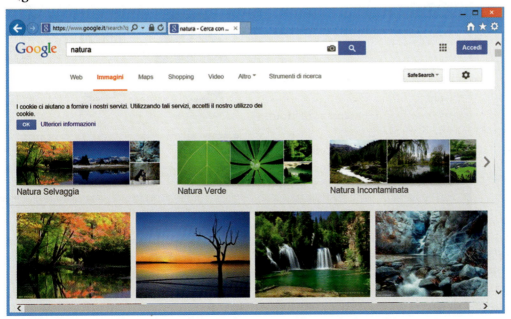

- Puoi utilizzare l'operatore Site: per ricercare in un dominio o in un sito specifico. Per esempio, per cercare *Arte* nel sito della *Mondadori* digita nel campo di ricerca: *Arte site: www.mondadori.it*. Puoi utilizzare l'opzione sul **formato dei file** per escludere dal risultato particolari formati di file, oppure l'opzione sulla **data** per restituire solo le pagine Web visitate nell'ultima ora, giorno e così via.
- Puoi **combinare più criteri di ricerca** richiamando il link Ricerca avanzata dalla home page di Google.

Molto utilizzata dagli utenti Google è la sua comoda funzione di **ricerca di immagini**. Inserisci le parole chiave per la tua ricerca e fai clic sul link Immagini. Il risultato questa volta sarà composto da un elenco di immagini con i relativi link che ti porteranno ai siti corrispondenti. Potrai copiare o salvare su file tali immagini posizionandoti su di esse e utilizzando il pulsante destro del mouse.

# 7 | La posta elettronica

### Microsoft Outlook

Microsoft Outlook è un programma che consente di inviare, ricercare e gestire messaggi di posta elettronica, nonché di gestire il calendario e i contatti condividendoli con altri utenti tramite Internet. Outlook fa parte del pacchetto Office e, per aprirlo, basta servirsi del pulsante Start  esattamente come abbiamo fatto per gli altri prodotti di questa famiglia. Una volta configurato, Outlook si presenta all'utente con la seguente interfaccia.

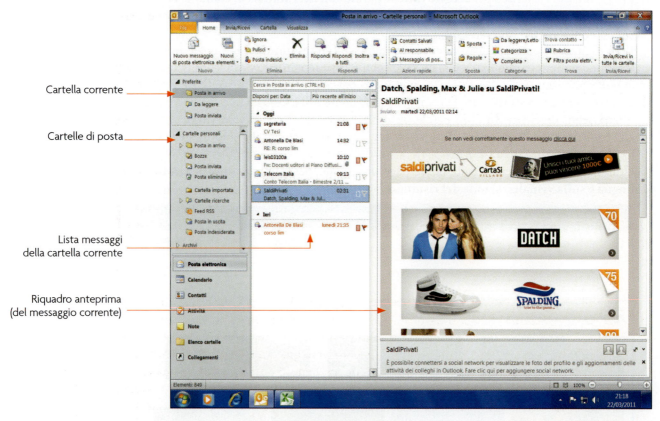

Come vedi, la posta è raccolta in alcune cartelle con un nome predefinito più altre create dall'utente. Per Posta in arrivo si intende quella ricevuta, per Posta inviata quella già trasmessa, per Posta in uscita quella in attesa di essere trasmessa o in via di trasmissione, per Posta eliminata quella rimossa dalle tre cartelle precedenti. La cartella Bozze contiene i messaggi non del tutto completati. Aprendo il menu di scelta rapida associato a ogni cartella o scegliendo Cartella dal menu File, inoltre, è possibile creare nuove cartelle per classificare la posta a proprio piacimento. Nella barra degli strumenti compaiono dei pulsanti che permettono di richiamare velocemente alcune funzioni sui messaggi di posta. Molte di queste si trovano anche nel menu di scelta rapida relativo a ogni messaggio.

- Nuovo messaggio di posta elettronica: permette di scrivere e, se si vuole, di inviare un nuovo messaggio. Lo stesso effetto si può ottenere usando la combinazione di tasti Ctrl + N.
- Elimina: rimuove un messaggio, cioè lo sposta nella cartella *Posta eliminata*. Lo stesso risultato si può ottenere usando la combinazione di tasti Ctrl + D.
- Rispondi: selezionato un messaggio ricevuto, predispone la risposta al mittente. Si può eseguire questa operazione anche usando la combinazione di tasti Ctrl + R.
- Rispondi a tutti: selezionato un messaggio ricevuto, predispone la risposta al mittente e a tutti gli altri che lo hanno ricevuto. Si ottiene lo stesso risultato usando la combinazione di tasti Ctrl + Maiusc + R.
- Inoltra: invia un messaggio selezionato a un destinatario da specificare. Lo stesso effetto si può avere usando la combinazione di tasti Ctrl + F.
- Invia/Ricevi in tutte le cartelle: permette di inviare i messaggi presenti nella cartella *Posta in uscita* e di rilevare eventuali nuovi messaggi, depositandoli nella cartella *Posta in arrivo*. Questa funzione può essere attivata anche premendo il tasto F9.
- Rubrica: visualizza un elenco di contatti con i relativi indirizzi di posta elettronica, domicilio e altro. La stessa cosa si può conseguire usando la combinazione di tasti Ctrl + Maiusc + B.

## Scrivere e inviare un messaggio

Facendo clic sul pulsante Nuovo messaggio di posta elettronica si apre una finestra in cui scrivere il messaggio, i destinatari, l'oggetto.

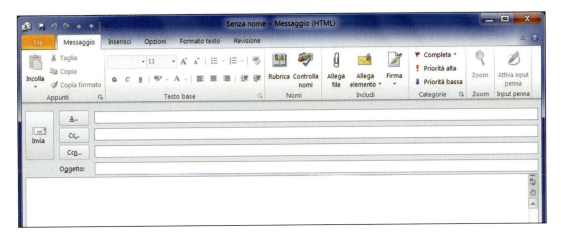

Nella casella posta sotto la barra multifunzione, occorre indicare gli indirizzi di posta elettronica, separati da una virgola o da un punto e virgola, del **destinatario** o dei destinatari del messaggio (*A:*); opzionalmente, si può indicare anche a chi inviare il messaggio per **conoscenza** (*Cc:* oppure *CCn:*). In *Oggetto* si può scrivere una frase qualsiasi che servirà al destinatario come intestazione per avere un'idea del contenuto del messaggio prima ancora di aprirlo. Nella finestra in basso hai a disposizione un foglio in cui inserire un messaggio, usando i formati desiderati e servendoti dei vari strumenti disponibili. Di seguito ne sono descritti alcuni.

> Per utilizzare la **casella CCn** (**modalità nascosta** o **silente**, in inglese **Bcc**) devi fare clic sulla scheda Opzioni e selezionare Ccn dal gruppo Mostra campi. Per ogni persona elencata nella casella *CCn* solo tale persona e il mittente del messaggio sapranno a chi il messaggio è stato inviato.

- Invia permette di **inviare subito** se si è in linea, altrimenti il messaggio rimane nella cartella *Posta in uscita* sino alla successiva connessione.
- **Priorità alta** e **Priorità bassa** permettono di definire la **priorità** da assegnare al messaggio. Può essere *normale*, *alta* (punto esclamativo) o *bassa* (freccia verso il basso). In alternativa, puoi scegliere Imposta priorità dal menu Messaggio.
- Allega file permette di inserire un file come **allegato**. Si apre una finestra di dialogo da cui selezionare il file. Il file non viene visualizzato, ma "attaccato" al messaggio e spedito con questo. Per rimuovere un allegato basta posizionarsi nel campo *Allegato* del messaggio e scegliere Rimuovi dal menu di contesto del tasto destro del mouse.

Per **inviare il messaggio**, basta fare clic sul pulsante Invia. Il messaggio verrà depositato nella cartella *Posta in uscita* e, quando la trasmissione sarà terminata, sarà spostato nella cartella Posta inviata. Tornando nella finestra principale di Outlook potrai visionare il contenuto delle cartelle. Il messaggio, comunque, può essere preparato **fuori linea** (**offline**), cioè senza una connessione in corso. Il messaggio sarà depositato nella cartella *Posta in uscita*, da cui potrà essere spedito con Invia/Ricevi in tutte le cartelle dopo aver stabilito una connessione.

Scegliendo Salva dalla finestra Backstage richiamabile, come sai, dalla scheda File, si può salvare il messaggio nella cartella Bozze.

## 8 | I messaggi di posta

### Leggere i messaggi

Outlook **rileva periodicamente la presenza di eventuali nuovi messaggi** depositandoli nella cartella *Posta in arrivo*. La presenza di nuovi messaggi può essere verificata premendo il pulsante Invia/Ricevi in tutte le cartelle della scheda Home.

Precedentemente abbiamo osservato che la finestra principale di Outlook è divisa in tre parti: quella di sinistra riporta l'albero delle cartelle, quella centrale riporta l'elenco dei messaggi contenuti nella cartella selezionata e quella in basso a destra visualizza l'**anteprima** del contenuto del messaggio, del quale indica il mittente e l'oggetto. Il riquadro di anteprima consente di visualizzare il contenuto dei messaggi senza aprire i singoli messaggi in un'altra finestra. Per visualizzare un messaggio in anteprima, fai clic una volta sul titolo. Per **aprire un messaggio** in un'altra finestra, fai doppio clic sul titolo. Se in una cartella ci sono dei messaggi che sono stati ancora letti, compare un numero tra parentesi accanto al nome della cartella rappresentante la quantità di messaggi ancora non letti. Quando si riceve un messaggio è possibile **marcarlo** per un riferimento futuro. Per marcare un messaggio nell'elenco dei messaggi, fai clic a sinistra della riga del messaggio: compare una piccola bandierina ; con un altro clic puoi **smarcare** il messaggio togliendo la bandierina.

Puoi, inoltre, contrassegnare un messaggio come **già letto** o **come ancora da leggere**. Per far questo usa il menu di scelta rapida sempre dopo aver selezionato il messaggio.

Quando il messaggio include un **allegato**, viene visualizzata l'icona raffigurante una graffetta accanto al messaggio nell'elenco dei messaggi. Per **visualizzare un allegato**, nel riquadro di anteprima fai doppio clic sul nome del file allegato. Per **salvare l'allegato**, fai clic su di esso con il pulsante destro del mouse e scegli Salva con nome, oppure Salva tuti gli allegati.

### Ordinare i messaggi

Ai messaggi elencati sono associate alcune informazioni come il mittente, l'oggetto e la data, ma si può decidere quali informazioni visualizzare e in quale ordine, facendo clic sul pulsante Disponi per posto in testa alla colonna centrale, come mostrato in figura. Per **ordinare la lista dei messaggi** fai clic su questo pulsante e dall'elenco scegli l'opzione che desideri.

**Apparato didattico D** Il mondo di Internet

## Rispondere a un messaggio

Quando si riceve un messaggio si può **rispondere al mittente** o comunicare qualcosa **a tutti i destinatari**. Per eseguire quest'operazione facilmente e senza scrivere da zero gli indirizzi, selezionato il messaggio, si fa clic sui pulsanti Rispondi o Rispondi a tutti dal gruppo Rispondi della scheda Home. In questo modo al mittente o agli altri destinatari viene inserito anche il messaggio originale. Puoi selezionare la parte rappresentante il messaggio originale (dal riquadro del contenuto del messaggio) e cancellarla, quindi scrivere il tuo messaggio. Se vuoi cancellare l'eventuale file allegato al messaggio in uscita seleziona la riga dell'allegato e premi il pulsante Canc sulla tastiera oppure fai clic con il pulsante destro del mouse e scegli Rimuovi allegato.

## Salvare, copiare e spostare un messaggio

Utilizzando il comando Salva con nome della finestra Background, è possibile **salvare un messaggio** appena editato come un file con estensione *.msg*, in una cartella a piacere. Sul file, cui è associata un'icona di una busta, possono essere eseguite operazioni comuni (copia, sposta, rinomina ecc.) e, aprendolo, compare la finestra come quella per la creazione di un nuovo messaggio. Facendo clic con il pulsante destro del mouse sulla sua intestazione nella colonna centrale, puoi scegliere la voce Sposta per spostare il messaggio in un'altra cartella.

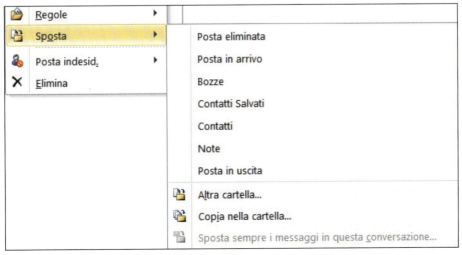

UNITÀ 3 Internet: navigazione e i servizi

### Eliminare e recuperare un messaggio

Quando un messaggio non serve più ci sono diversi modi per liberarsene; si può **eliminare** usando il pulsante Elimina, il menu di scelta rapida o i tasti Ctrl + D. Un messaggio eliminato finisce nella cartella *Posta eliminata* ovvero in una specie di cestino. Per **recuperare un messaggio eliminato** apri la cartella *Posta eliminata*, dalla lista dei messaggi presenti fai clic con il pulsante destro del mouse sulla riga corrispondente al messaggio da recuperare e scegli Sposta dal menu di scelta rapida. Seleziona, quindi, la cartella nella quale vuoi depositare il messaggio recuperato. Per **eliminare definitivamente un messaggio** devi svuotare la cartella *Posta eliminata*. Per far questo, selezionala e scegli Vuota cartella dal menu di scelta rapida.

### Duplicare, spostare e cancellare il contenuto di un messaggio

All'interno di un messaggio puoi formattare il testo, selezionare una parte del testo contenuto e cancellarlo o duplicarlo all'interno di un altro messaggio effettuando semplici operazioni di copia e incolla classiche di un text editor. Per copiare, una volta selezionato il testo, scegli Copia dal menu contestuale. Posizionati all'interno dell'altro messaggio e scegli Incolla sempre dal menu contestuale. Analogo discorso vale se vuoi copiare del testo da un altro documento all'interno di un messaggio.

## 9 | Altre funzionalità della posta elettronica

### La rubrica

Nella rubrica è possibile registrare i recapiti di lavoro e quelli privati di aziende o persone fisiche (contatto). Dall'icona Nuovo puoi anche definire dei gruppi di contatti (**gruppo** o **indirizzario** o **lista di distribuzione**) per raccogliere sotto un unico nome più contatti oppure avere più **sottorubriche** (**cartella**) che al loro interno possono contenere contatti, gruppi o altre cartelle.

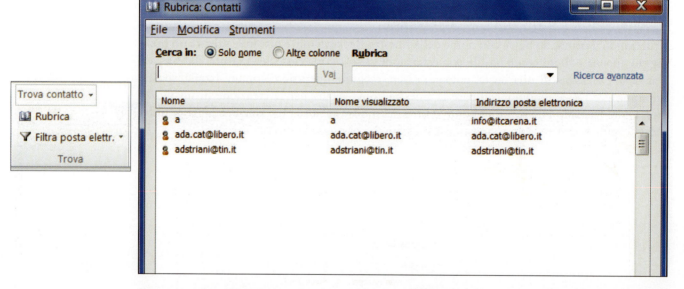

Per **aprire la rubrica** puoi fare clic sul pulsante Rubrica presente nel gruppo Trova della scheda Home: si apre la finestra visualizzata in figura. Per **creare una nuova voce** scegli Nuova voce dal menu File. Nella finestra omonima scegli Nuovo contatto o Nuovo gruppo di contatti, in base a ciò che intendi creare. Per esempio, se scegli Nuovo contatto viene visualizzata una finestra che ti permetterà di memorizzare tutti i dati dell'utente che intendi registrare.

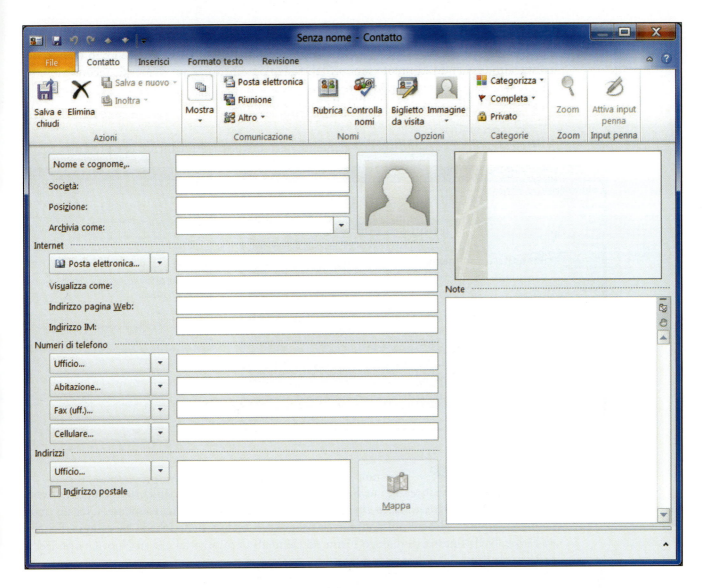

Se invece vuoi creare un nuovo gruppo, scegli Nuovo gruppo di contatti: viene visualizzata la finestra di dialogo seguente, attraverso la quale puoi assegnare un nome al gruppo e successivamente, tramite il pulsante Aggiungi membri, puoi inserire i vari contatti che faranno parte del gruppo che stai creando.

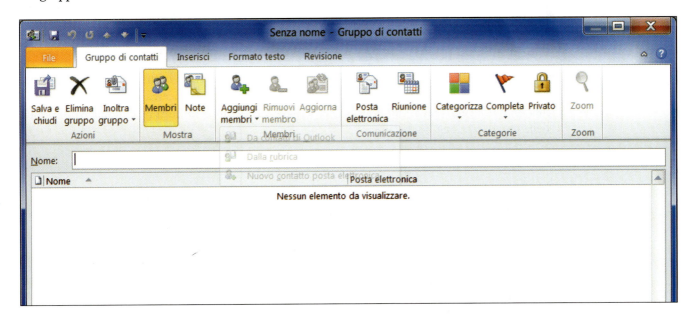

**UNITÀ 3** Internet: navigazione e i servizi

## Abbellire i messaggi

Per avere un messaggio che soddisfi il tuo gusto estetico, puoi anche **cambiare lo sfondo** del messaggio scegliendo un colore diverso dal bianco o, addirittura, un elemento decorativo.

- Fai clic sul pulsante Nuovi elementi del gruppo Nuovo della scheda Home.
- Dall'elenco scegli Messaggio di posta elettronica utilizzando e, successivamente, Altri elementi decorativi.
- Nella finestra di dialogo Tema o elemento decorativo scegli l'elemento che preferisci.

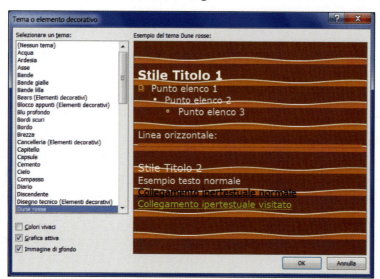

## Firmare i messaggi

Se sei solito firmare i messaggi nello stesso modo, magari riportando alla fine sempre le stesse informazioni, puoi fare in modo che queste vengano aggiunte automaticamente. Crea un nuovo messaggio e fai clic sul pulsante Firma del gruppo Includi nella scheda Messaggio. Fai clic su Firme. Nella finestra di dialogo Firme ed elementi decorativi fai clic su Nuova e inserisci il testo per la firma. Conferma con OK.

## Stampare

Puoi stampare sia un messaggio visualizzato nel *Riquadro di anteprima*, sia un messaggio aperto in una finestra distinta. Per stampare un messaggio scegli Stampa immediata dal menu contestuale.

## Guida in linea (Help) del programma

È disponibile una buona **Guida in linea** nella quale puoi trovare le funzionalità di Outlook. La guida dispone di un sommario, di un indice e di un motore di ricerca per facilitare il reperimento di informazioni al suo interno. Per visualizzare la guida in linea fai clic sulla voce Guida della visualizzazione Backstage.

# TRAINING

Test

## CONOSCENZE

1. In Internet Explorer la combinazione di tasti Ctrl + E consente di:
   - V | F  tornare alla pagina successiva a quella corrente.
   - V | F  tornare alla pagina precedente a quella corrente.
   - V | F  accedere ai motori di ricerca.
   - V | F  avviare la stampa della pagina corrente.

2. A che cosa serve la barra degli indirizzi?

3. Come fai a spostarti alla pagina precedente o a quella successiva durante una navigazione?

4. Come fai ad aggiornare la pagina che stai visualizzando?

5. Come fai a tornare rapidamente alla home page?

6. Come fai a visualizzare la Guida in linea di Internet Explorer?

7. Come fai in Internet Explorer a spostarti su un sito visitato ieri senza doverlo ridigitare sulla barra degli indirizzi?

8. In Internet Explorer la combinazione di tasti Ctrl + N consente di:
   - ☐ attivare un link
   - ☐ memorizzare un URL come preferito
   - ☐ aprire una nuova finestra per un link
   - ☐ visualizzare una pagina non in linea

9. Come fai a capire che hai già visualizzato la pagina relativa a un link?

10. Come fai a rinominare la cartella relativa a un gruppo di siti preferiti?

11. Come fai ad aggiornare il contenuto della pagina sul tuo computer con quello più recente presente sul Web?

12. Come fai ad aggiungere un sito preferito?

13. Come fai ad accedere a un sito preferito?

14. Indica quali dei seguenti modi per salvare una pagina Web sono possibili:
    - ☐ File Excel
    - ☐ Pagina Web, completa
    - ☐ File Archivio Web, per posta elettronica
    - ☐ Pagina Web, solo HTML
    - ☐ File di testo
    - ☐ File Word

15. Come fai a svuotare la cartella Cronologia?

16. Che cosa succede se durante una ricerca su Google premi il pulsante "Mi sento fortunato"?

17. Con Outlook puoi:
    - V | F  inviare un file come allegato di un messaggio
    - V | F  inviare un messaggio all'interno di un altro messaggio
    - V | F  apporre una firma digitale a un messaggio
    - V | F  criptare un messaggio
    - V | F  mandare uno stesso messaggio a più persone

18. Con Outlook puoi:
    - V | F  copiare il contenuto di un messaggio in un altro messaggio
    - V | F  fondere due messaggi
    - V | F  accedere alla casella di posta elettronica di un altro utente
    - V | F  stampare un messaggio
    - V | F  cercare un messaggio per dimensione

## ABILITÀ

1. Registra un sito come preferito e accedi a esso tramite il menu preferiti dalla barra di Explorer. Ora cancella un sito preferito.

2. Utilizza il motore di ricerca Google per cercare informazioni relative alle macchine per scrivere d'epoca di marca Continental. Perfeziona la ricerca eliminando i link relativi alle auto di marca Continental e ai pneumatici di marca Continental.

3. Utilizza il motore di ricerca Google per cercare informazioni relative alle novità sui libri di Informatica nel sito della Mondadori.

4. Utilizza il motore di ricerca Google per cercare immagini relative di un monitor LCD da 17 pollici.

5. Cerca, utilizzando un motore di ricerca di tua scelta, informazioni sulla storia del cinema.

6. Avvia un motore di ricerca per trovare informazioni riguardo al tuo cantante preferito relative all'anno corrente. Compi la stessa ricerca con un altro motore di ricerca e confronta l'interfaccia dei due motori e i risultati della ricerca.

7. Cerca informazioni sulle fibre ottiche o sulla tecnologia ADSL o sulla televisione digitale.

8. Cerca delle informazioni sull'Inghilterra ma non su Londra.

UNITÀ 3 Internet: navigazione e i servizi

# TRAINING

**9.** Utilizza il programma di posta elettronica Outlook per inviare un messaggio di invito al tuo compleanno a un tuo amico.

**10.** Scrivi un messaggio di posta elettronica contenente solo testo e invialo a te stesso. Controlla di averlo ricevuto guardando la casella Posta in arrivo.

**11.** Utilizza il programma di posta elettronica Outlook per inviare un messaggio con un file (Word) allegato contenente un invito alla festa del tuo compleanno.

**12.** Invia il messaggio dell'esercizio precedente a un tuo amico impostando una priorità alta.

**13.** Invia per conoscenza il messaggio dell'esercizio precedente a quattro tuoi amici.

**14.** Invia il messaggio dell'esercizio precedente in modalità nascosta o silente ad altri due tuoi amici.

**15.** Contrassegna uno dei messaggi della Posta in arrivo come già letto.

**16.** Ordina i messaggi dalla Posta in arrivo in base alla data di arrivo e poi in base al mittente.

**17.** Marca tre messaggi della Posta in arrivo. Ordina poi la posta in arrivo in base ai messaggi marcati.

**18.** Crea un messaggio di auguri per il Natale da inviare a un tuo amico. Crea un nuovo messaggio da inviare a un altro tuo amico. Crea il contenuto del secondo messaggio copiando il contenuto del primo.

**19.** Sposta un messaggio dalla Posta in arrivo in una nuova cartella che hai appena creato.

**20.** Invia un messaggio di invito al tuo compleanno a un tuo amico e a te stesso (due destinatari) indicando la data e l'ora di inizio della festa.

Nome ............................................................ Classe ................. Data ................................

Con questa scheda puoi autovalutare il tuo livello di acquisizione delle conoscenze e delle abilità insegnate nell'Unità di apprendimento.
Attribuisci un punto ad ogni risposta esatta. Se totalizzi un punteggio:

**Ritaglia la tua scheda**

**Scheda di autovalutazione**

| <4 | Tra 4 e 6 | Tra 6 e 8 | >8 |
|---|---|---|---|
| • Rifletti un po' sulle tue "disgrazie"<br>• Rivedi con attenzione tutta l'unità di apprendimento<br>• Ripeti il questionario | • Rivedi l'unità nelle sue linee generali<br>• Ripeti il questionario | • Rivedi l'unità nelle sue linee generali | tutto OK |

**diamoci il voto!**

**1.** **Qual è la definizione più corretta di rete di computer?**
☐ Un insieme di computer autonomi connessi
☐ Un insieme di computer e altri dispositivi connessi tra loro mediante un sistema di comunicazione in grado di scambiarsi dati
☐ Un insieme di computer connessi tra loro mediante un sistema di comunicazione in grado di scambiarsi dati
☐ Un insieme di computer e altri dispositivi connessi tra loro logicamente e non fisicamente mediante un sistema di comunicazione in grado di scambiarsi dati

**2.** **Una rete che può coprire un'area di decine di chilometri quadrati, per esempio un'intera città, è definita:**
☐ WAN  ☐ LAN  ☐ MAN  ☐ CAN

**3.** **Il collegamento multipunto è quello in cui**
☐ un mezzo trasmissivo mette in comunicazione due nodi senza passare da nodi intermedi
☐ un mezzo trasmissivo mette in comunicazione due nodi in modo diretto
☐ un mezzo trasmissivo comune mette in comunicazione due nodi
☐ non esistono mezzi trasmissivi diretti che mettono in comunicazione due nodi

**4.** **I provider di Internet offrono:**
☐ siti web gratuiti
☐ servizi di creazione di siti Web
☐ servizi di connessione a Internet
☐ assistenza in casi di guasti dei computer collegati a Internet

**5.** **Con il termine Web si intende:**
☐ il collegamento secondo la tecnica dell'ipertesto o dell'ipermedia di informazioni multimediali
☐ il collegamento secondo la tecnica punto-punto di informazioni multimediali
☐ il collegamento secondo la tecnica broadcast di informazioni multimediali
☐ il collegamento secondo la tecnica dei pacchetti di informazioni multimediali

**6.** **Quale tra le seguenti affermazioni sui cookie è errata?**
☐ Conservano informazioni sul computer client riguardo ai siti visitati
☐ Conservano informazioni sul computer client riguardo agli acquisti online effettuati
☐ Conservano informazioni sul computer client riguardo le password utilizzate
☐ Conservano informazioni sul computer server riguardo le password utilizzate

**7.** **Che cos'è un portale?**
☐ Un particolare tipo di motore di ricerca
☐ Un programma di posta e messaggistica
☐ Un sito che offre servizi di natura diversa
☐ Un sito che offre la possibilità di collegarsi alla propria casella di posta elettronica

**8.** **Una comunità virtuale è un insieme di persone interessate a un determinato argomento e in corrispondenza tra loro attraverso:**
☐ linee telefoniche
☐ una intranet
☐ Internet
☐ la sola posta elettronica

**9.** **Che cosa sono i gruppi della rubrica di Outlook?**
☐ Contenitori di indirizzi di posta elettronica
☐ Contenitori di contatti della rubrica dei quali è possibile memorizzare solo i dati personali
☐ Contenitori di indirizzi di posta che devono essere creati ogni volta che si apre Outlook
☐ Indirizzi di posta elettronica

**10.** **Come si pronuncia in inglese il simbolo @ presente in un indirizzo di posta elettronica?**
☐ to  ☐ et  ☐ in  ☐ at

**UNITÀ 3** Internet: navigazione e i servizi

# impariamo a imparare!

Con questa scheda puoi "riflettere" sul tuo processo di apprendimento in modo che tu abbia presenti sia i punti di forza che i limiti delle tue conoscenze e delle relative strategie.

## Impariamo a imparare

| | CON MOLTA DIFFICOLTÀ | CON QUALCHE DIFFICOLTÀ | CON INCERTEZZA | CON SUFFICIENTE SICUREZZA | CON SICUREZZA | CON SICUREZZA E PADRONANZA |
|---|---|---|---|---|---|---|
| Cosa è e a cosa serve una rete di computer | ☐ | ☐ | ☐ | ☐ | ☐ | ☐ |
| Quali sono gli strumenti che necessitano per collegare in rete i computer | ☐ | ☐ | ☐ | ☐ | ☐ | ☐ |
| Le differenze tra i vari tipi di rete | ☐ | ☐ | ☐ | ☐ | ☐ | ☐ |
| Le caratteristiche dei vari tipi di segnali | ☐ | ☐ | ☐ | ☐ | ☐ | ☐ |
| Le differenze tra i vari tipi di mezzi trasmissivi | ☐ | ☐ | ☐ | ☐ | ☐ | ☐ |
| Cosa sono le topologie di rete e le loro caratteristiche | ☐ | ☐ | ☐ | ☐ | ☐ | ☐ |
| Cosa è Internet e perché è oggi così importante | ☐ | ☐ | ☐ | ☐ | ☐ | ☐ |
| Cosa serve per collegarsi a Internet | ☐ | ☐ | ☐ | ☐ | ☐ | ☐ |
| Cosa è un indirizzo IP | ☐ | ☐ | ☐ | ☐ | ☐ | ☐ |
| Cosa sono i provider | ☐ | ☐ | ☐ | ☐ | ☐ | ☐ |
| La terminologia legata a Internet e al Web | ☐ | ☐ | ☐ | ☐ | ☐ | ☐ |
| Cosa sono i protocolli e a cosa servono | ☐ | ☐ | ☐ | ☐ | ☐ | ☐ |
| Quali sono i principali servizi di Internet | ☐ | ☐ | ☐ | ☐ | ☐ | ☐ |
| Le funzioni dei servizi di e-commerce | ☐ | ☐ | ☐ | ☐ | ☐ | ☐ |
| A navigare in maniera sicura | ☐ | ☐ | ☐ | ☐ | ☐ | ☐ |
| A usare consapevolmente il browser | ☐ | ☐ | ☐ | ☐ | ☐ | ☐ |
| A gestire un client di posta elettronica (scrivere, ricevere e inviare posta) | ☐ | ☐ | ☐ | ☐ | ☐ | ☐ |
| A personalizzare browser e programmi di posta elettronica | ☐ | ☐ | ☐ | ☐ | ☐ | ☐ |

A cosa ti sono servite le informazioni presenti in questa unità di apprendimento?

Cosa conosci degli argomenti presentati?

Quali strategie hai usato per apprendere?

Come puoi correggere gli errori che eventualmente hai commesso?

Hai raggiunto gli obiettivi che ti proponevi?   ☐ SI   ☐ NO   ☐ IN PARTE

# INDICE ANALITICO

## A

Access point, 320
Accesso al canale, 323
Accesso al disco, 12
Accesso casuale, 6
ADSL, 21
ADSL, 321
ADT, 135
Aero, 41
Aero Peek, 38
Aero Snap, 39
Alfabeto, 77
Algebra booleana, 166
Algebra di Boole, 166
Algoritmo, 130
Ambiente di valutazione, 140
Amdroid, 69
AND, 139, 167
App, 69
App bar, 65
Appdrawer, 70
Aristotele, 166
ARPANet, 329
Assembly, 210
Astrazione, 114

## B

Backstage, 266
Backus, John, 211
Banda larga, 321
Barra Dock, 61
Barra multifunzione, 227
BIOS, 32
BIOS, 9
Bit, 7
Blu-ray Disk, 16

Bohm, Corrado, 154
Boole, George, 166
Boot, 32
Boot loader, 32
Bootstrap, 32
Bordi, 235
Bricklin, Daniel, 263
Broadband, 321
Browser, 330
Bus, 10
Byte, 8
Bytecode, 219

## C

CAN, 318
Cancellazione fisica, 46
Cancellazione logica, 46
Capolettera, 236
Carattere, 232
Caratteri jolly, 49
Caratteristica, 96
Cartella, 263
Cartelle, 42
Case, 3
Casella di ricerca , 35
CCFL, 18
CD, 14
CD-R, 15
CD-ROM, 15
CD-RW, 15
Cembalo scrivano, 226
Chat line, 339
Chip, 4
Ciclo istruzione, 5, 6
Ciclo macchina, 5, 6
Cifra meno significativa, 83

Cifra più significativa, 82
CIL, 220
Cilindro, 12
Città virtuali, 342
Cladding, 320
Classe, 5
Classe di problemi, 128
CLI, 220
Client-server, 332
ClipArt, 246
Clock, 5
CLR, 220
Codice, 77
Codice ASCII, 102, 138
Codice oggetto, 215
Codice operativo, 5
Codifica, 79
Collegamenti, 44
Collegamenti ipertestuali, 305
Commutazione di pacchetto, 332
CompactFlash, 14
Compilatore just-in-time, 219
Compilatori, 215
Complemento a uno, 91
Complemento a 2, 136
Complemento a due, 91
Compressione, 44
Computer, 2
Comunicazione, 316
Comunità virtuale, 341
Contatori, 172
Controllo ortografico, 241
Corpo del ciclo, 173
Costante, 134
Costrutto selezione, 160
Costrutto selezione multipla, 161

**Indice analitico**    **367**

Costrutto sequenza, 156
Costumi, 202
CPU 4
CRT, 18
CSMA, 323
Cursore, 230
Cut & paste, 46
Cyberspazio, 331

**D**

Dashbutton, 56
Dati di input, 134
Dati di lavoro (dati intermedi), 134
Dati di output, 134
Dati iniziali, 112
Dato, 76
Dattilografia, 226
Decodifica, 79
Department Of Defence (DOD), 329
Desktop, 32, 52
Diagnostica, 32
Diagramma a blocchi, 131
Dischi magnetici, 11
Dischi ottici, 14
Disinstallazione, 51
Disk-pack, 12
Dot pitch, 19
Downstream, 322
DPI, 19
Drag & drop, 33
DVD, 15
DVD double layer, 15
DVD-R, 15
DVD-RAM, 15
DVD-RW, 15
DVD+R, 15
DVD+RW, 15

**E**

E-commerce, 344
E-mail, 338
E-mail address, 338
eBook, 24
EEPROM, 9
Elenco numerato, 238
Elenco puntato, 238
Enunciato, 166
EPROM, 9
Errore di overflow, 137

Errori a run-time (Errori a tempo di esecuzione), 137
Esecutore, 122
Ethernet, 318

**F**

Fibra ottica, 320
File, 41
File compressi, 44
File di dati, 43
File di programma, 43
File di testo generico, 43
File eseguibili, 43
File sorgente, 43
Filigrane, 236
Finder, 61
Finestre, 36
Flash memory, 9
Flash-EPROM, 9
Foglio elettronico, 263
Font, 232
Formato, 230
Formattazione, 232
Formattazione condizionale, 278
Formula, 266, 274
Frankston, Robert, 263
Freeware, 207
Frequenza di clock, 5
Frequenza di refresh, 19
FTP, 320
Funzione, 266, 274
Funzione SE, 278

**G**

Gadget, 32
GAN, 319
Gap, 11
Generazioni di linguaggi, 209
Google, 338
Grammatica, 208
Guardia del ciclo, 173

**H**

Hard disk, 12
Hard disk esterni, 13
Hard disk esterni multimediali, 13
Hard disk removibili, 12
Hardware, 3
HDSL, 21
HDSL, 322

Hertz, 19
Home page, 334
Hopper, Grace Murray, 217
HTML, 336
HTTP, 336
HTTPS, 336
Hub, 323
HUD, 58

**I**

iCloud, 68
Icone, 33
IDE, 220
Indentazione, 161
Indirizzi IP, 331
Indirizzo, 8
Informatica, 110, 111
Informazione, 76
Inserimento automatico, 269
Instruction set, 6
Intelligenza artificiale, 212
Interfaccia, 29
Interfaccia di I/O, 20
Internet, 330, 331
Internet Explorer, 348
Internetworking, 330
Interpreti, 217
Intestazione, 253, 307
iOS, 67
iOS 7.0, 67
IP, 330
Ipertesto, 324
IPv4, 332
IPv6, 332
ISDN, 21, 321
ISOC, 331
ISP, 334
Istruzione, 129
Istruzione di assegnazione, 142
Istruzioni, 209
Istruzioni di controllo, 141
Istruzioni operative, 141
Iterazione, 172

**J**

Jacopini, Giuseppe, 154
Java Virtuale Machine (JVM), 219
JITting, 220
Jump List, 34, 38

## K

Kernel, 32
Kilobyte, 8

## L

LAN, 318
Land, 14
Laptop, 23
Laser, 18, 320
Launcher, 54, 56
Layout di stampa, 239
LCD, 18
LED, 18
Lens, 56
Linguaggi, 211
Linguaggi a basso livello, 211
Linguaggi ad alto livello, 211
Linguaggi di altissimo livello (UHLL), 212
Linguaggi formali, 209
Linguaggi naturali, 207
Linguaggi orientati al problema, 211
Linguaggio, 207
Linguaggio compilato, 217
Linguaggio formale, 132
Linguaggio intermedio, 219
Linguaggio interpretativo, 217
Linguaggio macchina, 5
Linguaggio nativo, 209
Linguaggio naturale, 132
Linker, 215
Loader, 215

## M

Macchina astratta, 211
Macchina concreta, 211
Macchina virtuale, 219
Mailbox, 338
Mainframe, 22
MAN, 318
Maniglia di copiatura, 269
Mantissa, 96
Mark Shuttleworth, 54
Masterizzazione, 15
Medelli logici, 117
Media 326
Media player multimediali, 13
Media player portatili, 13
Memoria cache, 10
Memoria centrale, 6

Memoria di massa, 6, 11
Memoria virtuale, 12
Memorie Flash, 13
Memory card, 14
Memory stick, 14
Menu sensibile al contesto, 33
Menu Start, 34
Messaggi di posta, 358
Metro, 64
Mezzo trasmissivo, 316, 320
Micro-flash, 10
Microprocessore, 4
MicroSD, 14
Microsoft Excel, 263
Microsoft Outlook, 356
Microsoft PowerPoint, 292
Microsoft Word, 226
MID, 24
MiniSD, 14
Mission Control, 62
MMC, 14
MMC micro, 14
Modelli, 230
Modelli analogici, 117
Modelli descrittivi, 117
Modelli predittivi, 117
Modelli prescrittivi, 117
Modelli simbolici, 117
Modello, 117
Modem, 20, 321
Motori di ricerca, 337, 354
Mouse, 17
Multimedia, 326
Multitasking, 37

## N

Navigation bar, 65
NCSA, 330
Net-economy, 343
Netbook, 23
Nodi (host), 317
Nome analogico, 332
NOT, 139, 167
Notebook, 23
Nucleo, 32
Numero zero, 80

## O

OLE, 251
Operatori relazionali 136
OPT, 205

OR, 139, 167
Organigramma, 300
OS X, 59

## P

Pacchetti IP, 332
PAN, 318
Pannello di controllo, 50
Paradigma di programmazione, 213
Paradigma di programmazione orientata agli oggetti 214
Paradigma funzionale 214
Paradigma imperativo, 213
Paradigma non procedurale, 214
Paradigma procedurale, 213
Paragrafo, 232
Parola, 232
Parola, 77
Parola di memoria, 8
Pendrive, 13
Penna, 203
Penna ottica, 18
Peso, 80
Piattaforma, 212
Piattaforma .NET, 220
Piè di pagina, 253, 307
Pit, 14
Pixel, 19
Plotter, 19
Podcast, 340
Podcasting, 340
Podcatcher, 340
Polarizzato, 96
Pollici, 19
Portabilità, 212
Porte, 21
Porte Bluetooth, 22
Porte FireWire, 22
Porte HDMI, 22
Porte parallele, 21
Porte PS/2, 21
Porte seriali, 21
Porte USB, 21
Porte wireless, 22
POTS, 321
PPM, 19
Preferiti, 351
Presentazione, 292
Primitive, 210
Problem setting, 115

Problema, 112
Processo, 155
Processo di valutazione, 139
Programma, 209
Programmazione, 152
Programmi portabili, 211
PROM, 9
Proposizione, 166
Protocollo, 317
Provider, 334
PSDN, 21
Pseudocodice, 132
Pseudocodifica, 132
Pseudolinguaggio, 131
PSTN, 321
PSTN, 333
Pulsanti di azione, 304

**Q**
Qwerty, 229

**R**
Radice (root), 42
RAM, 6
Rappresentazione in modulo e segno, 90
Rappresentazione in virgola fissa, 95
Rappresentazione in virgola mobile (floating point), 95
Ravizza, Giuseppe, 226
Registri, 4
Release, 207
Reset di sistema, 32
Rete di computer, 317
Reti analogiche, 321
Reti cablate (wired), 320
Reti digitali, 321
Reti geografiche, 319
Revisione, 207
Riferimenti assoluti, 277
Riferimento relativo, 277
Risolutore, 122
Risoluzione 19
ROM, 9
RSS, 339
Rubrica, 360

**S**
Scanner, 17
Scheda audio, 21

Scheda di I/O, 20
Scheda di rete, 21
Scheda grafica, 20
Scheda madre (motherboard), 4
Scheda video, 20
Schede SDIO, 14
Schema diapositiva, 306
Schermo tattile (Touch screen), 19
Scorrimento Aero 3D, 41
Scratch, 192
Screen saver, 53
Script, 194
SD, 14
SDHC, 14
Segnalale analogico, 319
Segnale digitale, 319
Semantica, 208
Settori 11
Sfondi, 235
Shake, 40
Shareware, 207
SHDSL, 322
Sholes, Christopher Latham, 229
Sintassi, 208
Sistema addizionale, 80
Sistema binario, 82
Sistema binario puro, 90
Sistema decimale, 81
Sistema esadecimale, 88
Sistema operativo, 28
Sistema posizionale, 80
Sistemi di numerazione, 79
Slide, 292
Smart Media, 14
Smartphone, 24
SOAP, 220
Software, 3, 205
Software applicativo, 206
Software commerciale, 207
Software di base, 206
Software di pubblico dominio, 206
Software libero, 206
Software orizzontale, 206
Software proprietario, 207
Software semilibero, 206
Software verticale, 206
Spaziatura, 232
Specifiche funzionali, 153
Spegnere il PC, 35
Splitter, 322

Sprite, 192
Stampa unione, 256
Stampante, 19
Stato finale del problema, 113
Stato iniziale del problema, 113
Stile, 237
STP, 320
Strategia risolutiva, 112
Strutture di controllo, 154
Supercomputer, 22
Switch, 323

**T**
Tabella, 244
Tabella delle variabili, 153
Tablet PC, 23
Tabulazioni, 239
Tastiera, 16
Tavola di traccia, 154
Tavole di verità, 167
Tavoletta grafica (digitizer), 18
TCP, 330
Telecomunicazione, 316
Telelavoro, 343
Tempo di accesso, 12
Tempo di latenza, 12
Tempo di posizionamento (Tempo di seek), 12
Terminale, 318
Terminale locale, 318
Terminale remoto, 318
Thesaurus, 243
Throughput, 322
Tipi ordinati, 139
Tipo booleano, 138
Tipo carattere, 138
Tipo di dato, 135
Tipo intero, 136
Tipo reale, 137
Tipo stringa, 138
TLD, 333
Tooltip, 227
Topologia a maglia completa, 323
Topologia a stella, 323
Topologia ad anello, 323
Topologia di rete, 322
Topologie a bus, 322
Totalizzatori, 172
Tracce, 11
Transizione, 303

## U

Ubuntu, 54
Ubuntu Software Center, 59
UMPC, 24
UMTS, 334
UNICODE, 103
Unità aritmetico-logica, 4
Unità di controllo, 4
Unità di elaborazione, 317
Unity, 56
Upstream, 322
URL, 336
Usabilità 212

Utility, 205
UTP, 320

## V

Videoscrittura, 226

## W

W3C, 331
WAN, 318
Web, 335
Webcam, 18
Webchat, 339
Windows 8, 64

Wireless, 320
WordArt, 249
Workstation, 23
WWW, 330
WYSIWYG, 232

## X

xDSL, 322
XOR, 168

## Z

Zoom, 239, 275